〔清〕王夫之著

讀四書大全說

上册

中華書局

圖書在版編目(CIP)數據

讀四書大全説/(清)王夫之著. —北京:中華書局,
1975.9(2024.5重印)
ISBN 978-7-101-00546-2

Ⅰ.讀… Ⅱ.王… Ⅲ.①儒家②四書-研究
Ⅳ.①B222.15②B249.21

中國版本圖書館CIP數據核字(2009)第032504號

責任編輯:陳金生
責任印製:管 斌

讀四書大全説
(全二册)
〔清〕王夫之 著
*
中華書局出版發行
(北京市豐臺區太平橋西里38號 100073)
http://www.zhbc.com.cn
E-mail:zhbc@zhbc.com.cn
三河市宏盛印務有限公司印刷
*
850×1168毫米 1/32・24印張・4插頁・430千字
1975年9月第1版 2024年5月第8次印刷
印數:64401-65000册 定價:98.00元

ISBN 978-7-101-00546-2

校點説明

這次整理《讀四書大全説》，是用一八六五年（清同治四年）金陵（今南京）刻《船山遺書》本爲底本，加以校勘、標點、分段。

金陵刻本對王夫之原著往往有竄改，在刊刻中又有一些文字錯誤。一九三三年上海太平洋書店排印本是以金陵刻本为依據，而錯誤更多。目前找不到其他更好的版本進行校勘，我們主要用本書前後互證等方法，根據上下文義作了一些校改。少數引文錯誤，則根據所引原書改正。凡認爲是錯字和應當删掉的字都加圓括號，改正和補入的字都加方括號。根據文義校改的，一般不説明理由。避諱字直接改爲本字，不加括號。

原書是用《四書》原有的篇章名稱作为標題，每个標題下面都有若干篇論説，每篇論説之間不空行。爲了閲讀方便，我們在每篇論説前面按順序加上了編號。

工作中的缺點錯誤，請讀者指正。

中華書局編輯部

一九七五年六月

目錄

卷一　大學

卷二　中庸

卷三　中庸

卷四　論語

卷五　論語

卷六　論語

卷七　論語

卷八　孟子

讀四書大全說卷一　大學

大學序

一

凡「仁義禮智」兼說處，言性之四德。知字，大端在是非上說。人有人之是非，事有事之是非，而人與事之是非，心裏直下分明，只此是智。胡雲峰據朱子解「致知」知字：「心之神明，所以妙衆理、宰萬物」，釋此智字，大妄。知字帶用說，到才上方有；此智字則是性體。「妙衆理，宰萬物」，在性體卻是義、禮上發底。朱子釋義曰「心之制，事之宜」，豈非以「宰萬物」者乎？釋禮曰「天理之節文」，豈非以「妙衆理」者乎？

沈氏之說，特爲精當。云「涵」云「具」，分明是個性體。其云「天理動靜之機」，方靜則有是而無非，方動則是非現，則「動靜之機」，卽「是非之鑑」也。惟其有是無非，故非者可現；若原有非，則是非無所折衷矣。非不對是，非者非是也。如人本無病，故知其或病或愈。若人本當有病，則方病時亦其恆也，不名爲病矣。

二

先王以樂教人，固如朱子說，以調易人性情。抑樂之爲道，其精微者旣徹乎形而下之器，其度數聲名亦皆以載夫形而上之道；如律度量衡，皆自黄鍾生之類是也。解會及此，則天下之理亦思過半矣。若專以「急不得、緩不得」借爲調心之法，將與釋氏參沒意味話頭相似，非聖教也。

三

「書」有識字、寫字兩件工夫。識字便須知六書之旨，寫字卻須端妍合法。合法者，如今人不寫省字之類。注疏家專以六書言，卻遺下了一半。

聖經

一

緣「德」上著一「明」字，所以朱子直指爲心。但此所謂心，包含極大，託體最先，與「正心」心字固別。性是二氣五行妙合凝結以生底物事，此則合得停匀，結得清爽，終留不失，使人別於物之蒙昧者也。德者有得之謂，人得之以爲人也。繇有此明德，故知有其可致而致之，意有其不可欺而必誠焉，心有所取正以爲正，而其所著，發於四肢，見於事業者，則身修以應家國天下矣。明德唯人有之，則已專屬之人。屬之人，則不可復名爲性。性者，天人授受之總名也。故朱子直以爲心。而以其所自得者則亦性也，故又舉張子「統性情」之言以明之。乃既以應萬事，則兼乎情，上統性而不純乎性矣。

性自不可拘蔽。儘人拘蔽他，終奈他不何，有時還迸露出來。如乍見孺子入井等。即不迸露，其理不失。既不可拘蔽，則亦不可加以明之之功。心便扣定在一人身上，受拘之故。又會敷施翕受，受蔽之故。所以氣稟得以拘之，物欲得以蔽之，而格、致、誠、正亦可施功以復其明矣。

二

朱子「心屬火」之說，單舉一臟，與肝脾肺腎分治者，其亦泥矣。此處說心，則五臟五官，四肢百骸，一切「虛靈不昧」底都在裏面。如手能持等。「虛」者，本未有私欲之謂也。不可云如虛空。「靈」者，曲折洞達而咸善也。尚書靈字，只作善解，孟子所言仁術，此也，不可作機警訓。「不昧」有初終、表裏二義：初之所得，終不昧之；於表有得，裏亦不昧。不可云常惺惺。只此三義，「明」字之旨已盡，切不可以光訓「明」。

孟子曰：「日月有明，容光必照焉。」明自明，光自光。如鏡明而無光，火光而不明，內景外景之別也。「明德」只是體上明，到「致知」知字上，則漸繇體達用，有光義矣。

三

「舊染之汚」有二義，而暴君之風化、末世之習俗不與焉。大學之道，初不爲承亂之君師言也。一則民自少至長，不承德教，只索性流入汚下去。一則人之爲善，須是日遷，若偶行一善，自恃爲善人，則不但其餘皆惡，卽此一善，已挾之而成驕陵。故傳云「日新」，云「作新」，皆有更進、重新之意。

新安引書「舊染汚俗，咸與惟新」以釋此，則是過泥出處而成滯累。如湯之自銘「日新」也，豈亦染桀之汚俗乎？况書云「咸與惟新」，只是除前不究意，與此何干？

四

「必至於是」是未得求得，「不遷」是已得勿失。「止於至善」須一氣讀下，歸重「至善」一「至」字。言必到至善地位，方是歸宿，而既到至善地位，不可退轉也。朱子以「不能守」反「不遷」，最爲明切。此中原無太過，只有不及。語錄中作無太過不及說，自不如章句之當。蓋既云至善，則終無有能過之者也。

或疑明德固無太過之慮，若新民，安得不以過爲防？假令要民爲善，教格過密，立法過峻，豈非太過？然使但向事跡上論，則明德亦將有之。如去私欲而至於絕婚宦，行仁而從井救人，立義而爲宰辭粟，亦似太過。不知格物、致知、正心、誠意以明明德，安得有太過？

補傳云「即凡天下之物，莫不因其已知之理而益窮之，以求至乎其極」，何等繁重！誠意傳云「如惡惡臭，如好好色」，何等峻切！而有能過是以爲功者乎？

新民者，以孝、弟、慈齊家而成教於國，須令國人皆從而皆喻。又如仁人於妨賢病國之人，乃至迸諸四夷，不與同中國。舉賢唯恐不先，退不善唯恐不遠，則亦鰓鰓然惟不及之爲憂，安得遽防太過，而早覓休止乎？「如切如磋，如琢如磨」，是學問中精密之極致；親賢樂利，須漸被於沒世後之君子小人而不窮。柰何訓止爲歇息，而棄「至善」至字於不問耶？或問云「非可以私意苟且而爲」，盡之矣。

五

「在」云者，言大學教人之目雖有八，其所學之事雖繁重廣大，而約其道則在三者也。大學一篇，乃是指示古之大學教人之法，初終條理一貫之大旨，非夫子始爲是書建立科條，以責學者。

章句三「當」字，是推開論理。張氏曰「在猶當也」，鹵莽甚矣。藉令以此教學者「當明明德」，亦令彼茫然不知從何處明起。

六

黃氏說「氣禀所拘有分數，物欲所蔽則全遮而昏」。不知物欲之蔽，亦有分數。如淫聲淺而美色深者，則去耳之欲亦易，未全昏也。

曾見魏黨中有一二士大夫，果然不貪。他只被愛官做一段私欲，遮卻羞出倖門一段名義，卻於利輕微，所以財利蔽他不得；而其臨財毋苟得一點良心，也究竟不曾受蔽。此亦分數偏全之不齊也。

七

朱子說「定、靜、安、慮、得是功效次第，不是工夫節目」。謂之工夫，固必不可。乃所謂功效者，只是做工夫時自喻其所得之效，非如中庸形、著、明、動，逐位各有事實。故又云：「纔知止，自然相因而見。」

總之，此五者之效，原不逐段歇息見功，非今日定而明日靜也。自「知止」到「能得」，徹首徹尾，五者次見而不舍。合而言之，與學相終始；分而言之，格一物亦須有五者之效方格得，乃至平天下亦然。又格一易格之物，今日格之而明日已格，亦然。戒一念之欺，自其念之起，至於念之成，亦無不然。若論其極，則自始教「格物」，直至「明明德於天下」，自「欲明明德於天下」立志之始，乃至天下可平，亦只於用功處見此五者耳。爲學者當自知之。

「知止」是知道者明德新民底全體大用，必要到此方休。節云知止，具云知止於至善。「定」則於至善中曲折相因之致，委悉了當。內不拘小身心意知而喪其用，外不侈大天下國家而喪其體，十分大全，一眼覷定，則定理現，故曰有定。定體立矣。偏曲之學，功利之術，不足以搖之，從此下手做去，更無移易矣。此卽從「知止」中得，故曰：「纔知止，自然相因而見。」

後四者其相因之速亦然。就此下手做去時，心中更無恐懼疑惑，卽此而「心不妄動」，是謂之靜。妄動者，只是無根而動。大要識不穩，故氣不充，非必有外物感之。如格一物，正當作如是解，卻無故若警若悟，而又以爲不然，此唯定理不見，定志不堅也。若一定不易去做，自然不爾，而氣隨志靜，專於所事以致其密用矣。唯然，則身之所處，物之來交，無不順而無不安，靜以待之故也。如好善如好好色，則善雖有不利，善雖不易好，而無往不安心於好。此隨舉一條目，皆可類推得之。要唯靜者能之，心不內動，故物亦不能動之也。

慮而云「處事精詳」者，所謂事，卽求止至善之事也。所以謂之事者，以學者所處之事，無有出於明德新民之外也。纔一知當止於至善，卽必求至焉；而求止至善，必條理施爲，精詳曲至。唯內不妄動，而於外皆順，則條理粲然，無復疎脫矣。不亂於外，故能盡於其中也。

於內有主，於外不疑，條理旣得，唯在決行之而已矣。行斯得矣。一日具知，則慮而得可見於一日之閒；終身不舍，則定靜安相養於終身之久要。則定靜安慮相因之際，不無相長之功，而不假更端之力。惟至於得，則篤行之事，要終而亦𢽾始。故或問云「各得其所止之地而止之」，「而止之」三字在能得後。亦明非得之爲盡境也。

九

朱子於正心之心，但云「心者身之所主也」，小註亦未有委悉及之者，將使身與意中閒一重本領，不得分明。非曰「心者身之所主也」其說不當，但止在過關上著語，而本等分位不顯，將使卑者以意爲心，而高者以統性情者言之，則正心之功，亦因以無實。

夫曰正其心，則正其所不正也，有不正者而正始爲功。統性情之心，虛靈不昧，何有不正，而初不受正。抑或以以視、以聽、以言、以動者爲心，則業發此心而與物相爲感通矣，是意也，誠之所有事，而非正之能爲功者也。蓋以其生之於心者傳之於外，旋生旋見，不留俄頃，卽欲正之，而施功亦不徹也。

蓋曰「心統性情」者，自其所含之原而言之也。乃性之凝也，其形見則身也，其密藏則心也。是心雖統性，而其自爲體也，則性之所生，與五官百骸並生而爲之君主，常在人胸臆之中，而有爲者則據之以爲志。故欲知此所正之心，則孟子所謂志者近之矣。

惟夫志，則有所感而意發，其志固在，無所感而意不發，其志亦未嘗不在，而隱然有一欲爲可爲之體，於不睹不聞之中。欲修其身者，則心亦欲修之。心不欲修其身者，非供情欲之用，則直無之矣。傳所謂「視不見，聽不聞，食不知味」者是已。大唯有其心，則所爲視、所爲聽、所欲言、所自動者，胥此以爲之主。惟然，則可使正，可使不正，可使浮寄於正不正之閒而聽命於意焉。不於此早授之以正，則雖善其意，而亦如雷龍之火，無恆而易爲起滅，故必欲正其心者，乃能於意求誠。乃於以修身，而及於家、國、天下，固無本矣。

夫此心之原，固統乎性而爲性之所凝，乃此心所取正之則；而此心既立，則一觸卽知，效用無窮，百爲千意而不迷其所持。故大學之道，必於此授之以正，旣防閑之使不向於邪，又輔相之使必於正，而無或倚靡無託於無正無不正之交。當其發爲意而恆爲之主，則以其正者爲誠之則。中庸所謂「無惡於志」。當其意之未發，則不必有不誠之好惡用吾愼焉，亦不必有可好可惡之現前驗吾從焉；而恆存恆持，使好善惡惡之理，隱然立不可犯之壁壘，帥吾氣以待物之方來，則不睹不聞之中，而修齊治平之理皆具足矣。此則身意之交，心之本體也；此則脩誠之際，正之實功也。故曰「心者身之所主」，主乎視聽言動者也，則唯志而已矣。

一〇

朱子說「格物、致知只是一事，非今日格物，明日又致知」，此是就者兩條目發出大端道理，非竟混致知、格物爲一也。正心、誠意，亦非今日誠意，明日又正心。乃至平天下，無不皆然，非但格致爲爾。

若統論之，則自格物至平天下，皆止一事。如用人理財，分明是格物事等。若分言之，則格物之成功爲物格，「物格而后知至」，中閒有三轉折。藉令槩而爲一，則廉級不清，竟云格物則知自至，竟删抹下「致」字一段工夫矣。

若云格物以外言，致知以內言，內外異名而功用則一，夫物誠外也，吾之格之者而豈外乎？功用既一，又云「致知在格物」，則豈可云格物在格物，致知在致知也？

今人說誠意先致知，咸云知善知惡而後可誠其意，則是知者以知善知惡言矣。及說格物致知，則又云知天下之物，便是致知。均一致知，而隨上下文轉，打作兩橛，其迷謬有如此者。

至如或問小註所引語錄，有謂「父子本同一氣，只是一人之身分成兩個」爲物理，於此格去，則知子之所以孝，父之所以慈。如此迂誕鄙陋之說，必非朱子之言而爲門人所假託附會者無疑。天下豈有欲爲孝子者，而癡癡呆呆，將我與父所以相親之故去格去致，必待曉得當初本一人之身，而後知所以當孝乎？卽此一事求之，便知吾心之知，有不從格物而得者，而非卽格物卽致知審矣。

且如知善知惡是知，而善惡有在物者，如大惡人不可與交，觀察他舉動詳細，則雖巧於藏奸，而無不洞見；如砒毒殺人，看本草，聽人言，便知其不可食：此固於物格之而知可至也。至如吾心一念之非幾，但有媿於屋漏，則卽與蹠爲徒；又如酒肉黍稻本以養生，只自家食量有大小，過則傷人：此若於物格之，終不能知，而唯求諸己之自喻，則固分明不昧者也。

是故孝者不學而知，不慮而能，慈者不學養子而後嫁，意不因知而知不因物，固矣。唯夫事親之道，有在經爲宜，在變爲權者，其或私意自用，則且如申生、匡章之陷於不孝，乃藉格物以推致其理，使無纖毫之疑似，而後可用其誠。此則格致相因，而致知在格物者，但謂此也。

天下之物無涯，吾之格之也有涯。吾之所知者有量，而及其致之也不復拘於量。顏子聞一知十，格一而致十也。子貢聞一知二，格一而致二也。必待格盡天下之物而後盡知萬事之理，既必不可得之數。是以補傳云「至於用力之久，而一旦豁然貫通焉」，初不云積其所格，而吾之知已無不至也。知至者，「吾心之全體大用無不明」也。則致知者，亦以求盡夫吾心之全體大用，而豈但於物求之哉？孟子曰：「梓匠輪輿，能與人規矩，不能使人巧。」規矩者物也，可格者也；巧者非物也，知也，不可格者也。巧固在規矩之中，故曰「致知在格物」；規矩之中無巧，則格物、致知亦自爲二，而不可偏廢矣。

大抵格物之功，心官與耳目均用，學問爲主，而思辨輔之，所思所辨者皆其所學問之事。致知之功則唯在心官，思辨爲主，而學問輔之，所學問者乃以決其思辨之疑。「致知在格物」，以耳目資心之用而使有所循也，非耳目全操心之權而心可廢也。朱門諸子，唯不知此，反貽鵝湖之笑。乃有數字句、彙同異以爲學，如朱氏公遷者。嗚呼！以此爲致知，恐古人小學之所不暇，而況大學乎？勿軒熊氏亦然。

二

大學於治國平天下，言教不言養。蓋養民之道，王者自制爲成憲，子孫守之，臣民奉之。入官守法，仕者之所遵，而非學者之事，故大學不以之立教。所云厚薄，如論語「躬自厚而薄責於人」之旨，卽所謂「其家不可敎而能教人者無之」也。其云以推恩之次第言者，非是。

傳第一章

章句云：「明命卽天之所以與我，而我之所以爲德者。」須活看一「卽」字。如「性卽理也」，倘刪去「卽」字，而云「性理也」，則固不可。卽者，言卽者個物事，非有異也。

當有生之初，天以是命之爲性；有生以後，時時處處，天命赫然以臨於人，亦只是此。蓋天無心成化，只是恁地去施其命令，總不知道。人之初生而壯、而老、而死，只妙合處遇可受者便成其化。在天既無或命或不命之時，則在人固非初生受命而後無所受也。孟子言「順受其正」，原在生後。彼雖爲禍福之命，而既已云「正」，則是理矣，理則亦明命矣。若以爲初生所受之命，則必凝滯久留而爲一物。朱子曰：「不成有一物可見其形象。」又曰：「無時而不發現於日用之閒。」其非但爲初生所受明矣。吳季子專屬之有生之初，乃不達朱子之微言。使然，則湯常以心目注想初生時所得，其與參本來面目者，相去幾何耶？

愚於周易尚書傳義中，說生初有天命，向後日日皆有天命，天命之謂性，則亦日日成之爲性，其說似與先儒不合。今讀朱子「無時而不發現於日用之閒」一語，幸先得我心之所然。

傳第二章

君德可言新，於民不可言明。「明明德於天下」，固如朱子所云「規模須如此」，亦自我之推致而言，非實以其明明德者施教於民也。新則曰「作新」，則實以日新之道鼓舞之矣。明是復性，須在心意知上做工夫。若民，則勿論誠正，卽格物亦斷非其所能。新只是脩身上，止除卻身上一段染汙，卽日新矣。故章句釋盤銘，亦曰「舊染之汙」。但在湯所謂染汙者細，民之所染汙者麤。且此亦湯爲銘自警之詞，固無妨非有染汙而以染汙爲戒。

傳第三章

一

「敬」字有二義：有所施敬而敬之敬是工夫，若但言敬而無所施，乃是直指心德之體。故先儒言「主敬」，言「持敬」，工夫在「主」、「持」二字上。敬爲德體，而非言畏言愼之比。章句云「無不敬」，猶言無不仁，無不義。現成下一「敬」字，又現成統下一「止」字，故又曰「安所止」，皆贊其已成之德。工夫只在「緝熙」上。「緝熙」者，卽章句所謂「常目在之」，傳所謂「日日新，又日新」也。

緜其天理恆明，昏汙淨盡，則實理存於心，而莊敬日彊。緜其莊敬日彊，而欲無不淨，理無不明，則德造其極而無所遷退。此「緝熙敬止」相因之序也。

敬但在心體上說，止則在事上見。仁敬孝慈信，皆「安所止」之事也。緝熙者，明新之功。敬止者，明新之效。熙而緝，則不已於明新，而必止於至善也。無不敬而止之安，則明新不已，而既止於至善矣。實釋「在止於至善」意，喫緊在「緝熙」二字。諸家拈「敬止」作主者非是。

二

朱子謂恂慄威儀爲成就後氣象，拈出極精。其又云「嚴敬存乎中，光輝著乎外」，「存」字但從中外上與「著」字爲對，非若「存心」、「存誠」之「存」，爲用力存之也。既云「存乎中」，又云「氣象」，此亦大不易見。唯日近大人君子，而用意觀之，則「存乎中」者，自有其氣象，可望而知耳。

所以知恂慄之爲氣象，而非云存恂慄於中者，以學脩之中原有嚴密學脩皆有。武毅脩之功，不待更詠瑟僩。且詩云「瑟兮僩兮」，「兮」之爲義，固爲語助，而皆就旁觀者可見可聞，寓目警心上說。如「挑兮達兮」、「侈兮哆兮」、「發兮揭兮」之類，皆是。其藏於密而致存養之功者，不得以「兮」詠歎之。

此「恂慄」字，與上「敬」字略同，皆以言乎已成之德。但彼言敬，看文王處較深遠闊大，在仁敬孝慈信之無貳無懈上說；此以「瑟兮僩兮」詠「恂慄」，專於氣象上相喻耳。

「恂慄」二字，與「威儀」一例，雖俱爲氣象之善者，而所包亦廣。「恂慄」而不能「瑟兮僩兮」者有之矣，唯此君子之「恂慄」爲「瑟兮僩兮」，所以爲存中氣象之至善。詠學脩放此，亦道此君子學脩之精密，如切如磋，如琢如磨，極其至也。止此一氣象，其嚴密武毅者則屬「恂慄」，其宣著盛大者則屬「威儀」。章句兩「貌」字，是合併寫出，一人不容有二貌也。

但其宣著盛大者，多在衣冠舉動上見，衣冠如「襜如也」之類。嚴密武毅則就神情氣魄上見。徒有其威儀，而神情嚴密。氣魄，武毅。或疎或弛，則以知其非根心所生之色，故以「存乎中」言之。然亦有神情氣魄不失有道者之色，而舉動周旋，或脱略而不一中於禮，則其感人者不著不盛，故又須威儀之宣著盛大有以傳之，方是至善。

補傳

凡大全所輯無關疑義者，則不復著説，故第四章傳闕。中庸、論語、孟子如此類者尤多。

小註謂「已知之理」，承小學説來，此乃看得朱子胸中原委節次不妄處。乃既以小學所習爲已知之理，則亦洒掃應對進退之當然，禮樂射御書數之所以然者是也。以此求之，傳文「天下之物莫不有理」八字，未免有疵。只此洒掃應對進退、禮樂射御書數，約略旁通，已括盡脩齊治平之事。自此以外，天下之物，固莫不有理，而要非學者之所必格。若遇一物而必窮之，則或如張華、段成式之以成其記誦詞章之俗儒，或且就翠竹黄花、燈籠露柱索覓神通，爲寂滅無實之異端矣。

傳第六章

一

先儒分致知格物屬知，誠意以下屬行，是通將大學分作兩節。大分段處且如此說，若逐項下手工夫，則致知格物亦有行，誠意以下至平天下亦無不有知。

格致有行者，如人學弈碁相似，但終日打譜，亦不能盡達殺活之機；必亦與人對弈，而後譜中譜外之理，皆有以悉喻其故。且方其迸著心力去打譜，已早屬力行矣。

蓋天下之事，固因豫立，而亦無先知完了方纔去行之理。使爾，無論事到身上，繇你從容去致知不得；便儘有暇日，揣摩得十餘年，及至用時，不相應者多矣。如爲子而必誠於孝，觸目警心，自有許多痛癢相關處，隨在宜加細察，亦硬靠著平日知道的定省溫凊樣子做不得。是故致知之功，非抹下行之之功於不試，而姑儲其知以爲誠正之用。是知中亦有行也。

知此，則誠意以下亦有知之之功，亦可知矣。如意纔起處，其爲善爲惡之分界有顯然易別者，夙昔所致之知可見其效，而無待於更審矣。其疑善疑惡，因事幾以決，亦有非夙昔之可豫知者。則方愼之際，其加警省而爲分別也，亦必用知。

卽以好好色惡惡臭言之。起念好惡時，惺然不昧，豈不屬知？好而求得，惡而求去，方始屬行。世豈有在心意上做工夫，而死守舊聞，一直做去，更不忖度之理？使然，非果敢而窒者，則亦硜硜之小人而已。

大要致知上總煞分明，亦只是大端顯現；研幾審理，終其身而無可輟也。倘云如白日麗天，更無勞其再用照燭，此聖神功化極致之所未逮，而況於學者？而方格致之始，固事在求知，亦終不似俗儒之記誦講解以爲格物，異端之面壁觀心以爲致知，乃判然置行於他日，而姑少待之也。

知此，則第六章傳章句所云「己所獨知」，第八章傳文所云「知惡」、「知美」之類，皆行中之知，無待紛紜爭誠意之功在致知前、致知後矣。經言先後，不言前後。前後者，昨今之謂也。先後者，緩急之謂也。

二

或問云：「無不好者拒之於內，無不惡者挽之於中。」夫好惡而必聽命於中之所爲主者，則亦必有固好者挽之於內，固惡者拒之於中矣。

傳文原非以「毋自欺」爲「誠其意」硬地作註腳，乃就意不誠者轉念之弊而反形之。自欺是不誠。若無不誠，亦須有誠。要此誠意之功，則是將所知之理，遇著意發時撞將去，敎他喫個滿懷；及將吾固正之心，喫緊通透到吾所將應底事物上，符合穿徹，敎吾意便從者上面發將出來，似竹筍般始終是者個則樣。如此撲滿條達，一直誠將去，更不敎他中間招致自欺，便謂之毋自欺也。

傳者只爲「誠其意」上更無可下之語，只說誠意已足。故通梢說個「毋自欺」。章句云「毋者禁止之辭」，如今郡縣禁止詞訟，只是不受，非拏著來訟者以刑罰治之也。不然，虛內事外，只管把者意揀擇分派，此爲非自欺而聽其發，此爲自欺而遏絕之，勿論意發於倉卒，勢不及禁，而中心交戰，意爲之亂，抑不能滋長善萌。況乎內無取正之則、篤實之理爲克敵制勝之具，豈非張空拳而入白刃乎？經傳皆云「誠其意」，不云「擇其意」、「嚴其意」，後人蓋未之思耳。

但當未有意時，其將來之善幾惡幾，不可預爲擬制，而務於從容涵養，不可急迫迫地逼教好意出來。及其意已發而可知之後，不可强爲補飾，以涉於小人之揜著。故待己所及知，抑僅己所獨知之時而加之愼。實則以誠灌注乎意，徹表徹裏，徹始徹終，彊固精明，非但於獨知而防之也。

愼字不可作防字解，乃縝密詳謹之意。惡惡臭，好好色，豈有所防哉？無不好，無不惡，卽是愼。蓋此誠字，雖是用功字，原不與僞字對；僞者，欺人者也。乃與不誠爲對；如中庸言「不誠無物」之不誠。不誠則或僞，僞不僅於不誠。不誠者，自欺者也；不誠則自欺，自欺則自體不成，故無物。若僞，則反有僞物矣。總爲理不滿足，所以大槩說得去、行得去便休。

詩云「何有何亡，黽勉求之」，只爲是個貧家，所以扯拽教過。若誠其意者，須是金粟充滿，而用之如流水，一無吝嗇，則更不使有支撐之意耳。此則愼獨爲誠意扣緊之功，而非誠意之全恃乎此，及人所共知之後，遂無所用其力也。雖至人所共知，尙有有其意而未有其事之時。意中千條百緒，統名爲意。

只爲意不得誠，沒柰何只索自欺。平常不肯開者自欺一條活路，則發意時所以力致其誠者，當何如敦篤也。故誠意者必不自欺，而預禁自欺者亦誠意之法，互相爲成也。

三

惡惡臭，好好色，是誠之本體。誠其意而毋自欺，以至其用意如惡惡臭、好好色，乃是工夫至到，本體透露。將此以驗吾之意果誠與否則可，若立意要如此，而徑以如惡惡臭、如好好色，則直是無下手處。

好好色、惡惡臭者，已然則不可按遏，未然則無假安排，是以得謂之誠。其不爾者，如閹宦之不好色，鼽窒人之不惡臭，豈有所得用其力哉？

四

章句之說，與或問異。看來，或問於傳文理勢較順。傳云「此之謂自謙」，明是指點出誠好誠惡時心體，非用功語。章句中「務」字、「求」字，於語勢既不符合，不如或問中「旣如此矣」「則庶乎」七字之當。或問雖有「而須臾之頃，纖芥之微，念念相承，無少間斷」一段，自以補傳意之所必有，非於此始著力，如章句「務決去，求必得」之喫緊下工夫也。其云「內外昭融，表裏澄徹」，正是自謙時意象；而心正身脩，直自謙者之所得耳。如此，則「故君子」一「故」字亦傳遞有因，不爾，亦鶻突不分明矣。此文勢順不順之分也。

若以理言，章句云「使其惡惡則如惡惡臭，好善則如好好色」，所謂使者，制之於此而彼自聽令乎？抑處置有權而俾從吾令乎？若制之於此而彼自聽令，是亦明夫非「決去、求得」之爲功矣。如處置有權而「務決去之」、「求必得之」，竊恐意之方發，更不容人逗留而施其挾持也。

且求善去惡之功，自在既好既惡之餘，脩身之事，而非誠意之事。但云好好色、惡惡臭，則人固未有務惡惡臭、求好好色之理。意本不然而強其然，亦安得謂之誠耶？子夏入見聖道之時，非不求必得也。而唯其起念之際，非有根心不已之誠，意根心便是誠。則出見紛華而意移。繇此言之，求必得者，固不能如好好色矣。

章句爲初學者陷溺已深，尋不著誠意線路，開此一法門，且教他有入處。若大學徹首徹尾一段大學問，則以此爲助長無益之功，特以「毋自欺」三字示以警省反觀之法，非扣緊著好惡之末流以力用其誠也。

唯誠其意而毋自欺，則其意之好善惡惡也，如惡惡臭，如好好色，無乎不誠，而乃可謂之自謙。故君子必愼其獨，以致其誠之之功焉。本文自如此說，固文順而理安也。

「自謙」云者，意誠也，非誠其意也。故或問以「內外昭融」一段，接遞到心正身脩上，與經文「意誠而后心正」二句合轍，而非以釋經文「欲正其心者先誠其意」之旨。此之不察，故難免於惑亂矣。

小註中有「要自謙」之語，須活看。若要自謙，須愼獨，須毋自欺，須誠其意。不然，雖欲自謙，其將能乎？

五

「自欺」、「自謙」一「自」字，章句、或問未與分明拈出。或問云「苟焉自欺，而意之所發有不誠者」，將在意上一層說，亦微有分別。此自字元不與人相對。其立一欺人以相對者，全不惺忪之俗儒也，其謬固不待破。且自欺既爾，其於自謙也，亦可立一謙人之名以相形乎？

不爾，則必以意爲自。雖未見有顯指意爲自者，然夫人胸中若有所解，而憚出諸口，則亦曰意而已矣。苟以意爲自，則欺不欺，慊不慊，既一意矣，毋自欺而自謙，又別立一意以治之，是其爲兩意也明甚。若云以後意治前意，終是亡羊補牢之下策。過後知悔，特良心之發見，而可云誠意而意誠哉？況其所發之意而善也，則已早無所欺矣；如其所發而不善也，此豈可使之謙焉快足者乎？

今以一言斷之曰：意無恆體。無恆體者，不可執之爲自，不受欺，而亦無可謙也。乃旣破自非意，則必有所謂自者。此之不審，苟務深求，於是乎「本來面目」、「主人翁」、「無位眞人」，一切邪說，得以乘閒惑人。聖賢之學，旣不容如此，無已，曷亦求之經、傳乎？則愚請破從來之所未破，而直就經以釋之曰：所謂自者，心也，欲脩其身者所正之心也。蓋心之正者，志之持也，是以知其恆存乎中，善而非惡也。心之所存，善而非惡。意之已動，或有惡焉，以陵奪其素正之心，則自欺矣。意欺心。唯誠其意者，充此心之善，以灌注乎所動之意而皆實，則吾所存之心周流滿愜而無有餒也，此之謂自謙也。意謙心。

且以本傳求之，則好好色、惡惡臭者，亦心而已。意或無感而生，如不因有色現前而思色等。心則未有所感而不現。如存惻隱之心，無孺子入井事則不現等。好色惡臭之不當前，人則無所好而無所惡。雖妄思色，終不作好。意則起念於此，而取境於彼。心則固有焉而不待起，受境而非取境。今此惡惡臭、好好色者，未嘗起念以求好之惡之，而亦不往取焉，特境至斯受，因以如其好惡之素。且好則固好，惡則固惡，雖境有閒斷，因伏不發，而其體自恆，是其屬心而不屬意明矣。

傳之釋經，皆以明其條理之相貫，前三章雖分引古以徵之，第四章則言其相貫。故下云「誠中形外」、「心廣體胖」，皆以明夫意爲心身之關鑰，意居心身之介，此不可泥經文爲次。而非以戒欺求謙爲誠意之實功。藉云戒欺求謙，則亦資以正其心，而非以誠其意。故章末云：「故君子必誠其意。」猶言故欲正其心者，必誠其意。以心之不可欺而期於謙，則不得不誠其意，以使此心終始一致，正變一揆，而無不慊於其正也。即中庸所謂「無惡於志」。

夫唯能知傳文所謂自者，則大義貫通，而可免於妄矣。故亟爲顯之如此，以補先儒之未及。

六

小人之「厭然揜其不善而著其善」，固不可謂心之能正，而亦心之暫欲正者也。特其意之一於惡，則雖欲使其暫欲正之心得附於正而終不能。以此推之，則君子之欲正其心者，意有不誠，雖欲恃其素正而無不正，其終不能亦審矣。故君子欲正其心，必慎其獨。「閒居」，獨也。「無所不至」，不慎之下流也。「如見其肺肝」者，終無有諒其忸怩知愧之心，而心爲意累，同入於惡而不可解也。

今以揜著爲自欺欺人，迹則似矣。假令無所不至之小人，並此揜著之心而無之，是所謂「笑罵繇他笑罵，好官任我爲之」者，表裏皆惡，公無忌憚，而又豈可哉？蓋語君子自盡之學，則文過爲過之大，而論小人爲惡之害，則猶知有君子而揜著，其惡較輕也。

總以此一段傳文，特明心之權操於意，而終不與上「自欺」、「自謙」相對。況乎欺之爲義，謂因其弱而陵奪之，非揜蓋和哄之謂。如石勒言「欺人孤兒寡婦」，豈和哄人孤兒寡婦耶？厭然揜著，正小人之不敢欺君子處。藉不揜不著，則其欺陵君子不更甚乎？小人既非欺人，而其志於爲惡者，求快求足，則尤非自欺。則朱子自欺欺人之說，其亦疎矣。

七

三山陳氏謂心爲內，體爲外，繇心廣故體胖。審爾，則但當正心，無問意矣。新安以心廣體胖爲誠意者之形外，其說自正。

若不細心靜察，則心之爲內也固然。乃心內身外，將位置意於何地？夫心內身外，則意固居內外之交。是充繇內達外之說，當繇心正而意誠，意誠而身脩，與經文之序異矣。今既不爾，則心廣亦形外之驗也。心廣既爲形外之驗，則於此言心爲內者，其粗疎不審甚矣。

蓋中外原無定名，固不可執一而論。自一事之發而言，則心未發，意將發，心靜爲內，意動爲外。又以意之肖其心者而言，則因心發意，心先意後，先者爲體於中，後者發用於外，固也。

然意不盡緣心而起，則意固自爲體，而以感通爲因。故心自有心之用，意自有意之體。人所不及知而己所獨知者，意也。心則己所不睹不聞而恆存矣。乃己之睹聞，雖所不及而心亦在。乃既有其心，如好惡等，皆素志也。則天下皆得而見之，是與夫意之爲人所不及知者較顯也。故以此言之，則意隱而心著，故可云外。

體胖之效，固未必不因心廣，而尤因乎意之已誠。若心廣之形焉而見效者，則不但體胖也。禹「惡旨酒而好善言」，武王「不泄邇，不忘遠」，其居心之遠大而無拘累，天下後世皆具知之，豈必驗之於體之胖哉？小人之爲不善而人見其肺肝，亦心之形見者也。不可作意說。故形於外者，兼身心而言也。

八

「十目所視」一段，唯雲峰胡氏引中庸「莫見乎隱」一節以證此，極爲脗合。章句謂此承上文而言。乃上文所引小人之爲不善，特假以徵誠中形外之旨，而業已以「故君子愼其獨也」一句結正之，則不復更有餘意。愼獨之學，爲誠意者而發，亦何暇取小人而諄諄戒之耶？

且小人之揜著，特其見君子則然耳，若其無所不至，初不畏天下之手目也。況爲不善而無所不至矣，使其能逃天下之手目，亦復何補？「何益」云者，言揜著之心雖近於知恥，而終不足以蓋其愆，豈以幸人之不知爲有益哉？既非幸人之不知爲有益，則手目之指視，不足爲小人戒也。

且云「無所不至」，則非但有其意，而繁有其事矣，正萬手萬日之共指共視，而何但於十？藉云「閒居」者獨也，固人所不及知也；則夫君子之愼獨也，以人所不及知而已獨知之，故其幾尙託於靜，而自喻最明。若業已爲十目十手之所指視，則人皆知之矣，而何名爲獨？凡此皆足以徵章句之疎矣。

中庸云「莫見乎隱，莫顯乎微」，謂君子之自知也。此言十目十手，亦言誠意者之自知其意。如一物於此，十目視之而無所遁，十手指之而無所匿，其爲理爲欲，顯見在中，纖毫不昧，正可以施愼之之功。故曰：「其嚴乎！」謂其尙於此而謹嚴之乎！能致其嚴，則心可正而身可脩矣。其義備中庸說中，可參觀之。

傳第七章

一

程子謂「忿懥、恐懼、好樂、憂患，非是要無此數者，只是不以此動其心」，乃探本立論，以顯實學，非若後人之逐句求義而不知通。

不動其心，元不在不動上做工夫。孟子曰：「不動心有道。」若無道，如何得不動？其道固因乎意誠，而頓下處自有本等當盡之功，故程子又云：「未到不動處，須是執持其志。」不動者，心正也；執持其志者，正其心也。大全所輯此章諸說，唯「執持其志」四字分曉。朱子所稱「敬以直內」，尚未與此工夫相應。

逐句求義者見傳云「有所忿懥則不得其正」，必疑謂無所忿懥而後得其正。如此戲論，朱子亦既破之矣，以其顯爲悖謬也。而又曰「湛然虛明，心如太虛，如鏡先未有象，方始照見事物」，則其所破者用上無，而其所主者體上無也。體用元不可分作兩截，安見體上無者之賢於用上無耶？況乎其所謂「如一箇鏡，先未有象」，虛明之心固如此矣。卽忿懥等之「不得其正」者，豈無事無物時，常懷著忿懼樂患之心？天下乃無此人。假令有無可忿當前而心恆懊惱，則亦病而已矣。是則「不得其正」者，亦先未有所忿懥，而因所感以忿懥耳。若其正者則樂多良友，未得其人而展轉顧見；憂宗國之淪亡，覆敗無形，而耿耿不寐，亦何妨於正哉？

又其大不可者，如云「未來不期，已過不留，正應事時不爲繫縛」，此或門人增益朱子之言，而非定論。不然，則何朱子顯用佛氏之邪說而不恤耶？佛氏有「坐斷兩頭，中間不立」之說，正是此理。彼蓋謂大圓智鏡，本無一物，而心空及第，乃以隨緣赴感，無不周爾。迨其末流，不至於無父無君而不止。大學之正其心以脩齊治平者，豈其然哉？既欲其虛矣，又欲其不期、不留而不繫矣，則其於心也，但還其如如不動者而止，而又何事於正？故釋氏之談心，但云明心、了心、安心、死心，而不言正。何也？以苟欲正之，則已有期、有留、有繫，實而不虛也。今有物於此，其位有定向，其體可執持，或置之不正而後從而正之。若窅窅空空之太虛，手揶不動，氣吹不移，則從何而施其正？且東西南北，無非太虛之位，而又何所正耶？

用「如太虛」之說以釋「明明德」，則其所爭，尙隱而難見。以此言「明」，則猶近老氏「虛生白」之旨。以此言「正心」，則天地懸隔，一思而卽知之矣。故程子直以孟子持志而不動心爲正心，顯其實功，用昭千古不傳之絕學，其功偉矣。

孟子之論養氣，曰「配義與道」。養氣以不動心，而曰「配義與道」，則心爲道義之心可知。以道義爲心者，孟子之志也。持其志者，持此也。夫然，而後卽有忿懥、恐懼、好樂、憂患，而無不得其正。何也？心在故也。而耳目口體，可得言脩矣。此數句正從傳文反勘出。

傳者於此章，只用半截活文，寫出一心不正、身不脩之象，第一節心不正之象。以見身心之一貫。故章首云「所謂脩身在正其心者」，章末云「此謂脩身在正心」，但爲兩「在」字顯現條理，以見欲脩其身者，不可竟於身上安排，而大學正心之條目，非故爲迂玄之教。若正心工夫，則初未之及，誠意脩身等傳，俱未嘗實說本等工夫。固不以無所忿懥云云者爲正之之功，而亦不以致察於四者之生，使不以累虛明之本體爲正也。

夫不察則不正，固然矣。乃慮其不正而察之者，何物也哉？必其如鑑如衡而後能察，究竟察是誠意事。則所以能如鑑如衡者，亦必有其道矣。故曰「不動心有道」也。

蓋朱子所說，乃心得正後更加保護之功，此自是誠意以正心事。而非欲脩其身者，爲吾身之言行動立主宰之學。故一則曰「聖人之心瑩然虛明」，一則曰「至虛至靜，鑑空衡平」，終於不正之繇與得正之故，全無指證。則似朱子於此「心」字，尚未的尋落處，不如程子全無忌諱，直下「志」字之爲了當。此「心」字在明德中，與身、意、知各只分得一分，不可作全體說。若云至虛至明，鑑空衡平，則只消說個正心，便是明明德，不須更有身、意、知之妙。其引伸傳文，亦似誤認此章實論正心工夫，而於文義有所不詳。蓋刻求工夫而不問條理，則將並工夫而或差矣。

今看此書，須高著眼，籠著一章作一句讀，本文「所謂」、「此謂」，原是一句首尾。然後知正心工夫之在言外，而不牽文害義，以虛明無物爲正。則程子之說，雖不釋本文，而大義已自無遺。傳蓋曰：所謂「脩身在正其心」者，以凡不能正其心者，一有所忿懥、恐懼、好樂、憂患，則不得其正矣，意不動尚無敗露，意一動則心之不正者遂現。唯其心不在也。持之不定，則不在意發處作主。心不在焉，而不見、不聞、不知味，則雖欲脩其身而身不聽，此經所謂「脩身在正其心」也。

釋本文。

「不得其正」，心不正也，非不正其心。「不見」、「不聞」、「不知味」，身不受脩也，非身不脩也。「心不在」者，孟子所謂「放其心」也。「放其心」者，豈放其虛明之心乎？放其仁義之心也。

蓋旣是虛虛明明地，則全不可收，更於何放？止防窒塞，無患開張。故其不可有者，留也、期也、繫也。留則過去亦在，期則未來亦在，繫則現前亦在。統無所在，而後心得其虛明，佛亦不作。何以又云「心不在焉」，而其弊如彼乎？朱子亦已明知其不然，故又以操則存、求放心、從大體爲徵。夫操者，操其存乎人者仁義之心也；求者，求夫仁人心、義人路也；從者，先立夫天之所與我者也。正其心於仁義，而持之恆在，豈但如一鏡之明哉？惜乎其不能暢言之於章句，而啟後學之紛紜也！

二

切須知以何者爲心，不可將他處言心者混看。抑且須知忿懥、恐懼、好樂、憂患之屬心與否。以無忿懥等爲心之本體，是「心如太虛」之說也，不可施正，而亦無待正矣。又將以忿懥等爲心之用，則體無而用有，既不相應。如鏡旣空，則但有影而終無光。且人之釋心意之分，必曰心靜而意動，今使有忿懥等以爲用，則心亦乘於動矣。只此處從來不得分明。

不知大學工夫次第，固云「欲正其心者先誠其意」，然煞認此作先後，則又不得。且如身不脩，固能令家不齊；乃不能齊其家，而過用其好惡，則亦身之不脩也。況心之與意，動之與靜，相爲體用，而無分於主輔，故曰「動靜無端」。故欲正其心者必誠其意，而心苟不正，則其害亦必達於意，而無所施其誠。

凡忿懥、恐懼、好樂、憂患，皆意也。不能正其心，意一發而卽向於邪，以成乎身之不脩。此意既隨心不正，則不復問其欺不欺、慊不慊矣。若使快足，入邪愈深。故愚謂意居身心之交，八條目自天下至心，是步步向內說；自心而意而知而物，是步步向外說。而中庸末章，先動察而後靜存，與大學之序並行不悖。則以心之與意，互相爲因，互相爲用，互相爲功，互相爲效，可云繇誠而正而脩，不可云自意而心而身也。心之爲功過於身者，必以意爲之傳送。

三

朱子說「鑑空衡平之體，鬼神不得窺其際」，此語大有病在。南陽忠國師勘胡僧公案，與列子所紀壺子事，正是此意。凡人心中無事，不思善，不思惡，則鬼神眞無窺處。世有猜碁子戲術，握碁子者自不知數，則彼亦不知，亦是此理。此只是諺所云「陰陽怕懵懂」，將作何用，豈可謂之心正？心正者，直是質諸鬼神而無疑。若其光明洞達，匹夫匹婦亦可盡見其心，豈但窺其際也而已哉？

四

「仰面貪看鳥，回頭錯應人」，恁般時，心恰虛虛地，鬼神亦不能窺其際，唯無以正之故也。不然，豈杜子美於鳥未到眼時，預期一鳥而看之；鳥已飛去後，尚留一鳥於胸中；鳥正當前時，並將心繫著一鳥乎？唯其無留、無期、無繫，適然一鳥過目，而心卽趨之，故不覺應人之錯也。

正心者，過去不忘，未來必豫，當前無絲毫放過。則雖有忿懥、恐懼、好樂、憂患，而有主者固不亂也。

傳第八章

一

或問之論敖惰，足破羣疑。但朱子大槩說待物之理，而此傳之旨，乃以發脩身、齊家相因之理。則在家言家，而所謂「泛泛然之塗人」與夫求見之孺悲，留行之齊客，固非其類。又「親愛」以下五者，亦比類而相反。敖惰者畏敬之反，賤惡者親愛、哀矜之反。各有所反，則親愛、哀矜者，其或在所敖惰也有矣。敖者，亢敖自尊而卑之也。惰者，適意自便而簡之也。敖必相與爲禮時始見，如扶杖而受卑幼之拜是已。惰則閒居治事，未與爲禮時乃然，雖過吾前，不爲改容也。此則一家之中，繁有其人，亦繁有其時，外之家臣僕隸，大夫而後可云家。內則子孫羣從，日侍吾前者皆是也。然使其辟，則自處過亢而情不下接，有所使令，亦憚其尊嚴而不敢自白，則好不知惡，惡不知美，自此積矣。是身之不脩，家緣不齊之一端也。

凡釋字義，須補先儒之所未備，逐一清出，不可將次帶過。一部十三經，初無一字因彼字帶出混下者。如此章「親愛」等十字，其類則五，而要爲十義。親者相洽相近之謂，愛則有護惜而願得之意。已得則護惜，未得則願得。孟子云「彼以愛兄之道來」，不可云親兄；以「鬱陶思君」之言有護念而願見之意。畏者畏其威，敬者敬其儀。畏存乎人，敬盡乎己。父兼畏敬，母兄唯敬。哀則因其有所喪而悼之，矜則因其未足以成而憐之。喪則哀，病不成人則矜。賤以待庸陋，惡以待頑惡。近取之家，自不乏此十種。敖惰前已釋。或以人別，或以事別，其類則有五，其實凡十也。

二

好知惡，惡知美，知子之惡，知苗之碩，要未可謂身脩，未可謂家齊，亦不可以務知之明爲脩其身、齊其家之功。脩身在於去辟，無所辟而後身脩。若齊家之功，則教孝、教弟、教慈，非但知之，而必教之也。

唯身之有辟，故隨其辟以爲好惡，須玩本文一「故」字。而教之失宜。如其無辟，則於身取則，而自有以洞知人之美惡。知其如此者之爲不孝、不弟、不慈，則嚴戒之得矣。知其如此者之爲能孝、能弟、能慈，則獎掖之得矣。故章句著「所以」二字。「所以」云者，於以爲立敎之本而利用之也。

到知美知惡，大要著力不得。假令好而欲知其惡，惡而欲知其美，其起念已矯揉不誠。强制其情而挾術以爲譏察，乃欲如吳季子所云鏡明衡平者，亦萬不可得之數。故傳意但於辟不辟上致克治之功。此以外制內之道，親愛等見於事，故屬外。知與好惡屬內。自與正心殊科。

蓋所謂脩身者，則脩之於言行動而已。繇言行動而內之，則心意知爲功，乃所以脩身之本，而非於身致脩之實。知美知惡，自致知事。好惡，自正心事。而人終日所言、所行、所動，必因人因事而發，抑必及於物；而受之者，則所親愛、賤惡、畏敬、哀矜、敖惰者是已。君子而入大學，則固非憂患困窮，避世土室者之所可例，又豈至如浮屠之棄家離俗，杜足荒山，習四威儀於人所不接之地也與？故列數所施之地，以驗其言行動辟與不辟之實。然則脩其身而使不辟者，必施之得宜，而非但平情以治其好惡，此自正心誠意事。如吳季子鏡衡之說，內求之心知而略於身，外求之物理而內失己也。

纔有所辟，言必過言，行必過行，動必過動。抑言有過言，行有過行，動有過動，而後爲用情之辟。辟者偏也，非邪也。邪生心而偏在事。非施之言行動而何以云辟哉？故脩身者，脩其言行動之辟也。

欲得不辟，須有一天成之矩爲之範圍，爲之防閑，則禮是已。故曰「非禮不動，所以脩身也」。「齊明」是助脩，「非禮不動」乃是正脩。禮以簡束其身，矯偏而使一於正，則以此準己之得失者，卽以此而定人之美惡，不待於好求惡，於惡求美，而美惡粲然，無或蔽之矣。此脩身所以爲齊家之本。舍是，則雖欲平情以齊其家，不可得也。

親愛、賤惡、畏敬、哀矜、敖惰而云「其所」，乃以謂身之所施，而非言情之所發。或問「今有人焉」一段，亦甚深切著明矣。惜乎門人之不察，求之於情而不求之於事，徒區區於愛最易偏，辨平情之次第，入荆棘而求蹊徑，勞而無益久矣！

三

有所當言，因親愛而黷，因畏敬而隱，因賤惡而厲，因哀矜而柔，因敖惰而簡；有所當行，因親愛而荏，因畏敬而葸，因賤惡而矯，因哀矜而沮，因敖惰而吝；於其動也，因親愛而媟，因畏敬而餒，因賤惡而暴，因哀矜而靡，因敖惰而驕：皆身之不脩也。

君子所貴乎道者，鄙倍、暴慢、淫暱之不作，雖因親疎貴賤賢不肖而異施，亦何辟之有哉？如是，方是脩身。若但云平情如衡，則苟所當致其親愛者，雖極用其親之愛之之心，如舜之於象，亦未爲辟，敬畏等放此。豈酌彼損此，漫無差等，抑所有餘以就不足之得爲齊哉？

唯然，故身不脩而欲齊其家，必不可也。

傳第九章

一

章句「立教之本」云云，亦但從性情會通處，發明家國之一理，以見教家之卽以教國耳。「識端推廣」，乃朱子從言外衍說，非傳意所有。緣恐人將孝弟慈說得太容易，以爲不待學而自能，竟同處子之不學養子一例，故補此一說，見教家教國，理則一而分自殊；事之已殊，有不待推而不可者。

其云「立教之本」，卽指上孝弟慈，金仁山之說爲近。所云本者，以家國對勘：教家者教國之本，孝弟慈者事君、事長、使衆之本也。唯其不假强爲，則同命於天，同率於性，天理流行，性命各正，非僅可通於家而不可行於國也。唯養子不待學，則使衆亦不待別有所學，而自無不可推矣。故立教之本，有端可識，而推廣無難也。

章句恰緊在一「耳」字，而朱子又言「此且未說到推上」，直爾分明。玉溪無端添出明德，仁山以「心誠求之」爲推，皆是胡亂忖度。「心誠求之」元是公共說的，保赤子亦如此，保民亦如此。且此但言教而不言學。一家之教，止教以孝於親、弟於長、慈於幼，何嘗教之以推？所謂推者，乃推教家以教國也，非君子推其慈於家者以使國之衆也。

所引書詞，斷章立義。但据一「如」字，明二者之相如；而教有通理，但在推廣，而不待出家以別立一教。認章句之旨不明，乃謂君子推其慈家之恩以慈國，其於經傳「齊」「治」二字何與，而傳文前後六「教」字，亦付之不問。小儒見杌驚鬼，其瞀亂有如此者，亦可歎也已！

二

徑以孝弟慈爲「明明德」者，黃氏之邪說也。朱門支裔，背其先師之訓，淫於鵝湖者，莫此爲甚。其始亦但牽枝分段，如今俗所謂章旨者，而其悖遂至於是。王陽明疑有子支離㊀，只欲將仁與孝弟並作一個。若論孝弟慈之出於天性，亦何莫非「明德」？盡孝、盡弟、盡慈，亦何不可云「明明德」？而實則不然。如廿一史所載孝友、獨行傳中人物，乃至王祥、李密一流，不可云他孝弟有虧欠在；而其背君趨利，詎便可許之爲克明其德？

至如所云「天明地察」，則又不可以此章所言孝者例之。此但据教家教國而言，則有七八分帶得過，而君子之教已成。故曰：「敬敷五教在寬。」且不敢遽責其爲王祥、李密，而況其進焉者乎？

㊀ 按王陽明疑是陸象山之誤。象山全集卷三十六年譜，記陸象山語：「夫子之言簡易，有子之言支離。」

明明德之事，經文所云格物、致知、誠意、正心、脩身，缺一不成，章句已分明言之。倘必待格致誠正之已盡，而後可云孝子、弟弟、慈長，則卽令堯、舜爲之長，取一家之人，戒休董威之，且沒世而不能。如但以保赤子之慈，而卽可許之明明德，則凡今之婦嫗，十九而明其明德矣。

於德言明，於民言新，經文固自有差等。陸、王亂禪，只在此處，而屈孟子不學不慮之說以附會己見，其實則佛氏呴呴嘔嘔之大慈大悲而已。聖賢之道，理一分殊，斷不以乳嫗推乾就溼、哺乳嚼粒之恩爲天地之大德。故朱子預防其弊，而言識、言推，顯出家國殊等來。家國且有分別，而況於君德之與民俗，直是萬仞壁立，分疆畫界。比而同之，亂天下之道也。

三

程子所云「慈愛之心出於至誠」，乃以引伸養子不待學之意，初不因傳文「誠求」「誠」字而設。凡母之於子，性自天者，皆本無不誠，非以「誠」字爲工夫語。吳季子無端蔓及誠意，此如拈字酒令，搭著卽與安上，更不顧理。學者最忌以此種戲心戲論窺聖賢之旨。如母之於赤子，豈嘗戒欺求謙，愼其獨知，而後知保哉？

誠之爲說，中庸詳矣。程子所云「出於至誠」者，「誠者天之道也」。天以是生人。「誠其意」

者，「誠之者人之道也」。須擇善而固執。天道不遺於夫婦，人道則唯君子爲能盡之。若傳文「心誠求之」之「誠」，則不過與「苟」字義通。言「心」言「求」，則不待言「誠」而其眞實不妄自顯矣。

經傳之旨，有大義，有微言，亦有相助成文之語。字字求義，而不顧其安，鮮有不悖者。況此但據立教而言，以明家國之一理。家之人固不能與於誠意之學，矧國之人萬有不齊，不因其固有之良，導之以易從之功，而率之與講靜存動察之學，不亦傎乎！

若云君子之自誠其意者，當以母之保子爲法，則既非傳者之本意；而率入大學之君子，相與呴呴嘔嘔以求誠，「好仁不好學，其蔽也愚」，此之謂夫！故戲論之害理，劇於邪說，以其似是而非也。

四

機者發動之繇，只是動於此而至於彼意，要非論其速不速也。國之作亂，作亂自是分爭草竊，非但不仁不讓而已也。非一人之甫爲貪戾而即然。且如無道如隋煬帝，亦延得許久方亂；漢桓帝之後無靈帝，黃巾之禍亦不如是之酷。且傳文此喻，極有意在。如弩機一發，近者亦至之有準，遠者亦至之有準，一條驀直去，終無迂曲走移。一人貪戾，則近而受之者家，遠而受之者國，其必至而不差，一也。

矢之中物，必有從來。仁讓作亂之成於民，亦必有從來。如云禮達分定，則民易使，實是上之人爲達之而爲定之，豈但氣機相感之浮說乎？一家之仁讓，非自仁自讓也，能齊其家者敎之也。敎成於家而推以敎國者，卽此仁讓，而國無不興焉。蓋實恃吾敎仁敎讓者以爲之機也。若但以氣機感通言之，則氣無畛域，無頓舍，直可云身脩而天下平矣。

大學一部，恰緊在次序上，不許人作無翼而飛見解。吳季子「瞬息不留」之淫詞，爲害不小。旣瞬息不留，則一念初起，徧十方界，所有衆生，成佛已竟，何事言脩、言齊、言治、言平之不已哉？

五

韋(齊)〔齋〕云「有諸己不必求諸人，無諸己不必非諸人」㊀，斷章取義，以明君子自治之功則然。子曰「攻其惡，無攻人之惡」，要爲脩慝者言之爾。蓋明德之功而未及於新民也。經云：「欲治其國者，先齊其家。」旣欲治其國矣，而可不必求，不必非乎？但有諸己者與求諸人者，無諸己者與非諸人者，亦自有淺深之不同。如舜之事父母，必至於「烝烝乂不格姦」，而後自謂可以爲人子。其求於天下之孝者，亦不過服勞奉養之不匱而已。

㊀ 按「有諸己不必求諸人，無諸己不必非諸人」，是朱松的話，見朱熹大學或問引。朱松字喬年，號韋齋，朱熹之父。齋、齊形近而誤。

細爲分之，則非但身之與國，不可以一律相求，卽身之於家，家之於國，亦有厚薄之差。曾子固不以己之孝責曾元，而天子使吏治象之國，亦不槩施夫異姓不韙之諸侯也。故曰理一而分殊。然原其分殊，而理未嘗不一，要以帥人而後望人之從，其道同也。故在家無怨者，在邦亦無怨也。

傳第十章

一

第十章傳，且俱說治國，故云「有國者不可以不愼」，云「得衆則得國」，云「此謂國不以利爲利」。絜矩之道、忠信之德、外末内本、以財發身、見賢先舉、遠退不善，凡此皆治國之大經，而可通之於天下者也。若平天下之事，則自有命德討罪、制禮作樂之大政，要亦可以此通之。而其必待推者，傳所未及，(且)〔則〕所謂「文武之政，布在方策」，而非入學者所預習也。

先儒未能推傳意之所未及，而以體經文言「天下平」不言「平天下」之旨，竟於此傳言「天下」，則似治國之外，別無平天下之道。既不順夫理一分殊之義，而抑不察夫古之天下爲封建，故國必先治；今之天下爲郡縣，故不須殊直隸於司道；固難以今之天下統爲一國者，爲古之天下釋。孟子論世之說，眞讀書者第一入門法。惜乎朱子之略此也！

自秦以後，有治而無平，則雖有王者起，亦竟省下一重事業。唯其然，是以天下終不易平。即以聖神之功化莅之，亦自難使長鞭之及馬腹。今以說古者大學之道，那得不還他層次，以知三代有道之長，其規模如彼哉？

二

「是以君子有絜矩之道」，須於教孝、教弟、教慈之外，別有一教之之道在。章句云「亦可以見人心之所同」云云，「是以君子必當因其所同，推以度物」，明分兩折。而所謂絜矩者，自與藏身之恕不同。所云「毋以使下」、「毋以事上」云者，與「勿施於人」，文似而義實殊也。

唯東陽許氏深達此理，故云：「天下之大，此句有病。兆民之衆，須有規矩制度，使各守其分，是以己之心度人之心，品量位置以爲之限。」則明乎君子以絜矩之道治民，而非自絜矩以施之民也。朱子「交代官」、「東西鄰」之說，及周陽繇、王肅之事，皆且就絜矩上體認學問，姑取一人之身以顯絜矩之義，而非以論絜矩之道。

齊家之教，要於老老、長長、恤孤，而可推此以教國矣。乃國之於家，人地既殊，理勢自別，則情不相侔，道須別建。雖其心理之同，固可類通，而終不能如家之人，可以盡知其美惡以因勢而利導之。乃君子因其理之一，而求之於大公之矩，既有以得其致遠而無差者，則不患夫分之懸殊，而困於美惡之不知，使教有所不行也。

一國之人，爲臣爲民，其分之相臨，情之相比，事之相與，則上下、左右、前後盡之矣。爲立之道焉，取此六者情之所必至、理之所應得者，以矩絜之，使之均齊方正，厚薄必出於一，輕重各如其等，則人得以消其怨尤，以成孝弟慈之化，而國乃治矣。其授之以可以盡孝弟慈之具，則朱子所謂「仰足事，俯足育」者，固其一端；而爲之品節位置，使人皆可共率繇夫君子之教者，則必東陽所謂「規矩制度」者，而後爲治道之全也。

唯然，則一國之人雖衆，卽不孤恃其教家者以教國，而實則因理因情，變通以成典禮，則固與齊家之教相爲通理，而推廣固以其端矣。矩之旣絜，則君子使一國之人並行於恕之中，而上下、前後、左右無不以恕相接者，非但君子之以恕待物而國卽治也。

若傳所謂內德外財，則(是)〔非〕爭鬬其民而施之以劫奪之教；愛賢惡不肖，爲嚴放流之法，而不使娼疾者得以病有技、彥聖之人：要皆品節斯民，限以一程之法，使相胥而共繇於矩之中者也。

齊家恃教而不恃法，故立教之本不假外求。治國推教而必有恆政，故旣以孝弟慈爲教本，而尤必通其意於法制，以旁行於理財用人之中，而納民於淸明公正之道。故教與養有兼成，而政與教無殊理。則大學之道，所以新其民者，實有以範圍之於寡過之地，不徒恃氣機之感也。此則以治其國，而推之天下亦無不可矣。

三

周陽繇、王肅所以能爾者，自是亂世事，此固不足道。如叔孫通所草漢儀，蕭何所制漢法，何嘗從大公之矩絜得整齊？固原留一滲漏，教郡守、教尉可以互相陵傲。而繇則以武帝爲之君，又施劫奪之敎，而好人所惡，如何不教成他胡亂？若伯鯀只一方命圮族，以惡於下者事上，方命。惡於上者使下，圮族。便迸諸四夷，則虞廷上下，交好於仁讓之中，如繇、肅者，豈得以肆其志哉？

故治國之道，須畫一以立絜矩之道。既不可全恃感發興起，以致扞格於不受感之人；而或問謂「絜矩必自窮理正心來」，一皆本自新者以新民，則傲很苟不如伯鯀者，亦可教而不待刑也。周陽繇便教不入，若王肅自可教。

四

民之所好，民之所惡，矩之所自出也。有絜矩之道，則已好民之好，惡民之惡矣。乃「所惡於上，毋以使下」，則爲上者必有不利其私者矣；「所惡於下，毋以事上」，則爲下者必有不遂其欲者矣。君子只於天理人情上絜著個均平方正之矩，使一國率而繇之。則好民之所好，民即有不好者，要非其所不可好也；惡民之所惡，民即有不惡者，要非其所不當惡也。

如妨賢病國之人，又豈無朋黨私暱幸其得位而恐其見逐者？乃至爭民施奪之政，亦豈盡人而皆惡之？若王介甫散青苗錢，當其始散，或踴躍而願得之，迨其既散，或亦因之而獲利，未嘗一出於抑配。故民之好惡，直恁參差，利於甲者病於乙，如何能用其好惡而如父母？唯恃此絜矩之道，以整齊其好惡而平施之，則天下之理得，而君子之心亦無不安矣。所謂父母者，鳲鳩七子之義，均平專壹而不偏不吝也。不然，則七子待哺，豈不願己之多得，而哺在此，且怨在彼矣。曰「民」者，公辭也，合上下、前後、左右而皆無惡者也。故或問曰：「物格知至，有以通天下之志；意誠心正，有以勝一己之私。」又曰：「人之爲心，必當窮理以正之，使其所以愛己治人者皆出於正，然後可以卽是而推之人。」民不能然，故須上爲絜之。蓋物格知至，則所好所惡者曲盡其變，不致恃其私意，而失之於偏；意誠心正，則所好所惡者一準於道，不致推私欲以利物，而導民於淫。故傳於好人所惡、惡人所好者，斥其「拂人之性」，而不言「拂人之情」也。

自然天理應得之處，性命各正者，無不可使遂仰事俯育之情，君子之道，斯以與天地同流，知明處當，而人情皆協者也。此之爲道，在齊家已然，而以推之天下，亦無不宜。特以在家則情近易迷，而治好惡也以知；在國則情殊難一，而齊好惡也以矩。故家政在教而別無政，國教在政而政皆教，斯理一分殊之準也。

五

「先愼乎德」，「德卽所謂明德」，章句、或問凡兩言之，而愚竊疑其爲非。朱子之釋明德曰：「人之所得於天，而虛靈不昧，以具衆理而應萬事者也。」若夫愼之云者，臨其所事，揀夫不善而執夫善之謂也。故書曰：「愼厥身。」身則小體大體之異從而善惡分也。論語曰：「子之所愼，齊、戰、疾。」臨夫存亡得失之交，保其存與得而遠夫失與亡也。禮記凡三言愼獨，獨則意之先幾、善惡之未審者也。乃若虛靈不昧之本體，存乎在我，有善而無惡，有得而無失，抑何待揀其不善者以孤保其善哉？此以知明德之可言明，而不可言愼也。

或朱子之意，以明其明德者謂之明德。則當其未明，不可言明，及其已明，亦無待愼，而豈其云君子先愼明其德哉？且明德之功，則格物、致知、誠意、正心是已。傳獨於誠意言愼者，以意緣事有，以意臨事，則亦以心臨意也。若夫心固不可言愼矣。是以意在省察，而心唯存養。省察故不可不愼，而存養則無待於愼，以心之未緣物而之於惡也。至於致知格物，則博學、審問、明辨，而愼思特居其一，是愼不可以盡格致之功明矣。安得以愼之一言，蔽明德之全學乎？是故以德爲明德者，無之而可也。

德者，行焉而有得於心之謂也。則凡行而有得者，皆可謂之德矣。故書曰「德二三，動罔不凶」；易曰「不恒其德」；詩曰「二三其德」。審夫德者，未必其均爲善而無惡，乃至遷徙無恒，佹得以自據者，亦謂之德，故不可以不愼也。

是以所得於天而虛靈不昧者，必繫之以明，而後其純乎善焉。但夫人之遷徙無恒，佹得以自據者，雖非無得於心，而反諸心之同然者，則所得者其浮動翕取之情，而所喪者多。故凡言德者，十九而皆善。十九而善，故既愼之餘，竟言「有德」，而不必言「有懿德」。然以不善者之非無所得也，故君子之於德，必愼之也。

愼者，愼之於正而不使有辟也。愼於正而不使有辟者，好惡也。好惡者，君子之以內嚴於意，而外脩其身者也。唯意爲好惡之見端，而身爲好惡之所效動，身以言行動言。則君子出身加民，而措其有得於心者以見之行事，故曰：「是故君子先愼乎德。」「是故」云者，以絜民之好惡而好惡之，則爲「民之父母」；任其好惡之辟而德二三，則「爲天下僇」。故君子之撫有人土財用者，必先愼之乎此也。又曰「有德此有人」，則以愼其好惡之幾得之於心者，慊乎人心之所同然；而措夫好惡之用行之於道者，盡夫衆心之攸好；故臣民一率其舉錯用緩之公，知其大公至正而歸之也。

且大學之教，理一分殊。本理之一，則衆善同原於明德，故曰「明德爲本」。因分之殊，則身自有其身事，家自有其家範，國自有其國政，天下自有其天下之經。本統乎末，而繇本向末，莖條枝葉之不容夷也。今云「有人此有土，有土此有財，有財此有用」，則一國之効乎治者，其次序相因，必如是以爲漸及之詞，而後足以見國之不易抵於治。乃云君子有其明德而遂有人，則躐等而爲迫促之詞，是何其無序耶！

夫明德爲新民之本，而非可早計其效於民新，故身脩之後，必三累而至乎天下平。則新民者固原本於已明之君德，而必加之以齊治平之功。豈德之既明，而天下卽無不〔明〕〔平〕乎？故格致誠正，其報成在身脩，而脩齊治之底績在天下平。是以明德、新民，理雖一貫，而顯立兩綱，如日月之並行而不相悖。今此以言治平之理，則有德有人，以是功，取是效，捷如影響，必其爲新民之德審矣。

新民之德，非不原本於明德，而固自有所及於民之德。故好惡之爲功，內嚴於誠意，而必外著之絜矩之道，然後人土財用之應成焉。使其不然，則大學之道，一明德盡之，而何以又云「在新民」乎？又況爲格、爲致、爲誠、爲正者，未嘗有以及乎民，而遽期夫人土財用之歸，是以其心身之學，坐弋崇高富貴之獲，抑異夫先事後得、成章後達之教者矣。

大學一書，自始至終，其次第節目，統以理一分殊爲之經緯。故程子以此書與西銘並爲入德之門。朱子或有不察，則躐等而不待盈科之進，如此類者，亦所不免。董氏彝云「明德言自脩，愼德言治天下」，不徇章句，乃以爲有功於朱子。

六

吳季子以發鉅橋之粟爲「財散」，不知彼固武王一時之權，而爲不可繼之善政也。倘不經紂積來，何所得粟而發之？故孟子以發棠擬之馮婦，而謂見笑於士，以其不務制民之產，而呴呴以行小惠也。

財聚者，必因有聚財者而後聚。財散者，財固自散，不聚之而自無不散也。東陽許氏云「取其當得者而不過」，其論自當。

乃財聚者，非僅聚於君而已。如詩所云「亶侯多藏」，盤庚所云「總於貨寶」者，彊豪兼幷之家，皆能漁獵小民，而使之流離失所。絜矩之道行，則不得爲爾矣。

民散云者，詩所謂「逝將去女，適彼樂土」者也。卽此，亦以知此爲治國而言。若以天下統言之，共此四海之內，散亦無所往。故郡縣之天下，財殫於上，民有死有叛而已矣，不能散也。

七

忠信之所得，驕泰之所失，章句以天理存亡言之，極不易曉。雙峰早已自惑亂在。其云「忠信則得善之道，驕泰則失善之道」，竟將二「之」字指道說。俗儒見得此說易於了帳，便一意從之。唯吳季子云：「忠信則能絜矩，而所行皆善，豈不得衆乎？驕泰則不能絜矩，而所行皆不善，豈不失衆乎？」一串穿下，卻是不差。

章句云：「君子以位言之，道謂居其位而脩己治人之術。」是道與位相配，而凝道卽以守位，一如「生財有大道」，非「生衆、食寡，爲疾、用舒」，則失其道而財不能生也。雙峰認天理不盡，如何省得朱子意？

倘只靠定絜矩不絜矩作天理，乃不知天生人而立之君，君承天理民，而保其大寶，那一般不是天理來？古人於此見得透亮，不將福之與德打作兩片。故「天命之謂性」，與「武王末受命」，統喚作命。化迹則殊而大本則一，此自非靠文字求解者之所能知。

若論到倒子處，則必「得衆得國」，「失衆失國」，方可云「以得之」、「以失之」。特爲忠信、驕泰原本君心而言，不可直恁疎疎闊闊，籠統說去，故須找出能絜矩不能絜矩，與他做條理。但如吳季子之說，意雖明盡，而於本文直截處不無騰頓，則終不如朱子以「天理」二字大槩融會之爲廣大深切而無滲也。

若抹下得衆得國一層，只在得道失道上捎煞，則忠信之外有道，而忠信爲求道之敲門磚子，不亦悖與！君子之大道，雖是儘有事在，然那一件不是忠信充滿發現底？故曰：「夫子之道，忠恕而已矣。」只於此看得眞，便知雙峰之非。雙峰則以道作傀儡，忠信作線索，拽動他一似生活，知道者必不作此言也。

或疑雙峰之說，與程子所云「有關雎、麟趾之精意，而後周官之法度可行」義同，則忠信豈非所以得道者？不知程子所云，元是無病。後人沒理會，將周官法度作散錢，關雎、麟趾之精意作索子，所以大差。錢與索子，原是兩項物事，判然本不相維繫，而人爲穿之。當其受穿，終是拘繫强合，而漠不相知。若一部周官法度，那一條不是關雎、麟趾之精意來？周公作此法度，原是精意在中，遇物發現，故程子直指出周公底本領教人看。所謂「有關雎、麟趾之精意」者，卽周公是也。豈後人先丢下者法度，去學個精意，然後可把者法度來行之謂乎？如王介甫去學周禮，他不曾隨處體認者精意，便法度也何曾相似？看他靑苗錢，與國服之制差得許遠！

故大學之道，以明德者推廣之新民，而云「明德爲本，新民爲末」。末者，本之所生也。可云生，不可云得。豈以明德作骨子，撑架著新民使掙扎著；以明德作機關，作弄著新民使動盪；以明德作矰繳，弋射著新民使速獲之謂乎？知此，則羣疑可以冰釋矣。

八

古人說個忠信，直爾明易近情，恰似人人省得。伊川乃云「盡己之謂忠，以實之謂信」，明道則云「發己自盡爲忠，循物無違爲信」，有如增以高深隱晦之語，而反使人不知畔岸者然。嗚呼！此之不察，則所謂微言絕而大義因之以隱也。

二程先生之語，乃以顯忠信之德，實實指出個下手處，非以之而釋忠信也。蓋謂夫必如是而後爲忠，如是而後爲信也。二先生固有而自知之，則並將工夫、體段一齊說出。未嘗得到者地位人，自然反疑他故爲隱晦之語。而二先生於此發己所見，無不自盡，循忠信之義，毫釐不違，以教天下之學爲忠信者，深切著明。除是他胸中口下，方說得者幾字出，而後學亦有津涘之可問，不患夫求忠而非忠，求信而不信矣。

所謂「發己自盡」者，卽「盡己」之謂也。所謂「以實」者，則「循物無違」之謂也。說「忠」字，伊川較直截；而非明道之語，則不知其條理。說「信」字，明道乃有指徵；而伊川所謂「以實」者，文易求而旨特深也。

蓋所謂「己」者，言乎己之所存也，「發己」者，發其所存也。發之爲義，不無有功，而朱子以凡出於己者言「發己」，（見性理。）則以其門人所問發爲奮發之義，嫌於矯强，故爲平詞以答之。乃此發字，要如發生之發，有繇體生用之意；亦如發粟之發，有散所藏以行於衆之意；固不可但以凡出諸己者言之也。唯發非汎然之詞，然後所發之己，非私欲私意，而自盡者非違道以干譽矣。

若所謂「自盡」者，則以其發而言，義亦易曉。凡己學之所得，知之所及，思之所通，心之所信，遇其所當發，沛然出之而無所吝。以事徵之，則孟子所謂「知其非義，斯速已」而無所待者，乃其發之之功；而當其方發，直徹底煥然，「萬紫千紅總是春」者是也。

若伊川所云「盡己」「盡」字，大有力在，兼「發」字意在內。亦如天地生物，除卻已死已槁，但可施生，莫不將兩閒元气，一齊迸將去。所以一言忠，則在己之無虛無僞者已盡。而「以實謂信」之「實」，則固非對虛僞而言，乃因物之實然者而用之也。於此不了，則忠外更無信；不然，亦且於忠之外，更待無虛無僞而始爲信，則所謂忠者亦非忠矣。

「信」者不爽也，名實不爽、先後不爽之謂也。唯名實爽而後先後爽。如五行志所載李樹生瓜，名實既爽，故前此初不生瓜，後此仍不生瓜而生李，則先後亦因之而爽矣。

「循」者，依緣而率繇之謂也。依物之實，緣物之理，率繇其固然，而不平白地畫一個葫蘆與他安上，則物之可以成質而有功者，皆足以驗吾所行於彼之不可爽。抑順其道而無陵駕倒逆之心，則方春而生，方秋而落，遇老而安，遇少而懷，在桃成桃，在李成李，心乎上則忠，心乎下則禮，徹始徹終，一如其素，而無參差二三之德矣。

君子於此，看得物之備於我，己之行於物者，無一不從天理流行，血脈貫通來。故在天則「雲行雨施，品物流形」，天之「發己自盡」者，不復吝留而以自私於己；「乾道變化，各正性命」，天之「循物無違」者，不恣己意以生殺而變動無恒。則君子之「首出庶物，萬國咸寧」者，道以此而大，矩以此而立，絜以此而均，衆以此而得，命以此而永。故天理之存也，無有不存；而幾之決也，決於此退藏之密而已矣。

不然，則內不盡發其己，而使私欲據之；外不順循乎物，而以私意違之。私欲據乎己，則與物約而取物泰；私意違乎物，則芻狗視物而自處驕。其極，乃至好佞人之諛己，而違人之性以寵用之；利聚財之用，而不顧悖入之多畜以厚亡。失物之矩，安所施絜，而失國失命，皆天理之必然矣。故曰：「忠信以得之，驕泰以失之。」君子之大道所必擇所從而違其害者也。

上推之天理，知天之爲理乎物者則然。下推之人事，知天理之流行於善惡吉凶者無不然。此非傳者得聖學之宗，不能一言決之如此。而非兩程子，則亦不能極之天道，反之己心，而見其爲功之如是者。不然，則不欺之謂忠，無爽之謂信，此解亦是。人具知之，而何以能不欺，何以能無爽？究其懷來，如盲人熟記路程，亦安知發足之何自哉？則謂南爲北，疑江爲淮，固不免矣。

九

明道曰：「忠信，表裏之謂。」伊川曰：「忠信，內外也。」表裏、內外，字自別。南軒以體用言，則誤矣。表裏只共一件衣，內外共是一件物，忠信只是一箇德。若以居爲內，以行爲外，則忠信皆出己及物之事，不可作此分別。緣程子看得天理渾淪，其存於吾心者謂之裏，其散見於物理者謂之表，於此理之在己、在物者分，非以事之藏於己、施於物者分也。

如生財之道，自家先已理會得詳明，胸中有此「生衆食寡、爲疾用舒」的經綸條理，此謂之裏。便徹底將來爲一國料理，不緣於己未利，知而有所不爲，此是「發己自盡」。乃以外循物理，生須如此而衆，食須如此而寡，爲須如此而疾，用須如此而舒，可以順人情，愜物理，而經久不忒，此之謂表。不恃己意橫做去，教有頭無尾，此是「循物無違」。及至兩者交盡，共成一「生衆食寡、爲疾用舒」之道，則盡己者卽循物無違者也，循物無違者卽盡己者也。故曰只是一箇德。

此之爲德，凡百俱用得去。緣天理之流行敦化，共此一原，故精粗內外，無所不在。旣以此爲道，而道抑以此而行，君子脩己治人，至此而合。且如生財之道，在人君止有「生衆食寡、爲疾用舒」爲所當自盡之道，而卽己盡之；而財之爲理，唯「生衆食寡、爲疾用舒」則恒足，而卽循用其理而無違。此是忠信合一的大腔殼，大道必待忠信而有者也。

乃隨舉一節，如「生之者衆」，必須盡己之心以求夫所以衆之道而力行之。乃民之爲道，其力足以任生財者本衆也，卽因其可生而教之生，以順其性，此是忠信細密處，忠信流行於大道之中者也。

而君子則統以己無不盡、物無或違之心，一於无妄之誠，遇物便發得去。理財以此，用人以此，立教於國，施政於天下，無不以此。是忠信底大敷施，而天之所以爲命以福善禍淫，人之所以爲情而后撫仇虐，亦皆此所發之不謬於所存，而物理之信然不可違者也。故操之一念，而天理之存亡以決也。

一〇

「發」字、「循」字，若作等閒看，不作有工夫字，則自盡、無違，只在事上見，而忠信之本不立矣。發者，以心生發之也。循者，以心緣求之也。非此，則亦無以自盡而能無違也。「盡己」，功在「盡」字上；「以實」，功在「以」字上；以，用也。與此一理。「以實」者，不用己之私意，而用事物固然之實理。

讀四書大全說卷二　中庸

中庸序

隨見別白曰知，觸心警悟曰覺。隨見別白，則當然者可以名言矣。觸心警悟，則所以然者微喻於己，卽不能名言而已自了矣。知者，本末具鑒也。覺者，如痛癢之自省也。知或疎而覺則必親，覺者隱而知則能顯。趙格菴但據知覺之成效爲言耳，於義未盡。

名篇大旨

中庸之名，其所自立，則以聖人繼天理物，修之於上，治之於下，皇建有極，而錫民之極者言也。二「極」字是中，「建」字「錫」字是庸。故曰：「中庸其至矣乎！民鮮能久矣。」又曰：「中庸不可能也。」是明夫中庸者，古有此教，而唯待其人而行；而非虛就舉凡君子之道而贊之，謂其「不偏不倚，無過不及」之能中，「平常不易」之庸矣。

天下之理統於一中：合仁、義、禮、知而一中也，析仁、義、禮、知而一中也。合者不雜，猶兩儀五行、乾男坤女統於一太極而不亂也。離者不孤，猶五行男女之各爲一〇，而實與太極之〇無有異也。審此，則「中和」之中，與「時中」之中，均一而無二矣。朱子既爲分而兩存之，又爲合而貫通之，是已。然其專以中和之中爲體則可，而專以時中之中爲用則所未安。

但言體，其爲必有用者可知；言未發則必有發。而但言用，則不足以見體。「時中」之中，何者爲體耶？「時中」之中，非但用也。中，體也；時而措之，然後其爲用也。喜怒哀樂之未發，體也；發而皆中節，亦不得謂之非體也。所以然者，喜自有喜之體，怒自有怒之體，哀樂自有哀樂之體。喜而賞，怒而刑，哀而喪，樂而樂，音岳。則用也。雖然，賞亦自有賞之體，刑亦自有刑之體，喪亦自有喪之體，樂音岳亦自有樂之體，是亦終不離乎體也。書曰：「允執厥中。」中，體也；執中而後用也。子曰：「君子而時中。」又曰：「用其中於民。」中皆體也；時措之喜怒哀樂之閒，而用之於民者，則用也。以此知夫凡言中者，皆體而非用矣。

周子曰：「中也者，和也。」言發皆中節之和，卽此中之所爲體撰者以爲節也。未發者未有用，而已發者固然其有體。則「中和」之和，統乎一中以有體，不但中爲體而和非體也。「時中」之中，兼和爲言。和固爲體，「時中」之中不但爲用也明矣。

中無往而不爲體。未發而不偏不倚，全體之體，猶人四體而共名爲一體也。發而無過不及，猶人四體而各名一體也。固不得以分而效之爲用者之爲非體也。若朱子以已發之中爲用，而別之以無過不及焉，則將自其已措咸宜之後，見其無過焉而贊之以無過，見其無不及焉而贊之以無不及。是虛加之詞，而非有一至道焉實爲中庸，胥古今天下之人，乃至中材以下，得一行焉無過無不及，而卽可以此名歸之矣。夫子何以言「民鮮能久」，乃至「白刃可蹈」，而此不可能哉？

以實求之：中者體也，庸者用也。未發之中，不偏不倚以爲體，而君子之存養，乃至聖人之敦化，胥用也。已發之中，無過不及以爲體，而君子之省察，乃至聖人之川流，胥用也。未發未有用，而君子則自有其不顯篤恭之用。已發旣成乎用，而天理則固有其察上察下之體。中爲體，故曰「建中」，曰「執中」，曰「時中」，曰「用中」；渾然在中者，大而萬理萬化在焉，小而一事一物亦莫不在焉。庸爲用，則中之流行於喜怒哀樂之中，爲之節文，爲之等殺，皆庸也。

故「性」、「道」，中也；「教」，庸也。「修道之謂教」，是庸皆用中而用乎體，用中爲庸而卽以體爲用。故中庸一篇，無不緣本乎德而以成乎道，則以中之爲德本天德，性道。而庸之爲道成王道，天德、王道一以貫之。是以天命之性，不離乎一動一靜之閒，而喜怒哀樂之本乎性、見乎情者，可以通天地萬物之理。如其不然，則君子之存養爲無用，而省察爲無體，判然二致，將何以合一而成位育之功哉？

夫手足，體也；持行，用也。淺而言之，可云但言手足而未有持行之用；其可云方在持行，手足遂名爲用而不名爲體乎？夫唯中之爲義，專就體而言，而中之爲用，則不得不以「庸」字顯之，故新安陳氏所云「『中庸』之中爲中之用」者，其謬自見。

若夫庸之爲義，在說文則云「庸，用也」；字從庚從用，言用之更新而不窮。尚書之言庸者，無不與用義同。自朱子以前，無有將此字作平常解者。莊子言「寓諸庸」，庸亦用也。易（繫）〔文言〕所云「庸行」「庸言」者㊀，亦但謂有用之行、有用之言也。蓋以庸爲日用則可，日用亦更新意。而於日用之下加「尋常」二字，則贅矣。道之見於事物者，日用而不窮，在常而常，在變而變，總此吾性所得之中以爲之體而見乎用，非但以平常無奇而言審矣。

朱子既立庸常之義，乃謂湯、武放伐，亦止平常。夫放君伐主而謂之非過不及，則可矣，倘必謂之平常而無奇，則天下何者而可謂之奇也？若必以異端之教而後謂之奇，則楊、墨之無父無君，亦充義至盡而授之以罪名，猶未至如放君伐主之爲可駭。故彼但可責其不以中爲庸，而不可責之以奇怪而非平常。況中庸一篇元不與楊、墨爲敵，當子思之時，楊、墨之說未昌。且子言「民鮮能久」，則中庸之教，著自古者道同俗一之世，其時並未有異端起焉，

㊀按「庸言之信，庸行之謹」見易文言，非繫辭。

則何有奇怪之可闢，而須標一平常之目耶？

子所云過不及者，猶言賢者俯而就，不肖者企而及。謂夫用其喜怒哀樂者，或過於情，或不及夫情，如閔子、子夏之釋服鼓琴者爾。至其所辨異於小人之道無忌憚而的然日亡者，蓋亦不能察識夫天命之理，以盡其靜存動察之功，而强立政教如管、商之類，爲法苛細，的然分明，而違理拂情，不能久行於天下而已。豈其無忌憚也，果有吞刀吐火、御風入甕之幻術，爲尤異於湯、武之放伐也乎？

朱子生佛、老方熾之後，充類而以佛、老爲無忌憚之小人，固無不可。乃佛、老之妄，亦唯不識吾性之中而充之以爲用，故其教亦淺鄙動俗，而終不能奇；則亦無事立平常之名，以樹吾道之壘也。

況世所謂無奇而爲庸者，其字本作「傭」。言如爲人役用之人，識陋而行卑，中庸所謂「鮮能知味」之下游也。君子之修道立教而爲傭焉，其以望配天達天之人德，不亦遠哉？故知曰「中庸」者，言中之用也。

第一章

章句言「命猶令也」。小註朱子曰：「命如朝廷差除。」又曰：「命猶誥勅。」謂如朝廷固有此差除之典，遇其人則授之，而受職者領此誥勅去，便自居其位而領其事。以此喻之，則天無心而人有成能，審矣。

董仲舒對策有云「天令之謂命」，朱子語本於此。以實求之，董語尤精。令者，天自行其政令，如月令、軍令之謂，初不因命此人此物而設，然而人受之以爲命矣。令只作去聲讀。若如北溪所云「分付命令他」，則讀「令」如「零」，便大差謬。人之所性，皆天使令之，人其如傀儡，而天其如提彄者乎？

天只陰陽五行，流盪出內於兩閒，何嘗屑屑然使令其如此哉？必逐人而使令之，則一人而有一使令，是釋氏所謂分段生死也。天卽此爲體，卽此爲化。若其命人但使令之，則命亦其機權之緒餘而已。如此立說，何以知天人之際！

二

章句於性、道，俱兼人物說，或問則具爲分疏：於命則兼言「賦與萬物」，於性則曰「吾之得乎是命以生」；於命則曰「庶物萬化繇是以出」，於性則曰「萬物萬事之理」。與事類言而曰理，則固以人所知而所處者言之也。其於道也，則雖旁及鳥獸草木、虎狼蜂蟻之類，而終之曰「可以見天命之本然，而道亦未嘗不在是」，則顯以類通而證吾所應之事物，其理本一，而非槩統人物而一之也。

章句之旨，本自程子。雖緣此篇云「育物」，云「盡物之性」，不容開薙其實，則程、朱於此一節文字，斷章取義，以發明性道之統宗，固不必盡合中庸之旨者有之矣。兩先生是統說道理，須教他十全，又胸中具得者一段經綸，隨地迸出，而借古人之言以證己之是。

若子思首發此三言之旨，直爲下戒懼愼獨作緣起。蓋所謂中庸者，天下事物之理而以措諸日用者也。若然，則君子亦將於事物求中，而日用自可施行。然而有不能者，則以敎沿修道而設，而道則一因之性命，固不容不於一動一靜之閒，審其誠幾，靜存誠，動研幾。而反乎天則。是行乎事物而皆以洗心於密者，本吾藏密之地，天授吾以大中之用也。審乎此，則所謂性、道者，專言人而不及乎物，亦明矣。

天命之人者爲人之性，天命之物者爲物之性。今即不可言物無性而非天所命，然盡物之性者，亦但盡吾性中皆備之物性，使私欲不以害之，私意不以悖之，故存養省察之功起焉。

如必欲觀物性而以盡之，則功與學爲不相準。故或問於此，增入學問思辨以爲之斡旋，則强取大學格物之義，施之於存養省察之上。乃中庸首末二章，深明入德之門，未嘗及夫格致，第二十章說學問思辨，乃以言道之費耳。則番陽李氏所云「中庸明道之書，敎者之事」，其說爲通。亦自物既格、知既致而言。下學上達之理，固不待反而求之於格致也。

況夫所云盡人物之性者，要亦於吾所接之人、所用之物以備道而成教者，爲之知明處當，而贊天地之化育。若東海巨魚，南山玄豹，鄰穴之蟻，遠浦之蘋，雖天下至聖，亦無所庸施其功。卽在父子君臣之閒，而不王不禘，親盡則祧，禮衰則去，位卑則言不及高。要於志可動氣、氣可動志者盡其誠，而非於不相及之地，爲之燮理。故理一分殊，自行於仁至義盡之中，何事撤去藩籬，混人物於一性哉？

程子此語，大費斡旋，自不如呂氏之爲得旨。故朱子亦許呂爲精密，而特謂其率性之解，有所窒礙；非如潛室所云，但言人性，不得周普也。

至程子所云馬率馬性，牛率牛性者，其言性爲已賤。彼物不可云非性，而已殊言之爲馬之性、牛之性矣，可謂命於天者有同原，而可謂性於己者無異理乎？程子於是顯用告子「生之謂性」之說，而以知覺運動爲性，以馬牛皆爲有道。

夫人使馬乘而使牛耕，固人道之當然爾。人命之，非天命之。若馬之性則豈以不乘而遂失，牛之性豈以不耕而遂拂乎？巴豆之爲下劑者，爲人言也，若鼠則食之而肥矣。倘舍人而言，則又安得謂巴豆之性果以尅伐而不以滋補乎？

反之於命而一本，凝之爲性而萬殊。在人言人，在君子言君子。則存養省察而卽以盡吾性之中和，亦不待周普和同，求性道於貓兒狗子、黄花翠竹也。固當以或問爲正，而無輕議藍田之專言人也。

三

章句「人知己之有性」一段，是朱子借中庸說道理，以辨異端，故或問備言釋、老、俗儒、雜伯之流以實之，而曰「然學者能因其所指而反身以驗之」，則亦明非子思之本旨也。小註所載元本，乃正釋本文大義，以爲下文張本。其曰「知所用力而自不能已」，則「是故君子」二段理事相應之義，皎如白日矣。

程、朱二先生從戴記中抽出者一篇文字，以作宗盟，抑佛、老，故隨拈一句，卽與他下一痛砭，學者亦須分別觀之始得。子思之時，莊、列未出，老氏之學不顯，佛則初未入中國。人之鮮能夫中庸者，自飮食而不知味；卽苟遵夫敎，亦杳不知有所謂性道，而非誤認性道之弊。子思於此，但以明中庸之道藏密而用顯，示君子內外一貫之學，亦無暇與異端爭是非也。

他本皆用元註，自不可易。唯祝氏本獨別。此或朱子因他有所論辨，引中庸以證之，非正釋此章語。輯章句者，喜其足以建立門庭，遂用祝本語，非善承先敎、成全書者也。自當一從元本。

四

所謂性者，中之本體也；道者，中和之大用也；教者，中庸之成能也。然自此以後，凡言道皆是說教，聖人修道以立教，賢人繇教以入道也。生聖人之後，前聖已修之爲教矣，乃不謂之教而謂之道，則以教立則道卽在教，而聖人之修明之者，一肖夫道而非有加也。故程子曰「世教衰，民不興行」，亦明夫行道者之一循夫教爾。不然，各率其性之所有而卽爲道，是道之流行於天下者不息，而何以云「不明」「不行」哉？不行、不明者，教也。教卽是中庸，卽是君子之道，聖人之道。章句、或問言禮、樂、刑、政，而不提出「中庸」字，則似以中庸贊教，而異於聖言矣。然其云「日用事物」，是說庸。云「過不及者有以取中」，是中之所以爲庸。則亦顯然中庸之爲教矣。

三句一直趕下，至「修道之爲教」句，方顯出中庸來，此所謂到頭一穴也。李氏云「道爲三言之綱領」，陳氏云「『道』字上包『性』字，下包『教』字」，皆爲下「道也者」單舉「道」字所惑，而不知兩「道」字文同義異。呂氏於「率」字說工夫，亦於此差。「率性之謂道」一句是脈絡，不可於此急覓工夫。若認定第二句作綱，則「修道」句不幾成蛇足耶？

五

「天以陰陽五行化生萬物」，以者用也，卽用此陰陽五行之體也。猶言人以目視，以耳聽，以手持，以足行，以心思也。若夫以規矩成方員，以六律正五音，體不費（費煩之費）而用別成也。天運而不息，只此是體，只此是用。北溪言「天固是上天之天，要卽是理」，乃似不知有天在。又云「藉陰陽五行之氣」，藉者借也，則天外有陰陽五行而借用之矣。

人卻於仁、義、禮、智之外，別有人心；天則於元、亨、利、貞之外，別無天體。通考乃云「非形體之天」，尤爲可笑。天豈是有形底？不見道「在天成象，在地成形」！

乃此所云「天」者，則又自象之所成爲言，而兼乎形之所發。「大哉乾元，萬物資始」，「至哉坤元，萬物資生」，卽資此天地之所以爲天地者以始以生也。而又曰「乃統天」，則天之爲天，卽此資始萬物者統之矣。有形未有形，有象未有象，統謂之天；則健順無體而非無體，五行有形而不窮於形也。只此求解人不易。

六

拆着便叫作陰陽五行，有二殊，又有五位；合着便叫作天。猶合耳、目、手、足、心思卽是人。不成耳、目、手、足、心思之外，更有用耳、目、手、足、心思者！則豈陰陽五行之外，別有用陰陽五行者乎？

七

章句「人物各有當行之路」，語自有弊，不如或問言「事物」之當。蓋言「事物」，則人所應之事、所接之物也。以物與人並言，則人行人道，而物亦行物道矣。卽可云物有物之性，終不可云物有物之道，故經傳無有言物道者。此是不可紊之人紀。

今以一言蔽之曰：物直是無道。如虎狼之父子，他那有一條逕路要如此來？只是依稀見得如此。萬不得已，或可强名之曰德，如言虎狼之仁、蜂蟻之義是也。而必不可謂之道。

若牛之耕，馬之乘，乃人所以用物之道。不成者牛馬當得如此拖犂帶鞍！倘人不使牛耕而乘之，不使馬乘而耕之，亦但是人失當然，於牛馬何與？乃至蠶之爲絲，豕之充食，彼何恩於人，而捐軀以效用，爲其所當然而必繇者哉？則物之有道，固人應事接物之道而已。是故道者，專以人而言也。

八

敎之爲義，章句言「禮樂刑政之屬」，儘說得開闊。然以愚意窺之，則似朱子緣中庸出於戴記，而欲尊之於三禮之上，故諱專言禮而增樂、刑、政以配之。

二十七章說「禮儀三百」，孔子說「殷因於夏禮」，韓宣子言「周禮在魯」，皆統治敎政刑，繇天理以生節文者而謂之禮。若樂之合於禮也，經有明文。其不得以樂與刑政析言之，審矣。或問「親疏之殺」四段，顯畫出一個禮來，何等精切！呂氏「感應重輕」一段文字，俱與一部中庸相爲櫽括。章句中言品節，亦與「禮者天理之節文」一意，但有所規避，不直說出耳。

自其德之體用言之，曰中庸；自聖人立此以齊天下者，曰教。自備之於至德之人者，曰聖人之道；自凝之於修德之人者，曰君子之道。要其出於天而顯於日用者，曰禮而已矣。故禮生仁義之用，而君子不可以不知天，亦明夫此爲中庸之極至也。

九

章句「皆性之德而具於心」，是從「天命之謂性」說來；「無物不有，無時不然」，則亦就教而言之矣。「道也者」三句，與「莫見乎隱」兩句，皆從章首三句遞下到脈絡處，以言天人之際，一靜一動，莫不足以見天命，而體道以爲教本。

「戒愼不睹，恐懼不聞」，泰道也。所謂「不遐遺，朋亡，得尙於中行」，所以配天德也。「愼其獨」，復道也。所謂「不遠復，无祇悔」，「有不善未嘗不知，知之未嘗復行」，所以見天心也。道教因於性命，君子之功不如是而不得也。

一〇

朱子所云「非謂不戒懼乎所睹、所聞，而只戒懼乎不睹、不聞」，自是活語，以破專於靜處用功、動則任其自然之說。然於所睹所聞而戒懼者，則卽下文所謂愼獨者是。而自隱微可知以後，大段只是循此順行，亦不消十分怯葸矣。

後人見朱子此語，便添一句說「不睹不聞且然，則所睹所聞者，其戒懼益可知」，則竟將下愼獨工夫包在裏面，較或問所破一直串下之說而更悖矣。

二

聖賢之所謂道，原麗乎事物而有，而事物之所接於耳目與耳目之得被於事物者，則有限矣。故或問以目不及見、耳不及聞爲言，而朱子又引尚書「不見是圖」以證之。夫事物之交於吾者，或有睹而不聞者矣，或有聞而不睹者矣，且非必有一刻焉爲睹聞兩不至之地，而又豈目之槩無所睹，耳之槩無所聞之謂哉？則知雲峰所云「特須臾之頃」者，其言甚謬。蓋有多歷年所而不睹不聞者矣。唯其如是，是以不可須臾離也。

父在而君不在，則君其所不睹也。聞父命而未聞君命，則君命其所不聞也。乃何以使其事君而忠之道隨感而遂通？此豈於不睹君之時，預有以測夫所以事之之宜；而事君之道，又豈可於此離之，待方事而始圖哉？

君子之學，唯知吾性之所有，雖無其事而理不閒。唯先有以蔽之，則人欲遂入而道以隱。故於此力防夫人欲之蔽，如朱子所云「塞其來路」者，則蔽之者無因而生矣。

然理既未彰，欲亦無跡，不得預擬一欲焉而爲之隄防。斯所謂「塞其來路」者，亦非曲尋罅隙而窒之也。故此存養之功，幾疑無下手之處。而蛟峰所云「保守天理」，初非天理之各有名目。朱子答門人持敬之問，而曰「亦是」，亦未嘗如雙峯諸人之竟以敬當之。

乃君子之於此，則固非無其事矣。夫其所有得於天理者，不因事之未即現前而遽忘也。只恁精精采采，不昏不惰，打迸着精神，無使幾之相悖，而觀其會通，以立乎其道之可生，不有所專注流倚，以得偏而失其大中，自然天理之皆備者，撲實在腔子裏，耿然不昧，而條理咸彰。則所以塞夫人欲之來路者，亦無事驅遣，而自然不崛起相侵矣。

使其能然，則所睹聞在此，而在彼之未嘗睹、未嘗聞者，雖萬事萬物，皆無所荒遺。而不動之敬，不言之信，如江河之待決，要非無實而爲之名也。要以不睹不聞之地，事物本自森然，盡天下之大，而皆須臾不離於己，故不可倚於所睹所聞者，以致相悖害。

戒愼恐懼之功，謹此者也。非定有一事之待睹待聞而歇之須臾，亦非一有所睹遂無不睹，一有所聞遂無不聞，必處暗室，絕音響，而後爲不睹不聞之時。況如雲峯所言「特須臾之頃」者，尤如佛氏「石火電光」之謂乎？微言既絕，聖學無徵，舍康莊而求蹊閒，良可歎也！

一二

大學言愼獨，爲正心之君子言也。中庸言愼獨，爲存養之君子言也。唯欲正其心，而後人所不及知之地，己固有以知善而知惡。唯戒愼恐懼於不睹不聞，而後隱者知其見，微者知其顯。故章句云「君子既常戒懼」，或問亦云「夫既已知此矣」，則以明夫未嘗有存養之功者，人所不及知之地，已固昏焉而莫辨其善惡之所終，則雖欲愼而有所不能也。

蓋凡人起念之時，閒向於善，亦乘俄頃偶至之聰明，如隔霧看花，而不能知其善之所著。若其向於惡也，則方貿貿然求以遂其欲者，且據爲應得之理，而或亦幸陰謀之密成，而不至於汎濫。又其下焉者，則安其危，利其災，樂其所以亡，乃至昭然於人之耳目，而已猶不知其所自起。則牀笫階庭之外，已漠然如夢，而安所得獨知之地，知隱之莫見，微之莫顯也哉？

唯嘗從事於存養者，則心已習於善，而一念之發爲善，則善中之條理以動天下而有餘者，人不知而已知之矣。心習於善，而惡非其所素有，則惡之叛善而去，其相差之遠，吉凶得失之相爲懸絕者，其所自生與其所必至，人不知而已知之矣。

乃君子則以方動之際，耳目乘權，而物欲交引，則毫釐未克，而人欲滋長，以卒勝夫天理，乃或雖明知之，猶復爲之，故於此尤致其愼焉，然後不欺其素，而存養者乃以向於動而弗失也。「有不善未嘗不知」，「莫見乎隱，莫顯乎微」之謂也。「知之未嘗復爲」，愼獨之謂也。使非存養之已豫，安能早覺於隱微哉？此朱子徹底窮原，以探得莫見莫顯之境，而不但如呂氏以「人心至靈」一言，爲儱侗覆蓋之語也。若程子舉伯喈彈琴之事以證之，而謂爲人所早知爲顯見，或問雖有兩存之語，章句已不之從矣。

所傳伯喈彈琴事，出於小說，旣不足盡信。小說又有夫子鼓琴，見狸捕鼠，顏淵疑而退避事，與螳螂捕蟬事同，要皆好事之言。且自非夔、曠之知，固不能察其心手相通之妙。是彈者之與聞者，相遇於微茫之地，而不得云莫見莫顯。且方彈之時，伯喈且不能知捕蟬之心必傳於絃指，則固已所不知而人知之，又與獨之爲義相背而不相通。況夫畏人之知而始憚於爲惡，此淮南之於汲黯，曹操之於孔融，可以暫伏一時之邪，而終不禁其橫流之發。曾君子之省察而若此哉？

「莫見乎隱，莫顯乎微」，自知自覺於「淸明在躬、志氣如神」者之胸中。卽此見天理流行，方動不昧，而性中不昧之眞體，率之而道在焉，特不能爲失性者言爾。則喜怒哀樂之節，粲然具於君子之動幾，亦猶夫未發之中，貫徹純全於至靜之地。而特以靜則善惡無幾，而普徧不差，不以人之邪正爲道之有無，天命之所以不息也；動則人事乘權，而昏迷易起，故必待存養之有功，而後知顯見之具足，率性之道所以繇不行而不明也。一章首尾，大義微言，相爲互發者如此。章句之立義精矣。

一三

若謂「顯」「見」在人，直截不上二「莫」字。卽無論悠悠之心眼，雖有知人之鑒者，亦但因其人之素志而決之;若淵魚之察,固謂不祥,而能察者又幾人也?須是到下梢頭,皂白分明,方見十分「顯」「見」。螳蜋捕蟬之殺機,聞而不覺者衆矣。小人閒居爲不善,須無所不至,君子方解見其肺肝。不然,亦不可逆而億之。

唯夫在己之自知者,則當念之已成,事之已起,只一頭趁着做去,直爾不覺;雖善惡之分明者未嘗卽昧,爲是君子故。而中閒千條萬緒,儘有可以自恕之方,而不及初幾之明察者多矣。故曰「莫見乎隱,莫顯乎微」也。

然必存養之君子而始知者,則以庸人後念明於前念,而君子則初幾捷於後幾。其分量之不同,實有然者。知此,則程子之言,蓋斷章立義,以警小人之邪心,而非聖學之大義,益明矣。

一四

章首三個「之謂」,第四節兩個「謂之」,是明分支節處。章句「首言道之本原」一段,分此章作三截,固於文義不協;而「喜怒哀樂」四句,亦犯重複。或問既以「道也者」兩節各一「故」字爲「語勢自相唱和」,明分「道也者」二句作靜中天理之流行。章句於第四節復統已發、未發而云「以明道不可離之意」,亦是滲漏。

繹朱子之意,本以存養之功無閒於動靜,而省察則尤於動加功;本緣道之流行無靜無動而或離，而隱微已覺則尤爲顯見；故「道不可離」之云，或分或合，可以並行而不悖，則微言雖礙，而大義自通。然不可離者，相與存之義也。若一乘乎動，則必且有擴充發見之功，而不但不離矣。倘該動靜而一於不離，則將與佛氏所云「行住坐臥不離者個」者同，究以廢吾心之大用，而道之全體亦妄矣。此既於大義不能無損，故或問於後二節，不復更及「不可離」之說。而章句言「以明」言「之意」，亦彼此互證之詞，與「性情之德」直云「此言」者自別。朱子於此，言下自有活徑，特終不如或問之爲直截耳。

者一章書，顯分兩段，條理自著，以參之中庸全篇，無不合者，故不須以「道不可離」爲關鎖。十二章以下亦然。「天命之謂性」三句，是從大原頭處說到當人身上來。「喜怒哀樂之未發」二句，是從人心一靜一動上說到本原去。唯繇「天命」、「率性」、「修道」以有教，則君子之體夫中庸也，不得但循教之迹，而必於一動一靜之交，體道之藏，而盡性以至於命。唯喜怒哀樂之未發者卽中，發而中節者卽和，而天下之大本達道卽此而在，則君子之存養省察以致夫中和也，不外此而成「天地位、萬物育」之功。是兩段文字，自相唱和，各有原委，固然其不可紊矣。

後章所云「誠者天之道也，誠之者人之道也」，「天道誠，故人道誠之」，而擇善固執之功起焉。功必與理而相符，卽前段之旨也。其云「誠者自成也，而道自道也，誠者物之終始」，不外自成、自道而誠道在，天在人中。不外物之終始而誠理著，而仁知之措，以此咸宜焉。盡人之能，成己成物。而固與性合撰，功必與效而不爽，一後段之旨也。以此推夫「誠則明矣，明則誠矣」，本天以言至誠，推人道以合天道，要不外此二段一順一逆之理，而楊氏所謂「一篇之體要」，於此已見。

若前三言而曰「之謂」，則以天命大而性小，統人物故大，在一己故小。率性虛而道實，修道深而教淺，故先指之而後證之。以天命不止爲己性而有，率性而後道現，修道兼修其體用而教唯用，故不容不緩其詞，而無俾偏執。謂命卽性則偏，謂道卽性則執。實則君子之以當然之功應自然之理者，切相當而非緩也。故下二「故」字爲急詞。

後兩言曰「謂之」者，則以四情之未發與其已發，近取之己而卽合乎道之大原，則繹此所謂而隨以證之於彼。渾然未發而中在，粲然中節而和在，故不容不急其詞，而無所疑待。實則於中而立大本，於和而行達道，致之之功，亦有漸焉，而弗能急也。致者漸致，故章句云「自戒懼」云云，緩詞也。功不可緩而效無速致，天不可恃而已有成能，俱於此見矣。

乃前段推原天命，後段言性道而不及命，前段言教，而後段不及修道之功，則以溯言繇人合天之理，但當論在人之天性，而不必索之人生以上，與前之論本天治人者不同。若夫教，則「致中和」者，固必繇乎修道之功，而靜存動察，前已詳言，不必贅也。章句爲補出之，甚當。

若後段言效而前不及者，則以人備道敎，而受性於天，亦懼祗承之不逮，而不當急言效，以失君子戒懼、愼獨、兢惕之心。故必別開端緒於中和之謂，以明位育之功，乃其理之所應有，而非君子之緣此而存養省察也。嗚呼！密矣。

要以援天治人爲高擧之，以責功之不可略，推人合天爲切言之，以彰理之勿或爽；則中庸之德，其所自來，爲人必盡之道；而中庸之道，其所徵著，爲天所不違之德。一篇之旨，盡於此矣。故知或問之略分兩支，密於章句一頭雙脚之解也。

一五

「喜怒哀樂之未發謂之中」，是儒者第一難透底關。此不可以私智索，而亦不可執前人之一言，遂謂其然，而偷以爲安。

今詳諸大儒之言，爲同爲異，蓋不一矣。其說之必不可從者，則謂但未喜、未怒、未哀、未樂而卽謂之中也。夫喜、怒、哀、樂之發，必因乎可喜、可怒、可哀、可樂。乃夫人終日之閒，其値夫無可喜樂、無可哀怒之境，而因以不喜、不怒、不哀、不樂者多矣，此其皆謂之中乎？

於是或爲之說曰：「只當此時，雖未有善，而亦無惡，則固不偏不倚，而亦何不可謂之中？則大用咸儲，而天下之何思何慮者，卽道體也。」

夫中者，以不偏不倚而言也。今曰但不爲惡而已固無偏倚，則雖不可名之爲偏倚，而亦何所據以爲不偏不倚哉？如一室之中，空虛無物，以無物故，則亦無有偏倚者；乃既無物矣，抑將何者不偏，何者不倚耶？必寘一物於中庭，而後可謂之不偏於東西，不倚於楹壁。審此，則但無惡而固無善，但莫之偏而固無不偏，但莫之倚而固無不倚，必不可謂之爲中，審矣。此程子「在中」之說，與林擇之所云「裏面底道理」，其有實而不爲戲語者，皆眞知實踐之言也。

乃所云在中之義及裏面道理之說，自是活語。要以指夫所謂中者，而非正釋此「中」字之義。曰在中者，對在外而言也。曰裏面者，對表而言也。緣此文上云「喜怒哀樂之未發」，而非云「一念不起」，則明有一喜怒哀樂，而特未發耳。後之所發者，皆全具於內而無缺，是故曰在中。乃其曰在中者，卽喜怒哀樂未發之云，而未及釋夫「謂之中」也。若子思之本旨，則謂此在中者「謂之中」也。

朱子以此所言中與「時中」之中，各一其解，就人之見不見而爲言也。時中而體現，則人得見其無過不及矣。未發之中，體在中而未現，則於己而喻其不偏不倚耳，天下固莫之見也。未發之中，誠也，實有之而不妄也。時中之中，形也，誠則形，而實有者隨所著以爲體也。

實則所謂中者一爾。誠則形，而形以形其誠也。故所謂不偏不倚者，不偏倚夫喜而失怒、哀、樂，抑不偏倚夫喜而反失喜，乃抑不偏倚夫未有喜而失喜。餘三情亦然。是則已發之節，卽此未發之中，特以未發，故不可名之爲節耳。蓋吾性中固有此必喜、必怒、必哀、必樂之理，以效健順五常之能，而爲情之所繇生。則渾然在中者，充塞兩間，而不僅供一節之用也，斯以謂之中也。

以在天而言，則中之爲理，流行而無不在。以在人而言，則庸人之放其心於物交未引之先，異端措其心於一念不起之域，其失此中也亦久矣。故延平之自爲學與其爲敎，皆於未發之前，體驗所謂中者，乃其所心得；而名言之，則亦不過曰性善而已。善者，中之實體，而性者則未發之藏也。

若延平終日危坐以體驗之，亦其用力之際，專心致志，以求吾所性之善，其專靜有如此爾；非以危坐終日，不起一念爲可以存吾中也。蓋云未發者，喜、怒、哀、樂之未及乎發而有言、行、聲、容之可徵耳。且方其喜，則爲怒、哀、樂之未發；方其或怒、或哀、或樂，則爲喜之未發。然則至動之際，固饒有靜存者焉。聖賢學問，於此卻至明白顯易，而無有槁木死灰之一時爲必靜之候也。

在中則謂之中，見於外則謂之和。在中則謂之善，延平所云。見於外則謂之節。乃此中者，於其未發而早已具徹乎中節之候，而喜、怒、哀、樂無不得之以爲庸。非此，則已發者亦無從得節而中之。故中該天下之道以爲之本，而要卽夫人喜、怒、哀、樂四境未接，四情未見於言動聲容者而卽在焉。所以或問言「不外於吾心」者，以此也。

抑是中也，雖云庸人放其心而不知有則失之；乃自夫中節者之有以體夫此中，則下逮乎至愚不肖之人，以及夫賢知之過者，莫不有以大得乎其心，而知其立之有本；唯異端以空爲本，則竟失之。然使逃而歸儒，居然仍在。則人心之同然者，然，可也。彼初未嘗不有此自然之天則，藏於私意私欲之中而無有喪。乃君子之爲喜、爲怒、爲哀、爲樂，其發而中節者，必有所自中，非但用力於發以增益其所本無，而品節皆自外來；則亦明夫夫人未發之地，皆有此中，而非但君子爲然也。此延平性善之說所以深切著明，而爲有德之言也。

子思之旨，本以言道之易修，而要非謂夫人之現前而已具足。程、朱、延平之旨，本以言中之不易見，而要非謂君子獨有，而衆人則無。互考參觀，並行不悖，存乎其人而已。

一六

序引「人心惟危」四語，爲中庸道統之所自傳，而曰「天命率性，則道心之謂也」，然則此所謂中者卽道心矣。乃喜、怒、哀、樂，情也。延平曰：「情可以爲善。」可以爲善，則抑可以爲不善，是所謂惟危之人心也。而本文不言仁、義、禮、知之未發，而云喜、怒、哀、樂，此固不能無疑。

朱子爲貼出「各有攸當」四字，是喫緊語。喜、怒、哀、樂，只是人心，不是人欲。「各有攸當」者，仁、義、禮、知以爲之體也。仁、義、禮、知，亦必於喜、怒、哀、樂顯之。性中有此仁、義、禮、知以爲之本，故遇其攸當，而四情以生。乃其所生者，必各如其量，而終始一致。

若夫情之下游，於非其所攸當者而亦發焉，則固危殆不安，大段不得自在。亦緣他未發時，無喜、怒、哀、樂之理，所以隨物意移，或過或不及，而不能如其量。迨其後，有如耽樂酒色者，向後生出許多怒、哀之情來。故有樂極悲生之類者，唯無根故，則終始異致，而情亦非其情也。

惟性生情，情以顯性，故人心原以資道心之用。道心之中有人心，非人心之中有道心也。則喜、怒、哀、樂固人心，而其未發者，則雖有四情之根，而實爲道心也。

一七

看先儒文字，須看他安頓處，一毫不差。或問「喜、怒、哀、樂，各有攸當」二句，安在「方其未發」上，補本文言外之意，是別嫌明微，千鈞一髮語。「渾然在中」者，卽此「各有攸當」者也。到下段卻云「皆得其當」，「得」字極精切。言得，則有不得者。旣卽延平「其不中節也則有不和」之意，而得者卽以得其攸當者也，顯下一「節」字在未發之中已固有之矣。

又於中而曰「狀性之德」，則亦顯此與下言「謂之和」者，文同而義異。不是喜怒哀樂之未發便喚作中，乃此性之未發爲情者，其德中也。下云「著情之正」，著者，分別而顯其實也。有不中節者則不和，唯中節者斯謂之和，故分別言之。其中節者卽和，而非中節之中有和存，則卽以和著其實也。

此等處，不可苟且讀過。朱子於此見之眞，而下語斟酌，非躁心所易測也。

自相乖悖之謂乖，互相違戾之謂戾。凡無端之喜怒，到頭來卻沒收煞，以致樂極悲生，前倨後恭，乖也。其有喜則不能復怒，怒則不能復喜，哀樂亦爾。陷溺一偏，而極重難返，至有臨喪而歌，方享而歎者，戾也。中節則無所乖，皆中節則無所戾矣。

一八

云「『天地位，萬物育』，以理言」者，誠爲未盡。蓋天地所以位之理，則中是也；萬物所以育之理，則和是也。今但言得位育之理於己，是亦不過致中而至於中，致和而至乎和，而未有加焉，則其詞不已贅乎？

但以事言之，而又有功與效之別。本文用兩「焉」字，是言乎其功也。章句改用兩「矣」字，則是言乎其效也。今亦不謂聖神功化之極，不足以感天地而動萬物，而考之本文，初無此意。況求之中庸全書，其云「配天」者，則「莫不尊親」之謂爾；其云「譬如天地」者，則「祖述」「憲章」之謂爾；其云「如神」者，則「前知」之謂爾；其云「參天地」者，則「盡人、物之性」之謂爾。未嘗有所謂三辰得軌，鳳見河淸也。

或問所云「吾身之天地萬物」，專以窮而在下者言之。則達而在上者，必於吾身以外之天地萬物，著其位育之效矣。夫其不切於吾身者，非徒萬物，卽天地亦非聖人之所有事。而不切於吾身之天地萬物，非徒孔、孟，卽堯、舜亦無容越位而相求。帝堯之時，洪水未治，所謂天下之一亂也。其時草木暢茂，禽獸繁殖，則爲草木禽獸者，非不各遂其育也，而聖人則以其育爲憂。是知不切於身之萬物，育之未必爲利，不育未必爲害。達而在上，用於天下者廣，則其所取於萬物者弘；窮而在下，用於天下者約，則取於萬物者少；要非吾身之所見功，則亦無事於彼焉，其道一也。

至於雨暘寒燠之在天，墳埴山林之在地，其欲奠位於各得者，亦以濟人物之用者爲位。而穹谷之山或崩，幽澗之水或涌，與夫非煙非霧之雲，如蜜如餳之露，不與於身之所資與身之所被及者，亦不勞爲之燮理也。

若其爲吾身所有事之天地萬物，則其位也，非但修吾德而聽其自位，聖人固必有以位之。其位之者，則吾致中之典禮也。非但修吾德而期其自育，聖人固有以育之。其育之者，則吾致和之事業也。祀帝於郊而百神享，在璿璣玉衡而四時正，一存中於敬以位天也，而天以此位焉。奠名山大川而秩祀通，正溝洫田疇而經界定，一用中於無過不及以位地也，而地以此位焉。若夫於己無貪，於物無害，以無所乖戾之情，推及萬物，而俾農不奪、草不竊、胎不伐、夭不斬，以遂百穀之昌、禽魚之長者，尤必非取效於影響也。萬物須用之，方育之，故言百穀禽魚。若兔葵、燕麥、蠑螈、蚯蚓，君子育之何爲？又況堇草虺蛇之爲害者耶？

或問云「於此乎位，於此乎育」，亦言中和之德所加被於天地萬物者如是。又云「聖神之能事，學問之極功」，則不但如章句之言效驗。且章句推致其效，要歸於脩道之教，則亦以禮樂刑政之裁成天地、品節萬物者言之，固不以三辰河岳之瑞、麟鳳芝草之祥爲徵。是其爲功而非效亦明矣。

抑所云「吾身之天地萬物」，亦推身之所過所存者而言。既不得以一鄉一家爲無位之聖人分界段，而百世以下，流風遺教所及，遂無與於致中和之功。而孝格父母，慈化子孫，又但發皆中節之始事。據此爲言，義固不廣。

若不求其實，而於影中之影、象外之象，虛立一吾身之天地萬物以髣髴其意象，而曰卽此而已位育矣，則尤釋氏「自性衆生」之邪說。而云：「一曼答辣之內，四大部洲以之建立；一滴化爲乳海，一粒化爲須彌，一切衆生，咸得飽滿。」其幻妄不經，適足資達人之一笑而已。

今請爲引經以質言之曰：「會通以行其典禮」，「以裁成天地之宜，輔相天地之道」，「位焉、育焉」之謂也，庶不誣爾。自十二章至二十章，皆其事也。

一九

以父父、子子、夫夫、婦婦爲天地位，則亦可以鳥飛於上、魚游於下爲天地位矣。父、夫爲天，子、婦爲地，是名言配出來的。鳥屬陽，亦天也；魚屬陰，亦地也。如此，則天地之外，更有何萬物來？且言一家有一家之天地，一國有一國之天地，則亦可云一身有一身之天地，頭圓象天，足方象地，非無說也。然則倒懸之人，足上而首下，而後爲一身之天地不位乎？

總緣在效驗上作夢想，故生出許多虛脾果子話來。致中和者，原不可以不中不和者相反勘。不中不和者，天地未嘗不位，萬物未嘗不育，特非其位焉育焉之能有功爾。「爾所不知，人其舍諸！」聖賢之言，原自平實，幾曾捏目生花，說戶牖閒有天地萬物在裏面也？

二〇

使云一家有一家之萬物，一國有一國之萬物，猶之可也。以語天地，眞是說夢。或窮或達，只共此一天地。不成堯、舜之天地，到孔子便縮小了！孔子删詩書，定禮樂，立百王之大法，儘有許多位天地之事。只此不偏不倚，無過不及，以爲之範圍，曾何異於堯、舜？

故曰「無不持載」，「無不覆幬」。倘以一家一國之效言，則其不持載覆幬者多矣。且孔子相魯時，將魯之天地位，而齊之天地有薄蝕崩湧之災否耶？

第二章

或問於第二章、第三章，皆有「未遽及」之語。此朱子一部中庸渾然在胸中，自然流出來底節目，非漢人隨句詮解者所逮，而況後人之爲字誘句迷，妄立邪解者乎？中庸第一章既徹底鋪排，到第二章以後，卻又放開，從容廣說，乃有德之言涵泳寬和處，亦成一書者條理之必然也。不則爲皮日休天隱子、劉蛻山書，隨意有無，全無節次矣。

自第二章以下十章，皆淺淺說，漸向深處。第二章只言君子小人之別，劈開小人在一邊，是入門一大分別。如教人往燕，迎頭且教他向北去，若向南行，則是往粤。而既知北轅以後，其不可東北而之於齊，西北而之於晉，皆所未論。中庸只此一章辨小人，逕路既分，到後面不復與小人爲辨，行險徼幸是就情事上說，非論小人之道。直至末章，從下學說起，乃更一及之。

或問於第三章云：「承上章小人反中庸之意而泛論之。」喫緊在「泛論」二字。不可誤認朱子之意，以民之鮮能爲反中庸。小人自小人，民自民。反則有以反之，鮮能只是鮮能。

末章云「小人之道」，小人固自有道，與不興行之民漫無有道者不同。民無小人陷溺之深，則雖不興行，而尚不敢恣爲反中庸之事。民亦無小人爲不善之力，則既鮮能中庸，而亦不得成其反中庸之道。

向後賢知之過，愚不肖之不及，則又從鮮能之民，揀出中閒不安於不知味者言之。所謂愚不肖者，亦特對賢知而言天資之滯鈍者也，與夫因世教衰而不興行、可繇而不知之民，自進一格。到十一章所言「索隱行怪」，則又就賢知之專志體道而爲之有力者身上撇開不論，而後就遵道之君子進而求作聖之功。此中庸前十章書次第之井井者也。

「小人反中庸」，只如叔孫通之綿蕞，歐陽永叔之濮議，王介甫之新法，直恁大不可而有害於世，故先儒以鄉原當之，極是。若鮮能之民，則凡今之人而皆然。賢知之過，愚不肖之不及，則孔、孟之門多有之。要亦自其見地操履處，顯其過不及，而未嘗顯標一過不及者以爲道。且過不及，亦皆以行乎中庸之教，而初未反戾乎中庸。抑過則業亦有所能，而不及者亦非全乎其不能，與不興行之民自別。至於「索隱行怪」，則又從天理上用力推測安排，有私意而無私欲，其厭惡小人而不用其道者，更不待說，蓋莊、列、陸、王之類是也。

小人只是陷於流俗功利而有權力者，如歐陽濮議，但以逢君；王介甫狠狽處，尤猥下。隱怪方是異端，過不及乃儒之疵者。三種人各有天淵之別。此十章書步步與他分別，漸撇到精密處，方以十二章以後八章，顯出「君子之道」，妄旣闢而眞乃現也。一書之條理，原爾分明不亂。

「舜知」、「回仁」、「夫子論强」三章，乃隨破妄處，隨示眞理，皆只借證，且未及用功實際，終不似「道不遠人」諸章之直示歸宿。蓋閱盡天下之人，閱盡天下之學術，終無有得當於中庸，而其效亦可睹，所以云「中庸其至矣乎」。北溪所云「天下之理無以加」者，此之謂也。

或以隱怪爲小人，或以賢知爲隱怪，自章句之失。而後人徇之，益入於棼迷而不可別白。取中庸全書，作一眼炤破，則曲暢旁通矣。

第三章

一

「天下之理無以加」，是贊「至」字語。若以此爲「至」字本釋，則於文句爲歇後，其下更須着一字，如大學言「至善」方盡。後人於此添入至平、至奇、至微、至大一切活套話，皆於此未諦。所以章句用「未至」、「爲至」二語反形，乃得親切。

「至」字有二義：極也，到也。章句卻用至到一釋，不作至極說。所行者至於所道，則事理合轍，而卽天理卽人心，相應相關。猶適燕而至於燕，則燕之風物，切於耳目肌膚，而已所言行，皆得施於燕也。

此中庸之爲德，上達天地鬼神，下徹夫婦飲食，俱恰與他誠然无妄之理相爲通合。若射者之中鵠，鏃已入侯，而非浮游依倚，相近而實相遠，故曰至也。論語「知及之」「及」字，及十二章「察」字，正可作此註脚。

二

「中庸之爲德」，「德」字淺，猶言功德；亦與「鬼神之爲德」「德」字一例，則亦可以性情功效言之。但中庸是渾然一道理，說不得性情。其原本可與鬼神之性通，其發生可與鬼神之情通，而大要在功效上說。可令人得之而見德於人，則亦可云德之爲言得也。特與行道而有得於心不同，以未嘗言及行之者，而心亦無主名故。

三

唯道不行、不明，故民鮮能。民者，凡民也，待文王而後興。有文王，則此道大明，而流行於家、邦、天下，民皆率繇之矣。江漢之游女，兔罝之野人，咸有以效其能於中庸。唯有德位者或過或不及，以壞世教，而後民胥夢夢也。

中庸之道，聖以之合天，賢以之作聖，凡民亦以之而寡過。國無異政，家無殊俗，民之能也。豈盡人而具川流敦化之德，成容、執、敬、別之業，乃云能哉？三山陳氏逆說，不成理。

第四章

或問「揣摩事變」四字，說近平淺，卻甚諦當。所謂「知者過之」，只是如此。本文一「之」字，原指道而言。賢知者亦在此道上用其知行，固與異端之別立宗風者迥別。如老子說「反者道之動，弱者道之用」，佛氏說「本覺妙明，性覺明妙」，他發端便不走者條路，到用處便要守雌守黑，空諸所有，乃至取禮樂刑政，一概掃除，則相去天淵，不可但云「過之」矣。如人往燕，過之者誤踰延慶、保安，到口外去；異端則是發軔時便已南轅。故知知者之過，亦測度揣摩，就事而失其則耳。

此章及下章三「道」字，明是「修道之謂教」一「教」字在事上說。章句所云「天理之當然」，乃以推本敎之所自出，而贊其已成之妙。雲峰以不偏不倚、無過不及分釋，依稀亦似見得。以朱子元在發而皆中之節上言無過不及，則亦言道之用而已。道之用卽是敎。就子臣弟友以及於制禮作樂，中閒自有許多變在。先王所修之道，固已盡其變，而特待人擇而執之。若但乘一時之聰明志意，以推測求合，則隨物意移，非不盡一事之致，極乎明察，而要非經遠可行之道，此知者之過也。若賢者之過，則亦如徐積之孝，不忍履石，屈原之忠，自沈於淵，乃至禮過繁而樂過淸，刑過嚴而政過密，亦豈如異端之絕聖智而叛君親也哉？此等區處，切須揀別，勿以異端混入。

第六章

一

行道者，行此道以成化也。明道者，明此道以立敎也。舜惟知之，故道行於民。顏子惟服膺而弗失，故可與明道。若賢知之過，愚不肖之不及，則已失立敎之本，而況能與天下明之而行於天下哉？與天下明之而行於天下，則敎不衰；而民雖愚賤，亦不至鮮能之久矣。就中顯出明行相因，只舉一舜、顏便見。而舜之行道，顏子之明道，則不待更結言之也。

二

或問前云「舜之知而不過」，「回之賢而不過」，單反「過」一邊，後卻雙影「過」「不及」分說，此等處極不易看。當知說書者，須是如此開合盡理。說箇賢知，自然是美名。舜之知，亦止與過者同其知；回之賢，亦止與過者同其賢。及至德之已成，則雖舜、顏，亦但無不及而已。

抑論天資之難易，自然儘着賢知一流，而付以行道、明道之任。若愚不肖者，則其用功固必倍也。乃言賢知，則愚不肖之當企及亦見。於此活看，足知或問之密，而中庸之爲有歸宿矣。

第七章

擇乎中庸而不能守，兼過不及兩種說。須知愚不肖者，亦未嘗不曰「予知」也。或問「刻意尙行，驚世駭俗」，亦偏舉一端。總繇他擇乎中庸後，便靠硬做，則或過高而不可繼。蓋於制行時無加一倍謹始愼微之力，則中閒甘苦條理，不得親切，故不能守之期月而不失。是賢者之過，大端因孟浪踈麤而得，其不能守其所知也固然。若不肖者，雖知之而守之無力，又不待言矣。

第八章

章句於舜用中，說箇「行之至」，「至」字微有病，似只在身上說，未及於天下。則是舜行道而道因以行矣。至顏子，卻作三節說，又於「擇乎中庸」上，加「眞知」一層。愚意中庸引夫子說，既只重行，而夫子所言顏子之「擇乎中庸」，亦與「予知」之人同詞而無異，則更不須添一「眞知」於上。

且章句以「言能守」繫之「奉持而著之心胸之閒」之下，則「弗失之矣」四字，別是一意。此一句不是帶下語，勿僅於「拳拳服膺」句僅作一讀。「弗失」者，「默而識」之「識」也。顏子既能得之於己，則至道皆成家珍，了了識念，使以之立教，可無恍惚億中、不顯不實之病矣。顏子早世，固不得見其明道之功，與舜之行道於天下者等。然觀夫子「喪予」之歎，則所以期顏子者，非但取其自明也。

第九章

一

第九章之義，章句、或問本無疵瑕，小註所載朱子語錄，則大段可疑。程、朱雖摘出中庸於戴記之中，不使等於諸禮，而實不可揜者，則於「修道之謂教」注中，已明中庸之非無定體矣。今乃云「中庸便是三者之閒，非是別有一箇道理」，則竟抹殺聖賢帝王一段大學術、大治道，而使爲浮游不定之名，寄於一切。則堯、舜、禹之所以授受，上因天理自然、不偏不倚之節文，下以盡人物之性者，果何所擇而何所執乎？

此一章書，明放着「子路問成人」一章是顯證據。「天下國家可均」，「冉求之藝」也。

「爵祿可辭」，「公綽之不欲」也。「白刃可蹈」，「卞莊子之勇」也。「文之以禮樂」，則「中庸」是已。到中庸上，須另有一鑪錘在，則於以善成其藝、廉、勇之用，而非僅從均之、辭之、蹈之之中，斟酌較好，便謂中庸。使然，則本文只平說可均、可辭、可蹈，固徹上徹下而爲言，何所見其有太過不及而非中也哉？

中庸一書，下自合妻子、翕兄弟，上至格鬼神、受天命，可謂盡矣，而終未及夫辭祿蹈刃。則以就事言之，其局量狹小，僅以盡之在己，而不足於位天地、育萬物之大；以人言之，則彼其爲人，稱其性之所近，硬直做去，初未知天下有所謂中庸者而學之也。

唯均天下國家，則亦中庸之所有事。而但言均而已，不過爲差等其土宇昄章，位置其殷輔人民，則子路所謂「何必讀書然後爲學」者，固可治千乘之賦。求之後世，則漢文幾至刑措，可謂均之至矣；而至於禮樂，固謙讓而未遑。唯其內無存養省察之功、見天命流行之實體，而外不能備三重之權以寡過也。

存養省察者，三重之本，天理悉著於動靜，而知天知人之道見。靜見天心則知天，動察物理則知人。三重者，存養省察中所爲愼獨樂發，以備中和之理而行於天下者也。中庸一篇，始終開合，無非此理。今乃區區於均天下、辭祿、蹈刃之中求中庸，又奚可哉？均天下國家者，須撇下他那名法權術，如賈生、晁錯議定諸侯等。別與一番經綸，使上安民治，風移俗易，方展得中庸之用出。若以辭爵祿言之，則道不可行，而退以明道爲己任，如孔子歸老於魯，著删定之功，方在中庸上顯其能，而非一辭爵祿之得其宜，便可謂之中庸。至蹈白刃，則雖極其當如比干者，要亦逢時命之不猶，道既不可行而又不可明，弗獲已而自靖於死，不得愛身以存道矣。

本文前三「也」字，一氣趨下，末一「也」字結正之。謂可乎彼者之不可乎此，非謂盡人而不可能；亦能均天下、能辭祿、能蹈刃者之不可許以能乎中庸爾。可均、可辭、可蹈者而不可能，則能中庸者，必資乎存養省察、修德凝道以致中和之用者而後可。故下云「唯聖者能之」，語意相爲唱和，義自顯也。中庸之爲德，存之爲天下之大本，發之爲天下之達道，須與盡天下底人日用之，而以成篤恭而天下平之化，豈僅於一才一節之閒爭得失哉？

或問云「蓋三者之事，亦知、仁、勇之屬」，一「屬」字安頓極活；較小註「三者亦就知、仁、勇說來，蓋賢者過之之事」等語，便自不同。三者之於中庸，堂室迥別，逵徑早殊。僅能三者，而無事於中庸，則且未嘗不及，而況於過？

前章所云過不及者，皆就從事於中庸者言也。若就三者以言乎過不及：則均天下者，黃、老過也，申、商不及也；辭爵祿者，季札過也，蚳鼃不及也；蹈白刃者，屈原過也，里克不及也。乃其過亦過夫三者，其不及亦不及夫三者，何嘗與中庸爲過不及哉？

若其爲知、仁、勇之屬，則就夫人性中之達德而言，亦可謂有此三者之資，足以入中庸之德，猶冉求、公綽、卞莊之可與進文禮樂而已。至於用中之知，服膺之仁，中和而不流不倚之勇，彼固未嘗問津焉，而何足以與於斯？

故或問以「取必於行」指其不能中庸之病根，則謂其就事求可而置大道於未講也；抑云「事勢之迫」，則又以原夫辭爵祿、蹈白刃者不能中庸之故。而比干之剖心，一往之士可引決焉；箕子之陳範，則非箕子者終不能託迹也。後儒不察，乃於三者之中求中庸，亦相率而入於無本之學矣。

二

章句云「三者難而易，中庸易而難」，固已分明作兩項說。若云「三者做得恰好，便是中庸」，則三者既難矣，做得恰好抑又加難，當云「中庸難而且難」，何以云易哉？三者之中，隨一可焉，中庸不可能也；三者而皆可焉，中庸亦不可能也。張子房奮擊秦始皇而不畏死，佐漢高定天下，已乃謝人閒事，從赤松遊，顧於存養省察之心學，堯、舜、文、武三重徵民之大道，一未之講。是三者均可，而中庸不可能之一證。安得謂中庸卽在三者之中哉？

第十章

「和而不流」、「中立而不倚」，俱就功用說。章句云「非有以自勝其人欲之私，不能擇而守」，是推原語。君子之所以能爲强者在勝欲，而强之可見者，則於和不流、中立不倚徵之。故與下二段一例，用「强哉矯」以贊其德之已成。四段只是一副本領。其能爲爾者，則勝欲而守乎理也。就其與物無競，則見其和。就其行己不失，則見其中立。就其不隨物意移，則見其不流。就其不挾私意以爲畔岸，則見其不倚。

所以知此中和爲德成之用，而非成德之功者：若存養而立本，則不待言不倚；省察而中節，則不待言不流。故擇守之外，別無工夫，而唯加之勝欲，以貞二者之用而已。知、仁是性之全體，勇是氣之大用。以知、仁行道者，功在存理。以勇行道者，功在遏欲。至於和不流，中立不倚，則克勝人欲，而使天理得其正也。須知此一節，只寫出大勇氣象；其所以能爲勇者，未嘗言也。

第十一章

一

小註謂「深求隱僻，如鄒衍推五德，後漢讖緯之說」，大屬未審。章句於「隱」下添一「僻」字，亦贅入。隱對顯而言，只人所不易見者是，僻則邪僻而不正矣。五德之推，讖緯之說，僻而不正，不得謂隱。凡言隱者，必實有之而特未發見耳。鄒衍一流，直是無故作此妄想，白平撰出，又何所隱？

此「隱」字不可貶剝，與下「費而隱」「隱」字亦大略相同，其病自在「索」上。索者，强相搜求之義。如秦皇大索天下，直繇他不知椎擊者之主名，橫空去搜索。若有跡可按，有主名可指求，則雖在伏匿，自可擒捕，不勞索矣。

道之隱者，非無在也，如何遙空索去？形而上者隱也，形而下者顯也。纔說箇形而上，早已有一「形」字爲可按之跡、可指求之主名，就者上面窮將去，雖深求而亦無不可。唯一槩丢抹下者形，籠統向那沒邊際處去搜索，如釋氏之七處徵心，全不依物理推測將去，方是索隱。

又如老氏刪下者「可道」「可名」的，別去尋箇「綿綿若存」。他便說有，我亦無從以證其無；及我謂不然，彼亦無執以證其必有。則如秦皇之索張良，彼張良者，亦未嘗不在所索之地界上住，說他索差了不得；究竟索之不獲，則其所索者之差已久矣。

下章說到「鳶飛戾天，魚躍于淵」，可謂妙矣，卻也須在天淵、鳶魚、飛躍上理會。鬼神之德，不見、不聞而不可度，也須在仁人孝子、齊明盛服上遇將去。終不只恁空空窅窅，便覩十方世界如掌中，果無數億佛自他國來也。

道家說「有有者，有未始有者，有未始有夫未始有者」，到第三層，卻脫了氣，白平去安立尋覓。君子之道，則自於己性上存養者仁義禮知之德，己情中省察者喜怒哀樂之則。天之顯道，人之恆性，以達鬼神後聖之知能，皆求之於顯以知其隱，則隱者自顯。亦非舍隱不知，而特不索耳。

索隱則行必怪。原其索而弋獲者非隱之眞，則據之爲行，固已趨入於僻異矣。若夫鄒衍之流，則所索已怪，迨其所行，全無執據，更依附正道以自解免，將有爲怪而不得者。故愚定以此爲異端佛老之類，而非鄒衍之流也。

二

勇帶一分氣質上的資助，雖原本於性，亦知仁之所生故。而已屬人情。中庸全在天理上生節文，故第二十章言「人道敏政」，人道，立人之道，卽性也。只說「修道以仁」，說「知天知人」，而不言勇；到後兼困勉，方說到勇去，性有不足而氣乃爲功也。

知、仁以存天理，勇以遏人欲。欲重者，則先勝人欲而後能存理，如以干戈致太平而後文教可修。若聖者，所性之德已足，於人欲未嘗深染，雖有少須克勝處，亦不以之爲先務；止存養得知、仁底天德完全充滿，而欲自屏除。此如舜之舞干羽而苗自格，不賴勇而裕如矣。

朱子於前數章平敍知、仁、勇之功，到此卻删抹下勇而曰「不賴」，纔得作聖者功用之淺深，性學之主輔。許東陽「皆出於自然」之説，惡足以知此！

第十二章

一

愚不肖之與知與能，聖人之不知不能，天地之有憾，皆就君子之道而言。語大、語小，則天下固然之道，而非君子之所已修者也。本文用「故君子」三字作廉隅，章句以「君子之道」冠於節首，俱是喫緊節目，不可略過。

唯君子修明之以俟後聖，故聖人必於此致其知能，而因有不知不能之事。君子修之以位天地，故天地亦有不能如君子所位之時。若夫鳶飛魚躍，則道之固然而無所待者，日充盈流盪於兩閒，而無一成之體，知能定有不至之域，不待言聖人之有所詘矣。

且如「鳶飛戾天，魚躍于淵」，聖人如何能得，而亦何用能之？抑又何有不能飛天躍淵、爲鳶爲魚者？道之不遐遺於已然之物也，而既已然矣。故君子但於存心上體認得此段眞理，以效之於所當知、所當能之事，則已足配其莫載之大、莫破之小，而經綸滿盈；實未須於鳶之飛、魚之躍，有所致其修也。

道有道之上下，天地有天地之上下，君子有君子之上下。上下者，無盡之詞。天地者，有所依之上下也。「察乎天地」，已修之道昭著之見功也。故不言察乎上下，而云「察乎天地」，亦以人之所親者爲依耳。

察乎天而不必察乎鳶飛之上，察乎地而不必察乎魚躍之下。認取時不得不極其廣大，故不以鳶魚爲外，而以存充周流行、固然之體於心。至其所以經之、紀之者，則或問固云「在人則日用之際，人倫之間」，已分明揀出在天在人之不同矣。此中有一本萬殊之辨，而吾儒之與異端逕庭者，正不以蟲臂、鼠肝、翠竹、黃花爲道也。

二

「君子之道」而聖人有所不知不能者，自修道而言，則以人盡天，便爲君子之事。章句以夫子問禮、問官當之，極爲精當。少昊之官，三代之禮，亦非必盡出於聖人之所定，故僅曰君子。知能相因，不知則亦不能矣。或有知而不能，如堯非不知治水之理，而下手處自不及禹是也。只此亦見君子之道非天地自然之道，而有其實事矣。

然到第二十七章，又以此爲「聖人之道」，則以言乎聖人之行而明者，以君子所修爲則；君子之修而凝者，以聖人之所行所明爲則也。因事立詞，兩義互出，無不通爾。

三

「語小，天下莫能破」，言天下之事物莫有能破之者。章句一「內」字極難看。「內」字作中閒空隙處解，謂到極細地位，中閒亦皆灌注撲滿，無有空洞處也。以此言天理流行、一實無閒之理，非不深切。然愚意本文言「莫破」，既就天下而言，則似不當作此解。

破者，分析教成兩片，一彼一此之謂也。則疑天下之事物，其或得道之此而不得道之彼者有矣。乃君子推而小之，以至於一物之細、一事之微，論其所自來與其所自成，莫非一陰一陽、和劑均平之搆撰；論其所體備，莫不有健順五常，咸在其中而無所偏遺。故欲破此一物爲有陰而無陽，彼一物爲有陽而無陰，此一事道在仁而不在義，彼一事道在義而不在仁，而俱不可得。

大而大之，道之全者如大海之呑吸，無有隄畔；小而小之，道之全者亦如春霖灌乎百昌，一滴之中也是者陽蒸陰潤所交致之雨。則「禮儀三百」，三百之中，隨一焉而仁至義盡；「威儀三千」，三千之中，隨一焉而仁無不至，義無不盡也。此亦借在人者以徵天地固然之道。

故「鳶飛戾天」，疑於陽升，而非無陰降；「魚躍于淵」，疑於陰降，而非無陽升。健順五常，和成一大料藥，隨拋一丸，味味具足，斯則以爲天下莫能破也。如此，方得與「天下」親切。

唯是箇活底，所以充滿天地之閒。若是煞着底，則自然成堆垜。有堆垜則有閒斷矣，閒斷處又是甚麽？故知空虛無物之地，者道理密密綿綿地。所以不睹之中，衆象臚陳；不聞之中，羣聲節奏。

潑潑者，如水潑物，着處皆溼也。在空亦溼空。空不受溼，溼理自在。與「鱍鱍」字音義俱別。潑，普活切。鱍，北末切。鱍鱍卽是活意，潑潑則言其發散充周，無所不活也。

但非有事於存心者，則不見他生而不竭之盛。卽如「鳶飛戾天，魚躍于淵」二語，直恁分明覺得，必非與物交而爲物所引蔽，及私意用事索隱於不然之域者，能以此而起興。程子所謂「必有事，而勿正」，意止如此，不可誤作從容自然，變動不居解。於此一錯，則老氏所謂「汎兮其可左右」，佛氏所謂「渠今是我，我不是渠」，一例狂解而已。

五

「造端乎夫婦」，自是省文，猶云「造端乎夫婦之所知能」也。不知道之謂愚，不能行道之謂不肖，非謂其不曉了天下之事而拙鈍無能也。只此與聖人對看，儘他俗情上千伶百俐，勤斂了當，也只是愚不肖。以此知「夫婦」云者，非以居室而言也。

今亦不可謂居室之非道，乃若匹夫匹婦之居室，卻說是能知、能行此道不得。況上文原以「君子之道」而言，則固非一陰一陽之道矣。人喚作夫婦，大率是卑下之稱，猶俗所謂小男女，非必夫婦具而後云然。論語云「匹夫匹婦……自經溝瀆」，亦豈伉儷之謂哉？

易云「一陰一陽之謂道」，是大槩須如此說。實則可云三陰三陽之謂道，亦可云六陰六陽之謂道，亦可云百九十二陰、百九十二陽，乃至五千七百六十陰、五千七百六十陽之謂道。而乾之純陽，亦一陽也；坤之純陰，亦一陰也；夬、姤之五陽，亦一陰也；剝、復之五陰，亦一陽也。師、比、同人、大有等皆然。所以下云「繼之者善也」。「仁者見之謂之仁，知者見之謂之知」，則亦一仁一知之謂道矣。

或問此處夾雜參同契中語。彼唯以配合爲道，故其下流緣託「好逑」之義，附會其彼家之邪說。朱子於此辨之不早，履霜堅冰，其弗懼哉！

第十三章

一

「道不遠人」，與上章所引旱麓詩詞原無二義。雲峰謂上章言性體之廣大，此言率性者之篤實，大是妄分支節。率，循也，言循其性之所有而皆道也。豈率性者之別有階梯，而不必遽如性之廣大乎？

「以人治人」，觀乎人而得治人之道也。「不願勿施」，觀乎人之施己而得愛人之道也。

「庸德庸言之慥慥」，觀乎人之得失而得治己之道也。盈天地之效於我者，人而已矣。一吾目之見鳶見魚而心知其飛躍，鳶魚之在天淵以其飛躍接吾之心目者也。而道不遠於此，則亦何篤實之非廣大哉？

內顧，而己之願不願者，盡乎人之情矣。外顧，而人之宜盡第二節與其不克盡者，盡乎物之理矣。不能觸處得理以擇而執之，則必以私意爲道，拂乎人而揉亂之矣。此「皆曰予知」而好自用之愚者是也。陳氏以老、莊當之，亦未爲得。

二

己所不願，則推人之必不願而勿施之，是恕。推己所不願，而必然其勿施，則忠矣。忠恕在用心上是兩件工夫，到事上卻共此一事。章句云「忠恕之事」，一「事」字顯出在事上合一。後來諸儒俱欠了當在，乃以忠爲體，恕爲用，似代他人述夢，自家卻全未見影響。

三

史伯璿添上己所欲而以施之於人一層，大是蛇足。「己欲立而立人，己欲達而達人」，是仁者性命得正後功用廣大事。若說恕處，只在己所不欲上推。蓋己所不欲，凡百皆不可施於人，卽飲食男女，亦須準己情以待人。若己所欲，則其不能推與夫不可推、不當推者多矣。仁者無不正之欲。且其所推者，但立達而已。文王固不以昌歜飽客，而況未至於仁者哉？

四

此章之義，章句盡之矣。其他則唯藍田之說爲允。或問改藍田一段，不及元本「其治衆人也」、「其愛人也」、「其治己也」分三段爲切當。若雙峰以下諸說，則一無足取。緣其所失，皆硬擒住「忠恕」二字作主。要以論語一貫之旨，横據胸中，無識無膽，不能於聖賢言語，求一本萬殊之妙。朱子一片苦心，爲分差等，正以防此混亂，何諸子之習而不察也！

本文云「施諸己而不願，亦勿施於人」，只此是忠恕事。顯然見此但爲人之爲道者，能近取譬，一入德之門而已。若子曰「吾道一以貫之」，而曾子乃云「夫子之道，施諸己而不願，亦勿施於人而已矣」，則豈可哉？

此亦可言忠恕者，如孟子言「親親仁也，敬長義也」，親親敬長可言仁義，其得以孩提之親親敬兄，謂仁義之全體大用盡於此乎？知此忠恕專在施上說，則其上之不足以統治人，下之不足以統自治，亦明矣。且本文所云「忠恕違道不遠」者，就人心道體而言，所包猶廣；而其云「施諸己而不願，亦勿施於人」，則指事而言，尤一節之專詞耳。

史伯璿心無忠恕，漫爲指射，乃以末節爲「推己所欲者施之於人」。舉君父與兄而爲衆賤之詞曰「人」，事君、事父、事兄而爲下逮之詞曰「施」，言不順則事不成，其顚悖莫此爲甚！

故本文但於朋友言施，而尤必以先施爲情禮之當。則朋友且不可僅言施，而況於君父？故可言施者，必諠踈而卑於己者也。其可言人者，必並不在朋友之科，而爲泛然無交，特其事勢相干、言行相接之人也。

故自有文字來，無有言施忠於君、施孝於父者。至於上云「治人」，其所治之人，則已固有君師之任，事在教而不在養。治之之術，戒休董威，不問其可願不可願也。

且末節言所求乎子、臣、弟、友，其所求之子、臣、弟、友，朱子謂爲己之子臣若弟，亦以在己者痛癢自知，而其求之也較悉爾。實則天下固有年未有子，位未有臣，而爲人之季弟者，其又將何所取則以事其上哉？是所求云者，不論求己之子、臣、弟、友，與從旁公論天下之爲子臣、爲弟友者，而皆可取彼旁觀之明，以破當局之暗也。則抑知我之所求者，亦得其理於人，故曰「道不遠人」。而非爲在己之所欲，如史氏之所云者。人事人父以孝，於己何欲哉？

要此三段文字，每段分兩截。「伐柯伐柯」五句，言治人之道不遠於人也；「以人治人，改而止」，則不遠人以爲治人之道也。「忠恕違道不遠」，言愛人之道不遠於人也；「施諸己而不願，亦勿施於人」，則不遠人以爲愛人之道也。「君子之道四」十句，言治己之道不遠於人也；「庸德之行」以下，則不遠人以爲自治之道也。

「道不遠人」二「人」字，唯黃勉齋兼人己而言之之說爲近。緣忠恕一段，謂以愛己之心愛人，故可兼己而言。乃施諸己者他人也，於人之施者，得勿施於人之道，則雖云以愛己之心爲準，而實取順逆之度於人矣。

大抵此章之旨，本言費之小者，故極乎淺易。然於以見斯道之流行，散見於生人情理之內，其得失順逆，無非顯敎，與鳶飛魚躍，同一昭著於兩間。故盡人之類，其與知與能，與其所未知未能，皆可以觀察，而盡乎修己治人之理。蓋以明斯道之充滿形著，無所遺略，無所閒斷，而卽費可以得隱。則其意原非欲反求之己，而謂取之一心而已足也。

中庸以觀物而論天理之行，論語以存心而備萬物之理。中庸致廣大，而論語觀會通。固宜忠恕之義，大小偏全之不一，而「不願勿施」，但爲忠恕之一端也。守朱子之詁，而勿爲後儒所惑，是以讀大全者之貴於删也。

第十四章

一

目前之人，不可遠之以爲道；唯斯道之體，發見於人無所間，則人皆載道之器，其與鳶魚之足以見道者一幾矣。現在之境，皆可順應而行道；唯斯道之〔用〕，散見於境無所息，則境皆麗道之墟，其與天淵之足以著道者一理矣。目前之人，道皆不遠，是於鳶得飛、於魚得躍之幾也。現在之境，皆可行道，是在天則飛、在淵則躍之理也。無人不可取則，無境不可反求，卽此便是活潑潑地。邵子觀物兩篇，全從此處得意。

雙峰乃以十三章爲就身而言，十四章爲就位而言，則前云子、臣、弟、友者，未嘗不居乎子、臣、弟、友之位；後云「反求諸其身」者，亦既歸之於身矣。彼殊未見此兩章大意，在只此是費之小者，就人、境兩端，顯道之莫能破。故新安謂「第十五章承上言道無不在，此四字好。而進道有序」，極爲諦當。但新安所云承上者，似專承素位一章。如愚意，則必兩承，而後見道之無不在也。

二

章句分「素位而行」與「不願其外」爲兩支，道雖相因，而義自有別。「素位而行」，事之盡乎道也；「不願其外」，心之遠乎非道也。觀上言「行」而不言「願」，可知矣。

乃「不願乎其外」一支，又有兩層：「不陵」、「不援」者，據他人所居之位以爲外也；「不怨」、「不尤」者，據己所未得之位以爲外也。乃人之有所覬於未得者，必因他人之已然而生歆羨，故「不陵」、「不援」爲「無怨」之本；而所謂「正己」者，亦別於上文隨位盡道之實，但以心之無邪而卽謂之正矣。「正己」如言立身，「行」則言乎行己，行與立固有分也。

抑「不陵」、「不援」而統謂之「不求」，且於在上位者而亦云無怨尤，此疑乎說之不可通者。以在上位而願乎其外，必將以諸侯干天子，大夫干諸侯。若但陵其下，則非有求於下，勢可恣爲，不至於不得而懷怨。若在上位而願下，則又疑人情之所必無。

按春秋傳，凡言强淩弱者，字皆作「淩」，左傍從「冰」，謂如寒威之逼人也。其云「侵陵」，云「陵替」者，字則作「陵」，左傍從「阜」。陵者，山之向卑者也。離乎上而侵乎下，若山之漸降於陵而就平地也。則「不陵」、「不援」，義正相類。陵下者，言侵下之事以爲己事也。夫人之樂上而不樂下，固情也。乃當其居上而覆願爲下之所爲者，亦卞躁自喜者之情也。如人當在臺諫之職，未嘗不思登八座；及登八座而不能與臺諫爭搏擊之權，則固有願爲臺諫者矣。乃以此心而居八座，則必身爲大臣，不恤國體，而侵陵臺諫之職，欲與小臣爭一言之得失。不得而求，求不得而怨矣。又人之方爲子，豈不願己之有子？及身老而子孫漸長，則動成拘忌，乃濱老而有童心，思與子孫爭一旦之憂樂。不得而求，求不得而怨矣。夫唯天子則不宜願爲臣民，而唐宣且自稱進士，武皇且自稱大將軍。況所云「在上位」者，初非至尊無偶之謂乎？

審乎此，則「陵下」「援上」，皆據一時妄動之心而言。而除取現在所居之位爲昔之所居而今懷之，他日之所必至而今期之，其爲外也，一而已矣。此聖賢之言，所以範圍天下之人情物理而無遺。藍田云「陵下不從則罪其下」，既於「陵」字之義未當；又云「反仁反知所以不陵」，則是素位而行之事，而非不願乎外之心，胥失之已。

三

「儌」只是求意。小註云「取所不當得」，於義卻疎。求者，其心願得之；取，則以智力往取而獲之矣。若幸可取而得焉，則不復有命矣。富貴福澤，儘有不可知者。君子俟之，則曰「命」。小人儌之，則雖其得也，未嘗不有命在；而據其心之欣幸者偶遂其願，不可云「命」，而謂之「幸」矣。

章句云「謂所不當得而得者」，亦是奚落小人語，其實不然。如以孟郊之文，登一進士，亦豈其不當得？乃未得之時，則云「牓前下淚，衆裏嫌身」，既視爲幾幸不可得之事；迨其既得，而云「春風得意馬蹄疾，一日看徧長安花」，其欣幸無已，如自天隕者然。則不特人以小人爲幸，而小人亦自以爲幸；乃至人不以小人爲幸，而小人亦自以爲幸，則唯其位外之願無聊故也。

第十六章

一

章句一「然」字及「是其」二字，一串寫得生活。「弗見」、「弗聞」，微也；「體物不可遺」，顯也。義旣兩分，故不得不用「然」字一轉。乃如朱氏伸竟爲分別，則又成窒礙矣。弗見弗聞者，卽以言夫體物者也。體物不遺者，乃此弗見弗聞者體之也。

侯氏形而上下之言，朱子旣明斥之矣。雙峰猶拾其餘瀋而以爲家珍，則何其迷也！形而下者只是物，體物則是形而上。形而下者，可見可聞者也。形而上者，弗見弗聞者也。如一株柳，其爲枝、爲葉可見矣，其生而非死，亦可見矣。所以體之而使枝爲枝，葉爲葉，如此而生，如彼而死者，夫豈可得而見聞者哉？

物之體則是形。所以體夫物者，則分明是形以上那一層事，故曰「形而上」。然形而上者，亦有形之詞，而非無形之謂。則形形皆有，卽此弗見弗聞之不可遺矣。

不可見、不可聞者之體物不遺，鬼神之性情固然。此弗見弗聞之體物不遺，以使物得之爲物者，則其功效也。三句全寫性情，而功效則在言外，不可以體物不遺爲功效。

二

於鬼神內摘出祭祀一段說，是從弗見弗聞中略示一可見可聞之跡。延平云「令學者有入頭處」一語，甚精。此不可見聞者，物物而有。直是把一株柳去理會，則盡量只在可見可聞上去討，急切間如何能曉得者裏面有那弗見弗聞底是怎麼生。及至到祭祀上，卻得通箇消息。

「天下之人」四字，是大槩說。除下那嫚侮鬼神底不道，其餘則淺者有淺者之見，深者有深者之見。是他一時精氣凝聚，散亂之心不生，便愾乎如將見之，如將聞之，而信不遺者之眞不可遺也。若到聖賢地位，齊明盛服以脩其身，出門使民，皆以承祭之心臨之，則不但於祭祀時見其洋洋，而隨舉一物，皆於其不可見者，雖不以目見而亦見之；不可聞者，雖不以耳聞而亦聞之矣。

乃此理氣之洋洋者，下逮於天下之人，固亦時與之相遇，特習而不察，繇而不知，窮視聽於耳目之間，而要亦何嘗遠人而託於希微之際也？故曰：「誠之不可揜如此夫！」東陽許氏以祭祀爲「識其大者」，殊屬孟浪。

第十七章

「舜其大孝也與！」只此一句是實贊其德，下面俱是說道用之廣。舜之所以爲舜者，一「孝」盡之矣，所以「造端乎夫婦」而「察乎天地」也。東陽許氏說「下五句爲孝之目」，極是乖謬。舜之孝，固有「五十而慕」及「烝烝乂，不格姦」之實，爲極其大，豈可將此等抹煞，但以聖人而爲天子爲其孝乎？

孟子說：「天下之士悅之。」士者，賢人君子之稱；悅者，悅其德也。天下皆悅其德，乃聖人「莫不尊親」之實。而孟子固曰「人悅之、貴爲天子、富有天下，而不足以解憂」，則舜之不以此爲孝明矣。

就中唯「德爲聖人」一語，可附會立義，謂修德立身，乃孝之大者。其說大抵出於孝經。而論、孟中說孝，總不如此汗漫。人子之於父母，使不得轉一計較在。故先儒疑孝經非孔子之舊文，以其苟務規恢而無實也。孔子說「父母惟其疾之憂」，曾子說「全而生之，全而歸之」。此是痛癢關心處，不容不於此身而見父母之在是。孟子謂「不失其身而能事其親」，但云「不失」，則已載夔夔惻惻之意，而不敢張大其詞，以及於德業。若孝經所稱立身成名，揚于後世，卻總是寬皮話，搭不上。以此爲教，則將舍其恩義不容解之實，而求之於畔援、歆羨之地，於是一切功名苟簡之士，得託之以爲藏身之區藪矣。

人所疑者，「德爲聖人」，實有聖學、聖功、聖德、聖業在，不與尊富之俟命於天者同。不見尚書說「天錫勇知」，詩稱「帝謂文王，無然畔援，無然歆羨」，子貢亦曰「固天縱之將聖」？德至聖人，徒可以人力强爲之乎？若云不全恃天而廢人，則位祿與壽，得其名卽爲聖人。亦非無臨御保守、尊生永命之道，豈但聖德之爲有功耶？有子曰：「孝弟也者，其爲仁之本與！」則爲仁之事，皆自孝弟而生。倘云修德以爲孝，則是爲仁爲孝弟之本矣，豈不顚倒本末而逆施先後哉？

況子思引夫子此言，以見中庸之道卽匹夫匹婦所知能者；馴至其極，而德無不備，命無不可受。此以爲察乎天地之實，則一本萬殊之旨；斯以顯君子之道，費無不徹，而隱不易知。若云脩德受命而後爲能盡孝，則是造端乎大，而以成夫婦之知能矣。是天地位，萬物育，而後能致中和，不已逆乎？故唯章句「道用之廣」四字爲不可易，其餘皆不足觀也。

第十八章

所云「無憂者其唯文王」，亦但以統論周家一代之事，前自太王、王季而開王業，後至武王、周公而成王道，以見積數世聖賢之功德以建治統，而文王適際夫俟命之時也。初非上下古今帝王，而但謂文王爲無憂。則海陵、雲峰之說皆不足存。

「憂」字有兩義：有事不遂志而可憂者，在文王固有之，繫傳言「作易者其有憂患」之謂也；有事在可爲而不必勞其憂思者，則此言「無憂」是也。天命未至，人事未起，不當預計天下之何以治、何以教，而但守先德以俟。故武王之纘緒克商，周公之制禮作樂、憂勤以圖成者，皆文王之所不爲，而非其不足以體道之廣，乃唯文王宜然耳。使武王、周公而亦猶是，則是忘天下，而道之不行不明也，無所託矣。自非文王，則道用本廣，不得以憚於憂而置之也。

若如二胡氏所云舜、禹無聖父，堯、舜無肖子，則父之不令，既非人子所可用其憂者，故舜亦但以不順父母爲憂，而不以瞽瞍之頑爲憂。孟子謂瞽瞍殺人，舜竊負而逃，終身訢然，深見人子之心，唯知有親，而其賢不肖，直不以改其一日之歡。至子之不肖，則天也。樂天知命夫何憂！杜子美非知道者，且云「有子賢與愚，何必罣懷抱」，況以此而得窺聖人之憂樂哉？若其以「父作子述」爲言者，則以明文王雖無憂，而先世後昆，相爲開繼，則周之體道以承天者，未嘗息也。

在夫子立言之旨，則以見時未至而事未起，則文王遵養以爲道；時已至而事已集，則武、周憂勞以見功。若子思引此以釋道用之廣，則見三聖開周，因仍次序，以集武功而成文德，故制作隆而中和之極建，乃以體君子之道而無所曠。率性之道，自唐、虞以前而未有異；修道之教，至成周而始隆。所爲道有顯微，不可揜而抑不可盡，非一聖人之知能所得竟也。彼屑屑然較父子之賢愚於往古者，其何當焉！

第十九章

一

章句云「以其所制祭祀之禮，通於上下者言之」，蓋謂推其孝思以立則於天下，禮雖有同異，而以敬其所尊、愛其所親者同也。「春秋修其祖廟」以下三節，皆通上下而言。故章句於祖廟備紀諸侯、大夫、適士、官師之制，則亦以明夫非但武、周所自行之禮也。

然就中有兼言者，有分言者，有上下一例者，有差等各殊者，直不可執一立解。雜舉自天子以至於士之禮，或全或偏，正以見其周徧。卽其獨爲天子之禮，亦必有其可通於大夫、士之道。如大夫以下助祭者，無爵可序，而自有貴賤之可辨。非若郊、社、禘、嘗，專言王侯而不及大夫也。

宗器，先世所藏之重器，諸侯大夫亦固有之。章句云「若周之赤刀、大訓」云云，舉一周以例其餘，故曰「若」。亦可云若魯之寶玉、大弓，衞孔悝氏之鼎也。許東陽徒以顧命所陳之寶當之，自屬泥窒。而裳衣、時食，凡有廟者之必設必薦，又不待言矣。

其云「宗廟之禮，所以序昭穆」者，謂以禘祫序列祖宗昭穆之禮，行之於凡祭，以序助祭之同姓，乃通合祖之義以合族也。死者旣各有廟，唯禘祫則合於太廟，以父南子北序之，此唯王侯之大享爲然。而以此禮通諸合族之義，則自大享以達於時祭，自天子以達於士，自太廟以達於禰廟，苟其有同姓在助祭之列者，皆不復問其爵之有無、族之親疎，而一以昭穆序之。舉夫朝廷之貴賤有級，宗室之大宗、小宗有別，宗室謂宗子之家。至此而尊尊之義皆絀焉，而一以行輩爲等夷，所以加恩於庶賤而聯之也。特牲饋食禮有「衆兄弟」、「兄弟子」之文，則雖士祭其禰，同姓咸在，豈必天子之大享而後序昭穆哉？

其爲王侯之制，而下不槩於大夫者，唯序爵耳。以士不受命，不得稱爵，大夫之祭，唯士與焉，則固無爵之可序也。若序事辨賢，自通乎上下而言。在特牲饋食禮，固有公有司及私臣爲宗、祝、佐食者；而少牢饋食，則司士、司馬、宰夫、雍人咸備焉。其在諸侯之備官，又無論矣。乃若旅酬之典，下逮於士，祭畢之燕，於士無禁，禮有明文，固可考也。

是知章句所云「通於上下」者，括脩廟以至燕毛而統言之矣。然則所云「踐其位，行其禮，奏其樂」，既承上文而無特起之詞，則亦通上下之承祭者而言也。踐主祭之位，得致敬以昭對於祖考，曰「踐其位」；位謂阼階。行其所得爲之禮，以秩神而敍人，曰「行其禮」；奏其所得奏之樂，以合漠而娛神，曰「奏其樂」。此三「其」字，乃泛指之詞。泛言「其」，而隆殺差等之不一者見矣。

又云「敬其所尊，愛其所親」，亦謂武、周既以此禮自敬其先王之所尊，愛其先王之所親；而使諸侯以達於士，皆得以敬愛其先人之所尊親者，而事死如生，事亡如存，文無不稱，情無不盡，斯以廣愛敬之德於天下，而先王之志以繼，事以述也。故曰「孝之至也」。

章句前云「禮通上下」，而此乃云「『其』指先王」，則有自相矛盾之病。特其所云「『其』

指先王」者，則以釋「敬其所尊、愛其所親」之「其」，而不以上累乎「踐其位，行其禮，奏其樂」之「其」。觀朱子引虞禮「反哭升堂，主婦入室」之文以明之，則亦顯夫「其」者，指主祭者而非先王之謂。上章言祭用生者之禮，正與此「其」字合。而章句中文義未爲界斷，斯後人積疑之所自生。乃「其」專以先王而言，則句自成疵。固當統言先人，而後與通於上下之旨不相背也。黄氏云「上下通踐其位」，大破羣疑，而於以爲功於朱子者不小矣。

總以此章之旨，謂武王、周公盡其孝之道，而創制立法，推行上下，無不各俾盡其性之仁孝；於以見道用之廣，而夫婦所知能之理，孝。極其至而察乎上下。故末復以郊禘之義明而治國無餘藴者終之。若但以天子之自承其祭者言之，則極乎煩重，而但以畢其孝思；則本大末小，體廣用微，豈不與中庸之道相爲剌謬？而異端「萬法歸一」之逆說，自此生矣。知此，則廣平之言表，固賢於藍田之言裏。是以朱子或問中雖兼採游、呂之說，而語錄獨稱廣平之周密。若譚氏致敬之論，則其泥而不通也久矣。

二

序事辨賢，唯龜山之說爲當，藍田殊未分曉。人之當爲宗、當爲祝、當爲有司，固先已各居其職矣。至有事於廟中，則太宰贊卾，宗伯涖祼，舉王侯以例其餘。祝自爲祝，有司自各司其事，非臨時差遣，隨命一人而授以事也，明甚。

其云「所以辨賢」者，辨者昭著之義。以平日之量德授位，因能授職，至此而有事爲榮，則以顯賢者之別於不賢者；而堂室異地，貴賤異器，又以彰大賢者之殊於小賢也。上言「辨貴賤」，亦是此意。不然，爵之貴賤，豈素無班序，而直待廟中始從而分別之哉？辨賢只是辨官，位事惟能，建官惟賢。賢也者，卽位之謂也。

其別於上所云「序爵」者，則公、侯、伯、子、男、卿、大夫之謂爵，六官之屬之謂位。爵如今王、公、侯、伯及光祿大夫至修職佐郎是。位則內閣、六部至倉巡、驛遞等衙門是。辨賢者，卽辨此之尊卑。古今原分作兩等，此序爵、序事之所以別，而貴賤與賢，亦可以互文見意也。

周禮固有「澤宮選士」之文，然所選者士爾。太宰、宗伯之類，旣以尊而不待選，在大夫則家老亦然。祝則世其職而不容旁選。唯如宰夫上士八人，中士十六人，下士三十有二人，具員已繁，不能盡與於祭，則以射擇之耳。而供戒具、薦羞、眡滌濯者，亦必就此五十六人中擇之，終不他取於別官之賢者，而一聽之於射。故曰「庖人雖不治庖，尸祝不越樽俎而代之」。亦如諸侯之得與祭，亦以射擇，而宋公之有淫威，魯侯之爲懿親，則不待選於射而必與焉。蓋爵之貴，賢之尊，雖素有等威之別，而合之於廟中，俾其貴其賢得昭著以爲榮焉，此「愛其所親」之道也。

讀四書大全說卷三　中庸

第二十章

一

「脩道以仁」，只陳新安引「志道、據德、依仁」爲據，及倪氏「自身上說歸心上」之說爲了當。「脩身以道」，只說得脩身邊事；「脩道以仁」，則脩身之必先正心誠意者也。道者，學術事功之正者也。學術事功之正，大要在五倫上做去。章句以「天下之達道」當之，乃爲指出道所奠麗之大者，非竟以「達道」之道釋此「道」字。

若仁者，則心學之凝夫天理者也，其與三達德之仁，自不相蒙。彼以當人性中之德而言，故曰「天下之達德」；此以聖賢心學之存主言，故章句云「能仁其身」。必不獲已，則可云與下「誠」字相近，然就中須有分別。此仁字之可與誠字通者，擇善固執之誠也。三達德之仁言天德，此仁言聖學。亦彼以性言而此以理言也。

二

不意朱門之荑稗，乃有如雙峰以鬼對人之說！史伯璿譏之，當矣。然雙峰豈解能奇，只是傍門求活見地。「仁者人也」，豈可云不仁者鬼乎？夫子謂「鬼神之爲德」爲「誠之不可揜」，鬼豈是不仁底？雙峰引論語「未能事人，焉能事鬼」作話柄，早已失據。在論語，本謂幽明無二理。既無二理，則非人仁而鬼不仁，審矣。

彼似在氣上說，生氣仁，死氣不仁，則以氣主理，其悖既甚。而彼意中之所謂死氣者，又非消息自然之氣，乃夭枉厲害之邪氣。使然，則人之有不正而害物者多矣，統云「仁者人也」，不已礙乎？子曰「人之生也直」，於直不直而分死生，且不於之而分人鬼，人鬼自與死生異。而況於仁乎？

聖人斬截說箇「仁者人也」，者「人」字內便有徹始徹終、屈伸往來之理。如何把鬼隔開作對壘得？必不獲已，則或可以「物」字對。然孟子以「萬物皆備」爲仁，中庸亦云「盡人之性則能盡物之性」，者「人」字也撇「物」字不下。特可就不仁者之心行而斥之，曰不仁者禽也，爲稍近理。要此「仁」字，不與不仁相對，直不消爲樹此一層藩籬。

「仁者」屬人道而言，「人也」屬天道而言。蓋曰君子之用以脩道之仁，卽天道之所以立人者也。天道立人，卽是人道。則知「親親爲大」，是推入一層語，非放出一層語。親親是天性之仁見端極大處，故章句云「自然便有惻怛慈愛之意」。此處不是初有事於仁者之能親切，故曰「深體味之可見」，是朱子感動學者令自知人道處。雙峯之孟浪，其不足以語此，又何責焉！

三

「仁」字說得來深闊，引來歸之於人，又引而歸之於「親親」，乃要歸到人道上。「親親」、「尊賢」，自然不可泯滅，與自然不顛倒之節文者，人道也；而尊親在此，等殺在此，脩道脩身者以此，故知人道之敏政也。中庸此處，費盡心力寫出，關生明切，諸儒全然未省。

四

「仁者人也」二句，精推夫仁，而見端於天理自然之愛。「義者宜也」，因仁義之並行，推義之所自立，則天理當然之則，於應事接物而吾心固有其不昧者，因以推夫人心秉彝之好，自然有其所必尊而無容苟，則「尊賢」是也。

仁義之相得以立人道，猶陰陽之並行以立天道　故朱子曰「仁便有義，陽便有陰」。非謂陽之中有陰，仁之中有義。如此則亦可云義之中有仁矣。乃天地閒既有(陰)〔陽〕，則(陽)〔陰〕自生；人道中既有仁，則義自顯也。而仁義之施，有其必不容不爲之等殺者，則禮所以貫仁義而生起此仁義之大用也。

仁與義如首之應尾，呼之應吸，故下云「思事親不可以不知人」。禮貫於仁義之中而生仁義之大用，故下云「不可以不知天」。若統論之，則知天者，仁、知之品節者也；知人者，知、仁之同流者也。故曰「脩道以仁」，而不勞曰以義、以禮也。

「立人之道曰仁與義」，故曰「人道敏政」者，仁義之謂也。仁義之用，因於禮之體，則禮爲仁義之所會通，而天所以其自然之品節以立人道者也。禮生仁義，而仁義以脩道，取人爲政，咸此具焉，故曰「人道敏政」也。

此言仁義禮者，總以實指人道之目，言天所立人之道而人所率繇之道者若是。皆爲人道之自然，則皆爲天理之實然。與夫知之爲德，人以其形其質受天靈明之用，得以爲用，應乎衆理萬事而不適有體者自別。故仁義禮可云道，而知不可云道。雙峰昡於「知天」、「知人」兩「知」字，而以仁、知分支，則文義既爲牽扭割裂，而於理亦悖。

凡此三節，用兩「故」字，一順一逆，俱以發明人道之足以敏政者。但務言人道可以敏政之理，而未及夫所以敏之之功。是以下文三達德、三「近」之文，必相繼立言，而後意盡。或可以此一段作致知，下四節作力行分，則以明人道之如是，仁義禮。而後有以施吾敏之之功，知仁勇皆所以敏之。亦與知先行後之理相符合。然而有不盡然者。則以此論人道之當然，爲知中之知；而下「知斯三者」論人道之能然，能然之道卽德也。則固猶爲行中之知，必待推其原於一，顯其功於豫，立其程於擇善固執，而後全乎其爲力行之實矣。用其知仁勇者，必用之於學、問、思、辨、篤行。

或疑如此說，則仁義禮皆天所立人之道，而人得以爲道，是自然之辭也。而又何以云知仁勇爲天性之德，而仁義禮非以心德言耶？然而有不礙者。則以仁也，義也，仁之親親、義之尊賢也，親親之殺、尊賢之等也，皆就君子之脩而言也。仁、義之有撰，禮之有體，則就君子之所脩者而言也。故新安以依於仁證此。依者脩之也，所依之仁所脩者也，顯然天理之實有此仁義禮，而爲人所自立之道。故章句云：「仁者天地生物之心，而人得以生，所謂『元者善之長也』。」亦可云：義者天地利物之理，而人得以宜；禮者天地秩物之文，而人得以立。是皆固然之道，而非若知仁勇，二「仁」字不同。人得受於有生之後，乘乎志氣仁依志，勇依氣，知兼依志氣。以爲德於人，而人用之以行道者比矣。

故愚前云「心學之存主」，亦謂心學之所存所主，非謂君子之以吾心之仁存之主之也。若夫知仁勇，則人之所用以行道者，而非道之條理，人道有仁，而抑有義禮，是謂條理。與其本原。仁故親親，義故尊賢，禮故等殺生焉。是其爲道之體與性之用，其相去不紊亦明矣。

五

人道有兩義，必備舉而後其可敏政之理著焉。道也，脩身以道。仁也，義也，禮也，此立人之道，人之所當脩者。猶地道之於樹，必爲莖、爲葉、爲華、爲實者也。仁也，知也，勇也，此成乎其人之道，而人得斯道以爲德者。猶地道之於樹，有所以生莖、生葉、生華、生實者也。道者，天與人所同也，天所與立而人必繇之者也。德者，己所有也，天授之人而人用以行也。然人所得者，亦成其爲條理，知以知，仁以守，勇以作。而各有其徑術，知入道，仁凝道，勇向道。故達德而亦人道也。以德行道，而所以行之者必一焉，則斂之之事也。故此一章，唯誠爲樞紐。

六

「誠」爲仁義禮之樞，「誠之」爲知仁勇之樞，而後分言「誠者天之道」，「誠之者人之道」。須知天道者，在人之天道，要皆斂政之人道爾。

七

事親亦須知以知之，仁以守之，勇以作之。知人亦然，知天亦然。如郭公善善而不能用，仁勇不給，則亦無以知人。又事親亦須好學以明其理，力行以盡其道，知恥以遠於非。足知雙峯「三達德便是事親之仁，知人之知」，牽合失理。又況如陳氏所云「有師友之賢，則親親之道益明」，其爲膚陋更不待言者乎？況所云「與不肖處，則必辱身以及親」，乃閭巷小人朋凶忤逆之所爲，曾何足爲知天知人之君子道？而於人君有志行文、武之政者，其相去豈止萬里也！

釋書之大忌，在那移聖賢言語，教庸俗人易討巴鼻。直將天德王道之微言，作村塾小兒所習明心寶鑑理會，其辱沒五經、四子書，不亦酷哉！

八

「所以行之者三」，行者，推盪流動之謂，言以身行於五達道之中，而此三者所資以行者也。若「脩身以道，脩道以仁」，則曰脩。脩者，品節之謂：以道爲準，而使身得所裁成；以仁爲依，而使道得所存主也。

亦有不以道脩身者，如文、景之恭儉，而不足與於先王之典禮。亦有不以仁脩道者，如蘇威之五教，非果有惻怛愛民之心，而徒以强民也。若行於五者之閒，而不以知仁勇行之，則世之庸流皆然：正牆面而立，一物不能見，一步不能行矣。二者之辨井然，取之本文而已足。

九

以生、安爲知，學、利爲仁，困、勉爲勇，直不消如此說。此兩條文字，上承「所以行之者一」而言，則俱帶一「誠」字在內。後面明放着「從容中道」者，生、安也，「擇善固執」者，學、利也，「愚之明」、「柔之彊」者，困、勉也。生知者，「誠明」也；安行者，「至誠」也；學知者，「明誠」也；利行者，「誠之爲貴」也；困知、勉行者，「致曲」也。以其皆能極人道之「誠之」，以爲德爲學，故知之、成功，莫不一也。各致其誠而知用其知，知用其仁，知用其勇；行其知以知之，行其仁以守之，行其勇以作之。上言「所以行之」「之」字，指知仁勇。是三達德者，皆有知行之二用，且不得以知屬知、行屬仁，而況於以生、安分知，學、利分仁，困、勉分勇乎？

所以謂知去聲有行者，如博學屬知，而學之弗博弗措，則行矣。至於仁之有知，如字。尤爲顯別。顏子之服膺弗失者，其擇乎中庸者也。若勇之亦有知者，則固曰「知恥近乎勇」矣。今必從而區分之，則誠明無合一之理。於行無知，則釋氏之驀直做去，不許商量。於知無仁，則釋氏之心花頓開，不落蹊徑。至於以仁爲學、利而非生、安，既無以明辨夫仁者安仁、知者利仁之與此迥異；以勇爲困、勉，則書所謂「天錫勇知」，孟子所謂「若決江河，沛然莫之能禦」者，又豈非舜、湯之勇乎？

朱子與諸家之說，彼此各成一家言，而要無當於大義，則唯此二段之言，以誠行達德，而非以知仁勇行達道也。

一〇

章句「未及乎達德」句有病，不如小註所載朱子「恐學者無所從入」一段文字爲安。達德者，人之所得於天也，以本體言，以功用言，而不以成德言。非行道而有得於心。如何可云及與未及？

知仁勇之德，或至或曲，固盡人而皆有之。特驟語人以皆有此德，則初學者且不知吾心之中何者爲知，何者爲仁，何者爲勇，自有其德而自忘之久矣。唯是好學、力行、知恥之三心者，人則或至或曲，而莫不見端以給用，莫不有之，而亦各自知此爲「吾」好學之心，此爲吾力行之心，此爲吾知恥之心也。則卽此三者以求之，天德不遠，而所以脩身者不患無其具矣。

此猶孟子言「人皆有不忍人之心」，故遇孺子入井而怵惕、惻隱，心之驗於情也。唯有得於知，故遇學知好；唯有得於仁，故於行能力；唯有得於勇，故可恥必知：性之驗於心也。唯達德之充滿具足於中，故雖在蔽蝕，而斯三者之見端也不泯。盡其心則知其性，雖在聖人，未嘗不於斯致功，而脩身治物之道畢致焉。豈得謂其「未及乎達德」而僅爲「勇之次」哉？

舜之好問好察，亦其知之發端於好學。回之拳拳服膺，亦其仁之發端於力行。君子之至死不變，亦其勇之發端於知恥。性爲天德，不識不知，而合於帝則。心爲思官，有發有徵，而見於人事。天德遠而人用邇，涉於用（非盡本體）。而資乎氣，（不但爲性）。故謂之「三近」。從所近以通其眞，故曰「從入」，曰「緜是以求之」，曰「入德」。朱子此說，其善達聖言而有功於初學者極大，章句顧不取之，何也？

一

既云「脩身以道」，抑云「思脩身不可以不事親」，此又云「知斯三者則知所以脩身」，說若龐雜，此中庸之所以不易讀也。唯熟繹本文，以求其條理，則自得之。云「以道」、云「不可不事親」者，言脩身之事也；云「知斯三者」，言脩之之功也。事則互相待而統於成，故可云「思脩身不可以不事親」，抑可云「順親有道，反身不誠，不順乎親」；功則有所循以爲資，故知「三近」，而後脩身之所以者不迷也。舍其從入之資，則亦茫然無所用以爲脩矣。

人道之固然其誠者，身之理著於道；人道之能誠之者，德之幾見於心也。固然與能然者，而一合乎誠，則亦同乎所性而不悖，故統之曰「人道敏政」。「脩身以道」者，太極之有其陰陽也。「知斯三者，知所以脩身」，陰陽之有其變合也。陰陽，質也；變合，幾也：皆人之所以爲人道也。君子脩之吉，脩此者也。嗚呼！微矣。君子之道斯以爲託體於隱，而豈雲峰逆推順推，膚蔓之說所得而知！

二

「脩身則道立」，雲峰以爲「道即天下之達道」。字義相肖，輒以類從，此說書之最陋者也。朱子引書「皇建其有極」以釋此，極爲典核。洪範說「皇極」，則是「無有作好，無有作惡，無偏無黨，無反無側」，其與「達道」豈有交涉？下云「齊明盛服，非禮不動」，止在君身之正直上做工夫，而以天下之無奇邪者爲效驗。然則章句所云「道成於己而可爲民表」，正謂君之身脩，而可爲斯民不脩之身示之則也。

脩身自有脩身之事，盡倫自有盡倫之事。「親親」以下，乃五達道事。理雖相因，而事自殊致。無有私好，而天下無偏黨反側之好；無有私惡，而天下無偏黨反側之惡：則所謂「上見意而表異，上見欲而姑息」，與夫「宮中好高髻，城中高一尺」之弊，可無慮矣。是道德一而風俗同也。

若五達道之事，則「親親」爲盡父子兄弟之倫，「敬大臣」、「體羣臣」、「子庶民」爲盡君臣之倫，「尊賢」、「懷諸侯」爲盡朋友之倫。事各有施，效各有當。君於盡倫之外，自有建極之德；民於明倫之外，亦自有會極之猷。且如陳之奢而無節、魏之儉而已褊者，夫亦何損於父子、昆弟、夫婦、朋友之恩義？而其君爲失道之君，國爲無道之國，則唯君之好惡不裁於禮而無可遵之道也。雲峰既不知此，乃云「以下八者，皆道立之效」。其因敝而陷，因陷而離，蓋不待辨而自明矣。

一三

所謂「賓旅」者，賓以諸侯大夫之來覲問者言之，旅則他國之使脩好於鄰而假道者。又如失位之寓公，與出亡之羈臣，皆旅也。唯其然，故須「嘉善而矜不能」。

當時禮際極重一言一動之失得，而所以待之者卽異矣。然善自宜嘉，而不能者亦當以其漂泊而矜之。以重耳之賢，而曹人裸而觀之，不能嘉善也。周人掠欒盈之財，而不念其先人之功，非以矜不能也。若孟子所言「行旅」，則兼游說之士將適他國者說。傳易者以孔子爲旅人，亦此類也。

一四

「豫」之爲義，自與「一」不同。一者，誠也；誠者，約天下之理而無不盡，貫萬事之中而無不通也。豫則凡事有凡事之豫，而不啻一矣；素定一而以臨事，將無爲異端之執一耶？一者，徹乎始終而莫不一。豫者，脩乎始而後遂利用之也。一與豫既不可比而同之，則橫渠之說爲不可易矣。

橫渠之所云「精義入神」者，則明善是已。夫朱子其能不以明善爲豫乎？章句云「以在下位者推言素定之意」，則是該治民以上，至於明善，而統以引伸素定之功也。是朱子固不容不以明善爲豫，而或問又駁之，以爲張子之私言，則愚所不解。

夫明善，則擇之乎未執之先也，所謂素定者也。誠則成物之始，而必以成物之終也。不息則久，悠久而乃以成物，純亦不已，而非但取其素定者而卽可以立事。是誠不以豫爲功，猶夫明善之不得以一爲功，而陷於異端之執一也。故以前定言誠，則事既有所不能，而理尤見其不合。浸云「先立其誠」，則「先」者，立於未有事物之前也，是物外有誠，事外有誠。斯亦游於虛以待物之用，而豈一實無閒之理哉？

言誠者曰：「外有事親之禮，而內有愛敬之實。」則愛敬與事親之禮而同將，豈其於未嘗事親之先，而豫立其愛敬乎？且亦將以何一日者爲未嘗事親之日耶？抑知愼終追遠，誠也。雖當承歡之日，而終所以愼，遠所以追，不可不學問思辨以求其理，是則可豫也。若愼之誠乎愼，追之誠乎追，斯豈可前定而以待用者哉？

又曰「表裏皆仁義，而無一毫之不仁不義」，則亦初終皆仁義，而無一刻之不仁不義矣。無一刻之可不仁不義，則隨時求盡而無前後之分也。明一善而可以給終身之用，立一誠而不足以及他物之感。如不順乎親，固不信乎友。然使順乎親矣，而爲賣友之事，則友其信之耶？故君子之誠之，必致曲而無所不盡焉。

唯學問思辨之功，則未有此事而理自可以預擇。擇之旣素，則繇此而執之，可使所明者之必踐，而善以至。故曰「凡事豫則立」。事之立者誠也，豫者明也。明則誠，誠則立也。一乎誠，則盡人道以合天德，而察至乎其極。豫乎明，則儲天德以敏人道，而已大明於其始。雖誠之爲理不待物有，誠之之功不於靜廢；而徹有者不殊其徹乎未有，存養於其靜者尤省察於其動。安得如明善之功，事未至而可早盡其理，事至則取諸素定者以順應之而不勞哉？

若云存誠主敬，養之於靜以待動；夫所謂養之於靜者，初非爲待動計也。此處一差，則亦老子所謂「執大象，天下往」，「沖，而用之或不盈」之邪說，而賊道甚矣。

夫朱子之以誠爲豫者，則以中庸以誠爲樞紐，故不得不以誠爲先務。而樞紐之與先務，正自不妨異也。以天道言，則唯有一誠，而明非其本原。以人道言，則必明善而後誠身，而明以爲基，誠之者擇善而固執之。是明善乃立誠之豫圖，審矣。

後此言天道，則誠以統明，而曰「至誠之道，可以前知」，曰「知天地之化育」，有如誠前而明後。然在天道之固然，則亦何前何後，何豫何不豫，何立何廢之有？

言「豫」言「立」者，爲人道之當然而設也。故二十五章云「是故君子誠之爲貴」，「誠之者，擇善而固執之也」；二十七章云「道問學」，道者，所取塗以尊德性之謂。曰「既明且哲，以保其身」；二十九章云「知天」，「知人」。蓋無有不以明爲先者也。

道一乎誠，故曰「所以行之者一」。學始乎明，故曰「凡事豫則立」。若以誠爲豫，而誠身者必因乎明善焉，則豈豫之前而更有豫哉？「誠則明」者一也，不言豫也。「明則誠」者豫也，而乃以一也。此自然之分，不容紊者也。

中庸詳言誠而略言明，則以其爲明道之書，而略於言學。然當其言學，則必前明而後誠。卽至末章，以動察靜存爲聖功之歸宿，而其語「入德」也，則在知幾。入德者，豫之事也。

張子顯以明善爲豫，正開示學者入德之要，而求之全篇，求之本文，無往不合。朱子雖不取其說，而亦無以折正其非，理之至者不可得而易也。

一五

「外有事親之禮，而內盡愛敬之實」二句，不可欹重。內無愛敬之實，而外脩其禮，固是裏不誠；不可誤作表不誠說。內有愛敬之實，而外略其禮，則是表不誠。事親之禮，皆愛敬之實所形；而愛敬之實，必於事親之禮而著。愛敬之實，不可見、不可聞者也。事親之禮，體物而不可遺也。

中庸說「君子之道費而隱」，費必依隱，而隱者必費。若專求誠於內心，則打作兩片，外內不合矣。「率性之謂道，脩道之謂教。」教者皆性，而性必有教，體用不可得而分也。

一六

誠之爲道，不盡於愛敬之實。朱子特舉順親之誠一端以例其餘耳。到得誠之至處，則無事不然，無物不通。故或問以順親、信友、獲上、治民無施不效而言。

上云「所以行之者一」，孟子謂「至誠未有不動」，一實則皆實，行則胥行之旨。且就君、民、親、友而言之，猶是誠身一半事，但說得盡物之性、所以成物、經綸大經一邊。若誠身之全功，固有盡性成己、立本知化之成能；而存心致知之學，以尊德性、道問學者，自有其事。若本文特頂事親一項說，則以其成物之誠，本末親疏之施，聊分次第爾。況此原但就在下位者而推之，而非以統括事理之全也。

不知此，則將以孝經立身揚名之說，爲誠身事親之脈絡。纔以揚名爲孝，則早有不誠矣。故曰孝經非孔氏之舊文。

一七

中庸一部書，大綱在用上說。卽有言體者，亦用之體也。乃至言天，亦言天之用；卽言天體，亦天用之體。大率聖賢言天，必不捨用，與後儒所謂「太虛」者不同。若未有用之體，則不可言「誠者天之道」矣。舍此化育流行之外，別問窅窅空空之太虛，雖未嘗有妄，而亦無所謂誠。佛、老二家，都向那畔去說，所以儘着鑽研，只是捏謊。

或問「一元之氣」、「天下之物」二段，紮住氣化上立義，正是人鬼關頭分界語。所以中庸劈頭言天，便言命。命者，令也。令猶政也。末尾言天，必言載。載者，事也。此在天之天道，亦未嘗遺乎人物而別有其體。易言「天行健」，喫緊拈出「行」來說。又曰「大哉乾元，萬物資始，乃統天」，只此萬物之資始者，便足以統盡乎天，此外亦無有天也。況乎在人之天道，其顯諸仁者尤切，藏諸用者尤密乎？

天道之以用言，只在「天」字上見，不在「道」字上始顯。道者天之大用所流行，其必繇之路也。周子言誠，以爲靜無而動有，朱子謂爲言人道。其實天道之誠，亦必動而始有。無動則亦無誠，而抑未可以道言矣。

一八

北溪分「天道之本然」與「在人之天道」，極爲精細。其以孩提之知愛、稍長之知敬爲在人之天道，尤切。知此，則知「誠者天之道」，盡人而皆有之。故曰「造端乎夫婦」，以夫婦之亦具天道也。只此不思不勉，是夫婦與聖人合撰處，豈非天哉？

北溪雖是恁樣分別疏明，然學者仍不可將在人之天道與天道之本然，判爲二物。如兩間固有之火，與傳之於薪之火，原無異火。特麗之於器者，氣聚而加著耳。乃此所云「誠者天之道」，未嘗不原本於天道之本然，而以其聚而加著者言之，則在人之天道也。

天道之本然是命，在人之天道是性。性者命也，命不僅性也。若夫所謂「誠之者人之道」，則以才而言。才者性之才也，性不僅才也。惟有才，故可學。「擇善而固執之」，學也。其以擇善而善可得而擇，固執而善可得而執者，才也。此人道敏政之極致。有是性固有是才，有是才則可以有是學，人之非無路以合乎天也。有是才必有是學，而後能盡其才，人之所當率循是路以合乎天也。

人之可以盡其才而至於誠者，則北溪所謂忠信。其開示蘊奧，可謂深切著明矣。擇善固執者，誠之之事。忠信者，所以盡其擇執之功。弗能弗措，而己百己千，則盡己以實之功也。雖愚，而於忠信則無有愚；雖柔，而於忠信則無有柔者。故曰：「十室之邑，必有如夫子者焉。」人道本於天故。而君子之學，必此爲主。三達德以此行故。

若知仁勇，則雖爲性之德，亦誠之發見，而須俟之愚明柔彊之餘，始得以給吾之用。故行知仁勇者以一，而不藉知仁勇以存誠。雙峰、雲峰之說，徒爲葛藤而喪其本矣。

繇明而誠者，誠之者也。明則誠者，人之道也。惟盡己以實，而明乃無不用，則誠乃可得而執。是以統天下之道於一，而要人事於豫也。豫斯誠也。

一九

仁義禮是善，善者一誠之顯道也，天之道也。唯人爲有仁義禮之必脩，在人之天道也，則亦人道也。知仁勇，所以至於善而誠其身也。「誠乎身」之誠，是天人合一之功效。所以能行此知之所知、仁之所守、勇之所作於五倫九經者，忠信也，人之道也。人於知仁勇，有愚明、柔彊之分，而忠信無弗具焉，人道之率於天者也。

人道惟忠信爲咸具，而於用尤無不通。土寄王四行，而爲其王。雒書中宮之五，一六、二七、三八、四九所同資，無非此理。斂政者全在此。其見德也爲知仁勇。其所至之善爲仁義禮。其用之也於學、問、思、辨、行，而以博、以審、以愼、以明、以篤，則知仁勇可行焉，仁義禮可脩焉，故曰「人道敏政」。朱子所云「表裏皆仁義，而無一毫不仁不義」，及云「外有事親之文，內盡愛敬之實」，皆忠信之謂，特引而未發。北溪顯天德、聖功、王道之要於二字之中，嗚呼至矣哉！

二〇

聖人可以言誠者，而不可以言天道。非謂聖人之不能如天道，亦以天道之不盡於聖人也。

「不思而得，不勉而中」，人皆有其一端，卽或問所謂惻隱羞惡之發者，皆不假於思勉。特在中人以下，則爲忮害貪昧之所雜，而違天者多矣。乃其藉擇執之功，己千己百而後得者，必於私欲之發，力相遏閼，使之出而無所施於外，入而無所藏於中，如此迫切用功，方與道中。若聖人，則人之所不學慮而知能者，旣咸備而無雜，於以擇執，亦無勞其理欲交戰之功，則從容而中道矣。

其然，則此一誠无妄之理，在聖人形器之中，與其在天而爲化育者無殊。表裏融徹，形色皆性，斯亦與天道同名爲誠者，而要在聖人則終爲人道之極致。故章句云「則亦天之道」，語意自有分寸，不得竟以天道言聖人審矣。

「不思而得，不勉而中」，在人之天道所發見，而非爲聖人之所獨得。「擇善而固執」，君子之所學聖，而非聖人之所不用。所以然者，則以聖人之德合乎天道，而君子之學依乎聖功也。

二

故自此以後十三章，皆言聖合天，賢合聖，天人一理，聖賢一致之旨。使不思不勉者爲聖人之所獨得，則不可名爲天道；天無私，凡物皆天道所成。使君子之擇善固執爲聖人之所不用，則君子終不能循此以至於聖人之域矣。而下云「明則誠」，云「曲能有誠」以至於化，云「性之德也」，「時措之宜也」，又豈因他塗而底聖境哉？

且所謂聖人者，堯、舜、文王、孔子而已矣。堯、舜之「惟精」，擇善也；「惟一」，固執也；「問察」，擇善也；「用中」，固執也。文王之「緝熙」，擇善也；「不回」，固執也。孔子之「學而不厭」，擇善也；「默而識之」，固執也。特於所謂己百己千者，則從容可中，無事此耳。而弗能弗措，己百己千，爲學、利、困、勉者之同功，非學知、利行之必不須爾。此自體驗而知之，非可徒於文字求支派也。

截分三品，推高聖人，既非中庸之本旨。且求諸本文，順勢趨下，又初未嘗爲之界斷。章句於是不能無訓詁氣矣。

二二

脩道，聖人之事，而非君子之事，章句已言之明矣。既須脩道，則有擇有執。君子者，擇聖人之所擇，執聖人之所執而已。卽如博學審問，豈聖人之不事？但聖人則問禮於老聃，問官於郯子，賢不賢而焉不學？君子則須就聖人而學問之，不然，則不能隱其惡，揚其善，執兩端而用其中，而反爲之惑矣。耳順不順之分也。

聖人不廢擇執，唯聖人而後能盡人道。若天道之誠，則聖人固有所不能，而夫婦之愚不肖可以與知與能者也。聖人體天道之誠，合天，而要不可謂之天道。君子凝聖人之道，盡人，而要不可曰聖人。然盡人，則德幾聖矣；合天，則道皆天矣。此又後十三章所以明一致之旨也。

讀者須於此兩「誠者」兩「誠之者」，合處得分，分處得合，認他語意聯貫之妙。儱侗割裂，皆爲失之。

二三

章句分知仁勇處，殊少分曉。前言知仁勇，只平數三德，何嘗尊知仁而卑勇？且云「三者天下之達德，所以行之者一」，則自天道而言，唯命人以誠，故人性得以有其知仁勇，自人事而言，則以忠信爲主，而後可以行其知仁勇之德於五達道之閒。朱子所謂「無施而不利」

者，知仁勇之資誠以爲功也。「及其知之」，「及其成功」，則自從容中道；以至於未免愚柔者，知皆如舜，仁皆如顏，勇皆如不流不倚之君子。旣不繇知仁勇以得誠，况可析學利爲知仁，困勉爲勇哉？且朱子前業以生安爲知，學利爲仁，而此復統知仁於學利，足見語之蔓者，必有所窒也。

唯章句「而爲」二字，較爲得之。以誠之者之功，乃以爲功於知仁也。然如此說，亦僅無弊，而於大義固然無關。至於雙峰、雲峰之爲說，割裂牽纏，於學問之道，釋經之義，兩無交涉。則吾不知諸儒之能有幾歲月，而以消之於此，豈「博弈猶賢」之謂乎！若雙峰以從容爲勇，則益可資一笑。其曰「談笑而舉百鈞」，則有力之人，而非有勇之人也。要離之順風而頹，羊祜之射不穿札，豈不勇哉？若烏獲者，則又止可云力，而不可云勇。勇、力之判久矣。有力者可以配仁守，而不可以配勇。力任重，而勇禦侮。故朱子以遏欲屬勇，存理屬仁。存仁之功，則有從容、竭蹷之別。禦侮之勇，則不問其從容與否。項羽之喑噁叱咤，豈得謂其勇之未至哉？故朱子曰：「不賴勇而裕如。」如賴勇矣，則千古無從容之勇士。子之語大勇曰：「雖千萬人，吾往矣。」是何等震動嚴毅，先人奪人，豈談笑舉鼎之謂哉？

二四

學、問、思、辨、行，章句言目而不言序。目者若網之有目，千目齊用；又如人之有目，兩目同明。故存程子廢一不可之說以證之。或問言序，則爲初學者一向全未理會，故不得不緩議行，而以學爲始。其於誠之者擇執之全功，固無當也。

朱子語錄有云「無先後而有緩急」，差足通或問之窮。乃以學爲急，行爲緩，亦但爲全未理會者言爾。實則學之弗能，則急須辨；問之弗知，則急須思；思之弗得，則又須學；辨之弗明，仍須問；行之弗篤，則當更以學問思辨養其力；而方學問思辨之時，遇著當行，便一力急於行去，不可曰吾學問思辨之不至，而俟之異日。

若論五者第一不容緩，則莫如行，故曰「行有餘力，則以學文」。弟子尙然，而況君子之以其誠行於五達道之閒，人君一日萬幾而求斂其政者哉？

第二十一章

一

曰「性」、曰「道」、曰「敎」，有質而成章者也。曰「天命」、曰「率性」、曰「脩道」，則事致於虛而未有其名實者也。溯其有質成章者於致虛之際，以知其所自來，故曰「之謂」。曰「自誠明」，有其實理矣；曰「自明誠」，有其實事矣。「性」，爲功於天者也；「敎」，爲功於人者也。因其實而知其所以爲功，故曰「謂之」。

天命大而性小，性屬一人而言。率性虛而道實，脩道方爲而教已然。命外無性，性外無道，道外無教，故曰「之謂」，彼固然而我授之名也。

誠明皆性，亦皆教也。得之自然者性，復其自然者亦性，而教亦無非自然之理。明之所生者性，明之所麗者亦性，如仁義禮等。而教亦本乎天明之所生。特其相因之際，有繼、有存，成性存存，道義之門。有通、有復，則且於彼固然無分之地而可爲之分，故曰「謂之」，我爲之名而辨以著也。

黄洵饒緩急之訓，未嘗二者之義。

二

章句云「所性而有」、「繇教而入」，則就性之所凝與教之所成者言，是移下一層說。因取聖賢而分實之以其人，語自可通。小註所載朱子語錄及或問所取藍田之說，則畢竟於「性」、「教」兩字不安。

孟子言「君子所性」一「所」字，與「所欲」、「所樂」一例，言君子所見以爲己性者也。觀孟子言耳目口鼻之欲「君子不謂之性」，則知「所性」者，君子所謂之性，非言君子性中之境界，而謂見性後之所依據也。若其云「堯、舜性之」，則要就堯、舜之功用而言。如「動容周旋中禮」四事，皆推本其性之撰，而原其所以得自然咸宜者，性之德也，而非以性爲自然之詞也。

至於教非學，學非教，義之必不可通也，則尤明甚。「繇教而入」者，賢人之學，而必不可謂教者賢人之事。故藍田於此，亦有所不能誣，而必云「聖人之所教」。夫學以學夫所教，而學必非教；教以教人之學，而教必非學。學者，有事之詞也；教者，成法之謂也。此而可屈使從我之所說，則亦何不可抑古人以徇其私見哉？

要此一節文字，自分兩段。上二句以理言，下二句以事言。於理而見其分，則性原天而教自人。於事而著其合，則合天者亦同乎人，而盡人者亦同乎天。既顯分兩段，則陳氏「下二句結上意」之說，眞成鹵莽。

若夫理之分者未嘗不合，則首章已顯明其旨。性、教原自一貫：纔言性則固有其教，凡言教則無不率於性。事之合者固有其分：則「自誠明謂之性」，而因性自然者，爲功於天；「自明誠謂之教」，則待教而成者，爲功於人。前二句固已足達其理，不待後之複爲申說也。愚欲於兩段相承之際爲之語曰：聖人之盡性，誠也；賢人之奉教，明也。「誠則明矣」，教斯立矣。「明則誠矣」，性斯盡矣。如此，則轉合明而可以破此章之疑。

然本文云「誠則明矣」，而不云性則無不明矣；「明則誠矣」，而不云教則可以至於誠矣。是亦足見上二句之未及乎聖人賢人，必待下二句「誠則明矣」一「誠」字，方以言聖人之德足乎誠；「明則誠矣」一「明」字，方以言賢人之學因乎明。是章句「德無不實」八句，僅可用以釋下二句「誠」、「明」二字，而上二句則未之釋，此章句之疎也。

聖人之德自誠而明，而所以爾者，則天命之性「自誠明」也。賢人之學自明而誠，而其能然者，惟聖人之教「自明誠」也。

上天之載，無聲無臭，而翕闢變化，有其實然，則爲等爲殺，粲然昭著於萬物之中，一鳶飛魚躍之可以仰觀俯察而無不顯。自誠而明者，惟其有之，是以著之也。於天爲命，而於人爲性也。然其所以不言命者，則命唯一誠，而性乃有此虛靈不昧之明也。

聖人之德，以其喻乎己者，紀綱條理，昭晰不忒，得以列爲禮、樂、刑、政，確然行於天下後世，使匹夫匹婦可以與知與能而盡其性。自明而誠者，推其所已明，以爲明爲不誠者，明夫天理之固誠，而有章有質，反之天理而皆非妄也；於聖人爲道，而於天下爲教也。然其所以不言道者，則聖人之於道，唯率其本明，而既立爲教，乃使理麗於實也。

天不容已於誠，而無心於明。誠者天之道也，明者人之天也。聖人有功於明，而不能必天下之誠明者，聖人立教之本也。誠者教中所有之德也。賢人志於誠，而豫其事於明，則「不明乎善，不誠乎身」，學、問、思、辨所以因聖而爲功者也。此在天、在人，聖脩教、賢繇教之差等，固然其有別。上二句之旨。而在天爲誠者，在人則必有其明，明授於性，而非性之有誠而無明。

故聖人有其誠而必有明，聖之所以盡性而合天者，固其自然之發見。聖之所明者，賢者得之而可以誠，明開於聖教，而非教之但可以明而無當於誠。故賢人明聖人之所明，而亦誠聖人之所誠。賢之所以學聖人而幾於天者，明尤其用功之資始。然則性必有明而後教立，學必繇明而後因教以入道，故曰「不明乎善，不誠乎身」。明雖在天所未有而聖必有，「自明誠」「明」字屬聖人說。在賢必用，「明則誠矣」「明」字屬賢人說。中庸所以要功於誠，而必以明爲之階牖也。

一章之旨，大槩如此。乃以求以下十二章，無不合符。末章指示入德之功，必以知幾爲首。首章平列性、道、教，而必以教爲歸，亦無不合符者。然則於此章竟删抹節次，混合爲一，如陳氏所云「下結上」者，要其立義漫無歸宿，而大義不顯。子思亦何事爲此區別之言，絕天下以作聖之功哉？

第二十二章

一

二十二章以下，章句繫之語云「言天道也」，「言人道也」。須知朱子是隳括來說箇題目，便人記憶。其實則所云「言天道」者，言聖人之具體乎天道也；「言人道」者，言君子之克盡乎人道也。聖人自聖人，天自天，故曰「可以贊」，「可以參」，曰「如神」，曰「配天」，俱有比擬，有差等。「可以」者，未可而可之詞也。曰「如」、曰「配」者，雖異而相如、相配也。孟子言「聖人之於天道」，固有分別，一如言「仁之於父子」。仁者心德，父子者天倫。仁非卽父子，則天道亦非卽聖人審矣。

又獨以人道歸君子，亦不可。人道須是聖人方盡得。故言人道章亦曰「唯天下至誠爲能化」，曰「大哉聖人之道」；言天道章亦云「能盡其性」。在天爲命，在人爲性。盡性，固盡人道也。論語言「性與天道」，性、天之分審矣。直至贊化育，參天地，而後聖人之體天道者見焉。要其體天道者，亦以其盡人道者體之爾。

此等處，中庸原要說合，見得「知之」、「成功」之一。故於聖人分上，說「天地之化育」，「天地之道」，「維天之命」，「天地之所以爲大」；於君子分上，說「聖人之道，峻極于天」，說「誠者自成，所以成物」，說「建諸天地而不悖」，乃至動察靜存之功，馴至於「上天之載，無聲無臭」，無非此理。聖則合天矣，賢則合聖矣。合聖，而於天又豈遠哉？諸儒徒區區於生安、學利、困勉之分，而不知盡性卽以至命之合，大失本旨。

二

或問於第二十章說誠之處，推天人之本合，而其後，人遂有不誠以異乎天者，其害在人欲；至此章言至誠盡性，而以「無人欲之私」爲之脈絡。此朱子喫緊示人語，轉折分明，首尾具足，更不囫圇蓋覆。其不取程子「窮理便是至命」之說，亦爭此耳。

蓋誠者性之撰也，性者誠之所麗也。性無不誠，仁義禮知，皆載忠信。非但言誠而卽性。性有仁義禮知。誠以行乎性之德，非性之無他可名而但以誠也。性實有其典禮，誠虛應以爲會通。性備乎善，誠依乎性。誠者天之用也，性之通也。性者天用之體也，誠之所幹也。故曰「惟天下至誠，爲能盡其性」。可以分誠與性爲二，而相因言之。天用之體，不閒於聖人之與夫婦。無誠以爲之幹，則忮害雜仁，貪昧雜義，而甚者奪之。因我所固有之大用誠，以行乎天所命我之本體性，充實無雜，則人欲不得以乘之，忮害等無所假託則不雜。而誠無不幹乎性，性無不通乎誠矣。

抑朱子以盡心爲盡其妙用，盡性爲盡其全體，以體言性，與愚說同。而盡其虛靈知覺之妙用者，豈卽誠乎？於此則更有辨。

孟子以知言，此以行言。則「知性」與「盡性」對，而於「知」與「盡」分知行；「盡心」與「至誠」對，而於「心」與「誠」分知行。問者有所未察，故以「盡心」「盡性」爲疑，朱子則已別白之矣。「盡心」者，盡其虛靈知覺之妙用，所謂「明善」也。「至誠」者，極至其篤實充滿之大用，所謂「誠身」也。「存心養性」者，誠之之事也。「盡性」者，事天之效也。

君子學繇教入，自明而誠，則以「盡心」爲始事。聖人德與天合，自誠而明，則略「盡心」而但從「誠身」始。聖人無欲，不待「盡心」以揀乎理欲之界。賢人遏欲以存理者也，而遏欲必始於晰欲，故務「盡心」；存理必資乎察理，故務「知性」。孟子爲思誠言其義，與下言人道諸章義通，不可引作此章之證。

三

章句云「此自誠而明之事」，則盡人物之性，贊化育，參天地，皆以極明之用也。「知無不明」，固明也。「處無不當」，則是誠以成物，而亦爲明之效者，明之所至，誠用皆達也。

盡人物之性，明只是教，而不可謂性；則「自明誠謂之教」，乃以言「自誠明」者明後之功用。既誠以生明而明復立誠，其非竟言賢人之學可知已。若賢人則須於人物之性，求知之明，求處之當，於己之性，察而繇之，其不能卽謂之教，審矣。

以此知「自明誠」「明」字，亦以成德言，而無工夫。「自誠明」者亦有其「自明誠」也。直至「明則誠矣」「明」字，方爲賢人之學而有力。不然，則此「自誠明」之事，何以不自明止？必處之當故。而朱子所云「教化開通處得其理」，又豈非教之謂乎？

大抵此等處須要活看。如下章言「誠則形，形則著，著則明」，固非「自誠明」之事，而抑何以先誠而後明耶？自明誠者，亦自誠而復明。

四

說此「至誠」必是有德有位，陳氏之膚見也。本文云「盡人之性」、「盡物之性」，「盡」字自在性上說，不在人物上說。一人亦人也，千萬人亦人也；用物之宏亦物也，用物之寡亦物也。豈孔子之未得位而遂不能盡人物之性耶？

此與作禮樂不同。彼以行於天下言，則須位。此就其所知、所處之人物言，則不須位。陳氏死認朱子「黎民於變時雍，鳥獸魚鼈咸若」之語，便煞著堯、舜說。不知朱子本文一「如」字，是活語，極其至處，則時雍咸若而皆非分外。然抑豈必時雍咸若而後能盡人物之性，以幾於贊化參天也哉？

第二十三章

一

「曲」云者，如山一曲、水一曲之曲，非一方一隅之謂也。從縱上說，不從方上說。斯道之流行者不息，而曲者據得現前一段田地，亦其全體流行之一截也。

總緣此指誠而言，固不可以仁義之一端代之。「致曲」而「曲能有誠」，此等天資，與乍見孺子入井而惻隱之今人，自不一格。彼特一念之善，發於不知不覺之際，恍惚靈動，而非有无妄之可據。其於未見孺子之前，孺子見已之餘，猶夫人之不仁也。若此之「曲」，則大槩皆循義理而行，特不能於痛癢關心之處，親切警惺，如固有之。唯此一「曲」，則實有之而无妄，苟能所擇皆善，則所信益弘，而無有不誠，遂俾形、著、明、動、變、化之效，無不捷得，足以知非乍見孺子入井之心所可幾也。程、朱之言，特借以顯「曲」爲全體盡露之一節，而以擴充盡「致」字之義，非謂四端之卽爲「曲」也。

小註「旣是四端，安得謂之曲」一問，問者先不曉了。朱子亦但就其問處答，故不可據爲典要。若朱子「須於事上論，不當於人上論」之說，斯爲近之。曲者，獨於一事上灌注得者誠親切。其實此誠，元是萬行共載的。則養繇基之於射，亦是誠之全體見於一曲，其事小則其所誠者亦小耳。程子引喻，亦未爲過。但所云「用志不分」，則屬乎好學力行而非誠耳。

誠者，周流乎萬事萬物，而一有則全眞無二者也。一念之誠，一事之誠，卽全體之誠；直至盡性合天，更無增加。與見孺子入井之心，有端而無仁之大用者不同。非猶夫四端爲一星之火，涓涓之水也。

抑四端如人之有四體，手自手而足自足。誠如人之有心，無定在而無在非其定在也。

故一事一念，原該全體，致之卽充，而不待於取譬以旁通。則或問「悉有衆善」之說，亦從此而生，特未爲之靠定「誠」字，不免有所窒礙，如四端之說者。蓋惻隱與羞惡殊心，餘二亦爾。故可目言之爲四，並列之爲端。誠則同歸而行乎殊塗，一致而被乎千慮，雖其一曲，亦無有可分派而並立也。唯察乎「曲」之爲「曲」，則衆說紛紜，不辨而自定矣。

二

黄氏「物格知至之後，致曲與固執並行」之說，甚爲有功於聖學；似與龜山學、問、思、辨、篤行之說，相爲異同。

乃所謂篤行者，元有二義。一事之已行者，專力以造其極，此以執爲篤也。衆事之待行者，推廣而皆盡其理，此以致爲篤也。故曰「行之弗篤弗措」，與上言「弗知」、「弗能」、「弗得」不同。行但期於篤，而不可云行之弗成弗措，初非以一行之成爲止境也。「致曲」二字，收拾盡「誠之者」一大段工夫。學、問、思、辨者，「致」前之功也。非博、審、愼、明，則曲無以致。一曲能誠，則既不患其執之不固，而唯是致之宜弘也。至於能致，則其執一曲而能固者不待言，而其用力於學、問、思、辨之深，亦可見矣。則黄氏之說以著夫擇善以後之功而析爲二；二者皆篤行事。龜山之旨，則以包乎固執之前而統其成也；又在讀者之善通爾。

三

在己爲「形」，被物爲「著」，己之感物曰「動」，物之應感曰「變」。六「則」字皆爲急辭，而「形則著、動則變」二層，尤是一串事。如瞽瞍允若，「化」也，非但「變」也；瞽瞍底豫，則「變」也。舜之感瞍而生其豫者「動」也，瞍因自豫悅而忘其頑者「變」也。起念爲「動」，其幾在動之者，而彼未能自主。成念爲「變」，變其未動以前之心，而得善於己矣。

四

「形」兼言、行、動而言。「著」則人聞其言而知其爲善言，見其行與動而知其爲善行善動。「明」則言爲法，行爲則，動爲道，與天下共明斯道矣。此「明」字與「明則誠矣」「明」字大異，而與「自誠明」「明」字亦無甚分。

所謂「光輝」者，敎之行於天下後世者也。天下後世之道大明於己之謂光，君子之道及於天下後世之謂輝。光如日月輪郭裏的赤光白光，輝則其芒耀之自天而下屬於地中間的暉焰。「明」字與「光輝」字自別。茹者之謂明，吐者之謂光。此言及物之光輝而云明者，言物之所資以爲明，己之所施物以明者也。如日之光輝，令目與鏡得之以爲明，故「明則動」分己與物處，雖是一大界限，而亦以「則」字急承之。

五

章句所謂「誠能動物」者，在孟子但就治民、獲上、順親、信友而言。實則孟子所言，行也，而未及於敎也。此言「明則動」者，包括甚大，兼行之所感與敎之所啓而統言之。曰「著」、曰「明」，則有制禮、作樂、詳刑、勑政之事矣。若無位之君子，則有道足興，聞風而起，皆其動物之效。愚所舉瞽瞍底豫，亦聊指一端，以發字義爾。

第二十四章

或問所云「術數推驗之煩」，正以破至誠之(不)以祥妖、蓍龜爲知㊀。其云「意想測度之私」，正以破至誠之(不)緣四體之動而知。子貢知二君之死亡，而大子以爲「不幸」，以其爲測度也。

小註所載朱子語錄，是門人記成文字時下語不精通。其云「但人不能見」者，就理之形見而言，已撇開妖祥、蓍龜、四體等項上面說。彼亦皆是此理，而此理則非常人之所見，其所見必繇象數也。至其云「蓍龜所告之吉凶，非至誠人不能見」，此又就俗情中借一引證。所謂「至誠人」者，亦就其術中之篤信者言之耳，故加「人」字以別之。人者微詞也。雲峰不知此意，乃認定在象數上知吉凶，則甚矣其愚也。

㊀「不」字，依文義當删。下句「不」字同。

禎祥、妖孽之必有，著龜、四體之先見，此是鬼神之誠。鬼神體物而不可遺，無心於知，而昭察兆見者不誣，故人得憑之以前知，斯鬼神之明也。唯「誠則明」，鬼神之誠不可揜者也，是以不待至誠，而人得因以前知。

天地閒只是理與氣，氣載理而理以秩敘乎氣。理無形，氣則有象，象則有數。此理或紊，則象不正而數不均，大而顯著，細而微動。非至誠之實有其理，則據其顯者以爲徵，迎其微者以爲兆，象數之學所自興也。

至誠者理誠乎己，則「惠迪吉」，迪乎我而卽吉也；「從逆凶」，逆乎我而卽凶也。如會做文字入看人試闈文字，當於其心則知其售，不當於其心則知其不售，卻與精於卜筮者一例取準。所以書云「唯先蔽志，昆命於元龜」，則固已先天而天不違矣。

鬼神之爲妖爲祥，在著龜而見，在四體而動者，非有意想也，至誠之道也。在天之至誠。人之用此以知鬼神之所知者，則推測之小道也。「至誠如神」，與鬼神同以至誠之道而前知之。而善爲術數、精於測度者，則藉鬼神之誠明以知之，是神自效也，非彼之能如神也。如董五經知程子之至，卻云「聲息甚大」，其所藉者聲息也，非聲息則彼且惘然矣。

俗有本命元辰來告之說，亦是藉當體之鬼神。而程子所云「知不如不知之愈」，直以吾身之誠有不足，故藉乎神以爲明，而非其明也。藉乎神，則已與神爲二。令其知者一，因而知者又一，此二之說也。與神爲二，則神固誠而已不誠。己既不誠，乃以篤信夫神之區區者爲誠，其亦微矣。

乃其大端之別，則至誠所知者，國家之興亡也，善不善之禍福也。若今日晴，明日雨，程先生之來不來，此亦何煩屑屑然而知之哉？聖人所以須前知者，亦只爲調燮補救，思患預防，與夫規恢法制，俟後聖而不惑耳；一切尖尖酸酸底人事家計，則直無心情到上面去。

又如「亡秦者胡」，「點撿作天子」，既無可如何區處，亦不勞知得。如夫子說子路不得其死，亦須是警戒他，敎涵養其行行之氣。不成只似張憬藏一流，判斷生死以衒其術？但國家之興亡，夫人之禍福，徒以一端之理斷之，則失者亦衆。如孔子言衞靈公之不喪，卽非季康子之所知。康子之言，非無理也。

乃必如孔子，於善惡得失，如冷暖之喻於體，亦如王者之自操賞罰，酌量皆平，則輕重長短緩急宜稱，在理上分得分數淸切。而氣之受成於理，爲順爲逆，爲舒爲促，爲有可變救，爲無可變救，直似明醫人又曾自療過己身此病來，及看人此病，斷不浪憂浪喜，而所以施之藥石者，一無妄投，苟嘗試焉，而未有不能生之者也。

其在他人，則或以數測而反知之，以理度而反失之。唯其理之未實而不達乎神之所以誠也。以數測者，非其人之能知也，因其一念之篤信而神憑之也。鬼神之體乎誠而不可揜，其道可以前知也。以理知者，無待於鬼神，而與鬼神同其吉凶也。至誠之能體夫誠，而「誠則明」，其道可以前知也。其道同，故「至誠如神」；神可以知者，無不知矣。雲峰無此境界，故信不能及，而謂必繇妖祥卜筮，亦其宜矣。

二

章句云「無一毫私僞　盡己則無私，以實則無僞。留於心目之閒」一句，是透徹重圍語。私者私意也，僞者襲義也。

以己之私意論順逆，順於己之私者則以爲順，逆於己之私者則以爲逆。如子路言「何必讀書然後爲學」，則亦不知爲宰之足以賊子羔也。以口耳所得，襲義而取之，則所謂順者必有其不順，所謂逆者未必其果逆。如徒聞「喪欲速貧，死欲速朽」，非實得於己而見其必然，則速貧而無以仰事俯育，速朽而作不孝之俑矣。

義理本自廣大，容不得私；本自精微，非僞所及。而禍福興亡，一受成於廣大精微之天道，則必其廣大無私、精微不僞者，然後可與鬼神合其吉凶而不爽。若此者，豈但如小註所云「能見蓍龜吉凶之至誠人」乎？故章句、或問而外，朱門諸子所記師言，過口成酸，讀者當知節取。

第二十五章

一

此章本文，良自清順，而諸儒之言，故爲紛糾，徒俾歧路亡羊。總以此等區處，一字不審，則入迷津。如第一句，章句下個「物」字，第二句下個「人」字，止爲道理須是如此說，不容於誠則遺夫物而以道委之物。實則兩「自」字，卻是一般，皆指當人身上說。故或問復取程子「至誠事親則成人子，至誠事君則成人臣」之說，以爲之歸。

繇章句言，則該乎物而論其本然。繇程子之言，則歸乎當人之身而論其能然。兩說豈不自相矛盾？須知章句於此下一「物」字，是儘着道體說，敎圓滿，而所取程子之說，則以距游、楊「無待」之言誤以「自」爲「自然」之自，而大謬於歸其事於人之旨也。故章句又云「誠以心言」。曰「心」，則非在天之成萬物者可知矣。

乃此所云心，又與或問解第二節以實理、實心分者不同。或問所云實心者，人之以實心行道者也。章句所云心者，謂天予人以誠而人得之以爲心也。

此「心」字與「性」字大略相近。然不可言性，而但可言心，則以性爲天所命之體，心爲天所授之用。仁義禮知，性也，有成體而莫之流行者也。誠，心也，無定體而行其性者也。

心統性，故誠貫四德，而四德分一，不足以盡誠。性與生俱，而心緣性發。故誠必託乎仁義禮知以著其用，而仁義禮知靜處以待誠而行。是以胡、史諸儒竟以誠爲性者，不如章句之言心也。

乃所謂心，則亦自人固有之心備萬物於我者而言之。其與或問所云「實心」，固大別也。知此，則程子之以能然言者，一章句之說爲本然者也。

抑所謂以心言、以理言者，爲「誠者」「而道」四字釋耳，非以釋夫「自成」「自道」也。若本文之旨，則「誠」與「道」皆以其固然之體言之，又皆兼人物而言之。「自成」「自道」，則皆當然而務致其功之詞，而略物以歸之當人之身。若曰：天所命物以誠而我得之以爲心者，乃我之所以成其德也；天所命我以性而人率之爲道者，乃我之所必自行焉而後得爲道也。以誠自成，而後天道之誠不虛；自道夫道，而後率性之道不離。誠麗乎物以見功，物得夫誠以爲幹。萬物皆備之誠心，乃萬物大成之終始。誠不至而物不備於我，物不備則無物矣。

故君子知人心固有其誠，而非自成之，則於物無以爲之終始而無物；則吾誠之之功，所以凝其誠而行乎道，其所爲「自成」「自道」者，一皆天道之誠、率性之道之所見功。是其以體天而復性者，誠可貴也。而又非恃天之畀我以誠，顯我以道，遂可因任而自得之爲貴。則所貴者，必在己之「自成」而「自道」也，惟君子之能誠之也。誠之，則有其誠矣。有其誠，則非但「成己」，而亦以成物矣。從此以下，理事雙顯。

以此，誠也者，原足以成己，而無不足於成物，則誠之而底於成，其必成物審矣。成己者，仁之體也。成物者，知之用也。天命之性，固有之德也；而能成己焉，則是仁之體立也；能成物焉，則是知之用行也。仁、知咸得，則是復其性之德也。統乎一誠，而己、物胥成焉，則同此一道，而外內固合焉，道本無不宜也。性乎誠而仁、知盡焉，準諸道而合外內焉，斯以時措之而宜也。君子誠之之功，其能有誠也如此。

是其自成者卽誠也，人而天者也；自道者卽道也，身而性焉。惟天道不息之妙，必因人道而成能，故人事自盡之極，合諸天道而不貳。此繇敎入道者所以明則誠焉，而成功一也。此章大旨，不過如此。以是考諸儒之失得，庶不差矣。

二

此章之大迷，在數字互混上。朱子爲分析之以啓其迷，乃後來諸儒又執所析以成迷，此訓詁之學所以愈繁而愈離也。

「自成」「自」字，與「己」字不同。己，對物之詞，專乎吾身之事而言也。自，則攝物歸己之謂也。朱子恐人以「自成」爲專成夫己，將有如雙峯之誤者，故於章句兼物爲言。乃迷者執此，而以爲物之成也，固有天成之，而不因乎人者矣，遂舉「自成」而一屬之天理之自然，則又暗中游、楊「無待」之妄而不覺。

乃本文之旨，則謂天道之誠，此無待。我可以自成其心而始可有夫物也。此有待。故「誠」之爲言，兼乎物之理，而「自成」則專乎己之功。誠者，己之所成，物之所成；而成之者，己固自我成之，物亦自我成之也。

又言「誠」而更言「道」，前云「誠者天之道」，此雙峰之所繇迷也。不知道者率乎性，誠者成乎心，心性固非有二，而性爲體，心爲用，心涵性，性麗心，故朱子以心言誠，以理言道，章句已云「性卽理也」。則道爲性所賅存之體，誠爲心所流行之用。賅用存故可云費，流行故可云無息。諸儒不察，乃以性言誠，則雙峰既不知朱子異中之異，而諸儒抑不知朱子同中之異也。

又章中四「物」字，前二「物」字兼己與物而言，兼物與事而言，則或下逮於草木禽獸者有之。然君子之誠之也，自以處人接事爲本務。如小註所云「視不明、聽不聰，則不聞是物、不見是物，而同於無物」，不聞不見者，同於己之無耳無目也；不聞是物、不見是物者，同於己之未視是物、未聽是物也。然要必爲己所當有事者，而其終始之條理，乃不可略。若飛鳥之啼我側，流螢之過我前，卽不明不聰，而亦何有於大害哉？「誠者物之終始」，不擇於我之能有是物與否而皆固然，則可下洎於鳥獸草木而爲言；若夫「不誠無物」，固已捨草木鳥獸而專言人事矣。

顧此「無物」字，則猶兼己而言，而不如下「成物」「物」字之與「己」爲對設之詞。蓋「無物」之物，大要作「事」字解，或問言之極詳；特不可以「事」字易之，則如楊氏無君之非不忠，墨氏無父之非不孝也。言筌之易墮，有倚則偏，故北溪引季氏跛倚以祭，雖爲切當，而末云「與不祭何異」，語終有疵，不如云「與無鬼神何異」或云「與無祭主何異」之爲當也。

又「物之終始」二「終」字，與下「無物」二「無」字，相去天淵。無者無始也，並無終也。始者固有始也，而終者亦有終也。程子以徹頭徹尾言終始，則如有頭有尾，共成一魚，有始有終，共成一物。其可以頭爲有，尾爲無乎？

小註中「向於有」、「向於無」之云，乃偏自天之所以賦物者而言，而不該乎人之所受於天之誠。須知「誠者天之道」，大段以在人之天爲言，而在天之天，則人所無事，而特不可謂其非以誠爲道耳。

乃「向於無」二「無」字，止當「死」字看，與本文「無」字不同。即在天而言，如生一趙姓者爲始，趙姓者之死爲終，其生之也向於有，其死之也向於無。若夫誠所不至而無此物，則如天下原無此趙姓之人，既已不生，何得有死？況於在人之天而兼乎理與事矣，則始者事之初也，終者事之成也，尤非始有而終無也。若以生死而言，則必全而生之，全而歸之，而後爲誠之終。若泛然之人，氣盡神離而死也，則其不誠固已久矣，而又何得謂之終哉？

故曰：「君子曰終，小人曰死。」是知終者成之詞，與大學「事有終始」之終相近，而不可以澌滅殆盡爲言。且死者亦既有死矣，異於無之謂矣。無者非所得有也，非其終之謂也。楊氏無君而可謂君之終，墨氏無父而可謂父之死乎？

以此知程子徹首徹尾之義爲不可易。朱子推廣之曰「自始至終，皆實理之所爲」，言尤明切。乃又曰「至焉之終始，卽其物之終始」，則又以閒斷處爲終，則亦或問之疵，不可不揀其毫釐之謬者也。

又章句釋「性之德也」，云「是皆吾性之固有」，以理言而不以功效言。乃上云「仁者體之存」，則必有存其體者矣；「知者用之發」，則必有發其用者矣。則小註所云「盡己而無一毫之私僞」，「因物成就，各得其當」，「克己復禮」，「知周萬物」，而或問抑云「子思之言主於行」，固皆就君子之功效而立說。「性之德也」二句，順頂上文，更無轉折，不得以仁知非成己成物者已成之德，則亦不得以「性之德」「合外內之道」爲自然之理矣。

故愚於此，以理事雙說，該盡此七句之義，而「性」字之釋，則既可與性道之性一例，亦可以「堯、舜性之也」之性爲擬。猶夫「唯天下至誠爲能化」，卽爲「不思不勉」之至誠，亦卽「致曲有誠」之至誠也。

中庸每恁渾淪說，極令學者誤墮一邊。唯朱子爲能雙取之，方足顯君子合聖，聖合天，事必稱理，道凝於德之妙。下此如譚、顧諸儒，則株守破裂，文且不達，而於理何當哉？至於史伯璿、許東陽之以自成爲自然而成，饒雙峰之以合外內而仁知者爲誠，雲峰之以性之德爲未發之中，則如卜人之射覆，恍惚億測，歸於妄而已。

第二十六章

一

天之所以爲天者不可見，繇其博厚、高明、悠久而生物不測也，則可以知其誠之不貳。至誠之所存者非夫人之易知，唯聖知之。繇其博厚、高明、悠久之見於所徵者，則可以知其誠之不息。此自用而察識其體。中庸確然有以知之，而曰「故至誠無息」，「故」字須涵泳始見。

章句以其非大義所關而略之。饒、胡智不足以知此，乃云「承上章而言」。上章末已云「故時措之宜也」，連用兩「故」字，豈成文理？朱子業已分章矣，猶如此葛藤，何也？

二

所謂徵者，即二十二章盡人物之性之事，亦即二十七章發育峻極、禮儀威儀之事，亦即三十一章見而敬、言而信、行而說之事。悠遠、博厚、高明，即以狀彼之德被於人物者，無大小久暫而無不然也；則至誠之一言一動一行，皆其悠遠之徵。文王之時，周道未成，而德之純也，已與天同其不已。北溪「唯堯、舜爲能然」之說，是以年壽論悠久也，其亦末矣。

三

一二者數也，壹貳者非數也。壹，專壹也。貳，閒貳也。游氏得一之說，不特意犯異端，而字義亦失。老氏云：「天得一以淸，地得一以寧。」其所謂一者，生二生三之一，卽道失而後有德、德失而後有仁義之旨。「玄之又玄」、「沖而不盈」者曰一。有德，則與道爲二矣。有仁義，則終二而不一矣。得一者，無二之謂。必無仁無義，而後其一不失也。維摩經所言「不二法門」者，亦卽此旨。是豈非邪說之宗耶？

若中庸之言「不貳」也，則「元亨利貞」、「時乘六龍」而「大明終始」，固無所不誠，而豈但二哉？二亦不貳，三亦不貳，卽千萬無算而亦不貳也。彼言一粒粟中藏世界，而此言「同歸而殊塗，一致而百慮」，豈相涉哉？

且誠之不至而有貳焉者，以不誠閒乎誠也。若夫天，則其化無窮，而無有不誠之時，無有不誠之處，化育生殺，日新無已，而莫有止息焉；爲元、爲亨、爲利、爲貞，德無不有，行無不健，而元亦不貳，亨、利、貞亦無弗不貳。豈孤建一元，而遂無亨、利、貞以與爲對待之謂乎？故至誠之合天也，仁亦不貳，義亦不貳，三百三千，森然無閒，而洗心於密。又豈如老氏所云「得一以爲天下貞」哉？得一則必不可爲天下貞。如得南則不正乎東，得仁則不正乎義。故曰：「所惡於執一者，爲其賊道，舉一而廢百也。」

若其云「可一言而盡」者，則與第二十章所云「所以行之者一也」一例，不斥言誠，而姑爲引而不發之詞；非謂一言可盡，而二言卽不可盡也。猶夫子之言「一以貫之」，而不容斥指其所貫之一。曾子以「忠恕」答門人，則猶章句之實一以誠也。聖人於此等處，非不欲顯，而脩辭立誠，不能予人以易知而煞爲之說，以致銖絫之戾於理。繇忠恕者，曾子之所得於一，而聖人非執忠恕以爲一。天地之道，可以在人之誠配，而天地則無不誠，而不可以誠言也。云「誠者天之道」，以在人之天言耳。

乃天地之所以「生物不測」者，惟其一言可盡之道；「爲物不貳」者，卽在至誠之所謂誠。至誠之所以必徵爲博厚、高明、悠久者，惟其得乎天地一言可盡之道，以誠至而無息。一言而盡，配以聖人之至誠；爲物不貳，配以聖人之無息。非謂一言之居要而無待於二，審矣。

無息也，不貳也，不已也，其義一也。章句云「誠故不息」，明以「不息」代「不貳」。蔡節齋爲引伸之，尤極分曉。陳氏不察，乃混不貳與誠爲一，而以一與不貳作對，則甚矣其惑也！

天地之不貳，惟其終古而無一息之閒。若其无妄之流行，並育並行，川流而萬殊者，何嘗有一之可得？諸儒不察，乃以主一不雜之說，强入而爲之證，豈天地之化，以行日則不復行月，方生柳則不復生桃也哉？

至誠者，以其表裏皆實言也。無息者，以其初終不閒言也。表裏皆實者，抑以初終無閒，故曰「至誠無息」，而不曰至誠則不息。「可一言而盡」者，天載之藏无妄也。「其爲物不貳」者，天行之健不息也。藏諸用而无妄者，顯諸仁而抑不息，故曰道可一言而盡而爲物不息。道以幹物，物以行道，道者化之實，物者化之用。不曰道不雜二而生物不測也。道者本也，物者體也，化也。道統天，體位天，而化行天也。嗚呼！言聖、言天，其亦難爲辭矣，而更益之妄乎？

第二十七章

一

如脩祖廟、陳宗器、設裳衣、薦時食，以至旅酬、燕毛等，則「禮儀」、「威儀」之著爲道者也。如郊社之禮、禘嘗之義，明之而治國如示諸掌者，則聖人之道所以「發育萬物，峻極于天」者，亦可見矣。關雎、麟趾之精意，發育、峻極者也，故下以「高明」、「廣大」言之。得此以爲之統宗，而周官之法度以行，則「禮儀」、「威儀」之備其「精微」而合乎「中庸」也。自聖人以其無私無欲者盡其性而盡人物之性，則「發育萬物」之道建矣。盡人物之性，而贊化育、參天地，則「峻極于天」之道建矣。中庸一力見得聖人有功於天地萬物，故發端卽說位育。如何可云「不成要使他發育」？故知小註朱子之所云，必其門人之誤記之也。況其所云「充塞」者，亦必有以充之塞之，而豈道之固然者本充塞乎？道之固然者天也，其可云天充塞天地耶？卽使云天地之化育充塞天地，此亦不待言而自然，言之爲贅矣。

一

章首說個「大哉聖人之道」，則是聖人所脩之道，如何胡亂說理說氣？易云「聖人以茂對時育萬物」，詩云「文王在上，於昭于天」，須是實有此氣象，實有此功能。而其所以然者，則亦其無私無欲，盡高明廣大之性，以盡人物之性者也。乃聖人脩之爲道，亦必使天下之可共繇，則所謂精一執中，所謂不動而敬、不言而信者，皆道之可以詔夫後之君子者也。

中庸說人道章，更不從天論起，義例甚明。於此更著「聖人」二字，尤爲顯切。德性者，天道也。亦在人之天道。德性之尊者，聖人之道也。「尊德性」者，君子之功也。雙峰用小註之意，而益引人入棘，刪之爲宜。

二

章句以存心、致知分兩截，此是千了萬當語。雙峰以力行生入，史伯璿業知其非，而其自爲說，又於致知中割一半作力行，此正所謂騎兩頭馬者。總緣他於本文未得清切，故爾膠轕。

知行之分，有從大段分界限者，則如講求義理爲知，應事接物爲行是也。乃講求之中，力其講求之事，則亦有行矣；應接之際，不廢審慮之功，則亦有知矣。是則知行終始不相離，存心亦有知行，致知亦有知行，而更不可分一事以爲知而非行，行而非知。故饒、史之說，亦得以立也。

乃此章句所云致知者，則與力行大段分界限者也。本文云「盡精微」，盡者析之極也，非行之極也。於察之則見其精微，於行之則亦顯著矣。「道中庸」者，以之爲道路而不迷於所往也。如人取道以有所適，其取道也在欲行之日，而不在方行之日也。「知新」之爲知，固已。「崇」之爲言，尙也，以「禮」爲尙，知所擇也。使以爲力行之事，則豈禮本卑而君子增高之乎？是本文之旨，固未及乎力行，審矣。

乃其所以不及力行者，則以此章言聖人之道之大，而君子學之之事，則本以言學，而未及功用。「其次致曲」一章，自君子德之成而言之，故不述至誠之道以發端，而但從成德發論，乃因以推其行之誠、著、明，而效之動、變、化。此章以君子脩德而言，故須上引聖道之大，以著其功之所自準，而其後但以凝道爲要歸，而更不言行道。凝也者，道之有於心也。

行也者，道之措於事也。有於心而後措於事，故行在凝之後。待第二十九章言本身、徵民，而後言行。則方其脩德，固以凝爲期，而未嘗期於行也。

且君子之所凝者，「至道」也，聖人之大道也，發育峻極、禮儀威儀之道也。於以脩夫「至德」，而凝其育物極天之道，則靜而存之於不言、不動、不賞、不怒之中，於私於欲，能不行焉，而非所措諸躬行者也，固不可謂之行也。於以脩夫禮儀威儀之道，而凝之以待行焉，則行之有時矣，生今不能反古也；行之有位矣，賤不能自專也。唯其道之凝而品節之具在己也，居上而際乎有道，則以其所凝者行之；居下而際乎無道，則不能行而固凝焉。說夏而學殷、周，夫子固已凝之，而不信弗從，固未之行也。

要此以聖道之大者爲言，而優優之大用，又必德位相資而後可行者。故於「精微」盡之，「中庸」道之，「新」知之，「禮」崇之，使斯道體驗於己，而皆有其條理，則居上可以行，而爲下則雖不行而固已凝矣。此子與顏淵論治，所以可損益四代之禮樂，而非以爲倍，亦凝也而非行也。至於孔子作春秋，而行天子之事，則固在從心不踰矩之餘，變化達天，而非君子脩德凝道之所至。是以中庸言聖，必推其合天，言君子則但推其合聖，亦自然不可齊之分數也。

蓋此章所謂道，與第十三章、十五章言「君子之道」者不同。此聖人盡性參天、創制顯庸之大用，必時位相配，而後足以行。非猶夫子臣弟友，隨地自盡之道，無日無地而可不行，則必以力行爲亟也。知此，則饒、史之論，不足以存。而「道中庸」者，但顏子之拳拳服膺而即然，非必如大舜之用中於民；「崇禮」者，孔子之學三代而即然，非必周公之成德也。

三

「溫故」者，乃尋繹其舊之所得，而以爲非「道問學」之事，乃「尊德性」之功，此極不易理會。乃言舊所得，則行焉而有得於心者矣；而其所以有得者，豈非性之見功乎？章句以「時習」證此。「學而時習之，不亦說乎！」似此境界，豈不是尊德性事？

以性之德言之，人之有知有能也，皆人心固有之知能，得學而適遇之者也。若性無此知能，則應如夢，不相接續。故曰「唯狂克念作聖」。念不忘也，求之心而得其已知已能者也。抑曰「心之官則思，思則得之」，「此天之所與我者」。心官能思，所以思而即得，得之則爲「故」矣。此固天之所與我者，而豈非性之成能乎？

以德之成性者言之，則凡觸於事，興於物，開通於前言往行者，皆天理流行之實，以日生其性者也。「繼之者善」，而成之爲性者，與形始之性也；成以爲性，而存存以爲道義之門者，形而有之性也。今人皆不能知此性。性以爲德，而德即其性，「故」之爲德性也明矣；奉而勿失，使此心之明者常明焉，斯其爲存心而非致知也，亦明矣。

第二十八章

一

「考文」，只是辨其點畫形似，若漢獄史以「止句」爲「苛」，馬援所論將軍印篆錯謬，宋人之文者爲言。如博古圖所繪商器欵識文字，儘與周異，質文之別，居然可見，皆周公於商之舊文所損益者多矣。或問引秦以小篆、隸書爲法證此，極當。洪武正韻有御定「𡎺」「彔」等字，亦其遺意。若文已頒而或亂之，則雖非天子，亦得而糾正之也。

陝、失冉切，從夾。陜侯夾切，從夾。二州印文相亂之類，須與考定。然此又以建國之初，定一代

二

朱子語錄謂「如『大』徒蓋切字喚作『大』一駕切字」及東陽所云「名其字之聲」者皆誤。五方聲音之不正，如閩、粵人呼「花」爲敷巴切，「紅」爲房容切，北人呼「師」爲商知切，「賊」爲旬爲切，雖聖人而在天子之位，亦無如之何也。

三

朱子語錄分有位無德而不敢作禮樂爲不自用，有德無位而不敢作禮樂爲不自專，孔子不從夏、商爲不反古，文義極順。章句云「孔子不得位，則從周而已」，語有疵。在孔子之必

從周者，以時也。孔子卽大用於當時，亦不得擅改周制。必若周公居鼎革之際，方得成其制作之功。然無位而擅爲斟酌損益，亦是自專。若能說夏禮，便純用夏禮，旣學殷禮，便純用殷禮，方是反古。「非天子」一節，以見賤之不可自專；「今天下」一節，以見生今之不可反古。下章言「上焉者」、「下焉者」，正從此分去。

第二十九章

章句云：「鬼神者，造化之跡也。」造化者天地之用，故黃洵饒「與天地同用」之言，甚爲分曉。乃細玩章句，於「造化」下加一「跡」字，則又自造化之已然者而言之，而非但用與體之別。云「考」、云「質」、云「俟」，無殊其云「本」、云「徵」、云「建」，則考之、質之、俟之者，皆君子也。質如「質成」之質，是君子嘗以此道質正於鬼神矣。

天地之所以爲道者，直無形跡。故君子之道：託體高明，便不悖於天之撰；流行不息，便不悖於天之序；立體博厚，便不悖於地之撰；安土各正，便不悖於地之理。然而天地之所見於人者，又止屈伸往來、陰陽動靜之化，則已非天地之本體。故可云「小德川流」，而不分此德曰仁、曰義、曰禮、曰知；可云「大德敦化」，而不可曰誠；則亦無所取正而質，而特可曰「建」。

若鬼神，則可以誠言之矣，以其屈伸往來，盡其實而必信也，斯亦可以仁義禮智言之矣。其生者仁，其止者義，其充滿者禮，其昭明者知也。故曰「明則有禮樂，幽則有鬼神」。禮樂固以法陰陽之化，而亦可通鬼神於求之聲、求之氣之閒矣。

質以其所贊乎造化者爲禮、爲度、爲文，非抑鬼神之所伸而揚鬼神之所屈。質以其對越乎靈爽者，則以禮、以度、以文，而有事乎鬼神，伸者可迎其來，屈者可紹其往。君子之以其三重之道質之於鬼神，以證其得失，蓋無異於三王之有其成憲而可考。其質之而無疑也，乃以毅然行其三重，而卽或損造化之有餘，益造化之不足，亦無憂其心跡之差，蓋不異於庶民之有好惡而可徵。

中庸此語，原非虛設，果有其可質之理，果有其質之之事。非但如小註所云「龜從、筮從」，取諸不可必之影響。而北溪之言曰「鬼神天理之至」，語尤顢頇。天理之至者，天地是也，建之而不悖者也，豈鬼神哉？

第三十章

章句「此言聖人之德」一句，專就「譬如天地」四句說。雙峰乃云「此章言孔子之德」，大爲不審。

或問言「上律」、「下襲」之迹，夏時、周易云云，皆言道也，非言德也；又推之於古聖王迎日推策云云，亦言道也，非言德也。下云「萬物並育而不相害，道並行而不相悖」，亦言天地之道也，非言天地之德也。天覆地載，日月之明，四時之行，只是天道。其所以能括此道而統之，分爲道而各紀之，則章句所謂「所以不害不悖」，「所以並育並行」者，乃德也。於堯、舜曰道，於文、武曰法，言道言法，則皆非德也。述其道，明其法，則亦仲尼之道也。

故「祖述」、「憲章」、「上律」、「下襲」者，道也；其爲斟酌帝王律天襲地之統紀，以咸宜而不息者，德也。其統之也，則如無不覆載之咸備無缺，四時之具以成歲，日月之昱乎晝夜；其紀之也，則如天所覆、地所載之品彙各成，四時之各正其序，日月之各行其陸，仲尼敦化之德也。仲尼川流之德也。

凡此一章，皆以見天道、聖道，其大也一本於德，與二十七章意略相同。彼言君子之所以凝聖道者在脩德，以聖人之道原繇聖德而凝；此言聖人之能合天道也唯其德，以天之所以爲大者，原依天德而成。

中庸三支，皆始乎道，而極乎德。「中庸其至矣乎」以下八章，言道也；至「君子依乎中庸，遯世不見知而不悔」，則以見行道明道者唯聖德也。「道不遠人」以下，皆言道也；至「哀公問政」一章，始推知、仁、勇爲行道之德，而一本於誠，於以見自子臣弟友，五達道。以至天人制作，九經。其脩之者唯德也。「唯天下至誠爲能盡其性」以下，皆言道也；天地、聖人、君子之道。至二十七章而後言君子之凝此著、明、變、化，成己成物之至道，本於尊性道學之德；至此而後言聖人之備此盡人物、參天地、博厚高明悠久之道，本於川流、敦化之德。德至而道乃以至，德大而道乃以大也。

故末章一歸重於德，而始推德之自入，以明致中和而以位以育之本，終贊德之所極，以著靜存動察、盡性至命之功。全篇大義，以德爲基，以誠爲紐，其旨備矣。明乎此，則許、史諸儒强以知、仁、勇立柱，及强以費隱、小大爲第三支作骨脈者，徒增葛藤，曾何當耶？

第一支知、仁、勇之義，至第二支而始顯；第二十章。第二支誠之爲義，至第三支而始詳。乃其言德也：以知、仁、勇爲性之德，所以脩率性之道，而爲敎之本；以誠爲心之德，則以盡天命之性，而以爲道之依。紀乎敎，是以有其萬殊，而知、仁、勇則所以應事酬物，而川流不遺。統夫道，是以有其一本，而誠者則不貳以生不測，而敦化不息。此又小德、大德，合知、仁、勇於一誠，而以一誠行乎三達德者也。

以天地言之，則其「大明終始」者知也，「品物流形」者仁也，「時乘六龍」者勇也。其无妄以爲大宗者，則所謂「一言可盡」而在人爲誠者也。自其化而言，則見功於人物者，誠爲天之道。自其敦化而言之，則立載於無聲無臭者，誠固爲天地之德。然在道而可名言之曰

「誠」，在德則不可斥言誠而但曰「大」，則誠爲心德，而天固無心也。乃天地之德，雖不可名之曰「誠」，而仲尼配天之德，則可曰「所以行之者一」，而亦可曰「誠」，故下又以「唯天下至誠」爲言。合離之際，微矣哉！

第三十一章

「聰明睿知」，以至誠之本體言。「誠則明矣」，明非但知之謂也。或問兼安行言之，爲盡其義。如大學之言「明德」，該盡緝熙敬止、恂慄威儀、具衆理、應萬事者，統以一明；與「致知」之知，偏全迥別。耳無所蔽其聞之謂聰，目無所蔽其見之謂明，思無所蔽其覺之謂睿，心無所蔽其知之謂知。人欲淨盡，天理流行，則以之知，不待困學；以之行，不待勉强也。

若下四德，則因事而用：仁以容其所待容之衆，義以執其所必執之宜，禮以敬其所用敬之事物，知以別其所當別之是非。其云「文理密察」，原以晰事之知言，自與「睿知」之知不同。「睿知」之知，乃靜中見理，感則能通，其辨在昭昏，而不在是非也。

小註所載朱子之說，顯與或問相悖。至所云「破作四片」，「破作八片」，蒙頭塞耳，全無端緒，必其門人之傳訛，非朱子之言也。

第三十二章

一

章句云「夫豈有所倚著於物」，一「物」字，定何所指，小註中自有兩說：其云「爲仁繇己而繇人乎哉」，則是物者，與己對者也；其云「不靠心力去思勉」，則是物者，事也。兩說似乎難通。乃孟子曰「物交物」，則外物與己耳目之力而皆謂之物，蓋形器以下之統稱也。

本文三句之中，理事異致，各有其倚，則各有其不倚。所云「倚」者，統詞也。凡其所倚，卽謂之物。則章句所云物者，亦統詞也。

以「經綸天下之大經」言之，則其所不倚者，不倚於外物，而非不倚於心力之謂。所以然者，人倫之事，以人相與爲倫而道立焉，則不特盡之於己，而必有以動乎物也。盡乎己者，己之可恃也。動乎物者，疑非己之可恃也：自非天下之至誠，則倚父之慈而親始可順，倚君之仁而上以易獲。其脩之於己者既然，則以立天下之敎，亦但可爲處順者之所可率繇，而處變則已異致。唯夫天下之至誠，「肫肫其仁」，極至而無不可通，則雖如舜之父、文王之君，而我所以事之者，一無不可與天下共見而共繇之，初不倚君父之易順易獲而相得以章也。乃若心力之必盡，則如舜，如文，其爲怨慕，爲竭力，爲小心，爲服事，則固同於困勉者之篤行，非不思不勉而無待於心力。此以知：以物爲外物而云「不繇人」者，爲「大經」言也。

至於「立天下之大本」，則初無所因於人，卽欲倚之而固不得。特其「不聞亦式，不諫亦入」之卓然，有以存之於喜怒哀樂未發之中，斯至誠之「淵淵其淵」者，涵天下萬事萬物之節於靜深之地，不但學問之事無所藉於耳目，而警覺之幾亦無所資於省察。理以不妄而存，而非擇理以固執；欲以從心而不踰，而非執理以拒欲。未有所喜樂，而天下之待喜待樂者受益焉；未有所怒哀，而天下之待怒待哀者聽裁焉。要皆藏密以立道義之門，而擇執之心力不與焉。此「不靠心力」之說，爲「大本」言也。

若夫「知天地之化育」，則至誠之「浩浩其天」者：其心之正，卽天地之心；其氣之順，卽萬物之氣；於其所必化而知其化，於其所必育而知其育；不但非恃心力以推測，而亦不如介然通天地之情、介然知萬物之感者，倚天地之所著見、萬物之所往來者以爲知之之逕。此如仁恕之分：恕有推有譬，而卽倚於情；仁之欲立欲達，無所倚於感也。知化之事，其爲用最密，而所攝最大，則其有倚、無倚之分，爲際尤微。此朱子所云「自知得飽，何用靠他物去」。此「物」字之義，又卽以天地制化育之理、萬物受化育之迹而言也，則不但不以對己之物爲物，並不（但）以在己之耳目心力爲言矣。

經綸，有迹者也；立本，有主者也；知化，則無閒如字者也。其見功愈微，則其所倚者愈微，而其所謂物者益愈細。乃在立本之所謂物，以性爲主，而以形爲客；知化之所謂物，則凝於我之誠爲主，而誠之察於天地萬物與我相爲動者爲客。則在立本而言物者，專於己之中；在知化而言物者，通於己之外：此又以翕闢而分表裏也。

勉齋「不思不勉」之說，亦止可爲立本言，而不能通於經綸、知化，合朱子所言而後盡其旨。均云「倚」，均云「物」，同中之異不明，欲以一語煞盡之，鮮不泥矣。

二

旣云「至誠之道非至聖不能知，至聖之德非至誠不能爲」，又云「其淵其天，非特如之而已」，則似至誠之德非至聖所能比擬。潛室、雙峰苦執此語，强爲分析，如夢中爭夢，析空立界，徒費口舌。

乃朱子又謂「外人觀其表，但見其如天如淵；至誠所以爲德，自家裏面眞是其天其淵」，雖小異前說，終是捕風捉影。上章云「溥博如天，淵泉如淵」，繫之「時出之」上，則固自其足出未出者言之。章句固曰「五者之德充積於中」，則亦自家裏面之獨喩者，而非外人之所能見，可知已。

東陽迷謬執泥，乃謂「聖人見得聖人眞是天、眞是淵，衆人見其如天如淵」，似此戲論，尤爲可惡。楞嚴經言比丘入定，鄰僧窺之，唯見水而不見人。如此，方是聖人見聖人眞是天淵之的實證據，不然則亦如之而已爾。聖德既不易知，而又撮弄字影，橫生億計，其妄更無瘳矣！

如實思之，言「如」、言「其」，果有別耶？前章所云「如天」、「如淵」之天淵，兼德與形體而言。天者青霄之謂也，淵者深澤之謂也，指天淵之形體以擬其德之相肖也。此云「其淵」、「其天」之天淵，則以德言耳。化育之廣大卽謂之天，有本之靜深卽謂之淵，非指青霄深澤而爲言也。前章云「溥博」，卽此「其天」者也；云「淵泉」，卽此「其淵」者也。此所云「淵淵」，卽「如淵」之謂也；「浩浩」，卽「如天」之謂也。是詞有一順一逆之別，而文義一也。

非「聰明聖知達天德者」，但不知其經綸、立本、知化之統於誠以敦化；而經綸之篤厚、立本之靜深、知化之廣大，卽不謂盡人知之，而亦弗待於至聖。凡有血氣者之尊親，亦但於其見而敬之、言而信之、行而說之。至於足以有臨、足以容、執、敬、別之德，充積在中，溥博淵泉，與天淵合撰者，自非至聖之自知，亦孰能知之？

朱子煞認三「其」字，其說本於游氏。游氏之言，多所支離，或借逕佛、老以侈高明，朱子固嘗屢闢之矣。至此，復喜其新奇而曲從之，則已浸淫於釋氏。而不知釋氏所謂理事一相，地、水、火、風皆從如來藏中隨影出現，正「自家裏面眞是天淵」之旨。若聖人之教，理一分殊，天自天也，淵自淵也，至誠自至誠也，豈能於如淵如天之上，更有其淵其天、當體無別之一境哉？

三

廣平以上章爲至聖之德，此爲至誠之道，語本有病，必得朱子「誠卽所以爲德」一語以挽救之，而後說亦可通。使其不然，則「肫肫其仁，淵淵其淵，浩浩其天」，可不謂之德而謂之道乎？經綸、立本、知化，道之大者也。乃唯天下至誠爲能之，則非備三者之乃爲至誠，而至誠之能爲三者。故曰「誠卽所以爲德」，德大以敦化而道乃大也。

上章因聖而推其藏，故五德必顯，然至於言及「時出」，則亦道矣。蓋言聖則已屬道，有臨而容、執、敬、別，皆道也。故推其「足以」者有川流之德，以原本其道之咸具於德也。此章之言道者，唯大經、大本、化育，則道也；所以經綸之、立之、知之者，固德也。肫肫、淵淵、浩浩之無倚者，皆以狀其德矣。蓋言誠則已屬德，仁也、淵也、天也，皆其德也。故推其所爲顯見於天下者，而莫非道之大也。

以此言之，則廣平道、德之分，亦無當於大義，而可以不立矣。是以朱子雖取其說，而必曰「非二」以救正之。乃朱子之自爲釋也，則固曰「承上章而言『大德敦化』」，又已明其言德而非言道矣。

然其所爲存游氏之論者，則以末一節，或執鄭康成之說，將疑夫至誠、至聖之爲兩人；故必分別大經、大本、化育之爲道，而聰明睿知、仁義禮知之爲德，固有不妄、達以一誠者之爲大德；有其大德而聖德乃全，有其聖德而至誠之所以能體夫大道之蘊奧可得而知，誠則明，明而後誠無不至也。故朱子曰「此非二物」，又云「此不是兩人事」，其以言至聖之躬體而自喻之，固已明矣。

然朱子於此，則已多費轉折，而啓後人之疑。是其爲疵，不在存游氏瓜分道、德之說，而在輕用康成「唯聖知聖」之膚解。康成之於禮，其得當者不少，而語及道、德之際，則豈彼所能知者哉？因仍文句，而曰「唯聖知聖」，則其訓詁之事畢矣。朱子輕用其說，而又曲爲斡旋之，則胡不直以經綸、立本、知化爲聖人之化，而以至誠之不待有倚而自肫肫、淵淵、浩浩者爲敦化之德之爲安乎？

惟無倚之仁、無倚之淵、無倚之天，肫肫、淵淵而浩浩，故根本盛大而出不窮，而大德之所顯所藏，極爲深厚，自非躬備小德者不足以知之。唯其有之，乃能知之。因有其敦化者，而後川流不息；既極乎川流之盛，自有以喩其化之所自敦矣。如此，則豈不曉了串徹，有以盡夫中庸之條貫而不爽。

夫章句之支節，何居乎又存康成之言以爲疑府，而復假廣平之說以理亂絲耶？擲鄭說汰，則游說亦可不留矣。至有吮康成之餘瀋，如新安所云「知堯、舜唯孔子」者，則適足以供一哂而已。

第三十三章

一

末章唯言德而更不及道，所以爲歸宿之地，而見君子之得體夫中庸者，實有德以爲之體也。民勸、民威而天下平，道亦大矣，而非遵道而行之可致也。君子之道，皆君子之德成之，前已詳釋。

二

「君子之道」，言君子爲學脩教之方。此一段且統說自立心之始，至德成道盛之日，一「闇然而日章」也。固與「費隱」諸章言「君子之道」者別。然曰「闇然」，則有其闇然之實矣；存養、省察是。曰「日章」，則有其日章之事矣。馴至於天下平。

雲峰誤看章句「下學立心」四字，遂以君子小人立心之不同，求異於第二章，殊爲不審。小人是不知而妄作者，如叔孫通之類。其亦有道，則所妄作之道也。既已妄作，故的然可觀，而後不可繼。若但其立心也，則何的然之可見？的然者，如射的之可見也。且本未嘗有，而又何亡哉？

三

爲己是立心之始，規畫得別。君子小人到底分別，卽從此差異。「知遠之近」三句，乃入德之初幾，方是揀着下手工夫。以詩證之：爲己者，惡文著而不尙錦也；「知遠之近，知風之自，知微之顯」，則知錦而衣之也。到此，卻不更說尙絅事。

或問「用心於內，不求人知，然後可以愼獨」，一轉甚淸切。爲己是大架步，始終皆然。知近、知自、知微，是愼獨入手工夫，內省無惡，從此而起。陳氏用「又能」二字轉下，則爲己、愼獨，平分兩事，非知學者也。愼獨固爲己之一大端也。

四

知者，知其然而未必其能然。乃能然者，必繇於知其然。故「知遠之近，知風之自，知微之顯」，則可與省察、存養而入「無言」、「不顯」之德矣。

知見於彼者繇於此，則知民勸、民威而天下平之不在賞罰之施，而〔在〕德之顯也。知著乎外者之本乎內，則知敬之著於動、信之著於言者不在其動與言，而在不動不言之所存也。知有諸內者之形諸外，則知潛雖伏而孔昭，內省無惡，而不可及之德成也。

三語一步漸緊一步，而以意爲入德之門。是三知相爲次，而入德之門唯在愼獨。先儒謂誠意爲「玉鑰匙」，蓋本於此。諸說唯何潛齋得之，惜於「知遠之近」句未與貼明。何意蓋疑「奏假無言」二段爲成德之效，非入德之事。不知知德之所成，則知所以入之功效，原相準也。

五

存養、省察之先後，史伯璿之論，可謂能見其大者矣。其云「有則俱有」，誠有以察夫聖功之不息；其云「動靜無端」，則又以見夫理事之自然。而「立言之序，互有先後」，所以「無不可」者，則抑有說。

中庸之言存養者，卽大學之正心也；其言省察者，卽大學之誠意也。大學云：「欲正其心者先誠其意。」是學者明明德之功，以正心爲主，而誠意爲正心加愼之事。則必欲正其心，而後以誠意爲務；若心之未正，則更不足與言誠意。此存養之功，所以得居省察之先。蓋不正其心，則人所不知之處，已亦無以自辨其孰爲善而孰爲惡；且昏瞀狂迷，並所謂獨者而無之矣。此章句於首章有「既嘗戒懼」之說，而大學所謂「毋自欺」者，必有其不可欺之心；此云「無惡於志」者，必有其惡疚之志。如其未嘗一日用力於存養，則凡今之人，醉夢於利欲之中，直無所欺而反得慊，無所惡而反遂其志矣。故大學以正心次脩身，而誠意之學則爲正心者設。中庸以道不可離，蚤著君子之靜存爲須臾不離之功，而以愼獨爲加謹之事。此存養先而省察後，其序固不紊也。

大學云：「意誠而后心正。」要其學之所得，則當其靜存，事未兆而念未起，且有自見爲正而非必正者矣。動而之於意焉，所以誠乎善者不欺其心之正也，則靜者可以動而不爽其靜，夫乃以成其心之正矣。然非用意於獨之時一責乎意，而於其存養之無閒斷者爲遂疎焉。亦猶「家齊而后國治」，欲治其國之心始終以之，而治國之功大行於家齊之後，則君子之化爲尤遠也。知動之足以累靜，而本靜之所得以治動。乃動有息機，而靜無閒隙；動有靜，而靜無動；動不能該靜，而靜可以該動；則論其德之成也，必以靜之無閒爲純一之效。蓋省察不恆，而隨事報功；存養無期，而與身終始。故心正必在意誠之后，而不言之信、不動之敬，較無惡之志而益密也。此省察先而存養後，其序亦不紊也。

蓋於學言之，則必存養以先立乎其本，而省察因之以受。則首章之先言戒懼以及愼獨者，因道之本然以責成於學之詞也。卽大學「欲正其心」先於「欲誠其意」之旨。於德言之，則省察之無惡者，遏欲之功徵於動，而動固有閒；存養之恆敬恆信者，存理之功效於靜，而靜則無息。此章之繇「入德」而「內省不疚」，繇「無惡於志」而「不動而敬」、「不言而信」，因學之馴至以紀其德之詞也。卽大學「意誠而后心正」之旨。

功加謹者，用力之循常而益倍；德加密者，有得之繇勉以趨安。審乎此，則先後之序，各有攸當，不但如伯璿所云「無不可」，而實有其必不可逆者矣。

六

雙峯分「奏假無言」二段，各承上一節，其條理自清。史伯璿以章句所云「加密」及「愈深愈遠」之言證之，誠爲有據。

且動之所省者意也，意則必著乎事矣。意之發爲喜也，勸民者也；發爲怒也，威民者也。民之於君子也，不能喻其靜存之德，而感通於動發之幾。喜怒不爽於節以慊其所正之志，則早已昭著其好惡之公，而可相信以濫賞淫刑之不作，其勸其威，民之變焉必也。

若敬信之存於心也，未有喜也，未有怒也，欲未見端而理未著於事也，不顯者也，民之所不能與知也。唯百辟之於君子也，受侯度而觀德者也，固不但感於其喜怒之不忒而以爲勸威矣。進前而窺其德容之盛，求之於素而有以知其聖功之密，則相觀以化，而奉若以正其家邦者，無不正矣。

故「奏假無言」者，省察之極功，而動誠之至也；「不顯惟德」者，存養之極功，而靜正之至也。然則所云「上天之載，無聲無臭」者，一言其「不動而敬，不言而信」之德而已矣。

天不可謂之敬，而其无妄不貳者敬之屬。天不可謂之信，而其无妄不爽者信之屬。而天之不言不動，乃至聲臭之俱泯，其固然已；而抑於聲臭俱泯之中，自有其无妄者以爲之載，是以於穆而不已。則以配君子之德，密存而不顯於言動未形之中，乃至思勉之俱化；而抑於言動不形之地，自有其篤厚之恭，以存其誠，是以敦化而不息。乃要其存誠不息而與天同載如字，事也。者，則於喜、怒、哀、樂之未發，致中者是也；自戒慎恐懼而約之，以至於至靜之中無所偏倚，其守不失者是也。而爲顯其實，則亦敬信而已矣。

乃此專紀靜存之德而不復及動察者，則以慎獨之事，功在遏欲，故唯脩德之始，於存理之中，尤加省察；及乎意無不誠而私欲不行矣，則發皆中節，一率其性之大中，以達爲和而節無不中。則所謂義精仁熟，不待勇而自裕如者，又何動靜之殊功哉？

約而言之，德至於敬信，德至於「不動而敬，不言而信」，則誠無息矣，人合天矣，命以此至、性以此盡、道以此脩、教以此明而行矣。故程子統之以敬，而先儒謂主敬爲存誠之本。在動曰「敬」，在言曰「信」，一也。則此章於誠之上更顯一「篤恭」，以爲徹上徹下居德之本。若游氏「離人立獨」之云，蓋敬之賊也，誠之蠹也，久矣其索隱而亡實矣！

七

誠者所以行德，敬者所以居德。無聲無臭，居德之地也；不舍斯謂敬矣。化之所敦，行德之主也；无妄之謂誠矣。盡己以實則无妄。无妄者，行焉而見其无妄也。無聲無臭，無有妄之可名也。無有妄，則亦無无妄。故誠，天行也，天道也；敬，天載也，天德也。君子以誠行知、仁、勇，而以敬居誠，聖功極矣。中庸至末章而始言「篤恭」，甚矣其重言之也！

讀四書大全說卷四　論語

學而篇

一

讀論語須是別一法在，與學、庸、孟子不同。論語是聖人徹上徹下語，須于此看得下學、上達同中之別，別中之同。

如「學而時習之」一章，聖人分中亦有此三種：「時習」則自「說」，「朋來」則自「樂」，「不慍」則固已「君子」。初學分中亦有此三種：但「時習」卽「說」，但「朋來」卽「樂」，但「不慍」則已爲「君子」。

又「時習」、「朋來」而「不慍」，斯「說」、「樂」而「君子」，則學者內以安其心，外以成其身，渾然具足而無所歉。抑「時習」而已「說」，「朋來」而已「樂」，「不慍」而已「君子」，則學者可無求「說」、「樂」於外物，而他有待以成其德。

且學者之於學，將以求「說」、「樂」也，將以爲「君子」也。乃必於此而得之，則亦當自勉於「習」，廣益於「朋」，而無以「知」「不知」動其心，固可以開初學入德之門。乃言乎「說」而天理之來復者盡矣，言乎「樂」而天理之流行者著矣，言乎「君子」而天德之攸凝者至矣，則亦可以統作聖之功。

果其爲「學」，則「習」自不容中止，「朋」自來，「不知」自「不慍」，德卽成於不已。然「學」而不「習」，「習」而不「時」，「時習」而不能推以及人，得「朋」爲「樂」，而「不知」則有所「慍」，亦學者之通病。故必「時習」而抑有以得夫「朋來」之「樂」，「樂」在「朋來」而抑不以「不知」爲「慍」，乃以有其「說」、「樂」，而德以成，則「說」、「樂」、「君子」所以著「時習」、「朋來」、「不慍」之效。然非其能「說」、能「樂」、能爲「君子」，要不足以言「學」，則亦以紀學者必至之功。

夫子只就其所得者，約略著此數語，而加之以詠歎，使學者一日用力於學，早已有逢原之妙，終身率循於學，而不能盡所得之深。此聖人之言，所爲與天同覆，與地同載，上下一致，始終合轍；非若異端之有權有實，懸羊頭賣狗腿也。集註兼采衆說，不倚一端，可謂備矣。然亦止於此而已矣。他如雙峰所云「說」之深而後能「樂」，「樂」之深而後能「不慍」，則「時習」之「說」，與「朋來」之「樂」，一似分所得之淺深；而外重於中，以「朋來」之「樂」遺「不知」之「慍」，尤爲流俗之恆情，而非聖人之心德。

又小註爲此三段立始、中、終三時，尤爲戲論。「朋來」之後，豈遂無事於「時習」？安見

「人不知」者，非以「朋」之未「來」言耶？至於專挈「時習」爲主，如雲峰之說，則直不知樂行憂違，成物以成己，安土而樂天，爲聖賢爲己之實功，而但以學、問、思、辨槩聖學而小之，則甚矣其陋也！

論語一部，其本義之無窮者，固然其不可損，而聖意之所不然，則又不可附益。遠異端之竊似，去俗情之億中，庶幾得之。

二

本文一「學」字，是兼所學之事與爲學之功言，包括原盡，徹乎「時習」而皆以云「學」。若集註所云「旣學而又時時習之」一「學」字，則但以其初從事於學者而言耳。「旣」字、「又」字，皆以貼本文「時」字，故集註爲無病。小註所載朱子語，則似學自爲一事，習自爲一事，便成差錯。胡氏之說，自剔得集註分明。集註云「必效先覺之所爲，乃可以明善而復其初」，此豈暫一嘗試於學之謂乎？「時習」兼「溫故知新」在內，非但溫理其舊聞而已。

學有對問、對思、對修而言者，講習討論是也。此「學」字與「大學之道」「學」字同，該括廣大，故上蔡以「坐如尸、立如齊」言之。昨日之坐尸、立齊者，自昨日事；今日之坐立，又今日事。事無窮，道自無窮。豈今日之坐立，以溫理昨日之如尸、如齊者乎？

馮厚齋專就講習討論上說，只作今經生家溫書解。此俗學、聖學大別白處，不容草次。

知集註「旣學」之「學」，非實詮本文「學」字，則此疑冰釋矣。

三

前後統言孝弟，而朱子以前所言孝弟爲「資質好底人」，則又分上一層說得容易，下一層說得鄭重。是以金仁山有「前以質言，後以學言」之說。乃集註直云「上文所謂孝弟」，則又似乎無分。是以陳新安有「善事之中有無限難能」之說。

以實求之，則朱子謂上言資質者本無病，而仁山所云下以學言，則不成語也。此處亦易分曉。世豈有孝弟而可謂之學耶？學也者，後覺效先覺之所爲。孝弟卻用此依樣葫蘆不得。雖所爲盡道以事親者，未嘗無學，而但以輔其盡性之功，則輔而非主。爲孝子、悌弟者，止勉求遠乎不孝、不弟，而非容有效孝、效弟之心。效則不名爲孝弟矣。以孝弟爲學，故姚江得譏有子爲支離。而有子豈支離者哉？集註言「爲仁猶言行仁」，只在用上說，故小註有水流三坎之喻，言其推行有漸，而非學孝、學弟以爲學仁民、學愛物之本。故註又云「學者務此」，但如本文言務而不言學。「學」字與「務」字，義本不同。學者，收天下之理以益其心；務者，行己之德以施於天下。知此，則知爲仁也，不犯也，不亂也，皆以見於天下之作用言而一揆也。

大抵有子此章，言德而不言學，故程子曰「孝弟，順德也」。不犯、不亂，德之淺者也。爲仁，德之大者也。孝弟，德之本也。要以言德而非言學也。

乃孝弟而不犯、不亂，極乎下以淺言之，而深者亦在其中。不特善事之難能，而推夫不犯不亂之至，則文王之服事小心，周公之「赤舄几几」，亦但以免夫犯亂。特就其淺者言之，則鄉黨自好者之守法安分，亦得與焉。此極乎下以通上也。

孝弟爲爲仁之本，極乎上而大言之，而小者亦在其中。不特孝弟之無異文，而卽夫人之恩施姻亞、睦輯鄉黨而仁及人，不殺一啓蟄、不折一方長而仁及物，亦莫非仁道之生。特就其大者言之，則君子之以弘夫愛之理，而全夫心之德，亦此道焉。此極乎上以通下也。

要則孝弟皆以盡性言，而淺者則因其性之所近而得合，深者則有以盡夫性而無所缺耳。在夫人，固因其質之美，而實不無專心竭力之功。在君子，甚有至德弘道之功，而要不可謂之學。故支離之病，仁山實啓之，非有子之過也。

四

「鮮矣」與「未之有也」，文勢低昂，以分輕重耳，正不當於此細碎分裂。潛室之說，殊增葛藤。

或人「若說鮮矣，則未以爲絕無」一問，極不惺忪。總緣他泥著下章註「專言鮮」一「專」字。且如「知德者鮮矣」，千里一聖，猶比肩也，使當世而有一二知德者焉，詎致勞聖人之歟？

潛室不與直截決去其疑，乃爲「縱是有之」之說，則愈入棘叢。且卽使謂鮮非絕無，亦以人而言。猶云天下之能孝能弟者而好犯上，千百人之中不過一二人而已。豈謂此一人者少作犯上之事哉？犯上之事，止一已足。況本文不但云「犯上」，而必云「好」。好則不厭頻爲，偶一過誤爲之，不可謂好。中心之好惡，寧可較量多少？

下章「鮮矣仁」語，意亦如此。言凡天下之巧言令色者，鮮矣其能仁也。方於「矣」字文理無礙。知此，則知程子「非仁」之說，甚合本旨。不然，夫人心德之仁，必無不仁而後可爲仁，故子曰「道二，仁與不仁而已矣」，豈可以多少論哉？

五

集註「必其務學之至」六字，是朱子活看末二語處，極駭俗目。玩小註所引朱子之言，則似朱子初年亦將「未學」當眞煞說。逮其論定而筆於集註，添一「或」字，與「吾」字作對，意謂：人或疑其未學，而我則信其已學；使未學也，則亦安能爾哉？所以兼采游、吳二說以存疑。而所云「苟非生質之美」者，則除下聖人生知、安行一例以爲言，亦理有固然，而非故作兩頭馬之詞也。

蓋本文之旨，原以考學之成，而非泛論人品。使其抑學揚行，則當云雖其未學，亦與學者均矣。子夏到底重學，以破一切高遠之說，謂此親賢盡倫之事，人有妄謂其無假於學者，而我必謂非務學之至者不足與此。則天下豈有不學而能之聖賢哉？

上四段原是據現成人品說，非就用力敦行者說。則亦憑空立此一規格，以驗學之所至耳。「吾必謂之學矣」六字，是聖學、異端一大界限，破盡「直指人心，見性成佛」一流邪說。於此見子夏篤信聖人處。知此而後知集註之精。

六

雙峯云「有子論仁論禮，只說得下面一截」。東陽云「有子是說用禮」。只此二語，見得此章在集註自從本源上別起一番議論，非正釋也。

所以然者，以有子說「禮之用，和爲貴」，言「爲貴」，則非以其體言，而亦不卽以用言也。「用」只當「行」字說，故可云「貴」。若「和」竟是用，則不須揀出說「貴」矣。「用」者，用之於天下也。故曰「先王之道」，曰「小大繇之」，全在以禮施之於人而人用之上立論。此「用」字不與「體」字對。「貴」者，卽所謂道之美而大小之所共繇也。「和」者，以和順於人心之謂也。用之中有和，而和非用禮者也。有子蓋曰：禮之行於天下而使人繇之以應夫事者，唯和順於夫人之心而無所矯强之爲貴；唯其然，斯先王之以禮爲小大共繇之道者，以純粹而無滯也。

集註以從容不迫釋「和」之義，則是謂人之用禮，必須自然嫺適而後爲貴。使然，將困勉以下者終無當於禮，而天下之不能繇禮者多。且先王之道，亦但著爲禮而已，未嘗有所謂和也。從容不迫者，行禮者之自爲之也。必從容不迫而後可爲貴，則先王之道非美，待人之和而後美矣。

且所云「和」者，有以德言，則中庸發皆中節之和是也。此則爲禮之本，而非禮之用。繇其有和，可使喜、怒、哀、樂之中節，則禮於是起焉。和，性情之德也。禮，天下之達道也。唯和乃中節而禮以達，斯和體而禮用，不得云「禮之用，和爲貴」矣。

若云繇吾性之德有禮，仁義禮智，性之四德。而情之德乃有和，則中庸之所謂和者，又情之根夫仁義禮智具足之性以生，而不專倚於禮。且在性之所謂仁義禮智者，有其本而已，繼乎天之元亨利貞而得名者也，在率性之前而不在修道之後。今曰「先王之道，斯爲美，小大繇之」，則固指教而言矣。

夫性情之德，則盡人有之。而君子致之者，其功在省察、存養，而乃以經緯乎天地。是所貴在戒懼愼獨而不在和，又何以云「禮之用，和爲貴」哉？

況乎中庸之言「和」者，又非從容不迫之謂，乃情之不戾於節者也。故彼之言「和」，乃以贊夫人情中固有之德，而亦以贊君子省察極致、動必中禮之德，故曰「謂之」，而非有所致力之詞，以與「敬」相爲對者也。未發謂中，已發謂和。可云敬以致中者，以靜存之功，主敬爲本；則亦當云誠以致和，以動察之功，存誠爲要。今此以敬、和相對而言，其可云喜怒哀樂之未發謂之敬乎？

禮之爲節，具足於喜怒哀樂之未發；而發皆中節，則情以率夫性者也。敬者人事也，和者天德也。繇人事以達天德，則敬以爲禮之本，而因以得和。和者德之情也，樂者情之用也。推德以起用，則和以爲樂之所自生，而樂以起。此禮樂相因一致之理有然者，故程、范得並言樂而不悖。而有子則固曰：禮原中天下之節，有節則必有和，節者皆以和也；是以禮之用於天下者，使人繇之而人皆安之，非其情之所不堪，亦非其力之所待勉，斯以爲貴。故制禮者當知此意，勿過爲嚴束以强天下，而言禮者不得視禮爲嚴束天下之具而賤之。勿過爲嚴束以强天下，先王之道所以無弊，而無小大之可或踰。不得視爲嚴束天下之具而賤之，則以先王之道既盡其美，而小大皆不能踰。原非可云「前識之華」、「忠信之薄」也。

乃非以爲嚴束，而要以和順夫人心，亦必不廢禮之節而後得和，此文質同體之固然者。如有見夫節者之不過以和順夫心，因以謂節以效和，而所貴非節，則將有如老聃之知禮而反賤禮者。要之，舍禮亦終不能和，而又何以行哉？故東陽以前節爲正意，後節爲防弊之言，深得有子之旨；非前節重和，後節重節，爲兩相回互之語也。

有子大旨，只是重禮。前三句謂能知禮意，則洵爲貴美而不可廢。後四句則以爲能達禮意，而或廢禮者之防。若夫不知禮之用而可貴者，唯以和故，乃貿貿然以禮爲程限，而深其畏葸，以自役而役人，則必將見禮之不足貴，而與於無禮之甚者矣。知其用於天下之本旨，則禮未嘗不可損益，以卽乎人心；而知人心必於禮得和，而舍禮無和，則雖有可損益，而必不可過乎其節。此斟酌百王、節文自性者所必謹也。

大抵有子在制作上立言，故曰「用」，曰「繇」，曰「行」。是故雙峰以爲在下面一截說，與前論仁而言行仁一例，而君子之靜存動察以立大本而行達道者，固未及也。王陽明疑有子之支離以此，而有子之切事理以立言，終異於姚江之淪於禪者，亦正在此。固不必更就上面一截起論，爲頭上安頭之說矣。

且使從本而言之，則禮固以敬爲本，而非以和。若曰「敬之碎底是和」，則和者敬之分體也。此不成義。知敬之分而用之，其於禮必加詳，何爲不以禮節而不可行哉？且抑與從容不迫之釋，自相背戾矣。

要以中庸之所謂和，乃本然德體之天則，此之謂和，乃妙用推行之善道，固不可强合爲一。況卽集註所云從容不迫者，自非可有意以之爲貴而用之。使功未至而機未熟，則有意貴和者，正墮「知和而和」之病。如其必自然得和而後可爲貴，則於和之上，又加一自然，而豈不贅歟？矧自然從容不迫者，乃動容周旋中禮，盛德已至之聖符，非可與天下共率繇之，更不必言「爲貴」、「爲美」，而抑以不節爲慮。有子本以言王道，而不以言天德。徒爲深入之言，則所在皆成齟齬，此不能强徇集註而廢饒、許也。

七

朱子又曰「敬爲體，和爲用」，須是撇開有子另說方可。朱子自說學，有子自是說道。先王之道，賢者俯就，不肖企及，豈可以君子之爲學律之？他言王道者，可與天德合轍，而此必不可。如朱子之意，蓋謂未發而主敬，必發而從容不迫，乃爲可貴；未發能合，已發能分，乃散應事物而無不宜。以此言之，烏可不知和，烏可不「知和而和」哉？

且中庸章句、語錄，括已發未發而一之於敬。愚謂未發功在敬，不顯之篤恭是也；發則功在誠，大學之愼獨以誠意，中庸之「行之者一」是也。致中者敬之至，致和者誠之功。存養、省察，爲學之體；敬以具節而禮明，和以達節而樂備，爲學之用。故程、范之說，小異於有子而可相通，而小註朱子所云，則皆成矛盾。

唯「嚴而泰、和而節」以下一段，集註明切可觀。其曰「禮之全體也」，可見章首一「禮」字，原以體言，而本文「用」字，非與體爲對待之詞，則從容不迫之義，固不得立矣。「毫釐有差，失其中正」，恰在制作上說，而非生疎拘迫、不能從容之謂差也。拘迫不從容，正是掙扎得不差處。唯制作不和順於心，而苦人以所難，方成差謬。

朱子此註，與前註早已不同。實則此爲諦當，不必更說向深妙處去。雲峰乃爲割裂而曲徇之，過矣。雲峰之篤信，乃以成朱子之失；饒、許之分別，乃以通朱子之窮。故有功先儒者，不在阿也。

爲政篇

一

北辰之說，唯程氏復心之言爲精當。朱子輪藏心、射䴖盤子之喻，俱不似，其云「極似一物橫亙於中」，尤爲疎矣。

使天之有樞，如車之有軸，轂動而軸不動，則自南極至北極，中間有一貫串不動的物事在。其爲物也，氣耶？抑形耶？氣，則安能積而不散，凝而不流？若夫形，則天地之閒未有此一物審矣。且形，固能運形而不能運氣者也。天樞之於天，原無異體。天之運行，一氣俱轉，初不與樞相脫，既與同體，動則俱動。特二十八宿、三垣在廣處動，北辰在微處動，其動不可見耳。今將一圓盤，點墨記於中心，旋盤使轉。盤既動，則其墨記之在中心者，亦東西南北易位矣。特墨記圓纖，不可得而辨也。

夫子將此擬「爲政以德」者之治象，取類不虛。「爲政以德」而云不動，云無爲，言其不恃賞勸刑威而民自正也。蓋以施於民者言，而非以君德言也。若夫德之非無爲，則與北辰之非不動均也。不顯、篤恭之德，原靜存、動察之極功。而況「德之爲言得」者，卽「政之爲言正」之意，故言「爲」言「以」。如欲正人以孝，則君必行孝道而有得於心；欲正人以慈，則君必行慈道而有得於心。其以此爲政也，動之於微而未嘗有及於民之事，而理之相共爲經綸、氣之相與爲鼓盪者，以居高主倡，自有以移風易俗而天下動矣。

故其不急於動民者，「北辰居其所」之象也；天下共效其動者，「衆星共」之象也。「居其所」云者，猶言自做自事，無牽帶衆星之事也。北辰卽不爲衆星須動之故，而彼亦自不容不運之於微。人君卽不爲人有不正而須正之故，亦自不容不內脩其德。各脩其所當爲，而星之環繞以動者，自與北辰俱轉；民之自新不已者，自與人君同正。只此乃德之用微，而其化顯。若以軸喩，則脫然兩物，故爲不動以持轂而迫之轉；則是有意不動，以役使羣動。此老氏所謂「王侯得一以爲天下貞」，陽爲靜而陰挾之以動，守乎雌以奔走天下之雄。其流爲申、韓者，正此道也。此則以無爲爲德，因正於天下而已無所正，豈以己之正正人之不正之謂乎？是故「居其所」者，非北辰之德也，北辰之勢也。

陳氏云「譬爲政以德之君」，其說自確，以不云「譬爲政所以之德」也。程子曰「爲政以德，然後無爲」，朱子曰「則無爲而天下歸之」，無爲者，治象也，非德體也。動於微而不動於顯，德微，政顯。動於獨而不動於衆。北辰之與君德合者，愼動以不息而已矣。

極論此章，亦不過大學「以脩身爲本」之意，孟子至誠動物之旨，而特推上下理氣感通之機，以顯其象於天，見爲理之不可易者而已。若更於德之上加一「無爲」以爲化本，則已淫入於老氏「無爲自正」之旨。抑於北辰立一不動之義，既於天象不合，且陷入於老氏「輕爲重君，靜爲躁根」之說。毫釐千里，其可謬與？

二

以「志學」爲知，「立」爲行；「不惑」、「知命」、「耳順」爲知，「從欲不踰矩」爲行；此乃强將自己立下的柱子栽入聖言內，如炙鐵相似，亦能令其微熱而津出，究於彼無涉也。

「十五而志於學」是何等志，何等學，乃但以屬知！豈但講習討論，儲以待三十而行之，如蘇秦之習爲揣摩，須羽毛豐滿以高飛乎？「三十而立」又是何等爲立！到者地位，所知所行，皆已臻至處，又豈只守著前所知者，埋頭行去耶？

只此十五年，是夫子一大段聖功在。「志於學」者，博文、約禮之謂也。聖人於此，不容與學者有異。故其敎人，亦以此二者，而曰「可以弗畔」。弗畔，則幾於立矣。博合于約，而文皆其心得；約合于博，而禮顯於文章：行既定而知益審矣。

東陽所謂「知行並進」者，則亦以此二位而言爾。若過此以往，固不可分知與行，且不可云「知行並進」。聖人之爲功者，固非人所易知矣。

蓋云知行者，致知、力行之謂也。唯其爲致知、力行，故功可得而分。功可得而分，則可立先後之序。可立先後之序，而先後又互相爲成，則繇知而知所行，繇行而行則知之，亦可云並進而有功。

乃聖人既立之後：其知也，非待於致也，豁然貫通之餘，全體明而大用行也；其行也，非待於力也，其所立者條理不爽，而循繇之則因乎事物之至也。故既立之後，「誠則明矣」。明誠合一，則其知焉者卽行矣，行焉者咸知矣。顏子之「欲從末繇」者在此，而豈可以「知行並進」言哉？

乃至於此，其所行者，大端亦不離於「三十而立」之所行。知至而幾，知終而存義，其行也有精微而無改徙，是以唯就明言之，而不復就誠言之。然「不惑」則純乎理而無閒，「知天命」則理無不窮而性無不盡，「耳順」則聞言無違逆，而於土皆安，「從欲不踰矩」則於我皆眞而知化不貳。故「不惑」、「耳順」，皆順乎彼之詞，而「知命」、「從欲」，皆達乎此之意。要以所行者聽乎知，而其知也愈廣大愈精微，則行之合轍者，愈高明愈博厚矣。

故以跡言之，則至於「不惑」以上，而知之事爲多。以實求之，則「立」者誠之復，而「不惑」以上，誠之通也。復已極乎知行之至，而通唯窮神知化以爲德之盛，非待有所加於行，以至乎昔之所不能至者。

若夫「從心所欲，不踰矩」，固未嘗不於德業有可徵者。要亦「耳順」以還，明誠合而無閒，明者一誠，更不可云誠中所生之明矣。

集註分「耳順」爲「不思而中」，「從欲不踰」爲「不勉而得」，亦跡似而無實。不思而中，斯不勉而得，是皆「耳順」之境也。豈不思而中之時，尚有難得之慮哉？故唯胡氏「心卽體、欲卽用」之說爲當。「卽」字速妙。而心之與欲，亦無分界，則體用合，誠明一，如天之非自明而誠矣。

要以「志學」與「立」，聖學固有事於心，而皆著於事；「不惑」以後，雖不離事以爲道，而凝德唯心；斯可名爲聖德之進，而不可名爲學矣。在學則知行分，在德則誠明合。朱子曰「聖人自有聖人底事」，不可以初學之級求，明矣。

三

「耳順」自就聽言上說。集註一「聲」字，但因「耳」字上生出，在言者謂之言，聞者謂之聲也。除却言語，耳更何順？

樂固聲也，而彼自有專家之學。聖人亦不過與摯、襄同能，而無與於進德。乃近見有人說，凡松聲、水響，鶯囀、蛩吟，皆無所違逆。此是聖學、異端一大分界處。彼所云者，不過釋氏「木樨無隱」之唾餘耳。

然卽就聽言說，又不可似陳氏取「聞滄浪之歌」以作證。陳氏語有兩種病。以深言之，隨觸卽悟，則亦釋氏聽人唱「他若無情我也休」而悟道之旨。以淺言之，感物警心，則人之苟有學思之功者，亦卽能然。如韓嬰說詩，往往觸類旁通。至於游、夏之徒，則固久矣優爲之矣。

總此一段聖功，極難下思索，作的實解。憑虛言之，則只是釋家妙悟。徵事言之，又不過小小靈警的聰明。慶源「是非判然」四字，差爲有據。而判然者，亦不足以爲順，且當其「不惑」而早已判然矣。

愚按孟子曰「耳目之官不思而蔽於物」，從大而小不能奪者爲大人。聖人則大而化之矣，卻將這不思而蔽於物之官，踐其本順乎天則者以受天下之言，而不恃心以防其奪，則不思之官，齊思官之用。唯其思者心亦臻於不思，不思而中。故不思之用齊乎思也。

集註云：「聲入心通，無所違逆。」夫所謂無違逆者，以爲無逆於聲，是「木樨無隱」之說也；以爲無逆於耳，是「聞滄浪之歌」之說也。朱子之意，亦謂無逆於心耳。耳之受聲不逆於心，則言之至於耳也，或是或非，吾心之明，皆不患其陵奪；耳之受夫聲者，因可因否，皆不假心之明而自不昧。進德至此，而耳之形已踐矣。耳，形色也；形色，一天性也；固原以順而不以逆於大體也。於形得性，無小不大，斯以爲聖人與！

然耳目者，固順而無逆者也，非有蔽，而蔽之者欲也。踐耳之形，盡耳之性，而聞皆順心，能用受蔽之官，而未能用夫蔽耳目之欲也。「從心所欲，不踰矩」，則蔽耳目者亦從之而即於順矣。耳雖在我，而順者天下之言；欲麗於物，而發之自己。故愚以「耳順」爲於土皆安，「從欲不踰」爲於我皆眞也。嗚呼！難言之矣。

四

「違」字原有兩義。有知其然而故相違背，如「違道以干百姓之譽」是也。有相去而未逮，如「忠恕違道不遠」是也。乃此兩義，要亦相通。如此所言生事、死葬而祭不以禮者謂之違；其於品物器飾，鋪排得輝煌，便將者個喚作禮、喚作孝，只此一念，早是苟且，而事之愛、葬之哀、祭之敬，爲人子所自致者，以有所藉以自解而其不盡者多矣。且僭禮之心，豈果以尊親故與？無亦曰，爲我之親者必如是其隆，而後張己之無不可得於魯也。則是假親以鳴其豫，而所當效於親者，其可致而不致者從可知矣。

聖人之言，一眼透過，知其故相背者之非能有過而唯不逮，故大端說個禮。無違者求之心，禮者求之於事，此亦內外交相省察之意。蓋自孝子而言，則所當致於親者，無違中之條理品節，精義入神，晨乾夕惕以赴之，盡心竭力以幾之，沒身而固不逮，豈有餘力以溢出於非禮之奢僭，是以無違而中禮也。自求爲孝子者而言，雖盡心竭力以求無違，而未知所見爲無違者，果能無違否也。故授之禮以爲之則，質準其文，文生於質，畫然昭著，而知自庶人以達於天子，皆有隨分得爲之事，可以不背於理，而無所不逮於事親之心，是以禮而得無違也。因無違而自中禮者，聖人之孝，繇內達外，誠而明者也。必以禮而得無違者，以外治內，明而誠者，則無違其綱而禮其目也。

懿子無請事之心，不能自求下手之著，故夫子於樊遲發之。如懿子者，豈能不立禮爲標準而得無違者哉？孝爲百行之源，孝道盡則人事咸順。故曰「中於事君，終於立身」，亦曰「資以事君而敬同」。使懿子於孝而無不逮，則僭不期去而自去。

聖人之言廣矣，大矣。若其所問者孝也，乃借孝以爲立言之端而責其僭，是孝爲末而不僭爲本，既已拂乎天理之序；且人幸有返本親始之一念以請教，乃摘其惡於他以窮之，而又爲隱語以誹之，是豈聖人之言哉？

朱子雙立苟且與僭二義，東陽發明「不及之意，亦在其中」，確爲大全。若集註云「三家僭禮，以是警之」，是未免以私意窺聖人。且此三言者，曾子嘗述之，而孟子稱之矣，其又何所警哉？

胡氏云「心無窮而分有限」，說尤疏妄。分固有限，初不可以限孝子之心。故曰「孝子之至，莫大乎尊親；尊親之至，莫大乎以天下養」。至如歌雍舞佾，私欲之無窮耳，自尊以蔑上而辱親之邪心無窮耳，豈欲孝其親之心無窮哉？

五

中庸言學，則是方有事之詞，故「溫故」之中，卽有引伸精義之意，而知其故中之新，亦在「溫故」項下說；若「知新」，則更端以求知昔所未知也。論語說教學，未到大綱成就處，尚有所全未及知而須知者，其不可爲師也，固然不待論；所以故之外無新，而「知新」者卽知故中之新也。此學以言未至，而師言已至之別也。

乃君子脩德凝道之事，直是廣大精微，則其日新者亦無窮。故無有盡天下之理皆已爲故之一日，而已精已密，尚有其新。若此云「可以爲師」，則亦專言講習討論之事。雖徹上言之，極乎聖人之教；乃徹下言之，則古人自二十博學不教之後，便有爲人師之道。脩一業、通一藝者，皆可以教，則其爲見聞，固可有程限，但於故中得新焉，卽可以爲師矣。爲師非脩德凝道之了境，故說命曰「斅學半」。夫子進德，七十未已，而四十時弟子已日進矣。爲師非了境，則守故得新，隨分可以誨人，特不容以記問之學當之而已。此朱子所以有與中庸不同之辨也。

若朱公遷以中庸「故」字爲「存乎已」，此爲「聞於人」，則謬。存於己者，旣非空空地有不立文字、不墮見聞之德性；聞於人者，非用其德性不昧之明以存持之，是亦記問之學而已。故集註云「所學在我」，亦爲溫故而言也。

記問之學，只爲他初頭便錯了。非得於己，不可名爲故。不可名爲故，則漠然無餘味，不欲溫之，而亦何用溫之耶？註云「無得於心」，業無得矣，而尙可謂之故哉？如人之有故舊，必其與我素相親暱無閒者。因人相與，僅識姓名，其可謂之故舊否耶？

六

夫子尋常只說君子，不言聖人，爲他已到者地位，不容推高立名，只君子便是至極處。小註「夷淸、惠和，亦只做得一件事」。觀伯夷待天下之淸，柳下惠不易三公之介，豈無全副本領？特所以行其大用者有未妙耳。夷、惠且未能不器，則不器者豈非聖人哉？足知朱子所云「君子體不如聖人之大，用不如聖人之妙」，乃爲他處以君子、聖人並論者言，而輯大全者誤繫於此。

其曰「通上下而言」，則所謂上者固聖人矣；所謂下者，則謂凡學爲君子者，便須立志於高明廣大之域，以體此無方無體之道，則其爲學之始，規模已自不同，而不區區向一事求精，一行求至也。下學者下也，上達者上也。下學敦其體，上達顯其用，效異而量同也。

七

論語一書，先儒每有藥病之說，愚盡謂不然。聖人之語，自如元氣流行，人得之以爲人，物得之以爲物，性命各正，而栽者自培，傾者自覆。如必區區畫其病而施之藥，有所攻，必有所損矣。釋氏唯欲爲醫王，故藥人之貪，則欲令其割血肉以施；藥人之淫，則絕父子之倫。蓋凡藥必有毒，卽以人蔘、甘艸之和平，而蔘能殺肺熱者，甘艸爲中滿人所忌，況其他乎？

且病之著者，如子張學干祿，子貢方人，夫子固急欲療之矣，乃曰「祿在其中」，曰「賜也賢乎哉」，亦終不謂祿之汚人，而人之不可方也。言祿汚人，則廢君臣之義；言人不可方，則是非之性拂矣。

又如子路曰「何必讀書，然後爲學」，病愈深矣。夫子亦但斥其佞，使自知病而已矣。如欲藥之，則必將曰必讀書而後爲學，是限古今之聖學於記誦詞章之中，病者病而藥者愈病矣。是知夫子卽遇涸寒烈熱之疾，終不以附子、大黃嘗試而著爲局方；又況本未有病者，億其或病而妄投之藥哉？

子貢問君子，自是問求爲君子者親切用力之功，記者檃括其問語如此。因問而答之曰，「先行其言而後從之」，夫子生平作聖之功，喫緊處無如此言之切。亦以子貢穎悟過人，從學已深，所言所行，於君子之道皆已具得，特示以入手工夫，使判然於從事之際耳。至於所言者皆其已行而行無不至，所行者著之爲言而言皆有徵，則德盛業降，道率而教脩，此唯夫子足以當之。而心法之精微，直以一語括聖功之始末，斯言也，固統天、資始之文章也，而僅以藥子貢之病耶？

范氏曰「子貢非言之艱而行之艱」，其語猶自活在。然「非言之艱而行之艱」，不獨子貢也。且云「先行其言」，則「其言」云者，未嘗言之，特知其理而可以言耳。此固說命所謂「非知之艱，行之惟艱」之旨，古帝王聖賢之所同病，亦人道自然有餘不足之數也。即非子貢，其有易於行而難於言，行非艱而知惟艱者哉？易於行者，其行非行。則范氏固已指夫人之通病以爲子貢病。

至於小註所載朱子語，有「子貢多言」之說，則其誣尤甚。子貢之多言，後之人亦何從而知之？將無以其居言語之科耶？夫子貢之以言語著者，以其善爲辭命也。春秋之時，會盟征伐交錯，而唯辭命是賴。官行人而銜使命，乃其職分之所當脩。國語所載定魯、破齊、伯越、亡吳之事，既不足信。即使有之，亦脩辭不誠、以智損德之咎，而非未行而遽言之爲病。如以此爲病在不先行其言，豈子貢之拒百牢、辭尋盟者，爲其所不能行，而徒騰口說乎？

夫此所謂言，非善說辭命之言，而善言德行之言也。善言德行者顏、閔也，非子貢也。且亦非徒口說之爲言也，著書、立說，答問、講論，皆言也。要以言所行而非應對之文也。聖門如曾子、有子、子游、子夏，皆有論著，而子貢獨無。其言聖道也，曰「夫子之言性與天道，不可得而聞」，蓋兢兢乎愼重於所見，而不敢輕置一詞矣。則寡言者，莫子貢若，而何以云多言耶？子貢既已無病，夫子端非用藥，而先行後言，自是徹上徹下、入德作聖之極功，徹始徹終、立教脩道之大業，豈僅以療一人之病哉？

因此推之，語子路以知，自致知之實學，而謂「子路强不知以爲知」，亦懸坐無據。而陳新安以仕輒而死爲徵，乃不知子路之死輒，自始事不謹之害，而非有自欺之蔽。如謂不知仕輒之不義，不當固執以至於捐軀，抑將如趙盾之拒雍，祭仲之逐突，食言背主，而可謂之「不知爲不知」耶？

要此爲致知言，而不爲行言；故可曰隨所至之量，以自信而不强。如以行言，其可曰能行則行之，不能行則不行也哉？故言知則但可曰「困而知之」，不可曰勉强而知之，而行則曰「勉强而行之」。知、行之不同功久矣。子路勇於行，而非勇於知，有何病而又何藥也？

至於四子問孝，答敎雖殊，而理自一貫。總以孝無可質言之事，而相動者唯此心耳。故於武伯則指此心之相通者以動所性之愛；若云「無違」，云「敬」，云「色難」，則一而已矣。生事、死葬、祭而以禮，則亦非但「能養」；而奉饌服勞，正今之「能養」者也。內敬則外必和，心乎敬則行必以禮。致其色養，則不待取非禮之外物以爲孝；而無違於理者，唯無違其父子同氣、此心相與貫通之理。順乎生事之理，必敬於所養，而色自柔、聲自怡。順乎葬祭之理，必敬以愼終，敬以思成，而喪紀祭祀之容各效其正。明乎此，則同條共貫，殊塗同歸。奚必懸坐武伯之輕身召疾，而億揣子夏以北宮黝之色加於其親，誣以病而强之藥哉？

又其甚者，聖門後進諸賢，自曾子外，其沈潛篤實、切問近思者，莫如樊遲。迹其踐履，當在冉、閔之閒。夫子所樂與造就者，亦莫遲若。乃謂其粗鄙近利，則病本弓蛇，藥益胡越。文致古人之惡，而屈聖言以從己，非愚之所敢與聞也。

八

集註所引程子之言，博學、審問、篤行屬學，愼思、明辨屬思。明辨者，思其當然；愼思者，思其所以然。當然者，唯求其明；其非當然者，辨之卽無不明也。所以然者，卻無憑據在，故加之以愼。不然，則至謂天地不仁，四大皆妄，亦不能證其非是，如黑白之列於前也。思中有二段工夫，缺一不成。至於學之必兼篤行，則以效先覺之爲，乃學之本義；自非曰「博學」、曰「學文」，必以踐履爲主，不徒講習討論而可云學也。

九

記言「子張學干祿」，是當世實有一干祿之學，而子張習之矣。程子既有定心之說，及小註所引朱子之語，曰「意」，曰「心」，乃似子張所學者亦聖人之學，而特有歆羡祿位之心。使然，則子張亦只是恁地學將去，記者乃懸揣其心而以深文中之，曰其學也以干祿也；夫子亦逆億而責之，曰汝外脩天爵而實要人爵也。雲峰語。此酷吏莫須有之機械，豈君子之以處師友之閒乎？

春秋齊、鄭如紀，本欲襲紀，且不書曰「齊、鄭襲紀不克」，但因其已著之迹而書曰「如」，使讀者於言外得誅意之效，而不爲苛詞以摘發人之陰私。豈子張偶一動念於祿，而卽加以「學干祿」之名耶？

干祿之學，隨世而改，於後世爲徵辟、爲科舉。今不知春秋之時其所以取士者何法，然「敷奏以言，明試以功」，唐、虞已然，於周亦應未改。王制大司馬造士、進士之法，亦必有所論試矣。士而學此，亦不爲大害。故朱子之教人，亦謂不得不隨時以就科舉，特所爲科舉文字，當誠於立言，不爲曲學阿世而已。夫子之告子張，大意亦如此。蓋干祿之學，當亦不外言行；而或摭拾爲言，斂飭爲行，以合主者之好，則古今仕學之通病，於是俗學與聖學始同終異。其失在俗學之移人，而不在學之者之心。故夫子亦不斥其心之非，而但告以學之正：「寡尤」、「寡悔」。就言行而示以正學，使端其術而不爲俗學所亂，非使定其心而不爲利祿動也。

聖人之教，如天覆地載，無所偏倚，故雖云「不志於穀，不易得也」，而終不以辭祿爲正。學者之心，不可有欲祿之意，亦不可有賤天職、天祿之念。況如子張者，高明而無實，故終身不仕，而一傳之後，流爲莊周，安得以偶然涉獵於俗學，誣其心之不潔乎？

一〇

集註云：「凡云『在其中』者，皆不求而自至之辭」，此語亦未圓在。如云「餒在其中」，豈可云不求餒？天下無求餒者，則固不得云不求餒也。新安泥註而不達，乃云「直在其中，仁在其中，其訓皆同」。父子相隱，雖非以求直，而豈可云不求直如不求祿之比？祿自不可求，直其不可求乎？況「博學、篤志、切問、近思」，正求仁之先務哉？藉不求仁，則學、問、志、思以何爲？且仁而可以不求自至，是道弘人而非人弘道矣。知彼二者在中無不求之意，則此之不學干祿而祿自至，亦於言外見意，而不藉在中以顯不求之義。

在中者，猶言在裏許，相爲包函之詞。有以大包小言者，則此與「直在其中」一例。「寡尤、寡悔」，自君子大亨至正、脩己治人之道，於以得祿，亦其中功效之一端。「父爲子隱，子爲父隱」，自君子盡倫率性、貞常利變之道，而於以言直，亦其中無所矯拂之一德。此以大包小，而小在大中也。有以顯含藏者，則「仁在其中」是也。學、志、問、思，功之顯；仁，德之藏也。顯以顯仁，而藏固藏於用，則道問學而即以尊德性，致知而即以存心，即其博者而約不離博，即其著者而微不離著，故曰「仁在其中」。此以顯含藏者也。以顯含藏而曰「在其中」，則見其中已深，而更無內之可入。以大包小而曰「在其中」，則見其中已備，而更無外之可求。證父攘羊，索直於人心天理之外者也。干祿之學，求祿於博文約禮之外者也。闕、愼只是以禮約之。人心天理（之外）有沽直之行，而此中原自有直，何事蹈證父之惡？博文約禮之外有干祿之學，而此中原自有祿，則亦何事習干祿之俗學哉？要此以辨學術之邪正，而非以責其心之妄求。妄求之心，因富貴而起。干祿之學，沿流俗而成。子張終身不仕，非屑屑於富貴者。徒以才高意廣，欲兼人而盡知天下之學，以俯同流俗，如晚宋葉適、陳亮之所爲，初不可以有求祿之心責之。子張既無求祿之心，則夫子亦何必以不求自至歆動之耶？

二

古帝王治天下之大經大法，統謂之禮，故六官謂之周禮。三綱五常，是禮之本原。忠、質、文之異尚，即此三綱五常見諸行事者品節之詳略耳。所損所益，即損益此禮也。故本文以「所」字直頂上說。馬季長不識禮字，將打作兩橛，三綱五常之外，別有忠、質、文。然則三綱五常爲虛器而無所事，夏之忠、商之質、周之文，又不在者三綱五常上行其品節而別有施爲。只此便是漢儒不知道、大胡亂處。

夫三綱五常者，禮之體也；忠、質、文者，禮之用也。所損益者固在用，而用卽體之用，要不可分。況如先賞後罰，則損義之有餘，益仁之不足；先罰後賞，則損仁之有餘，益義之不足：是五常亦有損益也。商道親親，舍孫而立子，則損君臣之義，益父子之恩；周道尊尊，舍子而立孫，則損父子之恩，益君臣之義：是三綱亦有損益也，豈但品物文章之小者哉？至如以正朔三統爲損益，則尤其不學無識之大者。

夫三統者：天統以上古甲子歲，春前仲冬月，甲子朔夜半冬至爲曆元；地統以次古甲辰歲，地化自丑，畢于辰。春前季冬乙丑月，甲辰朔鷄鳴冬至爲曆元；人統以又次古甲申歲，人生於寅，成於申。孟春丙寅月，甲申朔平旦立春爲曆元。曆元者，日月合璧，五星連珠，七曜復合，一元之始也。繇此而步閏、步餘、步五星之法生焉。古之治曆，有此三法，其閒雖有小異，歸於大同。特人統寅正，以曆元近步法差易而密耳。三代以其受命之數相符合者，循環迭用，而於推步之法，未嘗有所損益也。推之者人，而曆元實因天體之自然。天其可以損益之也哉？

東陽不知此理，乃謂「改正朔，易服色，以新視聽」。使徒欲新視聽而已，則秦爲無道，實用天正曆，而特易建亥爲歲首以愚民，視聽亦新，而逆天背數。三代之王，豈亦等暴秦之爲哉？

又其舛者，謂夏承唐、虞用人統，則尤杜撰。不審胤征已有三正之文，堯固以甲辰爲曆元，用地正，舜紹堯未改，而禹改之也。故曰「行夏之時」，不曰行唐之時。要以曆不可聽人之損益，而損益者，人治之先後詳略也。故經禮、儀禮，治法畢具，而獨不及曆，曆非禮之所攝也明矣。

八佾篇

一

黃勉齋分爲二說以言本，極爲別白。所以謂奢(儉)〔易〕皆不中禮者，以「天下之大本」言也。其以儉戚爲本者，「初爲本、終爲末」之謂也。勉齋之以「初爲本、終爲末」者，爲范、楊言之，而非夫子之本旨也。

林放問禮之本，他只見人之爲禮，皆無根生出者儀文來，而意禮之必不然，固未嘗料量到那大本之中上去。夫子於此，亦難下語在。若說吾性所固有於喜怒哀樂之未發者，原具此天則，則語既迂遠；而此天則者，行乎豐儉戚易之中而無所不在，自非德之既脩而善凝其道者，反藉口以開無忌憚之端矣。故但從夫人所行之禮上較量先後，則始爲禮者，於儉行禮，以戚居喪，雖儉而已有儀文，但戚而已有喪紀，本末有奢，而不能極乎其易，然而禮已行焉，是禮之初也。

抑此心也，在古人未有奢、未盡易者既然；而後人既從乎奢、旣務爲易之後，亦豈遂迷其本哉？苟其用意於禮，而不但以奢、易誇人之耳目，則夫人之情固有其量，與其取之奢與易而情不給也，無寧取之儉與戚而量適盈也。將繇儉與戚而因文之相稱者以觀乎情之正，繇此而天則之本不遠焉。情之正者，已發之節。天則之本，未發之中。迨其得之，則充乎儉之有餘，而不終於儉，極乎戚之所不忍不盡，而易之事又起，則不必守儉而專乎戚，而禮之本固不離也。

蓋以人事言之，以初終爲本末；以天理言之，以體用爲本末。而初因於性之所近，終因乎習之所成。則儉與戚有所不極而尙因於性之不容已，用皆載體而天下之大本亦立。此古道之不離於本也。奢則有意爲奢，易則有意爲易；儉則無意爲儉而見禮之備於儉，有意則爲吝而非儉。戚則無意爲戚而但戚以盡其哀。有意則非戚。故儉不至於廢禮而戚之非以偸安於不易者，此自性生情，自情生文者也。

故知楊氏「其本儉」、「其本戚」之說，滯而未達也。儉者見豐而不見儉，繇奢故有儉之名。戚者可戚而亦可易，繇有專乎易者而戚始孤行。初者繇有終而謂之初，本者非繇有末而固有本。故儉戚原不與奢易爲對。使儉戚而與奢易爲對，則禮有兩端，古人僅有本，而今人亦得有末矣。無本則並不得有末。

唯有繇體達用、因性生情、因情生文之德，則繇乎儉戚而禮自日充。不然，而棄禮以爲儉戚，則又不足名爲儉戚，而但名爲無禮。業已有禮矣，繇儉流奢，繇戚生易，故儉戚可以云本。若徒奢與易，則旣離乎本，而末亦非禮。故奢與吝對，易與苟且對，而不可與儉戚對。此范、楊所以可謂儉戚爲本。然而終以繇奢名儉，繇易見戚，則必以禮所行乎儉戚者爲本，而不可徑云儉戚爲本。則本自本，儉戚自儉戚。林放問本，而夫子姑取初爲禮者使有所循以見本，而非直指之詞也。

若求其實，則上章所云「人而不仁如禮何」者，乃爲徑遂。儉與戚近乎仁，而非仁之全體大用；奢與易不可謂仁，而亦非必其不仁。仁也，中也，誠也，禮之本也。勉齋言「天下之本」，得之矣，通范、楊之窮而達聖人之微言者也。小註「樂於喪而非戚」之說，失之遠矣。

二

仁孝誠敬之至，可以與於禘之說，則可以治天下，乃自治天下言之。苟其爲仁孝誠敬之至者，雖不得天下而治之，而天德王道之經綸化裁，咸備於躬而無所讓，隨其所得爲者而效卽著，君民親友未有不動者。乃自禘言之，雖其爲仁孝誠敬之至，苟不得天子之位，卽欲滅殺典禮以祀其所自出之祖，理不至，則誠必不達而神必不格。於此思之，須更有說在。

「不王不禘」，原不是先王自尊而卑人，安下者界限，所以易云「聖人之大寶曰位」。到者上面，天子與聖人敵等；而德之有聖人，位之有天子，則亦初無二理。書曰「亶聰明作元后，元后作民父母」，理一串而事雙行也。天子有天子的脈絡，聖人有聖人的脈絡。仁孝誠敬，聖人之脈絡也。「不王不禘」，天子之脈絡也。子產「取精用物」之說，可卽以尋此處條理。故「不王不禘」，不但法所當然，亦理之必明而誠之可格者也。聖人，合理體誠者也。天子爲理之所當尊，而理之所當尊者固有而無妄，則亦誠也。

仁孝誠敬之不至，而不足以禘者，易知。仁孝誠敬之至，而允可以禘者，難知。「不王不禘」之法易知，而王者之禘難知。不然，則仁孝誠敬以格鬼神，因於理氣之本合；而「不王不禘」，則徒因於名以立分，分以立法，是人爲而非天理，何以見先王之精義入神也哉？

倘但云「遠難格而近易孚」，則伯禽之於文王，與杞、宋之於上帝，相去何若，而杞、宋乃得行天子之事守，魯何以不但不可以禘嚳，雖密邇如文王而亦不可乎？此「不王不禘」之說，亦必天理現前，充周流貫，本末精粗，合爲一致，而實知乾之不息、坤之厚德，與天尊地卑、上下以定、方以類聚、物以羣分之理，合同無閒，然後卽此爲法，卽此爲仁孝，卽此爲理，卽此爲誠。聖人所以但贊其知之妙，而終不言所以知之。嗚呼！誠有難言者。

此章乃論語中天德王道絕頂文字，不許小儒下口處。而集註云「魯所當諱」，則猶屈千鈞之弩爲鼷鼠發機也。

三

范氏說「誠是實，禮是虛」二句，大有理會處。虛卻非虛妄之謂，唯禮之虛，所以載誠之實。此一「實」字，與易「縕」字、書「衷」字一義。實體虛，虛函實也。須著實底，方持得虛底教有；而虛者，所以裝裹運動此實者也。

慶源說攝祭之禮爲虛，卻誤。攝祭，權也，非禮也。使可謂之禮，則亦何至「如不祭」耶？

新安云「誠是實心」，語自無病。誠是實心，禮是實理；心爲實，理爲虛，相因互用。無此心，則亦無此理。攝祭雖權有此理，而心不充之，實者缺，則虛者亦廢。故聖人以爲「如不祭」矣。

知此，則知小註「非所當祭而祭，則爲無是理矣；若有是誠心，還亦有神否」一問，極爲麤率。非所當祭而祭，則無是理矣。無理，則更無誠。無實者尙可容虛者之有其郛郭，無虛者則實者必無所麗矣。儘他癡敬、癡畏、癡媚，也總是虛妄，不可謂之誠。或有時召得那鬼神來，亦所謂以妄召妄而已。

理便無妄，氣則有妄。生人之妄，緣氣而生。鬼神既不純乎理，而因乎氣之屈伸，故亦有妄。以妄召妄，則妄或應，如腐肉之召蠅蚋，亡國之致妖孽一理。君子從其不爽者而言之，亦謂之誠有；而與仁人孝子所以格帝饗親之誠心，則話分兩頭，全無干涉矣。

唯禮行而誠不相及，則君子以爲深戒。在聖人則又無此患，故唯有故不與之爲歉然。知此，則「禮爲虛」云者，非不誠之謂，而待誠之詞。凡禮皆然，不獨指攝祭而言也。

四

若說「入太廟」是助祭，則當「奏假無言」之時而諄諄詰難，更成甚禮！荀子所記孔子觀欹器事，亦是閒時得入。想古宗廟，既無像主，又藏於寢，蓋不禁人游觀，而諸侯覲、問、冠、昏皆行於廟中，或有執事之職，君未至而先於此待君，故得問也。

「每事問」，即非不知，亦必有所未信。從好古敏求得者，若未手拊而目擊之，終只疑其爲未然。聖人豈必有異於人哉？尋常人一知便休，則以疑爲信，知得來儘是粗疏，如何會因器以見道！夫子則知問者信之繇，不問者疑之府；而禮之許人問者，乃使賢者俯就，不肖者企及，以大明此禮於天下也。

若已知已信，而故作謹縟之狀，此正朱子所云石慶數馬之類，又何足以爲聖人？尹和靖「雖知亦問」之說，祇要斡旋聖人一個無所不知、無所不謹，而誠僞關頭，早已鶻突。蓋不知不信，原有深淺之分，而聖人之知，則必以信爲知。未信而問，問出於誠，聖人之所以忠信好學不可及者，正以此耳。

五

集註謂管仲「不知聖賢大學之道，故局量褊淺，規模卑狹」，此爲探本之論。乃緣此而東陽執一死印板爲大學之序，以歸本於「格物致知工夫未到」。其在管仲，既非對證之藥，而其於大學本末始終之序，久矣其泥而未通也。

大學固以格物爲始教，而經文具曰「以脩身爲本」，不曰格物爲本。章句云「本始所先」，夫豈有二先哉？格物致知，一脩身之事也。經云「欲脩其身者，先正其心」云云，必先欲之而後有所先，喫緊頂著脩身工夫，卻是正心、誠意。正心、誠意之於脩身，就地下工夫也。致知、格物之於誠正，借資以廣益也。只劈頭說「欲明明德於天下」，便是「知止爲始」。從此雖六言「先」，而內外本末，主輔自分。

今以管氏言之，其遺書具在，其行事亦班然可考。既非如霍光、寇準之不學無術，又非如釋氏之不立文字，瞎著去參；而其所以察乎事物以應其用者，亦可謂格矣；其周知乎是非得失，以通志而成務者，亦可謂致矣。如云「招攜以禮，懷遠以德」，豈爲知不及道，但仁不能守之耳。以視小儒之專己保殘，以精訓詁，不猶賢乎？然而終以成其爲小器者，則不以欲脩、欲正、欲誠之學爲本，而格非所格、致非所致也。

譬之作器者，格物如庀梓漆，致知如精彫鏤。器之大者，亦此材也，亦此巧也；器之小者，亦此材也，亦此巧也；規模異而已矣。物不格則材未庀，知不致則巧未工。欲以作大器而大器不成，孔子之所謂「太簡」是已；卽以作小器而小器亦不成，此則欲爲管仲而不能，宋襄公、物不格。王介甫知不致。之流是已。管仲旣已得成爲器，則其材非不庀，而巧非不精。特其不知止至善以爲始，而無「欲明明德於天下」之心，故規模以隘；不以欲誠、欲正之心從事焉，故局量益褊爾。

大學之格物，亦與權謀術數之所格者，初無異事。權謀術數之所知，亦未嘗與大學所致之知，是非得失背道而馳。楚書、秦誓可見。但在欲脩、欲正、欲誠之學者，則卽此而見天德、王道之條理；其非欲脩、欲正、欲誠者，則徒以資其假仁義、致知。致富彊之術而已。

以格物爲始敎者，爲異端之虛無寂滅、高過於大學而無實者言也。彼未嘗不有求於心意，而以理不窮、知不致之故，則心之所存，益託於邪，意之所察，益析於妄。此則過在擇執之未精，物累心而知蕩意也。

以知止爲始者，爲權謀術數、苟且以就功名者言也。彼未嘗不格物以充其用，致知以審夫幾，乃以不知明德、新民、至善之功，在存養以正、省察以誠之故，知益流於權謀之巧變，物但供其術數之億度。此則差在志學之末端，心役物而意詭知也。

今縱不得謂管仲之所格者爲盡物理之當然，所致者爲盡吾心之所能致，乃於格致責用力者，爲學問思辨之淺深、勤怠言也，若其或大或小，或正或駁，不於其本求之，而但於知與物責其功效，則且拘葸猶豫，天下之物皆爲疑府，而吾心之知，不有誠者以爲天則，亦知孰爲妄之非所宜致者哉？故曰，誠意者，天德、王道之關也。欲誠其意，而意期無妄；欲正其心，而心矢不邪；則以之格物而物皆有則，以之致知而知一民義，意益實而心益廣矣。此大學之條目，相爲首尾，端不自格物始而以平天下終；特其效之已成，則自物格以向於天下平，爲以次而益大耳。

曾西之所以下視管仲者，正在誠意正心之德。故朱子亦曰「生平所學，止此四字」。若以格物、致知之功言之，則聖門諸子，雖如求、路，必不能爲管仲之所爲，則亦其博識深通之有未逮，又豈東陽所得議其長短哉？

大學之道，天德也，王道也；顯則爲周官之法度，微則爲關雎、麟趾之精意者也。徒於格物、致知爭學之大小乎？今使朱子以正心、誠意之學，正告管仲，彼雖不能改而從我，而不敢自誣爲已得。使東陽以其所謂格物致知者勸勉之，直足供其一笑而已。如小學之弟子職，亦出管子。蓋朱子之重言格致者，爲陸子靜救也。其於陳同父，則必以誠正告之。聖道大全，而正經以防邪慝者自別。此又與藥病之說異。舉一廢百，固矣哉！

六

雙峰分始、從、成爲三節，東陽奉之以駮上蔡。看來，饒、許自是不審，上蔡未甚失也。「以成」二字，緊頂上三句，原不另分支節。而上蔡之小疵，在「故曰『繹如也，以成』」七字，似專以「繹如」屬成。蔡覺軒亦然。「從之，純如也、皦如也、繹如也，以成」，十三字本是一句。言既從之後，以此而成樂之一終也。止有兩節，不分爲三。本文一「以」字是現成語，而「繹如也」連上二句一滾趨下，斷不可以「純」「皦」屬「從」，「繹如」屬「成」。上蔡語病，正在强分三支，割裂全錦。東陽反以不分三支咎上蔡，其愈誤矣。

以樂理言之，元聲之發，固非無歸，而必不別立之歸。故曰「禮主其減」，減者，有變易之節也；「樂主其盈」，盈者，無孤立之餘也。「禮減而進」，進非加益，不兩端隆而中殺，在變不忘則進也。「樂盈而反」，反非拆合，不中放而兩端收，一止無餘爲反也。若已盈而又減之以反，是氣不昌而爲樂極之悲矣。故「以成」者，卽以此三者爲「成」，終其「成」而不易也。

今之鼓琴者，鄭聲也，是以有泛；今之塡詞，淫樂也，是以端有引而尾有煞。若夫古之雅樂，與天地四時同其氣序，則貞元渾合而非孤餘以終，亦非更端以終也。

斗合於人紀，而日合於天紀。一陽之復，在去冬之半，而大寒之末，不足以爲歲終。故曰「同歸而殊塗，一致而百慮」。始於同，從於殊；始於一，成於百。逮其殊塗百慮，而不復束之以歸，斯與異端「萬法歸一」之說相爲霄壤。而易終於未濟，亦用泰三陰三陽之盛而極致其文耳。從者泰也，成者未濟也，豈有二哉？

故中呂之實，六萬五千五百三十六，必倍用其全，爲十三萬一千七十二；而其增也，則又起於未之大呂，而不於中呂。斯「成」與「從」無二致之理，尤自然之不可閒矣。「始」可異於「從」而爲二節者，盈之漸也；「成」不可離乎「從」而非三節者，盈卽反而反於盈也。

唯樂之理通於文藝，故古之工於文者，微有發端，而終無掉尾收合之體。其有此者，則世之所謂「八大家」是已。和不充而氣不持，汲汲然斷續鉤鎖，以爲首尾，如蚓之斷，僅有生氣施於顚末，是鄭聲之變，哀音亂節之徵也。乃欲以此例先王之樂，豈不誣哉！

七

孟子七篇不言樂，自其不逮處，故大而未化。唯其無得於樂，是以爲書亦爾：若上篇以好辯終，下篇以道統終，而一章之末，咸有尾煞。孔子作春秋，卽不如此。雖絕筆獲麟，而但看上面兩三條，則全不知此書之將竟。王通竊倣爲元經，到後面便有曉風殘月、酒闌人散之象。故曰「不學詩，無以言」。

詩與樂相爲表裏。如大明之卒章，纔說到「會朝淸明」便休，緜之卒章，平平序「四有」，都似不曾完著，所以爲雅；關雎之卒章，兩興兩序，更不收束，所以爲南；皆卽從卽成，斯以不淫、不傷也。若谷風之詩，便須說「不念昔者，伊予來塈」，總束上「黽勉同心」之意；崧高、烝民，兩道作誦之意旨以終之；所以爲淫、爲變。雅與南之如彼者，非有意爲之，其心順者言自達也。其心或變或淫，非照顧束裹，則自疑於離散。上推之樂而亦爾，下推之爲文詞而亦爾，此理自非韓、蘇所知。

里仁篇

一

「做工夫且須利仁」，爲此問者，定是不曾做工夫底。如要去「利仁」，則已不利矣。若云見仁之利而不仁之不利，此正是謀利計功之心，五伯之假仁是已。

「安仁」、「利仁」，總是成德後境界。利字如易「利有攸往」之利，一路順利，無有阻難，原不可作「獲利」字說。若說到岸爲獲利，則上蔡所云「謂之有所得則未可」者，已自破得分明。若云利其有獲，顯與「先難後獲」相反，不得謂之仁矣。

仁固有得於理，亦可有得於效。抑不特效之得不得，不可預期；卽理之得不得，亦不可早生歆羨。顏子說「雖欲從之，末繇也已」，具此心期，方能勾「不改其樂」。若刻畫著理中所必得之功，立地要做仁人，到蹭蹬處，卻大是一場懡㦬，而「不可以久處約，長處樂」，正在此矣。

足知「利」字上用工夫不得。唯知者見得分明，一徑做去，自然無不利耳。唯爾，所以云味之無窮，而所守者不易也。工夫自在仁者知者上一層。如所云「克復」、「敬恕」、「先難後獲」，都是安仁的本領；「務民之義」，便是利仁的本領。在此章，則以寫仁知之心德，固不曾煞緊說工夫。聖賢文字，亦須參觀，不可隨句尋頭尾也。

二

「不仁者」三字，在夫子口中，說得極嚴，與孟子所稱「不可與言」、「不保四體」等不同。孟子在發用上說，孔子在全體上說，故又曰「君子而不仁者有矣夫」。除下安仁、利仁，便是不仁者。集註「失其本心」四字，下得忒重。但不得其本心便不仁，非必失也。

聖人言「久」言「長」，言「約」言「樂」，字字皆有意味。今人說天下只有約、樂兩境，又云只有富貴、貧賤兩塗，總孟浪語。約者，窘迫拘束不得自在之謂。樂者，在君子則須是「中天下而立，定四海之民」；在常人也須有志得意滿、縱橫皆適之事。以此思之，則非約、非樂之境多矣。若鮑焦、黔婁，則允爲貧賤；如天子、諸侯，則洵爲富貴。至於孔、孟之在當時，固不可云富貴，而又豈可謂之貧賤乎？則貧富之外，自有不貧不富，貴賤之外，自有不貴不賤之境也。

想來，不仁者只恁平平地不約不樂，也還不見大敗缺在。則他本領上無箇主宰，而於所措施儘有安頓發付不得底，故旣處約樂，便露乖張，待其長久，則益不自攝持，逢處皆破綻矣。所以上蔡說「仁者心無內外、遠近、精粗之閒」，又說「不亡」、「不亂」，俱謂其有恆也。

不可久長者，則所謂「不恆其德，或承之羞」也。「或承之羞」者，非必然之羞，事久情變，羞出於所不自持也。乃夫人之德，唯仁斯恆。若陳仲子者，非不克意以處約，而以妻則食，以井李則匍匐而就，義可襲取而仁不適主爾。

除卻聖賢心德，「克己復禮」而「務民之義」，必能乎暫，而不能乎久，能乎不約不樂，而不能乎約樂。聖人於此勘人，極盡事理。不然，則戚戚於貧賤、汲汲於富貴者，與安仁、利仁之心體，天地懸隔，豈足與同類而相形哉？

吳氏說「不仁者不可一日處約樂，聖人之言待人以厚，故以久長言之爾」。夫聖人之厚，豈吞吐含糊，說一半留一半，爲不肖者存餘地之謂哉？其曰「鄉原，德之賊」，又曰「譬諸小人，其猶穿窬之盜」，是何等風霜雪霰語！此不仁者原無主名，而何事爲之諱耶？

三

「不處」、「不去」，是該括始末語，本文原是大段說。集註「審富貴，安貧賤」，亦寬說在，下得「審」字、「安」字極好。審有臨幾分明之義，如射者鏃鵠齊入目之謂審是也；亦有詳察之義，如審錄之審是也。安有安頓之義，如易言「安其身」是也；亦有相安之義，如書言「安安」是也。自其詳察而安頓者，則所謂「取舍之分明」也。自其臨幾分明而相安者，則所謂「取舍之分益明」也。

「君子去仁」兩句，只結上文，無生下意。雙峰所言未是。只「不處」、「不去」，便是存仁、去仁一大界限。到得「君子無終食之閒違仁」，則他境界自別：赫然天理相爲合一，視聽言動，出門使民，不但防人欲之見侵，雖人欲不侵，而亦唯恐天理之不現前矣。

人自有人欲不侵而天理不存之時。在爲學者，撇除得人欲潔淨，而志不定、氣不充，理便不恆；境當前，則因事見理；境未當前，天理便不相依住。卽在未學者，天理了不相依，而私智俗緣未起之時，亦自有清清楚楚底時候。在此際，教他設法去取富貴，舍貧賤，亦非所樂爲。此其可謂之君子乎？可謂之仁乎？

所以一意在富貴貧賤上用工夫，只掙扎得者段境界，便是他極致，而於天理自然之則，全未搭著涯際。蓋當天理未存之先，其誘人以去仁者，莫大於富貴、貧賤之兩端；而於私欲既遏之後，其無所誘而亦違仁者，不在富貴、貧賤，而在終食之積與造次、顚沛之頃。所以集註說「不但富貴貧賤之閒而已」。

唯存養之既密，則其於「不處」、「不去」，卻是泰山壓卵之勢，立下粉碎。而所以精夫「不處」、「不去」之義以入神審，順夫「不處」、「不去」之心以樂天者安，要亦完其「不處」、「不去」之道。事境分明，入目不亂，亦可謂之審。心境泰定，順物無逆，亦可謂之安。此始學之與極致，可同予以「不處」、「不去」之名，而其所不同者，則言「去」，言「違」，淺深自別也。

「去」者，對存而言，有意存之爲不去，有意去之爲去。「違」者對依而言，未與相依之謂違，依而無閒之謂無違。無違則不但存，而更不可以不去言矣。小註「須是審」、「卻要安」之說，只說得上截，與程子「特立者能之」一例。聖人本旨，則大綱說下，不墮一邊也。

四

遏欲有兩層，都未到存理分上：其一，事境當前，卻立著個取舍之分，一力壓住，則雖有欲富貴、惡貧賤之心，也按捺不發。其於取舍之分，也是大綱曉得，硬地執認，此釋氏所謂「折服現行煩惱」也。其一，則一向欲惡上情染得輕，又向那高明透脫上走，使此心得以恆虛，而於富貴之樂、貧賤之苦未交心目之時，空空洞洞著，則雖富貴有可得之機，貧賤有可去之勢，他也總不起念。緣他打點得者心體清閒，故能爾爾，則釋氏所謂「自性煩惱永斷無餘」也。

釋氏碁力、酒量，只到此處，便爲絕頂。緣此無所損害於物，而其所謂「七菩提」、「八聖道」等，亦只在者上面做些水墨工夫。聖學則不然。雖以奉當然之理壓住欲惡、按捺不發者爲未至，卻不恃欲惡之情輕，走那高明透脫一路。到底只奉此當然之理以爲依，而但繇淺向深，繇偏向全，繇生向熟，繇有事之擇執向無事之精一上做去；則心純乎理，而擇夫富貴貧賤者，精義入神，應乎富貴貧賤者，敦仁守土。繇此大用以顯，便是天秩天敍。所以說「一日克己復禮，天下歸仁」，非但無損於物而以虛願往來也。

集註說兩箇「明」字，中間有多少條理在。貧無諂、富無驕之上，有貧樂、富好禮。德業經綸，都從此「明」字生出。

五

集註將終食、造次、顚沛，作一氣三平說，玩本文兩云「必於是」，語氣旣緊，而「必」字亦有力在，足知集註之精。眞西山分三段，卻錯。西山似將末兩句作效說，又將終食說得易，造次、顚沛說得難。不知此之難易，原以人資稟之所近而分，非有畫然一定之差等也。以淺言之，如陶靖節一流，要他大段不昧此心卻易，到造次、顚沛時，未免弱在。若張睢陽、段太尉，儘在造次、顚沛上生色，以無終食之閒違仁之功期之，不特未嘗從事於此，且恐其雖欲從之而力亦不給也。

所以君子不但恃其資之所近，而動靜交養，常變一心，旣以志帥氣而持之於恆，亦以氣配義而貞之於險。只此方是依仁之全功。不可謂終食無違爲「可勉而至」，造次顚沛必「存養之熟而後不失」也。故謂此章分兩節則可，分三段則不可。

所以分二節而可者，終食之閒，未有可欲、可惡之事接於心，故必靜存天理以於仁無違，非但動遏人欲以不去夫仁。若造次、顚沛，苟非至不仁之人，若項煜、馮銓之類，亦無暇有所欲，有所惡矣。卽此以見欲惡不至之境，除天理現前、充周應用者，遏欲之功，全無可恃。何也？以此境之無欲可遏也。

六

在入手工夫，只富貴貧賤有依據，分得者取舍之限界明白；若說造次顚沛該是怎生，卻說不得。到造次顚沛時，只此心此理是一致，事跡上全無粉本，故但恃功之密而不恃分之明。殷之三仁，「自靖，人自獻於先王」，隨所取舍，無不可也。若先說該是怎生，如非道之富貴不可處，非道之貧賤不可去者，然則趙孟頫之仕元，一微子也；劉休炳之同豕食，一箕子也；洩治之死，一比干也。

大抵在欲惡持權之地，遠去仁之害，則界限自有其常，如藥之治病，可以配合分兩。在欲惡不至之境，生死得失之地，求仁以得仁，則此理之周流六虛者，原不可爲典要，如食之養生，不可額設一餐必喫多少，屬飽而已矣。到不違仁而於仁無違地位，其以處夫富貴貧賤者，中間有多少精義入神之用在。所以夫子只迤邐說下，更不回互。而集註所云「取舍之分益明」，雖爲回互語，乃其云「益明」者，非但向之不以欲惡去仁已也。

七

「一日用力於仁」，較前所云「好仁、惡不仁者」，只揀下能好惡者一段入手工夫說，原不可在資禀上分利、勉。朱子云「用力，說氣較多，志亦在上面」，此語雖重說氣；又云「志之所至，氣必至焉；志立，自是奮發敢爲」，則抑以氣聽於志，而志固爲主也。「氣」字是代本文「力」字，「志」字乃補帖出「用力」「用」字底本領。其曰「志，氣之帥也」，則顯然氣爲志用矣。

用力於仁，旣志用氣，則人各有力，何故不能用之於仁？可見只是不志於仁。不志於仁，便有力也不用，便用力也不在仁上用。有目力而以察惡色，有耳力而以審惡聲，有可習勞茹苦之力，卻如嬾婦魚油燈，只照博弈，不照機杼。夫子從者處所看破不好仁、不惡不仁者之明效，所以道「我未見力不足者」。

如蘇秦刺股懸梁，慧可立雪斷臂，以此用之於仁，何難之不可爲？下至無賴子弟，投瓊賭采，連宵徹曙，及至父母病，敎他坐侍一夜，瞌睡便驅不去。又如歸安茅元徵割股以療其妾，怎生他父母疾時，卻不能？卽此可知：盡不肖者，皆有做忠臣、孝子底力在；而其所以於彼偏用，於此偏不用者，則唯志也。其志之偏，志於彼而不志於此者，則唯其所好所惡者異也。

顯然，須是好仁、惡不仁，方能勾用力於仁。如人不好酒，則志不在酒；志不在酒，則氣不勝酒，安能拚著一日之醉以浮白痛飲耶？故夫子提出病根在好惡上，劄著古今人不能用力於仁的血髓。曰「我未見力不足者」，非力不足，則其過豈非好惡之不誠哉？

好惡還是始事，用力纔是實著。唯好仁、惡不仁，而後能用力。非好仁、惡不仁，雖欲用力，而恆見力之不足。是非好仁、惡不仁之爲安行，而高過於用力者之勉行，可知矣。若說好仁、惡不仁，已成之境，用力乃求成之功，則必將謂用力以好仁，用力以惡不仁，此又大屬不審。且試體驗看，好惡如何用得力？好之誠如好好色，惡之誠如惡惡臭，天下有好好色、惡惡臭而須用力者乎？抑人之或不好好色、惡惡臭者，其能用力以好惡乎？

朱子但緣本文「無以尚之」二段，說得鄭重，故以前一節爲成德，後一節爲勉强。不知夫子之須鄭重以言好惡者，緣上文驀地說「我未見好仁者、惡不仁者」，恰似懸空遙斷；而好惡隱於人心，人固可曰何以知我之不能好惡也，故說兩個榜樣與他看。好惡隱，而「無以尚之」、「不使加身」，顯也。繇其不能「無以尚之」，知其非好；繇其不能「不使加身」，知其非惡。使有能好仁、惡不仁者，則必有「無以尚之」、「不使加身」者，現其誠中形外之符。而既「無以尚之」，則必壹志以求仁；「不使加身」，則必正志以去不仁。繇此亙亙綿綿，篤實精靈，一力到底，以從事於仁，何憂力之不足哉？

乃即一日之用力，雖暫而未久，生而未熟，然亦必其一日之中，好之誠而「無以尙之」，惡之誠而「不使加身」，情專志壹，氣亦至焉，而後耳目口體，一聽令於心之所之，有力而不憚用，用而不詭其施也。

前一節是大綱說，兼生熟、久暫在內。後言一日，則摘下功未久而習未熟者爲言。實則因好惡而後用力，終身、一日，自然、勉强，其致一也。

至云「我未見力不足者」，則但以徵好惡誠而力必逮，初不云我未見一日用力於仁者。其云「蓋有之而我未見」，雖寬一步說，要爲聖人脩辭立誠，不詭於理一分殊之節目；不似釋氏所云「一切衆生皆有佛性」之誣，謂人之性情已正，而氣力不堪，在大造無心賦予中，莫須有此。而終曰「我未之見」，則以氣力之得於天者略同，而性情之爲物欲所蔽者頓異。性情言好惡。蓋志靈而動，親聽於情，故受蔽；氣動而不靈，壹聽於志，而與情疎遠，故不受蔽。其志不蔽而氣受蔽者，於理可或有，以氣賤於志故。而於事則無也。

「我未見力不足者」以下三句文字，如水行地，曲折皆順。乃集註阻其順下之勢，强爲分折，將兩箇「未見」作一例解。不知夫子要見者用力而力不足底人何用？若果有之，固聖人之所深爲矜閔，如瞽之廢視，凶服者之廢禮然；曾願見之，而以未見爲歎哉？

八

雙峰以下諸儒，將禮讓對爭奪說，朱子原不如此。只此是微言絕而大義隱。朱子之遺意，至宋末而蕩然，良可悼已！

本文云「如禮何」，言其有事於禮而終不得當也。乃云上下之分不得截然，不奪不饜。若到(怎)〔恁〕(即)〔郎〕當地，還有甚麼禮㈠？豈但不能「如禮何」，而禮亦直無如此人、此世界何矣。

讓固有對爭而言者，然字義之有對待者，其例不一。如聖對狂，是儘著兩頭對也。聖亦可對賢，則不能聖而但至於賢，以相近而相形也。今曰「不能以禮讓爲國」，則亦就能以禮讓者形而見之，如賢不能聖之比也，而豈遂至於爭乎？

「不能以禮讓爲國」者，自世主庸臣之恆。如云以爭爲國，則古今之凶頑貪鄙者，亦但爭而已矣，無有以之爲國者也。齊桓公殺其弟以爭國，初不立一殺弟奪財之令以施之民；季氏四分公室而逐君，卻不許南蒯子仲之叛；則世之無以爭爲國者，審矣。

不能讓，不可謂之爭；而但不爭，亦不可謂之讓。抑以臨財讓多取、步趨讓先行之謂讓，則此之爲讓，特禮之末節耳。並此不能，亦無禮之甚，而抑不可云「如禮何」也。黃氏讓

㈠ 二五二、二六八頁均見「郎當」一詞，是唐宋以後習用語，此處「郎」誤作「即」。「恁」「怎」亦形近而誤。

畔、讓路之說，但趁著「讓」字類塡古語，自不曾曉得讓畔、讓路是何等境界。讓畔、讓路，乃是「爲國乎何有」極至處底聖功神化，豈爲人君者脩爲政而立爲教，以之爲國而使人遵者乎？使然，且見道周田畔，彼責此之不先讓，而此責彼之不速讓，亦交爭告訐而不可止矣。

此章乃聖人本天治人，因心作極，天德王道底本領。如何抹下，將爭不爭說，又在儀文上計較推遜！故集註曰「讓者禮之實也」。

朱子又云「若以好爭之心，而徒欲行禮文之末以動人，如何感化得他！」又云「先王之爲禮讓，正要朴實頭用」。看來，所謂「朴實頭」者，正與巧笑章註中「忠信」字一脈相通。曲禮曰「君子恭敬、撙節、退讓以明禮」。只是反求之心德，必忠而已無不盡，信而已無不實，則在人恆見其有餘，而在己恆見其不足。故於物無敢慢，於事無敢侈，於儀文無敢過情，自然見得者「禮儀三百、威儀三千」，皆天理固然之則，以自治而治人者，儘著自家志氣，精神收斂，遜順做去，虧欠他一點不得。如此，方能與禮相應，而經之緯之以治國者，有餘裕矣。此所謂「有關雎、麟趾之精意，而後周官之法度可行」也。

關雎不得之思，旣得之樂，都是從愛敬之心上發出來，以尊親夫淑女而無所侈肆；麟趾之不踐、不觸、不抵，一倍自然底忠厚，以無犯於物，此就二詩一分禮讓底精意而說。夫是之謂讓。豈但上下截然，不奪不攘之謂哉？湯之「聖敬日躋」，文之「小心翼翼」，皆此謂也。其非訓詁之儒所得與知，宜矣。

九

上下不爭，以淺言之，亦不是讓。天子有天下，諸侯有國，大夫有家，相安而不爭奪，豈諸侯讓天下於天子，大夫以國讓諸侯，士庶人以家讓大夫乎？故以淺言之，亦曰推己所有以與人者，讓也。雙峯不思，乃至於此。

緣其意，但爲春秋時執政爭權，疑夫子刺之。乃不知聖人見地，「上下與天地同流」，「百世以俟聖人而不惑」。若隨處隨說，只辦一口氣，與趙鞅、陳恆、季斯、叔州仇幾箇沒行檢的厮鬨，何以爲孔子？此類以孔子相魯事徵之，自見。

一〇

朱子雖云「忠是一，恕是貫」，卻必不可云忠以恕之。看來「盡己之謂忠，推己之謂恕」，兩「己」字微有分別。至聖人地位，乃無分別。若無分別，則推而不盡，不可謂推，盡而不推，何以言盡，亦不須言忠復言恕矣。

忠亦在應事接物上見。無所應接時，不特忠之用不著，而忠之體亦隱。即如說「維天之命，於穆不已」是忠，也須在命上方有已不已。命者，天之命物也，卽與物以爲性命者也。然則言忠是體、恕是用者，初不可截然分作兩段，以居於己者爲體，被於物者爲用矣。

盡與推都是繇己及物之事，則兩字更不得分曉。故知合盡己言之，則所謂己者，性也、理也；合推己言之，則所謂己者，情也、欲也。如堯授天下於舜，所性之理，大公無私，而順受得宜者，旣盡乎己性之德；乃舜之德必爲天子而後盡其用，舜之情也；天下臣民必得舜爲天子而後安，天下之情也。舜欲兼善天下之情，亦堯所有之情；天下欲得聖人以爲君之情，亦堯所有之情。推此情以給天下之欲，則所謂推己者，又於情欲見之也。

唯其如是，所以說忠恕是學者事。何也？未至於聖人之域，則不能從心所欲而皆天理，於是乎絜之於理而性盡焉，抑將絜之於情而欲推焉。兩者交勘，得其合一，而推所無滯者亦盡所無歉，斯以行乎萬事萬物而無不可貫也。

若聖人，則欲卽理也，情一性也，所以不須求之忠而又求之恕，以於分而得合；但所自盡其己，而在己之情、天下之欲無不通志而成務。故曰「惟天下至誠，爲能盡其性；能盡其性，則能盡人物之性」。不須復如大賢以降，其所盡之己，須壁立一面，撇開人欲以爲天理；於其所推，則以欲觀欲而後志可通矣。

纔盡乎己，恕道亦存；而但言忠，則疑夫己之所盡者，必理之當盡，而未徹於天下之情。所以於聖人物我咸宜處，單說是忠不得，而必曰誠、曰仁、曰盡性。誠者，誠於理，亦誠於欲也。仁者，心之德，情之性也；愛之理，性之情也。性者，情之所自生也。

又推而上之，以言乎天，則忠恕直安不上。何也？天無己也，天亦無性也。性，在形中者，而天無形也。卽此時行物生者，斯為天道不息，而非有生死之閒斷，則大公而無彼此之區宇也，是無己也。故但有命而非有性，命則無適，丁歷切。而性有疆矣。

但其無息而不窮於施，有其理則畢出以生成者，卽此為在人所盡之己，而己之無不盡。其於物之性情，可以養其欲給其求，向於善遠於惡，無不各得，而無一物之或强，卽此為在人所推之己，而己之無不推。所以不可以忠恕言聖言天，而亦可於聖人與天見忠恕也。

曾子見夫子所以貫之者，欲合乎理，性通於情，執大中而於理皆實，隨萬化而於情皆順；到此說誠，說盡性，則又成孤另，而似乎以其誠、以其性入物之虛以舉其實，則且暗與後世「散錢索子」鄙倍之說相似；故於其流行上以忠恕為言，然後聖道之撲滿充周、理無不得、情無不通者，浹洽言之而無所礙。

要以忠恕之貫於天下而物受之者飽滿於其性情，則雖天道、聖人，亦可以忠恕言之。而方其盡己、推己，兩俱不廢，以求萬事之理、萬物之情，則唯學者為然，而聖人不爾。

乃聖人不可以恕言，而非不可以忠言。故朱子謂「下不得一箇『推』字」，亦以見聖人有必盡之己，而無己之可推。聖人纔盡性，卽盡情，卽盡乎欲。要盡乎理欲，有分界可以言推，理本大同，不可以推言也。

然竟舍恕言忠，則又疑於一盡於理，而不達於情。故至誠無息者，卽萬物各得之所；萬物各得之所，卽聖人自得之所。理唯公，故不待推；欲到大公處，亦不待推；而所與給萬物之欲者，仍聖人所固有之情。則曾子以忠恕言夫子之道，非淺於擬聖。而宋儒以忠恕專屬學者，正以明夫人作聖之階，理亦未嘗不合符也。而以此思「一以貫之」之旨，亦約略可識矣。

一一

聖人有欲，其欲卽天之理。天無欲，其理卽人之欲。學者有理有欲，理盡則合人之欲，欲推卽合天之理。於此可見：人欲之各得，卽天理之大同；天理之大同，無人欲之或異。治民有道，此道也；獲上有道，此道也；信友有道，此道也；順親有道，此道也；誠身有道，此道也。故曰「吾道一以貫之」也。

如此下語，則諸說同異可合，而較程子「有心、無心」之說爲明切，可以有功於程子。愚此解，樸實有味。解此章者，但從此求之，則不墮俗儒，不入異端矣。

一二

於天理達人欲，更無轉折；於人欲見天理，須有安排：只此爲仁恕之別。

一三

只理便謂之天，只欲便謂之人。飢則食、寒則衣，天也。食各有所甘，衣亦各有所好，人也。但以「食不厭精」、「不以紺緅飾」兩章觀之，則以此而裁成萬物，輔相天地，忠動以天，恕亦動以天矣。

一四

勉齋說「忠近未發」，體程子「大本、達道」之說，甚精。者所盡之己，雖在事物應接處現前應用，卻於物感未交時，也分明在。和非未發時所有，中則直到已發後依舊在中，不隨所發而散。故存養無閒於動靜，省察必待於動時。但言忠，固將有恕，但言恕，或離於忠，故曰「忠近未發」。須玩一「近」字。

動則欲見，聖人之所不能無也。只未發之理，誠實滿足，包括下者動中之情在內，不別於動上省其情，斯言忠而恕已具矣。若於喜、怒、哀、樂之發，情欲見端處，卻尋上去，則欲外有理，理外有欲，必須盡己、推己並行合用矣。

倘以盡己之理壓伏其欲，則於天下多有所不通。若只推其所欲，不盡乎理，則人己利害，勢相扞格，而有不能推；一力推去，又做成一個墨子兼愛，及忘身徇物之仁矣。曾子見得聖人動靜一致、天人一理處，故雖無所於推，而求之於盡己而無不盡者，卽以求之於推己而無不推，確然道箇「忠恕而已矣」，更無不徹處。

一五

天無可推，則可云「不待推」。天雖無心於盡，及看到「鼓之以雷霆、潤之以風雨」、絪緼化醇、雷雨滿盈處，已自盡著在，但無己而已。只此是命，只此是天，只此是理，只此是象數，只此是化育亭毒之天。此理落在人上，故爲誠，爲仁，爲忠恕，而一以貫之，道無不立，無不行矣。

朱子引詩「於穆不已」、易「乾道變化」爲言，顯然是體用合一之旨。若云「天不待盡」，則別有一清虛自然無爲之天，而必盡必推之忠恕，卽貫此天道不得矣。

非別有一天，則「一以貫之」。如別有清虛無爲之天，則必別有清虛無爲之道，以虛貫實，是「以一貫之」，非「一以貫之」也。此是聖學、異端一大界限，故言道者必愼言天。

一六

詩說「於穆不已」，是贊天命無閒斷。朱子斷章引來，卻是說天命不閒斷，中庸意亦如此。儘著者太極絪緼，陰陽變合，以命萬物而無所已也。知此，則「不待盡」之說，未免犯道家「天地不仁」疆界。言天差，則言道皆差也。

一七

中庸說「無爲而成」，以其不因名法、智力而就功耳。經綸、立本、知化，見而敬、言而信、行而說，何嘗不是全副本領，儘著用去？以此配天，天可知矣。

潛室看來不用朱子「忠是一、恕是貫」之説，解自分明。其言「生熟」亦好。熟非不待推，只所推者無別已耳。朱子拆下一「恕」字，分學者、聖人。曾子合言「忠恕」，則下學而上達矣。一事作兩件下工夫，唯其生也。合下做一件做，唯其熟也。下學上達，天人合一，熟而已矣。

一八

潛室倒述易語，錯謬之甚也。易云「同歸殊途，一致百慮」，是「一以貫之」。若云「殊途同歸，百慮一致」，則是貫之以一也。釋氏「萬法歸一」之説，正從此出。

此中分別，一線千里。「同歸殊塗，一致百慮」者，若將一粒粟種下，生出無數粟來，既天理之自然，亦聖人成能之事也。其云「殊塗同歸，百慮一致」，則是將太倉之粟，倒併作一粒，天地之閒，既無此理，亦無此事。

而釋氏所以云爾者，他只要消滅得者世界到那一無所有底田地，但留此石火電光、依稀若有者，謂之曰一，已而並此一而欲除之，則又曰「一歸何處」，所以有蕉心之喻，芭蕉直是無心也。

若夫盡己者，己之盡也；推己者，己之推也；己者「同歸」「一致」，盡以推者「殊塗」「百慮」也。若倒著易文説，則收攝天下固有之道而反之，硬執一己以爲歸宿，豈非「三界唯心，萬法唯識」之唾餘哉？比見俗儒倒用此二語甚多，不意潛室已爲之作俑！

一九

小註中有問「『幾諫』是見微而諫否」者，說甚有理。以字義言，「幾」雖訓「微」，而「微」字之義，有弱也、細也、緩也、隱也四意。「幾」之爲「微」，則但取細微之一義，而無當於弱、緩與隱。微可謂之隱，幾固不可謂之隱也。檀弓所云「有隱無犯」，隱原不對犯而言。觀下云「事師無犯無隱」，倘以直詞爲犯，微言爲隱，則無隱何以復得無犯，無犯何以復得無隱？然則所謂隱者，但不昌言於衆之謂耳。

父子之際，恃談言微中以解紛，此諺所謂「逢人且說三分話」者，中閒留一抽身法，而眞愛早已滅裂矣。且微詞之所動，必慧了人而後能喩。使其父母而或朴鈍也，兼母言之，尤必婦人所得喩。將如以棘刺切骨之疽，其不相及遠矣，豈事父母之通義乎？

內則云「下氣、怡聲、柔色」，彼亦但言辭氣之和，而非謂言句之隱。氣雖下，色雖柔，聲雖怡，而辭抑不得不盡。假令父母欲殺人，而姑云「此人似不當殺，請舍之，以體好生之德」，豈非「越人關弓，談笑而道」之比哉？

以此知「幾諫」者，非微言不盡之謂，而「見微先諫」之說爲允當也。到郎當地位，自非危言苦色不能止燎原之火；而在幾微初見之際，無一發難收之勢，可無用其垂涕之怨，則唯

「幾諫」爲體，而後「下氣、怡聲、柔色」得以爲用，二者相因，而益以知「見微先諫」之妙也。

「見志不從」一「志」字，明是過之未成。不從則漸成矣，故以「又敬不違」之道繼之。若其必不從而至於「勞」，則亦必已之直詞盡言有以嬰父母之怒。若微言不盡，約略含吐，則雖甚暴之父母，亦何至有撻之流血之事？既云微言不盡，又云得罪於父母，一章之中，前後自相矛盾矣。

凡此，皆可以知「見微而諫」之說爲優。蓋人子於親，不忍陷之於惡，關心至處，時刻警，遇有萌芽，早知差錯，恰與自家愼獨工夫一樣細密。而家庭之閒，父母雖善蓋覆，亦自無微不著，與臣之事君，勢位闊殊，必待顯著而後可言者自別。故臣以幾諫，則事涉影響，其君必以爲謗己，而父母則不能。且君臣主義，故人臣以君之改過爲榮；而親之於己，直爲一體，必待其有過之可改，則孝子之心，直若己之有惡，爲人攻發，雖可補救於後，而已慙恧於先矣。

朱子之答問者曰：「人做事，亦自有驀地做出來，那裏去討幾微處？」此正不足以破見微之說。驀地做來底，自是處事接物之際，輕許輕信、輕受輕辭之類。此是合商量底事體，（即）〔既〕有商量，不名爲諫。所必諫者，必其聲色貨利之溺，與夫爭鬬仇訟之事也。此其眈之必有素，而釀之必有因。天下豈有驀地撞著一個女子，便摟之入室；忽然一念想及非分之財，驀地便有橫財湊手之理？則爲之於一時，而計之已夙，他人不知其幾，而子固已知之矣。

至於一朝之忿，或發於無根。乃以惡本無根，則發之速而成之亦速，迨其已成，則已爲既往之不咎，而無所於諫。若云列其前愆，以防其貳過，則於前過爲著，而於後過爲幾。足知凡當諫者，必其有幾，而驀地之失不與焉。驀地之失，在事而不在志，安得有志之不從，以待「又敬」之再諫乎？以本文推之，大義炳然。惜乎問者之不能引伸以相長於斅學也。

二〇

子之諫親，只爲不忍陷親於惡，故須權以審乎輕重。內則云「與其」、云「寧」者，正人子處變之時，千回百折，熟思審處來底。以此，益知朱子所云「驀地做出來」底，不在諫例。「驀地做出來」底，其惡必淺，較之怙過愎諫，而撻子流血以賊父子之恩，則彼輕而此重矣。卽至忽然一棒打死一人，雖於常情見其大，然亦只是過誤殺人，不陷重辟，鄉黨州閭亦且憐之，不得云「得罪於鄉黨」。故孟子亦唯立一竊負而逃之法，以惡出無心，不可責善以賊恩，而業已殺人，諫亦無益也。

假使因酗酒而誤殺，則固有可諫之幾在。其平日痛飲無節，使酒妄怒時，正好預陳酒中或有誤殺之害，卻於彼時則須垂涕泣以盡其辭。「不怨」云者，不以己之被撻痛楚爲怨也。不怨而後諫之再三不已，怨則不復諫矣。若親方將陷於惡，已乃歡容笑口，緩頰而談，則豈復有人之心哉？

二

西山推「幾諫」之義，而及於天子、諸侯之子，此未嘗審之於義也。天子、諸侯之子，卻無諫諍之禮。所以內則但云「得罪於鄉黨州閭」，非文有所遺，待西山之補疏也。天子、諸侯之有過，自公卿以至於矇瞍、工輿，不患諫者之無人矣。所以世子自問安視膳之外，皆非其職。朝廷之政，既非其所與聞；宮壼之閒有所失德，則正爲嫌隙窺伺之府。夫以救過以全恩之不暇，而敢以空言激成實釁，以賊父子之仁哉？卽其萬不得已而有所言，必其關於君身之安危，亦以情而不以理。若如西山所云「得罪於天下」者，固非青宮之所得與聞也。

蓋天子、諸侯之子，於其父有子道，抑有臣道；當世及之天下，則又有先後相承、時位相逼之道。既不患諫諍之無人，是可藉手以全恩矣，何事效草野之倨侮，以犯危疑耶？

漢明帝「河南、南陽不可問」之對，亦偶爾與聞，微言以釋上怒耳，初非諫也。然且以成君父易儲之過，疑於炫才以奪嫡，不得與叔齊同其仁矣。若懿文太子之懷疑以致夭折，非不遇明主慈父，且以召過傷恩，釀再世之禍，況其下此者乎？故曰「爲人臣子而不知春秋，守經事而不知宜，遭變事而不知權」。權者，輕重之所取定也。

夫曰「諫」而必曰「不從」，曰「勞」，則諫之至於不從而且勞者，固其恆也。特在士庶之家，則父母有不順之志，所發露而見端者，止此兄弟僕妾之儔，無相乘以取厚利之事。其在天子、諸侯，則屬垣之耳，傾危伏焉。志一見端，將李泌所謂「就舒王而獻首謀」者，於此起矣，況「不從」之，且至於「勞」也？

士庶之子，撻而已矣，撻而流血而已矣。夫人卽以非道撻其子，卽至於流血，而要非其過之大者。以權之於「得罪於鄉黨州閭」，其爲善惡、利害，皆彼輕而此重。若天子、諸侯之於子，而豈徒爾哉？小者爲宜臼，而大者爲申生。要亦一怒也，亦一撻也。以惡言之，則戕國本以危宗廟。雖有他惡，曾莫得與比重。以害言之，則小者爲晉之亂，而大者爲西周之亡。亦害之莫有重焉者也。故士庶之子，以不諫而陷親於不義；天子、諸侯之子，正恐以諫而陷親於大惡。故曰「處變事而知權」，言其(其)輕重之審也。內則之云「與其」、云「寧」者，亦審乎輕重之詞也。

士庶之子，蒙撻流血而道在不怨，則以撻子流血，親之過小者也。天子、諸侯之子，蒙怒見廢，則親之過大矣。親之過大而不怨，是爲不孝，孟子於小弁，言之詳矣。不審其始，冒昧以諫，卒逢親怒，禍首宮庭，怨耶？不怨耶？其又何以自靖耶？

聖人酌權以立萬世之經，故不爲天子、諸侯立以子諫父之禮。蓋親而賢也，則端人正士自盡其讜言，而無待於子。若其不賢也，則可使有誅逐諫臣之事，而不可使搖國本以召天下之兵端。嫌疑之際，微子且不能效諸不肖之弟，而況子之於親乎？西山不知春秋之義，以士庶例天子、諸侯，將使仁而陷於愚，義而流於訐，啓不善讀書者無窮之害。故君子之立言，不可不愼也。

二二

雙峰云「聖人言常不言變」，看得聖人言語忒煞小了。流俗謂「儒者當寘之高閣，以待太平」，皆此等啓之也。

聖人一語，如天覆地載，那有滲漏？只他就一事而言，則條派原分。子曰「不遠遊」，但以言遊耳，非槩不遠行之謂。遊者，遊學、遊宦也。仕與學雖是大事，卻儘可從容著，故有閒遊之意。若業已仕而君命臨之，如蘇武之母雖存，匈奴之行，十九年也辭不得。蓋武之行原非遊比也。遊固常也，卽銜君命而遠使，亦常也，何變之可言而聖人不言哉？至於避仇避難，則與父母俱行；若商賈之走四方，所謂「禮不下於庶人」：非所論也。「父母在不遠遊」，一言而定爲子者之經，何有變之未盡？

二三

馮氏以「講說」釋「言」字，可補集註之疎。有講說則必有流傳，故從千百年後，而知其

「言之不出」。若日用之閒有所酬答，措施之際有所曉譬，則古人言之煩簡，夫子亦何從而知之？

孟子說「見知」、「聞知」，皆傳道之古人也。太公望、散宜生既無傳書，伊尹、萊朱所作訓誥，亦皆因事而作，不似老、莊、管、呂，特地做出一篇文字。叔孫豹曰「其次有立言」，至春秋時習尙已然，而古人不爾。「耻躬之不逮」者，不逮其所撰述之理，非不踐其所告語之事，本文自明。朱子云「空言無實」，「空言」字從夫子「我欲託之空言」來，明是說著述。范氏「出諸口」一「口」字，便有病。

此章與孟子「人之患在好爲人師」一理，卻與「仁者其言也訒」不同。辭之多寡靜躁，繫於存心；著述之有無，則好名、務實之異。古人非必存心之皆醇，特其務實之異於後世耳。

二四

行道而有得於心之謂「德」，唯行道之所得者爲「不孤」。若只依附著道，襲取而無所得，則直是浮游於倫物之際，自家先不關切，而聚散無恆，物亦莫之應矣。

「德」在心，「不孤」在物。到此痛癢相關之處，名言將窮。所以陳新安著個「天理自然之合」六字，大槩說來，微妙親切。伯夷便必有叔齊，太伯便必有仲雍。乃至蕭、曹，丙、魏，自爾相成。若謝靈運，儘他說「忠義感君子」，畢竟無助之者。

此與「堯、舜帥天下以仁而民從之，桀、紂帥天下以暴而民從之，其所令反其所好而民不從」，意旨正同。故朱子以小人之德反證，以驗其理之同，則亦大學桀、紂帥暴民從之義爾。讀小註當分別活看，大率類然。

二五

「德不孤」是從原頭說起，朱子所謂以理言是也。唯有其理，斯有其事。不然，則古今俱爲疑府，如何孔子之門便有許多英材？事既良然，而所以然者不易知也，則唯德之不孤也。

至於德之所以不孤，則除是孔子見得親切，說得如此斬截；不但有上觀千古、下觀萬年識量，而痛癢關心之際，直自血脈分明。鄰者，「如居之有鄰」，偶然相遭而遂合，非有心招致之也。其爲德先於天則志動氣，其爲德後於天則氣動志，特不可爲無德者道耳。所以集註云「故有德者必有其類」。於「德不孤」之下添箇「有德者」，集註之補帖精密如此類者，自不可粗心看過，方信得有德者必有鄰之上，有德本不孤的道理。

易云「同聲相應，同氣相求」，人也；又云「水流溼，火就燥」，天也。水無心而赴溼，溼亦無心而致水；火無心而趨燥，燥亦無心而延火。到此處，說感應已差一層，故曰「天理自然之合」。乃近海之區，一勺之水，亦自達於海；枯暵之候，一星之火而焚林。與夫黃河經萬里堅燥之壤以赴海；通都大邑，火發旣烈，則溼薪生芻，亦不轉盼而灰飛。前者氣動志，而後者志動氣，其歸一也。

蓋德之深淺，與時之難易，亦天理自然之消息，而伯夷能得之叔齊，季札不能得之闔廬，不足疑也。要其爲「德不孤」之理，聖人則已洞見之矣。

論語中，唯言及德處爲不易知。「爲政以德」，則「譬如北辰，居其所而衆星共之」，此又驀地說箇「德不孤」，皆夫子搬出家藏底珍寶，大段說與人知。知者知其所以然，不知者可以知其必然而已。嗚呼，難言之矣！

公治長篇

一

除孔子是上下千萬年語，自孟子以下，則莫不因時以立言。程子曰「曾點、漆雕開已見大意」，自程子從儒學、治道晦蒙否塞後作此一語，後人不可苦向上面討滋味，致墮疑網。蓋自秦以後，所謂儒學者，止於記誦詞章，所謂治道者，不過權謀術數，而身心之學，反以付之釋、老。故程子於此說，吾道中原有此不從事跡上立功名，文字上討血脈，端居無爲而可以立萬事萬物之本者。爲天德、王道大意之存，而二子爲能見之也。

及乎朱子之時，則雖有浙學，而高明者已羞爲之，以奔鶩於鵝湖，則須直顯漆雕開之本旨，以閑程子之言，使不爲淫辭之所託，故實指之曰，「『斯』指此理而言」。恐其不然，則將有以「斯」爲此心者，抑將有以「斯」爲眼前境物、翠竹黃花、燈籠露柱者。以故，朱子於此，有功於程子甚大。

而又曰「夫子說其篤志」，則以夫子之門，除求、路一輩頗在事跡上做去，若顏、閔、冉、曾之徒，則莫不從事於斯理，固不但開爲能然；而子之所以說開者，說其不自信之切於求己，而非與程子所謂「見大意」者同也。

朱子謂「未能決其將然」，陳氏謂「工夫不到頭，止於見大意」，下語自實。春秋之世，夫子之門，其爲俗儒者正少，必不得已而以子路、冉有當之，然其視蕭、曹、房、杜，則固已別矣。卽至劉子，也解說「民受天地之中以生，威儀所以定命」。則當時士大夫風味習尙可知，而「見大意」者，豈獨一開哉？

上蔡云「不安於小成」，成者亦事功之成也，而事功必有本領。朱子於此，卻以仁義忠孝帖出，直是親切。若朱子又云「推其極只是性」，則原程子言外之旨，原有「性學」二字，以別於俗儒、俗吏之學，故爲引伸以推其極至如此。若漆雕開言「斯」之時，初未嘗卽含一「性」字在內。

仁、義、忠、孝，固無非性者，而現前萬殊，根原一本，亦自不容籠統。性卽理也，而有於「性」學者，抑有於「理」學者。易曰「窮理盡性以至於命」，固已顯分差等。性藏夫理，而理顯夫性，故必窮理而乃以盡性，則自明誠者，所以不可躐等夫自誠明之天道。學必有其依，性必有其致。然則開之求信者，亦但於事言理，初未於理言性。卽其言而熟繹之，當自知其所指矣。

程子之言，有爲而言也。從俗儒、俗吏風尙浮詭之餘，而悠悠然于千載之上，有開與點，求諸此心、此理以爲仕學，程子所爲當諸心，而見其可說也。開之言，非有爲而言也。當洙、泗敎隆之日，才可有爲，而略小以圖大，欿然求諸己以必其無不信者，則所爭者在矢志之厚薄敬肆，而不在事理之精粗。斯朱子「說其篤志」之言爲尤切也。

朱子固欲表章程子之說以正聖學而絀事功，是以存其言，而顯其實曰「性」；亦恐性學說顯之後，將有以「三界惟心，自性普攝」之邪說，文致此章「信斯」之旨，是以別之曰理、曰篤志、曰仁義忠孝，反覆於異同之閒，而知良工之心獨苦矣。讀者毋驚其異而有所去取，抑毋强爲之同，如雙峰之所附會者，則可無負先儒矣。

二

程子曰「浮海之歎，傷天下之無賢君也」，只此語最得。慶源不省程子之意，而云「憤世長往」，則既失之矣。至胡氏又云「無所容其身」，則愈謬甚。無所容其身者，則張儉之望門投止是已，而夫子豈其然！道雖不行，容身自有餘地也。若云「憤世長往」，則苟其欲隱，奚必於海？自衞反魯以後，夫子固不仕矣，何至悻悻然投身於無人之境而後遂其志哉？

程子傳春秋，於魯桓公及戎盟而書「至」，發其意曰「此聖人居夷浮海之意」。蓋謂聖人傷中國之無君，欲行道於海濱之國也，豈長往不返如管寧之避兵耶？海値魯東費、沂之境，其南則吳、越，其北則九夷、燕，其東則朝鮮、追貊。聖人不輕絕人，故亦聊致其想望。然夷之於越，終視諸夏爲難化，斯反覆思之，要不可輕舍中華以冀非常之事，則裁度事理，不得徒爲苟難者也。子路勇於行道，不憚化夷之難，故曰「好勇過我」。或謂好勇爲勇退，則仕衞輒、使子羔之子路，豈勇退者哉？

三

臧文仲不仁者三，不知者三，繇其不善之積成，著而不可揜，則但據此六者，而其人之陷溺於惡已極矣。此六者是文仲相魯下很手、顯伎倆處，此外尚其惡之小者。故夫子他日直斥其竊位，而春秋於其告糴，特目言其罪。安得有如吳氏所云「善者多」哉？

若子產有君子之道四，其四者則脩己、治人、敦倫、篤行之大德也。子產之於君子，其不得當者，蓋亦鮮矣。吳氏揚積惡之臧辰，抑備美之子產，吾不知其何見也！

若區區於「三」「四」兩字上較全缺，則人之不善者，豈必千不仁、萬不知之可指數；而夫子云「君子之道四」、「君子道者三」，亦爲闕陷之詞耶？

臧孫之惡，若躋僖下展，隨得其一，卽天理蔑盡；居蔡之事，猶其小者，特以徵其昏迷狂妄之本耳。以其躋僖公之心，得當爲之，弑父與君可也。以其下展禽之心，使宰天下，李林甫、史彌遠蔑以加也。若子產，自三代以上人物，垂、益、呂、散之流亞，自非吳氏章句之智所知。

四

「不知其仁」，是說當時人物有屬望之意，言不決絕。「未知，焉得仁」，則心既不可知，迹猶不可許，故直曰焉得而謂之仁，是竟置之不仁之等矣。故集註向後補出「不仁可見」一段，原非分外。其云「所謀者無非僭王猾夏之事」，找定他君臣之閒，新舊之際，所爲忘榮辱、忘恩怨者，只要大家一心攛掇教楚做個亂首。而文子仕齊，既不討賊，未幾而復反，則避亂之意居多，亦自此可見。唯然，故夫子決言之曰「焉得仁」，猶言「焉得儉」、「焉得剛」也。

乃所以必云「未知」者，非但聖人不輕絕人之德，而於理亦自有難以一槩言者。據此，二子大體，則是不仁。特此二事，或其去位之際，避難之時，偶然天理發見，而子文前之所謀僭王猾夏之志，因而脫然如失，文子後日之復反於齊，仍與崔、慶同列者，亦持守之不足，轉念爲之，而非其初心；乃若當事一念，則與乍見孺子入井之惻怛同其發現。故不能直斥此二事之不仁，而以「未知」疑之。

然使其當事一念，卽無所私而發於天理，要爲仁之見端而非卽仁，況其猶在不可知之天者乎？子文只是盡心所事，文子只是利祿情過輕。遇著平居時，兩件無所見長，則敗缺盡見；一莅乎變，恰恰好敎者忠、清露穎而出，故一似中當事之理而若無私，然亦一事之忠、清而已。若夷、齊之清，比干之忠，卻千回萬折，打疊到天理人心極處，纔與他箇恰好底忠、清。故箕子之與比干言者，曰「自靖，人自獻于先王」；夫子之論夷、齊，曰「求仁而得仁」；明其非信著一往之志氣，一直做去便好。子文心有所主，故事堪持久，而所失愈遠；文子心未有主，故驀地暢快，且若無病，而後不可繼。託體卑小，而用乘於偶然，其與全體不息以當理而無私者，直相去如天淵矣。

繇此思之，則程子有云「聖人爲之，亦止是忠、清」者，或亦砭門人執事忘理之失，而非允論也。聖人之去位而不慍、辭祿而不吝者，必不可以忠、清盡之。乃聖人之所爲者，則亦必不同於二子。使聖人而爲子文，其所告於僚友者，既萬不如子文之所告矣。使聖人而爲文子，則不但以棄十乘爲高，而前乎所以消弑逆之萌，後乎所以正討賊之義者，其必有爲矣。則聖人之所以爲聖人者，正以不爲二子之所爲，而豈可云爲之亦但忠、淸也哉？

仁、不仁之別，須在本體上分別，不但以用。然有其體者，必有其用，則聖人之異於人者，亦可於用徵之，而非其異以體者有同用，異於德者有同道也。曾聖人而僅忠、淸也乎？凡小註所引程子之說爲集註所不收者，大抵多得理遺事之論，讀者分別觀之可也。

南軒所云「類此」二字，較爲精密；而又云「不妨」，則亦有弊。聖人正於此等去處見仁之全體大用，豈但不妨而已耶？

五

程子言思，在善一邊說，方得聖人之旨。那胡思亂想，卻叫不得思。洪範言「思作睿」，孟子言「思則得之」。思原是人心之良能，那得有惡來？思者，思其是非，亦思其利害。只緣思利害之思亦云思，便疑思有惡之一路。乃不知天下之工於趨利而避害，必竟是浮情囂氣，趁著者耳目之官，揀肥擇軟。若其能思，則天然之則，卽此爲是，卽此爲利矣。故洪範以思配土。如「水曰潤下」，便游移不貞，隨地而潤，隨下而下。若「土爰稼穡」，則用必有功也。

季文子三思而行，夫子卻說「再斯可矣」，顯然思未有失，而失在三。若向利欲上著想，則一且不可，而況於再？三思者，只是在者一條路上三思。如先兩次是審擇天理，落尾在利欲上作計較，則叫做爲善不終，而不肯於善之一途畢用其思，落尾掉向一邊去，如何可總計而目言之曰三？

後人只爲宣公篡弒一事，徯落得文子不值一錢。看來，夫子原不於文子施誅心之法，以其心無可誅也。金仁山摘其黜莒僕一事，爲奪宣公之權。如此吹毛求疵，人之得免於亂賊者無幾矣。

文子之黜莒僕，乃其打草驚蛇之大用，正是一段正氣之初幾，爲逆亂之廷作砥柱。到後來不討賊而爲之納賂，則亦非但避一身一家之禍，而特恐其不當之反以誤國，故如齊以視彊鄰之從違而爲之計。文子始終一觀釁待時之心，直算到逐歸父之日，是他不從賊一大結果。看來，做得也好，幾與狄梁公同。

且弒嗣君者，仲遂也，敬嬴也，非盡宣公也。屈之於宣公，而伸之於東門氏，亦是義理極細處。宣公亦文公之子也。惡、視既死，而宣公又伏其辜，則文公之血脈摧殘幾盡矣。故文子於此熟思到底，也在義理上遲回審處。不然，則妾不衣帛，馬不食粟，遇苕丘之難而不屈，豈懷祿畏死而甘爲逆黨者哉？特其圖畫深沈，作法巧妙，而非居易俟命之正道，則反不如逐莒僕時之忠勇足任爾。

其對宣公之詞曰「見無禮於君者，誅之如鷹鸇之逐鳥雀也」，又曰「於舜之功二十之一」，皆諷宣公以誅仲遂。仲遂誅，則宣公固不妨如叔孫舍之得立也。宣公既不之聽，便想從容自下手做。乃以夫子「再斯可矣」之義處之，則當亟正討賊之詞，卽事不克，此心已靖，而不必決逐東門之爲快耳。除聖人之大中至正，則文子之與溫太眞、狄梁公，自是千古血性人，勿事輕爲彈射。

六

凡爲惡者，只是不思。曹操之揣摩計量，可謂窮工極巧矣，讀他讓還三縣令，卻是發付不下。緣他迎天子都許時，也只拚著膽做去，萬一官渡之役不勝，則亦郎當無狀矣。又如王莽於漢，也只乘著時勢莽撞，那一事是心坎中流出的作用，後來所以一倍惷拙可笑。三代而下，唯漢光武能用其思，則已節節中理。掣滿帆，入危地，饒他姦險，總是此心不靈，季文子則不然。後世唯魏相、李泌似之。益以知思之有善而無惡也。

七

緣說孔子之志大於顏子，又云氣象如天地，故不知者務恢廓以言其大，卽此便極差謬。如以人之多少、功之廣狹分聖賢，則除是空虛盡、世界盡、我願無盡，方到極處，而孔子之言，亦眇乎小矣。緣此不審，乃有老者、朋友、少者「該盡天下人」之一說，迹是實非，誤後學不淺。

且勿論夫子言老者、少者，初非以盡乎天下之老少，必須其老、其少與我相接，方可施其安之、懷之之事。而所謂朋友者，則必非年齒與我上下而卽可謂之朋友，則尤明甚。天下之人，非老、非少，林林總總皆是也。若咸以爲朋友，則屠羊酤酒之夫，亦君子之應求乎？於孺悲則無疾而言疾，於陽貨則瞯亡而往拜，如此類者，不以信朋友者信之，蓋多矣。

同門曰朋，同志曰友。同門、同志，而後信以先施也。朋友旣然，老少可知。不可與安者，亦不得而强安之；不可與信者，亦不得而强信之；不可與懷者，亦不得而强懷之。特聖人胸中，不預畜一不安、不信、不懷之心，以待此等，則已廓然大公矣。

安一老者亦安也，安天下之老者亦安也。懷一少者亦懷也，懷天下之少者亦懷也。而朋友之多寡，尤其不可强焉者也。時之所值不同，位之得爲有別，勢之所可伸者亦有其差等。聖人本兼小大、多少而爲言，而其不可施吾安、信、懷者，正如天地之化有所不能生成而非私耳。

特在爲老、爲少，則原爲愛敬、哀矜之理所託，故親疎雖有等殺，而卽在疎者，苟與吾以事相接，亦必酌致其安之、懷之之心。若其非老、非少，則非愛敬所宜加隆、哀矜所宜加厚者。其爲塗之人也，雖與我名相聞而事相接，終亦塗之人而已矣。終爲塗之人，則吾忠告善道、鶴鳴子和之孚，自不容於妄投。故夫盡天下之人，苟非朋友，特勿虞勿詐而已足矣。信之者，豈但勿虞勿詐而已哉？言必以情，事必加厚，踐之於終，必其循而無違於始也。

安、信、懷者，施之以德也，非但無損於彼之謂也。如天地之有明必聚於日月，五性之靈必授於人，而禽獸艸木不與焉。卽此可想聖人氣象與造化同其撰處。若云盡天下之人，非安卽信，非信卽懷，汎汎然求諸物而先喪其己，爲墨而已矣，爲佛而已矣。善觀聖人氣象者，勿徒爲荒遠而失實也。

八

子路願共敝裘、馬，顏子願無伐、無施，其氣象不如夫子之大處，正在消息未到恰好地。老、少、朋友三者，已分節目，而三者之外，尤爲一大界限，所以體不失而用不匱。張子西銘一篇，顯得理一分殊，纔與天道聖性相爲合符。終不可說會萬物爲一己者，其唯聖人也。出釋氏肇論。

讀四書大全說卷五　論語

雍也篇

一

說「居敬則行自簡」，亦天理自然之相應者。如湯之「聖敬日躋」，則其寬仁而不苛責於民，固條理之相因，無待已敬而又別求簡也。故朱子曰「程子之言，自不相害」，集註雖不用其說，而必存之。

然繇敬得簡者，敬德已成之功也。若方事居敬之始，則不得不用力於敬；用力於敬，則心已密，而是非得失之不自欺者，必無小、無大、無人、無己而不見其一致，則且不安於簡而至於求物已煩者多矣。故不得不將居於己與行於民者，分作兩事，而一以敬、一以簡也。程子怕人將敬、簡分作兩橛，則將居以仲弓、行以伯子，而血脈不相貫通，故要其極致而言之，謂敬則必簡，以示敬德之大，坤之直方所以不習而無不利者，天德、王道之全也。朱子則以南面臨民，居雖其本，而行乃其實；既不容姑待我敬德之充實光輝而後見諸臨民之事，則持己以敬，御人以簡，兩者之功，同時並舉，斯德以嚴而日成，敎以寬而漸喩，不躐求之於理之一，而相因於分之殊，此脩天德、行王道之津涘也。

仲弓只是論簡，而於簡之上更加一敬，以著脩己治人之節目不可紊亂，則「居簡而行簡」者病也，居敬而責人以敬者亦病也。簡爲夫子之所已可，故其言若歸重於敬，而實以論簡之可；則在簡者必求諸敬，而不能簡者，其規模之狹隘，舉動之瑣屑，曾不足以臨民，又不待言矣。仲弓蓋就行簡者進求純粹之功，非驀頭從敬說起，以敬統簡之謂。求之事理，求之本文，知朱子之說，視程子爲密切矣。

二

自天子以至於庶人，無不以居敬爲德，敬者非但南面之所有事也。行簡則唯君道宜然。唯君道爲然，則仲弓之語，於行簡上進一步說居敬，實於君子之學，居敬上更加一法曰行簡也。

且如「畜馬乘，不察於鷄豚」，雖以遠利，若在命士以下，卽與料理，亦未必不爲敬而爲煩。蓋就非南面者而言之，則只是敬；敬德之成，將有如程子所云「中心無物」者，自然一切可已而不已之事，不矜意肆志去攬著做。若其爲南面也，則不待矜意肆志以生事，而本所應求於民之務，亦有所不可責備。

只此處規模自別，故曰理一而分殊。窮居之不簡，必其所不當爲者；若所當爲，本自不煩。帝王，則所當爲者固有不得盡爲者矣；直到無不敬而安所止田地，方得以其易知簡能者統馭天下，如一身一家之事。若其未逮於此，但以窮居獨善之居行而心中無物者試之人上，恐正不能得簡也。

仲弓且未到「從心不踰矩」地位，故夫子於見賓、承祭之外，更須說不欲勿施，使之身世兩盡，寬嚴各致。程子遽以一貫之理印合之，則亦未免爲躐等矣。

三

直到伯子不衣冠而處，大不可地位，以之治民，自亦無不可。若君人者必使其民法冠深衣，動必以禮，非但擾民無已，而勢亦不可行矣。到行於民處，豈特仲弓之行簡無以異於伯子，即五帝、三王亦無異也。

兩「行簡」字，更無分別。伯子有得於名法之外，則必不以自弛者張之於民，於以治人，人且易從，故夫子曰「可也」，言其亦可以南面也。居者，所以自處也；行者，行之於民也。

程子似將居屬心、行屬事看，此王通「心、跡之判」，所以爲謬。假令以堯、舜兢業之心，行伯子不衣冠之事，其可乎？

出令於己曰行，施令於民曰臨。臨者即以所行臨之也。「居敬而行簡以臨其民」，猶言自治敬而治人簡也。謂自治敬則治人必簡，亦躐等在；須到「協和萬邦，黎民於變時雍」時，方得貫串。夫子曰「可使南面」，仲弓曰「不亦可乎」，下語俱有斟酌，且不恁地高遠。

四

居敬既不易，行簡亦自難。故朱子以行簡歸之心，而以呂進伯爲戒。看來，居敬有餘，行簡不足，是儒者一大病痛；以其責於己者求之人，則人固不勝責矣。且如醉飽之過，居處之失，在己必不可有，而在人必不能無。故曰「以人治人」，不可執己柯以伐人柯也。曹參飲酒讙呼以揜外舍吏之罪，則先已自居不敬，固爲不可。若置吏之喧豗於不問，以徐感其自新，亦奚病哉！欲得臨民，亦須着意行簡，未可卽以一「敬」字統攝。

五

朱子既云「不遷怒、貳過，是顏子好學之符驗」，又云不是「工夫未到，而遷怒貳過只且聽之」，只此處極不易分曉。朱子苦心苦口，左右怕人執語成滯；總爲資質魯鈍人，須教他分明，而道在目前，舉似卽難。後人讀書，正好於此左疑右礙處，披沙得金，若未揀出，直是所向成棘。

蓋不遷怒者，因怒而見其不遷也；不貳過者，因過而見其不貳也。若無怒、無過時，豈便一無所學？且舍本以治末，則欲得不遷而反遷，欲得不貳而又貳矣。故曰「卻不是只學此二事。不遷不貳，是其成效」。然無怒無過時，旣有學在，則方怒方過時，豈反不學？此扼要處放鬆了，更不得力。故又曰「但克己工夫未到時，也須照管」。總原要看出顏子心地純粹謹嚴、無間斷處，故兩說相異，其實一揆。易云「有不善未嘗不知」，此是克己上的符驗；「知之未嘗復行」，是當有過時工夫。可見亦效亦功，並行不廢。

以此推之，則不遷怒亦是兩層該括作一句說。若是無故妄怒於所不當怒者，則不復論其遷不遷矣。怒待遷而後見其不可，則其以不遷言者，必其當怒者也。怒但不遷而卽無害於怒，效也；於怒而不遷焉，功也；則亦功、效雙顯之語也。然夫子於顏子旣沒之後，追論其成德，則所言功者，亦已成之詞矣。

朱子不說效驗之語，爲問者總把這兩件說得難，似無可下手處，而一聽之克己旣熟之後，則直忘下臨幾加愼一段工夫，故不嫌與前說相背。

而集註云「顏子克己之功，至於如此」八字，下得十成妥穩，更無滲漏。其言「至於如此」，則驗也；而其曰「功」者，則又以見夫雖不專於二者爲學，而二者固有功焉，則不可言效至如此而必言功也。

此段唯黃勉齋說得該括精允。所云「未怒之初，鑑空衡平；方過之萌，瑕纇莫逃」，是通計其功之熟也。其云「旣怒之後，冰消霧釋；旣知之後，根株悉拔」，則亦於怒與過加功，而非坐收成效之謂矣。嗚呼！此勉齋之親證親知，以踐履印師言而不墮者，爲不可及也。

六

自爲學者言，則怒與過是己私將熾時大段累處，喫是要緊，故卽此正當用力。自顏子言，則不遷、不貳，是天理已熟，恰在己私用事時見他力量，則未過未怒時，其爲學可知已。克己之功，「非禮勿視，非禮勿聽，非禮勿言，非禮勿動」。所謂非禮者，於物見其非禮也，非己之已有夫非禮也。若怒與過，則己情之發，不繇外至矣。外物雖感，己情未發，則屬靜；己情已發，與物爲感，則屬動。靜時所存，本以善其所發，則不遷、不貳者，四勿之驗也。所發不忒於所存，而後知所存者之密，而非託於虛矣。

動靜不可偏廢。靜有功，動豈得無功？而此所謂動者，則又難乎其爲功者也。餘怒不忘，卽已是遷。後過之生，不必與前過爲類，無此過，更有彼過，亦是貳。到此地位，豈是把捉可以取效？顏子之學，已自篤實而光輝矣。「篤實光輝」四字，方形容得他出。

蓋學之未至者，天理之所著，自在天理上見功，不能在己私上得力。怒，情也，又情之不平者也。過則又不待言矣。情者，己也。情之不平者，尤己之不能大公者也。故怒與喜同爲情，而從出自異。凡喜之發，雖己喜之，而必因物有可喜，以外而歆動乎中者也。若怒之發，則因乎己先有所然、有所不然，物觸於己之所不然而怒生焉。故天下之可怒者未必怒，而吾情之所怒者非必其可怒。雖等爲可怒，而見盜則怒，見豺狼蛇蝎則惡之，畏之，而怒不生；豈非己先有怒，而不徒因其能爲人害也哉？

己先有怒，則不因於物；不因於物，故物已去而怒仍留，遷之所自來也。故人有遷愛，無遷喜；無遷哀，而有遷怒。喜因物，則彼物與此物殊，而雖當甚喜，有怒必怒。怒在己，則物換而己不換，當其盛怒，投之以喜而或怒也。感乎物而動己，則外拒而克之易；發乎己而加物，則中制而克之難。故克己之功，必驗之怒而後極焉。

因於己則怒遷，因於物則怒不遷。喜怒哀樂，本因於物；昏者不知，以己徇物，而己始爲害。故廓然知其因於物，則卽物之己可克矣。而以其本因於物，則蕩而忘反之己，較易知而易克。怒因於己，不盡因物，而今且克之使因於物，則固執之己私，亦蕩然而無餘矣。

夫在物者天理也，在己者私欲也。於其因於己而亦順於天理之公，則克己之功，固蔑以加矣。是豈非靜存之密，天理流行，光輝發見之不容掩者哉？故以知顏子之功爲已至也。

怒與過，總是不容把制處。所以然者，則唯其皆成於己也。過者，亦非所遇之境必於得過也，己自過也。己有過，而誰知之乎？知之，而誰使之不復行乎？夫人之有過，則不自知也，雖知之而未嘗自懼其復行。既不以爲懼而復過者，固然矣。假令他人之有過，則無不知也，則無不疑其後之復然也。有過而知，知而不復行，此非以大公之心，視在己者如其在人而無所迷，因以速知其不可而預戒於後者，詎能然乎？蓋以己察人之過者，是非之心，天理之正也。卽奉此大公無私之天理以自治，則私己之心，淨盡無餘，亦可見矣。

夫子於此，直從天理人欲，輕重、淺深，內外、標本上，揀着此兩項，以驗顏子克己之功至密至熟、發見不差者而稱之。非顏子不能以此爲學，非夫子亦不深知如此之爲好學，非程、朱二子亦無以洗發其本原之深，而豈易言哉！若於怒於過，雖功未至而必有事，則爲初學者言，正未可盡不遷不貳之德也。

七

情中原有攻取二塗：喜，取於彼也；怒，以我攻也。故無濫取者，易於屬厭；無妄攻者㊀，發不及收。攻一因物之可攻，而己無必攻之心，則克己之功，豈不至乎！

取緣己之不足，攻緣己之有餘。所不足、所有餘者，氣也，非理也。氣不足，則理之來復易；氣有餘，則將與理扞格而不受其復。唯奉理以御氣，理足在中而氣不乘權，斯可發而亦可收，非天理流行充足者不能也。

理居盈以治氣，乃不遷怒；理居中以察動，乃不貳過。慶源所云「遇怒則克，遇過則克」，是志學事。朱子所云「全在非禮勿視、聽、言、動上」，是「適道」與「立」事。「遇怒則克，

㊀「無妄攻者」，「無」字疑誤。

遇過則克」，不怒、不過時，又將如何？此慶源之言所以使人學爲顏子，而朱子之言則顏子之學爲聖人也，其亦有辨矣。

八

「遇怒則克，遇過則克」，克不得，不成便休？又豈只痛自悔艾於無已乎？固知朱子之言四勿，正與慶源一下手處。然人亦有依樣去視、聽、言、動上循禮而行，卻於怒、過乘權時不得力；則正好因此遷、貳之非幾，以生警省而自求病根。故慶源之說，亦不可廢。

此項須困心衡慮，到克不去時，方知四勿之功是如此做，而悔悟夫向之從事於視、聽、言、動者，徒描模畫樣，而不足與於復禮之學也。故可因怒、因過以生其篤志，而功則不盡於此。

九

小註朱子答問中，有「聖人無怒」一語，多是門人因無過之說而附會成論，非朱子之言也。集註引舜誅四凶一段，明說聖人亦但不遷怒耳。喜、怒、哀、樂，發皆和也，豈怒獨無必中之節哉？鯀爲禹父，又位在八議之條，豈舜恬然愉然而殛之，如伐惡木、除蕪草相似？孔子歷階而升，以責齊侯，命樂頎、申句須下伐郈人時，當自不作謝安圍碁賭墅風味。此方是天理大公，因物付物之正。朱子嘗曰「談笑殺人，斷乎不可」，則豈有聖人無怒之理哉？

怒者緣己之有餘。氣有餘者，衆人之怒也；理有餘者，聖人之怒也。其以攻己之所異，則一而已矣。今不敢謂顏子之無異於聖，然不遷怒者，聖學之成，聖功之至也。顏子非學聖而何學？學而不與聖人合，何云好學？區區於此較量淺深，固矣夫！

一〇

莊子說列禦寇「食豕如食人」，釋氏說「我爲歌利王割截支體時，不生我見、人見」，所謂「聖人無怒」者，止此而已矣。春秋書「楚世子商臣弑其君頵」，只此九字，千載後如聞雷霆之迅發！

一一

許衡云「顏子雖有心過，無身過」，甚矣，其敢以愚賊之心誣聖賢也！

橫渠云「慊於己者不使萌於再」。慊者，心慊之也，而心之所慊者，則以心而慊其身之過也。心動於非，迷而誰覺之乎？心之有惡，則謂之慝，不但爲過。若其一念之動，不中於禮，而未見之行事，斯又但謂之此心之失，而不成乎過。過者有迹者也，如適楚而誤至於越也。失則可以旋得，過則已成之迹不可掩，而但懲諸將來以不貳。倘於心旣有不可復揜之愆，徒於容貌動作之間，粉飾周遮，使若無瑕疵之可摘，是正孔子所謂鄉原，而許衡之規行矩步，以講道學於蒙古之廷，天理民彝，不顧此心之安，徒矜立坊表、炫人耳目、苟免譏非者。衡之所以爲衡者此也，而顏子其然乎？

蓋唯顏子心德已純，而發見於外者，不能幾於耳順、從心之妙，則如曾子襲裘而弔之類，言動不中於禮者，時或有之；乃其心體之明，不待遲之俄頃，而卽覺其不安，是以觸類引伸，可以旁通典禮，而後不復有如此之誤矣。

衡云「無身過易」，何其談之容易也！心者，性情之所統也，好學者之所得而自主也。身者，氣稟之所拘，物交之所引者，形質爲累，而患不從心。自非盛德之至，安能動容周旋而一中於禮！故以曾子之臨深履薄，而臨終之頃，且忘易大夫之簀。衡乃云「無身過易」，吾以知其心之久迷於流俗，而恃其「非之無舉，刺之無刺」者爲藏身之僞術矣。

總以大賢以上，於性見性易，於情見性難；不遷怒，則於情而見性。於道見道易，於器見道難；不貳過，則於器而見道。此以爲天理渾然，身心一致者也，而豈悖天理、亂民彝之許衡所得知哉！

一二

「三月不違仁」，夫子亦且在顏子用功上說。「其心」二字，是指他宅心如此。如以心體之成效言，則與「日月至焉」者，不相對照矣。只集註數語精切不差，程、張之說亦未得諦當。諸小註只向程、張說處尋逕路，則愈求愈遠。

集註言「能造其域」，謂心至仁也，非謂仁之來至也。從其不閒而言，則謂之「不違」；從其有依有違而言，則謂之「至」；而當其「至」，與其「不違」則亦無所別。勉齋云「心爲賓，在仁之外」，幾幾乎其有言說而無實義矣。

註言「無私欲而有其德」，究在「有其德」三字上顯出聖學，而非「煩惱斷盡卽是菩提」之謂。西山云「諸子寡欲，顏子無欲」，則寡欲者斷現行煩惱之謂，無欲者斷根本煩惱之謂。只到此便休去、歇去，一條白練去，古廟香爐去，則亦安得有聖學哉？

以此思之，則朱子所謂「仁爲主，私欲爲客」，亦擇張子之語有所未精，而與「見聞覺知只許一度」者相亂。朱子「知至意誠」，不是配來話。此等處，唯朱子肯盡情示人，程、張卻有引而不發之意。

孔顏之學，見於六經、四書者，大要在存天理。何曾只把這人欲做蛇蝎來治，必要與他一刀兩段，千死千休？且如其餘之「日月至」者，豈當其未至之時，念念從人欲發，事事從人欲做去耶？此不但孔門諸賢，卽如今尋常非有積惡之人，亦何嘗念念不停，唯欲之爲汲汲哉？旣飽則不欲食矣，睡足則不欲寢矣。司馬遷說盡天下之人奔走不休，只是爲利，此亦流俗已甚之說耳。平心論之，何至如是？旣然，則以人欲不起爲仁者，將凡今之人，其爲日一至、月一至者，亦車載斗量而不可勝紀。李林甫未入偃月堂時，殺機未動，而可許彼暫息之時爲至於仁乎？

異端所尙，只掙到人欲淨處，便是威音王那畔事，卻原來當不得甚緊要。聖賢學問，明明有仁，明明須不違，明明可至，顯則在視、聽、言、動之間，而藏之有萬物皆備之實。「三月不違」，不違此也；「日月至焉」，至於此也。豈可誣哉！豈可誣哉！

一三

張子賓主之分，只以乍去乍來爲賓，安居久住爲主。其內外之辨，亦以所存之理應外至之感爲內，於外至之感求當然之理爲外。其云「賓」者，旣不必別立一主；其云「主」者，亦初非對待有賓。

朱子云「在外不穩，纔出便入」，亦乍來久住之別也。其借屋爲喻，亦須活看。不可以仁爲屋，心爲居屋之人；尤不可以心爲屋，仁爲出入之人；更不可將腔子內爲屋裏，腔子外爲屋外。緣張子之意，但以戒人逐事求理，事在理在，事亡理亡，說得來略帶含糊；而「賓主」二字，又自釋氏來，所以微有不妥。後人只向此處尋討別白，則愈亂矣。

顏子「三月不違仁」，也只三月之內克己復禮，怒不遷，過不貳，博文約禮，欲罷不能而已。聖學到者一步，是喫緊處，卻也朴實，所以道「闇然而日章」。更不可爲他添之，遶弄虛脾也。

一四

「三月不違仁」中有「雷雨之動滿盈」意思，故曰「唯天下至誠，爲能經綸天下之大經……肫肫其仁」。朱子鏡明之說，非愚之所敢據。若只與鏡相似，只是個鏡，鏡也而仁乎哉！

一五

紛紛賓主之論，只爲「心外無仁」四字所膠轕。不知心外無仁，猶言心中有仁，與「卽心卽佛」邪說，正爾天淵。且此「心」字是活底，在虛靈知覺之用上說。將此竟與仁爲一，正釋氏「作用是性」之狂解，烏乎可！

一六

聖人亟於稱三子之長，雙峰巧以索三子之短，而下斷案處又淺薄。學者如此以爲窮理，最是大病。且如「賜也達」，是何等地位，豈容輕施貶剝？如云達於事，未達於理，天下有無理之達乎？

一七

朱子以「有生之初，氣稟一定而不可易者」言命，自他處語，脩大全者誤編此。胡光大諸公，直恁粗莽！

伯牛不可起之疾，無論癩與非癩，皆不可歸之氣稟。以氣言，則是李虛中生尅旺廢之說；以稟言，則素問三陰三陽相法而已；君子正不以此言命。術之所可測者，致遠則泥也。如云氣稟弱茬，不足以禦寒暑風日，而感疾以劇，則洪範六極，分弱、疾、短折爲三，初非弱者之必疾，疾者之必折也。夫「莫之致而至者」命也，則無時無鄉，非可執有生之初以限之矣。氣稟定於有生之初，則定於有生之初者亦氣稟耳，而豈命哉？

先儒言有氣稟之性。性凝於人，可以氣稟言；命行於天，不可以氣稟言也。如稻之在畝，忽然被風所射，便不成實，豈禾之氣稟有以致之乎？氣有相召之機，氣實召實，氣虛召虛；稟有相受之量，稟大受大，稟小受小。此如稻之或早、或遲，得粟或多、或少，與疾原不相爲類。風不時而粟虛於穗，氣不淑而病中於身，此天之所被，人莫之致而自至，故謂之命，其於氣稟何與哉！謂有生之初，便栽定伯牛必有此疾，必有此不可起之疾，唯相命之說爲然，要歸於妄而已矣。

聖人說命，皆就在天之氣化無心而及物者言之。天無一日而息其命，人無一日而不承命於天，故曰「凝命」，曰「受命」。若在有生之初，則亦知識未開，人事未起，誰爲凝之，而又何大德之必受哉？

只此陰變陽合，推盪兩間，自然於易簡之中有許多險阻。化在天，受在人。其德，則及爾出王游衍而爲性；其福，(其)〔則〕化亭生殺而始終爲命。德屬理，福屬氣。此有生以後之命，功埒生初，而有生以後之所造爲尤倍也。

天命無心而不息，豈知此爲人生之初，而盡施以一生之具；此爲人生之後，遂已其事而聽之乎？又豈初生之頃，有可迓命之資；而有生之後，一同於死而不能受耶？一歸之於初生，而術數之小道繇此興矣。

一八

夫子說顏子「不改其樂」，賢其不改也。周、程兩先生卻且不問其改不改，而亟明其樂，其言較高一步，而尤切實。樂而後有改不改，倘無其樂，則亦何改之有哉？

不改是樂之極致，於貧而見之，樂則不待貧而固有也。學者且無安排不改，而但問其樂何如。未究其樂而先求不改，則且向「山寺日高僧未起」、「莫笑田家老瓦盆」上作生活，氣質剛者爲傲而已矣，其柔者爲慵而已矣。此所謂「樂驕樂、樂佚遊」之損者也。

一九

程子謂顏子非以道爲樂，後人卻在上面說是一是二，這便是弄風捉影語。唯朱子委實親切，故爲之易其語曰：「要之，說樂道亦無害。」蓋樂道而有害，則伊尹、孟子都是「將道爲一物而玩弄之」矣。眞西山語。

但以道爲樂雖無害，而大槩不能得樂。如嗜酒人，自然於酒而樂。若云以酒爲樂，則本非嗜酒，特借酒以消其磊砢不平之氣，到底他臨觴之下，費盡消遣。

且人若任着此情以求樂，則天下之可樂者，畢竟非道，如何能勾以道爲樂而不改！唯不先生一樂之之心，而後於道有可樂之實。此天理現前，左右逢原，從容自得之妙，豈可云「以」，而豈可云「爲」哉？以道爲樂，只在樂上做工夫，而顏子之樂，乃在道上做工夫，此其所以別也。

在樂上做工夫，便是硬把住心，告子之所以無恐懼疑惑也。在道上做工夫，則樂爲禮復仁至之候，舉凡動靜云爲，如馳輕車、下飛鳥，又如殺低碁相似，隨手輒碎，如之何無樂！如之何其改也！

二〇

要知顏子如何「不改其樂」，須看「人不堪其憂」是怎生地。或問朱子「顏路甘旨有闕時如何」，此處正好着眼。

道之未有諸己，仁之未復於禮，一事也發付不下；休說簞瓢陋巷，便有天下，也是憔悴。天理爛熟，則千條萬歧，皆以不昧於當然；休說簞瓢陋巷，便白刃臨頭，正復優游自適。樂者，意得之謂。於天理上意無不得，豈但如黃勉齋所云「凡可憂可戚之事，舉不足以累其心」哉？直有以得之矣。

二二

眞西山所云「簞瓢陋巷不知其爲貧，萬鍾九鼎不知其爲富」，一莊生逍遙遊之旨爾。簞瓢陋巷，偃鼠、鷦鷯之境也。萬鍾九鼎，南溟、北溟之境也。不知其貧，南溟、北溟之觀也。不知其富，偃鼠、鷦鷯之觀也。將外物撇下一壁看，則食豕食人、呼牛呼馬而皆不知矣。聖賢之道，聖賢之學，終不如是。「綠滿窗前草不除，與自家意思一般」，豈漫然不知而已哉？

如唐人詩「薰風自南來，殿角生微涼」，與「南風之薰兮，可以解吾民之慍兮」，落處固自懸隔。自非聖賢，則總到說樂處，須撇開實際，玩弄風光。西山不知貧富之說，亦只到者一步。陶靖節云「衆鳥欣有託，吾亦愛吾廬」，意思儘好；到下面卻說「汎覽周王傳，流觀山海圖」，便與孔、顏之樂，相去一方。緣他到此須覓箇療愁鐲忿方法，忘卻目前逆境也。孔、顏、程、朱現身說法，只在人倫物理上縱橫自得，非西山所庶幾可得。

二三

聖人尋常不輕道一「謙」字，而於贊易，唯以天之「益」、地之「流」、鬼神之「福」、人之「好」言之，則亦應物之德柄，柄有權意。非入德之始功也。故曰：「謙，亨，君子有終。」必君子而乃有終，未君子而難乎其始矣。

上蔡云「人能操無欲上人之心，則人欲日消，天理日明」，此語未得周浹。在上蔡氣質剛明，一向多在矜伐上放去，故其自爲學也，以去矜爲氣質變化之候。然亦上蔡一人之益，一時之功，而不可據爲典要。若人欲未消，無誠意之功；天理未明，無致知之力；但以孟之反一得之長爲法，則必流入於老氏之教。孟之反原是老子門下人，特其不伐一節，近於君子之爲己。亦其聞老氏之風而悅之已深，故漸漬成就，至於奔敗倉皇之時，居然不昧。蓋於謙退一路，已爲爛熟，而孟之反之爲人，亦如此而止矣，未聞其能繇是而日進於理明欲消之域也。

以淺言之，伐者亦私欲之一端，能去伐者，自是除下人欲中一分細過。細對粗而言。固有能去伐而他欲不必除者，如馮異、曹彬之流，其於聲色貨利之粗過，詎得淡泊？亦有不待去伐而欲已消、理已明者，則雖伯夷恐未能於此得釋然也。

若以深言之，則不伐之成德，自爲遠怨息爭之一道，而聖賢以之爲居德之量，是易所謂「善世而不伐」，書所謂「女唯不伐，天下莫與女爭功」。此在功德已盛之後，以自極於高明廣大之至，而卽以移風易俗，成廷野相讓之化者，非待此而始有事於消欲、明理也。故顏子以之爲願，卽孔子大道、爲公之志，事有所待，而非與克己之功、亟請從事之比。聖賢之道，以此而善其成，故曰「君子有終」；以此而利行於天下，故曰「謙，亨」。明理消欲之始，焉用此哉？

既亦聖賢居德善世之妙用，故夫子亦稱許之反。然之反之能此，則亦徒具下此腔殼，可以居大德，載大功，而所居、所載之實，未之逮者多矣。微獨之反，卽彼所宗之老子，其大端已非，而此「盛德，容貌若愚」之量，夫子亦不能沒其善。至於所居、所載，虛無亡實，乃至陰取陽與，而與「良賈深藏」同一機械，則終未免於私欲潛行、天理不明之病。唯其欲恃此以消欲而明理，則消者非其所消，明者非其所明。克伐不行，不足以爲仁者，此也。

或問中有「先知得是合當做底事」之語，自是去伐之功，靠硬向聖賢學問中下手事。朱子不然其說，而云「只是心地平，所以消磨容得去」，乃就之反論之反，知其「知雄守雌」、「無門無毒」之心如此耳。朱子看來識得之反破，故始終說他別是一家門風；而曰「孟之反他事不可知，只此一事可爲法」，則卽愚所謂「除下人欲一分細過」之說，亦不教人全身從此下手也。

若上蔡之學，其流入於老氏與否，吾不敢知，特以彼變化自家一偏氣質之事，以槩天下之爲學者，則有所不可。「無欲上人」四字，亦是一病。夫子說「君子矜而不爭」，特不與人對壘相角而已；到壁立萬仞處，豈容下人？孟子曰：「不耻不若人，何若人有！」斯學者立志之始事，爲消欲明理之門也。

二三

「人之生也」一「生」字，與「罔之生也」「生」字，義無不同。小註中有不同之說，蓋不審也。不但本文兩句，連類相形，且夫子之意，原以警人直道而行；則上句固自有責成意，非但推原所以不可罔之故，而意全歸下句也。

二句之中，原有不直則不足以生之意。細玩本文，此意寓於上句之中，而云「人之生也直」，而不直則不生，義固繫之矣。其又云「罔之生也幸而免」，則以天下之罔者亦且得生，而斷之以理，用解天下之疑耳。使上句但明有生之初，則下文不更言既生以後之當直，而遽云罔之幸生，於文字爲無條理，而喫緊警人處，反含而不吐矣。此章是夫子苦口戒世語，不當如是。

且人生之初，所以生者，天德也；既生之後，所以盡其生之事而持其生之氣者，人道也。若夫直也者，則道也，而非德也，其亦明矣。以生初而言，則人之生也，仁也，而豈直耶？

蓋道，虛迹也；德，實得也。故仁、義、禮、智曰四德，知、仁、勇曰三德。而若誠，若直，則虛行乎諸德者。故中庸言「誠者天道，誠之者人道」。而言直也，必曰「直道」，而不可曰直德。直爲虛，德爲實。虛不可以爲實。必執虛迹以爲實得，則不復問所直者爲何事，而孤立一直，據之以爲德，是其不證父攘羊者鮮矣。

若人生之初，所以得生者，則實有之而可據者矣。「乾道變化，各正性命」，一闔一闢，充盈流動，與目爲明，與耳爲聰，與頂爲圓，與踵爲方正，自有雷雨滿盈、絪緼蕃變之妙。而豈有卽爲有，無卽爲無，翕卽不闢，闢卽不翕之足以生人乎？

德也者，所以行夫道也。道也者，所以載夫德也。仁也者，所以行其直也。直也者，所以載夫仁也。仁爲德，則天以爲德，命以爲德，性以爲德，而情亦以爲德。直爲道，則在天而天道直也，直道以示人，天之事也；在人而人道直也，遵直道以自生，人之事也。

子曰「人之生也直」，固言人也。言人以直道載天所生我之德，而順事之無違也；言天德之流行變化以使各正其性命者，非直道而不能載，如江海之不能實漏巵、春風之不能發枯幹也，如慈父之不能育悖子、膏粱之不能飽病夫也。故人必直道以受命，而後天產之陽德、地產之陰德，受之而不逆也；而後天下之至險可以易知，天下之至阻可以簡行，彊不凌弱，智不賊愚，仁可壽，義可貴，凶莫之嬰，而吉非妄獲也。

故南軒云「直者生之道」，蓋亦自有生以後，所以善其生之事而保其生理者言。其曰「生之道」，猶老子所言「生之徒」、「死之徒」也。聖人之言此，原以吉凶得失之常理，惠迪從逆之恆數，括之於直罔之分，徹上知、下愚而爲之戒，非專爲盡性知天之君子言；則亦不待推之有生之初所受於天，與天地生生之德也。天地生生之德，固不可以直言之。而人之不能一體夫天地生生之理者，亦未卽至於宜得死而爲幸免之生。

龜山云「君子無所往而不用直」，語自有病。君子之無往不用者，仁、義、忠、正也。豈悻然挾一直以孤行天下乎？凡言仁，不但不暴之謂；言知，非但不愚之謂；言勇，非但不怯之謂。言德必有得，旣去凶德，而抑必得夫令德。若言直，則卽不罔之謂。道者，離乎非道而卽道也。故天地生生，必有以生之，而非止不害其生。直特不害，而無所益。人之祈天永命、自求多福者，則不可期以必得，而但可守以不失。故仁、智以進德，而直以遵道。進德者以精義入神，遵道者以利用安身。聖賢之言，統同別異，其條理豈可紊哉！於此不察，則將任直爲性，而任氣失理以自用。逮其末流，石之頑、羊之很、鴈之信、螳之躁，不與相亂者幾何哉！

二四

「知之者」之所知，「好之者」之所好，「樂之者」之所樂，更不須下一語。小註有云「當求所知、所好、所樂爲何物」，語自差謬。若只漫空想去，則落釋氏「本來面目」一種狂解。若必求依據，則雙峰之以格物、致知爲知，誠意爲好，意誠、心正、身修爲樂，仔細思之，終是「捉着鄰人當里長，沒奈何也有些交涉」，實乃大誣。

近見一僧舉「學而時習之」一「之」字問人云：「『之』者，有所指之詞。此『之』字何所指？」一時人也無以答之。他者總是鬼計、禽魚計，與聖學何與？緣他胸中先有那昭昭靈靈、石火電光的活計，故將此一「之」字，捏合作證。若吾儒不以天德王道、理一分殊、大而發育峻極、小而三千三百者作黃鉞白旄、奉天討罪之魁柄，則直是出他圈套不得。假若以雙峰之見，區區於大學文字中分支配搭，則於「學而時習之」，亦必曰「之」者謂知行而言，適足供羣髡一笑而已。故曰「經正則庶民興，庶民興斯無邪慝」。聖人之言，重門洞開，初無喉下之涎，那用如彼猜度！

尹氏說個「此道」，早已近誕；賴他一「此」字不泛、不着。且其統下一「此」字，則三「之」字共爲一事，非有身、心、意、知之分。聖人於此三語，明白顯切，既非隱射一物；而其廣大該括，則又遇方成圭，遇圓成璧，初不專指一事。凡論語中泛泛下一「之」字者，類皆如此。總之是說爲學者之功用境界，而非以顯道。聖人從不作半句話，引人妄想。若欲顯道，則直須分明向人說出。今既不質言，而但曰「知之」、「好之」、「樂之」，則學者亦但求如何爲知、如何爲好、如何爲樂而已。何事向「之」字求巴鼻耶？

以大學爲依據，若以括其全者爲說，意亦無害。而雙峰之病，則在割裂。大學云「欲誠其意者，先致其知」，豈當致知之日而意不誠哉？則亦豈當意誠之日，而心不正、身不修哉？有修身而未從事於誠意者矣，有誠其意而身不修者乎？則何以云「好之者不如樂之者」也？

夫子以此三「之」字，統古今學者之全事，凡聖學之極至，皆以此三級處之。然合之而大學皆備者，分之而隨一條目亦各有之。如致知，則有知致知者，好致知者，知已致而樂者。乃至修身，亦無不然。從此思之，則知此三「之」字，既可全舉一切，亦可偏指一事。所以朱子以「樂斯二者」、「樂循理」當之，而云「顏子之樂較深」。則在孝弟而指孝弟，在循理而指循理，既非可憑空參去，將一物當此「之」字，如所云「當求『之』爲何物」之妄語。抑事親從兄之道，固身、心、意、知之所同有事；所循之理，亦必格致、誠正、修齊、治平之兼至，而不可屑屑焉爲之分也。

從乎「當求所知、所好、所樂爲何物」之說，而於虛空卜度一理，以爲衆妙之歸，則必入釋氏之邪說。從乎雙峰之所分析，則且因此誤認大學以今年格物，明年致知，逮乎心無不正，而始講修身，以敝敝窮年，卒無明明德於天下之一日。且誠意者不如身修，是其內外主輔之間，亦顚倒而無序矣。五經、四書，多少綱領條目，顯爲學者所學之事，一切不求，偏尋此一「之」字覓下落，舍康莊而入荊棘，何其愚也！

二五

如彼僧所問「學而時習之」「之」字何指，自可答之曰「指所習者」。僧必且問「所習者又甚麼」，則將答之曰「你習你底，我習我底」。噫！世之能以此折羣髠者鮮矣。

或問：「彼僧習其所習，亦還悅否？」曰：「如何不悅？豈但彼僧，卽學唱曲子、下圍碁人，到熟時，也自欣豫。」曰：「其悅還同否？」曰：「不見道：『天理人欲同行異情？』天理與人欲同行，故君子之悅，同乎彼僧；人欲與天理異情，故彼僧之悅，異乎君子。既已同，則俱爲悅。既已異，則有不同。如一人嗜睡，一人嗜夜飲，兩得所欲，則皆悅。而得睡之悅，與得飲之悅，必竟不是一般歡暢。」

以此思之，則雖工匠技術，亦有知、有好、有樂，而所知、所好、所樂者卽其事。但聖人所言，則爲君子之學耳。顏子便以「克己復禮」爲知、好、樂。仲弓便以「居敬行簡」爲知、好、樂。隨所志學，工夫皆有此三者淺深之候也。孟子曰：「詖詞知其所蔽。」有所偏指，則必有所蔽矣，詞安得不詖哉！

二六

不但以資質，而必以工夫，故孔子一貫之說，以語曾子，而不以語曾皙。但人而至於中人者，則十九可至，不問其質。若在中人以(上)〔下〕，用工夫而能至於中人以上，則非其人亦自不肯用力也。「十室之邑，必有忠信」，而無好學者，何故？如人不善飲酒，則亦不喜飲也。朱子謂「不裝定恁地」說工夫，說資質，自是見徹一垣，此原不可以一偏言也。南軒下一「質」字，是成質意。如良田之稻，飯以香美，稻則質也，亦是栽培芟灌得宜，非但種之美而已。朱子云「聖人只說『中人以上，中人以下』」，且據現在而言，不須分質、分學，徒爲無益之訟。

二七

上與非上，不可在事目上分。洒掃應對，自小學事，不在所語之中。豈中人以下者，便只將如何洒掃，如何應對，諄諄然語之乎？雖不可語上，亦無語下之理。若事親事長，則儘有上在。子游說「喪致乎哀而止」，便是躐等說上一層。

眞西山以「道德性命爲理之精，事親事長爲事之粗」，分得鹵莽。事親事長，豈在道德性命之外？上下是兩端語，實共一物。盡其事親事長之道，須是大舜、文王始得，如何不是上？聖人微言，後人分剝而喪其眞如此者，可慨也！

二八

樊遲是下力做工夫的人，更不虛問道理是如何，直以致知、求仁之方爲問。故夫子如其所問，以從事居心之法告之，則因其志之篤，問之切，而可與語也。

就中「仁者」二字，猶言求仁者，特以欲仁則仁至，故卽以仁者之名與之。又智是初時用功，到後來已知，則現成不更用力。仁則雖當已熟之餘，存心不可間斷，與初入德時亦不甚相遠。知有盡而仁無盡，事有數而心無量也。

其云「仁者」，又云「可謂仁矣」，蓋括始終以爲言也。知者無不知，唯民義之盡，而鬼神之通。仁者心德之全，則日進於難，而日有獲也。故務民義、敬遠鬼神，是居要之務；先難後獲，是徹底之功。夫子與他人言，未嘗如此開示喫緊。朱子云「因樊遲之失而告之」，非愚所知。

二九

慶源於理上帶一「氣」字說，其體認之深切，眞足以補程、朱之不逮。孟子養氣之學，直從此出，較之言情、言體者，爲精切不浮。

情發於性之所不容已；體爲固然之成形與成就之規模，有其量而非其實。樂水、樂山，動、靜，樂、壽，俱氣之用。以理養氣，則氣受命於理，而調御習熟，則氣之爲動爲靜，以樂以壽，於水而樂、於山而樂者成矣。

先儒以知動似水、仁靜似山爲言，其說本於春秋繁露；然大要只說山水形質，想來大不分曉。樂水者樂遊水濱，樂山者樂居山中耳。塊然之土石，與流於坎、汲於井之水，豈其所樂哉？山中自靜，山氣靜也。水濱自動，水氣動也。不然，則糞壤之積，亦頹然不動；洪波巨浪，覆舟蝕岸，尤爲動極；而所樂豈在彼耶？

水濱以曠而氣舒，魚鳥風雲，淸吹遠目，自與知者之氣相應。山中以奧而氣斂，日長人靜，響寂陰幽，自與仁者之氣相應。氣足以與萬物相應而無所阻，曰動。氣守乎中而不過乎則，曰靜。氣以無阻於物而得舒，則樂。氣以守中而不喪，則壽。

故知此章之旨，以言仁者、知者，備其理以養其氣之後，而有生以降，所可盡性以至於命者，唯於氣而見功，亦可見矣。慶源遇微言于千載，讀者勿忽也。

三〇

博文、約禮，只集註解無破綻。小註所引朱子語，自多鶻突。集註「約，要平聲。也」，小註作去聲讀者誤。勉齋亦疑要去聲我以禮爲不成文，而猶未免將「約」字與「博」字對看。不知此「約」字，與「博學」二字相對，則「要」原讀作平聲，與「束」同義。

集註添一「動」字，博其學於文，而束其動以禮，則上句言知，下句言行，分明是兩項說。朱子尊德性、道問學，驗諸事、體諸身，及行夏之時、非禮勿動等說，皆不混作一串。「約之」一「之」字，指君子之身而言也，與「約我以禮」「我」字正合。其云「前之博而今之約，以博對約，有一貫意」，皆狂解也。

文與禮原亦無別。所學之文，其有爲禮外之文者乎？朱子固曰「禮不可只作『理』字看，是持守有節文」，則禮安得少而文安得多乎？在學謂之文，自踐履之則謂之禮，其實一而已。但學則不必今日所行而後學之，如雖無治曆之事，亦須考究夏時。其服身而見之言動者，則因乎目前之素履，故文言博，而禮不可言博。然不可謂學欲致其多，守欲致其少。如顏子未仕，自不去改易正朔，則行夏時之禮，特時地之所未然，而非治曆明時爲廣遠而置之，視聽言動爲居要而持之也。

約者，收斂身心不放縱之謂。不使放而之非禮，豈不使放而流乎博哉？學文愈博，則擇理益精而自守益嚴，正相成，非相矯也。博文約禮是一齊事，原不可分今昔。如當讀書時，「正襟危坐，不散不亂，卽此博文，卽此便是約禮。而「孝弟謹信，汎愛親仁，行有餘力，則以學文」，緩急之序，尤自不誣，原不待前已博而今始約也。

若云博學欲知要，則亦是學中工夫，與約禮無與。且古人之所謂知要者，唯在隨處體認天理，與今人揀扼要、省工夫的惰漢不同。夫子正惡人如此鹵莽放恣，故特地立箇博文約禮，以訂此眞虛枵、假高明之失。而急向所學之文求一貫，未有不至於狂悖者。雙峰「相爲開闔」之語，乃似隔壁聽人猜謎，勿論可也。

三一

朱子語錄以有位言聖，卻於集註不用。緣說有位爲聖，是求巴鼻語，移近教庸俗易知，而聖人語意既不然，於理亦礙，故割愛刪之。寧使學者急不得其端，而不忍微言之絕也。

子曰「若聖與仁，則吾豈敢」，又曰「聖則吾不能」，豈以位言乎？下言堯、舜，自是有位之聖。然夫子意中似不以聖許禹、湯、夷、尹以下，則亦歷選古今，得此二聖，而偶其位之爲天子爾。程子言聖仁合一處，自是廣大精微之論，看到天德普徧周流處，聖之所不盡者，仁亦無所不至。且可云仁量大而聖功小，其可得云聖大而仁小乎？

仁者聖之體，聖之體非仁者所歉也；聖者仁之用，仁之用卻又非聖所可盡。子貢說「博施濟衆」，忒煞輕易，夫子看透他此四字實不稱名。不知所謂博者、衆者，有量耶？無量耶？子貢大端以有量言博衆，亦非果如程子所謂不五十而帛，不七十而肉，九州四海之外皆兼濟之。但既云博云衆，則自是無有涯量。浸令能濟萬人，可謂衆矣。而萬人之外，豈便見得不如此萬人者之當濟？則子貢所謂博者非博，衆者非衆，徒侈其名而無實矣。故夫子正其名實，以實子貢之所虛，而極其量曰：「必也聖乎！堯、舜其猶病諸！」則所謂「博施濟衆」者，必聖人之或能，與堯、舜之猶病，而後足以當此。倘非堯、舜之所猶病，則亦不足以爲「博施濟衆」矣。

蓋「博施濟衆」，須於實事上一件件考覈出來；而抑必須以己所欲立欲達者施之於人，而後可云施；以己之欲立欲達者立人達人，而後可云能濟。故唯仁者之功用已至其極而爲聖，(肰)〔然〕後非沾沾之惠、一切之功。若其不然，則施非所施，濟不能濟，自見爲仁，而不中於天理之則者多矣。

夫仁者其所從入，與沾沾之惠、一切之功，則已有天淵之隔。他立達一人，也是如己之欲立欲達；立達千萬人，也是如己之欲立欲達。體眞則用不妄。繇此而聖，則施自不狹，濟自不虛。而卽當功用未見之時，已無有何者爲博、何者爲約、何者爲衆、何者爲寡以爲之界限。且其所施所濟者，一中於天理人情自然合轍之妙，而一無所徇，一無所矯。不然，則豈待博且衆，卽二桃可以致三士之死，而一夫無厭之欲，天地亦不能給之也。

乃子貢所云「博施濟衆」者，初非有「己欲立而立人、己欲達而達人」之實，則固不可以言仁。而但云「博施濟衆」，則夫子亦無以正其爲非仁之事。而以「己欲立而立人、己欲達而達人」之仁言，如是以博施，如是以濟衆，乃以極體仁之大用，從聖人一爲想之。然而終有不能，則亦以見非沾沾之惠、一切之功，世無有自信爲能博施而能濟衆之人。抑「何事於仁」三句中，而已折倒子貢不見實體、不知實用之失，故下直以「夫仁者」三字顯仁之實。則使子貢繇是以思焉，而如是以施，其不易言博，如是以濟，其不易言衆，亦不待夫子之言而自媿其失辭矣。程子謂子貢不識仁，看來子貢且不識施濟。使其有「能近取譬」之心，而敢輕言博衆哉？

程子不小仁而大聖，是眼底分明語，而云「仁通上下」，則語猶未醇。仁是近己着裏之德，就中更無上下，但微有熟、不熟之分，體之熟則用之便。故以上下言仁，則且有瓶中亦水、大海亦水之說。而乍見孺子之心，特仁之端，而亦遽指爲仁，則〔與〕夫子所言仁者之心體全有不肖。只顏子簞瓢陋巷中，卽已有仁之體，則卽有聖之用，而特必在三月不違時，方得體立用具。若一念間至，直自瓶水，而豈得謂之海水哉？

蓋仁之用有大小，仁之體無大小。體熟則用大，體未熟則用小，而體終不小。體小，直不謂之仁矣。於物立體，則體有小大。於己立體，則體無可小，而亦安得分之爲或小而或大？若海水之大，瓶水之小，則用之小因乎體之小，而豈仁之比哉？將吝於施而鮮所濟者，亦可謂之仁與？亦失聖人之旨矣。子貢所云者，體不立而托體必小。夫子所言者，用不必大，而體已極乎天地萬物，更何博與衆之云乎？知此，則有位無位之說，曾何當耶？

三二

「立人」「達人」二「人」字，不可分大小說。一人亦人，千萬人亦人，〔卻〕於立達之實體無異。故用或小而體終不小。不得已而姑爲之喻曰：如大海水，一卮挹之亦滿，億萬卮挹之亦滿。然仁之體，終不可以海喻。他只認得自家心體，何嘗欲擴其量於天地萬物之表哉？

三三

程子手足不仁一喻，大有微言在，亦待學者之自求。如平人氣脈通貫時，四肢皆仁，唯心所使；然心終不使手撮炭而足蹈湯，亦不使指肥於股，足大於腹，手視色而足聽音。「己欲立而立人，己欲達而達人」，即此是施濟中各正性命之實理。堯、舜不欲竄殛，而以施之共、驩；孟子惡齊王之託疾，而已以疾辭；正心與手足各相知而授以宜之爲仁也。

述而篇

一

「不言而存諸心」，乃靜存動察工夫，不因語顯，不以默藏，與「不聞亦式，不諫亦入」一義，只在識不識上爭生熟，不在默不默上爭淺深。特以人於不默時有警，則易識；而方默亦識，乃以徵存諸心者之無所間也。南軒云「森然於不睹不聞之中」，正是此意，那得作知識之識解！作知識解者，則釋氏所謂現量照成也。識如字而不識音志，非淺人之推測，則釋氏之知有是事便休而已。

然聖學說識志，釋氏亦說識志，其所云「保任」者是也。達磨九年面壁，亦是知識後存識事。故「默而識之」，聖人亦然，釋氏亦然，朱子亦然，象山亦然，分別不盡在此，特其所識者不同耳。倘必以此爲別，則聖人之「誨人不倦」，抑豈必異於瞿曇之四十九年邪？

異端存箇「廓然無聖」，須於默中得力；聖人則存此各正性命、保合太和，在默不忘。釋氏說一切放下，似不言存，然要放下，卻又恐上來，常令如此放下，則亦存其所放者矣。故云「恰恰無心用，恰恰用心時」，用心以無心，豈非識哉？

夫子此三句，是虛籠語，隨處移得去，下至博弈、圖畫、吟詩、作字亦然。聖人別有塡實款項，如「入孝出弟」、「不重不威」等章是事實，此等乃是工夫。工夫可與異端同之，事實則天地懸隔矣。如舜、蹠同一鷄鳴而起，孳孳以爲，其分在利與善；而其不孳孳者，善不得爲舜之徒，利不得爲蹠之徒也。

識如字識志之辨，亦在淺深上分，非朱、陸大異處。子靜之病，只泥看一「默」字耳。故朱子又云「三者非聖人之極致」，則以初學之識，易於默時不警省，須默無異於不默；向上後，則靜裏分明，動難效用，須不默亦無異於默。故曰「存諸中者之謂聖，行於天壤者之謂神」。故學者急須先理會識，後理會默，乃於聖功不逆。不識則何有於默哉？待默而後不識，猶賢於一切鶻突之狂夫，全不惺忪之愚人也。「識」字對「學」「誨」，「默」字對「不厭」「不倦」。學是格物、致知事，識是正心、誠意事；不厭只是終始於學，默識止是純熟其識耳。

朱子於「父母之年不可不知」註，說個「記憶」，正可於此處參觀。如記憶父母之年，固不待有語而後生警，而非謂口言之、耳聞之而卽有損於孝思，須删除見聞而密持之也。「視於無形」，豈有形而不視？「聽於無聲」，豈有聲而不聽？不然，則又白晝求螢以待夜讀之妄人矣。足知象山之學，差於一「默」字着力，而與面壁九年同其幻悖。聖人之學，正於獨居靜坐、大庭廣衆，一色操存，不可將不默時看作不好耳。朱門諸儒，將此一「識」字安在格物、致知上，以侵下「學」字分位，用拒象山，則亦不善承師說矣。

二

行道而有得於心之謂德。得爲心得，則修亦修之於心，故朱子以誠意、正心言此。又云「無欲害人，得之於心矣，害人之心或有時而萌，是不能修」，此全在戒懼愼獨上用功。若徙義、改過，則修身應物之事，並齊、治、平在裏許矣。

如不欲害人之心，心心不斷，德已無玷。若不能審義樂遷，則信爲不害人者，或且有害於人；或功用未熟，則心未有失而行處疎漏，因涉於害人而不自知。是須以徙義善其用，改過防其疎。乃聖人之學，不徑遺人從修身應物上做去，故徙義、改過之功，待修德之餘而尤加進。若世儒無本之學，則卽於聞義時、不善時作入路，（子路亦然，故未入室。）到熟處方理會心德，則本末倒置矣。

故世儒見徙義、改過粗於修德，聖人則以此二者爲全體已立、大用推行之妙。是徙義、改過，正廣大精微之極至矣。就中內外、身心、體用，分別甚明。小註或云「遷善、改過是修德中要緊事」，新安云「修德之條目」，俱不足存。

三

集註「先後之序，輕重之倫」，自慶源以下，皆不了此語。朱子嘗自云「註文無一字虛設」，讀者當知其有字之必有義，無字之不可增益，斯不謬耳。

集註云：「據德則道得於心而不失，依仁則德性常用而物欲不行。」德緣志道而得，而特進以據之功，斯所服膺者不失也。仁緣據德而性足用，而進以依之功，則用可常而欲不行也。此所謂「先後之序」也。

又云：「游藝則小物不遺而動息有養。」不遺者，言體道之本費也。動有養者，德之助也；息有養者，仁之助也。而云「不遺」，則明道無可遺，苟志於道而卽不可遺也；云「有養」，則養之以據德，養之以依仁，爲據德、依仁之所資養也。此游藝之功，不待依仁之後，而與志道、據德、依仁相爲終始，特以內治爲主，外益爲輔，則所謂「輕重之倫」也。

志道、據德、依仁，有先後而無輕重；志道、據德、依仁之與游藝，有輕重而無先後。故前分四支，相承立義，而後以先後、輕重分兩法，此集註之精，得諸躬行自證而密疏之，非但從文字覓針線也。

集註於德云「行道而有得於心」，於仁云「心德之全」。德因行道而有，仁則涵動靜，故曰全。蓋志道篤則德成於心，據德熟則仁顯於性。德爲道之實，而仁爲德之全；據與依，則所以保其志道之所得，而恆其據德之所安。若藝，則與道相爲表裏，而非因依仁而始有。其不先依仁而後游藝，甚著明矣。

潛室不察於此，乃云：「敎之六藝，小學之初事；游於藝，又成德之餘功。小學之初習其文，成德之游適於意。」此亦舍康莊而取逕於荊棘之蹊矣。蓋六藝之學，小學雖稍習其文，而其實爲大經大法，與夫日用常行之所有事者，卽道之所發見。故大學之始敎，卽在格物、致知，以續小學之所成，而歸之於道。夫子敎人以博文約禮爲弗畔之則，初非小學則姑習之，一志於道而遂廢輟，以待依仁之後而復理焉，旣不可云僅爲小學之初事；若其所云「成德之後適於意」者，則尤依託「游」字之影響，而初無實義也。以爲德已成矣，理熟於胸，則遇物皆順，而藝之與志，得逢原之樂乎？是藝之游也，乃依仁之後耳順、從心之效，不當平列四者節目之中，以示學者之當如是矣。今與前三者同爲爲學之目，而以成本末具舉、內外交養之功，則實於據德、依仁之外，有事於斯，而非聽其自然，遇物皆適之謂矣。如以恣志自得，游戲徜徉之爲適意邪？則卽以夫子末年删定爲德成以後所發之光輝，而要以定百王之大法，正萬世之人心，且凜凜於知我罪我之間，不敢以自恣自適。況在方成其德者，乃遽求自適其意，如陶元亮之「時還讀我書」者，以遺日夕而悅心目，其可乎？

潛室但欲斡旋「先後之序」四字，遂曲爲附會，以幸無弊。乃不知朱子之云「先後」者，固不於游藝云然，則又無待潛室施無病之藥也。且前三者之有先後，特因德得於志道之餘，而仁現於據德之熟，以立此繇淺入深、繇偏向全之序；固非依仁則無事於據德，據德則無事於志道，當其志道且勿據德，當其據德且勿依仁，一事竟卽報一事之成，而舍故就新以更圖其次。況乎依仁之功，與生終始，何有一日爲仁之已依而無憂不依，何有一日爲依之已盡而不用再依，乃告成功於依仁，而他圖游藝也哉？

所以集註雖有先後之說，而尤云「日用之間，無少間歇」，以見四者始終不離之實學；且獨於立志言先，而據德、依仁不言先，亦不言次，肯綮精確，一字不妄。何居乎於下三者逐節施以先後，而穿鑿以求伸其說？嗣者無人，良負前賢之苦心矣。

四

說聖人樂處，須於程、朱註中篤信而深求之，外此不足觀也。程子云「須知所樂者何事」，固非刻定一事爲聖人之所樂，然亦何嘗不於事而見其樂哉？朱子云「『從心所欲不踰矩』，左來右去，盡是天理」，其非脫略事物，灑然不着，可知也。

於此一差，則成大妄。莊子開口便說「逍遙遊」，弁髦軒冕，亦是他本分事，到來只是不近刑名，以至於嗒然喪耦而極矣。陳氏所謂「萬里明澈，私欲淨盡，胸中灑然，無纖毫窒礙」

者此也。萬里明澈則樂，有片雲點染便覺悶頓，所以他怕一點相干，遂成窒礙，而視天下爲畏塗，則所謂終日游羿彀之中者，亦相因必至之憂。

聖人說「於我如浮雲」，明是以天自處。於我皆眞，於土皆安，聖人之天體也。若必萬里明澈而乃以得樂，則且厭風雲、憎雷雨，「若將浼焉」，而屯之經綸，需之宴樂，皆適以爲累矣。使然，則疏水曲肱而後樂，非疏水曲肱則不樂也。不義而富貴則不處，以義而錦衣玉食則亦不去，豈漫然任運而無心哉？

遇富貴則不踰富貴之矩，遇貧賤則不踰貧賤之矩，乃是得。「左右來去，盡是天理」，方於疏水曲肱之外，自有其樂，而其樂乃以行於疏水曲肱之中。聖人所以安於疏水曲肱者，以樂爲之骨子，此非蕩然一無罣礙可知已。使但無欲則無得，無得則無喪，如是以爲樂，則貧賤之得此也易，富貴之得此也難，必將如莊子所稱王倪、支父之流，雖義富、義貴，亦辭之唯恐不夙矣。此是聖學極至處，亦是聖學、異端皁白溝分處。若不了此，則袁安、張翰、韋應物、白居易，皆優入聖域矣，而況於蒙莊！

五

朱子「卽當時所處」一語，諦當精切，讀者須先從此着眼，則更不差謬。雙峯云「樂在富貴中見得不分曉，在貧賤方別出」，語亦近似。然要似夫子設爲此貧境以驗樂，則於聖人於土皆安之道不合矣。

夫子此章，自是蚤年語，到後來爲大夫而不復徒行，則居食亦必相稱。旣非虛設一貧以驗樂，亦無事追昔日之貧而憶其曾樂於彼，作在富貴而思貧賤願外之想也。樂不逐物，不因事，然必與事物相麗。事物未接，則所謂「喜、怒、哀、樂之未發」，豈但以月好風淸，日長山靜，身心泰順，而爲之欣暢也乎？旣以左宜右有、逢源而不踰矩爲樂，則所用者廣，而所藏者益舒。是樂者，固君子處義富、義貴之恆也。故曰「樂亦在其中」。言「亦」，則當富貴而樂，亦審矣。

使夫子而如夏啓、周成，生卽富貴，直不須虛設一貧以言樂。而又豈隨物意移，貿貿然日用而不知，遂使其樂不分曉乎？卽在夫子攝相之時，位且尊矣，道且泰矣，豈其所爲樂者，遂較疏水曲肱時爲鶻突不分明，而不能自喩邪？聖人之於土皆安者，於我皆眞，富貴、貧賤，兩無礙其發生流行之大用，樂主發散在外，故必於用上現。故曰「樂亦在中」，貧賤無殊於富貴也。

此雙峰之語所以似是而非。如云：使在富貴，則君子之行乎富貴者，可以不言樂；而唯貧賤亦然，乃以見性情之和，天理之順，無往不在；而聖賢之樂，周徧給足，當境自現，亦可見矣。如此，斯爲得之。

六

唯知夫子爲當時所處之現境，則知爲夫子蚤年語；知爲夫子蚤年語，則亦不用向孔、顔之樂，强分異同。今卽云顔子所得，同於聖人，固不敢知；然孔子「三十而立」之時，想亦與顔子無大分別。俗儒不知有樂，便覺是神化之境，實則不然。在聖賢分中，且恁等閒。故周、程二先生教學者從此尋去，亦明是有階可升之地，非「欲從末繇」之境也。

朱子以不踰矩言樂，乃要其終而言之，愚所謂到後亦只是樂者也。而「三十而立」時，不踰之矩已分明更無差忒。若所欲者動與矩違，則亦不能立矣。卽未到發念皆順、於我皆眞地位，而矩已現前，無有不可居、不可行之患，則資深逢原，已不勝其在己之樂矣。如小兒食乳得飽，亦無異於壯夫之飽。陳、饒、許諸子，强爲分判，固須以朱子「孔、顔之樂不必分」一語折之。

七

天地之化，與君子之德，原無異理。天地有川流之德，有敦化之德，德一而大小殊，內外具別，則君子亦無不然。天地之化、天地之德，本無垠鄂，唯人顯之。人知寒，乃以謂天地有寒化；人知暑，乃以謂天地有暑化；人貴生，乃以謂「天地之大德曰生」；人性仁義，乃以曰「立天之道，陰與陽；立地之道，柔與剛」。易是天地之全化、天地之全德，豈但於物見天，而不於天見天，於感通見人事，而不於退藏見人道乎？集註專以進退存亡之道言易，則是獨以化蹟言，而於川流、敦化之德，忘其上下一致之理矣。

如說個「天行健」，何嘗在進退存亡上論化蹟？孔子贊易，第一句說「君子以自彊不息」，只是無過之本，非但需之「飲食宴樂」，困之「致命遂志」也。眞西山單舉仕、止、久、速，說孔子全體皆易，則但有利用安身之易，而無精義入神之易矣。慶源云「履憂患之塗，不可以不學易」，尤將易看作不得志於時人下梢學問。如此說書，只似不曾見易來，恰將火珠林作經讀。

聖人於繫易，多少底蘊精微，只有兩章說憂患，而又但以九卦爲處憂患之用，則餘五十五卦，皆非有憂患之情可知矣。文言四序爻辭，言信，言謹行，閑邪存誠、進德修業、學問寬仁，皆修己無過之道也。「潛龍勿用，下也」一段，治人無過之道也。只末後一段，說進退存亡，爲亢龍言爾。舍大中至正之道，而但以變化推移言天人之際，甚矣其誣也！

八

「發憤忘食，樂以忘憂」，集註、語錄開示聖奧，至矣。就中「與天合契」一段，尤爲不妄。於憤、樂見得天理流行之不息，於忘食、忘憂見得人欲淨盡之無餘，而天之無私者，唯其不息，則所謂「發憤便能忘食，樂便能忘憂」也。

天無究竟地位。今日之化，無缺無滯者，爲已得。明日之化，方來未兆者，爲其未得。觀天之必有未得，則聖人之必有未得，不足爲疑矣。大綱說來，夫子「十五志學」一章，以自顯其漸進之功。若密而求之，則夫子之益得其未得者，日日新而不已，豈一有成型，而終身不舍乎？

朱子云「直做到底」，「底」字亦無究竟處。有所究竟則執一，執一則賊道，釋氏所謂「末後句」者是也。觀之於天，其有一成之日月寒暑，建立已定，終古而用其故物哉？

小註中有「聖人未必有未得，且如此說」之言，必朱子因拙人認定有一件事全不解了之爲未得，故爲此權詞以應之；後人不審，漫然錄之，遂成大妄。

九

集註「氣質清明，義理昭著」，是兩分語。「氣質清明」以人言，「義理昭著」以理言。非「氣質清明」者，則雖義理之昭著而不能知；然非義理之昭著者，則雖「氣質清明」，而亦未必其知之也。緣朱子看得此一「者」字活，大槩不指人而言，與下句「者」字一例。豈「好古敏以求之」，爲夫子之自言，而亦以人言之乎？

「義理昭著」四字，較和靖說更密。慶源、雙峰只會得和靖說，不曾會得朱子說。但言義理，則對事物而言之。既云義理之昭著，則自昭著以外，雖未及於事物之蕃變，而亦有非生所能知者矣，故朱子云「聖人看得地步闊」。

總在說知處不同。精義入神，聖人方自信曰知。如生而知孝，自與不知孝者不同，乃中心愛敬，卽可自喻，而事親之際，不但禮文之繁，卽其恰得乎心而應乎理，以爲天明地察之本者，自非敏求於古而不得，矧在仁義中正之縕藏乎？

聖人於此，業以生知自命，而見夫生知者，生之所知，固不足以企及乎己之所知，若曰「我非但生知，而所求有進焉者」，特其語氣從容，非淺人之所測耳。徇齊、敦敏之說，見於稗官，與釋氏墮地七步之邪詞，同其誕妄。乃疑古今有生而卽聖之人，亦陋矣夫！

一〇

聖人從不作一戲語。如云不善亦師，爲詭而已。以此求之，集註未免有疵在。老子曰「善人，不善人之師；不善人，善人之資」，是很毒語。將謂紂爲武王之資，楊、墨爲孟子之資，利人之不善，而己之功資以成，道資以伸！若此，既非君子之存心；乃老子且僅曰「資」，而夫子顧以反其道而用之者爲「師」邪？

「其不善者而改」，是補出「擇」字餘意，師則但云「從之」者，所以云「三人」而不云「二人」。彼兩人者均善，必有一尤善者，均不善，必有差善者，卽我師也。且其人業與我而並行，亦既非絕不相倫之人矣。故以善爲師，則得師矣；不善而改，則不妄師矣。人苟知擇，豈患無師哉？

二

夫子將善人、有恆作一類說。南軒云「善人、有恆，以質言」，此處極難看得合。若如曾氏所云「善人明乎善者，有恆雖未明乎善，亦必有一節終身不易」，則相去遠矣。

此二種人全、欠、大、小之異致，而一皆率任其所本明，非有能明、不能明之別也。有恆者，無處則是無，有處則恆有，虛約則只是虛約，盈則恆盈，泰則恆泰；於其所無、所虛、所約，固不襲取而冒居之，然亦不能擴充以求益也；特以其不冒居之故，則求益也有端矣。若善人之別於有恆者，大槩與理相得，求所謂無、虛、約者已鮮；而所有、所盈、所泰，未能精其義而利其用，便亦任其自然，條條達達，如此做去；其不能造其極而會其通者，亦與有恆之不能擴充以求益，同之爲未學也。

質之美者，不求擴充，則必能恆；若求擴充，則反有杌桯窒礙，思爲變通，而或不能恆矣。此有恆之進機也。又其上者，任其自然，則所爲皆可，欲繇是而求精其義而利其用，則初幾反滯，轍跡不熟，而未必即能盡善矣。此善人之進機也。

善人大而不切，有恆旣不能大，而亦未必其能切。大抵皆氣壹動志，只如此做去，更無商量回護，其爲全爲欠，則天定之矣。若不能大而已切，則君子也，志爲主而氣爲輔者也。

於此辨之，乃知君子、善人、有恆之同異。

一二

善人亦是有恆。他所爲皆善，如何不恆？有所不恆，則有所不善矣。但恆而曰「有」，自是在一節上說。若凡有皆恆，卽不可名之爲有恆。總之，有恆得善人之一體，君子具聖人之體而微者也。如此類，須分別看。倘以一例求之，而云有恆篤實，而善人近於虛，則不足以爲善人；聖人全而君子偏，則不足以爲君子矣。

一三

南軒說梁武、商紂同咈天理，可謂正大精嚴之論。南軒於此等處，看得源流淸白。其論酒誥篇文字，極爲朱子推服。古今儒者，能如此深切斬截者，葢亦鮮矣。

然劈頭說個「聖人之心，天地生物之心」，安在此處，卻不恰好。聖人於此，卻是裁成輔相，順天理之當然，何曾兜攬天地生物之心以爲心？若方釣弋時，以生物之心爲心，則必並釣弋而廢之矣。

聖人只是聖人，天地只是天地。中庸說「配天」，如婦配夫，固不純用夫道。其云「浩浩其天」，則亦就知化之所涵喩者言爾。無端將聖人體用，一並與天地合符，此佛、老放蕩僭誣之詞，不知而妄作。聖人立千古之人極，以贊天地，固不爲此虛誕，而反喪其本也。

泰誓曰：「唯天地萬物父母，元后作民父母。」理一分殊，大義昭著。古人之修辭立誠，鮮不如此。若云「不綱」、「不射宿」便是天地生物之心，以大言之，天地固不爲是區區者；以精言之，天地亦不能如是之允當也。

天地不需養於物，人則不能。而天地之或殺，則無心而無擇；方秋禾槁，固不復揀稺者而更長養之；夭札所及，不與人以得避之地。成周之治，可以數百年而無兵；七國、五胡之際，不復更有完土。必欲規規然一與天地相肖，非愚而無成，必且流於異端之虛僞矣。

天地之元、亨、利、貞，大而無迹；聖人仁至義盡，中而不偏。聖人之同乎天地者一本，聖人之異乎天地者分殊。不然，彼梁武之流，固且以究竟如虛空、廣大如法界，爲行願一天地也，而何以罪均於商紂哉？

泰伯篇

一

集註言「夫以泰伯之德，當商、周之際，固足以朝諸侯而有天下矣，乃棄不取」；又云「其心卽夷、齊扣馬之心」；於義明甚。金仁山徒費筆舌，止欲斡旋太王無翦商之志，乃謂泰伯之讓天下，讓於王季。不知太王而非有翦商之事，則泰伯又何處得天下讓之王季耶？

小儒以淺識遙斷古人，樂引異說以自證，乃不知所引者之適以自攻。吳越春秋一書，漢人所撰，誕誣不足信，不可與左傳參觀異同。且彼書記太王之言曰：「興王業者，其在昌乎！」則太王之不忘翦商，亦可見矣。夫子稱泰伯爲「至德」，而於太王未施一贊詞，仁山乃苦欲曲美太王，而不知其以抑泰伯也殊甚，何其矛盾聖言而不之恤也！

使泰伯而逆計王季、文王之有天下，因順太王之志而讓之季歷，如所云遂父志而成其遠大，若云周有天下，繇泰伯之逃；則是泰伯以此一讓，陽辭陰取，而兄弟協合以成奪商之事，是與曹操所云「吾其爲周文王」者，同爲僭詐。而夫子稱之曰「至德」，不已僭與！

古者封建之天下，易侯而王，亦甚尋常事；既非若後世亂賊，起自寒微，資君之祿位靈寵，欺孤寡而攘奪之。商之歷祀已六百，而失道之主相仍。太王以后稷之裔，奕世君公，則於以代商而王，顯然有其志事，而抑何損？若夫泰伯懷必得之心，擇弟與從子之賢，使可固有而不失，則其爲諼也甚矣。此辨太王無翦商之志者，不足以伸太王，而唯以抑泰伯，叛聖言也。

仁山云：「太王前日猶能棄國於狄人侵邠之時，而今日乃欲取天下於商家未亂之日，太王之心，決不若此其悖也。」夫太王之避狄，豈讓狄哉？鰓鰓賂狄，冀以全邠，殆不得免焉，而後爲此全民避地之計，孟子固曰「不得已」也。狄不可爭則去之，商有可代則思代之，太王之創業垂統，如此而已。至於柞棫拔而昆夷駾，太王豈終讓狄人者哉？朱子確然有見於此，而援引魯頌及春秋傳以辟諸儒回護之說，用以見太王之無不可翦之商，而泰伯猶且不從父命，確爾求仁之爲至德，其深切著明至矣。仁山之言，烏足爲有無邪？

本文云「三以天下讓」，是天下其所固有也。若因後日之有天下而大爲之名，則使文、武終不有天下，而泰伯遂無所讓邪？唯泰伯可以有天下而不有，則卽使文、武不有天下，而泰伯之讓天下也固然。特所云讓者，謙遜不居之辭，非必讓之人而後謂之讓也。書曰「舜讓於德弗嗣」，謂己德之不足嗣，則不敢受，非以讓之四嶽羣牧也。子曰「其言不讓」，謂己可有之而卽自任之，非謂不讓之求、赤與點也。知此，則俗儒讓周、讓商之說，兩無容相攻擊，而不得謂商固有天下，無待於泰伯之讓，以破泰伯不從之說矣。

蓋以德、以時，天下本泰伯之所有，今以君臣之大義，不從父命而不居，至他日之或爲季歷子孫所有，或商之子孫仍無失墜，總以聽之天，而已不與焉。盡道於己，而爲仁不繇乎人，此其得於心者已極，而非人之所能喻也。使泰伯從太王而代商，則人知其躬任天下矣。今無其事，是以民不知而弗得稱也。藉云以讓之王季、文王，則昭然於天下後世，而何「無得而稱」哉？拘儒多忌，不足達聖人之旨，自當以集註爲正。

二

後人釋書，於字句上作奇特纖新之解，薄古人爲未審，不知先儒固嘗作此解，已知其非而舍之。曾子本文三「斯」字，作現成說，而以爲存省之驗者，朱子蓋嘗作此解矣。然而集註不爾者，以謂作現成說，則是動容周旋中禮，自然發見之光輝，乃生知安行、化不可爲之事，既非曾子言「所貴乎道」、「言「遠」、言「近」之義；若謂三者爲化迹，而道之所貴，別有存主之地，則所謂存主者，豈離鈎三寸，別有金鱗耶？此正聖學、異端一大界限。聖賢學問，縱教聖不可知，亦只是一實。舍吾耳目口體、動靜語默，而別求根本；抑踐此形形色色，而別立一至貴者，此唯釋氏爲然爾。

先儒說曾子得聖學之宗，而以授之子思、孟子。所授者爲何事，但與他一個可依可據者而已。故其臨終之言，亦別無付囑，止此身之爲體爲用者，卽爲道之所貴；修此身以立體而行用，卽是「君子所貴乎道」。其後子思之言中和，則曰「喜怒哀樂」，不離乎身之用也。容貌、顏色、辭氣者，喜怒哀樂之所現也。鄙之與雅，倍之與順，正之與邪，信之與僞，暴之與和，慢之與莊，中節不中節之分也。孟子言天性，曰「形色」。容貌、顏色、辭氣者，形色也。暴慢、鄙倍之遠，信之近，踐形者也。

靜而存養於心，凝以其身之靜也。動而省察於意，愼以其身之動也。所存者，卽此不暴慢、不鄙倍、近信之實，故曰「儼若思」。所察者，卽此暴慢、鄙倍、不信之幾，故曰「無不敬」。不然，則理於何存？欲於何辨？非此遠暴慢、鄙倍而近信者，亦孰爲天理顯仁藏用之眞？非其剛爲暴、柔爲慢、淫於鄙、辟於倍、飾情爲不信者，何以見所欲之爲私也？曾子喫緊爲人，只在此身著力，而以微見天心，顯徵王道者，率莫不在此。若但以爲效驗而用力不繫乎此，其不流於禪學者鮮矣。

三

顏子所至，與聖人相去遠近，固非易知，然以「犯而不校」想之，則亦可彷彿其端。上蔡云：「幾於無我。」所謂無我者，聖人也。朱子謂：「卻尚有箇人與我相對。在聖人，便(知)〔和〕人我都無了㈠。」此話不加審別，則已與釋氏「無我相、無人相」之說相亂。所以於此，須求一實際在。

聖人所謂「無我」者，豈其於人我而無之！於人我而無之，則是本有人我，而銷之於空，是所謂「空諸所有」也。抑謂人我本無，而我不實之以有，是所謂「愼勿實諸所無」也。夫聖人之無人我，豈其然哉！

一理而已矣。人我有異，而理則同。同則無異，故曰無也。無欲害人者，理也。在我無欲害人，在人無欲害我，其理同也。無欲受爾汝者，理也。我無欲受，人無欲受，其理同

㈠「知」應作「和」，據四書大全引朱熹語改。

也。同乎理，則一理而已矣，而安有人與我之或異？

乃理則有等殺矣，均而同之，而尙非理也。因其尊而尊之，因其卑而卑之；我之居尊與人之居尊，我之處卑與人之處卑，同也。同此而已矣，非必我尊人卑，而抑我以就卑也。因其親而親之，因其疏而疏之；我之所親與人之親我，我之所疏與人之疏我，同也。同此而已矣，非必忘親忘疏，而引疏者以爲親也。因其曲而曲之，因其直而直之；直在我之必伸，猶在人之不可屈，曲在我之必屈，猶在人之不可伸，同也。同此而已矣，非必屈己伸物，而愜以曲自予，以直予人也。

故「犯而不校」，能忘乎人，而非必能大順乎理之同。蓋於克己有餘，而於復禮未能合符，是以重於己而輕於物，故人之以非禮相干者，未一準之天理之大同。斯以爲始事之始功，而未入於化也。

聖人只是天理渾成，逢原取給，遇順逆之兩境，一破兩分，皆以合符不爽，更無所謂己私者而克之。顏子則去一分私，顯一分公，除彼己之轍迹，而顯其和平。先儒謂孟子爲有圭角，竊意顏子亦然。用力克去己私，卽此便是英氣。有英氣，便有圭角矣。

要以有生之後，爲天理之蔽者，唯此以己勝人之心爲最烈。故顏子雖未入化，而作聖之功，莫有過焉。蓋己私已淨，但不墮敎空去，則天理之發見，自不容已。如磨古鏡，去一分垢，則顯一分光，自有不能遏抑者矣。迨其垢盡光生，而不但作鏡中之影，渾然於天理一致之中，則無階可升，而爲道義之門。此顏子所謂「欲從末繇」者也。觀聖賢無我之深淺，當於此思之，庶不婪入釋氏「歌利截體」之妄。

四

慶源因有周公之才者，尙當以驕吝爲戒，遂疑才爲可善可惡之具，而曰「德出於理，才出於氣」。竊以知慶源說書，多出億度，而非能豁然見理者。

德有性之德，有行道有得之德，皆涵於心者也。心固統性，而不可卽以心爲性。以心爲性，則心、性之名，不必互立，心不出於性，德不出於理矣。如行道而有得，則得自學後。得自學後，非恃所性之理也。今不可云周公質非生安，而亦不可謂周公之德不繇學得，則亦不必出於性者之爲德，而何得對氣而言之，理爲德之所自出也？

凡言理者有二：一則天地萬物已然之條理，一則健順五常、天以命人而人受爲性之至理。二者皆全乎天之事。而「德出於理」，將凡有德者，一因乎天理之自然而人不與哉？抑慶源之意，或淺之乎其爲言，若曰：出於理者爲德，未出於理而僅出於氣者爲才。則是拒諫飾非，工書畫、穿寶鞍之才耳，而豈周公之才哉？是云「德出於理」，業已不可，而況云「才出於氣」乎？

一動一靜，皆氣任之。氣之妙者，斯卽爲理。氣以成形，而理卽在焉。兩間無離氣之理，則安得別爲一宗，而各有所出？氣凝爲形，其所以成形而非有形者爲理。夫才，非有形者也，氣之足以勝之，亦理之足以善之也。不勝則無才，不善抑不足以爲才。是亦理氣均焉，審矣。寂然不動，性著而才藏；感而遂通，則性成才以效用。故才雖居性後，而實與性爲體。性者，有是氣以凝是理者也。其可云「才出於氣」而非理乎？

孟子曰：「或相倍蓰而無算者，不能盡其才者也。」才盡，則人皆可以爲堯、舜矣。雖云氣原無過，氣失其理則有過；才原無過，才失其用則有過。然而氣失其理，猶然氣也；才失其用，則不可謂才。且此旣云「才之美」矣，則盡之而無不善矣，則才無過而有功矣，豈遂爲召驕致吝之媒乎？

程子云：「有周公之德，自無驕吝。」此據已然而言爾，非謂有周公之才者，能致驕吝也。驕者氣盈，吝者氣歉。驕吝者，則氣之過也。不驕不吝者，能善其氣者也。氣有盈歉，則爲驕，爲吝。故夫天下之驕吝者，不必皆有才，而且以不盡其才。故聖人於此言才，又言驕吝，正是敎人以人輔天、以道養性，善其氣以不害其性之意。使天以此理此氣授之人而爲才者，得盡其用而成其能，其爲功在學，而不恃所性之理。何居乎慶源之孤恃一理，以彈壓夫才，廢人工而不講也！

耳聰、目明、言從、動善、心睿，所謂才也，則皆理也，而僅氣乎哉？氣只是能生，氣只是不詘，氣只是能勝；過此以往，氣之有功者皆理也。德固理也，而德之能生、不詘而能勝者，亦氣也。才非不資乎氣也，而其美者卽理也。理氣無分體，而德才有合用。不驕、不吝，所以善吾才，卽所以成吾德，曾何歧出溝分之有！

五

慶源云「世固有優於德而短於才者」，此乃未成德者文飾迂疎之語，聖賢從不(於)〔如〕此說。德到優時，橫天際地，左宜右有，更何短之有哉！

假令一人有孝德以事親，而無事親之才，則必將欲順而反得忤。申生之所以僅爲恭，而許世子且不免於大惡，其可謂孝德之優乎？必能如大舜、文王，方可云優於孝德。而草野倨侮、呴呴咻咻者，一短則蔑不短也。

優者，綽有餘裕之謂。短於才，正是德之不優處。誠優於德矣，則凡爲道義之所出，事物之待治，何一不有自然之條理？凡周公之才，固卽以行周公之德，而實周公之德優裕不窮所必發之光輝。德者得其理，才者善其用。必理之得，而後用以善；亦必善其用，而後理無不得也。故短於才者，不可謂無德，而德要不優。必如周公平禍亂，制禮樂，以成其純忠達孝之德，而後爲德之優，爲才之美。若馬鈞、何稠、楊修、劉晏之流，亦奚足以云才，而況得見美於聖人！

驕吝之不可有，固善才之用，而亦居德之方。然則有曾、閔之孝，龍、比之忠，而驕且吝焉，則亦爲居德之忌，而不但爲才言也。特以驕吝於用處發見，而才者德之用，故專言才以統德；而鮑焦、申屠狄、李膺、范滂之以驕吝居德者，亦自不乏。然則有德而短於才者，無亦驕吝之使然，正不得以才短爲無損於德而自恣也。如云德不憂驕吝，而有才者則然，則非但病才，而且以賊德，固儒者之大患也。

六

聖人於「篤信好學，守死善道」之後，必須說「危邦不入」以下一段文字，丁寧嚴切，語下自見。若以效言，則成德以後，內以成身，外以成物，不可勝數，而何但於出處上序績不一詞而足哉？此唯晁氏數語，說得簡要精通。雖去就出處之較學守，以體用而分本末，然總繫之曰「然後爲君子之全德」，則「去就義潔，出處分明」，亦非坐致之效可知。

聖賢學問，內外標本，無一不用全力。若學守功深，而去就出處，一聽其自善，則用力於此，而收功於彼，如農耕之、耘之而不穫稼，亦豈其稼哉？所以靜而存養者，必動而省察。君子之法天，唯是「自强不息」，「終日乾乾，夕惕若」，何嘗靠着一二十年學守工夫，便東衝西撞去，如王安石之所爲者！

安石之博聞深思，廉潔自好，亦可謂有主矣，向後卻成一無忌憚之小人。此閉門造車，出門合轍之說，以誤學人不小。所以文言說「忠信以進德，修辭立誠以居業」，學守之盡詞也；而又云「知至至之，可與幾也，知終終之，可與存義也，是故居上位而不驕，在下位而不憂」，則不驕不憂，亦必有知幾存義之功焉。

故夫子悅漆雕開之未信，則以開之可仕者，學守有得，而不能自信者，現前應用之物理也。物之理本非性外之理。性外之物理，則隔嶺孤松，前溪危石，固已付之度外；而經心卽目，切諸己者，自無非吾率性之事。則豈有成功之一日，望危邦而必不入，亂邦而必不居，有道則必不後時，無道則必無滯迹也哉？

唯佛氏有直截頓悟之一說，故云「知有大事便休」，而酒肆淫坊，無非覺位，但一按指，海印發光。緣他欲壞一切，而無可壞之實，則但壞自心，卽無不壞，故孤守自性，總棄外緣。

聖人於下梢處，一倍精神，欲成一切，而此物之成，不能速成彼物，故理自相通，而功無偏廢。是以終之曰「邦有道，貧且賤焉，恥也；邦無道，富且貴焉，恥也」；則以見學之已明，守之已至，到臨幾應物上，一失其幾，則雖期許無慙，而俯仰天人，已不能自免於恥。所以見天理流行，初無閒斷，不容有精粗、內外之別，而以精蒙粗，以內忘外，貽亢龍之悔，以一眚累全德也。斯聖功之極至，成德之終事，其愼其難，日愼一日，亦不知老之將至矣。

朱子云「此唯篤信好學，守死善道者能之」，語自蘊藉。言必能乎彼，而後能乎此，以著本末相生一致之理，非謂能乎彼，則即能乎此，恃本而遺末，舉一而廢百也。慶源遽以效言，不但昧於聖言，亦以病其師說矣。

七

鄭氏以許行、陳相爲篤信而不好學，大屬孟浪。篤信者，若不問其何所信，則信佛、老以至於信師巫邪說者，至死迷而不悟，亦可許之篤信耶？且陳相學許行之學，許行學神農之言，豈其不學，而抑豈其不好？

乃鄭氏之失，總緣誤將「信」字作虛位說。朱子云「篤信是信得深厚牢固」，亦自有病。但云信得深固，其所信者果爲何事？朱子意中、言外，有一「道」字在，而鄭氏且未之察。乃夫子豈隱一「道」字於臆中，而姑爲歇後語耶？

熟繹本文八字，下四字俱事實，上四字俱工夫。若云「信道」，則「信」字亦屬工夫，連下兩工夫字而無落處，豈不令癡人迷其所往？逢着一說，便爾不疑，此信如何得篤？且如陳相之事陳良，已數十年，一見許行，遂盡棄其學，正唯不能疑者之信不篤也，而病不在於好學之不誠。事陳良而信陳良，見許行而信許行，如柳絮因風，逢蛛網而即罣，亦何足道哉！

但言信而不得所信，則其弊必至於此。以實求之，則此所謂信者，有實位，而非用工之虛詞也。子曰「十室之邑，必有忠信」，正此謂矣，故皆與「好學」相資，而著其功。特彼之言信，以德之性諸天者言，此之言信，以德之據於己者言，爲小異耳。

「篤信」，猶中庸言「敦厚」也。「好學」，猶中庸言「崇禮」也。蓋君子於古今之聖敎，天下之顯道，固所深信，而疑之與信，以相反而相成，信者以堅其志，疑者亦欲以硏其微，故曰「信而好古」，亦曰「疑思問」。此不容步步趨趨，漫然無擇，惟事深厚牢固之區區也，審矣。

唯夫吾心固有之誠，喻諸己而無妄者，卽此是道之眞體效於人心而資深、居安者，於此而加之培植壅護之功，則良能不喪，而長養益弘，所謂「敦篤其所已能」者，正此謂已。此心分明不昧，仰不媿天，俯不怍人，言則可言，行則可行者，是曰信。而量之未充，體之未極，益加念焉，使已能者不忘，可能者不詘，是曰篤。如此則仁爲誠仁，義爲誠義，而體之或僞，猶恐用之或窮，則好學之功，所繇並進而不可缺也。

彼陳相一流，心無眞理，蒙蒙瞀瞀，乘俄頃之信而陷溺不反，雖好其所好而學其所學，曾何益哉？使陳相者，能於己之性、物之理，(於)〔如〕痛癢之關心，固有而誠喻之，則雖其學未至，亦何悖謬之若此耶？

聖人言爲學之本基，只一「信」字爲四德之統宗，故曰「主忠信」，曰「忠信以得之」，而先儒釋之曰「以實」，曰「循物無違」。「以實」者，實有此仁義禮智之天德於心，而可以也。以，用也。「循物無違」者，事物之則，曉了洞悉於吾心，如信夏之熱，信冬之寒，非但聽曆官之推測，吾之所通，與彼之所感，自然而不忒也。

道自在天下，而以喻諸吾心者，爲靜可爲體、動可爲用之實；卽其發之不妄，以揆諸心而與千聖合符，則繇一念之不忒，以敦篤而固執之。雖學之未至，而本已不失，雖有異端窮工極巧以誘吾之信而終不亂，豈徒恃所學以立門庭而折之耶？

乃至父子君臣之際，苟非恩義之根於性者有信在心，而徒聞見是資，則將有信伯禽東征之爲孝，而成李賢、楊嗣昌之忘親；信譙周勸降之爲忠，而成吳堅、賈餘慶之賣國；信之益以牢固，而爲惡益大。聖人何以切切然以「篤信」冠於「學、守、善道」之上，爲成德之始基也？彼鄭氏者，惡足以知之！

八

古樂旣無可考，其見之儀禮者，朱子業信而徵之，以定笙詩之次第。蓋繇今以知古樂之略者，唯恃此耳。關雎爲合樂之首，居葛覃、卷耳、鵲巢、采蘩、采蘋之先，旣後有五篇，則不可云「自『關關雎鳩』至『鐘鼓樂之』皆是亂」。陳新安云「當以關雎之末章爲亂」，其說與儀禮合。

合樂六詩，每篇當爲一終。合樂者，歌與衆樂合作，而當其歌，則必不雜奏衆樂使揜人聲，一篇已闋，始備奏羣音以寫其餘，故曰「洋洋乎盈耳」。言關雎，則葛覃以下五詩放此矣。

九

若琴張、曾晳、牧皮之流，豈復有不直之憂？蓋彼已成乎其爲狂，則資稟既然，而志之所就，學之所至，蔑不然也。此云「狂而不直」，則專以資稟言。潛室之論，較朱子「要做聖賢」之說爲是。

一〇

「猶恐失之」，唯陳新安末一說爲有分別。朱子將合上句一氣讀下，意味新巧。然二句之義，用心共在一時，而致力則各有方，不可作夾帶解。「失」者，必其曾得而復失之謂。若心有所期得而不能獲，則但可謂之不得，而不可謂之失。且有所期而不能獲，即「不及」之謂爾。若云如不及矣，而猶恐不能得，則文句複而無義。且輕說上句，勢急趨下，於理尤礙。既以「如不及」之心力爲學，而猶以不得爲恐，則勢必出於助長而先獲。

此二句，顯分兩段。「如不及」者，以進其所未得；「猶恐失」者，以保其所已得也。未得者在前而不我親，如追前人而不之及也。已得者執之不固則遺忘之，如己所有而失之也。看書須詳分眉目，令字字有落，若貪於求巧，而捷取於形聲之似，則於大義有害矣。

二

先須識取一「天」字。豈夐絕在上，淸虛曠杳，去人閒遼闊之宇而別有一天哉？且如此以爲大，則亦無與於人，而何以曰「大哉堯之爲君也」？堯之爲君，則天之爲天。天之爲天，非僅有空曠之體。「萬物資始」，「雲行雨施，品物流行」，「各正性命，保合太和」，此則天也。

集註言德，德者君德也，明俊德、親九族、平章百姓、協和萬邦，德之蕩蕩者也。天之於物，有長、有養，有收、有藏，有利用、有厚生、有正德；而既不可名之曰長物之天，養物之天，收藏夫物之天，利物用、厚物生、正物德之天，如天子之富，固不可以多金粟、多泉貨言之，則堯之不可以一德稱者，亦如此矣。

且天之所以長養、收藏乎物，利物用、厚物生、正物德者，未嘗取此物而長養收藏、利厚而正之，旋復取彼物長養收藏、利厚而正之，故物受功於不可見，而不能就所施受相知之垠鄂以爲之名。則堯之非此明俊德，彼親九族，既平百姓，旋和萬邦者，民亦不能於政教之已及未及、先後遠近閒，酌取要領而名其德也。

乃其所及於民者，豈無事哉？其事可久，故不於斷續而見新；其事可大，故不以推與而見至。則其「成功」「文章」之可大可久者，卽「無能名」之實也。「成功」非「巍巍」則可名，湯之「割正」、武之「淸明」是也，有推與也。「文章」非「煥乎」則可名，禹貢之敷錫、周官之法度是也，有斷續也。乃凡此者，無不在堯所有之中，而終不足以盡堯之所有。意黃、頊以上之天下，別有一風氣，而虞、夏、商、周之所以爲君者，一皆祖用；堯之成功、文章，古必有傳，而今不可考耳。若以心德言之，則既與夫子「大哉爲君」之言相背，而以準之天，則將謂天有「巍巍」之體段，其亦陋矣。

先儒說天如水晶相似，透亮通明，結一蓋殼子在上。以實思之，良同兒戲語。其或不然，以心德比天之主宰，則亦老子「橐籥」之說。蕩蕩兩閒，何所置其橐，而又誰爲鼓其籥哉？夫子只一直說下，後人死拈「無名」作主，惹下許多疵病，而竟以道家之餘瀋，所謂清淨幽玄者當之。噫，亦誣矣！

一二

異色成采之謂文，一色昭著之謂章。文以異色，顯條理之別；章以一色，見遠而不雜。乃合文以成章，而所合之文各成其章，則曰文章。文合異而統同，章統同而合異。以文全、章偏言之，則文該章；以章括始終、文爲條理言之，則章該文。凡禮樂法度之分析、等殺、差別，厚薄者文；始末具舉、先後咸宜者章。文以分，分於合顯。章以合，合令分成。而分不妨合，合不昧分，異以通於同，同以昭所異，相得而成，相涵而不亂，斯文章之謂也。舊註未悉。

子罕篇

一

天之命人物也，以理以氣。然理不是一物，與氣爲兩，而天之命人，一半用理以爲健順五常，一半用氣以爲窮通壽夭。理只在氣上見，其一陰一陽、多少分合，主持調劑者卽理也。凡氣皆有理在，則亦凡命皆氣而凡命皆理矣。故朱子曰「命只是一個命」。只此爲健順五常、元亨利貞之命，只此爲窮通得失、壽夭吉凶之命。若所云「惠迪吉、從逆凶」者，旣無不合矣；而伯牛之疾，孔子之不得衞卿，季孫之惑於公伯寮，在原頭上看，亦與「從逆凶」之理一也。人事之逆，天數之逆，等之爲逆，則皆凶矣。

二

或疑天數之不當有逆，則人事又豈當有逆哉？唯天之德，以生物、利物，而非以殺、以害。唯人之性，以仁、以義，而非以爲戕、爲賊。乃乘於其不容已之數，則相失在毫釐之差，而善惡吉凶已不可中徙，則健順五常之理微，而吉凶禍福之理亦甚微也。

健順五常，理也。而健者氣之剛，順者氣之柔，五常者五行生王之氣，則亦氣之理矣。壽夭窮通，氣也。而長短豐殺，各有其條理，以爲或順或逆之數，則亦非無理之氣矣。

陳新安未達朱子之微言，而曰「集註云命之理微，則此命以理言」，其泥甚矣。

或疑天命之理，愚者可明，柔者可彊，所以可變者，唯其命之一也；人之習變其氣質，而命自一，故變其習之不一者而可歸於一。是則然矣。若夫氣數之命，窮者不可使通，夭者不可使壽，則所命不齊；命不齊，則是理無定矣。理不一，則唯氣之所成，而豈得與健順五常之命爲性者同哉？乃於此正有說在，可以例相通，而不可執一例觀也。

天命之理，愚者可使明，而明者則不可使愚；柔者可使彊，而彊者則不可使柔。故鯀不能得之於子，紂不能得之於臣。此猶夫仲尼之不能使伯牛壽，樂正之不能使孟子通也。氣數之命，夭者不可使壽，而壽者可使夭；窮者不可使通，而通者可使窮。故有耽酒嗜色以戕其天年，賊仁賊義以喪其邦家。此猶夫愚而好學則近知，柔而知恥則近勇也。故曰：「富與貴，不以其道得之，不處也；貧與賤，不以其道得之，不去也。君子無終食之閒違仁，造次必於是，顚沛必於是。」嗚呼！二者之胥爲命，致上、致下之不同，而胥協於一也，此其所以爲理之微與！

三

程子云：「意發而當，卽是理也；發而不當，是私意也。」胡氏云：「意不可以孤行，必根於理。」皆精審允當之語。而微言引伸，則在讀者之善通；不然，則胡不云無私而云「毋意」

耶？此既顯然。但此言意之卽不可有，而大學云「誠其意」，則又似一篤實其意，而不待於揀擇。然則此之言意，與大學之言意，固有別矣。而統言意，則又未見其別也。

蓋均之意也，而大學云「其身」、「其心」、「其意」、「其知」，四「其」字俱指「古之欲明明德者」而言；而「其意」「其知」二「其」字，又微有別。身兼修與未修，故言修，修者節其過也。心兼正與不正，故言正，正者防其邪也。意已無邪，故言誠；知已無過，故言致。誠者卽此而實之，致者卽此而充之也。則其云「其意」者，爲正心者言之。欲正其心者之意，已遠於私，則不復憂其發之不中於理，而特恐其介於動者之不篤耳。則凡言意，不可遽言誠，而特欲正其心者之意則當誠也。

蓋漫然因事而起，欲有所爲者曰意；而正其心者，存養有本，因事而發，欲有所爲者，亦可云意。自其欲有所爲者則同，而其有本、無本也則異。意因心之所正，無惡於志，如日與火之有光燄，此非人所得與，而唯明明德者則然。故大學必云「誠其意」，而不可但云誠意。

假令非正心所發之意，有好而卽如好好色，有惡而卽如惡惡臭，則王安石之好呂惠卿，牛僧孺之惡李德裕，其迷而不復，亦未嘗不如好好色、惡惡臭，而要亦爲意、爲必、爲固、爲我而已矣，豈足道哉？

意生於已正之心，則因事而名之曰意；而實則心也，志也，心之發用而志之見功也，可云「其意」而不可云意也。今此言「子絕四」而云「毋意」者，新安所云「以常人之私欲細分之，有此四者」是已。

因常人之有，而見夫子之絕，則此意爲常人而言，而爲意之統詞。統常人而言，則其爲漫然因事欲有所爲者，亦明矣。既爲漫然因事欲有所爲，則不問其爲是爲非，俱如雷龍之火，乘陰虛動而妄發，不可必出於私，而固不可有矣。知此，則但言意可無言私，而但於孤行與有本察之，則曉然矣。

四

朱子因釋氏有破除知見之說，恐後學不察，誤引聖言以證彼敎，故以「無知」爲謙詞。實則聖人之言，雖溫厚不矜，而亦非故自損抑，謂人當有知而已無之也。道明斯行，則知豈可無？然此自對世人疑夫子有知者而言，則聖人無所不知而謂之有知，可乎？

以聖人無所不知而謂之有知，此正墮釋氏家言，及陸子靜頓悟之說。蓋人疑聖爲有知者，謂無所不知者其枝葉，而必有知爲之本也。異端行無本而知有本，故舉一廢百。聖人行有本而知無本，誠則明矣。固有此理，則因是見知；而一切物理現前者，又因天下之誠有是事，則誠有此理，而無不可見：所謂叩兩端而竭也。若古今名物象數，雖聖人亦只是畜積得日新富有耳。此與帝王之富，但因天下之財，自無與敵一例。

若釋氏，則如俗說聚寶盆相似，只一秘密妙悟，心花頓開。拋下者金山粟海，驀地尋去，旣萬萬於事理無當，卽使偶爾弋獲，而聖人如勤耕多粟，彼猶奸富者之安坐不勞，「五斗十年三十擔」，禍患之來無日矣。世人因不能如聖人之叩兩端而竭，便疑聖人有一聚寶盆在，故夫子洞開心胸以敎之，而豈但爲自謙之詞！

五

緣顏淵無上事而發此歎，遂啟後學無限狐疑。如實思之，眞是鏤空畫火。「仰之彌高，鑽之彌堅，瞻之在前，忽焉在後」，此是何物事？莫有一個道，離了自己，卻在眼前閃閃爍爍，刁刁蹬蹬，顏子卻要捉着他不能勾？在釋氏說「不得觸，不得背，金剛圈，棘栗蓬，離鉤三寸，十石油麻」，正是這話。仔細思之，作甚兒戲！

近有一僧問一學究說：「『之』者，有所指之詞。『仰之彌高』『之』字何指？」學究答云：「指道。」僧云：「然則可道『仰道彌高』否？」其人無語。此學究與僧固不足道，尋常理學先生錯作「仰道彌高」解，爲此僧所敲駁者不少。

此等區處，切忌胡思亂想，將道作一物，浩浩而「無窮盡」，鱍鱍而「無方體」。自伏羲畫易，直至顏、孟、程、朱，誰曾懸空立一個道，敎人拈鏡花、捉水月去？若道而高也，則須有丈里；道而堅也，則須有質模；道而在前、在後也，則行必有迹而遷必有徑，如何說得「無窮盡，無方體」？乃顏子於此，卻是指着一件說。在粗心浮氣中二氏之毒者，無惑其狂求不已也。顏子既非懸空擬一道之形影而言之，又實爲有指。思及此，然後知朱子之言，眞授瞽者以目也。朱子云「不是別有箇物事」，則既足以破懸空擬道形影者之妄；又云「只是做來做去，只管不到聖人處」，則現前將聖人立一法則，而非無所指矣。

要此一章，是顏子自言其學聖之功，而非以論道。喟然之歎，知其難而自感也，非有所見而歎美之也。聖人之「無行不與」，只此語默動靜，擬議而成變化，便是天理流行。如云「窮理盡性以至於命」，亦止在身心上體認得「精義入神」、「利用安身」之事，非有一性焉、命焉，如釋氏之欲見之也。

「見性」二字，在聖人分上，當不得十分緊要，而又非驀地相逢、通身透露之謂見。孟子所言乍見孺子入井之心，亦是爲人欲蔽錮，不足以保妻子之人下一冷點。若聖賢學問，則只一箇「無不敬」、「安所止」，就此現前之人倫物理，此心之一操一縱，以凝天德；而何有如光、如水、如蚓鳴、如絲縷之性，而將窺見之？

緣夫子義精仁熟，從心所欲而不踰矩，故卽一止一作、一言一動之間，皆自然合符；而其不可及者卽爲高，不能達者卽爲堅，不可執一以求者卽爲在前而在後。卽如鄙夫之問，叩兩端而竭；見齊衰者、冕衣裳者、瞽者而必作、必趨；感斯應，應斯善，善必至，至善必不息，不息而化：此所謂「彌高彌堅，忽焉在後」者矣。

顏子親承夫子「無行不與」之教，較夫子生千聖之後而無常師者，其用功之易自倍，故專壹以學聖爲己事，想來更不暇旁求。朱子深知顏子之學，而直以學聖言之，可謂深切著明矣。彼汎言道而億道之如此其高堅無定者，眞釀蜜以爲毒也。

六

朱子「三關」之說，集註不用，想早年所見如此，而後知其不然。善學者，正好於此觀古人用心處：不恃偶見以爲安，而必求至極。如何陳新安、金仁山尚取朱子之所棄以爲寶也！

爲彼說者，止據「夫子循循然」一段，在「忽焉在後」之下，將作自己無所得，依步驟學作文字一例商量。聖賢性命之文，何嘗如此命局布格？顏子於「欲從末繇」之時，發此喟然之嘆，直以目前所見，衝口說出。若云歷憶初終履歷而敍之，其於喟然一歎之深心，早已迂緩而不親矣。

除卻博文約禮，何以仰，何以鑽，何以瞻？非「如有所立」而「卓爾」，「雖欲從之末繇」，又何以爲彌高彌堅而忽在後？既已仰之、瞻之，如此其盡心力以學聖矣，而又在文未博、禮未約之前，則豈聖人之始教，但教以脈脈迢迢，尋本來面目也？聖學中既不弄此鬼技，而況子固曰「君子博學於文，約之以禮，亦可以弗畔已夫」，顯爲君子之始事，聖人之始敎哉？將聖人於顏子之明睿，尙然不與一端緒，待其白地瞻鑽，計無所出，然後示之以博文約禮，則顏子以下，不愈增其終身之迷耶？

陳子禽只緣在博文約禮上不能承受聖敎，故直鹵莽，以子貢爲賢於仲尼。漫無把捉者，眞見聖而不知聖，聞道而不信道。顏子卽不其然，而未博文、未約禮之前，亦知聖道之高堅可耳，而何以知其彌高彌堅，旣見在前而猶未已哉？

顏子之歎，蓋曰：夫子之道，其無窮盡、無方體者，乃至是耶！此非夫子之吝於敎，非我之不勤於學也，而敎則善誘，學則竭才，乃其如有所立而卓爾，其末繇也，則見其彌高也，彌堅也，瞻在前而忽在後也。則甚矣聖人之難學也！故集註於首節言「此顏子深知夫子而歎之」，末節言「此顏子自言其學之所至」，語錄有云「合下做時，便下者十分工夫去做」，此朱子之定論，學者所宜篤信者耳。

七

「與道爲體」一「與」字，有相與之義。凡言「體」，皆函一「用」字在。體可見，用不可見；川流可見，道不可見；則川流爲道之體，而道以善川流之用。此一義也。必有體而後有用，唯有道而後有川流，非有川流而後有道，則道爲川流之體，而川流以顯道之用。此亦一義也。緣此，因川流而興嘆，則就川流言道，故可且就川流爲道體上說，不曰道與川流爲體。然終不可但曰川流爲道之體，而必曰川流與道爲體，則語仍雙帶而無偏遺。故朱子曰：「『與道爲體』一句，最妙。」

八

程子「此道體也」一句，未免太盡。朱子「因有此四者，乃見那無聲無臭底」兩句，亦須活看。竟將此不舍晝夜者，盡無聲無臭之藏，則不可。易象於坎曰「君子以常德行，習教事」，於兌曰「君子以朋友講習」，看來只是如此。集註云「自此至終篇，皆勉人進學不已之辭」，初不曾打併道理盡在內。

夫子只說「逝者如斯」，一「者」字，是分下一款項說底，如說仁者便未該知，說知者便未該仁。逝亦是天地化理之一端。有逝則有止，有動則有靜，有變則有合，有幾則有誠。若說天地之化，斯道之體，無不如此水之逝而不舍，則莊子藏山、釋氏刹那之說矣。

於動幾見其不息者，於靜誠亦見其不遷。程子「天德、王道」之言，亦就動幾一段上推勘到極處；而其云「愼獨」，則亦以研動察之幾，而不足以該靜存，審矣。程子推廣極大，朱子似不盡宗其說，故有「愚按」云云一段。想來，不消如此張皇。禮云「安安而能遷」，夫子云「主忠信」、「徙義」，方是十成具足底道理。

九

程子「君子法之」四字，卻與「與道爲體」之說，參差不合。新安祖此說，云「欲學者於川流上察識道體之自然不息而法之」，愈成泥滯。慶源「人能卽此而有發焉」一句，方得脗合。此等處，差之毫釐，便成千里。

川流既與道爲體，逝者卽道體之本然。川流體道，有其逝者之不舍；道體之在人心，亦自有其逝者，不待以道爲成型而法之。此逝者浩浩於兩間，豈但水爲然哉！易象下六十四個「以」字，以者，卽以此而用之，非法之之謂也。言法，則彼爲規矩，此爲方員，道在天下而不在己矣。天德乾，地德坤，君子固自有天行之健、地勢之坤，而以之自强，以之載物，無所煩其執柯睨視之勞也。

「逝者」二字是統說，「斯」字方指水。「如斯」者，言天理之運亦如斯，人心之幾亦如斯也。此聖人見徹內外，備道於身之語。目刻刻有可視之明，耳刻刻有可聽之聰，入卽事父兄，出卽事公卿，此皆逝者之「不舍晝夜」也。朱子「如水被些障塞，不得恁地滔滔」之語，亦有疵在。道體自然，如何障塞得？只人自間斷，不能如道體何也。天地無心而成化，故其體道也，川流自然而不息。人必有心而後成能，非有以用之，則逝者自如斯而習矣不察，抑或反以此孳孳而起者爲蹠之徒，未嘗礙道不行而人自蹟耳。此固不可以水之塞與不塞爲擬，明矣。

道日行於人，人不能塞；而亦無事舍己之固有，外觀之物，以考道而法之。若云以道爲法，淺之則謂道遠人；而推其極，必將於若有若無之中，立一物曰道。老氏緣此而曰：「人法天，天法道。」嗚呼！道而可法，則亦虛器而離於人矣，奚可哉！

一〇

程子是一語之疵，新安則見處差錯。程子既云「與道爲體」，則猶言目與明爲體，耳與聽爲體，固不可云君子法目之明以視色，法耳之聽以聽聲，其言自相窒礙，故知是一時文字上失簡點。若云君子以之自彊不息，則無病矣。

若新安云「欲學者於川流上察識道體之自然不息而法之」，則是道有道之不息，君子有君子之不息，分明打作兩片，而借爲式樣。猶言見飛蓬而制車，蓬無車體，亦無車用，依稀形似此而已。以此知新安之昧昧。

一一

「君子以自彊不息」，是用天德，不是法水。水之「不舍晝夜」，是他得天德一分剛健處。逝者，天德之化迹也，於水亦有，於人亦有。到水上，只做得個「不舍晝夜」。於人，更覺光輝發越，一倍日新。天德活潑，充塞兩間，日行身內，不之察識而察識夫水，亦以末矣。

一二

圈外註引史記南子同車事，自是不然。史遷雜引附會，多不足信。且史所云者，亦謂見靈公之好色，而因歎天下好德者之不如此，非以譏靈公也。乃夫子卽不因靈公之狎南子，而豈遂不知夫人好色之誠倍於好德？則朱子存史遷之說，尙爲失裁，況如新安之云，則似以譏靈公之不能「賢賢易色」，是責盜蹠以不能讓國，而歎商臣之不能盡孝也，亦迂矣。

且子曰「吾未見」者，盡詞也。靈公之荒淫耄悖，當時諸侯所不多見，而況於士大夫之賢者？乃因此一事，而遂槩天下之君若臣曰「吾未見好德如好色」，其何以厭伏天下之自好者哉？

且云「好德如好色」，兩相擬之詞，則正爲好德者言，而非爲不好德者。道好德，卽不〔如〕好色，然亦已好矣。靈公之無道，秉懿牿亡，其不好德也，豈但不能如好色而已哉？靈公爲南子所制，召宋朝，逐太子，老孱被脅，大略與唐高宗同。其於南子，亦無可如何，含憤忍辱，姑求苟安而已。好德者如此，則已不誠之甚，而何足取哉？史遷之誣，新安之陋，當削之爲正。

一三

朱子之言權，與程子亦無大差別。其云「於精微曲折處曲盡其宜」，與程子「權輕重，使合義」正同。「曲盡其宜」一「宜」字，即義也。不要妙、不微密，不足以爲義也。朱子曲全漢人「反經合道」之說，則終與權變、權術相亂，而於此章之旨不合。反經合道，就事上說。此繇「共學」、「適道」進於「立」、「權」而言，則就心德學問言之。學問心德，豈容有反經者哉？

子曰「可與立，未可與權」，初不云「可與經，未可與權」，「經」字與「權」爲對。古云「處經事而不知宜，遭變事而不知權」，就天下之事而言之，「經」字自與「變」字對。以吾之所以處事物者言之，則在經曰「宜」，在變曰「權」，權亦宜也。於天下之事言經，則未該乎曲折，如云「天下之大經」，經疎而緯密也。於學問心德言經，則「經」字自該一切，如云「君子以經綸」，凡理其緒而分之者，不容有曲折之或差，則經固有權，非經疎而權密也。朱子似將一「經」字作「疎闊」理會。以實求之，輕重不審，而何以經乎？經非疎而權非密，則權不與經爲對。既不與經爲對，亦不可云經、權有辨矣。

以已成之經言之，則經者天下之體也，權者吾心之用也。如以「經綸」之經言之，則非權不足以經，而經外亦無權也。經外無權，而況可反乎？在治絲曰「經」，在稱物曰「權」；其爲分析微密，挈持要妙，一也。特經以分厚薄、定長短，權以審輕重，爲稍異耳。物之輕重既審，而後吾之厚薄長短得施焉。是又權先而經後矣。

至如孟子云「嫂溺援之以手」，乃在事變上說。豈未可與權者，視嫂溺而不援乎？若伊尹放太甲，周公誅管、蔡，則尤不可以證此。周公若有反經合權之意，則必釋管、蔡而後可。蓋人臣挾私怨，朋仇讎，乘國危主幼而作亂，其必誅不赦者，自國家之大經大法。是其誅之也，正經也。周公卽微有未愜處，亦守法太過，遭變事而必守經耳，安得謂之反經？

若太甲之事，則聖人之所不道，夫子似有不滿於伊尹處。其不見删於書，亦以太甲之事爲後戒；且亦如五子之歌，存其詞之正而已。且伊尹之放太甲，亦歷數千載而僅見，堯、舜、禹、文、孔子，俱未嘗有此舉動。孔子於魯，且不放逐三桓，而況其君？如使進乎「可與立」者，必須有此驚天動地一大段作爲，而後許之曰「可與權」，亦豈垂世立教之道哉？浸假太甲賢而伊尹不放，則千古無一人一事爲可與權者矣，其將進祭仲、霍光而許之乎？

若嫂溺手援，乃淳于髡草野鄙嫚之說，孟子姑就事之變者言之。自非豺狼，皆可信其必援。只是一時索性感愴做下來的，既非朱子「精微曲折，曲盡其宜」之義，而又豈聖賢胸中有此本領，以待嫂之溺，爲反經而合道耶？

朱子云：「『可與立，未可與權』，亦是甚不得已，方說此話。」使然，則獨伊、周爲當有權，而堯、禹爲無權乎？孟子譏「執中無權」，初不論得已、不得已。易稱「精義入神，利用安身」，則雖履平世，居尊位，行所得爲，亦必於既立之餘，加此一段心德。而況此但言學者進德之序，初未嘗有不得已之時勢，若或迫之者。

故唯程子之言爲最深密。程子云「聖人則不以權衡而知輕重矣，聖人則是權衡也」，顯此爲「從心所欲，不踰矩」之妙。權之定輕重，猶矩之定句股；而權之隨在得平，無所限量，尤精于矩；則必從欲不踰矩，而後卽心卽權，爲「可與權」也。如鄉黨一篇，無不見聖人之權。若一往自立，則冉有、子貢侍於夫子而「侃侃如也」，夫豈不正，乃以準之於輕重，固已失倫。自非聖人盛德積中，大用時出，其孰能必施之下大夫而不爽哉？

萬事交於身，萬理交於事，事與物之輕重無常，待審於權者正等。日前天理爛漫，人事推移，卽在和樂安平之中，而已不勝其繁雜，奚待不得已之時，而後需權耶？

況聖賢之權，正在制治未亂上，用其聰明睿知、神武不殺之功。若到不得已臨頭，卻只守正。舜之「夔夔齊栗」，周公之云「我之弗辟，我無以告我先王」，知勇不登，而唯仁可以自靖。故詩云「公孫碩膚，赤舃几几」，言不改其恆也。若張良之辟穀，郭子儀之奢侈，聖賢胸中原無此學術，而況祭仲、霍光之所爲哉？

聖賢之權，每用之常而不用之變。桐宮一節，亦未免夾雜英雄氣在。孟子有英氣，故爾針芥而推之爲聖。論語稱夷、惠而不及伊尹，聖人之情可見矣。

易云「巽以行權」，巽，入也，謂以巽入之德，極深研幾而權乃定也。如風達物，無微不徹，和順於義理而發其光輝，焉有不得已而反經以行者乎？故權之義，自當以程子爲正。

一四

天下無一定之輕重，而有一定之權。若因輕重之不同而輒易焉，則不足以爲權矣。大而鈞石，小而銖絫，止用其常而無不定，此乃天理自然恰當之用。若云不得已而用權，則執秤稱物者，皆日行於不得已之塗矣，而豈其然哉！

鄉黨篇

一

說聖人言語容色皆中禮處，唯朱子及慶源之論得之。龜山下語，極乎高玄，亦向虛空打之遶耳。孟子曰「動容周旋中禮者，盛德之至也」，蓋「小德川流，大德敦化」之謂。德盛而至，無所不用其極，如日月之明，容光必照。固不可云日月之明，察察然入一隙而施其照；而亦不可謂高懸於天，不施一照，而容光自曜也。

慶源「細密近實」四字，道得聖人全體大用正著。其云「實」者，卽朱子「身上迸出來」之意；其云「密」者，卽朱子「做得甚分曉」之意。

學者切忌將聖人作一了百了理會。中庸說「聰明睿知」，必兼「寬裕溫柔」等十六種天德，方見天下之理皆誠，而至聖之心無不誠。密斯實，實斯誠也。

一了百了，唯釋氏作此言。只一時大徹大悟，向後便作一條白練去，磕著撞著，無非妙道。所以他到爛漫時，便道「事事無礙」，卽其所甚戒之淫殺酒肉，而亦有公然爲之者。其端旣亂，委自不淸。細究其說，亦惠子尺棰之旨爾。只此便終日用之而不窮，故其言曰「元來黃檗佛法無多子」。

聖賢天德王道，一誠而爲物之終始者，何嘗如是！使盛德在中，而動容周旋，自然不勞而咸宜於外，則鄉黨一篇，直是仙人手中扇，不消如此說得委悉矣。孔門諸弟子，爲萬世學聖者如此留心寫出，乃舍此而欲求之自然，求之玄妙，亦大負昔人苦心矣。易謂「天地不與聖人同憂」，又云「天地設位，聖人成能」，那有拈槌豎拂、大用應機、如如不動一種狂邪見解！龜山早已中其毒而不自知矣。

聖人只是一實，亦只是一密；於義但精，於仁但熟，到用時，須與他一段亹亹勉勉在。且如「色惡不食，臭惡不食」，而藉云自然，非出有心，則天下之好潔而擇食者，亦自然不食，而非有所勉。正當於此處，揀取分別。故知說玄說妙者，反墮淺陋。如佛氏說淸淨，說極樂，到底不過一蓮花心、金銀樓閣而已。故吾願言聖人者，勿拾彼之唾餘也。

二

「使擯」「執圭」兩條，晁氏以孔子仕魯四年之內無列國之交，疑非孔子已然之事，但嘗言其禮如此。晁氏所據，春秋之所書耳。乃春秋之紀邦交，非君與貴大夫，不登於史册。以孔子之位言之，固不可據春秋爲證。

乃雙峰因晁氏十三年適齊之訛，以折晁說，亦未足以折晁之非。雙峰云：「夫子擯聘時，弟子隨從，見而記之。」乃令孔子銜命出使，則所與俱行者，必其家臣，而非弟子。即或原思之屬，得以官從，而當禮行之際，自非介旅，誰得闌入諸侯之廟廷哉？其在擯也，既不容弟子之隨從；即或從焉，亦不得雜遝於賓主之間，恣其屬目。弟子而已仕也，則各有官守矣。如其未仕，豈容以庶人而躡足側目於公門，如觀倡優之排場者？而夫子抑胡聽之而不禁耶？

足知雙峰之言，草野倨侮，自不如晁氏之審。但尋繹事理，可信其然，不必以邦交之有無爲徵耳。

三

衣服、飲食二節，亦須自聖人之德，愈細愈密、愈近愈實上尋取，方有入處。朱子天理人欲之說，但於已然上見聖德，而未於當然處見聖功。使然，但云「大德敦化」已足，而何以必云「小德川流，天地之所以爲大」哉？仲虺云：「以義制事，以禮制心。」義是心中見得宜處，以之制事；禮乃事物當然之節文，以之制心：此是內外交相養之道。固不可云以義制心，以禮制事。以禮制事，則禮外矣；以義制心，則義又外矣。若但於可食、不可食上，分得天理、人欲分明，則以禮制事之謂，飲食亦在外而非內矣。此正與聖學相反。

朱子又云：「口腹之人，不時也食，不正也食，失飪也食，便都是人欲。」此其說愈疎。世自有一種忒煞高簡之士，將衣食作沒緊要關切看，便只胡亂去。如王介甫之蝨緣鬚而不知，蘇子瞻在嶺外，食湯餅不顧粗糲。將他說作人欲，甚則名之爲口腹之人，固必不可，只是天理上欠缺耳。

乃於此處簡點天理，令無欠缺，也急切難分曉在。如魚餒肉敗，那些見得天理上必不當食？無已，則傷生之說盡之矣。衞生固理也，而舉食中之天理，盡之於衞生，則亦褊甚。到此，卻須徹根徹底，見得聖人正衣服、愼飲食一段靜存動察、極密極實之功，所謂「致中和」者，卽此便在，方於作聖之功，得門而入。

蓋不正之服食，始以不正之心，失其本然之節，胡亂衣之、食之，此內不能制外也。迨其衣不正之衣而心隨以蕩，食不正之食而性隨以遷，此外不能養內也。內外交養，缺一邊則不足以見聖。且如今人衣紅紫綺麗之服，此心便隨他靡靡搖搖去；衣葛而無所表出，此心便栩栩軒軒去。卽此推之，凡服之不衷者，皆足以生人驕奢僭忒之心；服之不盛者，皆足以生人苟且猥下之心。況於食之於人，乃以生氣，氣淸則理晰，氣濁則理隱，氣充則義立，氣餒則義喪：諸能使氣濁而不充者，豈但傷生，而抑以戕性矣。

聖人敬其身以建中和之極，故曰：「以天產作陰德，以中禮防之；以地產作陽德，以和樂防之。」中和養其氣，而禮樂亦報焉，交相成也。故天子齊則食玉以交於明禋，行以珮玉爲節，在車以和鸞爲節，則志不慆，而忠信篤敬乃常在目。然則一服之失宜，一食之不當，於聖人氣體中，便有三辰失軌、山崩川竭之意。學者未能從事於「無不敬，儼若思」之功，使「淸明在躬，志氣如神」，則不足以見之爾。

膏粱之子，衣錦紈，食甘脆，則情必柔弱。田野之夫，衣草木，食藜藿，則氣必戇鄙。故夫子之容色言動，施之於上下親疏而中其等者，以吾心之宜制事也；飲食衣服，必期於正而遠其鹵莽者，以事物之宜養心也。內外交相養而無有忒者，聖功也。內外得所養而自不忒者，聖德也。故慶源以爲聖學之正傳，其旨微矣。

嗚呼！以此爲言，世之說玄說妙者，應且笑其舍本而徇末；乃彼之所謂玄妙者，亦非愚之所敢知也。

四

以迅雷風烈爲天之怒，亦從影響上捉摸，幾與小說家電爲天笑之誕說，同一鄙猥。張子正蒙中說得分明，不容到此又胡亂去。

詩云「敬天之怒」，天之怒從何察識，亦卽此民心、國勢見之耳。喜事賞，怒事罰。「上帝板板，下民卒癉」，天之罰也，卽天之怒也。若雷之迅、風之烈，未必其爲災害於人物，而且以啟蟄而吹枯，何得妄相猜卜爲天之怒哉？

雷不必迅，迅則陰之拒陽已激，而陽之疾出無擇者也。風不宜烈，烈則虛者已虛而吸之迫，實者已實而施之驟也。只此是陰陽不和平處，天亦乘於不容已之勢而然。如人之有疾，呼號似怒，而因氣之不和，豈關怒哉？

陰陽不和，其始必有以感之，其繼則抑必有以受之者。夫子以天自處，而以裁成、輔相爲己事，故不得不自省所感者之或在吾身，而防夫不和之受，將爲性情氣體之傷。繇其心之純於天德而不息，故遇變則反求諸己而不安耳。從此思之，乃於理事不悖。

五

爾雅言「鵲，鶪醜，其飛翪」，謂竦翅上下，一收一張也；「鳶，烏醜，其飛翔」，謂運翅迴翔也；「鷹，隼醜，其飛翬」，謂布翅翬翬然疾也。今觀雉之飛，但忽然竦翅，一直衝過隴間，便落草中，差可謂「翪」，而何嘗有所謂運翅迴翔而後集者哉？雌雉之在山梁，夫子、子路交至乎其側而猶不去，則又豈「色斯舉矣」之謂？新安云「色舉、翔集，卽謂雉也」，亦不審之甚矣！「時哉」云者，非贊雉也，以警雉也。鳥之知時者，「色斯舉矣，翔而後集」。今兩人至乎其前，而猶立乎山梁，時已迫矣，過此則成禽矣。古稱雉爲耿介之禽，守死不移，知常而不知變，故夫子以翔鳥之義警之，徒然介立而不知幾，難乎免矣。人之拱己而始三嗅以作，何其鈍也！

然此亦聖人觀物之一意而已，非謂色舉、翔集，便可與聖人之「時中」同一作用。西山以孔子去魯、衛，伯夷就養文王比之，則大悖矣。有雉之介，而後當進以翔鳥之幾。如其爲翔鳥也，則又何足道哉！馮道之於君臣，楊畏之於朋友，占風望氣，以趨利而避害，烏鳶而已矣。

〔清〕王夫之著

讀四書大全説

下册

中華書局

讀四書大全說卷六　論語

先進篇

一

胡氏所述閔子蘆花事，猥云出自韓詩外傳。今韓詩外傳十卷固在，與漢藝文志卷帙不差，當無逸者，卷中並無此文，蓋齊東野人之語爾。宋末諸公，其鄙倍乃至於此。「母在一子寒，母去三子單」，其言猥弱，非先秦以上語，一望而即可知。「單」之爲義：其正釋，大也；其借用，盡也；唐、宋以前，無有作單薄用者。況抑似五言惡詩，而又用沈約韻耶？

且使如彼所云，則閔子之孝，固不順乎其母矣。今子曰「人不閒於其父母昆弟之言」，而不云父母昆弟不閒於人言，故勉齋云「父母昆弟之言或出於私情」，慶源云「或溺於愛，蔽於私」。則可以知閔子之父母昆弟，其相信相愛者，已先於外人，而必無繼母忮害之事矣。朱門弟子，初不用此邪說，而集註所引胡氏之言，亦與黃、輔符同，則輯大全者所引之胡氏，必卽雲峰而非文定父子可知已。此說與公治長鳥語事，同一鄙穢。俗儒無心無目而信之，亦可哀矣！

至云「處人倫之常者，孝無可稱」，則以天明地察之至德要道，而僅以爲窮愁失所者之畸行，其害名教爲不小。夫子之稱武、周，孟子之推曾子，豈亦有不慈之父母以使得炫其名乎？

二

易言「原始反終，故知死生之說」，「始終」字，自不可作「生死」字看。使云「原生反死，故知死生之說」，則不待辨而自知其不可矣。所以然者，言死生則兼乎氣，言始終則但言其理而已。如云氣聚而生，散而死，可以聚爲始而散爲終乎？死生自有定期，方生之日謂之生，正死之日謂之死。但自形氣言之，則初生者吾之始也，正死者吾之終也。原始反終而知死生之說，則死生所指有定，而終始所包者廣矣。

愚於此，竊疑先儒說死生處都有病在。以聖人之言而體驗之於身心形色之閒，則有不然者。今且可說死只是一死，而必不可云生只是一次生。生旣非一次生，則始亦非一日始矣。莊子藏山、佛氏刹那之旨，皆云新故密移，則死亦非頓然而盡，其言要爲不誣；而所差者，詳於言死而略於言生。

以理言之，天下止有生而無所謂死，到不生處便喚作死耳。死者生之終，此一句自說得不易。如云生者死之始，則無是理矣。又云死者人之終，亦庶幾成理，以人無定名，因生而得名爲人也。如云生者人之始，則雖差可成語，而於意又成背戾。蓋因生而有人，則一日之生自生之一日，其可云生者生之始乎？然則嬰兒之初生而即死者，其又爲何者之始耶？生既非死之始，又不可爲生之始，則「始終」二字，當自有義，斷不可以初生之一日爲始，正死之一日爲終也。

要以未死以前統謂之生，刻刻皆生氣，刻刻皆生理；雖綿連不絕，不可爲端，而細求其生，則無刻不有肇造之朕。若守定初生一日之時刻，說此爲生，說此爲始，則一受之成型，而終古不易，以形言之，更不須養，以德言之，更不待修矣。

異端說「囫地一聲」，正死認著者劈初一點靈光，如陶人做甕相似，一出窰後，便儘著只將者箇用到底去。彼但欲絕聖棄知，空諸所有，故將有生以後，德撰體用，都說是閒粉黛。其云「一條白練去」，正以此爲孃生面耳。

古之聖人畫卦序疇，於有生以後，顯出許多顯仁、藏用之妙，故云「窮理盡性以至於命」，云「存其心，養其性，所以事天」，云「莫非命也，順受其正」，直是有一刻之生，便須謹一刻之始。到曾子易簀時，也只是謹始，更不可謂之慎終。何嘗喫緊將兩頭作主，而丟漾下中閒一大段正位，作不生不死、非始非終之過脈乎？

書曰「惠迪吉，從逆凶」，與孟子「順受其正」之說，相爲表裏。「莫非命也」，則天無時無地而不命於人，故無時無地不當順受，無時無地不以惠迪得吉、從逆得凶。若靠定初生一日，則只有迎頭一命，向後更無命矣，而何以云「莫非命也」哉？此理不達，則世之爲推算之術者，以生年月日懸斷吉凶，猥鄙之說昌矣。

凡自未有而有者皆謂之始，而其成也，則皆謂之終。既生以後，刻刻有所成，則刻刻有所終；刻刻有所生於未有，則刻刻有所始。故曰曾子易簀，亦始也，而非終也。反諸其所成之理，以原其所生之道，則全而生之者，必全而歸之；而欲畢其生之事者，必先善其成之之功：此所謂知生而知死矣。

故夫子正告子路，謂當於未死之前，正生之日，即境現在，反求諸己，求之於「昊天曰明，及爾出王，昊天曰旦，及爾游衍」之中，以知生之命；求之於「不聞亦式，不諫亦入，不顯亦臨，無斁亦保」之中，以知生之性；求之於「直養無害，塞乎天地之閒」者，以知生之氣。只此是可致之知，只此是「知之爲知之」，而豈令哼枯木，撮風聲，向囫地一聲時討消息哉？此是聖賢異端一大鐵界限，走漏一絲，即成天壤，而廢仁義、絕倫理之教，皆其下游之必至矣。

子曰「未知生，焉知死」，此如有人問到家路程，則敎以迤邐行去，少一步也到不得，且舉足趁著走，則息駕之日，自不差耳。且如子路死於孔悝，他死上也分明不錯，而其陷於不義者，則在仕輒之日，卽此是未知生而欲知死之一大病。釋氏唯不然，故說個「生死事大，」只辦臘月三十日一套除夕筵席」。卻不知除夕之前，衣食全不料理，則早已凍餒而死，到臘月三十日，便煞鋪設焜煌，也無用處。乃徒欲據元旦以知除夕，不亦傎乎！

愚以此求之，益見聖言之正大精密，與化工同其自然。先儒諸說，唯朱子「生理已盡，安於死而無媿」一語，爲有津涯；其餘則非愚所知，而閒亂於釋、老者多矣。語錄有云「能原始而知其聚以生，則必知其後必散而死」，既卽釋氏假合成形之說，且此氣之聚散，聽之壽命者，何用知之，而亦何難於知，乃消得聖人如許鄭重耶？而朱子答之曰「死便是都散了」，亦聊以破釋氏死此生彼之妄，其於聖人之言，則全無交涉，所謂不揣其本而爭於末也。診其受病之原，只誤認一「生」字作生誕之日「生」字解，而其或鄙或倍，乃至於此，是以辨貴明而思貴愼也。

三

釋氏說生死有分段，其語固陋。乃諸儒於此，撇下理說氣，而云死便散盡，又云須繇造化生生，則與聖人之言相背。氣不載理，只隨壽命聚散，倘然而生，溘然而死，直不消得知生，亦將於吾之生無所爲而不可矣。

生生雖繇造化，而造化則不與聖人同憂，故須知死生之說，以爲功於造化。此處了無指徵，難以名言，但取孟子「直養無害，塞乎天地之閒」兩句，尋個入路，則既不使造化無權，而在人固有其當自盡者。夫子說「朝聞道，夕死可矣」，亦是此意。蓋孟子合理於氣，故條理分明；諸儒離氣於理，則直以氣之聚散爲生死，而理反退聽。充其說，則人物一造化之芻狗矣。

諸儒於此，苦怕犯手，故拿著個氣，硬地作理會。乃不知釋氏輪迴之說，原不如此。詳見愚所著周易外傳，當以俟之知者。

四

夫子只許閔子之言爲中。中者，當於理也，集註釋此自當。雙峰、新安添上「和悅雍容」一義，聖人既不如此說，且論語一書，皆經記者隱括成文，非閔子當日止用此二冷語論此一事。且其云「何必」者，則以長府之弊，別有所在，而不繫於改不改，不正於其本而徒然改作，則不如無改之爲愈，若用之得宜，則仍舊貫而亦何弊，故不云不可，而云「何必」，酌事而爲言，非故爲雍容和悅也。若明知其不可而故爲緩詞，則直是騎兩頭馬，柔姦行徑耳。以爲無與於己，則何如弗言？既已言之，而又何避忌？不痛不癢，做欵段而匿肝腸，此小人之尤也，而閔子豈其然！爲長府，改錢法也，詳稗疏。

五

孔子既沒而道裂，小儒抑爲支言稗說以亂之。如家語、孔叢子、韓詩外傳、新序、說苑諸書，眞僞駁雜，其害聖教不小。學者不以聖言折之，鮮不爲其所欺。家語、說苑稱子路鼓瑟，有北鄙殺伐之聲，說甚猥陋。夫子謂子路升堂而未入室，今須看升堂入室，是何地步。子之論善人，曰「亦不入於室」，聖人豈有兩室，而室豈有異入哉？善人有善而無惡，特於天德、王道之精微處，未盡其節文之妙，止一往行去教好，所以云「未入於室」。看來，子路亦是如此。

孟子曰「可欲之謂善」，一「欲」字有褒有貶。合於人心之所同然，故人見可欲。而其但能爲人之所欲，不能於人之所不知欲、不能欲者，充實內蘊而光輝遠發，則儘流俗而皆欲之矣。故夫子曰「由也喭」。喭者，粗俗也。粗者不密，俗者不雅。未能精義入神以利用，故曰粗。不知文之以禮樂，而好惡同於流俗，故曰俗。

聖人雖不爲異人之行，然其所以節太過，文不及，備陰陽之撰者，固非流俗之所能與知。粗俗者，雖不爲合流俗、同汚世之邪慝，而稱意直行，往往與衆人一種皮膚道理相就。所以他於衆覩衆聞上，赫赫奕奕，有以動人，而求之於天理之節文，自然精密、自然卓爾者，深造以禮樂而後得人，則一向似不信有此理，故其言曰「何必讀書，然後爲學」。則亦「不踐迹」之意也。

唯其如此，是以雖復鼓瑟，亦聊以供其判奐，而不必合於先王之雅音，則雖鄭、衞之音，且自謂無妨一奏。其於夫子之門，必以先王之正聲，蕩滌人心志，融洽人肌膚，以導性情之和者，殊爲背戾。故曰「奚爲於丘之門」。

合子路生平與夫子之言類觀之，則可見矣。使如家語、說苑之猥談，則子路無故而常懷一殺心，將與宋萬、州綽、高昂、彭樂之流，同其凶狡，則亦名教之戎首，斯人之梟鷹，而何得要夫子「升堂」之譽哉？

子路好勇，自在聞義必爲、聞過必改上見得勇於爲義耳，初非有好戰樂殺之事。雖孔悝之難，親與戎行，而春秋時文武之塗未分，冉有、樊遲，皆嘗親御戈戟，非但一子路爲然。家語抑有戴雄雞、佩豭豕之說，尤爲誣罔，固非君子之所宜取信也。程子曰「言其聲之不和」，自與聖言相符。

六

中庸就敎上說，則過、不及之閒，尚可立一「中」以爲則。然或問已有「揣摩事理」之語，則過、不及自就知行上見，不與中庸之顯道相對。此言二子學之所至，其非子夏在前面一層，子張在過背一層做，審矣。

「中庸」二字，必不可與過、不及相參立而言。先儒於此，似有所未悉。說似一「川」字相似，開手一筆是不及，落尾一筆是過，中一竪是中庸，則豈不大悖？中庸之爲德，一全「川」字在內。若論至到處，落尾第三筆結構方成。一直到人倫之至，治民如堯，事君如舜，方是得中，則豈有能過之者哉？

斯道之體，與學者致道之功，總不可捉煞一定盤星。但就差忒處說，有過、不及兩種之病。不可說是伸著不及，縮著太過，兩頭一般長，四圍一般齊，一箇樞紐。如此理會，所謬非小。且如河圖中宮之十、五，雒書中宮之五，卻是全圖全書之數；與樂律家說天數五、地數六，合之十一，遂將六作中聲不同。天垂象，聖人立教，固無不然。所以無過、不及處，只叫做「至」，不叫做「中」。近日天主教夷人畫一十字，其邪正墮於此。

今以道體言之，則程子固曰「中是裏面底」，裏只與外相對。不至者外，至者裏也。非裏面過去，更有一太過底地位在。若以學言，則不得已，且將射作喻。不及鵠者謂之不及，從鵠上蓋過去之謂過。若正向鵠去，則雖射穿鵠，透過百步，亦不可謂之過，初不以地界爲分別。只在筈筈離弦時，前手高便飄過去，前手低便就近落耳。則或過或不及，只緣一錯。而豈鵠立於百步，便以百步爲中，九十步內爲不及，百一十步外爲過之謂哉？

作聖之功，必知足以及之，仁足以守之，斯能至而不忒。今二子之爲學，亦既俱以聖人爲鵠矣。子夏只恁望著聖人做去，而未免爲人欲所累帶著，就近處落。子張亦只恁望著聖人做去，却自揣其力之不足試於人欲之域以得天理，乃便儘著私意往外面鋪張，希圖蓋覆得十分合轍。所以二子之所造不同，然其不能用力於靜存動察、精義入神，則一也。故曰「過猶不及」。

故夫子以「小人儒」戒子夏，而記稱其有厚子薄親之罪。曾子斥子張之「難與爲仁」，而其言曰「喪思哀，祭思敬，其可已矣」。

譬之於射，則子夏亦知平水箭爲百中之技，卻力有不逮，不覺臨發時前手便落，早插入流俗裏去。子張亦緣力之不加，恐怕落近，便一直擡起前手，庶幾起處高，落處合，而不知心目無一成之鵠，則必不能至，而徒爲勞耳。

故子夏知有儒，而不知儒之或不免於小人，則一念之私利未忘，卽爲欲所泥，而於理必不逮。子張謂喪盡於哀，祭盡於敬，可一直相取，乃不知存之無本，則有雖欲哀而不得哀，雖欲敬而不得敬者。所以於其志學之始，與其究竟之失，爲之要言曰「過猶不及」。總以洞見其用功之差，而既不能統其知之不能及，仁之不能守，爲之要言曰「過」，曰「不及」；乃以天資言，尤不得謂兩者之外別有中庸，兩者之閒不前不後之爲中庸也。假令節子張之過，則亦不掙扎之子張；伸子夏之不及，亦一無歸宿之子夏；且求爲二子而不能得，況望其能至於聖人哉？

在他行跡處，見得有此兩種共依於聖功而不能至之病。若以聖功之至言之，則子固曰：「回也，其心三月不違仁，其餘則日月至焉而已矣。」則顏子亦唯不及之爲憂，而況子張？聖人之道，斷無透過那一邊還有地位之理，所以云「仰之彌高，鑽之彌堅」。二子之失，皆仰鑽之未竭其才耳。而豈子張之已踰其高，過顏子之所仰；已抉其堅，過顏子之所鑽乎？

子思贊中庸之德，說贊化育、參天地，說「無聲無臭」，那有一重道理得陵而過之？尹氏「抑過、引不及」之說，自是見處未確。夫子之於子張，亦引之而已，而何有抑哉？如子張言「喪思哀，祭思敬」，自是粗疎不至語。藉令教之，亦引之於情文相稱之實，俾得以盡其哀敬，豈抑之使毋過哀，毋過敬，而姑但已乎？故知以過、不及、中庸爲三塗論者，不墮於子莫之中，其無幾矣！

七

「夫子不幸而與匡人之難」一轉，甚是蛇足。諸老先生只管向者上面窮理，好沒去就。不如桃應所問瞽瞍殺人爲有是事者遠矣。杞人憂天，而更憂何以支撐耶？

顏淵之後，大略是迂道相避，故致參差。彼此相信以不死，原不待於目擊。其云「子在，回何敢死」，言夫子既有道以出險，己亦不恃勇以犯難。想來匡人之暴，亦不是莽莽殺人，處之有道，則自斂戢。上蔡訓「敢」爲果敢，極是分明。不果敢則不死矣。

胡氏告天子方伯請討之說，尤迂疎無理。傷人者刑，殺人者死，司寇治之耳。夫子非有國之君，匡人亦非能阻兵負固者，何待天子方伯之討哉？然要不須如此論，亦聊破胡氏之謬耳。

此胡氏末目言號謚，以其言考之，蓋致堂也。文定春秋傳中，不作此無稽之言。致堂不善承其家學，讀史管見中往往有如此者。

八

程、朱論曾晳處，須是別看，不可煞著猜卜。如以爲無所期慕，只自灑落去，則韋應物之「微雨夜來過，不知春草生」，足以當之矣。如將景物人事，逐一比配，以童子、冠者擬老、友、少，以浴風、詠歸擬安、信、懷，以謂於物得理，於事得情，則曾晳不向誠然處直截理會，乃在影似中求血脈，其亦末矣。

但拽著架子，闌闌珊珊，如算家之有粗率，則到用處，十九不通。朱子謂三子不如曾點之細，又云「曾點所見乃是大根大本」。只此可思，豈兵農禮樂反是末，是枝葉，春遊沂詠反爲根本哉？又豈隨事致功之爲粗，而一槩籠罩著去之爲細耶？看此二段語錄，須尋入處。

「身心無欲」，直得『淸明在躬，志氣如神』，天下無不可爲之事。」讀語錄者，須知「淸明在躬」時有「志氣如神」事，方解朱子實落見地。

九

集註云「人欲淨盡，天理流行」，朱子又云「須先教心直得無欲」，此字卻推勘得精嚴，較他處爲細。蓋凡聲色、貨利、權勢、事功之可欲而我欲之者，皆謂之欲。乃以三子反證，則彼之「有勇」「知方」「足民」「相禮」者，豈聲色貨利之先繫其心哉？只緣他預立一願欲要得如此，得如此而爲之，則其欲遂，不得如此而爲之，則長似懷挾著一腔子悒快歆羨在，即此便是人欲。而天理之或當如此，或且不當如此，或雖如此而不盡如此者，則先爲願欲所窒礙而不能通。

以此知夫子「則何以哉」一問，緣他「不吾知也」之歎，原有悒快歆羨在內，一面且教他自揣其才，而意實先知其無可與而思奪之也。前云「則何以哉」，後云「爲國以禮」。言及於禮，則豈欣欣戚戚，思以天下利見吾才者之所得與哉？

懷挾著一件，便只是一件，又只在者一件上做把柄。天理旣該夫萬事萬物，而又只一以貫之，不是且令敎民有勇知方，且令足民，且令相禮，攬載著千伶百俐，與他焜燿。故朱子發明根本枝葉之論，而曰「一」，曰「忠」，曰「大本」。凡若此者，豈可先擬而偏據之乎？故三子作「願」說，作「撰」說，便是人欲，便不是天理。欲者，己之所欲爲，非必理之所必爲也。夫子老安、友信、少懷之志，只是道理如此，人人可爲，人人做不徹底，亦且不曾扣定如何去安老者、信朋友、懷少者。聖人只說末後規模，而卽以末後之規模爲當前之志願；一切下手煞著，卽是枝葉，亦卽不能盡己以忠，亦卽是不能一以貫之；故唯一禮撲滿周徧之外，更無閉門所造之車。

如夫子向後相魯、卻萊兵、墮郈、費，豈非聖人大道之公、三代志中之事？然使云「我願墮三都，服彊齊」，則豈復有夫子哉？惡三都之偪、彊齊之侵陵，而不因其勢在可墮，理在可屈，徒立一志以必欲如此，卽此是人欲未淨而天理不能流行。三代以下，忠節之士，功名之流，磨拳擦掌，在燈窗下要如何與國家出力，十九不成，便成也不足以致主安民，只爲他將天理邊事以人欲行之耳。

曾點且未說到老安、友信、少懷處，而一往不墮，故曰「人欲淨盡」。人欲淨盡，則天理可以流行矣。乃此抑未可作水到渠成會。水到渠成者，任乎物，曾皙則任乎己。看他言次自得之。故曰「與漆雕開俱見大意」。「吾斯之未能信」，亦任乎己也。

一〇

慶源云「須是人欲淨盡，然後天理自然流行」，此語大有病在。以體言之，則苟天理不充實於中，何所爲主以拒人欲之發？以用言之，則天理所不流行之處，人事不容不接，纔一相接，則必以人欲接之，如是而望人欲之淨盡，亦必不可得之數也。故大學誠意之功，以格物致知爲先，而存養與省察，先後互用。則以天理未復，但淨人欲，則且有空虛寂滅之一境，以爲其息肩之棲託矣。

凡諸聲色臭味，皆理之所顯。非理，則何以知其或公或私，或得或失？故夫子曰「爲國以禮」。禮者，天理之節文也。識得此禮，則兵農禮樂無非天理流行處。故曰：「子路若達，卻便是者氣象。」倘須淨盡人欲，而後天理流行，則但帶兵農禮樂一切功利事，便於天理窒礙，叩其實際，豈非「空諸所有」之邪說乎？

但慶源以此言曾皙，則又未嘗不可。曾皙自大段向淨人欲上做去，以無所偏據者爲無所障礙，廓然無物，而後天地萬物之理以章。只此淨欲以行理，與聖人心體庶幾合轍。而所以其行不掩者，亦正在此，故未可據爲學聖之功也。

二

「曾點未便做老、莊，只怕其流入於老、莊」，朱子於千載後，從何見得？只看「暮春」數語，直恁斬截，不於上面添一重變動，亦可以知其實矣。不然，則謂之天理流行，豈非誣哉？

天理、人欲，只爭公私誠僞。如兵農禮樂，亦可天理，亦可人欲。春風沂水，亦可天理，亦可人欲。纔落機處卽僞。夫人何樂乎爲僞，則亦爲己私計而已矣。

莊子直恁說得輕爽快利，風流脫洒；總是一個「機」字，看著有難處便躲閃，所以將人閒世作羿之彀中，則亦與釋氏火宅之喻一也。看他說大鵬也不逍遙，斥鷃也不逍遙，則兵農禮樂、春風沂水了無著手處，謂之不凝滯於物。

曾點所言，雖撇下兵農禮樂、時未至而助長一段唐突才猷爲不屑，然其言春風沂水者，亦無異於言兵農禮樂，則在在有實境，在在而不慊其志矣。不慊其志者，不慊於理也。無所逃匿，無所弄玩，則在在有實理者，在在無僞也。此豈可與莊周同日語哉？

聖人誠明同德；曾點能明其誠，而或未能誠其明；老、莊則有事於明，翻以有所明而喪其誠。此三種區別，自是黑白分明。緣曾點明上得力爲多，故懼徒明者之且入於機而用其僞，故曰「怕其流入於老、莊」。此朱子踞泰山而仰視日、旁視羣山、下視培塿眼力。嗚呼，微矣！

顏淵篇

一

「克」字有力，夫人而知之矣，乃不知「復」字之亦有力也。集註言「復，反也」，反猶「撥亂反正」之反；慶源謂「猶歸也」，非是。春秋穀梁傳云「歸者，順詞也，易詞也」，其言復歸，則難詞矣。於此不審，聖功無據。蓋將以「復禮」爲順易之詞，則必但有克己之功，而復禮無事，一克己卽歸於禮矣。

夫謂克己、復禮，工夫相爲互成而無待改轍，則可；卽謂己不克則禮不復，故復禮者必資克己，亦猶之可也；若云克己便能復禮，克己之外，無別復禮之功，則悖道甚矣。可云不克己則禮不可復，亦可云不復禮則己不可克。若漫不知復禮之功，只猛著一股氣力，求己克之，則何者爲己，何者爲非己，直是不得分明。

如匡章出妻屛子，子路結纓而死，到妻子之恩、生死之際也拚得斬截，則又何私欲之難克，而詎可許之復禮耶？諺云「咬得菜根斷，百事可爲」，乃若陳仲子者，至有母而不能事，是一事亦不可爲，而況於百乎？則唯不知復禮，區區於己所欲者而求戰勝也。

佛氏也只墮此一路，直到勦絕命根，煩惱斷盡，而本無禮以爲之則，則或己或非己之際，嫌不別，微不明，無刑典，無秩敍，硬把一切與己相干涉之天理都猜作妄。若聖學之所謂「克己復禮」者，眞妄分明，法則不遠，自無此病也。

然則復禮之功，何如精嚴，何如廣大，而可云己之旣克，便自然順易以歸於禮乎？精而言之，禮之未復，卽爲己私。實而求之，己之旣克，未卽爲禮。必將天所授我耳目心思之則，復將轉來，一些也不虧欠在，斯有一現成具足之天理昭然不昧於吾心，以統衆理而應萬事。若其與此不合者，便是非禮，便可判斷作己，而無疑於克，故曰「非禮勿視」云云。使非然者，則孰爲禮，孰爲非禮，孰當視，孰不當視而勿視，直如以餅餌與千金授小兒，必棄千金而取餅餌矣。聖人扼要下四箇「非禮」字，卻不更言「己」，卽此可知。

二

遇著有一時一事，但克己則已復禮；遇著有一時一事，但復禮則無己可克；遇著有一時一事，克己後更須復禮；遇著有一時一事，復禮後更須克己。此與存養、省察一例，時無先後，功無粗細，只要相扶相長，到天理純全地位去。

乃旣致力於克己，尙須復禮，此是聖學據德、依仁一扼要工夫。而天理現前之後，尙恐恃己之持循有據，便將後一段蓋覆將去，大綱近理，卽休於此，卻被己私闌入視聽言動之中，而不知早已違仁，則一直通梢，防非禮而務克之。此聖學極深研幾，謹微以全天德事。故下「四勿」之目，尤嚴爲顏子告也。

三

未克己，不可驟言復禮，恐糙做個「堂堂乎難與爲仁」模樣，顏子已自久不墮此窠臼。

未復禮，不可漫言克己，卻做箇「煩惱斷盡，卽是菩提」勾當，聖門從無此教意。故此兩項俱不可摻入此章話下。克己必須復禮，「約我以禮」之善誘也；旣復於禮，仍須克去非禮，則「約我以禮」之上更施一重時雨之化也。此不容不審。

四

但於「天下歸仁」見效之速，不可於「一日克己復禮」言速。以「一日克己復禮」爲速，則釋氏一念相應之旨矣。經云「一日克己復禮」，非云「一日己克禮復」。克己復禮，如何得有倒斷！所以堯、舜、文王、孔子終無自謂心花頓開、大事了畢之一日。因以言其動物之可必，故爲之詞曰「一日」耳。

乃「天下歸仁」，亦且不是圖他一番贊歎便休；特在本原上做工夫，便終身也只依此做去，別無他法，故可歸功於一日。若「天下歸仁」之盡境，則亦必其「克己復禮」之功無有止息，而施爲次第，時措咸宜，然後天理流行，人心各得也。「天下歸仁」不可以一日爲效之極，「克己復禮」其可以一日爲德之成乎？

所以朱子又補「日日克之，不以爲難」一段，以見「天下歸仁」非功成息肩之地，而「一日」之非爲止境。雙峰成功之說，殊不省此。「終則有始，天行也。」「存吾順事，沒吾寧也。」豈如勦一寇、築一城之一事已竟，卽報成功也哉？

五

「天下歸仁」，不可謂不大，「天下歸仁」之外，亦別無進境。乃說個「天下歸仁」，則亦未括始終，但言其規模耳。「天下歸仁」，須日日常恁地見德於天下，豈一歸之而永終譽乎？如孔子相魯時，天下歸其政之仁；及致政删修，天下又歸其教之仁；何曾把一件大功名蓋覆一生去？「天下歸仁」非一日之小效，「克己復禮」又何一日之成功耶？

六

自「一日克己復禮，天下歸仁」之前，到此一日，則有維新氣象，物我同之。既已「一日克己復禮，天下歸仁」矣，則只是純純常常，相與不息去。故雖非止境，而亦不可謂效之不速也。

七

私意、私欲，先儒分作兩項說。程子曰「非禮處便是私意」，則與朱子「未能復禮，都把做人欲斷定」之言，似相齟齬。以實求之，朱子說「欲」字極細、極嚴。程子說「意」字就發處立名，而要之所謂私意者，卽人欲也。

意不能無端而起，畢竟因乎己之所欲。己所不欲，意自不生。且如非禮之視，人亦何意視之，目所樂取，意斯生耳。如人好窺察人之隱微，以攻發其陰私，自私意也。然必不施之於寵妾愛子，則非其所欲，意之不生，固矣。又如立不能如齊，而故爲跳盪，亦跳盪易而如齊難，欲逸惡勞之心爲之也。則云「未能復禮，便是人欲」，摎簡將來，無可逃罪，而非懸坐以不韙之名矣。

但此等在無意處，欲乘虛而見端。若程子所言，則爲有意者論。既有意而非其甚不肖，然且非禮，則似乎非欲之過。乃天下之以私意悖禮者，亦必非己所不欲。特已立一意，則可以襲取道義之影似，以成其欲而蓋覆其私。如莊子說許多汗漫道理，顯與禮悖，而擺脫陷溺之迹，以自居於聲色貨利不到之境。到底推他意思，不過要瀟洒活泛，到處討便宜。緣他人欲落在淡泊一邊，便向那邊欲去，而據之以爲私。故古今不耐煩劇漢，都順著他走，圖個安佚活動。此情也，此意也，其可不謂一己之私欲乎！則凡以非禮爲意者，其必因於欲，審矣。

然程子云「非禮處便是私意」，朱子則云「未能復禮，都做人欲」，二先生下語，自有分別。非禮者，必如前所云，立一意以襲取道義之影似，成欲而蓋其私，而非但未能復禮者也。未能復禮者，則但其無意而使欲得乘虛以見端者也。若業已有事於仁而未能復禮者，意之所起，或過或不及而不中於禮，雖幾幾乎不免於人欲，而其發念之本，將於此心之不安、理之不得者，以求其安且得，則亦困知勉行者；中閒生熟未調、離合相半之幾，雖不當於禮，而憤悱將通，正爲可以復禮之基。是一己之意見，非卽天下之公理，而裁成有機，反正有力，不得以私意故貶其爲爲仁之害也。若並此而欲克去之，則必一念不起，如枯木寒崖而後可矣。此程子「私意」之說，不善讀者，其敝將有如此。

朱子謂「卽無不屬天理，又不屬人欲底」，乃一念不起，枯木寒崖者，則已不屬人欲，而終無當於天理。特此段光景，最難立脚，纔一邉著，又早墮去。所以釋氏自家，也把做石火、電光相擬，稍爲俄延，依舊入人欲窠臼。終不如吾儒步步有個禮在，充實光輝，壁立千仞，如虎有威，狐狸不敢犯；只恁依樣擇執，到底精嚴，則天理一味流行，人欲永無侵染。此邪正之分，誠僞之界，恆與無恆之所自別，未可爲冥趨妄作者道也。

二先生歸同說異，須有分別，無作一例看。乃聖人之所以語顏子者，則在既知約禮之後，偶然無意，使人欲瞥爾乘虛見端上說。觀其以「克己」冠「復禮」之上，而目在「四勿」者，可知。程子推聖意以闢妄，朱子爲釋經之正義，不可紊也。

八

非禮而視聽，非禮而言動，未便是人欲。故朱子曰「自是而流，則爲人欲」。夫子此說，與「放鄭聲，遠佞人」一意。聖學極頂處，只是愈精愈嚴，不恃自家見得透，立得定，便無事去也。

謂私欲曰「己」，須是自己心意上發出不好底來。瞥然視，泛然聽，率爾一言，偶爾一動，此豈先有不正之心以必爲此哉？然因視聽而引吾耳目，因言動而失吾樞機，則己私遂因以成，而爲禮之蠹矣。故四者之非禮，未可謂己私，而己私之所繇成也。

然夫子竟以此爲「克己復禮」之目者，中之有主，則己私固不自根本上有原有委的生發將來；然此耳目口體之或與非禮相取者，亦終非其心之所不欲，則以私欲離乎心君而因緣於形氣者，雖無根而猶爲浮動。夫苟爲形氣之所類附，則亦不可不謂之「己」矣。故朱子曰「索性克去」，是復禮之後，更加克治之密功也。

乃己私雖無所容於內而禮已充實，然猶浮動於外而以遏禮之光輝，使不得發越，則禮終有缺陷之處。是又復禮之後，再加克己，而己無不克，乃以禮無不復。此所謂「人欲淨盡，天理流行」也。

非禮而視，則禮不流行於視；非禮而聽言動，則禮不流行於聽言動。聖賢純全天德，豈云內之以禮制心者，其事繇己，外之因應交物者，其事不繇己乎？天地萬物且備於我，而況吾有耳目口體，胡容孤守一心，任其侵陵，而自貽之咎也！舜之戒禹於「惟精惟一，允執厥中」之後，又曰「無稽之言勿聽，弗詢之謀勿庸，唯口出好興戎」，亦是此意。武王之銘曰「無曰胡傷，其禍將長；無曰無害，其禍將大」，亦是此意。終不如異端說個知有是事便休，大事了畢，只須保任，將耳目口體、天下國家作不相干涉之物而聽之，以爲無如我何也。嗚呼！此「四勿」之訓，所以爲天德，爲乾道，而極於至善也與！

九

言「出門」則統乎未出門，言「使民」則該乎使民之外，此與「無衆寡，無小大」一意。出門原不可作動說。動者必有所加於天下，但一出門，何所加於天下而可云動哉！周子曰「動靜無端」，則固不可以事境分矣。凡靜之中，必有動焉。如以己所獨知爲動之類，則雖燕居深處而皆動也。凡動之中，必有靜焉。當其睹色則聽爲靜，當其聞聲則視爲靜，所動者一，而不睹不聞者衆也。總於意之已起未起爲動靜之分。但言「出門」，其或有意無意，皆不可知，而奚有定耶？

若以見諸事者爲動，則出門未有事也，使民業有事也。曲禮云「無不敬，儼若思」，自分動靜。而「出門如見大賓」，則自非「無不敬」之所攝，正所謂「儼若思」者是已。必不獲已，自宜以出門屬靜，使民屬動，不可於出門、使民之外，別立一靜也。

或者所問，程子所答，俱似未當。雙峰云：「平時固是敬謹，出門、使民時尤加敬謹。」出門、使民之外，何者更爲平日？聖人是揀極易忽者言之，以見心法之密。見賓、承祭，方是常情加謹之地。出門之外，有大廷廣衆、順逆不一之境，推致於「雖之夷狄」；使民之上，有入事父兄、出事公卿，無限待敬待愛之人。則此所舉者，極乎境之靜、事之微而言也。謹微慎獨，該括廣大，何平日之不在內乎？

一〇

「心常存」是根本，「事不苟」是事實。緣心存，故見事之不苟；乃緣不苟於事，則此不苟之心便爲心存。到成德地位，但此心存而常醒，則事自不苟，言自不易。若求仁之功，則且以事不苟爲當務。聖人從「爲之難」說起，卽從此入，不容別問存心。

蓋凡天下不仁之事皆容易，而仁則必難。所以然者，仁是心德，其他皆耳目之欲。耳目輕交於物，不思而卽通，引之而速去，所以儘他曲折艱深，到底容易。若心官之德，「思則得之，不思則不得」，已自不能疾獲；又須挽著耳目之用，可以得意馳騁處，都教把住，則且目失視，耳失聽，口失言，四肢失其利動，而心亦疲於思，只此極難。所以儘古今大聰明、大決斷、大疾速的人，到此都不得滋味。若其爲此，方見其難，而誠「爲之難」也，則豈非仁者終身用力之實際哉！夫子曰「用力於仁」，又曰「先難」，意俱如是。故知「爲之難」三字，是本根莖幹一齊說出語。而朱子所云「存心」，自不若聖言之深切也。

初入門人，謹言以存心，是泝末反本事。成德之後，心無不存，而爲自難、言自訒，是自然氣象。若仁者之實功，則云「爲之難」足矣，加以存心，則又是捷徑法矣。觀小註「學者卽當自謹言語，以操存此心」及「仁者心常醒」等語，分疏別白，則知非於爲難之上，別立存心之法也。

二

晁氏所云「非實有憂懼而强排遣之也」，亦虛設此疑，以證君子之不然耳。慶源云「不憂不懼者，疑若有之而强排遣之也」，則煞認有人排遣得「不憂不懼」矣。

從古至今，盡上知、下愚，卻無一人排遣得「不憂不懼」者。儘彊有力者，但能眉不皺、口不歎、肌不粟而已。咄咄書空，屐齒忘折，其鬱陶惕栗，更倍於人。故說個「不憂不懼」，便是極致。豈「不憂不懼」之上，更有「何憂何懼」之一境哉？

必欲求一非君子而能不憂懼者，則唯朱子所謂「塊然頑石」者，而後可以當之。唐太宗攻高麗，一軍士肉薄至堞墜死，一軍士復繼之，太宗亟稱其勇。許敬宗曰：「此人只是不解思量。」塊然頑石而不知懼者，大要不解思量耳。

其塊然頑石而不憂者，直是一和哄漢，得過且過，故司馬牛亦疑而賤之。自此以上，則更無有人排遣得「不憂不懼」也。此等處，反求之日用身心，則自知之，非可以文言生疑信。「若要消愁除是酒，奈愁回酒醒還依舊！」此言雖鄙，實盡人情。故凡看聖賢文字，非實實體認，於己取之，則但有言說，都無實義，求以達事理而遇微言，難矣哉！

二

集註兩釋「信」字，俱加「於我」二字，亦似贅出。子曰「民無信不立」，不云「民不信不立」，則非信於我之謂，審矣。集註又云「失信」，一「失」字尤不安。言「失信」，則是有所期約而故爽之。看來，子貢問政是大綱問，非緣國勢危而號令期約以相救，則又何期，而又何失乎？

此「信」字，是盡民之德而言，與易言「履信」同。民之所奉上敎，而自成其道德之一，風俗之同者，至於信而止矣。孟子所謂「恆心」者是也。「信之」「之」字，固若隱然指君而言，然亦要君之所以敎民者而槩言之，非專指君身與其所令也。於此不審，則將「自古皆有死」一句，煞認作餓死說，而「民無信不立」，作守死不食言解，則大失聖人之旨矣。

「自古皆有死」二句，以文義、事理求之，非但承「去食」說，亦承「去兵」說。無食之死，與無兵之死，等也。而無兵之可以得死，尤甚於無食。朱子云「有信則相守以死」，不知所謂相守者何人？古者卽民爲兵，有與相守者，則是雖無食而有兵矣。子貢曰「於斯二者何先」，則業已無兵矣，更何從得人而相守乎？

「足食」者，民之食與國之食而兩足也。「足兵」者，訓練之而使戰不北、守不潰也。「去兵」者，貧弱之國，恐以訓練妨本業，且無言兵，而使盡力於耕作也。「去食」者，極乎貧弱之國，耕戰兩不能給，且敎之以爲善去惡，而勿急督其農桑也。

世儒錯看一「去」字，說作已有而故去之。夫已有兵有食矣，則又何害於信，而必欲去之哉？「必不得已」之云，自以施爲之次序而言，而非謂其有內患外逼、旦夕立亡之勢。食竭兵潰，坐以待斃，亦何政之足爲耶？君子不居危亂之邦，而何爲執其政哉？倘云先已執政，而一旦至此，則平日之足之者，漫無可恃，而徒議銷兵棄粟於危亡之日，其不足有爲甚矣。子貢亦何屑爲此童昏敗亡之君臣計耶？

「必不得已而去句，於斯三者何先句」，謂必不得已而有所去矣，於其所不去者，當以何爲先務也。先者，先足，非先去也。去者，不先之謂耳。唯或先兵，或先食，或先信，則去者可以緩待後日。倘云先去，則豈去兵之後乃去食，去食之後乃去信乎？三者皆有可爲之勢，則兵食與信，同時共修，不相悖害。若積敝之餘，初議收拾，則先敎民而後議食，先足食而後議兵，其施爲之次第如此。不然，則如富彊之流，或先食，或先兵，亟以耕戰立國，而置風俗之淳薄爲緩圖，固當世言政者之大敝也。

而其曰「自古皆有死，民無信不立」，則見天之爲民立君，非但相聚以生，而必欲相成以有立。失立民之道，而民亦無以自立，則不達於死生之正理以爲民極，而但呴呴然如禽獸之相餔相衞，求以趨利而避害，則雖食足兵彊，其建國迪民者，適以敗壞人道久矣。此夫子徹底將天德、王道合一之理，與子貢言爲國之大經，以定緩急之次序；而非向傾危敗亂之國，作君民同盡計也。熟繹本文，當自得之。

一三

子貢之言「文猶質也，質猶文也」，自無病；病在「虎豹之鞟，猶犬羊之鞟」二語。緣質之爲義，不但是個意思，須已實有其質。以「商尚質」思之，可見質與文，都是忠敬做出來底。質是一色，文是異色；質是實實中用底，文是分外好看底。所以君子忠敬之心，或可云野人得而同之；而君子之質，則已大異於小人之質矣。

故朱子曰「虎皮、羊皮，雖除了毛，畢竟自別」，此喩甚精切。虎之所以爲虎，羊之所以爲羊，既不但以毛別，且亦不但以皮別，徹底自是分明在。豈一除去毛，便可云虎豹猶犬羊哉？

世儒言文不可離於質，此說自通。抑云質不可離於文，則舛甚矣。離文自有質，若去毛自有皮也。與皮去則毛不得存，其義自別。知此，則足以知子貢差處。然則當周未尙文之先，夏、商之君子小人，豈遂無別哉？

其云「文猶質也，質猶文也」，但說個「猶」，固未嘗不可有輕重、本末之差。若云本猶末也，末猶本也，亦何不可。蓋本末之俱有而不可無者，一也。而本自本，末自末，正自差等分明。

子貢蓋謂文之以昭此忠敬之華者，與質所以將此忠敬之實者，以內外、本末言之，則同爲因物顯志，繼起之事；而就天下所必有之事而言，則同爲忠敬所麗之物。是以商之尙質，以質之可以盡忠敬；亦猶周之尙文，以文之可以昭忠敬也。如此說來，更有何弊！

特質如皮，文如毛，忠敬如虎之所以爲虎、羊之所以爲羊。以本末言之，則忠敬爲主，質近內而文近外，質可生文而文不能生質。則同此一虎豹，毛原不害於皮，但須有皮而後有毛；同此一君子，文原非以賊質，但須旣盡其質，而後聽生其文。別以質，固可又別以文，別以文，非遂無別以質，不得竟以質而無文者爲同於犬羊耳。

一四

雙峰謂「忠信是德，徙義是崇」，破碎文義，於理無當。崇者卽以崇其德，德者卽其所崇，豈有分乎？不能徙義，則直不可謂之德。德者，行道而有得於心之謂。有得於心者，必其有得於事理者也。若執一端之義，莽撞用去，不復問現前所値之境，事理所宜，則日用之閒，不得於心而妄爲者多矣。是知日新而益盛者，皆德也。

崇者，對卑而言。不以忠信爲主，徒於事跡上見德，將有如管仲之所爲者，非不操之有本，行之有合，於心非無所得，而抑見德於天下矣；乃唯假仁襲義，弗能敦以不息之誠，則所得者涼菲而德以卑。故唯主忠信者爲崇德也。

崇德原有兩義：一爲所崇者德，一爲能崇其德。而所崇者德，則其德以崇；能崇其德，則崇者皆德。此二意，兩句中俱有。特主忠信則以心合道；徙義則於道見心；義內故。內外合揆，而後所崇無非德，其德無不崇也。

雙峰「愈遷愈高」之說，但有言句而無實義。崇德與修慝、辨惑並列，則崇固加功之詞。若云「愈遷愈高」，則功在遷而效在高，是謂德崇，而非崇德矣。況云徙義，亦初無愈遷愈高之理。緣事物之宜，不可執一，故須徙以曲成。豈始終一義，今日姑處其卑，而他日乃造其高乎？

如「臨財毋苟得」者，義也；而孟子受薛、宋之金，亦無非義也。同歸於義，辭非卑而受非高。藉云「愈高」，則豈前日於齊之不受者爲未高，而今日之受乃高耶？以此知雙峰所云，但描畫字影，而無當於理，亦釋經之害馬也矣！

一五

只忠信是德，「主忠信」是崇德；義是德，「徙義」是崇德。不尙機權而立其誠，不守聞見而必揆夫宜，則所崇皆德；誠日敦而義日富，則能崇其德；心極忠信而行無不宜，則其德崇矣。看書只須如此，自然理明義足。徒務纖新，鮮有不悖也。

一六

但云「愛之」「惡之」，非必不當理之愛惡。如其當理，欲其生死，亦復何妨！唯仁者能愛人，則祝之曰「萬壽無疆」；唯仁者能惡人，則刺之曰「胡不遄死」。好賢如緇衣，豈不欲其生乎？惡惡如巷伯，豈不欲其死乎？倘云「彼之生死有定分，用心於不能必之地，而實無所損益」，則天下之最難必者，莫若在天之晴雨，雲漢之詩，祈願迫切，不尤惑耶？

且使得位乘權而操生殺之柄，其所生所殺，必先有欲生欲死之之心。卽無權位，而愛子則欲其生，惡盜賊則欲其死，亦自性情之正。詎生死有分，已不可必，而遂漫然置之耶？天下事勘得太破，不趨刻薄，必趨苟且，亦庸愈於惑哉？唯「既欲其生，又欲其死」，先後雜投於一人之身，斯與一朝之忿，忘身及親者，同爲心無適主，乘俄頃之意氣，而陷於昏瞀耳。

一七

集註云「君子小人，所存既有厚薄之殊，而其所好又有善惡之異」，上句指小人亦知美之當成，惡之不當成，而欲排陷人使入於罪者；下句謂小人之不知孰爲美，孰爲惡，而反以不成人之美、成人之惡爲德者。故用「既」「又」二字，雙窮小人之情，而謂唯君子忠厚愛人，而不忍人之陷於非；亦深知美之當爲，惡之不當爲，故樂見美成，而惡聞惡就。兩句註，該括曲盡。胡氏「唯恐人之不厚，唯恐人之不薄」云云，殊未分曉。

一八

康子奪嫡，事在已往，且其事既成，不但欲之。使夫子以此譏其爲盜之魁，亦徒搶白一場，而彼終無自新之路矣。季孫意如、季孫斯，則奸雄之流。至康子，則已苟且冒昧不堪矣。故哀、悼以降，三家益弱，不能如陳氏世濟其厚施之姦，終以篡齊也。觀夫子三對康子之問政，固不以姦逆待之，直從其陷溺非辟之深而責之爾。如胡氏所云，則不但咎既往而爲已甚，且錯看康子作莽、操、師、昭一流矣，而豈其然！故讀書者，以知人論世爲先務。

一九

「察言而觀色」，是聖人見得天理爛漫、充塞兩閒處。唯此理日充滿流行於天地之閒，故其幾自不容閟。而理以人爲麗，幾以人之言與色爲徵，只在此觀察得去，則自然極乎人情，而順乎天理矣。只集註「審於接物」四字，極妥。小註似將「察言而觀色，慮以下人」九字作一句讀下，便大差著。

抑云「驗吾言之是與不是」，亦未當理。蓋作一句讀下，觀察人之言色以下人，則伺顏色，承意旨，以求媚於世，此又下於「居之不疑」者一等，孟子所謂妾婦是也。若憑此以驗吾之是非，而人之言與色，其喜怒、從違亦不齊矣，未必其喜且從者之爲是，而怒且違者之爲非也。舍在己之權衡而一聽於人，又奚當哉？

曰「察」，則詳加審辨之謂也。曰「觀」，則非常瞻視之謂也。卽天下之人，因不可揜之幾，沈潛而加警以觀察焉，則不特吾之是非，可卽喜怒從違以知之；而凡天下之人情物理，其爲公欲公惡與或一人之偏好偏惡者，無不皎然如黑白之在前；則雖凶人匪類，言必與惡相取，色必與戾相應，而吉凶善惡、誠不可揜之幾，亦自此見矣。故吾之接之者，知之必明而處之必當，邦、家之達，不可必哉！知此，則雙峰「是一件事」之說，不待攻而自無足採矣。

二〇

仁知合一之說，始於曾吉甫，而朱子取之。乃程子及和靖所云，則不添入此一重意。看來，「樊遲未達」，記者只記此一句，不言所未達者何在，曾氏亦但猜度得云爾。

細味下文夫子、子夏之言，初未嘗有申明仁知合一之意。且聖人並論仁知處，每分開作對待。若以爲疑於相悖，則更有甚於此者。易云「仁者見之謂之仁，知者見之謂之知」，明與分開兩支。若樂山、樂水，動、靜，樂、壽，則尤相對待，而要不嫌於相悖。「樊遲問仁，子曰：『愛人。』問知，子曰：『知人。』」此自日月經天語，何曾有相悖處？不成疑其或相悖，而可不於仁言愛人，於知不言知人乎？

若說知妨愛，愛妨知，作此粗疏料量，則天下事理，聖賢言說，無一不相牴牾。且如食以養陰，飲以養陽，亦可疑食之養陰，且使陰盛干陽；飲之養陽，或令陽亢消陰乎？食養陰而不廢飲，則陰不毗；飲養陽而不廢食，則陽不孤。愛人而抑知人，則所愛不泛；知人而抑愛人，則雖知不刻：此自灼然易見之理。使遲會此之未達，則又何其愚也！故云知妨愛，愛妨知，疑於相悖者，曾氏之臆說也。

程、尹曙然於此，故不作此較量。尹氏之言，特發程子之意，而分貼經文，尤爲清切。其云「不獨欲聞其說」者，「知人、愛人」之說也；云「又必欲知其方」者，舉直錯枉之方也；云「又必欲爲其事」者，選衆而舉之事也。

子曰「愛人」、曰「知人」二語，極大極簡。大則疑淺，簡則疑疏。太易理會，則太難證入。故曰有其說而未有其方也。今言仁知，孰不知仁爲愛人而知爲知人者？乃愛人而何以愛之，知人而何以知之，未得其方，則雖日念愛人，而人終不被其澤；日求知人，而人終相惑以相欺。此猶飢而語之以食，渴而語之以飲，乃未謀其何所得食，何所得飲，何者當食，何者當飲，則非不欲食欲飲，而乃以無所從得，或不擇而陷於毒。此遲所爲疑其但有言說而無方趣，闊大簡略而迷所向也。

乃愛人則權在我，而知人則權在人，故曰「知人則哲，惟帝其難之」。是以遲之未達，於知人而更甚，罔然無措之情，遂形於色。而子乃授之以方，曰「舉直錯諸枉，能使枉者直」。苟知是，不患知人之無方矣。

蓋人之難知，不在於賢不肖，而在於枉直。賢之無嫌於不肖，不肖之迥異於賢，亦粲然矣。特有枉者起焉，飾惡爲善，矯非爲是，於是乎欲與辨之而愈爲所惑。今且不問其善惡是非之迹，而一以枉直爲之斷。其直也，非，可正之以是也，陷於惡，可使向於善也，則舉之也。其枉也，則雖若是焉若善焉，而錯之必也。如此，而人不相飾以善，不相爭於是，不相掩於惡，不相匿於非，而但相戒以枉。枉者直，則善者著其善，不善者服其不善，是者顯其是，非者不護其非，於以分別善惡是非而不忒，又何難哉！此所謂知人之方也。以此通乎仁之愛人，近譬諸己，以爲施濟，先篤其親，以及於民物，亦不患愛之無方矣。

乃方者，事所從入之始功也。始之爲方者約，而繼之爲事也博，故方有未可以該事者。以方該事，而或流於術，此遲之所爲再疑也。今使規規然舍賢不肖之迹，而一從直與不直以求之，則是操術以深其察察之明，而於御世之大權，或以纖用而不給於行遠，則「能使枉者直」之效，亦未必其不爽。而子夏之以事徵其必然者，既可以證聖言之不虛，且舜、湯之以治天下，道不外是，則非一曲之方術。而知人之大用與其大功，通始終，包遐邇，無不富有於兩言之內；則方者卽事，而非僅其從入之徑，故曰「然後有以知之」；則施爲之次第條理，爲要爲詳，統無不喻，故曰「包含無所不盡」也。

曰「直」，曰「枉」，非盡乎賢不肖之詞也。枉者固不肖，而不肖者固不盡於枉；賢者必直，而直非賢之極致。乃極而論之，則極乎賢者，亦但極乎直。故皐陶、伊尹，德亦盛矣，而要其所備之德，總以無所揜冒者爲盛。故舉直者，必若舉皐陶、伊尹而後爲極致。則始以爲方，或可於不能賢之中姑取其直；而終以大其事，則極直之致，於無不賢之中得其無不直。要不可謂於舉直之外，別有知人之法也。此所謂「語近不遺遠，語遠不舍近」者也。而後知人之事，洵無異量，則可無憂人之不易知。以此例之，亦可知人之無難愛矣。

程子、尹氏之意，大都如此。特其爲言，簡要疏遠，既不易曉了，而其取義務實，不似曾氏之尖新可喜，則或以淺近忽之。乃必欲求聖賢之大旨，自當以此爲正。

二

曾氏之說所以不當者，以不擇而愛，不可謂愛；知而不能容，不可謂知。使愛不肖亦如愛賢，愛疎亦如愛親，則其於親賢亦薄矣。使一味苛察，絕無回互，則儌以爲知，其不知者多矣。如此而後可疑知愛之相悖。

將聖人言語，作此理會，卽令樊遲粗疏不審，而夫子「愛人」、「知人」二言，說得直恁分曉，原不曾說博施其愛而無別，察用其知以吝於愛。豈樊遲之拙，亦至於是？曰「愛人」，自然是知所愛；曰「知人」，自然是欲知可愛者而愛之。如日昱乎晝，自然施明於月；月昱乎夜，自然暎明於日。又何足疑之有！

二三

卽欲如曾氏之說，亦但可如小註云「仁裏面有知，知裏面有仁」理會。雙峯云「舉直錯枉，依舊是從仁上發來」，此說斡旋較可。「能舉直，則是發此天理之公，是亦仁也」。大學說「唯仁人能愛人，能惡人」，孟子說「堯、舜之仁，不偏愛人，急親賢也」，皆將舉錯作仁者之用，故可云仁中有知，知中有仁。

集註未免徇曾氏太過，將「舉直錯枉」作知，「能使枉者直」作仁，便成大滲漏。「舉直錯枉」是作用，「能使枉者直」是效驗，豈知有作用而不見效，仁待知以得效而本無功乎？且曾氏云二者相悖，既謂知悖愛，亦謂愛悖知也。今此但釋知不悖愛，而不及愛不悖知，又豈知能統仁，而仁不能統知乎？

且以此言知以成仁，則雖不必並舉，而亦當令其義可通於仁以成知之旨，然後舉一而達二。試令以此例，爲仁以成知作一轉語，其可云泛愛天下而賢不肖之品自清乎？仁以成知一邊，既不能下一語，但在知以成仁上說此兩句，以釋相悖之疑，則是知可成仁，而仁不能成知也。是帝王之治世，學者之成德，但當務知，而不必求仁矣。仁爲四德之首，今乃爲知所統，而不能爲功於知，不亦傎乎！

故必不獲已，亦當從朱子語錄及雙峯之說，無徒拘集註以爲曾氏墨守，猶賢乎爾。

二三

小註「或問聖人何故但以仁知之用告樊遲，卻不告以仁知之體？」此等問頭極劣。想來，此公全未見道，又不解思索，只管胡問。在朱子婆心，猶爲解釋，以愚當此，直付之不答可也。仁知之體，如何可以言語說得！不但聖人不言，門人亦未嘗問也。

問答之例，答者必如其所問。問仁知之用，則以用答，問爲仁知之功，則以功答。「先難後獲，務民之義」，「居處恭，執事敬，與人忠」，以功問，以功答也。此則以用問，以用答也。當其問也，必有其辭。使記者全舉之，則尋行數墨人可無用疑矣。緣記者無此閒筆舌，爲此曹分疏，遂使疑樊遲問何者爲仁，何者爲知一般，直得慚惶殺人！

聖人答問仁者，直迨顏淵，從不一言及體。五經、四書，亦但言仁則曰仁，言知則曰知而已，卽此爲體，而更無可引喩而博說之者。朱子於仁，說個「心之德，愛之理」，鍾鍊極精。然亦必知有仁者，而後能知其心之所得、愛之所秩。學者不省，而益其迷誤者不少。至於知，則朱子亦不能以訓詁顯之。下此，則如韓退之言「博愛之謂仁」，一出口便成疵病。

仁之爲仁，知之爲知，其爲體也，唯有者能見之，見者能喩之。苟非所有，則非所見；非所見，則非所喩；非所喩，則雖引譬博說，而祇益其昏瞀。倘漫然未識而問焉，不答可也。

蓋凡天下之爲體者，可見，可喩，而不可以名言。如言目，則但言其司視，言耳，則但言其司聽，皆用也。假令有人問耳目之體爲何如，則其必不能答，而亦不足答，審矣。

北人有不識稻者，南人有不識麥者。如欲告之，則亦曰麥似稻，稻似麥，以其有飽人之用，一也。若令以一言蔽其體之何若，便通身是口，也不得親切。卽能親切於吾言，亦必不能親切於彼心，固矣。今試令爲此問者言仁之體，亦不過曰「心之德、愛之理」而已。此自祖朱子之言爾。彼且不能自喻，而況喻諸人乎？

故善問者必不以體爲問，善答者必不以體告人。聖門諸賢，於仁知之體，已反身而自見，故但於其工夫作用請事，終不似晚宋諸公，除卻先生言語，自家一如黑漆。如將欲行而問何者爲足，將欲視而問何者爲目，徒騰口說，爭是非，而終其身於盤籥以爲日也。乃以己之愚，疑聖言之未著，其可哀也夫！

子路篇

一

胡氏立郢之論，雙峰辨其非是，甚當。孟子所言易位者，唯貴戚之卿可耳。據馮厚齋所考，子路此問，在輒立十二年之後，雖貴戚之卿，爲之已晚矣。春秋書齊「弑其君商人」。商人弑君之賊，齊人君之而又殺之，則書「弑」。豈有十二年之後，業已爲之臣，而敢行廢置者乎？胡氏此等議論，極粗疏，蓋守其春秋之家學而誤焉者也。

子路曰「衞君待子而爲政」，夫子不拒，而但言「正名」，則固許委贄於衞輒之廷矣。子貢「夫子不爲」之說，在輒初立之時；子路此問，在十二年之後。聖人因時措宜，視天下無不可爲之事，豈介介焉必立郢而後可哉？

且考之春秋傳，公子郢非能爲子臧、季札者也。其辭而不受者，知蒯聵之父子之安忍無親，而不欲罹於禍耳。靈公薨，郢可以遵治命而有國矣，而且曰「亡人之子輒在」，則是郢之終不肯立也。蓋靈公之於其子，非眞有深惡痛絕之心，受制於悍妻而不能不逐之耳。以義，則輒可以立，以先君之志，則且欲立輒以寄其不忍於蒯聵之心，故蒯聵逐而輒可以容於衞。使郢受大夫之扳而遂立焉，是亦違分義以替先君之志，因便竊位，而何賢於輒耶？郢固終不聽焉，則徒爲亂首，而終無濟於衞，豈夫子而爲爾哉？

論及此，夫子卽爲貴戚之卿，亦不能任立郢之事。能任此者，其唯有道之天子、方伯乎！乃輒之罪不在於得國，而在於拒父。則靈公初薨，輒未稱兵以拒蒯聵，卽爲天子、方伯者，立輒亦無不可。天子、方伯固立輒，輒固不立而讓其父，然後以大義抑輒而使立焉，仕蒯聵於王國可也，迎蒯聵以終養可也。蒯聵怙惡不聽，天討且加，而後輒可逃也。輒逃而君衞者，猶有靈公之嫡孫疾在，而不必郢。此中子之所以君孤竹也。

然凡此者，天子、方伯任之，而非臣子之事。故夫子且許之爲政，而曰「必也正名乎」！則亦就其旣陷於罪之後，弭其拒父之惡，去禰祖之名，迎父以歸養而已。蒯聵之爭，輒激之也。輒之逆，南子之黨成之也。輒而正名以迎養，得夫子以爲之相，則蒯聵之安於歸而就養也，亦可十九得也。使其不然，而輒乃有逃之一策在。顧其逃也，須待之蒯聵歸而不戢之日。爲臣子者，何事豫爲非常之舉動，輕與廢立，效董卓、桓溫之所爲哉？父子君臣之際，自當力爲其難，不可率然任意於一擲也。

二

宋光宗之不孝，而方踞大位，趙汝愚廢之，立寧宗，乃以奉光宗爲上皇，而社稷未嘗不安。朱子固深許趙相之忠，而深哀其死矣。以此推之，則父廢子立，亦何不可哉！

或疑光宗昏愎，而蒯聵凶悍。然公子郢之以義立輒而國人安之矣，則蒯聵亦何足以有爲？況以聖人處此，彊齊可服，三都可墮，而奚有於蒯聵？蒯聵以失其應得之國而爭，較瞽瞍之無故而欲殺其孝子者，情猶可原。以聖人爲之，瞽瞍且允若，而況蒯聵乎？

處此等大變，只是至誠動物，順道而無憂；纔弄手段，圖輕快，便是私意。但不能盡誠孝於己，便生許多憂慮怨尤，故子曰「求仁而得仁，又何怨！」人臣則利害計深，怕向舊窠中尋兔，剗地捨卻他父子，別立一主，則大小安貼。趙忠定貶死衡州，也只爲寧宗是光宗之子，到底無恩而有怨；使別立一人，則居然門生天子，居不拔之地矣。君子欲以盡大倫而安社稷，豈可作此思量！

唯爲君者，將社稷作公器，信天理而不疑，卻於自家父子天性，與不立乎其位一般，盡敬盡愛，則何憂何怨！爲臣者，但依著天理人情，一直擔任，不計利害，成則爲伊、周，敗亦爲趙相，又奚事張皇妄作哉？故立郢之說，非天理之安，而利害亂之也。

三

蒯聵初無怨於輒，所恨者南子之黨耳。姦人懼禍，遂爲「不拒父禰祖則輒不可立」之說，而輒童昏聽之。聖人見得名之既正，輒未嘗不可君衞，則姦人無所售其姦矣。若云必須立郢，則正墮姦人術中。故見道不弘者，不足與權也。

徐有貞只「今日之舉爲無名」七字，弄出許多傾危伎倆。李南陽從容打破此言之妄，上心冰釋。處人家國者，不可不知此意。

四

聘禮，大夫受命不受辭。「專對」者，謂以己意應對合宜，不必君命也。朱子云「不假衆介之助」，未是。雖正使辭詘，亦無衆介聚訟一堂之理。

五

所謂政者，謂刑賞科條之下於民也。魯、衞俱秉先王之遺教，而昭、定、靈、出之際，初務更改，以圮先法，其隳棄舊章者已多，而特不若齊、晉之盡棄周禮耳，故曰「兄弟也」。衞之爲政，於春秋無考，是以傳註家難言之耳。若君臣父子之大倫，雖夫子嘗以此爲政，答齊景之問；乃魯雖見逼於彊臣，自與齊之田氏、晉之六卿等，不至如衞之父子稱兵，滅絕天理也。蘇氏之說不審。

六

朱子謂「聖人爲政，一年之閒，想見已前不好底事都革得盡」，不如南軒所云「三年之所成者，卽其朞月所立之規模」，爲深見王道施行之次第也。儒者任天下事，有一大病，將平日許多悲天閔人之心，因乘權得位，便如鬱火之發於陶，迫爲更改，只此便近私意，而國體民命，已受其剝落矣。

且將孔子相魯觀之。自宣公以來，履畝而稅，是民閒一大病；而三桓逐君立君，是朝廷一大賊。於此稍動一分意氣，則罷畝稅，逐三桓，豈非第一喫緊當革之弊，而孔子何嘗如此？微獨孔子，卽如舜之相堯，位極尊，權極重，君臣推任之誠，無有加矣，而共、鯀同朝者二十八載，則興利之先於除害，必矣。今人粗心，說「害不除，利不可興」者，都是一往之氣。天下大器，自非褊衷所能任。

想來，聖賢開治平之業，與爲學一致。爲學而先遏欲，做得十分上緊，淺之只得個「克、伐、怨、欲不行」，深之則流入於寂滅。爲治而先革弊，到頭只是鬨鬧一場，引身而退。蓋正氣未昌，與邪戰而恆見不敵也。故爲學必先存理，而後欲可遏；有戒愼不睹、恐懼不聞之本，以貞勝於敬義，而愼獨之功乃以不惑。爲治必先建德，而後弊可革；有關雎、麟趾之精意，行乎家國，則兔罝之野人，江漢之游女，無患其雄心冶志之不一向於正也。醫家有穀氣昌之說，正合此理。若悁悁然以革弊爲先，恐烏、附、硝、黃之以誤人不少。況當夫子之時，尤久病羸弱之國，不可以壯年盛氣之法療之者哉？

七

雙峯云：「纔要速成，便只是見得目前小小利便處。」使然，則但言「欲速」，而「大事不成」因之矣，何須如此分項說下！見大者，亦或欲速；不欲速者，亦或終身於小利之中。如禹之治水，是爲天下萬世興大利，除大害，便欲急切堙之決之，豈必其利之小，而徐治之八年之後也？只同此一利，非速則利小而緩則利大也。宋襄公不重傷，不禽二毛，不可謂見小利也。只爲欲伯功之速成，便致傷敗。王介甫立意亦儘從容，他本意要復燕、雲，卻云「將欲取之，必固與之」，不可謂欲速也。乃其銖銖絫絫，積財以爲用兵之地，在小利上收拾，故終不能成大事。舉此二端，則「欲速」「見小利」之不相因也，明矣。聖言如江河行地，條派分明，不用曲爲扭合，大都如此。

八

雙峰說狂、狷各有過、不及處，自是諦當。然看他下「過、不及」語，俱因「中」字反形而出，則是中行、狂、狷，如三叉路，狂、狷走兩邊，中行在中央相似。此種見解，但有影響，了無實義。蓋狂、狷兩分；中行中立，則是相敵之勢；聖道之別，復有兩道。其視中行，既已狹隘而不足以冒天下之道；其視狂、狷，直爲異端背道而旁馳也。

中行者，若不包裹著「進取」與「有所不爲」在內，何以爲中行？進取者，進取乎斯道也；有所不爲者，道之所不可爲而不爲也。中行者，進取而極至之，有所不爲而可以有爲耳。如此看來，狂、狷總是不及，何所得過？聖道爲皇極，爲至善，爲巍巍而則天，何從得過？纔妄想過之，便是異端，今釋、老之言是已。

究竟釋、老之教，也只是不及，而不能過。儘他嗒然喪耦，栩然逍遙，面壁九年，無心可安，都是向嬾處躲閃，丢下一大段不去料理。乃狂、狷，則猶不若此。狂者志大言大，亦聖人之志與言也；狷者不屑不潔，亦聖人之所不屑也。言之大，初不說「一粒粟中藏世界」；志之大，亦不想威音王那畔事；不屑不潔，亦終不曾視父子爲寃，夫妻爲業。同此一聖道，而各因其力之所可爲而爲之，不更求進，便是狂、狷；做得恰好，恰合於天地至誠之道，一實不歉，便是中行。此一「中」字，如俗所言「中用」之中。道當如是行，便極力與他如是行，斯曰「中行」，下學上達而以合天德也。狂者虧欠著下學，狷者虧欠著上達。乃虧欠下學者，其上達必有所壅；虧欠上達者，其下學亦儘粗疎。故曰狂、狷皆不及，而無所過也。

過、不及之不與中參立，愚屢辨之矣。要以中爲極至，參天地，贊化育，而無有可過，不欲使人謂道有止境，而偸安於苟得之域。雖與先儒小異，弗恤也。

九

「不驕矣，而未能泰者有之」，南軒眞做工夫人，方解爲此語。若只在不驕上用功，則且流入巽愞拘葸去。不驕是遏欲之效，泰是存理之效。須先在存理邊致功，敎篤實光輝，而於私欲起時加以克治，則不驕也而實能泰，泰矣而抑又不驕也。和同、周比俱然。亦有泰而或失之驕者。孟子亦微坐此病，故程子言其有圭角。其他如顏蠋、嚴光，則其尤也。所以中庸之敎，旣存諸靜，抑察諸動。然兩者或各有未至，則驕之病小，不泰之病大，顏蠋、嚴光之所以賢於萬石君、婁師德一流也。

憲問篇

一

因執藥病之說，遂向藥求病，謂「邦無道穀」之爲恥，爲憲之所已知已能，唯「邦有道穀」之爲恥，非憲所及。憲仕於孔子，可謂遇有道矣，與之粟則辭，豈漫然於有道之穀者耶？

聖人言語，一皆十成，如春夏秋冬，合同而化。此二句不可分析。如「邦有道，貧且賤焉」，「邦無道，富且貴焉」，便下兩「恥也」；此以一「恥也」該之。蓋唯不問有道無道，而一以得祿爲事，不復問所以居此祿者，然後爲君子之所恥。恥者，已賤之詞也。

如魏徵事無道之建成，不能止其邪謀，徒耽宮僚之榮而不去，及事太宗，便恁地犯顏敢諫，此無道穀，而有道非徒以穀。劉琨當西晉未亂之日，且與賈謐爲友，以固其位，及永嘉之難，大節凜然，此有道穀，而無道則不安於穀。若此兩者，雖不得爲全人，而於徵則可云遇主而後志行，於琨則可云小不正而大正。唯皆不然，遇昏亂則爲持祿之魏徵，遇安寧則爲附勢之劉琨，斯則雖具官修職，而與廝役同矣。

硬直說個「恥也」，是最下一流，故聖人必以此當之。而不然者，則猶不謂之恥。固聖人不輕絕人之德，亦廣原思之狷隘，使知不至於是，則無容引以爲恥，同匹夫匹婦之節，如鮑焦之見窮於子貢，仲子之見譏於孟子也。卽爲藥病之說，亦無寧取此。

二

先儒疑原思之言，冠「克、伐、怨、欲」於「不行」之上，爲有「克、伐、怨、欲」在裏，特「不行」於外，便謂其但能强制，而根苗常留。如此看文字，殊未通透。若不當云「克、伐、怨、欲不行」，則且云「不行克、伐、怨、欲焉」，旣不成文句，抑似人所固有而不行之矣。

且如懷著一腔怨恨，但不仇害，但不詛罵，其可謂之怨不行乎？天下儘有陰險柔懦之流，有此四者，全不能見之於事。又如措大未中第時，預想如何以廣田宅，如何以報睚眦，雖終老無可行之日，而豈其能不行耶？則知所言「不行」者，亦必無「克、伐、怨、欲」而後可以當之也。若滿腹私欲，遏捺教住，正如病人寒中陰藏，其毒彌甚，而孔子何以云「可以爲難」耶？

「可以爲難」，明非容易事。子之言仁，曰「爲之難」，又曰「先難」，難亦求仁者事也。且人之情才，不甚相遠。業已有「克、伐、怨、欲」矣，一事忍之，他事不能，一日忍之，他日不能，如善飲人終不免醉。使終日懷挾四者於心，而禁之一絲不露，恐盡天下，通古今，無此彊力之人也。明乎此，則知「克、伐、怨、欲不行」，卽是克己。卽或當念未嘗不動，而從事於非幾將搆之際，以力用其遏抑，而不能純熟淨盡，則學者之始事，固無不然者。先儒言克己之功，云「難克處克將去」，正此謂也。亦安得以強制病之哉？

乃朱子抑有「合下連根剷去」之說，則尤愚所深疑。合下不合下，連根不連根，正釋氏所謂「折服現行煩惱」、「斷盡根本煩惱」之別爾。欲得一刀兩斷，當下冰釋，除用釋氏「白骨微塵觀」法。無已，則亦所謂「本來無一物，何處惹塵埃」而已極矣。聖學中原不作此商量。

乃「克、伐、怨、欲不行」，既卽爲克己，而子曰「仁則吾不知」，此固大疑之歸也。雖然，無容疑。子之言仁，曰「克己復禮爲仁」，初不徒言克己；抑曰「能行五者於天下」，初不徒言不行不仁。以體言之，則有所復也，而乃以克所克；克所克矣，而尤必復所復。以用言之，則其所不當行者不行，尤必其所當行者行之也。

蓋必使吾心之仁泛應曲當於天下而無所滯，天下事物之理秩然咸有天則於靜存之中而無所缺，然後仁之全體大用以賅存焉。故存養與省察交修，而存養爲主，行天理於人欲之內，而欲皆從理，然後仁德歸焉。

故子之言克己，曰「非禮勿視，非禮勿聽，非禮勿言，非禮勿動」，奉一禮以爲則。其爲禮也，既視、聽、言、動之所必繇；而其勿視、勿聽、勿言、勿動者，一取則於禮以定其非。則克己以復禮，而實秉禮以克己也，不辨之己而辨之禮。

故繇其成而觀之，則克、伐、怨、欲固不行矣；繇其致功之實而考之，則不僅克、伐、怨、欲之不行，亦不僅己私之克，而淸虛澹泊於人欲已也。從不仁者而反觀之，則但其克己之無餘；若從其爲仁也而體察之，則固有所復之禮，靜與立而動與行，非但克己而畢也。今曰「克、伐、怨、欲不行焉」，則是徒於己致克，而未講夫復禮之功，惡知其中存者之禮與非禮哉？

禮之中無己，而己之外非卽是禮。故「居處恭」，必其恭也，非但不慢而已也；「執事敬」，必其敬也，非但不肆而已也；「與人忠」，必其忠也，非但不詐而已也。天理充周，原不與人欲相爲對壘。理至處，則欲無非理。欲盡處，理尙不得流行，如鑿池而無水，其不足以畜魚者與無池同；病已療而食不給，則不死於病而死於餒。故曰「仁則吾不知也」。此聖學、異端之大界，不可或爲假借者也。

三

胡氏以「無媿怍而眞有得」論「貧而無怨」者，眞體驗語。知必此而後無怨，則無怨之勝無諂也，明矣。

蓋人處貧而怨，非必不甘貧也。凡怨之起，必因人情有可怨之端而後怨焉。而天下之加非分於我者，則唯貧嬰之。不但橫逆之施，畏用之富而偏用之貧；且在我旣貧，則其所致於人者，卽人所應得於我者而亦不能致之，於是人固疑我之驕吝刻薄，而因以不慊於我。

我乃反而自思，凡吾所不滿於人者，非有他故，而特以貧。貧固遇之窮也，而何不相諒以遇之窮，而相求於無已哉？此其爲怨，即甘貧而不動心於富貴者，亦不免矣。

然人之以貧故責我，其所責者以貧也；而我之所以不滿於人者，若但以貧故而他無不盡，則雖橫逆之施，自可安受之而無技於物矣。何也？以人之責我以貧，曲自在彼，而無待我怨也。此所謂無媿怍而不怨也。如其不然，則此事之啓釁也但以貧故，而我居平之所自立與自他之接物者，或以利，或以欲，乃於彼則屈己以徇物，於此則稱有無以徑行；則人之非分責我也，在彼亦持之有故，而在我則但據此事之曲直以歸其咎於貧，於是乎匿其所詘，標其所伸，以與天下爭而怨熾矣。

故知非終身之行不媿天、不怍人者，固不能受物之笑罵欺陵而甘之也。若無諂者，則苟可以勝一時之食淡衣麤，極至於忍飢耐寒，而優爲之矣；不必終身所爲，屋漏所覺，皆順天理而無邪僻也。何得易言無怨哉！

自修身而言，則言必中倫，行必中慮，而媿怍免矣。自所以修身者而言，則非有得於斯道者，固不能必其行之無媿怍也。此以推其制行之原，必本之心得以爲躬行，則幾與「不改其樂」者同矣。

雙峰易夫子之所難，而以與「富而無驕」並言，謂與無諂者同科。不知經傳之文，淺深各致，初不可以例求。蓋無諂與樂，相去自遠，貧而樂者，固不可以諂不諂論；若富而好禮，則亦就無驕者而深言之耳。故無諂與樂之中，更有無怨之一位；而無驕之與好禮中閒，更不容著一位次也。貧境逆，故屢進而後極其至。富境順，則繇無驕以好禮，亦直截而易幾。通於身世之故，而反求之身心，當自知之。

四

自荀、孟有貴王賤伯之說，儒者遂爲已甚之論，雖折衷以聖人之言而猶未定也。子曰「齊桓公正而不譎」，既已以正許之矣，而朱子猶曰「心皆不正」。夫舍心而言正，則聖人豈但正以其迹哉？如以迹，則宋襄「不重傷、禽二毛，不鼓不成列」，亦可許之正矣，而況於晉文？臧武仲之要君，微生高之不直，亦唯其心爾。則聖人之不略心而言迹，審矣。孟子曰「以力假仁者伯」，又云「五伯，假之也」，凡此皆統論五伯之詞，而要未可以定齊桓。何以知之？卽以夫子許以正者知之也。若王則必貴之，伯則必賤之，凡言伯者無不賤，因而小伯者之事功，而以王業之成爲湯、武之所可貴，此又非已。

浸使孔子而當齊桓之時，居齊桓之位，必且如湯、武乎？抑且如齊桓邪？放伐之事，既夫子之所靳言。若夫文王，則其伐密伐崇，三分有二，相率以修職貢者，亦大略與齊桓同。其所異者，則文王遇凶暴之主，而桓之時，主非紂爾。主非紂，則固可奉天子而不當摟諸侯，凡有所爲，必請命而行。乃桓主雖非紂，而陷溺昏庸之惠王，其不足與爲善，一也。楚，夷也，亢王之罪人也，而陽使王世子爲首止之會，陰召鄭伯，欲撫之以從楚，是尙足請命而行乎？其王國之臣，雖非崇侯、惡來等也，而宰孔、齊盟于葵丘，口血未乾，已陰使晉背齊，而不恤五禁之申。使桓一一而受命，其可哉？若云君不君，臣不可以不臣，此卿大夫之義，而不可通於諸侯。文王而唯紂命是聽，伐崇之役，又豈紂所樂從耶？以斯知不請命之未足爲桓責也。

乃桓之不能望文王者，以夫子之言考之，於文王曰「至德」，於桓公曰「正而不譎」，其相去已遠矣。夫正亦德也，而其去德之至者，其差猶甚。蓋德無不正，而正不足以盡德之什一。故易屢言「貞凶」。貞者，正而固也。正而能固，乃足以幹事，而凶或隨之。則正者德之郛郭，而不足以與其精蘊，明矣。故曰「正而不譎」，則已知其於治道之大端不失而已疎也。

君子之以其道應天下之事者，初不恃一正而無憂。是故義必精，仁必熟，聰明睿知而必神武之不殺，然後盡天德、王道之微，而非孤奉名義之可以裁物而止，斯文王之所以爲「文」也。

桓公則唯其所秉者正，遂奉一正以急正夫物，是以隘不可大，迫不可久，身沒而周卽內亂，楚郎干盟，嗣子郎失伯而陵夷。然亦唯其秉正以行，而不屈計成敗，是以詐謀不行而未流於邪。

若晉文之譎而不正，則委曲以赴事幾，而其爲謀之深，反有密到於齊桓者，是以世主夏盟，而楚不能與爭。

蓋凡不能體天德以備王道，而亦足以建功業者，恆有二途，而得失各因之：其守正以行者，恆患其粗疎，而無以致遠行久。密謀曲計者，可以持天下之成敗，而人心風俗，亦繇以壞。功之遲速，效之淺深，莫不各肖其量也。故齊桓圖伯三十年而後成，而晉文得之於五年之中；齊不再世，而晉以久長。乃其假仁義，尙詐利，如荀、孟、董、賈所譏，則皆晉文之所爲，而非桓之過也。

故以桓之大事論之：使桓必欲得天子之歡心，挾持以令天下，則必不違惠王偏愛子帶之心而開隙於王與宰孔，抑將爲王立帶而周之君唯桓是聽矣；然而桓不爲也，正也。莒，奉桓者也；魯，桓之仇也；哀姜，桓娣也。終莊公之世，魯未嘗爲齊下，哀姜託於莒以壞魯。桓黨莒挾娣以多求於仇讐之魯，可以得志；而桓終討哀姜，定魯難，而不徇莒之請。若此者，皆所謂皎然揭日月而行，內求自正，外以正人，而不區區於求成求可者矣。斯豈三代以下唐宗、宋祖之所能及哉？

「正而不譎」，迹之正，亦唯其心之無邪也。唯其正，是以不譎。唯其不譎，是以謀不深而功易敗。唯其不譎，是以不致壞人心而蠱風俗。乃唯其止於正而不至於德，是以功不可大，而業不可久。以此論桓，聖人之意見矣。何事過爲已甚，與聖言背馳哉？

五

德爲體，功爲用。天下無無用之體，無無體之用。使不必有是德而有是功，聖賢亦何事爲此規規者耶？苟無其德，則雖彷彿以圖其功，而去之愈遠。桓公九合諸侯，不以兵車，而子曰「管仲之力也」。夫曰「力」，則其所以能勝此者，其本領不可昧矣。慶源但以「不假威力，無所殺傷」稱其功之大，豈仲纔一進不以兵車之謀而徼成其功，夫子遂以亟稱其仁耶？宋襄公亦嘗以乘車會諸侯矣，而適爲楚人之擒，則知無其力者，雖以兵車而且不勝任，況不以哉？周公東征，斧破斨缺，斯亦豈必廢兵，而其所以仁覆天下者，則在有「四國是皇」之力也。

德者，得於心也。得於心者有本，則其舉天下也，任無不勝。春秋之時，諸侯之不相信而唯兵是恃者，已極矣。「不以兵車」，而能志喻信孚於諸侯，便有合天下爲一體，痌瘝相知，彼此相忘之氣象。此非得於心者有仁之實，而能任此而無憂其不濟乎？

力者，仁之力也。其所爲講信脩睦於天下，惇信明義於國中，而以全乎「愛之理」爲一心之德」者，固非虛枵襲取之仁，明矣。世所傳管子書，言多詭雜，蓋後人之贋作。而仲之言見於春秋傳者，曰「戎狄豺狼，不可厭也；諸夏親暱，不可棄也」；曰「招攜以禮，懷遠以德；德禮不易，無人不懷」；曰「子父不奸之謂禮，守命共時之謂信」。體道已實，而執德已固，於此驗矣。故君子稱之曰「豈弟君子，神所勞矣」。斯非正誼明道而不謀利計功之實哉？而必曰管仲無其德，何也？

孟子之譏仲，以救時也。無仲之力，而襲仲之迹，則趨入於功利而不仁，非仲之過也。孟子以仲伯而不王，鄙其功烈之卑，亦初不言其心術之不正。而宋儒以詭遇獲禽擬之，終爲深文中人，而非論之正。諸子之論，折衷於聖人。聖人難言仁而以許仲，又何必吹毛求疵而後快哉！

六

程子謂王珪、魏徵害於義，功不足贖；朱子則謂王、魏功罪不相掩。如實求之，程子之言，自爲精允。

夫子不辨管、召之不宜黨弟以爭國，想來初不以此寬仲而鄙忽。蓋齊之難，起於襄公之見弒，則爲襄公之子者，俱有可反國以存宗社之義，非國家無事，長幼有定序，而糾故作逆謀以爭兄位也。

桓公與糾皆避難而出，彼此不相通謀。雍廩既殺無知，齊人亟於得主，從魯受盟，而春秋書曰「公及齊大夫盟于蔇」。言「大夫」者，衆詞也。桓之自莒來也，在盟蔇之後，故春秋於盟蔇無貶魯之文，而但譏其納糾。當其始時，齊大夫且不知小白之存亡，而況爲管、召者，亦安得舍現在可奉先君之子，而遠求其兄於不可知之域哉？迨其後，桓公已自莒返，而魯與召忽輩乃猶挾糾以爭，斯則過也。先君之賊已討，國已有君，而猶稱兵以向國，此則全副私欲小忿，護其愆而僥倖富貴，以賈無益之勇，故曰「匹夫匹婦之爲諒」。

若王、魏之於建成，則兄弟當父在之日而搆大難，俱爲不仁不義；而建成則高祖所立之冢嗣也，已受父命而正大位，非糾比矣。王、魏受命於高祖爲宮僚，則義不容於不死。又況夫子之稱管仲，曰「微管仲，吾其被髮左衽矣！」向令唐無王、魏，天下豈遂淪胥乎？

管仲是周室衰微後斯世斯民一大關係人。王珪既無赫赫之稱，卽如徵者，特粉飾太平一諫臣耳。有太宗爲君，房、杜爲相，雖無王、魏，唐自晏然，其視管仲之有無，遠矣。管仲不死請囚之時，胸中已安排下一箇「一匡天下」底規模，只須此身不死，得中材之主而無不可爲。魏徵不死之時，有何把柄？幸逢納牖之主，遇事有言，遂見忠效；倘遇愎忌之君，則更無可自見矣。管仲是仁者，仁之道大，不得以諒不諒論之。魏徵所欲爲者，忠臣也。忠則不欺其君者也。不欺生君而欺死君，口舌之功，安足以贖中心之慝！故朱子之寬假王、魏，不如程子之明允。而管仲、魏徵之得失，不僅在子糾幼而建成長也。

七

「思不出其位」，只如集註自當。看聖賢言句，卻須還他本色，無事攀緣求妙。此處原是說思，與先儒所言「主一爲存心之功」不同。黄勉齋早已鶻突，云「當食則思食，當寢則思寢」，直不成義理。使人終日之閒言行居止，截分千百段，立之疆界，則無論氣脈閒斷，不成規模，且待事至而後思，則思之力亦不給矣。

夫所謂思食思寢者，思其理乎？則理之當豫立，而不待事至以困路也，固也。若云心在是而以應其事之謂思，則夫寢食者，亦何所容其思？豈將以求安求飽耶？夫子不食不寢以思，然則當食當寢，而所未覩未聞之事理爲君子之所經綸者，多矣。

知此，則唯南軒「時、地」之說爲得之。然所謂地者，亦自有分地者而言也。所謂時者，亦自時有所任而言也。出位以思，則適以弛時、地中之當思者耳。若爲君而不思臣道，則何以知人而任之？爲臣而不思君道，則何以引君當道而格其非？易言「不獲其身，不見其人」，亦但謂內不顧己私，外不求人之知我助我而已。若拘分時地，而置天下古今之理於不思，則豈君子之學哉！故此「位」字，必如范氏之以職言而後顯。徒爲深妙，則不陷入釋氏「行住坐卧」之說者，鮮矣。

八

「過」字，唯朱子引易小過象傳之言爲當。雙峯、厚齋乃謂欲使行過其言，因而有「說七分而行十分」之鄙論。使然，則「善言德行」者之行爲倍難，而期期艾艾之夫，苟欲自過其言，亦甚易矣。

雙峯錯處，只煞將中庸、過、不及，作一塊疑團，遂爾周章遮避。今求行之過者，至於不憚死而止矣。乃匹夫匹婦之自經，疑若過也，要其實，大槩是下梢頭，氣蕭索而神昏瞀，收煞不下，無已而爲此耳。若仁人之殺身成仁，崢嶸猛烈，則唯其過也，是以仁也。故成仁者，亦僅免於不及，而匹夫匹婦之非能過也。夫至於死而且多失之不及，而不患其過，而況其力之所得爲與事之所當盡者哉？

朱子於「恥」下一「意」字，於「過」下一「欲」字，貼補有實味。當其愼言敏行之心，必如此而後得耳。及至言之已出，則危論昌談，固不嚅嚅囁囁，如易之所謂「其辭慙」者；行之已成，則亦恰與理及，而又未嘗過也。盡古今人，無有能過其行者，而亦何必以太過爲防！

九

鮑焦、申屠狄似過矣，乃過於求人，而不能過於求己。君子之過其行，求己者也。「小人求諸人」，求諸人者，皆小人之屬。故焦、狄之死，直與匹夫匹婦之自經等。匹夫匹婦之自經，有不因怨忿於人而決裂者乎？於己之不及，不肯自求者多矣。

一〇

微生畝，看來亦老、莊之徒。老子曰「善者不辨，辨者不善」，又曰「知者不言，言者不知」。他看得道理直恁高峻，纔近人情，卽虧道體。故莊子以臚傳發冢爲儒誚。自家識得，更不須細碎與人說，一有辨論，則是非失其固然而爲佞矣。其意只直待解人自會。若人之不能「相視而笑，莫逆於心」者，則置之可也。

卽此是他固執不通處。將者道理，死拏定作一處，而視天下無可喻者。其離人以立於獨，旣已賤視生人之同得，而删抹半截道理，孤尋向上去，直將現前充塞之全體、大用，一槩以是非之無定而劊之。故其言曰：「子之依依然與不知者言道，而删定述作，以辨是非於不已，則無有以是爲非，以非爲是，而徒資口給者乎？」熟繹本文，意自如此。新安以立身待人言之，亦謂此也。

雙峯但從仕隱上說，於畝語中作一曲折，云「丘何爲是栖栖者與！夫栖栖者必佞，而無乃爲佞乎！」殊失本文之旨。而子曰「非敢爲佞也，疾固也」，則以辨其務通理而非亂是非，其言正相登折。如雙峯解之，則此二語亦多扞格。集註記微生爲隱者，則以名不見於史策，而釋其爲人之生平，初非謂其欲率孔子以隱也。

二

「不怨天，不尤人」，如何「有人不及知而天獨知之妙」？此處最難見得。故朱子又有「及其上達而與天爲一焉，則又有非人之所及知者」一解。乃此語不可混看。「及其上達」，自言上達之所至；「與天爲一」，則以贊不怨不尤之妙也。

不怨不尤，非忘情之謂。集註「反己自修」，是順夫子之言，那下著實說。「與天爲一」，則推夫子之言而觀其深。「反己自修」者，下言之也。「與天爲一」，上言之也。上下分，而合轍者一也。非聖人之始而「反己自修」，繼而「與天爲一」也。「反己自修」，其用功與學者等，而反聖人之己，修聖人之修，則有「與天爲一」之實焉。

胡氏春秋傳云「於土皆安而無所避也，於我皆眞而無所妄也」，只此是「反己自修」，只此是「與天合一」。若未及於聖人者，反己而未盡己之量，自修而未造修之極，有所偏見獨得，則必有所獨是；有所獨是，則有所獨非；有私是非，則有私得失。天下之故萬變，撞他學術不著，而無餘地以自處，則怨尤之所必起。藉令不怨不尤焉，而其所以自命者失矣。如屈原不作離騷，其忠孝亦無以自顯。以此求之，夷、惠、孟子，俱所未免。「反己自修」而「與天爲一」」，即以「與天爲一」者「反己自修」，非孔子無此大用，亦無此全體也。則固夫人思慮之所不至矣。

今舉一端而言：如春秋一書，本孔子不得志於時之所作，後人讀之，不敢不以爲大經大法之宗，乃至亂臣賊子亦知懼焉。然求其疾惡憂亂之迹，慷慨動人於百世之下者，固不若屈氏之騷也。是以游、夏不能贊一辭，而後之傳經者，且合且離，而無以見聖人之情。其體備於己，而上合天載者，世莫知也。聖人之言行，何一而不如此哉！

即此以思，豈不與天之生殺不以喜怒者一理。若雷動、風入，晴雲、甘雨，則六子之用，有所訢而有所拒，感人固深，而要非易簡之大德；唯其有獨至，是以有獨違也。嗚呼，微矣！

一二

只下學處有聖功在，到上達卻用力不得。故朱子云「下學而不能上達者，只緣下學得不是當」。此說最分明。乃朱子抑有「忽然上達」之語，則愚所未安。若立個時節因緣，作迷悟關頭，則已入釋氏窠臼。朱子於大學補傳，亦云「一旦豁然貫通焉」，「一旦」二字亦下得驟。想朱子生平，或有此一日，要未可以爲據也。

孟子曰「是集義所生者」，一「生」字較精切不妄。循循者日生而已，豁然貫通，固不可爲期也。曰「一旦」，則自知其期矣。自知爲貫通之「一旦」，恐此「一旦」者，未即合轍。「下學而上達」，一「而」字說得順易從容。云「一旦」，云「忽然」，則有極難極速之意，且如懸之解，而不謂之達矣。

「忽然上達」，既與下學打作兩片，上達以後，便可一切無事，正釋氏「磚子敲門，門忽開而磚無用」之旨。釋氏以頓滅爲悟，故其教有然者。聖人「反己自修」而「與天爲一」，步步是實，盈科而進，豈其然哉！故曰天積衆陽以自剛，天之不已，聖人之純也。「發憤忘食，樂以忘憂，不知老之將至」，聖人之上達，不得一旦忽然也，明矣。

一三

朱子「也不須揀」一語，包括甚富。下文說「不是揀大底理會」，則亦偏指一端之不須揀者也。

學者之病，急於大而忘其小者固多，乃亦有於下見下，而不於上見下者，則亦未足以盡下學之量。如「坐如尸，立如齊」，此中便有「無不敬，儼若思」全副道理，達上「聖敬日躋」去，及早便須知得。然則人之所見爲極難極大者，亦不撇下，待之他日，而且就其易知易得者埋頭做去也。卽此是下學，卽此是「先難」。以其但爲下學，若不足以上達，卻須與一倍體認，到浹洽融貫處，卽此是「先難」工夫。朱子抑云「撞著便與理會」一語，極好。有始有卒，不可分爲兩截也，何揀之有！

一四

聖人有聖人之不怨尤，賢人有賢人之不怨尤；乃至天資淡泊和緩者，亦自有其不怨尤。居德既別，當境亦異。若疑其不待聖人而能，則總是未見聖人階級在。如朱氏可傳所云，此「聖人自道之辭」，素位之君子亦能之，則又何以云「知我者其天」也？

今且以當境言之。夫子攝行相事，乃至化成俗易，郈、費已墮，男女別塗，一旦舍之而去齊，乃斯道興衰、天下治亂、生民生死之一大關，卻更有反己自修、安土合天之道以處此。是豈尋常「寵辱不驚」者可得施其恬淡之雅量哉？而奈何其易言之！

一五

「避地」以下，三言「其次」，以優劣論固不可，然云「其次」，則固必有次第差等矣。程子以爲所遇不同。乃如夫子之時，天下之無道甚矣，豈猶有可不避之地哉？而聖人何以僅避言、色也？蓋所云「次」者，就避之淺深而言也。「避世」，避之尤者也；「避地」以降，漸不欲避者也，志益平而心益苦矣。

一六

磬之爲聲，古人以爲樂節，故詩云「依我磬聲」。其爲響也，戛然而已，如後世之用拍板然，非有餘韻可寫深長之思，若琴瑟笙簫之足以傳心也。荷蕢者雖達樂理，亦何能以此而見聖人之志哉？

磬無獨擊，必與衆樂俱作。子擊磬於衞者，蓋與弟子修習雅樂，緣磬爲樂節，夫子自擊之，故專言擊磬。荷蕢以謂禮樂者，先王治定功成以和神人者也，明王不作，禮樂固不興矣，而猶修習此應世之文焉，則志雖深而不達於時矣。集註之說深妙，而不稱其實。

一七

但不忘天下，亦不可謂之難。集註「聖人心同天地」一段，是因此以贊聖人語，非實指出難處。故云「且言人之出處，若但如此，則亦無難」。「且言」二字轉入本解。慶源云「因時卷舒，與道消息」，所謂「唯深也，故能通天下之志」；又云「濟世之用，其出無窮」，所謂「唯幾也，故能成天下之務」。只此是實見得聖人難處。雙峰但言知，新安但言心，俱未達聖意。知出處之不可偏，是見處自然見得大；心不能忘世而不隱，也是索性做去；聖人不以此二者爲難也。

衞靈公篇

一

「吾道一以貫之」，「之」字所指，包括周徧。「予一以貫之」，「之」字所指，則子貢所疑爲「多學而識之」者也。於此有別，故集註曰「彼以行言，而此以知言」。若云「一」云「貫」，則未嘗有異，故集註云「說見第四篇」。以實求之，此所云「貫」，以言知，而未該夫行。若「吾道一以貫之」，則言行，而豈遺夫知哉？使遺夫知，則所知者亦夫子之道也，而彼所云「一」，「一」外更有「一」；彼所云「貫」，有所「貫」而有所不「貫」矣。

凡知者或未能行，而行者則無不知。且知行二義，有時相爲對待，有時不相爲對待。如「明明德」者，行之極也，而其功以格物、致知爲先焉。是故知有不統行，而行必統知也。故「吾道一以貫之」者，並子貢所疑爲「多學而識之」者而亦貫也。

然則「予一以貫之」者，亦可受貫於忠恕乎？此讀書者之所必疑也。雖然，惡在其非忠恕耶？謝氏曰：「『予一以貫之。』『上天之載，無聲無臭，至矣！』」夫所謂「上天之載」者：其於天，則誠也，「其爲物不貳，而生物不測」者也，是卽所謂「維天之命，於穆不已」，「乾道變化，各正性命」者也，其於人，則誠之者也，「篤恭而天下平」也，是卽所謂「一理渾然而泛應曲當」者也。乃於行見此易，而於知見此則難，故疑一以貫乎所知之理者，不可以忠恕言也。嗚呼！苟非知聖學之津涘者，固不足以知之。然唯不知此，則不得不疑爲「多學而識之」矣。藉令不此之疑，則又以爲神靈天縱，而智睿不繇心思，則其荒唐迂誕，率天下以廢學聖之功，其愈爲邪說淫詞之歸矣！

「予一以貫之」，亦非不可以曾子「忠恕」之旨通之。此非知德者不足以與於斯，先儒之所重言，而愚何敢言。雖然，其無已言之。忠，盡己也；恕，推己也。盡己之理而忠，則以貫天下之理；推己之情而恕，則以貫天下之情。推其所盡之己而忠恕，則天下之情理無不貫也。斯「一以貫之」矣。

夫聖人之所知者，豈果有如俗儒所傳「萍實」、「商羊」，在情理之表者哉？亦物之理無不明、物之情無不得之謂也，得理以達情而卽情以通理之謂也。如是而古今之遠，四海之大，倫常禮法之賾，人官物曲之繁，無不皆備於我矣。

所以「皆備」者何也？理在心，而心盡則理盡也；情沿性，而知性則知情也；理之不爽，情之不遠，於己取之而皆備矣。己之理盡，則可以達天下之情；己之情推，則遂以通天下之理。故盡之以其理，推之以其情，學者之所以格物致知也，學者之忠恕也。理盡而情卽通，情不待推而理已喻，聖人之所以窮神知化也，聖人之忠恕也。

天下之事，無不依理而起；天下之物，無不如情而生。誠有其理，故誠有其事；誠有其情，故誠有其物。事物萬有者，乾道之變化；理情一致者，性命之各正。此「上天之載，無聲無臭」而「生物不測」，皆示人以易知者也，天道之忠恕也。

故烏吾知其黑，鵠吾知其白，繭吾知其可絲，稼吾知其可粒，天道以恆而無不忠，以充滿發見於兩間，推之無吝、如之不妄而無不恕。聖人以此貫事物之情理，學焉而卽知，識焉而不忘，非所學、非所識者，卽以折衷之而不惑；祖述、憲章，以大本生達道，而敦化者自有其川流。以要言之，一誠而已矣。誠者天之道也，物之終始也，大明終始而無不知也。嗚呼！過此以往，則固不可以言傳矣。

三

或問中「語子貢一貫之理」一段，中閒駁雜特甚。朱子曰「此說亦善」，取其「不躐等」數語，爲學有津涘耳。乃其曰「一體該攝乎萬殊」，則固然矣；抑曰「萬殊還歸乎一原」，則聖賢之道，從無此顚倒也。周易及太極圖說、西銘等篇，一件大界限，正在此分別。此語一倒，縱復盡心力而爲之，愈陷異端。愚於此辨之詳矣。

又曰「聖人生知，固不待多學而識」，則愚所謂荒唐迂誕之邪說也。

又曰「學者必格物窮理以致其博，主敬力行以反諸約，及夫積累既久，豁然貫通，則向之多學而得之者，始有以知其一本而無二」，此雖與大學補傳相似，而揆之聖言，則既背戾；且其言亦有自相刺謬而不知者。朱門諸子，用一死印板，摹朱子語作生活，其於朱子之微言且不得達，況聖人之旨耶！

子曰「女以予爲多學而識之者與」，又曰「予一以貫之」，凡兩言「以」。「以」者用也，謂聖功之所自成，而非以言乎聖功之已成也。然則夫子自志學以來，卽從事於「一以貫之」，而非其用功在多，得悟在一也。若云「向之多學而得者，始有以知其一本而無二」，則夫子之能「一以貫」者，其得力正在「多學而識」，子貢之所曰「然」者，正有以見聖功之本原，而何以云「非也」？則揆之聖言，豈不爲背戾耶？

其云「格物窮理以致其博，主敬力行以反諸約」，固與夫子博文、約禮之訓相爲符合，乃旣云「主敬力行以反諸約」，又云「積累旣久，始有以知其一本而無二」，則敬旣爲主矣，於此之外而別有一本以待他日之知，是始之一本，而旣之又一本也。此所謂自相剌謬者也。

繇此問者初不知有何者爲一，妄億他日且有囫地光明、芥子納須彌、粒粟藏世界之境，而姑從繁重以求之。子貢之疑，初不如是，子且急斥之曰「非也」，況其以學識爲敲門磚子者哉？

天地之道，所性之德，卽凡可學可識者，皆一也。故朱子曰「天下之物，莫不有理」。理一而物備焉，豈一物一理，打破方通也哉？

程子自讀史，一字不遺，見人讀史，則斥爲「玩物喪志」。「玩物喪志」者，以學識爲學識，而俟一貫於他日者也。若程子之讀史，則一以貫乎所學所識也。若不會向「一以貫之」上求入處，則學識徒爲玩物。古人之學，日新有得，必如以前半截學識，後半截一貫，用功在學識，而取效在一貫，是顏子早年不應有「亦足以發」之幾，而夫子在志學之年，且應不察本原，貿貿然求之，而未知所歸也。

無已，則曰，彼所言者，乃爲初學言耳。然學者之始事，固無能貫之力，而要不可昧於一之理。「明則誠」者，聖人之德也。「誠則明」者，君子之功也。故彼所謂「主敬力行以反於約」者，卽初學入德之「一以貫之」也。子固曰「予一以貫之」，而不曰「予旣已能貫之於一」也，則聖固以爲功焉，而非豁然貫通之速效矣。

故博文、約禮，並致爲功。方博而卽方約，方文而卽方禮；於文見禮，而以禮徵文。禮者，天理自然之則也。約而反身求之，以盡己之理，而推己之情，則天理自然之則著焉。故大學修身、正心、誠意、致知、格物，初不以前日爲之之謂先，後日爲之之謂後，而必以明德爲本，知止爲始，非姑從事於末而幾弋獲其本也。

乃旣曰「反諸約」，又曰「然後知其一本而不二」，若反約之日，猶將迷於一本者然。足以知發此問者，不知何者爲一，而妄億有單傳末後之句，得之於「言語道斷、心行路絕」之日，則豈不誣哉！

若其功之淺深，幾之生熟，固必有之。其爲聖人也，而後篤實光輝，以知則耳順，以行則從欲。其未至者，多有扞格不合之處。然其不合者，亦非不可必合；積誠於會通之觀，典禮之行，而「誠則明」矣。非當其未之能貫，則姑「不得於言，勿求於心」，且埋頭瞎撞，依樣循持而不求其故。然則爲朱、陸之辨者，始終原自異致，正不前半修考亭之功，後半期鵝湖之效，遂可傲陸氏而自立門戶。必如此說，則鵝湖且得以格物窮理爲敲門磚子傲人矣。

子夏「先傳後倦」之說，其失正在此。自非聖人，固不能有始而卽有卒，而方其始不知所卒，則亦適越而北轅，又奚可哉！

孟子曰：「博學而詳說之，將以反說約也。」其云「將以」者，言將此以說約也，非今之姑爲博且詳，以爲他日說約之資也。約者博之約，而博者約之博。故將以反說夫約，於是乎博學而詳說之，凡其爲博且詳者，皆爲約致其功也。若不以說約故博學而詳說之，則其博其詳，假道謬塗而深勞反覆，果何爲哉！此優孟衣冠與說鈴、書廚之士，與聖賢同其學識，而無理以爲之則，無情以爲之準，所以祇成其俗儒，而以希頓悟之一旦，幾何而不爲裴休、楊億之歸哉！聖學隱，大義乖，亦可閔已！

四

雙峰云「德與道不同」，一語甚是斬截。顧下文云云，又不足以發明其意。集註云「義理之得於己者」七字，包括周至。雙峰似於「得於己」上，添一旣字，如云「義理之行焉而旣有得者」。

慶源亦坐此誤，故曰「不徒以知爲尙，要在實有諸己」。使然，則當云「有德者鮮」，不當云「知」，以有則未有不知者也。乃不可云「有德者鮮」，以人苟有志於道而從事於學，則豈窮年之不能有一德哉？如子路勇於行，其所行者，豈皆彷彿依傍，心所不得主而强行之者乎？而夫子胡爲輕絕人而遽謂其「鮮」？以實求之，雙峰於此「德」字，未得曉了；其於集註「得於己」三字，亦未知其意味。

德者，得也。有得於天者，性之得也；有得於人者，學之得也。學之得者，知道而力行之，則亦可得之爲德矣。性之得者，非靜存動察以見天地之心者，不足與於斯也。故不知德者，未嘗無德，而其爲德也，所謂弋獲也，從道而得者也。唯知德者，則灼見夫所性之中，知、仁、勇之本體，自足以行天下之達道；而非緣道在天下，其名其法在所必行，因行之而生其心也。

天下之大本者，性之德也；發而中節者，天下之道也。於天下見道者，如子路固優爲之；於吾心見德者，非達天德者不能。從道而生德，可云有得，不可云知德。其所已得則自喻，其所未行則不知。從德以凝道，則行焉而道無不行，未行焉而固有得於己。未行焉而固有得於己，則以其得於己者行之，乃以「汎應曲當而渾然一理」也。

此其爲功，靜存爲主，動察爲輔。動察者，以復見天地之心；靜存者，以反身而誠，萬物皆備；於是而天之所以與我，我之所得於天，以具衆理而應萬事者，經綸條理，粲然現前而無有妄矣。元亨利貞，天之德也。仁義禮知，人之德也。「君子行此四德者」，則以與天合德，而道行乎其閒矣。此子路未入之室，抑顏子之「欲從末繇」者也，故曰「知德者鮮」。

五

三代以上，與後世不同，大經大法，皆所未備，故一帝王出，則必有所創作，以前民用。易傳、世本、史記備記之矣。其聰明睿知，苟不足以有爲，則不能以治著。唯舜承堯，而又得賢，則時所當爲者，堯已爲之，其臣又能爲之損益而緣飾之；舜且必欲有所改創，以與前聖擬功，則反以累道而傷物。舜之「無爲」，與孔子之「不作」同，因時而利用之以集其成也。集註云「既無所爲」，自是此意。小註以巡守、封濬、舉元愷、誅四凶爲疑，而朱子言踐位以後並不爲此，則以不言不動、因仍縱弛爲無爲，此老氏之旨，而非聖人之治矣。

「恭己」者，修德於己也。「正南面」者，施治於民也。此皆君道之常，不可謂之有爲。然則巡守、封濬、舉賢、誅凶，自是「正南面」之事，夫子固已大綱言之，而讀書者不察耳。

集註謂「恭己爲敬德之容」，乃未能識一「己」字。身心言行皆己也，豈徒貌哉？且夫子去舜千餘載，當時史册雖存，亦必無繪其容貌以寫盛德之理，則夫子亦惡從而知之？史稱漢成帝「穆穆皇皇」，班氏所以刺也。其大者不言，而但言其小者，必其大者不足道也。敬但在容，而敬亦末矣。

「南面」，出治之所也。「正」云者，所謂以其正而正人之不正也。後人蒙註不察，連「恭己」爲文，亦若端坐於上，如泥塑神像之爲「正南面」者，然則甚矣其陋也。

唯以創作言「爲」，斯與集註「紹堯」「得人」意相承貫。雙峰分兩節說，是紹堯、得人爲贅設矣。集註云「聖人德盛而民化」，則以釋經文一「治」字，非爲「無爲」言也。此是聖人與老、莊大分判處，不可朦朧放去。集註唯「敬德之容」四字有礙，其他自正，爲後來諸儒所爚亂，爲害不細。

六

堯命羲、和迎日以作曆，舜則「在璿璣、玉衡，以齊七政」。在者，因固有之器而察之也。然則璣、衡亦堯所作，而舜特加之察爾。察卽「正南面」之事，他皆放此。

七

朱子云「口裏如此說，驗之於事卻不如此，是不信也」，解猶未當。此卻是行不信言，非言之過。始終一致、內外一實曰信。昔如此說，今又不如此，心不如此，口中徒如此說，乃是言不信。

八

雙峯云「篤自篤，敬自敬」，得之。然以「凡事詳審不輕發」爲篤，則又愼也，非篤也。愼亦敬之屬也。集註云：「篤，厚也。」厚者，不薄之謂，一如「民德歸厚」之厚。則篤亦與「君子篤於親」之篤義通。凡有所爲，務厚至而不爲刻薄浮輕之事曰篤。如此，方與敬並行而相成。行，兼執事、與人說。執事敬，敬也；與人忠，篤也。

九

朱子既云「常若有見」，又云「不成是有一塊物事，光輝輝在那裏」。既無物可見，則「常若有見」者又何見耶？潛室云「令自家實有者個道理鎭在眼前」。夫其曰「自家實有」，則在中之謂矣。在中者，其可使在眼前乎？此與人不能自見其臟腑一理。

書曰：「顧諟天之明命。」天之爲命，雖行於無聲無臭之中，而凡民物之化，治亂之幾，則未嘗不麗於形色，故言「常目在之」可也。自家所有之理，固將不假於物，而何以可使在目前耶？

此說既非，則當但云「念（之）〔念〕不忘」㊀，如朱子所謂「言必欲其忠信，行必欲其篤敬」可耳。乃欲者志願也，未能如此而欲之也。凡人之所欲者，非其卽能見者也。其或見而後欲者，則見無權而欲乃有功。乃熟繹經文，必如此見之而後能行，則不但以欲爲功，而得力

㊀「念之」應作「念念」，據四書大全引朱熹語改。當是原稿寫作「念々」，刻本訛爲「念之」。

在見矣，已能忠信篤敬而見爲加密也。是則以「必欲」爲「常見」，義亦疎矣。

既非有諸內者之可見，又非但常欲之不忘而卽得云見，宜夫求其實而不得，必將以爲有一光輝輝物事在面前矣。此又釋氏「處處逢渠」之邪說，非聖教也。

夫所謂見者，見夫忠信篤敬也。此四者，與仁義禮知之固有於己者不侔。仁實有仁，不待有不仁者而後顯其仁；義、禮、知之不待不義、無禮、不知之相形而顯其有也，亦然。若夫忠，則待有不忠而後顯其忠，信與篤敬亦無不然者。是故仁義禮知，不以用之不顯而體亦隱。若夫忠信篤敬者，則必待言行而後有，且無不忠而卽已忠，無不敬而卽已敬，非別有體也。若仁，則無不仁未便是仁。是則欲於其未言、未行之際而在前在衡，實無物之可見也。

無物可見而「常若有見」，此不容不疑已。乃其必有可見者，則以忠信篤敬者，合乎人與事以生者也，是已與天下相爲貫通之幾也。故忠信篤敬無體，而言行有體。卽未言而有其可言之體，未行而有其可行之體，故言行之體無閒斷。夫未言而有言之體，未行而有行之體者，言行之體隱而人與事之受吾言行之體者不隱也。無體者不可見，而有體者可見。體隱者有時不見，而不隱者無時而不可見。

今夫或立，或在輿，未有言而未有行，然而盈吾目者，皆人與事之待吾言行者也。君子之欲忠信篤敬者，既不忘於心，而效於天下之動以爲之則，故必有人焉，必有事焉，寓於目者無不有以察其理。苟有人也，苟有事也，則必有其必盡之實，必有其不可渝之故，必有其相恤而不容薄、相警而不容肆之情。理取之目前，而皆忠信篤敬用之所行，則皆忠信篤敬體之所著。斯所謂無須臾之離而「其則不遠」者也。

常若見之，而後吾之欲忠信、欲篤敬者，益以警覺其心而無可息矣。取精多而用物弘，則以言而忠信，以行而篤敬，道以豫而不窮矣。此集註「念念不忘」、「常若有見」之二義，相須而始盡也。

乃或疑夫人與事之當前，則以人事見其理矣；若其人事之未接，而君子之忠信篤敬其隱乎？此又無容疑也。

夫子之言此，以答子張之問行也，進論及言行之未出諸身者而已密矣。故曰「立」，曰「在輿」，而不及乎不睹不聞也；曰「忠信」，曰「篤敬」，而不及乎仁義禮知之德也。忠信篤敬者，動而善其幾也。仁義禮知者，固有乎靜以統動者也。其但爲行言也，則因人之情、因事之理，而行其德於動也。其曰「參前」，曰「倚衡」者，是物來接己，而己往治物之介也。若夫人所不接，事所不及，則君子之存養夫所性之德以爲忠信篤敬之本，則不但於行而見功；而以之言行，則嫌於動幾之未警。聖人之敎，各有攸宜，固無所用其疑也。

一〇

仁義禮知，在天地之道爲陰陽剛柔之體；忠信篤敬，在天地之道爲化育。中庸立本、知化，分作兩項說，思之自見。

陰陽有定用，化育無定體，故陰陽可見，化育不可見。「體物而不可遺」，其不遺夫物者，未嘗成能於物之時，不可見也，須於物見之，須於物之不可遺者見之。如稻不得水則槁，此卽可見。未言之忠信，未行之篤敬，須於所立之前、所駕行之衡邊，見不可不忠信、不可不篤敬之理。初時須隨在盡心觀察，亦與察言觀色相近。既則充滿目前，應接不暇矣。

二

胡氏謂「有志之士，慷慨就死；成德之人，從容就死也」，此亦不可執。時當其不得從容，則仁人亦須索性著。若時合從容，志士亦豈必決裂哉？劉越石、顏淸臣，皆志士也，到死時卻儘暇豫不迫。夫子直於此處看得志士、仁人合一，不當更爲分別。近瞿、張二公殉難桂林，別山義形於色，稼軒言動音容不改其素，此又氣質之高明、沈潛固別，非二公之一爲志士，一爲仁人，可分優劣也。

三

死生之際，下工夫不得，全在平日日用之閒，朱子此說，極好著眼。乃平日工夫，不問大小，皆欲卽於義理之安，自君子之素履；要不爲死生須分明，而固以彼養之也。仁人只是盡生理，卻不計較到死上去。卽當殺身之時，一刻未死，則此一刻固生也，生須便有生理在。於此有求生之心，便害此刻之生理。故聖人原只言生，不言死；但不惜死以枉生，非以處置夫死也。

若於死上尋道理，須敎如何死，此便是子路問死之意。子路唯想著求箇好處死，如賣物不復問價。到底子路死之道則得，而失身仕輒，生之日已害仁矣。仁人必不將死作一件事，爲之豫施料理，只此與釋氏所言「生死事大」者迥別。

至於志士，則平日未皆合義，特於君父大倫加倍分明；故一力只要奪日補天，到行不去處，轉折不得，則亦付之一死而已，亦初不於平日以死爲志也。

一三

朱子引邵康節、吳氏引蔡西山說三正，俱於此「行夏之時」訓證不切。故後人胡亂只將三建作三正大題目。若然，則商、周之王者，止換下一箇正月，有甚要緊？天運循環無端，不可爲首，但略有取義，卽與改易歲首，則秦之建亥，今回回家之建巳，亦無不可矣。

三正者，其本在曆元，而歲首其末也。歲首之建子、建丑、建寅者，以曆元之起於此三辰者異也。其法，以日月如合璧、五星如連珠，所起之次、七合之時爲元，因以推步七政行躔之度，上推其始，而以下極其終。其說備於劉歆三統曆。古固迭用此法，夏則改堯、舜所用顓頊之地正，而復上古之人正也。

夏曆曆元，甲寅歲，甲子月，先年仲冬。甲寅日，平旦冬至朔。商曆曆元，甲辰歲，乙丑月，先年季冬。甲辰日，鷄鳴冬至朔。周曆曆元，甲子歲，甲子月，甲子日，夜半冬至朔。其算：積二人統爲一地統，三人統爲一天統，愈遠則疎，愈近則密。謂斗分歲差等。故夫子以夏曆之簡密爲合天，於春秋譏日食之失朔，而此曰「行夏之時」，不專謂歲首也。歲首之三建，因曆元而取其義，以歲配一元耳，於曆無大關係。

一四

「遠慮」「近憂」，朱子只用蘇註，已無餘義。蔡覺軒說「以時言，恐亦可通」，猶有愼疑之意。其云「如國家立一法度」云云，則與聖言相刺謬矣。

「人無」云者，爲恆人言，旣非有國家者之詞。且卽在國家立法，也只要與天下宜之，而道之不易者，自可以傳子孫，俟後聖。若隨事計慮將去，如何得久遠無弊，則事故之變，雖聖人有所不知；而於未變防變，則卽其所防者爲近憂矣。秦之愚黔首，宋之釋兵權是已。

「君子創業垂統，爲可繼也。」可繼者，必有待於繼之者。「若夫成功，則天也」，而何能爲之慮哉？雙峯不審，而曰「慮不及千百年之遠，則患在旦夕之近矣」。一人一事而慮及千百年，則夫子當藏書於秦火不及之地矣。況凡人之慮，只爲算計到底，故利謀深而私意惑。冉有言「後世必爲子孫憂」，而夫子斥其憂在蕭牆之內，此以知慮遠者之得憂近也。患得患失，無所不至，俱從此來。故曰「君子素其位而行」。而其行於蠻貊、洽於四國者，只是素位中寬大廣遠規模，斷不作百年料量，如田舍之積粟收絲也。此人事自然之勢，亦人心義利之分。蘇說自正。

一五

若無以爲義之本，則待一事方思一事之義，卽令得合，亦襲取爾。義在事，則謂之宜；方其未有事，則亦未有所宜。而天德之義存於吾心者，則敬是已。故曰「行吾敬」，敬行則宜矣。程子推本於敬，眞知義之言也。

新安陳氏謂此章本無「敬以直內」意，夫子因君子制事而贊之，故但云然。乃制事，因乎事者也。事無分於常變，無分於緩急，猝然當前以待君子之制，如何安頓得者四段精密貫通？唯其爲君子也，而後能然，故曰「君子哉」。然則開口說一「君子」，便有一「敬以直內」在裏許，特新安不察耳。

一六

「沒世」是通算語，猶言終身，皆指在生之日說。雙峰以蓋棺論定言此，大錯。所謂蓋棺論定者，言一日未死，或不免於失節而敗其名，非此之謂也。若生前得失，付之不較，卻但求身死之後有稱於來者，則李西涯之屈膝以求美謚，未爲過矣。聖人只說「天下歸仁」，「邦家無怨」，初不索知己於泉路。

一七

朱子說「道體無爲」，是統論道；張子言性，則似以在人者言之。所以雙峯云「此『道』字是就自家心上說，不是說道體」，與朱子之言相背。以實思之，道體亦何嘗不待人弘也！

有天地之道，有君子之道，莫不有體。君子之道，如子臣弟友，其體也。人之爲倫，固有父子，而非緣人心之孝慈乃始有父有子，則既非徒心有之而實無體矣；乃得至誠之經綸，而子臣弟友之倫始弘，固已。天地之道雖無爲而不息，然聖人以裁成輔相之，則陰陽可使和，五行可使協，彝倫可使敍，贊之以大其用，知之以顯其教，凡此皆人之能。豈如雙峯所云「蟠天際地，何待人弘」也哉？

張子說「心能盡性，性不知撿其心」，其大義微言，自難與章句之儒道。張子原不將「心」字代「人」字，「性」字代「道」字。心者，人之能弘道者也。若性之與道，在大儒眼底，從條理粲然中，看得血脈貫通，故不妨移近一層與人說。道體自流行於天下，而與吾性相附麗，唯人有性，故天下之道得與己而相親。此張子之所以言性也。「心能盡性」，性盡則道以弘矣。「性不知撿心」，故道無繇以弘人也。性涵道，則道在性中，乃性抑在道中，此不可煞說。

而非性卽道、道卽性也。

雙峰煞認性作道，遂云「四端甚微，擴而充之，則不可勝用」。夫惻隱、羞惡、辭讓、是非之心，皆心也。人之有是四端，則其所以能弘道者也。若以擴充爲弘，則是心弘心而人弘人矣。如其不然，而以四端爲道，則夫仁義禮智者，德也；卽其在性，亦所性之德也。夫子固不曰人能弘德也。雙峰之徒爲枝蔓，固不如熊勿軒所云「唯學故能廓而大之」，語雖淺而不失也。

若張子之意，則以發聖言之大指，謂：「心能盡性」，苟有是心者皆可以作聖；「性不知檢其心」，則人之有不善者，其過在心而不在性；心該情才言。唯心不足以盡性，病亦在不學。而非性不足以凝道；道本靜，故性雖靜，而道自凝焉。性繼道以無爲，[則不善而非其過；繼善成性，故曰性繼道。以釋天下之疑：謂人之不弘者爲道本不弘，而人無容强致其功，因以倡邪說而趨詖行。其以發夫子之微言，至深遠矣，宜乎雙峰之未逮也。

一八

但言仁，則爲心德之全。今曰「仁能守之」，此其爲德，唯在能守，而所守者又但其知之所及，則不可遽以全德歸之。倘其爲全德矣，則如見賓、承祭，而何有不莊；『克己復禮，天下歸仁』，而何動之不善也？

此章四段，一步切實一步，所以約高明於平實。自非聖人徹底示人，則必顛倒看去，說動之以禮爲最易，而以知之能及爲極至；將其用功，急於求明，而以禮爲末矣。乃合始末功用而言，則緜得以幾於盡善，其次第固有如此。若君子之以知止至善爲學也，則迎頭便須從禮上分明，而抑先簡治威儀以爲之則，只此兩者是學者有捉摸處，功極於此，而事始於此。

故夫君子之德，以通民物之志而成天下之務者，莫不以「知及」利「精義入神」之用。然而其所從入者，則必內持之以仁，外持之以莊，而受其法則於禮。蓋不如是，則雖知及之而有得矣，然而始事未密，則其末流之病，且有如此者。是以內外交養，知行並懋，大其功於始，斯以備其效於終也。

知此，則爲學之次序可知，固不當如小註所云「以仁爲主」矣。仁爲心德之全者，上統知而下統莊、禮，以之守而卽以之及；以涖，以動，莫不於此。今但云「能守」，則其爲「拳拳服膺而弗失」之功能，亦宅心之純而非心德之固純，力行之至而非萬行之統宗也。

蓋仁者，無私欲也，欲亂之則不能守，汲黯所謂「內多欲而外行仁義」是也；仁者，無私意也，私意惑其所見則不能守，季文子之所以陷於逆而不決是也；仁者，固執其所擇者也，執之不固則怠乘之而不能守，冉有所云「非不說子之道，力不足者」是也。去私欲，屏私意，固執其知之所及而不怠，此三者足以言仁矣。豈必天理渾全，廓然大公，物來順應，以統四端而兼萬善，然後爲能守哉？

夫所患於知者，以與理不相及也；抑有及有不及，而不能必其及也。曰「知及之」矣，是吾之於理，已徹其表裏，而全體皆章，大用無隱矣。故知及者，與道體相稱之盡詞也。仁之所守，莊之所出，禮之所行，皆無有能過於知及者之所及。故以言乎其至，則知及爲尙，而以仁守，以莊涖，以禮動，率循夫簡易平實，非知及淺而仁守深。不得獨以仁守爲全功，固矣。

從其已至而言之，則仁守之詣入，較莊、禮而深。乃從入德之從事者言之，則不重不威，非禮而動，固無從以望仁之能守。從其成事而觀之，則知及者至動以禮而德始全。若從其適道而言之，則以明夫高明無實與得內忘外者爲無本之學也。

直到上達處，方知下學之益，故曰「下學而上達」。得而無失，民敬之而極乎至善，然後知君子之學，謹於禮以爲節文，修之於言動容色以定威儀，而知行並進，不但用其聰明以幾覺悟者，其用益顯而取效益深也。

此與大學格致、誠正、修齊、治平，效以相因而至，而事之始終必以知止至善爲先務一理。故朱子引大學以證此，誠爲合符。而特其以知及爲知至則是，而以莊涖配修身正心爲未叶耳。若其以仁守配誠意，亦自好善而必欲得，惡惡而必欲去者言之，則其非心德之全可知矣。諸儒冗說紛紛，如霧行舟，不知津步，汰之可也。

一九

集註「德愈全而責愈備」句，須活看。其云「不可以小節而忽之」，蓋當入德之始，便不可忽，非謂仁守之後始當不忽於莊，莊涖之餘始當不忽於禮；則亦非謂業已得而始責其不失，逮乎不失而始責其生民之敬，民已敬而始責其盡善也。唯稽其成功而責之愈備，則當其爲學，而所責者已密矣。

凡聖賢文字若此類者，須以學問實爲體驗，則聖意自見，不可泥文句而執爲次序。語言之次第，自不容不如此迤邐說來，其實卻是始終一致。如天道循環無端，而言四時者，不得不以春爲始，非春前之一日不爲方春之日先也。

要此一章，原以反覆推求，而從成功之中，揀序其醇疵之大小，以爲立言之次，而聖教之方，自在言外。動之以禮，必須詳其節文度數之則；格物致知，功卽在此。莊以涖之，必須有遠暴慢鄙倍之功；仁，必須有勝欲勝怠之事；知，必〔須〕有知天知人之學。方博於文，卽約於禮；其以成己，卽以成物。學者須別自體驗。事雖有漸而規模必宏，安得於文句求線路，以惘然於所從入哉！

二〇

凡小人與君子並言，則旣非卑汚已甚之小人；君子與小人並言，亦非必才全德備之君子。雙峰之說，可通於「和同」、「驕泰」、「求人求己」諸章。

二一

「未見蹈仁而死」，與「殺身成仁」義不雙立，問者自是好個問頭。看聖人文字，須如此較量，方見敦化、川流之妙。惜乎潛室之不給於答，而爲之强詞也。

夫子決言蹈仁者不死。若云比干雖死而不死，則必身名俱殞之謂死，蹈仁者之不然，豈待論哉？且如屈原，旣是蹈仁而死，亦是蹈水而死。其蹈而死，均也，更何以相形而見仁之無害耶？

繇夫子之決言，則蹈仁而死者，盡古今求一人不得。若殺身成仁者之死，則值時命之不造。時死之也，命死之也，豈仁死之哉？使以比干之自靖自獻，遇堯、舜之主，且可忘言；卽使値漢文帝、唐太宗，亦且傾聽；又其不幸而遇庸主，禍亦不至剖心。故忠諫者，本尊主安民之道，而非致死之道也。

諫無致死之道，則比干之死，非蹈仁之過。與水火本有殺人之道，而死者之過在蹈水火，正自懸隔。故曰「殺身以成仁」，而非繇仁故殺身也。以此求聖人之言，同條一貫，如冬寒之不礙於夏暑矣。

二二

殺身以成仁則宜，殺身以求仁則不可，故知蹈死者之非能蹈仁也。秦始皇之流毒甚矣，荆軻之刺之，豈曰不當？然軻所以不得爲仁者，非軻所當成之仁而刺之，則非誅暴之道。徒蹈死地以求仁，便是爲名，非天理人心固有之理。此與蹈水火者同，非蹈仁也。

二三

「不復論其類之善惡，如雨露之施於萬物」，此說與釋氏一轍。易言「見惡人，无咎」，亦但謂見之而已，非遂可收之爲吾徒也，故子曰「不可與言而與之言，失言」。而稗官小說言顏涿父爲盜之類，白誑傳無實。

釋氏唯不加揀別，故云「衆生無邊誓願度」。既徒有其言而必不能踐，而以此爲教，則必移挪向下說，令下愚不肖略可解了信慕；抑取俗情所豔以歆動之，如說西方世界七寶裝成等。取下愚所畏以迫脅之，如說地獄諸苦等。意本無餘而多爲之詞以丁囑之。如煩詞不已，又說偈言等。其稍爲出脫者，則又開徑截一門，以使之功省而自謂所得者全。如「元來黃檗佛法無多子」等。不揀善惡而教者，勢必出於此。

若聖人之教，洋洋優優者，待其人而行，廣大高明，精微敦厚，必不合流俗而同汚世。

及其言吉凶成敗之理，則苦節大貞而不諱其凶，邦家必聞而以爲非達，初不以利誘威脅，强惡人而使向於善。卽如云「學而時習之，不亦說乎」，亦至簡易矣，然使陷溺深固者聞之，其有能信以爲然者乎？

故惡人必不游君子之門，而君子必不取惡人而教。其行乎其所行，止乎其所止，與天之不以人之聰明畀之鳥獸，其揆一也。今云「不復論其類之善惡」，豈其然哉！

夫言「有教」者，言君子之有其教也，非謂盡人而有之以爲教也。「教」之爲言，非授也，以言乎所以誨人之條教也。其言「類」者，言教也，非言人也，言君子設教以教學者，其爲道也：高者無所私授，卑者無所曲引；示之以大中至正之矩，而不徇以其類，或與深言之而或與淺言之也。

故博文、約禮，所以教衆人之弗畔，卽以教顏子之竭才；下學之卽以上達，而無不上達之下學也。有其已高已美，而不可引之以近；有其極博極詳，而不姑與之略。若分類以教，則道本一而二之，教之乃適以迷之矣。夫子之言此，以闢立教者之無本徇物，而止望教者使可企及之妄冀。傳註於此不審，其不叛而之釋氏者幾何哉！

或疑一貫之旨，僅以授之曾子，固有類矣。乃夫子之於曾子也，孰與顏子？語顏子以仁，而但曰「非禮勿視」云云，此固衆人所可從事也。何獨於曾子而別爲一類，以單傳直指耶？「一貫」之呼，門人咸聞之矣。則教曾子者，卽以教門人。且以推夫子之言，何一而非一貫之理，又何嘗以萬殊分貫教衆人哉？曾子曰「忠恕而已矣」，則以見夫子平日之教，咸與此同而無有別也，又奚疑焉！

二四

「達」有兩義，言達其意而意達於理也。然此兩者又相爲因，意不達於理，則言必不足以達其意。云「而已矣」，則世固有於達外爲辭者矣。於達外爲辭者，求之言而不恤其意，立之意而不恤其理也。

其病，大端有二：一則於言求工，或無意而乖於理；一則於意求明，則理不著而言亦鄙。如云「黃鳥于飛，其鳴喈喈」，亦足寫景物之和矣；如必云「風暖鳥聲碎」，則有言而非必至之意也。又如云「匪直也人，秉心塞淵，騋牝三千」，斯用意遠而取理近也；如必云「太虛冥冥，不可得而名，吾以名吾亭」，則徒立一意而無其理矣。理在淺，而深言之以爲奇；理在深，而故淺言之以爲平；理本質，而文言之以爲麗；理本文，而故質言之以爲高：其不求之達而徒爲之辭，一也。

集註云「不以富麗爲工」，則只偏墮一邊。豈不富而貧、不麗而陋者之遂足以達哉？韓退之唯不達於理，苟異齊、梁，以删洗刻削，自雄一代，遂詫爲得六經之遺旨。不知止「博愛之謂仁」五字，早已不達，而爲梗塞至道之敗葉朽壤，奚待富麗而後爲病哉！

讀四書大全說卷七　論語

季氏篇

一

「丘也聞有國有家者」以下，意分兩支，但聖人說成一片耳。話到聖人口裏，便怎融液曲折，不消分支作杜，而理意交盡！孟子卽不能然，而況其他！故辭至聖人而始達，繇其胸中共一大鑪冶，隨傾鑄而成象。然學者讀此，正當於合處得分，而後可以知聖筆化工之妙。

前云「君子疾夫舍曰欲之」，則夫子之所責於季氏者，唯其欲也。若冉有之言憂也，則折之曰「而必爲之辭」，知其憂不在此，而彼亦初不爲子孫慮也。云「不患寡」，「不患貧」，「修文德以來遠人」，蓋以理言，而責其以患貧、寡故，妄欲人之土地也。云「患不均」，「患不安」，「邦分崩離析而不能守」，則以事言，而見季孫之憂不在顓臾，而云「後世必爲子孫憂」者，非其本心，而徒爲之辭也。云「均無貧，和無寡」，則以引伸其不當欲之故。云「安無傾」，則以質言顓臾之不足爲季孫憂也。乃自聖人言之，彼此合成一理，初無垠鄂，不期於立言之妙而妙自無窮。豈若後世文人，必分支立柱，以自爲疏理哉？

均則無貧矣，安則無傾矣。然君子之所以患不均者，非以欲無貧故；患不安者，非以欲無傾故。若其欲無貧、無傾而始以不均、不安爲患，則是亦患貧、患寡而已矣。有國有家之道，不若是也。

君子之所不患者，直以不當患而不患，豈所患在彼，乃故不患彼而患此，以巧免其患哉？不當患而不患者，心之無欲也。無欲而後可以行王道，則文德自此而脩矣。若夫其無貧、無寡、無傾，則唯患不均、患不安，自能以遠慮而絕近憂。不此之患，則分崩離析，而憂在蕭牆之內矣。

明於其所當憂者，則以顓臾爲憂之强辭可折；明於其所不當患者，則不容患得患失而肆其私欲，固矣。乃以其安分無求而不動於惡者在是，其以制治保邦而免於傾危者亦即在是，故可即以折其强辭者抑其私欲。故聖人互言之，不待歧說而事理交盡。若不患貧、寡之實，則以修文德爲歸；患不均、患不安之道，則以扶邦之分崩、整邦之離析爲效。意各有屬，讀者固不容紊也。

乃夫子於此，則以不患貧、寡而修文德以來遠人爲主，而以均無離析、安無分崩爲賓。蓋因伐顓臾以啓論端，則即事以遏其欲，而顓臾之不可伐著矣。若其爲季氏憂蕭牆之禍，則冉求之言憂也，本非如情之辭，亦且姑與折之，而季氏之攘奪以召禍，則不可亟挽之旦夕者也。以理以事揣之，而緩急輕重分矣。此又善觀聖言者所宜通也。

二

「季孫之憂，不在顓臾，而在蕭牆之內」，豈徒孔子知之，冉有亦知之，卽季孫亦未嘗不知之。探其意中所懷挾者而告之曰，吾恐在此不在彼，亦因其所懼者而懼之也。使季孫、冉子不知蕭牆之內有憂，則其以「固而近費」爲子孫慮患，亦爲子孫謀長久者深計之所必然，非夫「舍曰欲之而必爲之辭」矣。季孫之憂，自在蕭牆，而其欲則在顓臾。知憂不在此而曰憂，是以爲君子之所疾。

三

若所當憂，則雖遠而必憂。其不當憂，則近固無憂。若置遠爲不足慮，而日收前後以爲之防，亦徒操同室之戈而已。雙峰云「顓臾遠，蕭牆近」，大是不審。且如朱子所云「哀公以越伐魯」，則禍在越矣，越豈近於顓臾哉！蕭牆之內，只是禍發不測意。

四

羅豫章以陽虎囚桓子爲蕭牆之憂，朱子不宗其說，而以哀公與越師易之。蓋以冉有仕季氏在康子之世，固知豫章之失考。然哀公欲去三桓，謀雖謬而事則正，孔子不當使季氏憂之而豫爲之防。且哀公於時，事尙未形，而先爲微詞以發其密謀，是夫子不以待白公者待吾君矣。

聖人所言，但以理論，所謂「三桓之子孫微矣」者是也。眼前看得他不好，便知其必有禍亂。若禍之所自發，雖聖人亦不能知也。不能豫測而忽發，故曰「蕭牆之內」。魯至悼公以後，三桓之子孫不復能執魯政，後來更別用一番人，若公儀子之類。三桓後裔，大段蕭索去，特史不記其所終，無從考爾。

五

陪臣三世之後，所失之國命屬之何人？天子諸侯豈能遽收之，大段是彼此相移，迭爲興廢，以成大亂之勢耳。近華亭陳氏子龍說此，謂陪臣之失，失於庶人，其義亦通。春秋以後，無干出一班華門圭竇之士，立談而收卿相，以傾危人國。據此，則庶人之議，非私議於草野，乃議於廟廷之上也，與孟子所云「處士橫議」同。

集註言「上無失政，則下無私議」。三代之世，工執藝事以諫，輿人獻箴，雖明主亦安能無失政？雖聖世之民，亦安能無私議耶？但不抵掌談天下之事，以操國柄而已。

六

「言未及之而言」，問他人而己對也。「未見顏色而言」，君子一無與人言之意，而己冒昧以言也。「言未及之而言」，是攔橫搶先說話。「未見顏色而言」，是不避厭惡，唐突得去。勉齋謂「『未見顏色』者，言雖及之而言，亦須觀長者顏色，或意他在，或有不樂」，則方與人言而意又移，愆在君子，不在己也。瞽者之愆甚於躁，固知未見顏色者之尤妄。

七

若但戒人言以時發，則「與人恭而有禮」，初不擇人也，故曰「言滿天下無口過」。今云「侍於君子有三愆」，則是因侍君子而始有之也。因侍君子而始有，則將不侍君子而可無乎？非不侍君子而可無愆，而何以云「有」？蓋不侍君子，非可無愆也，有愆而不自知其有也。

以位言之，則朝廷者，禮法之宗也；以德言之，則君子言動以禮，而非禮者以相形而易見也。若只隨行逐隊，與草野鄙陋人一例爲伍，則彼亦愆也，此亦愆也，一堂之上不相照應，只管任情胡鬨去，蓋有終日皆愆而自以爲無愆者矣。人不可以有愆，而當其有愆，則尤不可不自知其有，不知則終不能知愧而思改。故君子者，夫人之衡鑑也，不可不求親近之以就正者也。

或疑有德之君了，則固人所當就正者矣，若有位之君子，豈其必足以爲斯人撿點言行之資。乃抑不然。章楓山居林下二十年，或欲舉之以充講官，一老先生謂其不可曰：「楓山久在田閒，未免有朴野倨侮之色；使之日進於上前，且使人主輕士大夫。」崇禎閒，郝給事土膏十餘年閒住，一旦賜環，召對之下，不問而對，高聲闊視，致動上怒，卻將溫體仁陷害東林事決裂而不可挽。自非盛德之士，動容中禮，則不與有位之君子相晉接，亦且陷於愆而不自知。以此思之，然後知聖人此語爲曲盡物理也。

八

以「戒」字意求之，則朱子言理，不如范氏言志之親切。大要此章是遏欲事，且未到存理處。其言君子者，言外有一小人在，是人品大分別處，且須立個崖岸，不墮小人去，故曰「戒」。至於存理之全功，在「三戒」以上一層，且非此處所及。

乃但言遏欲而不及存理，則此三戒者，將無與釋氏共之：好色，癡也；好鬭，瞋也；好得，貪也。然則聖人其以釋氏爲君子乎？曰：釋氏雖不得爲君子，而與任血氣以自恣之小人，豈不猶賢乎！

乃君子之所以終別於釋氏者，則以隨時消息，不流於已甚，而未嘗劃除之以無餘也。故血氣之所趨則戒之，而非其血氣之所必趨者則未嘗力致其戒也，豈與釋氏之自少至老，必廢昏姻、絕殺害，而日中一食、樹下一宿之餘，皆非其所得者〔同〕哉？繇此思之，朱子之以理言者，亦可得而通矣。

九

集註「血陰而氣陽」一句，乍看覺得插入無謂。及觀范氏血氣、志氣之論，及朱子所云「氣只是一箇氣，便浩然之氣，也只此氣」，乃知集註用意之深。雙峯云「能持其志，則血氣皆聽於心」，則已贅一「血」字矣。大要氣能爲善，而抑能爲不善。如血，則能制其不爲惡而已足，不能望其爲善也。

蓋氣陽而血陰，氣清而血濁，氣動而血靜，氣無形而血有形。有形而靜，則滯累而不能受命於志；濁，則樂與外物相爲攻取，且能拘繫夫氣但隨已以趨其所欲。故好色、好鬭、好得者，血役氣也。而君子之戒此三者，則志帥氣而氣役血也。今以好色、好鬭時驗之，覺得全是血分管事。及至淫很之心戢退，則直忘此身之有血，而唯氣爲用事矣。

乃夫子於此，分任其過於血氣者，以氣本可與爲善，而隨血盛衰，不自持權，見累於血以爲之役，氣亦不得而辭其過也。氣能聽志，而血不能聽志。心之不戒者，聽命於氣，而抑聽命於血。雙峯「心是魂、魄之合」一語，極有理會。唯其兩合於陽魂、陰魄，是以亦聽命於血。

乃魄雖靈，終是凝滯重濁物事，而心却輕微，役使他不動，則不得不資氣抑而扶之。魂清於魄，而心又清於魂。心是魂、魄之輕清者合成底，故君子專有事於此，以治魂、魄。則心，君也；氣，將也；血，卒也。潰卒脅將以于君，而明君必任將以制卒，其理一也。

一〇

知命有知命之功，畏命有畏命之事。新安以格致、誠正分配之，精矣。既知天命以後，尚須有事於畏。孟子說「知性、知天」，又說「事天、立命」，事天立命，喫緊工夫正在畏上。不知則必不畏，而知者未必其能畏也。

夫子以說到天命上，則君子小人相差懸絕，與畏大人之與狎、畏聖言之與侮，只爭一敬肆者又別，故於「小人」(上)〔下〕加「不知」二字㊀，言且不知，而何望其畏。若夫雖若知之而不畏者，則既異乎醉夢之小人，而抑不得為君子，自別是一流。故可云君子知命，小人不知，就其大分段處立之辨也；亦可云君子畏命，小人不畏，就其極至處終言之也。

只君子知命，小人不知，與君子畏大人、聖言，小人狎、侮之一例，是君子小人之坊界。進此以言君子，則有畏命之學；就此以窺小人，則其行險徼倖者，固不畏也。知此，則大人、聖言，不得復以知不知添入，明矣。

大人、聖言，其顯者自易知也，雖小人亦未嘗不知也。若其為大寶所凝、至道所出之微者，則必能畏之，而後其道之宜畏、德之可畏者始可得而喻也。是其大端之別，在畏不畏，

㊀ 據論語原文「小人不知天命而不畏也」句，「上」當作「下」。

而不在知不知。曰小人之不畏天命，唯不知之，是以終不得而玩之。若夫大人、聖言，唯其不能深知而亦或知焉，是亦得而狎侮之。則小人之不畏大人、聖言，罪不在不知也。小人之罪不在不知，則君子之功亦不徒在知，審矣。

乃亦有於天命求知而反不畏者，則老、莊及釋氏是也。乃老氏之於天命，雖用其抵巇投閒之巧，而其所操爲雌、黑、谿、谷之術，亦終不敢求勝夫天而拂其命，故夫子亦終不以老氏爲小人，則已與釋氏之小天而自大、卑天而自高、滅天而自存者異矣。故有事於知天而自謂知之，乃以增其褻慢者，唯釋氏獨耳。後世從夷入華，當夫子時，無此小人也。朱子以「知」字括「三畏」，自不如和靖言「誠」之爲切。而（雙峯）〔新安〕分析知畏各致之功㈠，亦大有功於朱門矣。

二

曰「知之」、曰「學之」，「之」字所指，不當有異。然則以「知之」「之」字指此理而言，謂洞見本源，該括萬理，則夫「困而學之」者，亦豈盡天下之理，全體、大用，一學焉而無遺乎？學此者以漸，則知此者亦何得獨爲頓也？

㈠ 四書大全本章小註引用了新安陳氏的話而沒有引用雙峯饒氏的話。又「分析知畏各致之功」是承上文「知命有知命之功，畏命有畏命之事，新安以格致、誠正分配之」而言。雙峯應作新安。

史記稱黃帝「生而能言，幼而徇齊，長而敦敏」，其說出於內經。內經者，固周、秦之際精於醫者之贋作耳。史氏據之以爲實，誕矣。且云「幼而徇齊」，則亦徇齊焉耳；「長而敦敏」，則亦敦敏焉耳；豈無所不知，而一如聰明睿知達天德者之極至哉！至云「生而能言」，則亦佛氏「墮地能言，唯吾獨尊」之猥說也。

夫人之所以異於禽獸者，以其知覺之有漸，寂然不動，待感而通也。若禽之初出於㲉，獸之初墜於胎，其啄齕之能，趨避之智，啁啾求母，呴噳相呼，及其長而無以過。使有人焉，生而能言，則亦智侔雛麛，而爲不祥之尤矣。是何也？禽獸有天明而無己明，去天近，而其明較現。人則有天道命而抑有人道性，去天道遠，而人道始持權也。

耳有聰，目有明，心思有睿知，入天下之聲色而研其理者，人之道也。聰必歷於聲而始辨，明必擇於色而始晰，心出思而得之，不思則不得也。豈驀然有聞，瞥然有見，心不待思，洞洞輝輝，如螢乍曜之得爲生知哉！果爾，則天下之生知，無若禽獸。故羔雛之能親其母，不可謂之孝，唯其天光乍露，而於己無得也。今乃曰生而知之者，不待學而能，是羔雛賢於野人，而野人賢於君子矣。

橫渠學問思辨之功，古今無兩，其言物理也，特精於諸老先生，而曰「想孔子也大段辛苦來」，可謂片言居要。然則所云「生而知之者」，其言「知之」，隨指所知之一端，而非無所不通之謂。其言「生」，則如其性之所發，已樂與其所欲知者而相取，於色用明，於聲用聰，於事物之幾一致其心思，早已符合深至而無所蔽。故天下一事有一事之知，而知者各有生與學之別，卽各分上與次之等。上者易而次者固難，乃及其知之則一，而所繇以得知者亦無大異也。

上者，以知而不盡知，因於所知而學焉。次者，未學之先，一未嘗知，循名以學，率敎以習，而後漸得其條理。師襄之於琴也，上也；夫子之於琴也，次也。推此而或道或藝，各有先後難易之殊，非必聖人之爲上，而賢人之爲次矣。

朱子以堯、舜、孔子爲生知，禹、稷、顏子爲學知。千載而下，吾無以知此六聖賢者之所自知者何如。而夫子之自言曰「發憤忘食」，詩稱后稷之「克岐克嶷」，顏子之「有不善未嘗不知」，初不待師友之告戒，亦安見夫子之不學，而稷與顏子之非生也？夫子略於生、學分上、次，而後人苦於上、次分生、學。乃不知上、次云者，亦就夫知之難易遲速而言；困而不學，終於不知，斯爲下爾。

且夫所云「生」者，猶言「性」之謂也。未死以前，均謂之生。人日受命於天，命訖則死。則日受性於命。日受性命，則日生其生。安在初之爲生，而壯且老之非生耶？迨其壯且老焉，聰明發而志氣通，雖未嘗不從事於學，乃不拘拘然效之於此，而卽覺之於此，是不可不謂之生知也。

荀卿五十始學，朱云四十始受易與論語。乃以其所知者，與世之黠慧小兒較，果誰爲上而誰爲次也？其將以王雱之答麞鹿者爲聖，而衞武公之「睿聖」，反出於其下耶？必將推高堯、舜、孔子，以爲無思無爲而天明自現，童年靈異而不待壯學，斯亦釋氏夸誕之淫詞。學者不察，其不亂人於禽獸也鮮矣！

二

朱子語錄極有參差處，甚難揀取。想來朱子未免拏定「隨病下藥」作敎法，故彼此異致，乃至屈聖言以伸己說者有之，不能如聖言之川流各別而不相害悖也。

其答問者，有云「視不爲惡色所蔽爲明，聽不爲姦人所欺爲聰」，乃他處又以「主一」言思明思聰，此二說便早自乖張。夫君子之於惡色姦言，直不視不聽，還他一刀兩斷，若向此處思聰思明，則立腳不穩，早已被他搖動矣。只惡色姦言，亦何所容吾聰明哉？

如毛嬙、西施之色，不宜狎者也，不視之則不亂耳，此心之正而非目之明也。如使與不美者同至吾前，乃揀美麗者斥爲女戎，而取醜陋者以爲正色，無論人情之必不能，而亦不得謂之明矣。故曰「不知子都之姣，無目者也」。故君子之明，必不用之於此。以其明亦不可，不明亦不可也。

姦言之不聽，其道在遠佞人，亦一刀兩斷法。如業許其抵掌縱談，而又用吾思以曲爲摘發，則衞嗣君之所以亡其國者，而何聽之有？

且天下儘有不貪惡色、不惑姦言而不聽不明者。且儘有未嘗見惡色、未嘗聞姦言而不聽不明者。其不聽不明者，唯不思故也，豈有壅蔽之者哉？「聽言則對，誦言如醉」，寧姦言欺之，善言固不足啓其蔽矣。

此二語是君子警昏策惰以盡耳目之才，乃復性語也，存理語也，而非遏欲語也。遏欲之功在辨，存理之功在思。遠惡色，拒姦言，辨之事也，非思也。

夫人之從事於學，各因其所近以爲從入之功。有先遏欲以存理者，則不爲惡色姦言所蔽，乃可進而思明與聽。其先存理以遏欲者，則唯思明而明，思聽而聽，而後惡色姦言不得而欺蔽之。內以盡其形色之性，則視聽必復其聰明；外以察夫事物之幾，則於聲色不得苟用其視聽。故大而法象之在天地，道教之在古今，小而一物之當前，一聲之入耳，有弗視，視則必思其無不見；有弗聽，聽則必思其無不聞。若惡色姦聲不使交吾耳目者，則所謂「非禮勿視，非禮勿聽」，而非既視聽之而又加以思也。

藉不恤非禮而視聽之矣，則雖視惡色亦有其明焉，雖聽姦聲亦有其聰焉。漢元帝之於洞簫，宋徽宗之於書畫，其爲惑也固然，而要不可不謂之聰明。唯屏此不正之聲色於聰明之外，而乃專用其思於當聽當明之視聽，斯君子思誠之功也。故思明思聽，不在去蔽，而但在主一。去蔽者，遏欲者也，辨之明也。主一者，存理者也，思之慎也。慎謂詳謹而不忽略。

集註云「視無所蔽則明無不見，聽無所壅則聽無不聞」，汎言所蔽所壅，則於義自可。以人之昏惰苟簡、麤疎籠罩而未得謂得者，皆足以壅蔽固有之聰明，故爲授以除蔽去壅之道曰「思」。而語錄加以「惡色」「姦言」之目，則或因有溺於聲色者而與言此，是專以藥一人之病，而戾於聖言之大義矣。

乃卽如彼言，亦當云「視不爲惡色所蔽而後可以思明，聽不爲姦聲所惑而後可以思聽」，不得竟以無二者之蔽，遂當此九思之實學也。如學詩者，固當以惡詩爲戒，然但不讀惡詩，不墮惡詩窠臼，而不匠心於興比情景之中，則亦窮年苦吟而不成矣。聖人踐形、盡性之學，豈但空空洞洞立於無過之地而已哉！

老子曰「五色令人目盲，五聲令人耳聾」，而不知天下之盲聾者，其害在於聲色者十之三，而害非因於聲色者十之六；其害正墮於無聲無色者十之一，則老氏是已。君子之學，則須就「有物有則」上察識擴充，敎篤實光輝，盡全體以成大用，而後聖功可得而至。朱子曰「內外夾持，積累成熟，便無些子滲漏」，斯則盡之矣。

一三

朱子「若閒時不思量義理」一段，說得來別。求其大旨，則所謂學思並進而已，故終以「博學、審問、愼思、明辨」，則明其爲學之事。中庸說「愼思」，乃就學而言思，以思其所學也，與此「思」字別。若非思所學，只驀地思去，其有所思也，孔子既云「以思無益」；倘不持一道理，空著去想，是釋氏之以坐斷一切爲眞參實究矣。

乃朱子此語，殊費周折，不得暢快。其故在問者不審，乃令答者迂回。問者曰：「無事而思，則莫是妄想？」如此而問，鹵莽殺人！夫唯忿與見得，則因事而有；疑之思問，且不因事而起。若視聽容貌，則未嘗有一刻離著在。聖學中，原無收視反聽，形若槁木的時候。倘其有此，卽謂之怠荒，而夫子且比之爲「朽木」「糞土」，賤之爲「飽食終日」矣。

視之所該最廣，除睡時無有不視。容之爲功最密，除盛德之至者，一刻忘下便不得「溫」。以此九者詳求之日用之閒，豈復有無事之時哉？而何憂妄想之生！不得已而姑云有閒時，則君子固有讀書窮理之功，而用其思於學。學、思固分致之功，而方學卽思所學。乃所云「視思明，聽思聰，疑思問」者，固已該乎方學之思爲言。是君子終日於此九者，該動靜，統存發，而更不得有無事之時矣。

知此，則知南軒所云「養之於未發之前」者，亦屬支離。唯喜怒哀樂爲有未發，視聽色貌無未發也。蓋視聽色貌者，卽體之用；喜怒哀樂者，離體之用。離體之用者，體生用生，則有生有不生；而其生也，因乎物感，故有發有未發。卽體之用者，卽以體爲用，不因物感而生，視雖因色，然天下無無色之時，無時不感，不得云感。且色自在天下，非如可喜可怒之事加於吾身，不可云感。不待發而亦無未發矣。

若其相與爲用也，則喜怒哀樂，亦因視聽色貌言事而顯。當其發，則視聽色貌言事皆爲喜怒哀樂用。乃喜怒哀樂一去一留於此六者之閒，而六者不隨喜怒哀樂爲去留。當其爲喜怒哀樂之時，則聰明溫恭忠敬，要以成發皆中節之和；而當夫喜怒哀樂之已去與其未來，則聰明溫恭忠敬之思之不忘者，卽所謂於未發時存中也。

故此云「思明」、「思聰」、「思溫」、「思恭」者，兼乎動靜，動以中節，而靜以篤恭。就本文中原有未發存養之功，何更得頭上安頭，而別求未發哉？豈所云未發者，必一物不視，一聲不聞，柳生左肘色，雀乳頭上貌，以求養於洞洞墨墨之中乎？此毫釐之差，南軒且入於禪而不知已！

先儒言靜存之功，統以主敬。「思明」、「思聰」、「思溫」、「思恭」，正主敬之謂也。朱子亦云「主一」，「敬故一」。舍此四者，更用何物爲靜中之敬？思則敬，不思則肆。敬肆之分，思不思而已矣。既要敬，又不著思，卽全是禪。視聽色貌，卽源卽流，無久刻刻異。無暫。常不廢。倘以此爲流且暫，已發乃暫然之流。而別求一可久之源，未發天下之大本，故無閒斷。非愚之所敢知也。佛氏之眞知。

若言與事，則固屬乎動矣。然其屬乎動也，亦自其有不言無事之時以分動靜耳。乃以求諸喜怒哀樂，則雖見於言事，而猶有爲喜怒哀樂之未發者。此其理亦易知，特人不察耳。

中庸言「未發」，但就四情而言，不該一切。則以聖賢之學，靜含動機，而動含靜德，終日乾乾而不墮於虛，極深研幾而不逐於迹。其不立一藤枯樹倒、拆肉析骨之時地，以用其虛空筋斗之功者，正不許異端闌入處。儒者於此，壁立萬仞，乃爲聖人之徒。故上蔡云「此之謂『思誠』」。思而言誠，是卽天之道而性之德已，復何有一未發者以爲之本哉！

陽貨篇

一

程子創說個氣質之性，殊覺峻嶒。先儒於此，不儘力說與人知，或亦待人之自喩。乃緣此而初學不悟，遂疑人有兩性在，今不得已而爲顯之。

所謂「氣質之性」者，猶言氣質中之性也。質是人之形質，範圍著者生理在內；形質之內，則氣充之。而盈天地閒，人身以內人身以外，無非氣者，故亦無非理者。理，行乎氣之中，而與氣爲主持分劑者也。故質以函氣，而氣以函理。質以函氣，故一人有一人之生；氣以函理，一人有一人之性也。若當其未函時，則且是天地之理氣，蓋未有人者是也。未有人，非混沌之謂。只如趙甲以甲子生，當癸亥歲未有趙甲，則趙甲一分理氣，便屬之天。乃其既有質以居氣，而氣必有理，自人言之，則一人之生，一人之性；而其爲天之流行者，初不以人故阻隔，而非復天之有。是氣質中之性，依然一本然之性也。

以物喻之：質如笛之有笛身、有笛孔相似，氣則所以成聲者，理則吹之而合於律者也。以氣吹笛，則其清濁高下，固自有律在。特笛身之非其材，而製之不中於度，又或吹之者不善，而使氣過於輕重，則乖戾而不中於譜。故必得良笛而吹之抑善，然後其音律不爽。

造化無心，而其生又廣，則凝合之際，質固不能以皆良。醫家所傳靈樞經中，言三陰三陽之人形體之別、情才之殊，雖未免泥數而不察於微，而要不爲無理。抑彼經中但言質而不言氣，則義猶未備。如雖不得良笛，而吹之善，則抑可中律。氣之在天，合離呼吸、剛柔清濁之不同，亦乘於時與地而無定。故偶值乎其所不善，則雖以良質而不能有其善也。此理以笛譬之，自得其八九。

乃其有異於笛者，則笛全用其竅之虛，氣不能行於竹內。人之爲靈，其虛者成象，而其實者成形，固效靈於軀殼之所竅牖，而軀殼亦無不效焉。凡諸生氣之可至，則理皆在中，不猶夫人造之死質，虛爲用，而實則糟粕也。

氣麗於質，則性以之殊，故不得必於一致，而但可云「相近」。乃均之爲笛，則固與簫、管殊類，人之性所以異於犬羊之性，而其情其才皆可以爲善，則是槩乎善不善之異致，而其固然者未嘗不相近也。

氣因於化，則性又以之差，亦不得必於一致，而但可云「相近」。乃均之爲人之吹笛，則固非無吹之者，人之性所以異於草木之有生而無覺，而其情其才皆有所以爲善者，則是槩乎善不善之異致，而其能然者未嘗不相近也。

程子之意固如此。乃有質則氣必充，有氣則理必在，雖殊之以其氣質之相函相吹，而不能殊之以性。是故必云氣質中之性，而後程子之意顯。

以愚言之，則性之本一，而究以成乎相近而不盡一者，大端在質而不在氣。蓋質，一成者也；氣，日生者也。一成，則難乎變；日生，則乍息而乍消矣。夫氣之在天，或有失其和者，當人之始生而與爲建立，所以有質者，亦氣爲之。於是而因氣之失，以成質之不正。乃既已爲之質矣，則其不正者固在質也。在質，則不必追其所自建立，而歸咎夫氣矣。若已生以後，日受天氣以生，而氣必有理。卽其氣理之失和以至於戾，然亦時消時息，而不居之以久其所也。

今且爲體驗之：凡人思慮之所蔽、聰明之所窮、知之所不能至、行之所不能勉、昏惰嗜欲之相乘，與夫思之可通、知之可悉、行之可任、昏惰嗜欲之能克，若氣爲之也，而實非氣爲之也。氣餒者，質之量不足；氣濁者，質之牖不淸也；故氣以失其條理而或亂，抑亦不相繼續而或撓也。

若夫氣之日入於人中者，在天之化，或和或乖，而人任其自至以受之，則固不爲之變也。苟爲不肖，則無時而淸剛；苟爲賢，則無時而濁弱也。苟一聽之氣，則氣之消息無恆，和不和一因於化而莫之定，其以移人於淸剛、濁弱者，且將如疾風暴雨、乍寒忽暑之能病於人。而又豈其然哉！卽令如病，而亦唯體之羸弱者多受之，是亦質之召沴，而非氣之過也。質能爲氣之累，故氣雖得其理，而不能使之善。氣不能爲質之害，故氣雖不得其理，而不能使之不善。又或不然，而謂氣亦受於生初，以有一定之淸剛、濁弱，則是人有陳陳久積之氣藏於身內，而氣豈有形而不能聚散之一物哉！故知過在質而不在氣也。

乃其爲質也，均爲人之質，則旣異乎草木之質、犬羊之質矣。是以其爲氣也，亦異乎草木之氣、生氣。犬羊之氣也，故曰「近」也。孟子所以卽形色而言天性也。

乃人之淸濁剛柔不一者，其過專在質，而於以使愚明而柔彊者，其功則專在氣。質，一成者也，故過不復爲功。氣，日生者也，則不爲質分過，而能〔爲〕功於質。且質之所建立者，固氣矣。氣可建立之，則亦操其張弛經緯之權矣。氣日生，故性亦日生。生者氣中之理。性本氣之理而卽存乎氣，故言性必言氣而始得其所藏。

乃氣可與質爲功，而必有其與爲功者，則言氣而早已與習相攝矣。是故質之良者，雖有失理之氣乘化以入，而不留之以爲害。然日任其質，而質之力亦窮，則逮其久而氣之不能爲害者且害之矣。蓋氣任生質，亦足以易質之型范。型范雖一成，而亦無時不有其消息。始則消息因仍其型范，逮樂與失理之氣相取，而型范亦遷矣。若夫繇不善以遷於善者，則亦善養其氣，至於久而質且爲之改也。故曰「居移氣，養移體」，氣移則體亦移矣。

乃其所以移之者，不可於質見功。質，凝滯而不應乎心者也。故唯移氣，斯以移體。其能於體而致其移養之所移者，肌肉、榮魄而已矣，則又體之賤者也。體移，則氣得其理，而體之移也以氣。乃所以養其氣而使爲功者何恃乎？此人之能也，則習是也。是故氣隨習易，而習且與性成也。

質者，性之府也；性者，氣之紀也；氣者，質之充而習之所能御者也。然則氣效於習，以生化乎質，而與性爲體，故可言氣質中之性；而非本然之性以外，別有一氣質之性也。

性以紀氣，而與氣爲體。可云氣與性爲體，卽可云性與氣爲體。質受生於氣，而氣以理生質。此句緊要。唯一任夫氣之自化、質之自成者以觀之，則得理與其失理，亦因乎時數之偶然，而善不善者以別。若推其胥爲太極之所生以效用於兩閒，則就氣言之，其得理者理也，其失理者亦何莫非理也？就質言之，其得正者正也，其不正者亦何莫非正也？氣之失理，非理之失也，失亦於其理之中：已剛而亦乾之健，已柔而亦坤之順，已清而象亦成，已濁而形亦成。亦均夫祁寒之以成其寒之能，盛暑而以成其暑之能也。善養者，何往而不足與天地同流哉！質之不正，非犬羊、草木之不正也，亦大正之中，偏於此而全於彼，長於此而短於彼。乃有其全與長之可因，而其偏與短者之未嘗不可擴，是故好色、好貨之不害於王道，好貨、好色，質之偏也，過不在氣。而欲立、欲達之以立人、達人也。欲立、欲達，亦質所欲。能踐形者，亦此形而「萬物皆備於我矣」。

孟子惟並其相近而不一者，推其所自而見無不一，故曰「性善」。孔子則就其已分而不一者，於質見異而於理見同，同以大始而異以殊生，故曰「相近」。乃若性，則必自主持分劑夫氣者而言之，亦必自夫既屬之一人之身者而言之。孔子固不舍夫理以言氣質，孟子亦不能裂其氣質之畛域而以觀理於未生之先，則豈孔子所言者一性，而孟子所言者別一性哉？

雖然，孟子之言性，近於命矣。性之善者，命之善也，命無不善也。命善故性善，則因命之善以言性之善可也。若夫性，則隨質以分凝矣。一本萬殊，而萬殊不可復歸於一。易曰「繼之者善也」，言命也；命者，天人之相繼者也。「成之者性也」，言質也；既成乎質，而性斯凝也。質中之命謂之性，此句緊切。亦不容以言命者言性也。故惟「性相近也」之言，爲大公而至正也。

二

新安云「性寓於氣質之中」，不得已而姑如此言之可也；及云「非氣質則性安所寓」，則舛甚矣。

在天謂之理，在天之授人物也謂之命，在人受之於氣質也謂之性。若非質，則直未有性，何論有寓無寓？若此理之日流行於兩閒，雖無人亦不憂其無所寓也。若氣，則雖不待人物之生，原自充塞，何處得箇非氣來？即至於人之死也，而焄蒿悽愴、昭明於上者，亦氣也。且言「寓」，則性在氣質中，若人之寓於館舍。今可言氣質中之性，以別性於天，實不可言性在氣質中也。

蓋性即理也，即此氣質之理。主持此氣，以有其健順；分劑此氣，以品節斯而利其流行；主持此質，以有其魂魄；分劑此質，以疏濬斯而發其光輝。即此爲用，即此爲體。不成一個性，一個氣，一個質，脫然是三件物事，氣質已立而性始入，氣質常在而性時往來耶？說到性上，一字那移，不但不成文義，其害道必多矣。

三

新安又云有「天地之性」，一語乖謬。在天地直不可謂之性，故曰天道，曰天德。繇天地無未生與死，則亦無生。其化無形埒，無方體，如何得謂之性！「天命之謂性」，亦就人物上見得。天道雖不息，天德雖無閒，而無人物處則無命也，況得有性！

且新安之言天而並言地，尤爲不審。以體言之，則天地旣不得以性言矣。以化言之，則地有化迹，而化理一屬之天。故中庸但言「天之所以爲天」，而不云「地之所以爲地」。地之所以爲地，亦天之爲也。故曰「無成有終」。有終者，化之迹也；無成者，天成之也。若就人性而言之，則性，天德也；氣，天化也；質，天以地成之者也。以，猶用也。不得以天地並言，亦審矣。

四

五常百行，何一而不以恭、寬、信、敏、惠行之？五常百行，道也。恭、寬、信、敏、惠，行道、凝道之德也。於理言之，則善有萬；於心言之，則五者盡之矣。故知夫子之以此五者答子張，理已極，功已全，更無遺也。

看聖人言語，須看得合一處透，如「克己復禮」，「主敬行恕」等，無不以此五者行之。則全體、大用，互相成而無礙。若執定藥病一死法，卻去尋他病外之藥，謂恭、寬、信、敏、惠外更有何道。總成迷妄。聖人之敎，如天地之有元氣，以之生物，卽以之已疾，非以藥治病。則梔、芩不必與烏、附合，而人參亦且反藜蘆。凡藥之於病，生於此者，誤用之彼，則爲殺。將所以藥子張者，必且以賊他人。而此五者，自上智至下愚，有一而不當行者乎？故知聖人之言，必不爲藥。

五

雙峰「剛體勇用」之說，殊不分曉。凡言體用，初非二致。有是體則必有是用，有是用必固有是體，是言體而用固在，言用而體固存矣。勇而無勇之體，則勇爲浮氣而不成其勇。剛而無用，則中懷內歬，而亦何以知其爲剛！故剛亦有剛之用，勇自有勇之體，亦與仁、知、信、直之各爲體用者等。

蓋剛者，自守則厲體、不爲物屈用之謂也。勇者，果決敢爲體、遇事不怯用之謂也。故體雖不剛，要不害其爲勇。如劉琨、祖逖一流人，自守不峻而勇於爲義，是不剛而勇也。用雖不勇，要不害其爲剛。如汲黯、包拯一流人，固無喜於任事之意，而終不爲物下，是不勇而剛也。

六

好剛而不好學，所謂剛愎自用也。狂者，妄自尊大、輕世陵物之謂。好勇而不好學，如劉穆之、王融，只是勇於有爲，便不復顧名節，故其蔽亂。此剛、勇之别，體用各異，不可紊也。

程子言「序」，朱子言「敬」，趙、饒二氏無所見而姑爲之調停，云「二說相須，其義始備」。朱子若看得程子之言序也爲允當，則何故易一敬字？若以序字之義爲未備，更須添一敬字，亦當兼言敬以有序，不宜竟廢言序也。唯朱子看得程子之言序者於此處不切，故斷然以敬代之。若其仍存程說於圈外者，則取其「天下無一物無禮樂」一段而已。

釋此章之義，乃使人因禮樂而釋其所以然。禮之所以然者敬也，樂之所以然者和也。以序配和，乃就禮樂之已成而贊其德。禮行而序著，樂備而和昭。故曰「禮只是一個序，樂只是一個和」。行禮行樂時，大段道理如此。故凡天下之有序者，皆禮之屬也；凡天下之和者，皆樂之屬也。唯然，則序非禮之所以爲禮，而配序之和亦非樂之所以爲樂。朱子云「敬而將之」，「和而發之」。程子所云序與和，只說得將邊、發邊事。其所將、所發者，則固吾心之敬與和也。

程子推天理之本然，而云「盜賊亦有禮樂」，此爲老、莊家說禮樂是聖人添上底，故與指天理之在人者以破其「前識之華」一種妄說。若夫子則緣流俗以容之有序、聲之能和者爲禮樂，故曰「人而不仁，如禮樂何」。不仁者不能如之何，又豈盜賊之相總屬、相聽順者之得與哉！

夫不仁之人所以不得與於禮樂者，唯其無敬、和之心也。若天道之自然有此必相總屬之序、必相聽順之和，則固流行而不息，人雖不仁，而亦不能違之。而凡人之將玉帛、鳴鐘鼓者，正恃此以爲禮樂也。程子此段，是門人雜記來底，想爲有人疑禮樂非人心之固有，故爲反其言而折之如此，乃非以正釋此章之義。其說規模甚大，卻空闊，令人無入手處，以視聖人之言深切警省、動人於微者遠矣。

且言序者，亦因敬而生其序也。若不敬，則亦無以爲序。盜賊之相總屬，終叫作序不得。天下之序四：親疏也，尊卑也，長幼也，賢不肖也。乃盜賊之有總屬，於此四者，其何當也？凡其所奉爲渠帥者，徒以拳勇狙詐相尙，而可謂天理自然之序乎？

若夫禮之有序者，如事父事兄之殺，此是胸中至敬在父，次乃敬兄，自然之敬而因生其序，序者敬之所生也。倘以敬父者敬兄，則是夷父於兄，而以敬兄者敬父矣。敬兄之殺於敬父而爲之序者，乃所以專致其敬於父也。禮所謂以仁率親、以義率祖、等上順下，皆爲至敬言也。然則禮之所以云禮者，以敬言而不以序言，審矣。

馮厚齋求其說而不得，乃以諸侯大夫之僭爲無序之實。此旣與程子盜賊之說顯相矛盾。僭竊者，充類至義之盡，而始與盜賊等。豈盜賊之賢於僭竊者哉？夫子言禮非玉帛之云，所以通警天下之失實。若但云僭竊者徒有玉帛而無序，則周之時王舉行其所得爲之禮，雖以跛踦臨之，而已無憾於禮耶？且僭禮者亦僭樂矣，是樂之失實，亦惟不序之故，而何以只言和哉？

宋、元之際，諸儒鄙陋，隨處將僭竊插入。如「問禘說」、「入太廟」諸章，俱靠此作白賴秘訣，恰似夫子當年終日只尋著者幾個諸侯大夫厮駡，更不知此外有天德、王道在。虞伯生以此註杜甫詩，且一倍酸鄙，不知有杜，而況其望聖人之門牆也哉！

七

盜賊之有渠帥，有傳儸，一般底尊卑之序，也恰象個禮。禮云禮云，拜跪、先後云乎哉？卽不仁之人行禮，也須有序。於此正好看他別處。禮中自然之序，從敬生來，便是天理。盜賊之序，因畏故爾，便是人欲。以此思之，則凡修敬父、敬君之儀，而實以畏君父之威，及爲法制清議所束縛，不敢不爾者，皆與盜賊等，而終不知禮之云者也。

程子此段言語，想被門人記來不眞，而以己意添換，遂成差謬。其語酷似侯河東，緣他貪於規模之大，而切體無實，程子所云「只好隔壁聽」者是也。不然，則或有問者，程子以其有不知序之病，以此藥之，而藥卽成病也。凡藥病者，藥無非病。

八

夫子驀地說個「予欲無言」，看來意義自是廣遠深至。先儒於此，只向子貢轉語中求意旨，卻不在夫子發言之本旨上理會，徒增枝葉，益入迷離矣。

子貢曰：「子如不言，則小子何述？」此是子貢從無言中抽出小子之待述一種來，致其疑問；而夫子所答，則又於成己成物一本原處，見得雖爲小子述計，亦不在言也。若子貢未問以前，則夫子初不從教人起義。

向後再言「天何言哉」，非複詞也。前云「天何言哉」，言天之所以爲天者不言也。後云「天何言哉」，言其生百物、行四時者，亦不在言也。集註云「學者多以言語觀聖人，而不得其所以言，故發此以警之」，只此殊失聖人氣象。

慶源於此作兩種解，要皆無實。一云：「學者體察之意常少，徒得其言而不得其所以言。」使然，則是夫子故爲此憤激之詞矣。苟夫子爲此憤激之詞，而子貢且云「小子何述」，是何其一堂之上，先生悻悻而弟子煩瀆耶？此說之最陋者也。

一云：「天理流行之實，凡動靜語默皆是，初不待言而著。學者惟不察乎此，而但以言語觀聖人，是以徒得其言而不得其所以言。」夫繇言而知其所以言，與不繇言而知其所以言，是孰難而孰易？學者且不能於言而知其所以言，乃欲使於動靜語默得之，不愈增其茫昧乎？

且夫言之不足以盡道者，唯其爲形而下者也。起居動靜之威儀，或語或默之節度，則尤形而下之枝葉也。雖天理流行於其中，而於以察理也，愈有得筌蹄而失魚兔之憂。夫子以姊之喪，拱而尙右，而門人皆學之，是學者固未嘗不於動靜語默觀聖人。乃得其拱而不得其所以拱，其執象以遺理，更有甚於執言者。則子又將曰「予欲不動不靜不語不默」哉！逃影於月而就燈，不知燈之爲影且甚於月也！凡此戲論，旣皆無實，則知所云「予欲無言」者，非爲學者言也。

蓋自言曰「言」，語人曰「語」，言非語也。抑非必喋喋多出於口而後爲言也，有所論辨而著之於簡編者皆是也。聖人見道之大，非可以言說爲功；而抑見道之切，誠有其德，斯誠有其道，知而言之以著其道，不如默成者之厚其德以敦化也。故嘗曰「訥」，曰「恥」，曰「怍」，曰「訒」，抑至此而更云「無言」。則終日乾乾以體天之健而流行於品物、各正其性命者，不以言閒之而有所息，不以言顯之而替所藏也。此所云「品物流行」，「各正性命」，皆以成己之德言。

朱子感興詩深達此理，較集註自別。其云「萬物各生遂，言天。德容自溫淸言仲尼。」，則固以德容之溫淸，配天之生物，而非云天以生遂爲功於物，聖以溫淸爲不言之敎也。又云「發憤永刊落，奇功收一原」。所謂「發憤刊落」者，卽訒言之極致而無言也；「奇功收一原」者，以言大德敦化之功有以立天下之大本，而不在擬議之閒也。

繇此思之，聖人之欲無言者，亦當體實踐以自盡夫天德，而收奇功於一原矣。豈徒悻悻然憤門人之不喻，而爲此相激之詞，如西江學究之於蒙童也哉？曰「天何言哉」，則體天德者不當以言矣。曰「四時行焉，百物生焉，天何言哉」，則雖如子貢之爲小子慮者，亦卽以成己者成之，而不在言矣。

嗚呼！論至此而微矣。非老氏「知者不言，言者不知」之說也，非釋氏「言語道斷，心行路絕」之說也，聖人所以「自彊不息」，「顯諸仁，藏諸用」，「洗心而退藏於密」者也。聖人之德，耳順矣，從欲不踰矣，盈前而皆道，則終日而皆德，敦化者敦厚以化成也，川流者不舍晝夜也。夫何言哉！密與萬物爲裁成輔相，而顯與達道達德爲誠明也。以此成己，而致中和以位天地、育萬物；以此成物，而篤恭以天下平矣。小子而欲學焉，相與終日於博文、約禮之中，亦下學而上達矣。

是夫子非虛欲之也。欲無言，則終無言也。時而行也，則周流以行道於七十二君之國。時而藏也，則祖二帝，述三王，刪詩、書，定禮、樂，皆述而不作。因魯史成春秋，春秋文成數萬，聖人未嘗有所論斷。而百王之大法以昭。蓋未嘗取其心之所得者見之言也。故曰「我欲託之空言，不如見諸行事」，而天下萬世無不被其時行物生之功矣。此聖人所以成己而成物者，夫何言哉！嗚呼！亦微矣，非可以淺見一二測也。

九

「小子何述」，非小子何法之謂。述者，轉稱之以傳於人也。子貢之意，欲夫子著書立夫子云天何言而時行物生，則在己固不待教，而使弟子述之以詔後世，亦非但自爲學也。言，而小子亦無容述矣。

嗚呼！聖人之去今，幾二千歲，而天下雖在夷狄盜賊之世，且未盡人而禽也，豈徒以聖人之言哉？如以言，則誦聖人之言者，且不免於禽行；而其能與知與行夫聖人之道者，或未得耳聞口誦夫聖教。天命之性，聖人顯道而神德行，莫之爲而爲之，固非人之所易知也。嗚呼！愚之所言者，如此而已。過此以往，不可得而言矣。雖然，其與釋氏「自性衆生，一念普度」者，則薰蕕矣。熟讀張子正蒙而有得於心焉，或知其旨。此二段文字，愚雖不肖，不敢爲欺人之語。抑不能顯指其所以然，則力有所不逮，而言者本不能盡意者也。

一〇

切須知，言與語異。子曰「予欲無言」，若有人問時，惡得不「叩兩端而竭焉」！今一部論語具在，且說夫子所言者是那一段道理？若老子五千言中，徹首徹尾，只是一句子作宗風。卽孟子亦所未免。聖人且就一時一事說去，自止至善。卽此可想其天行之健、於穆不已氣象。若問而亦以無言答，則天龍一指、臨濟三拳而已。

一一

小註中「邪僻」二字，所該甚廣。愚不肖者有愚不肖之邪僻，賢智者有賢智者之邪僻。

不正之謂邪，因而深陷於邪之謂僻。然則莊子之嗒然喪偶，釋氏之面壁九年、一念不起，皆邪僻也，皆「飽食終日，無所用心」者也。

雙峰言「靜坐時須主敬」，大有功於聖學。當知靜坐無敬字，不如博弈。抑謂無事不可兜攬事做，讀書窮理不可煎迫而失涵泳，故有靜坐時，則以主敬工夫當之。若謂主敬工夫，須靜坐方做得，但靜坐而他無所用心，以便主敬，則又僻矣。

程子論「復見天地之心」，是動中見得復下一陽動也。聖人於此，直教將此心有可用處儘著用，無有一法教人向靜坐中求。

微子篇

一

微子之去，若以存祀之故，則微子必殷之亡矣。知殷之亡則可，必殷之亡則不可。如父母之病，雖知其不起，不忍必也。且古之帝王失天下者，其祀必不廢，則雖無微子，殷祀豈遂斬乎？

抑云微子爲殷王元子，義當存祀，則尤不審。當帝乙立紂爲冢嗣之日，微子已不復以元子自居矣。若胸中更挾一「元子」二字，則微子亦建成矣。

且紂固有必亡之道，而亡不亡則尤繫乎天。夏之太康，唐之懿、僖二宗，其宜亡也，亦不下於紂。使紂早死，而國立賢君，商祚再延，則微子之去以存祀者，作何收煞？蓋微子之去，本以遠害而全親親之恩。尙書「舊云刻子」一段，分明說得有原委。愚於尙書引義中辨之詳矣。

二

柳下惠於魯爲「父母之邦」，較孔子所云「父母之國」者又別。柳下惠，展氏之子。展之賜氏，自無駭之卒，而惠之生去無駭不遠，應只是無駭之子、夷伯之孫，於魯公室在五世祖免之中，故義不得去而云然。春秋之法，公子不得去國，自是當時通義。士師官亦不卑，但無駭爲上卿，執國政，而其子爲士師，則卑矣。胡泳引蚳鼃事爲證，「士師在邑宰之下，官小可知」。戰國之時，天下分裂，一國乃無數邑，邑宰官固不小。如楚申公、沈尹皆爲大臣，而平陸距心，爵亦大夫，與今日縣令不同，不得以邑宰之小證士師也。

三

集註於「佞人殆」與此「殆而」之「殆」，皆云「危也」，初無異釋。慶源云「既幸其或止，而又慮其殆」，則似謂孔子若從政，則有仕路風波之憂。如此下語，恐非接輿之意。接輿一流人，直是意致高遠，亦不甚把禍福做件事在心裏，特其憤世嫉邪，不耐與此曹爲伍爾。

人若畏禍福，直是隱不得。飢寒風雨皆危機也。又況末世人情之所樂與爲難者，偏在無勢位之人耶！「今之從政者殆而」，與夫子所言「斗筲之人」同意。殆，危也，危亦險也。亦其姦邪傾險，不足與同有爲也。集註太略，以言佞人者參觀之自得。

四

伊川說荷蓧稍高。但就其待孔子、子路之禮際，見得如此，不知日暮留宿，自不得不爾，與道左相逢者勢異，非荷蓧之獨厚於聖賢也。若云荷蓧知長幼之節，則安見接輿、沮、溺之並此不知耶？

今此諸人，無從詳考。但以風味想之，則接輿似較勝。記者加以「楚狂」之名，亦且許之爲狂矣。狂者，聖人之所欲得而與之者也。夫子於荷蓧，使子路反見而不自往；於沮、溺，則直不與語；於接輿則下而欲與之言。聖人待之，亦自有差等。且接輿直欲以其道感動聖人，三子則漠然自是而不顧，卽此可想其胸次。接輿雖憤世嫉邪，而於心自樂。三子只氣很很地埋頭恁做去，且與鳥獸同羣矣。楚狂自有虞仲、夷逸之風，三子則幾與於陵仲子等輩。

若謂丈人見其二子一事，與仲子避兄離母不同，則又不然。仲子之於妻，亦有冀缺、梁鴻之風，不可以其小者信其大者也。雲峯以「楚狂」二字冠此三章，言沮、溺、丈人皆楚之狂士，直是不識得狂。三子者謂之爲狷或可。狂不可得，乃思狷，是又其次也。

五

禮，王大食三侑，則雖天子初飯亦不用樂。魯有亞、三、四飯，明用王禮。齊氏言「不言一飯，孔子正樂而去其一」。孔子正樂，但能論定樂之聲容，所云「雅、頌各得其所」者是也，豈能取魯君之樂官而裁革之？藉令裁樂，則亦當裁四飯，而不裁其初。後儒苟欲推尊聖人之功化，如此類者，直是不通。

六

樂官之去，雙峰謂魯專尚淫哇故去，是也。潛室歸咎於三家彊僭，則三家之僭已久，此諸子者，當其始便不應受職矣。

讀書者最忌先立一意，隨處插入作案，舉一廢百，而聖人高明廣大之義蘊隱矣。子曰「斗筲之人，何足算也」，原不屑屑與此曹爭是非。及云「故夫三桓之子孫微矣」，則又未嘗不矜其愚以召禍也。楚狂云「今之從政者殆而」，早已不中聖人之意。鄭聲亂雅，自是世道人心一大關係。區區自起自滅之三家，值得甚緊要來！

子張篇

子張所說三章，皆繆於聖人之旨。「論交」一章，集註折之，當矣。「見危(授)〔致〕命」一章㊀，朱子以微詞貶之，而又爲之救正；「若執德不弘」一章，則爲之周旋以曲成其是。乃若朱子所言量貴弘而志貴篤，則誠不易矣，然而子張之說，則不如此。

聖門諸子，晚年受業者，別是一般氣象。如曾子、子游、樊遲諸賢，蚤歲卽游聖人之門，踐履言語，精密深遠，較先進諸子，已有升堂、入室之別。故夫子在陳，思狂簡之小子，而欲爲裁之。裁之者，直爲品節之而已，不似子張、子路輩須與脫胎換骨也。原其學於夫子之時，年已過矣，習氣已深而不易革矣；唯天資之高，故亦能以聖人爲法則，而不陷於邪。至於聖人之微言大義，則有所不能領略，而況其能詣入也！

就中，子張最爲粗疏，總不入聖人條理，故曾子、子游直斥其不仁而非爲苛。其云「執德不弘，信道不篤」，就此二語，已全不知入處，而安望其爲仁！

「執」云者，守也，執之以爲固有也。聖人說「吾道一以貫之」，固是渾淪廣大。而於道大者，於德則約，故曾子以「忠恕」一言爲得其宗。乃彼則曰「執德弘」。德者，得之於心者也。執所得於心者而欲其弘，則是此一德，而彼又一德矣。不然，則欲盡取夫德而執之矣。

㊀「授」應作「致」，據論語原文「士見危致命」句改。

吾以知其不能弘而抑非德也。何也？雜用其心以求德於天下，則其所謂德者，豈其能以自喻而有以自慊乎？繇他說「見危致命，見得思義，祭思敬，喪思哀」，只在事上見德，便只向事上求德。故孔子曰「知德者鮮矣」，蓋爲子張輩歎也。

今卽以「見危致命」等語思之。其云「見危致命，見得思義」，猶之可也，以夫子嘗言之也。乃子所云「見危授命」者，固但以爲「今之成人」，以其異於仁人之以成仁故而殺身，而不因見危以生其激烈也。「見得思義」居九思之一者，則唯君子業於靜存動察而全夫聰明忠敬之體矣，則於義擇之爲已精；而當其見得，加以警省，取吾心所喻之義合同比勘，以證其當得與否，則其審義者爲尤密耳。初非未見之前，思誠之功未密，迨夫得者之當前，而後思執義以爲德也。乃云「其可已矣」，則是取天下之可有得者以自矜其不取而爲德也，此固近似聖言而無實矣。

至云「祭思敬，喪思哀」，則待祭待喪而後思，是不必仁人而後可以享帝，孝子而後可以享親也。且方喪思哀，吾不知其所思者何也？若思死者之可哀而哀之，則是本無哀而求哀也。若思吾之當哀而哀焉，是以哀爲不得已，而聊相應酬，吾恐其有聲而無淚，有淚而不生於心也。

方祭乃思敬，則必不能敬；方喪乃思哀，則必不能哀。唯子張天資高，才力大，或可以臨時取給，而敬與哀之來赴其思者，能令人見其有餘。乃卽使其無不給矣，而一念以承祭而臨喪，一念以思哀而思敬，則其所謂敬者，亦特不惰於儀容；所謂哀者，亦特不衰於哭踊。求夫所謂愾乎有聞，愀然有見，洋洋如在而綏我思成，皇皇如有求而不得，充充如有所窮，往如慕而反如疑者，我有以知其必不能也。何也？則唯其務弘以執德，而不知存養夫大本之至一者以貞夫動也。

書曰：「德唯一，動罔不吉；德二三，動罔不凶。」今且於危執致命之德，於得執義德，於祭執敬德，於喪執哀德，以是爲取之天下者各足，而效之吾心者各得其主，逐物意移而無以相成，猝至互起而無以相周，「德二三，罔不凶」矣。

且於見危而致命，於得而思義，於祭而敬，於喪而哀，初非有本，而因事以執，以爲肆應於無窮。方其因事而執也，豈果有得於心哉？亦曰道之於危當授命，於得當以義，於祭當敬，於喪當哀，道之當然者吾篤信之而可矣。

夫不信吾心之所固有，而信以道之所已然，則亦耳聞目見，據一成之名法，而不知死生之理、取舍之衡、通神合漠之誠、惻怛根心之實，一率夫吾心不容已之天德；以舍其所自喻者而弗之信，則亦求諸人而不求諸己，執器以爲道而不凝道以其德。雖云篤也，吾已知其痛癢相關之地，無有生死與共、寤寐勿諼之誠矣。是云篤者，必不得篤也。乃但規規然執一成之例，拘其身心以取必於信，則其爲賊道也不小。

夫君子之於道，雖無或疑之也，雖未嘗不率循之也，而窮變通久以曲成夫道者，則曰「善道」。其於德也，雖不執一以廢百也，雖擴充之而達乎天下也，而洗心藏密以復其性之德者，則必曰「篤信」。故道可弘也，而不用夫篤信也；德必篤信也，而不弘以執之也。唯篤吾所自信之德，而不徒信夫道，故患有所不避，而有時乎不死，以異匹夫之諒；非義所必不取，而有時不辭，以成上下之交。皆道之弘處。唯執德於未發之一本，以成既發之殊節，而不於已發之用弘者徧執以爲德，則體一而用自弘，將不期弘而弘焉。故於祭不期敬，而洋洋如在者，相與爲顯承；於喪不期哀，而瞿瞿梅梅者，必自致而無之有悔。

今乃倒行逆施，恃其才之可取給於俄頃，以淺量夫道之不過如是而別無可疑，乃執此彷彿乎道者以咸執爲己德，曰吾之爲德弘矣，非硜硜孤信其心者也；吾之於道無疑矣，非有所隱深而不可知者也。乃居德於弘，則正心誠意之不講，而天下之大本以遺；自謂無疑於道，則格物致知之不用，而天地之化育，其日遷於吾前者，具忘之矣。此其所以爲「子張氏之儒」，而「難與並爲仁」矣。夫子嘗告之曰「主忠信，徙義」。忠信以爲主，無誇弘也；徙義則日新無固信也。而奈何其不喻也！

後世之爲此者，則陳亮是已。固自許以能爲有亡，而譏朱子之於德不弘，於道不篤也。

其言「金銀銅鐵合爲一治」者，則「執德弘」之說也。其曰「君父之讎不報，則心於何正，而意於何誠」，是唯篤信道而不信德也。雜取俠烈事功，以盡皇帝王伯之藏，而嫚罵諸儒爲無實，則「其可已矣，焉能爲有亡」之說也。

春秋之季，與晚宋略同。士大夫漸染於功利之私者已深，特以先王之名教猶有存者，姑相與擬議以爲道。其賢智之資，既行此以有餘，則雖日聞聖教而不能洗滌其習氣。此夫子所以有「不行、不明」之歎。迨其後，魯之小子，自幼學而受聖人之薰陶，則習氣不能爲之染汚，是以夫子深取其狂簡。狂則拔於流俗，而進取夫精義窮神之德，不拘於聞見所得之道，坦然信之而遽謂可已。簡則擇善於所獨得之眞以專致其功，而不逐物求理，隨事察義，以自矜所得之富。故知子游、樊遲之所至，非子張所得問其津涘也。

或疑子張所言，何以知其與朱子「量弘志篤」爲不同。乃取其說而釋之：曰「執」，則非量之謂也。曰「信」，則非志之謂也。志道篤可也，信道篤不可也。志道者以道爲志，則有得於心，而所信亦德矣。故朱子之曲爲救正者，非子張之所及也。使子張在朱子之門，且與陳亮等，而況聖門狂簡之士！

二

集註「則心不外馳而所存自熟」，是兩截語，勉齋、潛室俱作一句讀下，其誤不小。集註喫緊在一「所」字。所存者，固有所存也，與元稿云「事皆有益」，意亦無殊。特以言「事」不如言「所存」之該乎事理，言「有益」不如言「熟」之有得者深耳。圈外註載二程夫子之言，前一條是「心不外馳」之意，第二條是「所存自熟」之旨，只此極分明。勉齋、潛室似說「心不外馳」則「存之自熟」，毫釐之差，千里之謬矣。

存者，存其理也，存學、問、思、志所得之理也。若空立心體，泛言存之，既已偏遺仁之大用，而於鳶飛魚躍、活潑潑地見得仁理昭著者，一槩删抹，徒孤守其洞洞惺惺、覺了能知之主，則亦靈巖三喚主人之旨而已。

彼蓋誤認「在中」之義，以爲不求仁而得仁，借此「博學、篤志、切問、近思」做個收攝身心的法，以消歸其心，使之日有所用而不放。審爾，則是以此四者爲敲門磚子矣。使其然也，又何必學、問、志、思之屑屑哉？運水搬柴，與拈一句沒意味話頭，吞不下、吐不出，死教參去，其以收攝此心，更爲直截矣。程子所云「徹上徹下」，固自有意。如黃、陳之說，則道固不徹於下，直假此以消妄心，亦不能徹上也。悲哉！朱子沒而門人亂其師說以叛卽於禪，有如此也！

朱子之意，緣人之求仁者，或只在應事接物上尋討，如子張等。則始於事物求仁，繼且因應事接物之多歧，遂引著此心向功利上去，此外馳之粗者也。若其不然，則又空置此心，敎且向空洞無物處索見本體，因與高遠無實之興致相取，此外馳之精者也。粗者之入於害也易見，而其害猶淺。精者害愈深則馳愈甚，日日自以爲存心，而心之放而不求，以駸駸入於無父無君之教，載胥及溺而不自知。若能於此四者用功，不卽與事物俱流，而實以與萬事萬物成極深研幾之體，則心之所存，皆仁之所在，必不使一念之馳於仁外矣。而豈假此以閑制其心，如授毬於獅子以消其悍鷙，使人欲不得而起之謂哉？

云「所存」者，卽存仁也，存仁之顯諸事理者也，存夫所學所志所問所思之擇乎仁而有得者也。蓋心原以應事，而事必有其理。其事其理，則皆散見於文而可學也。博學而切問，則事之有其理者可得而見矣。篤志以必爲，而又近思之以求體驗之有得，則以理應心，而理之得皆心之得矣。以此爲功而不舍，則於仁之卽吾身而具、卽事理而顯者，無不見焉。亦如此以爲功，則所以體仁者皆得其實，固卽此學、問、志、思之中有以得夫仁而體之也，故曰「仁在其中」。

子夏此語，極是平實樸滿，見得仁處，而深以戒夫枯坐觀心、求之寂靜而不知所止宿者。故明道言「徹上徹下」，其意亦謂卽下卽上，不當舍下而別求上。故將古今聖賢修道之教授學者，而使之深求焉，仁卽此中而在，直到與天地萬物爲一體，也只在此中。其言十全警切，可謂體用俱彰。乃諸子不察，猶且立一存心爲主，而以學、問、志、思爲賓，則是學、問、志、思之外，別有仁焉，而不在其中矣。勉齋云「不可以爲求此而得彼」，是也。乃又云「心常有所繫著」，則顯用釋氏「繫驢橛」之旨，夫且自言而自背之矣。

朱子說仁是「心之德，愛之理」。博學、切問者，求知其理也。篤志、近思者，求其有得於心也。只此斬截作解，便與子夏之意脗合。「仁在其中」者，言仁本在所學、所志、所問、所思之中，於此體仁而力行之，則天理爛熟，存之於己，而不患其與仁相背矣。不然，或將外馳以求仁，而反失之身心事理之中，非徒無益而又害之矣。通程、朱之微言，以求子夏之大義，盡於此耳。

三

「慊於自欺」一「慊」字，意味極長。君子之不自欺，誠慊之也。謂之曰「過」，則雖在小人，於此一事亦不是立意爲惡，而特偶然之失爾。

君子胸中原有一天理在，則自欺處直是倒縮將來，雖欲爲之而力不任。故必發露出來，怕得要如此遮掩。小人良心已牿亡，胸中全無天理，而偏多顚倒回互之才，他看著首尾中外，原不消相應，蓋覆得去便與蓋覆，有何難之有！學者須敎此心有慊於自欺時，方是天理來復之幾。

四

子夏之以灑掃應對教其門人，其能習爲之而卽已通其所以然與否，今不可考，要之則似但習其文而未能。灑掃應對之所以然，其難於卽見者，較之精義入神爲尤甚。於此下學而上達，聖功之極境也。

程、朱於此，分四層說：灑掃應對爲事之小者，精義入神爲事之大者，灑掃應對之所以然爲理之小者，精義入神之所以然爲理之大者。乃自初學言之，則事亦有其小大，理亦有其小大；而自上達言之，則事自分小大而理一貫也。以此如實求之，則未至乎上達、一貫之極致者，固不得執灑掃應對之所以然，爲卽精義入神之所以然，而便以此括天下之理。灑掃應對之所以然，終是不過如此，便說愼獨，也只是愼此灑掃應對之節耳。

子游抹去下者一節，作無理之事，固是不識天理之全體。朱子又慮人卻拈著者灑掃應對之形而上者以爲至極，而以之貫天下之道，則其害之淺者，有致遠則泥之憂，其害之深者，且如釋氏之運水搬柴爲神通妙用，將視天下之事，除取現前更無有法，而君子之以彌綸參贊乎天地者盡廢矣。

灑掃應對，形也。有形，則必有形而上者。精義入神，形而上者也。然形而上，則固有其形矣。故所言治心修身、詩書禮樂之大教，皆精義入神之形也。灑掃應對有道，精義入神有器。道爲器之本，器爲道之末，此本末一貫之說也。

物之有本末，本者必末之本，末者必本之末。以此言本末，於義爲叶。而子游之言本末也則異是，以大且精者爲本，小且粗者爲末。乃不知自其形而上者言之，則理一也，而亦未嘗不以事之大小分理之大小。若以其形而下者言之，則彼此各有其事，各有其用，各有其時，各有其地，各有其功，各有其效，分致而不相爲成，安得謂大且精者爲小者之本乎哉？

唯其大且精者之不能卽攝小且粗者而共爲本末，故曰大小精粗，俱學者所不可遺之事。而以小子質性之不齊，姑且使脩其小且粗者，俾其事之易盡，而以漸得其理，然後授之以大且精者之事，而以用力之熟，擴充有自，則大且精者之事可得而學矣。合小大精粗而皆習其事，所存旣熟而心不外馳，則夫灑掃應對之所以然可得而見也，精義入神之所以然可得而見也，灑掃應對之所以然，與精義入神之所以然，其卽下學卽上達、一以貫之者，夫亦可得而見也。

於事有大小精粗之分，於理亦有大小精粗之分。乃於大小精粗之分，而又有大小精粗之合。事理之各殊者分爲四，一、事之粗小，二、事之精大，三、粗小之理，四、精大之理。與理之合一者爲五，粗小之理卽精大之理。此事理之序也。始敎之以粗小之事，繼敎之以精大之事，繼敎以精大之理，乃使具知粗小之理，而終以大小精粗理之合一，如夫子之告曾子。此立敎之序亦有五焉，而學者因之以上達矣。子夏立敎之序，其意蓋如此。

乃事因理立，則理卽事在。是方其初學之時，有所事於事，卽其有所事於理。而如程子所云「愼獨」者，則徹上徹下所共用之功，則雖姑教之以粗小之事，而精大之理與合一之理，亦既在焉。是故迨其豁然貫通之後，則已知吾向之所有事於粗小之形而下者，皆以獲左右逢原之樂也。此則程子所以深信聖道之誠然，而朱子所以辟鵝湖之邪說，以抑子游末有本無之偏詞也。合集註、語錄觀之，自當爲分析如此。勉齋、雙峰之說，治亂絲而益紛之，芟之可也。

五

於行上說，則灑掃應對之授全體於天則，與精義入神之有其天則，一也。而學者之以愼獨爲要，則愼之於灑掃應對，與愼之於身、心、意、知、家、國、天下，亦一也。於知上說，則精義入神之形而下者大，其形而上者精；灑掃應對之形而下者小，其形而上者粗。自非聖人一以貫之，則知之者實各有所知，而不可以此通彼。子游欲於知上統一，而以本貫末，故誤。程子推子夏之意，於知分次第，教者但能教人以知；行則存乎其人，非教者所可傳。而所以行之者一，則雖有次第，而非灑掃應對之得末而喪本也。如此看來，乃有分疏，有津涘。雙峰說愼獨處大錯，雲峰辟之爲當。

六

爲不學者言，則不問其仕之優不優，固不可不學也。當云「學而優方仕」，不當云「仕而優則學」。爲不仕無義者言，則亦當以分義責之，非徒以學優之故，須急售其所學也。或問「各有所指」，慶源分已仕、未仕說，自與集註「當事自盡」之說恰合，餘說俱不足取。

七

自致與盡己不同。盡己者，盡己之所當盡也。自致者，盡乎用情之極致也。南軒添個「推是心」一層，胡氏又云「非專爲喪禮發也」，則欲人以所致於親喪者，施之於疏遠之人、平常之事，此二本而無分矣。親其鄰之赤子若親兄子然，且不可，況以終天之憾，移諸人之疎、事之小者哉！

資於事父以事君，敬同而愛且不同。兄弟之服期，而其仇讎也但不與同國。因其所當與者，稱中心之則而無所吝，卽盡己之忠矣。安得以執親之喪者槩施之？卽至於父母之養，而猶不足以當大事，唯其爲可繼也。則世之埋兒、割股者，皆爲已甚。夫子說個「人未有自致」，具顯理一分殊之義。於此不察，將有如釋氏之投崖飼虎者，而大倫蔑矣。

堯曰篇

一

小註云「理之在事而無過不及之地也」，乃自已用中後見得恰好如此，非天下事理本有此三條路，一過、一中、一不及，卻撇下兩頭，拿住中閒做之謂。中者，天之德也，天德那有不周徧處！無過者，消鎔著世之所謂過而皆無之也。無不及者，本皆至極，自無不及也。

中庸言擇，但云「擇善」，不云擇中。俗儒不省，便向者裏揑怪義，分中、過、不及爲三塗，直兒戲不成道理。看中庸說擇之之功，只學、問、辨、思、篤行，己千己百而弗措，何曾有揀選不錯，孤孤另另一條驀直去意！朱子云「凡物剖判之初，且當論其善不善，『惟精惟一』，所以審其善不善」，非精一以求中也。又云「精則察夫二者之閒而不雜也」。所云「察夫二者」，人心、道心之分而已，豈擇於過、不及與中三者之閒哉？無已，則將云過不及便是人心。夫不及者，亦從事乎理而不逮，既非人心之陷溺者比。抑既爲人心矣，其視道心有雲泥之隔，而安能有過於道心者乎？聖賢於此，只在人欲淨處得天理之流行，原不曾審量彼此，截過補不及，而作一不長不短、不粗不細之則。朱子云：「後面說『謹權量、審法度、脩廢官、舉逸民』，皆是恰好的事。」如此數者，豈有過在一頭，不及在一頭，而此居其中者乎？

盈天下只是個中，更無東西南北。盈目前只是個中，更無前後左右。河圖中宮十、五，已括盡一、六，二、七，三、八，四、九在內。帝王用之，大而大宜，小而小宜，精而精宜，粗而粗宜；賢者亦做不到，不肖者亦做不到；知者亦知不徹，愚者亦知不徹；參天地，質鬼神，繼前王，俟後聖，恰恰好好，天理純至，而無毫髮之閒缺，使私意私欲得以相參用事而不足於大公至正之天則。故曰「皇極」，曰「至善」，胥此中也。不及者自畫於半塗，而過者豈能越之！非聖人之獨爲其難，以理本應爾，更無過、不及旁開之轍跡也。

特自後人觀之，而以小康之世、中材之主較之，則有不及者焉，因有過夫不及者焉；有過夫不及者焉，因有不及夫過者焉。是以可卽其類而名之曰過、曰不及。而帝王之所執以用於天下者無是也。故既無不及也，而抑非過夫不及者也，因可贊之曰此無過、不及之德也。而乃以恰稱乎理，則亦以知理之在事者，固有此無過、不及之地，而非過、不及者之所得企而及也。俯而就，但以情言，不以理言。

二

「無過、不及」二「無」字，是盡情之詞，非本有而爲無之，亦非此無而彼有，只是從來沒有意。既無其實，卽無其名。無其名又說個過、不及，是從世俗上借來反勘底。若大中之爲道，其無過、不及也，猶人之無角無尾，更不待言也。先儒緣不爲之文句以反形之，則初學不知，故就其從來所本無，向後所必無，而斯道不行不明之世，則有此兩種互相譏非之名，因取而形之曰無此也。如以禽獸擬人，而謂無角與尾，虛立之名以彰其不然爾。

過者謂不及者不及，不及者謂過者過，故夫子亦就師、商二子所互相非者以言之。其實，則只是差錯了。無論道必無可過，過者終未嘗已經過乎道而又越之；卽不及者之於道，亦全未有分在。如訪人於百里之外，至五十里見似其人者，而遽謂得遇焉，旣終非所訪之人，則並此所已行之五十里，都成枉步，只如一步也不曾行得相似。雲峯諸子固未足以解此。

讀四書大全說卷八　孟子

梁惠王上篇

一

龜山云「孟子一書，只是要正人心」，此語亦該括不下。向聖賢言語中尋一句作紐子，便遮蔽卻無窮之理。以此爲學，博約之序已迷；將此釋經，紕戾不少。到不可通處，又勉强挽回搭合去，則雖〔與〕古人之精義顯相乖背，亦不惜矣。

如將「正人心」三字看得闊，則盡古今有德者之言，誰非以正人心者，而何獨孟子？如以孟子之自言「我亦欲正人心」者以爲據，則彼所云者，以人心之陷於楊、墨之邪而不正也，故以距楊、墨者正之。七篇之大義微言，豈一一與楊、墨爲對壘哉？孟子說心處極詳，學者正須於此求見吾心之全體、大用，奈何以「正人心」「心」字蓋過去？所云欲正之人心，則是仁義充塞後，邪說之生心者爾。若大學言「正心」，自是天淵。大學之所謂心，豈有邪說害之？其云正，亦豈矯不正以使正耶？

大學夾身與意而言。心者，身之所自脩，而未介於動，尚無其意者也。唯學者向明德上做工夫，而後此心之體立，而此心之用現。若夫未知爲學者，除卻身便是意，更不復能有其心矣。乃惟如是，則其爲心也，分主於靜，而見功於欲脩之身，較孟子所言統乎性情之心且不侔矣。

孟子云「存其心」，又云「求其放心」，則亦「道性善」之旨。其既言性而又言心，或言心而不言性，則以性繼善而無爲，天之德也；心含性而效動，人之德也。乃其云「存」，云「養」，「苟得其養」。云「求」，則以心之所有卽性之善，而爲仁義之心也。

仁義，善者也，性之德也。心含性而效動，故曰仁義之心也。仁義者，心之實也，若天之有陰陽也。知覺運動，心之幾也，若陰陽之有變合也。若舍其實而但言其幾，則此知覺運動之惺惺者，放之而固爲放辟邪侈，卽求之而亦但盡乎好惡攻取之用；浸令存之，亦不過如釋氏之三喚主人而已。

學者切須認得「心」字，勿被他伶俐精明的物事占據了，卻忘其所含之實。邪說之生於其心，與君心之非而待格謂之心者，乃「名從主人」之義。以彼本心既失，而但以變動無恆，見役於小體而效靈者爲心也。若夫言「存」，言「養」，言「求」，言「盡」，則皆赫然有仁義在其中，故抑直顯之曰「仁，人心也」。而性爲心之所統，心爲性之所生，則心與性直不得分爲二，故孟子言心與言性善無別。「盡其心者知其性」，唯一故也。

是則龜山之語病，誠有如朱子所譏者。龜山於此言心、言性，以闢歐陽永叔無本之學，亦誠有功斯道。然其歧心與性爲二，而以邪說者蔽、陷、離、窮之心，人君一暴十寒之心，同乎君子所存之心，又浸入於異端覺了能知之說，則甚矣言道者之難也。

二

雲峯分「心之德」、「心之制」爲體，「愛之理」、「事之宜」爲用，如此讀先賢文字，只在他光影邊占度，何曾得見古人見地來！朱子爲仁義下此四語，是劄心出血句，亦是籠罩乾坤句，亙古今之所未喻，與彼說出，卻以體用發付去，鹵莽可恨！

說性便是體，纔說心已是用。說道便是體，纔說德便已是用。說愛是用，說愛之理依舊是體。說制便是以心制事，觀朱子利斧劈將去之喻自見。利斧是體，劈將去便則是用。如何不是用？說宜是用，說事之宜便是體。事是天下固有之事。乃其大義，則總與他分析不得。若將體用分作兩截，卽非性之德矣。

天下唯無性之物，人所造作者，如弓劍筆硯等。便方其有體，用故不成，待乎用之而後用著。仁義，性之德也。性之德者，天德也，其有可析言之體用乎？當其有體，用已現；及其用之，無非體。蓋用者用其體，而卽以此體爲用也。故曰「天地絪縕，萬物化生」，天地之絪緼，而萬物之化生即於此也。學者須如此窮理，乃可於性命道德上體認本色風光，一切俗情妄見，將作比擬不得。

三

「禮者仁之餘，智者義之歸」，此如說夏者春之餘，冬者秋之歸一般。以天道言，則在變合之幾上說，卻不在固有之實上說。故可云夏者春之餘，而不可云火者木之餘；可云冬者秋之歸，不可云水者金之歸也。太極圖說註中分五行次序作兩支，一、水火木金土。一、木火土金水。學者須與他分明。孟子此所言仁義，大都在發用上說，故朱子得以其餘者歸統禮智。若以固有言之，則水火木金土之序，以微、著爲先後。而智禮，文也；仁義，質也。文者迹著而撰微，質者迹微而撰著：則固並行而無衰王之差矣。

孟子七篇不言禮，其言樂也，則云「今之樂猶古之樂」，此語大有瑕。大率多主質家之言，是他不及孔子全體天德處。顏子親承孔子，亦不爾也。

四

覺軒以「而已矣」與「何必」之辭爲斬釘截鐵，大不解孟子語意。人君之當行仁義，自是體上天命我作君師之心，而盡君道以爲民父母，是切身第一當脩之天職，如何說得「亦有」？當云「唯有」。利，則世主嗜殺人而胥及溺之病根，生死關頭，切須痛戒，如何但云「何必」？當云「不可」。

不知此乃孟子就梁王問利處婉轉說入，言卽欲利國，亦有仁義而已矣，何必言利而後爲利也！此與夫子說「言寡尤，行寡悔，祿在其中」一例。仁義，自大不遺親，不後君，而無篡奪之禍，自是落尾一段功效。故雖以淺言之，而不遽斥梁王沈錮之非心，以引之當道。實則天理、人情，元無二致。

孟子從大綱看來，亦不妨如此說得，所以移下一步，且緩其詞。學者讀此，於天理、人事合一無偏枯，固須看透；然不可煞認他言之已及，便謂聖賢之斬釘截鐵在此也。

五

有子說孝弟之人不犯上作亂，卻須補說君子爲仁之本。孟子於此說仁義，只說得有子前半段，總緣他對梁王一派下根人語故爾。學者須知有向上事，不可抛下一截，說此是斬釘截鐵處。然非孟子之姑示淺近而變其彀率也。繇其已言，達其所未言，則周易「天地之大德曰生，聖人之大寶曰位」一段蘊奧，都在裏面。

六

東陽謂「麀鹿魚鳥各得其所，咸遂其性，可見文王之德被萬物」，如此弄虛脾語，於義何當？書言「草木咸若」，謂陰晴得宜，生殺得正爾。若麀鹿魚鳥在囿中者，原不關人主之德。

桀臺池中之鳥獸，其濯濯鶴鶴也，必較靈囿而更盛。漢武帝之上林，宋徽宗之艮嶽，其德之及物又何如也？

孟子說「樂其有麋鹿魚鼈」，在百姓稱道他濯濯、鶴鶴、攸伏、於牣處，寫出文王一段可樂情景。不然，則將如「庖有肥肉，廐有肥馬」，說他有，說他肥，便似眼中荆棘物，何足以召民之哀樂哉？因治亂而異情爾。孟子此等說話，全是撇開物理，向大處說，與嵇康「聲無哀樂」意相似，故抑曰「今樂猶古樂」。拘拘者乃隨執一語，便求義理，然則說太王「爰及姜女」，亦將可云是太王德及妻孥，非太王則遷國時各自逃生，不相收恤耶？

七

熊勿軒謂孟子獨惓惓於齊、梁，不入秦、楚，以彼二國爲□□之後㊀，使其得志，必非天下之福。悲哉斯言！□□□□已。乃以論孟子之與秦、楚，則不然。秦伯翳之後，楚祝融之後，先世皆有元德顯功，而爲先王所封建之國。孔子以楚僭稱王，故明「民無二王」之義，而號舉「荆人」，貶之爲夷耳。至於戰國，則齊、梁之自王，一楚矣。若秦則詩列之十五國，而書與魯並存。如云二國地界戎狄，則秦既周之故都，而江、漢爲二南風化之地。孟子之不往者，自其「不見諸侯」之義。齊、梁之幣交相及，則義可以見；

㊀ 四書大全引熊勿軒語，作「若秦、楚則蠻夷戎狄之裔」。

秦、楚未嘗相爲知聞，則不得躡屩踵門，如蘇、張、范、蔡之自媒矣。

讀書當還他本旨，分外增入，說雖可觀，必有所泥也。

八

嗜殺人，自在人欲之外。蓋謂之曰「人欲」，則猶爲人之所欲也，如口嗜芻豢，自異於鳥獸之嗜薦草。「愛之欲其生，惡之欲其死」，猶人欲也；若興兵搆怨之君，非所惡而亦欲殺之，直是虎狼之欲、蛇蝎之欲。此唯亂世多有之，好戰樂殺以快其凶性，乃天地不祥之氣，不可以人理論。此種人便聲色貨利上不深，也是獸心用事。推而極之，如包拯、海瑞之類，任他清直自衒，終爲名敎之罪人，以其所嗜者在毛摯也。陳新安以遏人欲說此一章，牽合，大謬。

九

孟子迎頭便將桓、文之事撇在一畔去，向後唯說施仁制產處，隱隱與桓、文對治。所謂「無以則王」者，謂此也。

先儒說一計功利，便是桓、文之事。想來，若到不要計功利，或唯堯、舜則然；故夫子以分韶、武之美善。旣其德之有差，亦時爲之也。若在湯、武，則固不可忒煞與他撇脫。只如太王遷邠，固非於百年之前代子孫擇地利以幸成功，然創業垂統，亦須立一可以興王之規模。現前天下所當爲之事，不得夷然不屑，且只圖自家方寸教淸淨無求便休也。孔子曰「吾其爲東周乎」，抑豈不有大欲存焉？爲天下須他作君師，則欲卽是志。人所必不可有者私欲爾。如爲肥甘等。若志欲如此，則從此做去以底於成功，聖賢亦不廢也。

唯文王不以天下繫其心，則與桓、文迥別。然以文王勘桓、文之失則可，執文王以繩戰國之君則不可。文王有商之可事，而當時諸侯，又無與周角智爭力以逐商鹿者。若齊宣王而有安天下之心，豈得於位均分敵之秦、楚，坐視彼陷溺其民而反服事之哉？「辟土地，覲秦、楚，涖中國，撫四夷」，與孟子所言「無以則王」者何異？而必謂此亦桓、文之事，奚可哉！夫桓、文之事，爲仲尼之徒所不道者，則朱子所云「營霸之事」是已。營霸之事，固非不藉兵威，然豈危士臣以搆怨而緣木求魚，如宋偃、齊湣之所爲者？桓公作內政，寄軍令，晉文用原田、州兵之制，而三蒐以講武，皆其經營霸業之事。以其異於王者施仁制產之德政，故聖門不道爾。

齊宣喫緊誤謬，在唯恃興兵，而不知本務，固非有大欲而卽不可王。故孟子曰「以若所爲，求若所欲，猶緣木而求魚」，顯他過處在爲，不在欲。所以不當緣木者，以其不得魚也。豈若怪誕之士持竿爲戲，而云意不在魚也哉！宣王之所爲，並不逮桓、文之所爲。特以舍宣王之所爲而效桓、文之所爲，亦若舍木不緣而乞索於鮑肆，終不能如臨流舉網者之日給於鮮也。

桓、文不可有宣王之欲，以周命未改故。而宣王可欲湯、武之欲。桓、文不能爲湯、武之爲，不知反本行仁。故宣王不當學桓、文之事。宣王且不當學桓、文之事，而況可爲緣木求魚之爲？故孟子終不斥宣王之欲，而但責其所爲。先儒執董生謀利計功之說，以槩此章之旨，失之遠矣。董生之對江都者，自以折其跋扈不臣之心，而豈古今之通論哉？

一〇

「王坐於堂上」一段事，喫緊在釁鐘一節。欲全牛則廢釁鐘，欲不廢釁鐘則不能全牛，此中兩難區處，正與後「王之所大欲」一段作則樣。欲求大欲，則不得不興兵搆怨，欲不興兵搆怨，則大欲似不可得。齊王於此處求其術而不得，故且遏抑其老老幼幼之本心，而忍於置無罪之士民於死地。乃不知不廢釁鐘而牛固可全，術在以未見之羊易之；則不廢求大欲之事，而士民固可不危，其本在施仁制產也。

朱子於此，有幾處說得精切，卻被輔、饒、胡、陳諸子胡亂只將「察識」二字，作楞嚴七處徵心例，只叫齊王認取初心。但此一念之不忍，若無術而孤行，聖賢道中元用他不著。術者，道也，是四通八達之道。月令「審端經術」「術」字，原不但作變通說，乃仁中所自有之周行，千條萬緒處處逢原者也。則全此觳觫之牛，豈患與先王樂器必釁之禮通達不去；而老老幼幼不忍人危之心，抑豈必坐困一國，而於王者平禍亂、一天下之道有所阻窒哉！

朱子所謂「察識」者，亦謂察識此愛牛之心，必有全牛之術；則有不忍人之心，必有不忍人之政也。全牛之術，不廢釁鐘；不忍人之政，正以王天下。唯此最不易自喻，故須顚倒使自察識。蓋初心易見，仁術難知，仁中自有之術固難知也。道其常，則有遠庖廚之禮；處其變，則倉卒之閒牛過堂下，抑有羊易之術；而其揆未嘗不一。以未見之羊易牛，卽遠庖廚以全不忍之道也。則當其守天下，自可偃武以息民；卽當其時在取天下，亦可以吾之仁招懷天下使之歸己，而其君自不能禦，則不敢致怨於我，而士臣可以不危。仁者之師，不勞血刃，又豈與偃武息民有異致哉？此仁中縱橫八達、隨往皆通之術徑，王暗合其一，而反爲百姓之浮議所動，此孟子所爲使之察識者也。察識及此，而後知「是心之足以王」，而後知若王者之「可以保民」。云「足」，云「可」，非但其心之能任之，其術固能成之。所以然者，則有其心而術固具其中也。

孟子於此看得天理通透，內外一致，經權一揆，故重與心以有用之權，而非有所爲則必有所廢，亦非有所欲而無以爲，全在天理上顯他本色風光，以明萬物皆備之全體。諸儒不審，乃謂但不忍一觳觫之心，便足保民而王，而齊王自忘其心，須令自認。此釋氏之所謂「纔發菩提，卽成正覺」，更不容生後念，而孤守其忽然一悟之得，保任終身者。乃不見鳶飛魚躍，察乎上下之誠理。一指之隔，邈若萬重山矣！

二

「遠庖廚」卽是仁術。古之君子制此法，以使後之君子得以全其不忍之心。君子以位言。集註說「預養是心」，說「廣爲仁之術」，則已含胡生枝節，所以啓慶源「不必屑屑然以其所不見而易其所見」之妄論。乃不知釁鐘之牛須過堂下，非庖廚之可遠比也。遠庖廚是一定之術，以羊易牛是無窮之術。先王之分田制產是一定之術，以之發政施仁而令民歸莫禦，須有箇無窮之術。然以羊易牛，亦不過爲不見羊故，則所(爲)〔謂〕無窮之術者，初不出於一定之範圍。然則發政施仁，亦豈能出明君制產之範圍哉？

曰「是以君子遠庖廚」者，見王所爲曲折以全其不忍之術，皆古人術中之已有；繇此則知今人之仁心，與古人之仁術，無不合轍，則亦無疑於「保民而王」之難矣。乃其所以難於保民者，不爲也，而疑於保民之難者，則以所大欲也；而實非求大欲之難於保民，唯以若所爲之背道而馳也。若古人之興王也，因心爲術，固有以保以王、左右逢原之妙，豈異於遠庖廚之法，示人以未見者之可全其不忍也哉？

知此，則集註所云「預養是心，廣爲仁之術」，徒滋枝蔓而已。蓋遠庖廚者，雖亦以預養爲道，而卽是爲仁術之所自全，則亦古之君子義精仁熟所建立之矩範，以俾後之君子率而繇之以全其仁，而非姑以此養其心之不習於殺。若云「廣爲仁之術」，則古人有一定之術，而廣之者則存乎後人。故齊王不師古而暗與古合，正其可以保民而足王之本，豈復更有所資於廣而後乃不窮哉？

若夫養其心而廣其術，固不爲無道；而養心之功則在遏欲存理、靜存動察之學，廣術之功則在學問思辨、格物窮理之事，要不能急爲齊王道者。「舉一隅不以三隅反」，王之不智，一暴十寒，固不足以及此也，而要豈以遠庖廚之一法爲養心廣術之教乎？

至如慶源謂以羊易牛爲屑屑然不能擴充其仁術，則齊王初未嘗親至庖廚而見觳觫之牛，有司亦不於王前殺牛而僅牽之以過。浸令慶源處此，其將加罰牽牛之人，以爲無故進前，亂我仁術；抑將並堂上而不敢坐，唯恐牛之或過我前耶？則甚矣，其持論之鄙也！

一二

「推」字不可添入「親疎遠近」立義。集註攙入張子西銘一本萬殊意，大非所安。君子之愛物，止遠庖廚便休，齊王之全牛，亦止舍之便休，何曾(不)有等殺？所以到此，更不須疑慮愛物之心爲順爲逆。所云「推」者，擴充也；所云「擴充」者，則「以不忍人之心，行不忍人之政」也。不忍牛之心，以羊易而舍之，則推矣。老老幼幼之心，發政施仁，而使民得仰事俯畜，則推矣。

夫老吾老、幼吾幼者，豈徒有心哉？必有以老之、幼之矣。則及人之老、及人之幼，亦豈徒心恤之哉？必實有以及之矣。此所謂「舉此心而加諸彼」也。若徒此心之憐其老而恤其幼，而無以加諸彼，則是不推恩不足以保妻子。非其心之不相及，無術，則欲保而不足也。若以繇親向疎、繇近及遠之謂推，而云推養吾老、恤吾幼之恩澤以養人之老、恤人之幼，則雖其不推，而吾之老幼則既有恩澤加之矣，是業已保之矣，而又何云妻子之不保耶？且保四海也，則推保妻子之恩以保之；其保妻子也，又將推何恩以保之？而亦云推恩，何也？

恩，心也；推之者政也。恩，仁也；推之者術也。善推者，盡其術而常變一致、難易一揆者也。推而不善，則有所窮而遂阻；推而善，則無所求而不得。推而善，則雖不廢釁鐘而牛固可全，雖所殺在羊而不害其不忍。是雖求大欲以使天下之莫能禦，而民無不保，抑但保吾民而王業以成。若不善推，則必並羊不殺，併鐘不釁，而後牛可不死。不然，則必將屈不忍之心，聽牛之死，而不忍之心中枯。是亦必不求所大欲而後民可保，苟求大欲則必興兵搆怨以危士臣也。

古人之大過人者，只是極心之量，盡心之才，凡所欲爲，皆善推以成其所爲。推爲，非推心。則有其心，必加諸物，而以老吾老、幼吾幼，則吾老吾幼即受其安懷；及人之老、及人之幼，而人老人幼亦莫不實受其安懷也。擴大而無所窮，充實而無所虛，以保妻子，以保四海，一而已矣，則惟其有恩之必推者同也。

推者，舉心加物之謂也。若以爲推愛牛以愛百姓，則旣已倒推，如慶源之所譏者。是王之全牛，正以拂乎王道之大經，且不足以保妻子，而何云「是心足以王」哉！

孟子因齊王之善全一牛，舉小例大，徵王心之有仁術，而繇是以知保民之可，唯在反求其本心固有之術。豈僅據石火電光乍見之惻隱，遂欲王追尋之以認爲眞心，便死生不忘，拏定做箇本領，將來三翻四覆，逆推一次，順推一次，若雙峰之所云者？此種見解，的從佛詰阿難從佛出家最初一念來。「邪說誣民，充塞仁義」，其爲害豈小哉！

若西山竟以宣王爲不善推，則顯與孟子本旨相背。當時孟子直下便應一「可」字，一段善誘苦心，抹殺殆盡矣。

一三

王曰「若無罪而就死地」，牛則豈有有罪無罪之別哉？其曰「若」者，謂若人之無罪而陷於死也。則王之於士臣無罪而就危，其不忍之心惻然在中者，可知已。「吾何快於是」，非欺也。以不忍人無罪就死之心，例之於牛而不忍於牛，正是達愛人之心以愛物，何得云逆？特其不忍人之心，以求大欲故，無術而免之，則不能如全一牛之善推而已。故曰「恩足以及禽獸」，術足及也；「功不至於百姓」，無其術，則雖有其心而功不至也。西山誣以爲不善推，未之思爾。

一四

但除舜、禹之受禪，則不可有其志；有其志，則爲人欲橫流。既爲人欲橫流，則不問其所爲之得失；所爲必得，則其惡亦大。王莽把周禮井田事事都學來，以所爲求所欲而魚以得矣，只爲他所欲者亂賊之欲，便千差萬謬。若湯、武之放伐，一向無此志，只等天命到來，則必無此理，故曰「上帝臨女，無貳爾心」。乃謂齊王之大欲是人欲橫流，其愚甚矣。若有大欲便是人欲橫流，則孟子當直斥其欲之妄。乃其不然，而復以緣木求魚責其所以求欲者之失計，豈非導其欲而長其惡哉？

「辟土地」云云，有何過妄？「廣土衆民，中天下而立」，君子之所欲所樂，亦此而已。若不思覲秦、楚，則必覲於秦、楚。覲秦、楚之爲人欲，豈如辛垣衍之使魏帝秦者爲天理耶？就中唯辟土地一件，較是功利邊事。然卽行仁政而王天下，亦須有此次第。湯以七十里，文王以百里，其始事也；到後滅韋、顧、昆吾，滅崇、滅密，地日啓矣。詩稱召公「日辟國百里」，非周初之事哉？唯齊已千里，足爲王畿，則土地可以不辟，而亦非辟之必不可也。

齊王可與有爲，正在有此大欲上。若梁惠王，怒吽吽地只思報怨殺人，更不立一規模，樂其所以亡，不可與言矣。又其下者，如梁襄王，算定天下不能一，便只向肥甘輕煖中了過一生，其可謂之循天理而無願外之求哉？孟子固曰「以齊王猶反手」，則人欲橫流者，莫孟子若矣！

一五

「舉斯心加諸彼」，一「加」字便有事在，故上云「可運於掌」。因民之利，不勞而運，非制產而何？龜山分兩截說，將舉心加彼，只作「仁心仁聞」，誤矣。前面是規模，後面是事實。制產而仰足事、俯足畜，非卽老老幼幼之恩耶？若但有仁心仁聞，而不行先王之政，何以「刑于寡妻，至於兄弟，以御家邦」哉？

「彼」字兼寡妻、兄弟、家邦說，故下云「不推恩不足以保妻子」。「斯心」猶言此心，「心」字有「術」字在內，全體、大用，擴之而有其廣大，充之而有其篤實者也。此一「心」字，是孟子「萬物皆備於我」裏面流出來的。不成心之外更有一王道！「有仁心仁聞而民不被其澤」，正是不能「舉斯心加諸彼」，正是不推恩而功不至於百姓。若但以吾心起處便謂之舉，靜念所及便謂之加，則此詩之旨，一釋氏「蒙熏」「加被」之說而已。聖賢之言，說到玄微處，字字俱有事實，不與塡出，則鮮不入於異端矣。

梁惠王下篇

一

「樂天」、「畏天」，皆謂之天，則皆理也。然亦自有分別。此與「斯二者天也」「天」字一例。大當字小，則是天理極至處，仁者所體之天也。以小事大，則有非天理之極至處者矣，則智者所知之天也。

慶源說「小者自當事大，此坤之所以承乾」，說得太儱侗著。太王、句踐可自處以坤道，獯鬻、夫差其如乾之當承乎？太王之事獯鬻在殷之末造，句踐之事吳在春秋之季年，皆無道之天下也。無道之天下，小役大，弱役彊，非弱小者有必役於彊大之理，非彊大者有可以役弱小之理，但以疆域兵甲爭主客耳。安得如大當字小，爲與「天無不覆」之理同哉？乃其得謂之天者，則以彊大之所以彊大，弱小之所以弱小，亦莫之爲而爲，則豈非天耶？雖莫之爲而爲，而順之存，逆之亡，則亦不得謂之非理矣。

二

其時天下既已無道，則志壹動氣，天不能違乎人，而存亡之理遂因是以立。則雖無必然之理，而其必然者卽理也。說見離婁篇。於斯時也，天之所以待智者，止予以保國之理，則安於其理而福之，越位以思而禍之矣。禍福所繫，故引詩之言天者曰「天威」。若仁者所樂之天，固以德與人相陟降，而不以威者也。固不得謂言天、言理，而皆極其至也。

集註「非但當與賢者共之」，從「人不得」上生出此意，蓋齊王時與孟子同遊故也。雲峰不審，遂謂「賢者亦有此樂」爲問孟子之亦有此樂與否。乃不知「有」者，有之之謂，雪宮安得遂爲孟子之所有哉？

雲峰所疑，在一「見」字，意將謂孟子先館於雪宮而王往見。近人如此說。不知王若往見，當云「就見」，若但言「見」，則有二義：一音現，往見之也，「孟子見梁惠王」是已。一如字讀，彼來見而接之也，如「孔子不見」、「吾今則可以見」是也。細繹本文，初終皆以言人君游觀之事，則可謂孟子同游，而不可謂孟子所館。「賢者」亦賢君也。

三

於「好貨、好色，與百姓同之」上體認出「『克己復禮』之端」，朱子於此，指示學者入處，甚爲深切著明。慶源乃云「體察於所謂毫髮之際，然後力求所以循天理」，則仍未得其端也。夫云「『克己復禮』之端」，則克己之端在是，復禮之端亦在是矣。緣學者求克己之端則易，求復禮之端則難，故朱子於此顯夫禮之所麗，令人有所致力。奈何慶源之當前不省而猶外索之？

孔子曰「非禮勿視，非禮勿聽，非禮勿言，非禮勿動」，此從乎天理已得現前者而言也。天理現前，而後其爲非禮者，不待擇而有自然之則以爲之對照，但致力於勿視聽之，勿言動焉，而已無不克，禮無不復矣。若夫天理之節文未能實有諸心，則將待視聽言動之發，且擇而且禁焉。天下之聲色相引者沓至，而吾之爲言動也，亦發不及待之幾。以不給之心力，接無窮之因應，非謬入於非禮之禮，則抑將盡絀吾耳目口體之用，爲槁木死灰以免於咎矣。此必能審夫復禮之端而後己可克。而慶源「然後力求所以循天理」之說，其妄明矣。

乃復禮之端，將於何而體認之？夫克復之道，復道也。復之「見天地之心」，復之動而見天地之心也。震下一陽。動則見天地之心，則天理之節文隨動而現也。人性之有禮也，二殊五常之實也。二殊之爲五常，則陰變、陽合而生者也。故陽一也，合於陰之變而有仁禮；仁少陽，禮老陽。陰一也，變以之陽合而有義知。義少陰，知老陰。仁所以爲少陽，義所以爲少陰者，仁本陰而變陽，義本陽而合陰。陽合於陰而有仁禮，則禮雖爲純陽而寓於陰。夏至則一陰生。是禮雖純爲天理之節文，而必寓於人欲以見；飲食，貨。男女，色。雖居靜而爲感通之則，然因乎變合以章其用。飲食變之用，男女合之用。唯然，故終不離人而別有天，禮，天道也，故中庸曰「不可以不知天」。終不離欲而別有理也。

離欲而別爲理，其唯釋氏爲然。蓋厭棄物則，而廢人之大倫矣。今云「然後力求所以循天理」，則是離欲而別有所循之理也，非釋氏之詖辭哉！五峰曰「天理人欲，同行異情」，韙哉！能合顏、孟之學而一原者，其斯言也夫！

卽此好貨、好色之心，而天之以陰騭萬物，人之以載天地之大德者，皆其以是爲所藏之用；故易曰：「天地之大德曰生，聖人之大寶曰位。何以守位曰仁，何以聚人曰財。」於此聲色臭味，廓然見萬物之公欲，而卽爲萬物之公理；大公廓然，物來順應，則視之聽之，以言以動，率循斯而無待外求。非如老子所云「五色令人目盲，五聲令人耳聾」，與釋氏之賤以爲塵、惡以爲賊也。

因是而節文章焉，則其有淫泆而太過、鄙僿而不及者，固已如衾中蚤蝨，克去之而後寢得安焉。當幾但加警察，則已淨盡而無餘。是故「克己」「復禮」，互待爲功，不得云克己先而復禮後，業已克己然後力求復禮也。

使無禮以爲則，則己亦何以克？使不於人欲之與天理同行者，卽是以察夫天理，則雖若有理之可爲依據，老之重玄，釋之見性。而總於吾視聽言動之感通而有其貞者，不相交涉。乃斷棄生人之大用，芟薙無餘，日中一食而後不與貨爲緣，樹下一宿而後不與色相取，絕天地之大德，蔑聖人之大寶，毀裂典禮，虧替節文，己私熾然，而人道以滅，正如雷龍之火，愈克而愈無已也。

孟子承孔子之學，隨處見人欲，卽隨處見天理。學者循此以求之，所謂「不遠之復」者，又豈遠哉？不然，則非以純陰之靜爲無極之妙，則以夬之「厲」、大壯之「往」爲見心之功，仁義充塞，而無父無君之言盈天下，悲夫！

四

齊威、宣之初，以有肦子、種子諸臣，皆田氏公族，相與用命，故齊以之彊。其後宣王喜納辯士而聽用之，稷下之館客日進，而田嬰之流且以外向，此則非徒不足以有爲，抑取亡之道矣。

凡此挾策而游之士，恃其小慧之無往不合，交游之散在列國，可以或去或來，而不與人同其成敗，故苟可以利其身，則雖一言之覆人邦家而不恤。方其巧干人主以奪卿相之位，則多詆毁舊臣，勸人主以迸逐而誅殺之；迨乎醜跡且露，則一旦逃去而無餘戀。此「昔所進而今不知亡」，齊王且逐虎進狼而莫之覺也。一游士退，一游士進，其來去乘權，顛倒於游士，而與之爲終始，則世臣勢益衰落，亦將棄故國以他往矣。

齊唯長此不悛，故未數十年而蘇代、公玉丹之流得以入其肺腑而亡其國。其僅存也，則又公族之田單；其終亡也，則餓王建於松柏者固客也。孟子知其禍本之所在，故危言以動之，而王但言舍而不言留，言「識不才而舍」，而不知小有才之爲害更甚，則其不智久矣。

蓋登進大賢以興王業，如商、周之用伊、呂，自是非常舉動。使卑疏踰尊戚而人無怨者，緣此一人關於興廢之大，則雖欲已而弗用而不得。是破格求賢以躐舊臣而代其任，自非王者之於名世，固不容授諸小有才之佞人。以朝廷自有大體，而斯民之所尊親者自有其素也。民志定而後因尊以尊其上，因親以親其上，斯以一國如一家，君民如父子。今信游士之立談，遂取民之素相尊親者去之、殺之而無忌，則斯民不知有尊親，而情勢瓦解，尚能立其上而爲之父母乎？

孟子逆探齊之將傾，故深著其輕聽之爲禍媒，而害莫慘於誅逐故舊，以快游士之意，是以於去、於殺，詞繁不殺，其用意深矣。王唯不改，終使淳于髠之流得排去孟子以行其志，國以濱亡，其自取已。

宋李沆以不用梅詢、曾致堯爲生平報國之事，良亦此意。漢用谷永、杜欽而斥劉向，唐用令狐綯而竄李德裕，近者陳啓新乘閒入諫垣而資格盡壞，古今一轍，禍亂同歸。猶且有執破庸人之論，開功名之門，以惑人主如蘇氏者，豈非浮薄之前茅而敗亡之左券也哉？朱子謂蘇氏得用，禍更甚於王氏，洵非誣也。

有所用則必有所舍，而禍成於殺，至於妄殺而國乃亡。新安乃云「因用舍而及刑殺，亦是孟子敷演以明其意」，何其疎陋而不思也！

五

孟子之對梁襄王曰：「定于一。」七篇之中，但言興王業事，而於天下已定，所以經理之，如孔子所言興滅國、繼絕世，一切均平天下之事，曾不一及。想來戰國時天下受瓜分之禍已極，孟子亦知封建之不能復矣。

孟子而爲王者師，雖未必盡廢封建，如嬴秦之所爲，乃周之千八百國，其子孫之亡滅者已不可復求，而當時所存諸侯，自七雄而外，宋、衛、中山、鄒、魯、滕、薛而已，季任爲任處守，任即薛也。舊說曹交曹君之弟，非是。魯哀公八年，曹已亡。豈得寥寥然建此數國，各據千里，以成尾大之形哉！

後來項羽封諸侯王，只緣可封者無幾，故剖土皆大，而爭戰不息。如將盡一時之貴戚功臣而封之，則周公所不以施及閎、散、顚、容之裔者，而欲加諸屠沽盜賊之武人，使與元德顯功之子孫均立民上，其亦拂天經而違民欲矣。

古之封建，是五帝、三王以前相沿而立國，故民志素定，戴之不衰。太皞之裔，至春秋而尚有須句、顓臾之得存，雖天下屢易而其國不改。即偶滅亡，而子孫之譜系自相承可考。周之末造，其勢之不同而理之不一也，明矣。乃徒孤存此數彊大無道之子孫，與爲分割，又豈足以爲公天下哉！

故孟子於齊王勝燕之時，但欲其出民於水火，而不爲燕之子孫計。則燕之子孫而有賢者，官之可也，祿之可也，即或復其百里之封，使守召公之祀可也；其胥不肖也，則如湯之於韋、顧、昆吾，文王之於密、崇，不復立其嗣焉，亦可也。此孟子之初志，所欲定燕地以一天下，止此而已矣。

迨其後，齊已肆暴於燕而不可復爲收拾，燕昭已自立，而國人固擁之以求脫齊禍，乃進置君之策，以謝咎於諸侯，而不復顧前功之可惜，故曰「則猶可及止也」。不得已而姑出於此，豈孟子之初志哉？

雙峰、新安乃謂齊爲燕置後而不有，乃與湯誅君弔民之義同。不知齊之克燕，是何等機會，孟子以湯、武望之，便欲因此而興王業以安天下。若使初封百里之燕，因吞併而盡有幽、并，仍其亂而置君以私王其土，則雖義師四征，而七雄之割據者猶七雄也。天下之定於一也，其何日之有？且湯之於葛，亦未嘗有置君而去之事。不得已而置君以免諸侯之兵，其不能如湯，已明矣。諸儒之說，有但務名高而無實者，要非天理、人情之極至也。

六

孟子於王道，有前半截，無後半截。時君固不可與語，奈何不一與弟子論之！看他說「今樂猶古樂」，一似麤疏。此云「拯民於水火」，則亦沛公除秦苛政，約法三章，權宜之術而已。又說「周公兼夷狄、驅猛獸」等，亦有英氣而無密理。故其倒了處，只規畫得個「然而不王者，未之有也」便休。到已王後，又待如何？

禹、湯、文、武，喫緊卻在後半截，此理須求之論語、大學，方有歸宿。然孟子開架來得恁好，則繇後以定一代之治，亦可馴致漸進，不須湔洗過別用。觀其自言曰「天欲平治天下，當今之世，舍我其誰」，胸中應自有箇主張。乃諸儒多爲孟子補出，卻又總不中理。如言仍置燕君而不有，則固與孟子「在所損益」之語顯相背戾矣。

七

集註「遷國以圖存者權也，守正而俟死者義也」，「權」「義」兩字，正不必對。或問欲改作「權也」「經也」，則於迹近似，而於理反不協。經、權一也，因事之常變而分爾。「效死勿去」，自處變之義，已早非經矣。後人不識「權」字，更不識「經」字。曰「經緯」，經持緯也；曰「經綸」，理其緒也；固非有體而無用。事無可爲，只拚一死，更何經之有哉！

言「權」則故不爽乎經，言「經」則自有輕重取裁之意，故曰「變而不失其經之謂『權』」。有可權者，則權以合經，故遷國圖存，自保國之經也。無可權矣，則亦無經，而所守者唯舍生取義而已。此「義」字，但求之心，不求之事，本無隨時合宜意。集註自精當，無庸更添蛇足。

八

雙峰以「天之未喪斯文」與「不遇魯侯，天也」分聖賢優劣，乃向石田中求罅隙。孔子是臨生死關頭說底，孟子在遇合上說底，原有分別。魯侯之不來見，豈遂如匡人之不逞乎？君子之於死生，雖看得平易，然較之遇合，則自有內外、輕重之分。且遇不遇之權，魯侯可以主之，臧倉可以操之。孟子爲看高一層，說到天上去，則已極其至。若匡人之肆暴，原在情理之外，忽然烏合做下者事來，此並非匡人所可主，則明白是天操其權。故孔子須把天理天心，細看出不喪斯文，方盡理之精微。且孔子固曰「天不喪斯文」，非曰「我能使天不喪我」也。

子曰：「不知命，無以爲君子。」此是君子小人分界處，不容有聖賢之別。於彌子曰「有命」，於顏淵死曰「天喪予」，於公伯寮曰「命也」，皆與孟子意同。若謂「孔子告子服景伯，低一等說」，聖賢元無此移下一層、同流合污之教。浸令更與不如景伯者言，又當何如耶？以此區別法看聖賢文字，以自誤誤人不小！

公孫丑上篇

一

慶源云：「子路是範我馳驅而不遇王者，故不獲禽；管仲則詭遇以逢桓公之爲，故得禽多耳。」說管仲處是，說子路處則非。子路若得君專而行政久，亦豈遂足以成伊、傅之業哉？其賢於管仲者，子路得王道之偏，管仲則别是一帆風耳。故有王者起，子路可以其所長備垂、益九官之用；若管仲所學所爲，必逢顯絀矣。

道之大者功必至，而道之未全者功不能大。若夫有功者，不必能合於道，乃其功亦不小；顧其功雖大，而終不能高。蓋大小在成績，而高卑在規模也。

集註所云獲不獲，以功言，而非以遇言。管仲九合諸侯，一匡天下，一朝而獲十也。子路範我馳驅，而疎漏處不少，其失禽也亦多矣，豈但不遇王者之故哉？

二

陵陽李氏因集註「道明德立」語生先後見，謂道明而後德立，必先知言而後養氣。此種語，説得似有逕路，而於聖學之津涘，則杳未有見。今且看知言是如何用功，養氣是如何用功。若人將集義事且置下不料理，且一味求爲知言之學，有不流而爲小人儒者哉？知言是孟子極頂處，唯灼然見義於内而精義入神，方得知言。苟不集義，如何見得義在内？既不灼然精義之在吾心，而以求知天下是非得失之論，非屑屑然但從事於記誦詞章，則逆詐、億不信，爲揣摩鉤距之術而已矣。

集註於「知言」下箇「盡心知性」，是何等語！此豈漫未集義者初學之始事？知言至處，是「大而化之」之境；養氣至處，只得「充實而有光輝」。若以爲學之序言之，養氣以徙義爲初功，知言以窮理爲始事，內外、主輔雖並進，而自有別。此與大學格、致、誠、正之序同。知不至，固意不能皆誠，然抑非待物之盡格，知之已至，而後始有事於誠正也。故曰「壹是皆以脩身爲本」。後其內而先其外，豈知本之學哉！

三

慶源云「曾子之自反，以縮不縮爲勇怯」一語，大失本旨。自反雖是處世一樞機，然曾子之言大勇，與孟子之引此，則意在縮，而不在自反。縮者，集義也。唯其縮，乃能生浩然之氣而塞兩閒。若不縮，則固爲欺人負理之事，雖自反而怯，亦何救哉！齊宣以不縮，千里而畏人，正所謂「胡不惴焉」者。既惴矣，而猶可謂勇乎？

慶源惟不察於此，故又云「所守之要，非舍之所能知」，竟將自反爲約。不知此之言約，是與不約者相形出底。前云「孟施舍守約」，此云「曾子守約」，亦是一例。自黝視之，則舍之守氣爲約；自舍視之，則曾子之守氣又爲約矣。

孟子喫緊工夫在氣上。集註云「一身之氣」，意與下言塞兩閒之氣分大小。然後云「氣，體之充也」，則塞乎兩閒者，又安在非一身之氣耶？氣是箇不恐懼的本領，除告子外，則下而北宮黝，上至曾、孟，皆以此爲不動心之道，特其所以守之者有約不約之分耳。

內裏有箇義作骨子，義卽縮也，故曰「義以直內」。以聽氣之自生，則守之功約，而其用大。若其不然，則守之氣之末流，其功不約，而用反有所詘爾。約以言其守氣者，而非與氣爲對。氣只（其）〔共〕此一箇氣㈠。曾、孟之氣，較黝、舍百倍剛大而塞兩閒；非曾、孟舍氣不守，而別守一自反以爲約法也。不出吾心而守之，乃以塞乎兩閒，則曰約。所守在此，其氣亦盡於此，則頻用氣而頻須守，斯不約矣。若北宮黝者，日奔命於褐夫、萬乘、挫事、惡聲之閒而不給也。

四

「不得於言」一「言」字，所該者甚大。凡天下事物之理，可名之爲言者，皆言也。孟子向後說詖、淫、邪、遁之辭，卻但從言之差謬者一邊說，則以當其世而爲齊之卿相，則異端說士雜沓進前，自勢所必有，須與之距其邪說爾。

乃欲闢人之妄，則豈徒在逆億鉤距之閒哉？己之眞不顯，則人之妄不可得而闢。故知言之成效，在邪說之不能亂；而知言之全體大用，則唯義精仁熟，於是非得失之百致，炳然如日光之被物，容光必照，而天下之理自莫有能遁焉者矣。

知此，則告子之「不得於言，勿求於心」也，亦謂：天下之理，本非吾心之所有而不可勝窮。卽是非得失之不能解了者，姑且是與爲是，非與爲非，因應乎天下，聽物論之不齊而無

㈠「其」應作「共」，形似而誤。

庸其察。若求於心者，役心於學問思辨以有得，而與天下爭，則疑信相參，其疑愈積。不如聽其自得自失於天地之閒，可以全吾心之虛白，而緜虛生白、白以無疑之可不動其心也。

若云告子於己言之有失，不反而求之以期其必是，則亦孟浪狂躁之妄人耳，何以能先孟子而不動心耶？抑謂「杞柳」「湍水」，屢易其說，爲「勿求於心」之證。乃不知論性三說，立喻不同而指歸則一，非有不得於「杞柳」之說，遂順脣舌之波而改爲「湍水」之喻也。說見後篇。

五

先須識得告子是如何底蘊，方於此一章大義得貫徹分明。先儒於此，俱皁白不下。告子謂「不得於言，勿求於心」，只緣他自認此心與天下之言判然爲二，不當强引言入，而役心以出。直安頓者心，教在未有名言上一層，籠罩著天下，俾是其所是而非其所非者，至我之前，如蚊子咂鐵牛，絲毫搖動他不得，所謂「你若無情他也休」也。若必求之於心，則將役其心以窮理格物，是非得失先積於我而心爲之動。故程、朱於此，識得他外義處。乃其云「生之謂性」者，亦謂有義有理，因而言有得有不得，皆非性之所有，非其所有，故不當求也。

其謂「不得於心，勿求於氣」者，他只認定此昭昭靈靈底便作主人，卻將氣爲客感之媒，但任著氣，便攬下天下底事物來，去外面求個義以與物爭。乃能勝乎物者，物亦能勝之矣，故卽使吾心有不能自主之時，亦且任之而俟其自定，如公子牟之所謂勿「重傷」者是已。若求助於氣，則氣本濁而善流，有所勝，卽有所不勝矣。蓋氣者吾身之與天下相接者也，不任其所相接者以爲功，則不求勝於物，而物固莫能勝之，斯以榮辱利害之交於前而莫之動也。告子之爲學術，大要如此。蓋亦源本老、莊，而後世佛氏之旨亦相承以立說焉。

乃孟子則以爲：天下之言，其是非得失不可枉於當然者，本吾心固有之義，見其是則不容以爲非，見其非則不容以爲是也。惟吾性固有其義以制天下之是非得失，則天下之言本待治於吾心。而苟盡吾心之制，則萬物自有其貞形，萬事自有其貞則，吾心自有其貞觀，雖日與詖、淫、邪、遁者接，而其根苗枝葉之所爲起止，我具知之而無所疑惑，則何用籠罩天下，棄物理於不求，而後可以使心得寧哉！

故學、問、思、辨之下學也，始於疑，而聰明睿知之上達也，終以成夫大信，則天下之名言，顯諸仁者皆通，而藏於用者各得矣。此孔子之所以時措咸宜者，固卽在「學不厭、敎不倦」以爲聖功也。

若吾心之虛靈不昧以有所發而善於所往者，志也，固性之所自含也。乃吾身之流動充滿以應物而貞勝者，氣也，亦何莫非天地之正氣而爲吾性之變焉合焉者乎？性善，則不昧而宰事者善矣。其流動充滿以與物相接者，亦何不善也？虛靈之宰，具夫衆理，而理者原以理夫氣者也，理治夫氣，爲氣之條理。則理以治氣，而固託乎氣以有其理。是故舍氣以言理，而不得理。則君子之有志，固以取向於理，而志之所往，欲成其始終條理之大用，則舍氣言志，志亦無所得而無所成矣。

以志之無所成，卽偷安於其無成者，自謂不失其心而天下亦莫能吾勝。乃本以不能勝之故，匿其不勝，而云百戰百勝不如不戰，遂廢己所受持天下之資，以絕天下，則是自反不縮，而恃不侮褐夫以無懼。乃不知自反而縮者，原無懼於千萬人也。氣唯不以義動則餒，而豈有多所成卽多所敗、有所勝卽有所不勝、一盈一虛之憂？氣從義生，而因與義爲流行，則以我之制治天下之不足畏者，初非以求勝於物，而自成勝物之用。又豈理外有氣，心外有義，襲而取之，以攬天下，而爭一旦之勝，如告子之所譏者哉？

故但愼其動於進退取舍之閒，充而至於行一不義、殺一不辜得天下而不爲，積小以大，繇著徹微，坦然終日，無所愧怍，極夫朝諸侯、有天下，而終無所逢迎規避以求事之成、功之可，俾志不能主而授其權於外物；則卽此氣之大以剛者，可日與天下相接於吉凶生死之塗而無所懼矣。此孟子所爲不爲告子之爲，而伯王之任亦終不能動其心也。以此折衷，則諸家之說，其合其否，可考而知也。

六

讀孟子集註，須於其所略者，循本文以求之，集註不詳「暴」字之義，但云「致養其氣」。不可胡亂成悖。致養之功，雖有「有事勿忘」、「勿正勿助」兩段，然其所云「勿正勿助」者，亦非以防夫太過也。凡人做工夫而有期待之心，只是畏難而望其止息。其助長者，則如宋人之揠苗，不耐得薅鋤培壅，索性拚一番勞苦，便歇下也。暴者，虐而害之之謂。故不芸苗而任其草滿者，暴其苗也；助之長而揠死之者，亦暴其苗也。陵壓其氣，敎他一向屈而不伸者，暴其氣也；執著一段假名理，便要使氣，求勝於人，到頭來卻討箇沒趣，向後便摧殘不復振起者，亦暴其氣也。

潛室不察，倒著本文，將「暴其氣」作氣暴說。不知此所謂氣，乃以擔當霸王之業而無懼者，非但聲音笑貌之節，則亦何有發得暴之憂邪？一字之顚倒，滿盤皆錯。

無干說得和鸞、佩玉去，直向黃瓜蔓上求瓠子，一倍可笑！和鸞、佩玉，養心於靜者也。此之無暴，養氣於動者也，故曰「浩然」，曰「至大至剛」；而其不養也，則曰「餒」，曰「害」。抑其盛大流行，塞乎兩間之大用，而使若莊子「養雞」「承蜩」之邪說，此正「暴其氣」者也。學問事，不知用功之各有攸當，鮮不倒行而逆施矣。

七

志是大綱趣向底主宰，雖亦以義爲歸，乃孟子之言義也，曰「集」，則不但其心之專向者一於義，而所志之外，事物瞥爾當前，不論小大常變，一切都與他一箇義，以爲之處分。乃使吾氣得以自反無不縮之故，恆充而不餒，則於其所志者，優有餘地，坦然行之而無懼也。若夫所志之義，以事物未當前，則但謂之道，而不名爲義。義散見而日新，道居靜而體一也。故孔子言「志於道」，而孟子「以集義」爲養氣之功。志主道而氣主義，明矣。其曰「配義與道」，是志氣合用底。氣配義以不餒其氣，卽配道以不餒其志也。

集註「敬」字，與「主敬」「敬」字別。敬者，謹持之謂爾。使如雲峰所引易「敬以直內」以釋此，則當云守其志以敬，不當但云敬。守志只是道做骨子，不消添入敬來。且敬之爲德，乃靜時存養，無把持中以此爲依據。有志則有可持，故知其所持在道而不在敬。

八

「志壹則動氣」一段三「動」字，只是感動意，卽其相爲感動者以見其俱不可「勿求」，元與「不動心」「動」字不同。「不動心」者，無恐懼疑惑也。但以氣之壹而動其志，豈遂至於恐懼疑惑！且志壹動氣，氣其知恐懼而生疑惑者哉！此本以志氣之專壹有爲者言之。「持其志」者，志固壹也；「心勿忘」者，氣固壹也。推而極之，天理人事，莫不皆然。胡文定以「先天而天弗違」爲志動氣，「後天而奉天時」爲氣動志，雖與孟子立言之指別，而理則一也。

集註中一「從」字，極下得活。小註謂「喜怒過度，志反爲動」，則誤。喜怒過度時，直把志喪了，而豈但動乎？下云「反動其心」，心又非志之謂，志者心之用。不可云蹶者趨者反動其志也。氣壹動志，乃是氣之旣充，必將專壹以有爲，則先未有此志，亦便動著教生長者志來。如子路只緣他氣之兼人，故「未之能行，唯恐有聞」，動得志上如此上緊。與志之專者，弱可使彊一理。說個「壹」，便是好底。悠悠而任其喜怒者，志則時此時彼，氣亦時盈時虛，而安得壹哉！

九

「蹶」之爲義，自當從說文正訓云「跳也」。促步曰趨，高步曰蹶。若作顚躓解，則旣害文而抑害義。顚者非氣也，形也，形動氣而非氣動心也。蹶、趨亦不是不好事。古人於朝廷宗廟必趨，臨戎登車則蹶。孟子之言此，只是借喩意，故加以「今夫」二字，非謂蹶者趨者之暴其氣也。

此言氣言心，但在血氣之氣、知覺運動之心上立喩，與上言志爲「志道」之志，言氣爲「浩然之氣」者不同。蓋謂凡人之爲善爲惡，此兼善惡說。先有其心，無定志則但名爲心。而氣爲之用者固多矣；然亦有時本無是心，而因氣以動作焉。如今人言乘興而爲。如方在蹶、趨，則心亦爲之疾速，與緩步時不同。則心雖有覺，氣雖無覺，而偶然之頃，氣且乘權以動一時之心。然則專壹之氣，其以感動常存之心，亦於此而可推矣。

或問「志養得堅定，蹶、趨亦不能動得」之疑，全是隔籬猜物話。朱子所答，亦不分明。不察於此，而「和鸞、佩玉」之說得以闌入，而黃四如「文武火二三十年」之邪說亦以倡矣。

一〇

盡心、知性是知言本領，非知言後功效。蓋繇盡心知性以知言，其功雖似不可企及，而本末固順。若從詖、淫、邪、遁上下工夫，以求心之盡、性之知，則如拔壯士之爪而欲仆之也。

集註先說「盡心、知性」，後說「於凡天下之言」云云，甚是分明。東陽倒著說，卽是門外語。中庸謂「思知人不可以不知天」，孔子謂「不逆詐，不億不信，抑亦先覺」，俱是此理。苟非盡心知性，何以能不逆億而先覺耶？

知言與窮理自別。「知」字是現成字，「窮」字是工夫字。窮理則爲知性者入德之門，知言乃知性後全體大用之發。循本以知末，與卽末以求本，迹同而實大異。程子斥人讀史爲「玩物喪志」，及自看史，一字不遺，其所以用心者不同，本末逆順而已。

一一

所謂「天地之閒」者，只是有人物的去處。上而碧落，下而黃泉，原不在君子分內。聖賢下語，儘大說，也有著落，不似異端，便說向那高深無極，廣大無邊去。「閒」字古與「閒空」「閒」字通。天地之化相入，而其際至密無分段，那得有閒空處來？只是有人物底去處，則天地之化已屬於人物，便不盡繇天地，故曰「閒」。所謂「塞乎天地之閒」，也只是盡天下之人，盡天下之物，盡天下之事，要擔當便與擔當，要宰制便與宰制，險者使之易，阻者使之簡，無有畏難而葸怯者。但以此在未嘗有所作爲處說，故且云「塞乎天地之閒」。天地之閒，皆理之所至也。理之所至，此氣無不可至。言乎其體而無理不可勝者，言乎其用而無事不可任矣。

集註云「充塞無閒」。閒者，隙漏之謂，言無一理一事之不周也。新安云「無有間斷之者」，有句無義。

一二

天下固有之理謂之道，吾心所以宰制乎天下者謂之義。道自在天地之閒，人且合將去，義則正所以合者也。均自人而言之，則現成之理，因事物而著於心者道也；事之至前，其道隱而不可見，乃以吾心之制，裁度以求道之中者義也。故道者，所以正吾志者也。志於道而以道正其志，則志有所持也。蓋志，初終一揆者也，處乎靜以待物。道有一成之則而統乎大，故志可與之相守。若以義持志，則事易而義徙。守一曲之宜，將有爲匹夫匹婦之諒者，而其所遺之義多矣。

義，日生者也。日生，則一事之義，止了一事之用；必須積集，而後所行之無非義。氣亦日生者也，一段氣止擔當得一事，無以繼之則又餒。集義以養之，則義日充，而氣因以無衰王之閒隙，然後成其浩然者以無往而不浩然也。

小註「父當慈、子當孝」云云，只是道，不是義；又云「道義是公共無形影的物事」，尤謬。義亦云公共，則義外矣。此門人記錄失實，必非朱子之語。朱子固曰「道是物我公共自然之理，義則吾心之能斷制者」，何等分明！

大要須知：道是志上事，義是氣上事。告子貴心而賤氣，故內仁而外義；孟子尊氣以盡心，故集義以擴充其志之所持。於此辨得分明，更無混亂矣。

一三

此「義」字，大段在生死、行藏、進退、取舍上說，孟子以羞惡之心言義是也。孔子說義處較不同，如云「行義以達其道」，則小註所云「父當慈，子當孝，君當仁，臣當敬」者是。亦止是此一理，孔子見得大，孟子說得精，故程子以孟子言義爲有功於孔子。

孟子唯在羞惡之心上見義，故云「義內」。嘑蹴之食，至死不屑，豈在外哉？唯此羞惡之心，人皆有而各自有，彼此不能相襲，襲如「襲裘」之襲，表蒙裏也，猶今俗言「套」。集註引齊侯襲莒，非是。故宋、薛不受則爲不恭，受齊之餽則爲貨取；有伊尹之志則忠，無伊尹之志則篡：唯不可襲，襲而取之必餒也。

亦唯此羞惡之心，最與氣相爲體用，彼君臣父子之義，但與理合，不資氣用。氣柔者，大抵羞惡之心失也。故云「行一不義、殺一不辜而得天下不爲」。只以保全此羞惡之心，內之無微而不謹，外之無大之可搖，則至大至剛之氣自無所惴矣。

一四

小註中一段，說「是集義所生」一段，甚爲明快，集註卻未能如彼淸楚。「是」字與「非」字相呼應，蓋以自白其如此而非如彼也。譬之南人知稻田而不知麥隴，乃告之曰「此麥也，是高田秋種而夏穫者，非水田夏植而秋穫者」也。此兩句文字，直承上「其爲氣也」四字，一氣趕下，不可以集註分節而割裂之。天下必無有低田瀦水、夏種秋穫之麥，猶之乎必無有以義襲而取之之浩然之氣。麥隴之水一未分瀉，種之稍後於秋，則麥不登矣，況水田而夏種之乎？行一有不慊於心，則餒矣，況可云以義襲而取之哉！

「取之」「之」字，指浩然之氣說，非汎言氣也。義惟在吾心之內，氣亦在吾身之內，故義與氣互相爲配。氣配義，義卽生氣。若云義在外，則義旣在外，其可云氣亦在外乎？義在吾身心之外，而氣固在吾身之內，乃引義入以求益其氣，則氣有虛而義乘其虛以襲之，因掩取此氣以爲義用矣。

如實求之，吾身之氣，豈身外之物可襲而可取者哉！其有謂義襲而取氣者，則告子之說是已。告子以吾心本無義，但有此昭昭靈靈之體，堪爲主而不爲萬物所搖，則心既恆寧，而氣亦順適，泊然無爭而天下莫之能勝。今無故外求一義，闖入吾心之內，使吾氣不得以寧，而挾與俱往，以與物爭勝於是非得失之林，則吾之氣不得以順安其居，與心相守，而受奪於義，以紛紜而鬬構。故我唯不得於心，抑唯務安其心，而不外求義以襲取夫氣而妄用之，則心不動而氣亦不傷。

此告子之邪說固然。而孟子曰：我之養此浩然之氣者，非義在外，使之入襲吾氣而取之也，乃義在內而集之，則氣之浩然者以生也。明其是，白其非，而告子之誣其所不知，以妄譏吾養氣之非，其失自見矣。蓋告子不能測孟子之所得，故妄譏孟子以外求義而襲取夫氣。實則孟子既已不然，而天下亦必無外求義以襲而取氣之人。且外之與內，不相爲配，則不相爲攻。既云義外，則義固無爲者矣。無爲者安能致其襲取之事哉？

乃告子之致疑於襲取者，繇其不知有義，而以天下之是非得失爲義，則且曰大道既隱，人心之純白者既失而後有此也。是其徒以當世無實之是非爲義，而於其心羞惡之見端者，昏不自知久矣。夫告子而豈無羞惡之心哉？乃繇其蔽陷之深，則雖有所羞惡，而反自誣其固有之良，以爲客感之所生。固將曰呼馬應馬，呼牛應牛，而又何羞？食豕無異於食人，盜跖不殊於伯夷，而又何惡？是如己有目，不知其可以視，乃以謂白黑之班然者足障吾明，而欲棄之！

告子蓋自有義而不自知，因不自知而義以喪。非然，則義本在內，與氣相配而生其浩然，而何以云義外哉？繇其不識義，是故外義；如子久逃，不識其父，故以父爲外人。繇其不識義而外義，故以養氣者爲義襲取氣。則亦猶夫不識麥者之謂麥爲水田夏種之苗，遂謂種麥者必瀦水以防夏旱，我所耕之田，皆平原爽塏，本無水之可瀦，不當種麥也。以不種麥故，雖旱而無可槁之麥，乃曰賴我之不種而免於槁。孟子所謂「不芸苗」者，正此謂也。故於此而深辨之，以自明其長。答「惡乎長」之問。集註「事皆合義」、「一事偶合」云云，俱未得立言之旨。

一五

說「必有事勿忘」處易，說「勿正、無助長」處，不知養浩然之氣當何如用功，則入鬼窟曰去。黄四如說「如鍊丹，有文武火，惟慢火常在爐中，可使二三十年伏火」，眞鬼語也！孟子說養氣，元不曾說調息遣魔，又不曾說降伏者氣，教他純純善善，不與人爭鬧，露圭角。乃以當大任而無恐懼者，其功只在集義；集義之事，亹亹日新，見善如不及，見不善如探湯，何怕猛火熾然。

塞乎天地，須窮時索與他窮，須困時索與他困，乃至須死時亦索與他死，方得培壅此羞惡之心，與氣配而成其浩然，此火之有武而無文者也。行一不義，殺一不辜，則得天下而不爲；非其義也，非其道也，則一介不取，一介不與；恰緊通梢，簞食豆羹與萬鍾之粟，無不從羞惡之心上打過，乃以長養此氣而成其浩然，則又火之有武而無文者也。今云「火猛則丹走」，其將一半拏住，一半放鬆，遇肉三片，遇酒三杯，且教渾俗和光而可乎哉？

黄四如者豈以爲然，特其茫然不知何者爲「養氣」，何者爲「勿正、無助長」，黑撞著便與他比方兩句，恰得此村道士口頭內丹語，隨便胡銃出來，故曰「鬼語」也。

此「勿正、無助長」，是明白分曉，有可指證語，與前義襲取氣，爲有其言而必無其事者不同。孟子固曰「天下之不助苗長者寡矣」，須於此看出天下之人是如何助長。

蓋盡人之情，自非奴隸傭保之不堪者，與夫巨奸極險之夫，以陰柔而濟其惡，則雖無志可持之人，亦未嘗不以其氣而求勝於物；而當其求勝之時，則皆有不懼之心。若此者何也？氣之至大至剛者，人所共有而與性俱生者也。乃又唯暴戾凶狠之人，則不論曲直而槩施其血氣之勇。若其較爲自好之士者，固且以義自居，而折人之不義矣。乃方其以義自居，則亦用其羞惡之心以爲制，不可謂「不芸苗」矣。而所守之義，不過刻苦以自樹立於一日，遂恃此以爲可以折人之具而無所惴，以任其非所任而敵其非所敵。此宋人所謂「今日病矣」，亦未可謂爲之不力也。而所任非所堪，所敵非所勝，根本不固而枝葉徒繁，則果有千駟萬鍾以誘之，得生失死以脅之，而義力未厚，氣焰徒浮，將有摧撓屈折，一挫而不能更振者矣。此助長者之無益而反害乎氣也。

抑或見義思爲，而無久大之志，立一近小之規，以爲吾之所能乎義如此，而苟善是，是亦足以求伸於天下矣。如戴盈之所謂「請損之」者，則其義易成，而其氣亦易振，以刻期而見功。此所謂「正」也。

夫欲去二者之病，則亦唯一倍精嚴，規恢廣大，於其羞惡之本心，擴而充之，如火始然，愈昌愈熾，更無回互，更無貶損，方得無任不勝，無難可畏，而以成其氣盛大流行之用。若畏火之太猛，從而緩之，又從而伏之，一日暴而十日寒，亦終身於首鼠之域而已矣。

斯唯異端之欲抑其氣爲嬰兒者則然。故曰「爲善無近名，文火帶武。爲惡無近刑武火帶文。」，以遁於「知雄」常在爐中三十年。「守雌」伏火。之詭道。其緒餘以爲養生，則於取與翕闢之際，不即不離，而儵其視息。若聖賢之學：無論經大經、立大本、雲行雨施、直內方外者，壁立萬仞；即其祈天永命以保其生者，亦「所其無逸」，而憂勤惕厲，以絕伐性戕生之害。又奚火之必伏而文武兼用者乎？

在四如本不知而妄言，竊鬼語以欺人，亦非果有得於異端之教。乃讀者不察，或反屈誣孟子以證彼內養之邪說，則其害大矣。若此類，愚讀大全而深有懼焉者也。

一六

「勿助長」原不與告子對治，集註語自未審。告子只是不芸苗，以氣爲無益而舍之，故「勿求於氣」。緣他錯認苗爲稂莠，謂其不可以充食，故遂不芸。且不芸矣，又何助長之有？

前段「告子未嘗知義」二句，已辨盡告子之短。「必有事焉」四句，孟子自言其集義、養氣之功，不復與告子相比擬。前段集註「行一事偶合於義」云云，正好在此處作註。

集義、養氣，卻不是拚一日之病，須終歲勤動，方得有力田之秋。若如齊桓之定王世子，晉文之伐原示信，陳仲子之與之齊國而不受，以一日之勞表一日之義，遂鼓其氣以陵天下，而不顧本根之拔，此則助長者也。告子卻不喫者茶飯，方且疑孟子之爲助長，而彼豈其然？

一七

諸儒之失，在錯看一「養」字，將作馴服調御說，故其下流遂有如黃四如伏火之誕者。孟子之所謂養，乃長養之謂也。直到北宮黝恁般猛烈，亦謂之養，豈馴服調御之謂乎？孟子於此，看得吾身之有心有氣，無非天理。故後篇言養心，而曰「無物不長」，直教他萌蘖發達，依舊得牛山之木參天。此言養氣，只是以義生發此不餒不慊之氣，盛大流行，塞乎天地之閒而無所屈。

異端則不然。將此心作獮猴相似，唯恐其拘柽之不密；而於氣也，則尤以爲害苗之草，摧殘之而唯恐其不消。莊子木雞，溈山水牯，皆此而已。古人卽在聞和鸞、聽佩玉時，亦不作此蚰蜒倒縮氣象。森森栗栗中，正有「雷雨之動滿盈」在內，故曰「立於禮」。「立」字中，便有泰山巖巖意。

後人不察，夾雜佛老，遂有靜養氣之說，極爲害事。聖賢靜而存養，乃存養此仁義之心於靜中，雖靜不息。豈撞機息牙，暴害其氣而使不能動，如三日新婦，婉娩作閨態耶？

一八

「願學孔子」一段，自「宰我、子貢善爲說辭」起。孟子但從大架步說，卻未顯出示人，集註、語錄亦未爲發明。雙峯謂「孟子章句長，須看敎前後血脈貫通」。如此「願學孔子」一語，乃通章要領，若於前後貫通有礙，則不但文義雙躓，而聖學喫緊處亦終湮晦，令學者無入手處。

夫願學孔子，則必有以學之矣。孟子曰「可以仕則仕云云，孔子也」。然則將於此而學之耶？乃此四者則何易學也？仕、止、久、速之可者，初無定可，而孔子之「則仕」、「則止」、「則久」、「則速」也，自其義精仁熟，繇誠達幾，繇幾入神之妙。倘無其聖功，而徒髣髴其化，則亦王莽之學周公矣。夫化繇德顯，德自學成。孔子曰「下學而上達」，達者自然順序之通也。達不可學，而學乃以達，孔子且然，而況學孔子者乎？

旣明夫非於仕、止、久、速而學之，則將曰知言、養氣，其學孔子者也。此固然矣。然其云養氣者，集義是也。夫集義而氣以不餒，則至大至剛，無所貶撓，而兩閒之事，皆足以任之，孔子固然。而伯夷、伊尹之「行一不義，殺一不辜，得天下而不爲」，「君百里之地，而足以有天下」，其氣之配道義以終無餒者，夫豈有讓哉？而孟子又何以略二子而獨學孔子也？故養氣者，聖功也，抑聖者之所同也，非孔子之所以異也。

今但從末一段文字原委看來，跌入子貢問聖一段孔子自言處，則孟子之所以學孔子者，固可考矣。公孫丑「夫子旣聖」一問，先以「辭命未能」發端，則其疑孟子之聖也，固在聖人復起之所不易。而子貢信夫子之聖也，以學不厭而教不倦爲仁知之大用。卽此觀之，則可直詞以決之曰：養氣者，夷、尹、孔子之所同也；知言者，孔子之所以異也；學孔子者，知言而以養其氣也。

先儒謂知言、養氣，二者合一；又云告子外義，故不知言。是則孟子唯能見義於內，故於天下之言，無所求而不得，而浩然之氣日生。夫其見義於內者，豈斤斤之明足以察之哉？以無私之仁體藏密之知，故自喻其性之善，而灼然見義之至足於吾心。乃其所繇以致此者，則唯不厭、不倦以爲學敎，而卽物窮理，以豁然貫通於吾心之全體大用者也。全體大用卽義。此卽大學之格物、致知以知至善而止者也。繇其知之大明，則爲知言；繇其行之造極，則爲養氣。義無不集，故造極。行造其極則聖矣。

夷、尹之所以皆得爲聖也，尹之格于皇天，夷之風起百世者，氣之盛大流行、塞乎兩閒者也。乃繇其行之已至，則得天下而不爲，固有所不可矣；君百里而有天下，則抑有所可矣。若夫隨可而可，不但有其必可，斯豈特行足以造之而氣足以任之哉？孟子曰：「智，譬則巧也；聖，譬則力也。其至，爾力也；其中，非爾力也。」力者，義無不集而氣足以擧其任也。巧者，盡心知性而耳順乎天下之理，是非得失判然冰釋而無纖芥之疑也。是知孔子之獨至，非二子之所得同者，在知言。

而孔子之所以聲入心通，無疑於天下之理，而爲萬事萬物之權衡，以時措而咸宜者，一其下學上達者之條理蚤成也。學不厭、敎不倦，下學之功也。乃卽此以學而卽此以達，則唯盡吾性之善、充吾心之義而無不達矣。故其爲學，始於格物、致知，而要於明德之明。孟子曰「萬物皆備於我矣」，則物之所自格者，卽吾德之本明者也。以盡吾心皆備之物，而天下之是非得失，無不待我以爲權衡，此孔子所謂「可與權」者。養氣則可與立，知言乃可與權。乃以應夫仕、止、久、速之幾，如日月之明，容光必照，而廓然其無疑矣。

若夷與尹，非其知之不眞也，知其所至，而未極乎物之所至，則至其所知，而或未中乎幾之莫知。其不能從容於仕、止、久、速合一無滯之義也，亦極其所極，而未達乎無用不極之妙。易曰：「精義入神，以致用也。」「窮神知化，德之盛也。」事始於精義，則下學皆有可學之資；化極於窮神，則雖夷與尹不足以盡其上達之妙。然則孟子之所以學孔子者，一言以蔽之曰，知言而已矣。

乃微其詞而不直以告丑者，則緣此之爲學，事甚易而幾甚微，達者自可得之於無行不與之中，而苟標此以爲宗，將使愚者不察，苟求之外而遺吾本明之德，則且玩物喪志，以終身於罔、殆之中。乃以前段所答知言之問，但就齊卿相所知之言，顯其救時之大用，而未著夫知言之全體與其所自知言之本原，故於此復申言其從入之事在學誨之中，而推致其權度之精，則有時中之妙。蓋七篇本孟子所自作，故問答之際，一合一離，一微一顯，一偏一全，經緯成文，而大義、微言交相引伸，使知者自得之。「引而不發，躍如也」，亦於此信矣。

一九

「不忍人」、「忍」字，誤作「必有忍」「忍」字一例看，極爲害理。雙峰「忍不住」之說，其謬甚矣！「忍」字從刃、從心，只是割棄下不顧之意。(朱)〔孟〕子於此，已說得分明。事親、從兄，是從順處見；惻隱、羞惡，是因逆而見。覩下稱孺子入井則知之。若無入井之事，但見一孺子，便痛惜憐愛，忍禁不住，骨與俱靡，則亦婦人之仁耳。

此章言「有不忍人之心，斯有不忍人之政」，其云「先王」者，湯、武是也。人之陷於水火者爲勢已逆，而我始創法立制以拯之也。若承治之主，便無可動其惻隱者，則又如下篇所云「人能充無欲害人之心而仁不可勝用」，但無害之而已足矣。君子之於民也，當其順，則無欲害之而止；當其逆，則有不忍之之心。非仁之有二心也，仁術之因乎物者自不同也。

若云惻隱之心從中發出便忍不住，則當云「不忍惻隱之心」，而何以云「不忍人」？此處喫緊在一「人」字。言人，則本爲一氣，痛癢相關之情自見。朱子云「見一蟻子，豈無此心」，語自有病。理一分殊，昭然自別於吾心，不可籠統帶說。均是人矣，則雖有貴賤親疏之別，而情自相喻，性自相函，所以遇其不得恰好處，割舍下將作犬馬土芥般看不得。此求之人之天良，固自炯炯不昧，非徒有言說而不能喻於心也。浸令蟻子濱危，則又較犬馬差一格，而況於人乎？

至若忍禁之忍，自以能忍爲得。若忍不住，自是不好事。忍者，情欲發而禁之毋發，須有力持之事焉。若人之不仁，則直是喪其本心，豈有惻隱之心發於中而用力以禁其不發者哉？苟其爲仁義之心，雖至愚不肖，旣有之，亦必聽之，特不能發之，而未有忍之者也。且云「不忍人之政」，亦豈先王之有此政也，技癢不禁，而急於自見也乎？甚哉，饒氏之以小言破道！將牽率夫人樂用其婦人之仁、小丈夫之悻悻而有餘矣。

二〇

集註「全體此心」四字，恰與「端」字對說。孟子之學，大旨把內外、精粗看作一致，故曰「萬物皆備於我」。「萬物皆備於我」，萬事皆備於心也。心之發端，則是惻隱、羞惡、辭讓、是非。到全體上，卻一部全禮樂刑政在內。只緣仁、義、禮、知之德，彌綸兩閒，或順或逆，莫不左右而逢原也。

雙峰云「斯，猶卽也」。若下得「卽」字，便不當下「斯」字。「卽」字雖疾速，然有彼此相躡之意。如人言「行一步，卽行第二步」，第一步之中無第二步，但行一步亦自可止，不必定行第二步；特行之疾者，不止而加進，遂相因以卽有耳。此言「斯有」則不然。須爲之釋曰「斯，卽此也」，方得恰合。卽此不忍人之心，便有不忍人之政在內，非有待也。如齊宣之易牛，孟子許之爲「仁術」。仁，心也；術，政也。不忍殺牛之心，自有此全牛之術；非旣有此心，又有此術也。

先王固不無學問思辨之事，存養省察之功，然俱於事未至前之先，務求吾心之全體大用而全體之；非待有其心後，卻方講求其事，以爲心樹枝葉。說「卽」字雖疾速，以實求之，則終成蹭蹬。識得孟子本領，自然不作此文句。

二一

納交、要譽、惡聲，便說是「人欲之私」，亦不得。上蔡之說太高著，高過則無實矣。孟子之意，特以此三者之心，原不與乍見孺子入井時相應，故所感值其所通，惻隱之心生，而三者之心不生也。

乃其必言非此三者，則以如救孺子，則須有此三種利益，固其功之所必收，而非乍見之頃有心期待而得耳。若以此爲人欲之私，則子貢贖人而卻其資，孔子不應非之。且不救人之聲，惡聲也；惡聲可惡而惡之，又豈非羞惡之心乎？

上蔡之意，若將以此分王霸之誠僞。然霸者之疵，乃在攬著未有之事以鬻仁義，若伐原示信，到底無益有損。若其覿面相遇、發不及慮之時，亦未便起功利之想。不然，則豈桓、文之心，求一念如悠悠行路之人乍見孺子入井時而不得耶？

雲峯云「稍涉安排商量，便非本心」，則尤陷溺異端而大違聖教矣。孟子到底也須說個「擴充」。擴充之功，乃以會通四端而經緯萬善，究莫非天理之固然。且如乍見孺子將入於井，便有怵惕惻隱之心，及到少閒，問知此孺子之父母卻與我有不共戴天之讎，則救之爲逆，不救爲順，卽此豈不須商量？而孔子所謂「可逝也，不可陷也」，又豈不安頓自身而排置得所乎？惻隱之心，元與羞惡、辭讓、是非，同條互用，那得只任此一念一直做去，更無回顧？且此章言不忍人之心裏面便有不忍人之政，則先王所以定上下之交，永夙夜之譽，遠不仁之聲者，鴻名大業，俱在裏許。若只許直用，不許商量安排，則只消此心已足，而何以又云有政耶？

聖賢帝王之學，元無孤孤另另作一條白練去之理。不用商量者，釋氏之所謂「驀直去」。不用安排者，又莊子之唾餘耳。故曰雲峰之說，陷溺異端而大違聖教也。

二二

朱子「動處發出」一段文字，有一部全易在內。易說「大哉乾元，萬物資始，雲行雨施，品物流形」，又云「復其見天地之心」，只是此理。動便是陽，靜便是陰。從其質而言之，則爲陰陽；從陰陽之所自生者而言之，則只是動靜。陰在天地，也未便是不好底。動以出，靜以納。出者所以虛而受納，納者所以實而給出。故曰「立天之道曰陰與陽」。然到生物之化上，則動者生也，靜者殺也，仁不仁亦遂以分矣。

聖人官天府地，自知擇而用之，所以「立天下之大本」、「知天地之化育」，須作兩項說。「立天下之大本」，則須兼動靜而致功，合陰陽以成能。喜怒哀樂未發處，必肖天地之動靜無端，納以實而善其出。若其「知天地之化育」，則只在動處體會，以動者生而靜者殺也。

又曰：「立人之道曰仁與義。」仁與義卻俱在動處發見。從動中又分此兩支：仁，動之靜也；義，動之動也。義雖以配肅殺，然其殺也，亦羞惡極至之用，非與天地之無所羞惡而殺者同。故殺人刑人，而不因於己所甚羞與所大惡，則必殘忍凶酷之徒矣。

「維天之命，於穆不已」，只是動而不已。而動者必因於物之感，故易言「感而遂通天下之故」。卽此是天地之心，所謂「一陽來復，數點梅花」者是已。樂記以感而遂通爲性之欲，便大差謬。所以他後面說「物至知知」一段，直入異端窟臼裏去。聖賢以體天知化，居德行仁，只在一「動」字上。故惻隱、羞惡、辭讓、是非之不相一而疑相礙者，合之於動則四德同功矣。

且如此章上言內交、要譽、惡聲，在乍見孺子入井時用他不著，若靜中豈無此三者？亦豈遽成大過？只爲動處不與此事相應，則人固有之心便不向那邊動；若本非所動而強爲之，則是霸者之假仁。若恰好當機而動，便儘商量其宜，安排得當，正以盡此心之大用。故卽納交、要譽、惡聲之心，遇彼恰好用著處，亦卽以從彼動者爲正，而怵惕惻隱之心，在彼又爲不相交涉。此中內外感通、良心各見處，只在當念自喩，不可懸揣與判王霸之分。

若見大賓時，內交之心，從中而發，便是禮之端；不韙之聲，思以避之，便是義之端；畏鄉黨之淸議而思得盛名，便是智之端。此唯「要」字有病，「譽」字自無嫌。唯孺子入井之時，非彼三者之動幾，故孟子別言之。雖在人欲橫流之人，亦未有從彼發者。天地自然之理，與吾心固有之性，符合相迎，則動幾自應。此天地聖人之所不能違，而一切商量安排，皆從此而善其用。故君子之致其功者，唯慎諸此之爲兢兢也。

二三

「心統性情」，「統」字只作「兼」字看。其不言兼而言統者，性情有先後之序而非並立者也。實則所云「統」者，自其函受而言。若說個「主」字，則是性情顯而心藏矣，此又不成義理。性自是心之主，心但爲情之主，心不能主性也。

乃孟子此言四端，則又在發處觀心、繇情以知性、繇端以知本之說。蔡西山竟將「端」字作「尾」字看，固是十分膽識。但就衆人全體隱晦、僅有此心言之，則爲尾。若先王全體此心，則如火炎崑岡，水決金堤，通梢一致，更無首尾矣。

抑此但可云從情上說心，統性在內。卻不可竟將四者爲情。情自是喜怒哀樂，人心也。此四端者，道心也。道心終不離人心而別出，故可於情說心；而其體已異，則不可竟謂之情。

若張子所謂「心統性情」者，則又槩言心而非可用釋此「心」字。此所言心，乃自性情相介之幾上說。集註引此，則以明「心統性情」，故性之於情上見者，亦得謂之心也。「心統性情」，自其函受而言也。此於性之發見，乘情而出者言心，則謂性在心，而性爲體、心爲用也。仁義禮智體，四端用。

要此四者之心，是性上發生有力底。乃以與情相近，故介乎情而發。惻隱近哀，辭讓近喜，羞惡、是非近怒。性本於天而無爲，心位於人而有權，是以謂之心而不謂之性。若以情言，則爲情之貞而作喜怒哀樂之節四端是情上半截，爲性之尾。喜怒哀樂是情下半截，情純用事。者也。情又從此心上發生，而或與之爲終始，或與之爲擴充，擴充則情皆中節。或背而他出以淫濫無節者有之矣。故不得竟謂之情，必云情上之道心，斯以義協而無毫髮之差爾。

二四

小註云「仁義禮智本體自無形影，『本』字有病。只將他發動處看」，此爲人皆有之而言也。若君子之靜而存，動而省，功深理熟，天理來復者，則不然。仁義禮智自森森地，於動於靜皆不昧。於此中循之有實，發之有據，故曰「反身而誠」。豈但有形影而已？

「有不忍人之心，斯有不忍人之政」，一倍篤實光輝，皆无妄者。孟子只且如此指出，不獲已爲已放其心者言耳。不然，則爲聖賢者，亦但從端緒上尋求，舍其富有而與寡婦爭遺秉滯穗之利，那得充滿周徧，經綸大經，立大本，知化育來！擴充四端，以幾乎四海之保，已是忒煞費力，所謂「再回頭是百年人」也。

「人有四端，猶其有四體」，其有四德，猶其有此心。愚下人但知有四體，不知有心，故且與如是作喻。

二五

不能擴充，只爲不知，「知」字上有工夫，固是。然此知上工夫，須辨別在，不可錯云識得此心，便大事了畢。

「知」字連下「皆擴而充之」五字一氣。知者，知擴而知充也。「强恕而行」，知擴者也；「反身而誠」，知充者也。擴充之中，便有全部不忍人之政在內。大用無非全體，須一一揀別，令與此四端相應相成。大學之所謂「致知」，正此是也。

若在長養四端，令恆不昧上做工夫，則須用戒欺求慊之實學，不僅用知。知有此心，便大段休去，此釋氏之邪說；只一發心，功德便不可量，乃以隳名教、戕生理而皆不恤。嗚呼！重言知而無實，其爲害之烈，可勝道哉！

二六

「矢人豈不仁於函人」一章，唯雙峰爲得之。慶源、西山只在心上說，卻不顧下文「不仁不智」一段，亦且不顧矢函、巫匠兩喻。矢人匠人之心，與巫函同，所以不同者，術而已矣。

上章與此章，共是一意。上章就高遠處說先王所以平治天下之理，此章就卑近處說，爲諸侯見役者發動其恥心，然大要都在仁術上著意。擴而充之者，盡心所本有之術也。如乍見孺子入井時，既有怵惕惻隱之心，則其所以救之者不遺餘力可知已。先王於心見全體，則術自無不得其宜，以心之固有夫術也。若矢人之心無異函人，而卒至以傷人爲心者，術亦能易心也。心有其術，則上智者當盡其心以行其政。術能易心，則下愚者當正其術以養其心。故云「擇」，云「莫之禦」，皆爲術言也。

若心，則固有之而無待於擇，藏之於己，亦何有於禦不禦哉？心、術元爲一貫，而心外無術，故可盡心以廣其術，亦可因術以善其心。畏罪而彊仁者，何望其見術於心哉？且範圍其心於術之中而不習於惡，則亦可以保其國家而免於恥矣。集註「仁道之大」四字，須著眼在一「道」字上。

公孫丑下篇

一

齊王之召孟子，過只在召上。若以託疾爲不誠，則使齊王更不託疾，直使人來召，其侮嫚更何以堪？託疾則亦若知其不可召，而屈於自尊自安之私意，不能勉於下賢，故情雖不至，而其禮貌之閒，猶有可觀。其遺醫問疾亦然。此皆禮貌未衰處，所以孟子猶與周旋，而託景丑以進其誨。不然，則抑去之唯恐不速矣。

朱子云「未論託疾」，意自斬截；又云「託疾又不誠」，未免蛇足。以王之託疾爲不誠，則孟子之託疾亦不誠矣。以不誠報不誠，狙詐相高而內喪己，又何以爲孟子！

世儒每誤看一「誠」字，將作直情徑行解，其亂德非小。誠，實也，至也，有其實而用之至也。故質，誠也；文，亦誠也。質之誠，天道也，以天治人者也；文之誠，人道也，以人盡天者也。若不盡其實，而但一直無僞以爲誠，則謂之直而不謂之誠；且抑證父攘羊之直，並不得謂之直矣。自四先生而外，後儒多不識得「誠」字。此是天理撲滿處，經緯咸備，變通不爽，豈得以喬野戇絞、直情徑行之夷行當之？

二

聞召則赴，自是臣禮，豈遂爲僕妾之敬，如南軒之所云？又豈但爲敬之以貌，如慶源之所云者？唯當戰國時，上無適主，下無適臣，士之仕者，恆舍其父母之國而他游，故有此客卿之禮，與本國之臣不同，亦仕局之一變也。

業已不得不爲客卿，則唯道以自尊，而後顯其出以道也；若以臣自處，則是其游以祿也。故君臣之義，不容輕定，故曰「學焉而後臣之」。信其道之必行而後正君臣之分，則道重而祿輕。乃游士之失守者，唯恐不得爲臣，而蚤定臣禮，於是晨秦暮楚，無國而不爲臣，無君而非其君。此與失節之婦，盡人可夫者無以異，則不但毀道輕身，而君臣之倫亦喪。

孟子所爭在臣不臣，而不在召不召，與孔子之仕於魯不同。孔子唯已臣於魯，故雖告老之餘，欲討陳恆，則沐浴而請，安在其有謀之必就也？孟子之志，(故)〔固〕欲齊之王天下，而已爲之佐。當斯時，齊宣尚未成爲王者，則與劉先主以左將軍見諸葛時同。迨先主已稱帝於蜀，而亮爲之相，則居然臣主，召之亦無不可矣。從「而後臣之」四字求端的便知。若爲臣，則無不可召之禮，而聞召則赴者，非僕妾，非貌敬也。

三

「未有處」，謂齊王處置者百鎰之金不得，處置不得而餽之。乃齊王又豈無以處此哉？其處之者，謂以貨取孟子也。乃虛將百鎰，而徒生賢者不屑之心，則齊王仍無以處之矣。此「處」字，若從孟子說，則是取舍之權因乎物矣。

朱、張二子之說，皆於心上見義，深得孟子義內之旨。南軒云：「當受不受，亦是爲物所動。何則？以其蔽於物而見物之大。」抉出小丈夫病根，而顯君子之大，眞探本之言也。

陳仲子把者一鵝之義，大於母兄，便是他逆天理處。乃其所以然者，於物見義，而不於心見義也。於物見義，則瑣屑向物上料理，忒把者飲食貨賄，看得十分鄭重。孟子推其用心之小，而知其簞食豆羹之必見於色，則當取而不取者，其必有當舍而不舍者矣，不知求義於內故也。

慶源云「學者觀此，亦可知所予矣」，看義亦得通透。不知所予之病，亦緣於貨見重，於貨見重則吾心之義無權。要之亦爲物蔽，故不當與而與以示恩，亦必當與不與而成吝矣，所謂簞食豆羹見於色也。君子以官天府地，則兩間之物，皆以供吾心宰制之用，豈於彼而見輕重厚薄之等哉？

四

小註謂：「孟子若探沈同之欲伐燕，而預設辭以拒之，便是猜防險陂。」使然，則爲君子者，必如夢囈答人，不相登對而後可。陳賈以周公之事問，孟子卽逆折其文過之心，又豈不爲猜防險陂之尤耶？

孔子曰：「不逆詐，不億不信，抑亦先覺。」君子固不可逆億夫詐不信，而何得不先覺？且沈同之問，固未挾詐不信而來，而昌言可伐，則亦覺所已覺而非先覺矣。此猶不覺，亶不聰矣。

齊、燕本接跡之邦，伐國非一日之事。計其偵之於境，謀之於廷，治兵轉餉，亦必見之行事矣，則非但情之可探，而已爲形之可見。沈同至前而問伐燕，豈爲他人問哉？戰國之時，時王皆齊類也。如謂燕可伐，而齊不可伐燕，則又豈三晉、秦、楚之獨可伐也？盡當時之侯王無可伐者，而孟子乃云可伐，將待諸數百年後有王者起而後伐之耶？充彼之說，雖漢高卽起而亦不可伐，子之之裔至今存可矣。旣無有可勝伐之之任者，則是不可伐也。若烏頭以人不可食之故，遂謂之不可食。然則孟子所謂可者，非卽齊之無不可哉？

孟子曰：「『爲天吏則可以伐之。』」天吏，命於天者也。天無諄諄之命，自民視聽而已矣。簞食壺漿以迎之，誅君弔民而綏之，則卽此而已爲天吏矣。然則天吏亦唯人所爲，而何獨齊之不可爲天吏也？

「以燕伐燕」，亦就水火之亦運者言之耳。齊之君臣不聽命於孟子，一任諸匡章、沈同之流恣兵威而不知戢，故孟子見其不可勸。若就孟子而謀之，戒飭將士，禁殺掠於師入之日，而預爲條晝虐政之當除者，以除之於旣伐之後，則勸齊伐燕，自協孟子之素志，而何不可哉？其曰「何爲勸之」者，鄙其不足與有爲而不任爲之謀也。

龜山云「何不可之有」，亦謂齊可也。齊旣可伐，則直應之曰可。彼此心目之閒，了然共作一伐燕之計，而乂奚但逆探其情耶？

但龜山謂或人歸咎孟子，則失之。或人之問，在齊初得燕之時，而不在燕人復畔之後，本文以「齊人伐燕」冠其上，於義自明。或人心駭於五旬之舉，而健羨夫俘掠之功，故以勸伐得計，歸功孟子。乃孟子以其殺掠之淫，深惡而痛惜之，則曰此不足爲天吏者，我固不顧爲之謀也，激詞也。如必謂齊之素行不足以爲湯、武，而不奉命於避債無地之衰周爲不可以興師，是暴君汚吏，當同昏之世，幸湯、武之不作，一恣其虐民，而人莫敢問矣。

聖賢待人，只是敎他立地做去，更不追咎其既往。孟子且以好貨、好色之心爲可以王，而何況伐有罪之燕？春秋序齊桓之績，許楚子以討陳，恰是此理。湯之征葛，固不奉命於桀。周命已訖，義不得如曹操之挾孱主爲名以制天下。故孟子爲齊策燕者四，而無一不言當伐。借以王命爲嫌，則專封之罪，重於專伐，置君而去，又豈諸侯之所得爲乎？

聖賢言語，句句是理，句句是事。纔說可伐，則既有伐之者。若但言燕有可伐之理，而實無可行伐燕之事者，夢中影中，幻出一天吏，乃似思量彌勒佛下生一般，則其愚騃狂誕，可勝道哉！

五

龜山謂或人歸咎孟子，當繇誤讀「彼然而伐之」一句，於「然」字一讀，爲孟子自辨之詞。燕人畔，王且曰「吾甚慙於孟子」，則齊之君臣，固自知其不能聽孟子之言矣。孟子之答沈同也，辭雖未盡，而繇「慙於孟子」言之，則所以伐燕而定燕者，必嘗爲王言矣。孟子言之而王不聽，若或人無知，更以伐燕爲孟子咎，此乃門外漢趁口胡哄，孟子復屑屑然曲自辨其不然，豈不鄙哉？

其云「彼然而伐之」者，「然而」二字作一氣讀，不當於「然」字斷句，將作「然否」之然訓。古人用「然而」字，往往有此例。如春秋傳云「然而甲起於宮中」，「然而」者，猶言「於是」也。孟子云「然而文王猶方百里起」，「然而」者，此時如是也。此言「彼然而伐之」者，謂彼於是時遂往伐燕，不復求所以伐之之道也。

其曰「爲天吏則可以伐之」，則言齊若能爲天吏則可伐之也。如謂沈同以孟子之言爲然而伐之，則考之當時，沈同未嘗執齊之政。伐燕之役，尸其事者爲匡章。且沈同之問，不奉王命而以其私問，安得據此私議之一言，而遽興舉國之師？藉令孟子閒居片語，同以告王，而王卽爲興大役，則王之信孟子，百倍於湯尹、桓仲之交，而孟子之志，久行於齊矣。

故齊之伐燕，不因孟子之言，夫人而知之。齊不因孟子而伐燕，孟子乃自以爲然吾言而伐之，妄自居功，妄自引咎，而又屑屑然辨之，鄉黨自好者之所不爲矣。故讀古人文字，當求語助變通之例，不可執腐儒「之乎者也」之死法，以拘文而破義。

六

孟子拒齊王萬鍾一段文字，最難看。無端說箇子叔疑，又無端說箇「賤丈夫」，又無端說到「征商」去，與齊王授室爲師語意全不登對。

集註云「又有難顯言者」，慶源云「顯言之則訐揚齊王之失」，此固然矣。乃必知孟子所以去齊之故，而後可以得其不欲顯言之實。孟子曰「王猶足用爲善」，是非諫不行、言不聽之比矣。王既可用爲善，而終於不可用者何也？孟子嘗言之，「一日暴之，十日寒之，吾退而寒之者至」，是孟子之所以終不能用王也。

而寒王者誰也？王驩之徒，雖爲佞幸，乃觀其欲徼孟子之一言，而借輔行以自重，則其不敢顯排孟子於王前，以爭寒暴之勢也，明矣。其能以邪說寒王而使王不聽孟子者，則所謂登壟斷之「賤丈夫」也。

踞人國而樹子弟，得位則爲客卿以持國是，失位則寄館於人國，受其養而遙持其權，以賓師友士爲名，而實府其利。齊王浮慕好士之名，而籠絡此輩以爲招致游談之囮，是以稷下之客，羣居飽食，行小慧，攻淫辭，以詆毁聖賢、破壞王道爲己事。乃其言之辨而智之足以取人主，則孟子所不能得之王而彼能得之於王也。以其時，度其人，齊蓋繁有之，而無如淳于髡之爲尤。觀其稱權禮，責名實，以誚孟子而激之去，蓋已不遺餘力矣。

而寒暑之勢，必不兩立。彼之必欲排孟子也固然，而孟子以「踰尊」、「踰親」責王之不愼，則使得大用於齊，若此流者，其尚能飽食羣居於齊之中國乎？

唯如髡者，固孟子之所深惡而賤之者也；亦使人君自此而輕士，與賤丈夫之開征商之禍者均也。乃王昏不知，且欲以髡輩之禮待孟子。時、陳二子，目移於陋習，而不知其不可。將使齊之君臣視孟子之與髡曾無差別，聽其一彼一此，或進或退，互相辨難，以資談笑。則固齊之君臣狂迷不察，而實若髡者流辱人賤行，有以啓之。乃孟子既已摘發其可賤可惡之實，而終不顯言之，則以其人猥不足道，而無徒增其侮嫚。其折髡者曰「君子之所爲，衆人固不識」，所不屑置之口舌者久矣。

七

魯繆公之有人於子思之側，繆公使之也。齊之待孟子不及子思，自王之過，與留行者何與？孟子以責客之「絕長者」，此微辭也。

其時齊王既不遣人留行，則固已不及子思矣。客當亟見於王，道孟子所以去之故，與其可以留之幾，然後奉王命而來，則初不妨以泄柳、申詳之事行之；待王之悔悟而使之追留，然後可以繆公待子思之禮爲之文焉。

乃自孟子自言之，則亦惟曰「不及子思」足矣。若意中所有泄柳、申詳安身於魯之一法，則固嫌於自辱，而不可見之言也。故當客初入見之時，隱几不應，以使彼自得其意，則必思所以進諫於王而調護之。乃此客者，雖有敬愛攀留之忱，而朴鈍已甚。孟子閔其齋宿之虔，故不得已爲言留賢之道，當爭之於君，而不宜先勸其委曲，此魯人所以能使繆公安泄柳、申詳，而不俾泄柳、申詳之自求安以召辱。

蓋自此言一出，則其人雖退而告王，因銜命來留，而孟子愈不可留矣。至是，已無所復望於客矣。乃其復爾云云者，特教客以留賢事長之禮而已。而要必不可曰「不及泄柳、申詳」，則以事關進退之大節，故教人雖務詳明，而終不可以失己，如其不悟，亦無如之何也。

知此，則不宜於子思、申、泄横分高下，而但於繆公待賢之禮分次第。王業不能如繆公之於子思，不得已而抑思其次耳。倪氏「次焉而齊之羣臣」一段，甚爲得之。又云「泄柳、申詳之事，姑引以言齊之無賢臣」，則猶未達孟子告客之意。

滕文公上篇

一

程子云「故凡言善惡，皆先善而後惡」云云，須看一「故」字。乃謂天理之見於人心而發於言詞，其已然之迹不昧於固然者如此；非繇先言善、吉、是，後言惡、凶、非，而知性之善也。言之先後，只是人所撰之序，非天也，如何可以言而見性？特云善惡、吉凶、是非，須如此說方順口，則亦莫非天理之不可拚耳。

程子且從此近而易見處說似不知性者，使知人心安處便是天理。其實性之善也，則非可從言語上比擬度量底。孟子之言性善，除孟子胸中自然了得如此，更不可尋影響推測。

故曰「盡其心者知其性也」。知其性方解性善，此豈從言語證佐得者哉？言語只是習邊事，足以明道，不足以顯性；足以盡人道，不足以著天道。知此，則苟非知性者而輕言性，縱然撞合，畢竟不親。

二

易曰「繼之者善也，成之者性也」，善在性先。孟子言性善，則善通性後。若論其理，則固然如此，故朱子曰：「雖曰已生，然其本體，初不相離也。」

乃易之爲言，惟其繼之者善，於是人成之而爲性。成，猶凝也。孟子卻於性言善，而卽以善爲性，則未免以繼之者爲性矣。繼之者，恐且喚作性不得。

乃於此則又有說：孟子直將人之生理、人之生氣、人之生形、人之生色，一切都歸之於天。只是天生人，便喚作人，便喚作人之性，其實則莫非天也，故曰「形色，天性也」。說得直恁斬截。

程子將性分作兩截說，只爲人之有惡，豈無所自來，故舉而歸之於氣稟。孟子說性，是天性。程子說性，是己性，故氣稟亦得謂之性。乃抑云「性出於天，才出於氣」，則又謂氣稟爲才，而不謂之性矣。

天唯其大，是以一陰一陽皆道，而無不善。氣稟唯小，是以有偏。天之命人，與形俱始。人之有氣稟，則是將此氣稟凝著者性在內。孟子所言，與形始者也。程子所言，氣稟之所凝也。

易云「成之者性」，語極通貫包括，而其幾則甚微。孟子重看「成之者」一「之」字，將以屬天，然卻沒煞「繼之者善」一層，則未免偏言其所括，而幾有未析也。孟子英氣包舉，不肯如此細碎分割。程子重看一「成」字，謂到成處方是性，則於易言「成之者」卽道成之，卽善成之，其始終一貫處，未得融浹。

氣稟之所凝者，在有其區量、有所忻合上生出不善來。有區量，有忻合，則小。小卽或偏，偏卽或惡。與形始之性，以未有區量而無所忻合，天只公共還他箇生人之理，無心而成化，唯此則固莫有大焉者矣。

氣稟之所凝者，形而有者也。形而有之性，既有區量，有忻合，唯此則固小也。程子之言氣稟，雖有偏，而要非不善，則謂形而有者上通於無極，小者非不可使大也。此終費一轉折。

程子以氣稟屬之人，若謂此氣稟者，一受之成侀而莫能或易。孟子以氣稟歸之天，故曰「莫非命也」。終身而莫非命，終身而莫非性也。時時在在，其成皆性；時時在在，其繼皆善；蓋時時在在，一陰一陽之莫非道也。

故孟子將此形形色色，都恁看得瓕瓏在。凡不善者，皆非固不善也。其爲不善者，則只是物交相引，不相值而不審於出耳。惟然，故好勇、好貨、好色，卽是天德、王道之見端；而惻隱、羞惡、辭讓、是非，苟其但緣物動而不緣性動，則亦成其不善也。孟子此處，極看得徹。蓋從性動，則爲仁、義、禮、智之見端；但緣物動，則惻隱、羞惡、辭讓、是非，且但成乎喜、怒、哀、樂，於是而不中節也亦不保矣。

然天所成之人而爲性者，則固但有元、亨、利、貞，以爲仁、義、禮、智，而見端於人者，則唯有惻隱、羞惡、辭讓、是非之心而已矣。自形而上以徹乎形而下，莫非性也，莫非命也，則亦莫非天也。但以其天者著之，則無不善；以物之交者與發其動，則不善也。故物之不能蔽，不能引，則氣稟雖偏，偏亦何莫非正哉？

或全而該，或偏而至。該者善之廣大，至者善之精微。廣大之可以盡於精微，與精微之可以致夫廣大，則何殊耶？雖極世之所指以爲惡者，如好貨、好色。發之正，則無不善；發之不正，則無有善。發之正者，果發其所存也，性之情也。發之不正，則非有存而發也，物之觸也。

自內生者善；內生者，天也，天在己者也，君子所性也。唯君子自知其所有之性而以之爲性。自外生者不善；外生者，物來取而我不知也，天所無也，非己之所欲所爲也。故好貨、好色，不足以爲不善；貨、色進前，目淫不審而欲獵之，斯不善也。物搖氣而氣乃搖志，則氣不守中而志不持氣。此非氣之過也，氣亦善也。其所以善者，氣亦天也。孟子性善之旨，盡於此矣。

蓋孟子卽於形而下處見形而上之理，則形色皆靈，全乎天道之誠，而不善者在形色之外。程子以形而下之器爲載道之具，若杯之盛水，杯有方圓而水有異象。乃以實求之，則孟子之言，較合於前聖之旨。蓋使氣稟若杯，性若水，則判然兩物而不相知。唯器則一成不改，而性終託於虛而未有質也，易又何以云「成之者性」哉？

唯物欲之交，或淺或深，不但聖、狂之迥異，卽在衆人等夷之中，亦有不同者，則不得謂繇中發者之皆一致。如從未食河豘人，終不思食河豘。然孔子固曰「習相遠也」。人之無感而思不善者，亦必非其所未習者也。而習者，亦以外物爲習也，習於外而生於中，故曰「習與性成」。此後天之性所以有不善，故言氣稟不如言後天之得也。後天謂形生、神發之後，感於天化而得者。

三

後天之性，亦何得有不善？「習與性成」之謂也。先天之性天成之，後天之性習成之也。乃習之所以能成乎不善者，物也。夫物亦何不善之有哉？如人不淫，美色不能令之淫。取物而後受其蔽，此程子之所以歸咎於氣稟也。雖然，氣稟亦何不善之有哉？如公劉好貨，太王好色，亦是氣稟之偏。然而不善之所從來，必有所自起，則在氣稟與物相授受之交也。氣稟能往，往非不善也；物能來，來非不善也。而一往一來之閒，有其地焉，有其時焉。化之相與往來者，不能恆當其時與地，於是而有不當之物。物不當，而往來者發不及收，則不善生矣。

故六畫皆陽，不害爲乾；六畫皆陰，不害爲坤。乃至孤陽、畸陰，陵蹂雜亂而皆不害也。其凶咎悔吝者，位也。乘乎不得已之動，而所值之位不能合符而相與於正，於是來者成蔽，往者成逆，而不善之習成矣。業已成乎習，則熏染以成固有，雖莫之感而私意私欲且發矣。

夫陰陽之位有定，變合之幾無定，豈非天哉？惟其天而猝不與人之當位者相值，是以得位而中乎道者鮮。故聖人之乘天行地者，知所取舍以應乎位，其功大焉。

先天之動，亦有得位，有不得位者，化之無心而莫齊也。然得位，則秀以靈而爲人矣；不得位，則禽獸草木、有性無性之類蕃矣。既爲人焉，固無不得位而善者也。

後天之動，有得位，有不得位，亦化之無心而莫齊也。得位，則物不害習而習不害性。不得位，則物以移習於惡而習以成性於不善矣。此非吾形、吾色之咎也，亦非物形、物色之咎也，咎在吾之形色與物之形色往來相遇之幾也。

天地無不善之物，而物有不善之幾。非相値之位則不善。物亦非必有不善之幾，吾之動幾有不善於物之幾。吾之動幾亦非有不善之幾，物之來幾與吾之往幾不相應以其正，而不善之幾以成。

故唯聖人爲能知幾。知幾則審位，審位則內有以盡吾形、吾色之才，而外有以正物形、物色之命，因天地自然之化，無不可以得吾心順受之正。如是而後知天命之性無不善，吾形色之性無不善，卽吾取夫物而相習以成後天之性者亦無不善矣，故曰「性善」也。嗚呼，微矣！

四

未發時之怵惕惻隱與愛親敬長之心，固性也；乍見孺子時怵惕惻隱之動於心也，亦莫非性也。朱子曰「少閒發出來，卽是未發底物事；靜也只是這物事，動也只是這物事」，此語極直截。

若情固繇性生，乃已生則一合而一離。如竹根生筍，筍之與竹終各爲一物事，特其相通相成而已。又如父子，父實生子，而子之已長，則禁抑他舉動教一一肖吾不得。情之於性，亦若是也。則喜、怒、哀、樂之與性，一合一離者是也。故惻隱、羞惡、辭讓、是非，但可以心言而不可謂之情，以其與未發時之所存者，只是一箇物事也。性，道心也；情，人心也。

惻隱、羞惡、辭讓、是非，道心也；喜、怒、哀、樂，人心也。（其義詳尚書引義。）孟子曰「乃若其情，則可以爲善矣」，可以爲善，則亦可以爲不善也。（說見後篇。）唯其不能卽善，故曰「可以爲善」。如固然其善，則不待「爲」而抑不僅「可」矣。若惻隱等心，則卽此一念便是善，不但「可以爲善」也。

性，無爲也；心，有爲也。無爲固善之性，於有爲之心上發出，此是滿腔仁義禮智之性，在者裏見其錐末。（亦爲受囊故。）故西山以尾言端，則已非萌芽之謂矣。（萌芽卽笋義。）

若孟子言「今人乍見」而生其心者，則爲不能存養者言爾。若存心養性者，一向此性不失，則萬物皆備於我，卽其未見孺子入井時，愛雖無寄，而愛之理充滿不忘，那纔是性用事的體撰。他寂然不動處，者怵惕惻隱、愛親敬長之心，油然炯然，與見孺子入井時不異。非猶夫喜、怒、哀、樂之情，當未發時，雖可以喜、可以怒、可以哀樂，而實無喜怒哀樂也。

發而始有、未發則無者謂之情，乃心之動幾與物相往來者，雖統於心而與性無與。卽其統於心者，亦承性之流而相通相成，然終如笋之於竹，父之於子，判然爲兩箇物事矣。

大抵不善之所自來，於情始有而性則無。孟子言「情可以爲善」者，言情之中者可善，其過、不及者亦未嘗不可善，以性固行於情之中也。情以性爲幹，則亦無不善；離性而自爲情，則可以爲不善矣。惻隱、羞惡、辭讓、是非之心，固未嘗不入於喜、怒、哀、樂之中而相爲用，而要非一也。

或人誤以情爲性，故曰「性可以爲善，可以爲不善」。今以怵惕惻隱爲情，則又誤以性爲情，知發皆中節之「和」而不知未發之「中」也。言「中節」則有節而中之，非一物事矣。性者節也，中之者情也，情中性也。曰繇性善故情善，此一本萬殊之理也，順也。若曰以情之善知性之善，則情固有或不善者，亦將以知性之不善與？此孟子所以於惻隱、羞惡、辭讓、是非之見端於心者言性，而不於喜、怒、哀、樂之中節者徵性也。有中節者，則有不中節者。若惻隱之心，人皆有之，固全乎善而無有不善矣。

總以人之有性，均也，而或能知性，或不能知性，則異。孟子自知其性，故一言以蔽之曰「善」，而以其知性者知天，則性或疑異而天必同，因以知天下之人性無不善，而曰「道一而已矣」。

蓋以性知天者，性卽理也，天一理也，本無不可合而知也。若以情知性，則性純乎天也，情純乎人也，時位異而撰不合矣，又惡可合而知之哉？故以怵惕惻隱之心爲情者，自集註未審之說。觀朱子語錄所以答或問者，則固知其不然矣。

五

須從喪禮、經界上看得與性善義合，方見當時之求小功小利者，皆唯不盡其才，而非能於道一之外別有道也。極乎下愚不肖，做出欺天滅理事，也只是可爲而不爲，於是乎爲所不當爲。不當爲者，乃情上生的枝葉，不擇其所當位者，而妄與物相取也。正經心上做的事，不一直去，直到物來待應時，又不能不有所爲，遂任情中之枝葉，不擇而妄取；及一妄取而無所不爲者，終不能大有爲矣。

且如三年之喪，人心固有之愛裏面元有此節文，但盡著吾性之愛，不敎怠惰，便無不可行。纔一有規避之心，則恰好湊著者父兄百官爲他引向不善之習去。故雖大逆元惡，如楚商臣者，也只是不能勉盡其天性之愛，以致開罪於君親，遂相激而流於極下，若果有窮凶奇惡在其性中也。

又以經界言之，暴君汙吏，也只是一「慢」字害事。慢便是不能盡其性之所可盡者。及至所當爲者不盡，則一切破阡陌、厚稅斂底事，順手順眼，便只管與物相取，則亦情不動於正，而又不容不動，遂以動於非其位者，而日趨於汙暴也。一不慢而君子野人各得其養，則耳目口腹之必資於民者，一萬民惟正之供，而何有不善乎？

故天下別無有惡，只不善便是惡。猶然此君子，猶然此野人，猶然此野人之養君子，配合得不當，不自吾心之經緯儘力度量出的，只物之易取者取之不厭，把吾性之才理撇著全不用事，而一任乎喜怒，遂以爲暴君汙吏而有餘。豈但其氣稟之偏於好貨者爲之哉？不善已著而人見其可惡，去聲。便謂之惡。

暴君汙吏，初無本領與天德王道分路並馳，故曰「夫道一而已矣」。言外之物、內之性，無一不善，但交互處錯亂雜揉，將善底物事做得不好爾。須與猛力，有才皆盡，則藥雖瞑眩，疾無不瘳矣。

六

陽虎偶然見得仁、富之相反，遂作此語。其云「不仁」者，言爲富者之必不求仁也；其言「不富」者，言爲仁之必不求富也。自說得君子小人心術分明，故孟子不以人廢言而舉之。若云「害仁」「害富」，則是仁者必貧而富者必暴。雖云「天理人欲，不容並立」，乃可言人欲之害天理，而終不可言天理之害人欲。害人欲者，則終非天理之極至也。

必云陽虎終身無一近理之語，而言此者以戒爲富者之不當以仁害之；虎雖匪人，然其面詆齊侯而辭其祿，則亦非區區爲守財虜者。令有言皆悖，則亦不成爲姦矣。且此兩言之得，元救陽虎生平不得，何必又從而文致之！

七

朱子於論語註，以「通力合作，計畝均收」言徹，於孟子註，則以「都鄙用助，鄉遂用貢」爲徹，前後固無定論。緣徹之爲法，自孟子外，別無可考，兩者俱以意揣其然耳。故朱子又云：「此亦不可詳知，或但耕則通力而耕，收則各得其畝，亦未可知也。」

乃使爲通力合作，則公田、私田之分，有名無實，而八家亦無固有之業，說得來似好，卻行不得。諺所謂「共船漏、共馬瘦」者，雖三代之民，恐亦不能免也。若於其勤惰之不一者，使田官以刑隨其後，則爭訟日繁而俗益偸矣。先王通人情、酌中道以致久行遠，應不宜爾。

「徹田爲糧」，公劉之詩也，「徹」之名始於此。公劉當夏之季葉而遷徙僅存，勢不能違時王而創制。乃夏用貢法，而井田則始自黃帝。公劉初得民以居，而上下之等級未立，辟草披荆，不能盡同中國之法，故野外、國中，或遵時王之貢法，或用軒后之井田，以順民而利導之。傳至於周興，因仍其遺制，以通貢、助之窮而合用之。則此集註所云「通也，均也」，謂通貢、助而使其法均也，較論語註爲尤通。

八

大抵井田之制，不可考者甚多，孟子亦說箇梗概耳。如周禮言不易之田百畝，一易之田二百畝，再易之田三百畝，則其廣狹不等，溝澮、涂徑，如何能合井字之形！故朱子云「恐終不能有定論」。

至如袁氏以殷家一夫七十畝，八家於八百畝之中以二百四十畝爲萊田，則以遷就井形而不成理。田之或易或不易，因乎地力，若一概以「七熟、三萊」之法準之，則下地之宜一易、再易者，名雖七十畝，而實或五十畝，或三十三畝；上地之不易者，又無故而棄三十畝之腴土於不耕也。

想來黃帝作井田時，偶於其畿内無一易、再易之田，區畫使成井形。殷、周以後，雖其溝洫、涂徑用此爲式，若其授田之數，則八家或授二井，或授三井，不必一井之必八夫矣。至於七十、百畝，殷所以少而周所以多者，眞不可曉。則或七十、百畝者，亦夫田賦稅之法，而非果限諸民也。周既增殷三十畝，則經界必須盡改，其煩勞亦已太甚；而漸次推移，則有棄其故壤而授田於百里之外者，得無有捐墳墓、異風土之悲乎？

考諸考工記，匠人治野之事，既常立一官以司之，而執其功者，取諸公旬三日之役。意者近或十年，久或數十年，有須改正者，則爲之改作。故孟子言「暴君汙吏，必慢其經界」。慢者，不脩理改正之謂也。其法，想亦與今法十年大造黃册，推收過戶之制略同。但在井田，則須加一番土功爾。

大要作一死「井」字看不得。所謂一夫百畝者，蓋亦百畝一夫之謂。從田立戶，而非必因戶制田也。周禮考工及何休、鄭玄諸說，亦只記其大略，到細微處，又多齟齬。更不可於其閒曲加算法，遷就使合。有所通，則必有所泥。古制已湮，闕疑焉可矣。

九

龍子想亦是孔子以後人，觀其文辭，自非西周以上人語。林氏謂以言當時諸侯用貢法之弊，甚爲得之。若謂夏后氏之貢卽有糞田不足、稱貸而益之害，則懸揣千年之上，亦安知其有老稚轉死之慘，而代之流涕以談耶？

以實求之，助之異於貢者名也，而實無異也。孟子曰「其實皆什一也」，以言其無異也。尋常說助法用民之力，而不取其財。乃民之財何從而得之？亦不過取諸其力而已矣。可耕之時，能耕之人，通計只有此數。以其九之一而治公田，則於以治私者必有所不及矣。向令不用其力，彼又豈不可以多得哉？未見農民之有餘力暇晷而以唯上之用也。

變貢爲助，只是做敎好看。故曰：「夏尙忠，殷尙質，周尙文。」質雖簡於文，而較忠則已多曲折矣。上之宜取於民，義也。其所取於民者，爲其力之所獲，又均也。實同，而爲著其名曰，非有所取於爾也，特借爾之力而已矣，此殷道所以降於夏道之忠也。君子、野人之分，自天顯民祇之大常，更何用如此之回護耶？

唯於助法既壞之餘，反而用貢，以恝處人上、不課勤惰、不恤勞苦、不辨凶豐之官吏而刻責於民，則其爲害如此。若貢法既壞之餘，又從而改助，其誣罔農民而以恣農官之漁獵，更有不可言者矣。

總之，法之既壞，且務與收拾整頓，以求其安。若人心已敝，勢重難返，而不揣其本，區區辨法制之得失，以驅疲民而數改之，則其爲禍尤烈。井田者，軒轅氏之良法也，歷久已弊，而禹改爲貢，家天下之大用，莫有甚焉者矣。殷、周偶改之，而諸侯不能率從，故變助而貢，有如龍子之所譏。阡陌既破，古制已湮，人心已革，使復變而助，其不爲王莽者幾何矣。此論古者之不可不知也。

一〇

「不暇耕」，以勢言；「不必耕」，以理言。云「是率天下而路也」，皆言勢之不暇耕也。不暇爲而爲之，爲陶冶則害於耕，猶耕害於治天下也。是勢之不暇者，亦理之不可也。云「有大人之事，有小人之事」，云「或勞心，或勞力」云云，是「天下之通義也」，皆言理之不必耕也。不必自爲而後用之，而非以厲農夫，猶不妨以倉廩府庫自養而得人以仁天下，爲則天以君天下之大德，不得以百畝而分其憂也。是理之不必耕者，實義之不可耕也。此孟子兩頭分破許行處，讀者須與分曉。

集註云「不惟不暇耕，而亦不必耕矣」，乃承上轉入「堯以不得舜」一段線索。慶源於後段亦云「不暇耕」，則埋沒殺「天下之通義也」一段正理。然則使其暇耕也，遂將廢君道而滅尊卑之義哉？後段言「亦不用於耕」，謂雖暇用而亦不用也，與上言「而暇耕乎」、「雖欲耕得乎」自別。

二

集註云「放逸怠惰而或失之」，似於「飽食暖衣」四字斷句，「逸居」連下「而無教」五字作句。以文義求之，非是。逸居者，卽所謂人得平土而居之也。

逸之爲言，安也，非放也。「放佚」之佚，從人從失。此「逸」字，自對勞而言。上巢下窟，禽獸偪人，遷徙搆架，驅避禽獸，則居之不安。人之得「飽食暖衣」者，后稷樹藝之功；得「逸居」者，禹平水土、益驅禽獸之功也。此六字統結上文，轉入「無教」去，見衣之、食之、居之，道各得矣，而聖人之憂猶未已也。不然，則安逸以居，豈便近於禽獸？五品之教，亦非必有大勞焉；而禽獸之躑躅內步於榛棫之中者，亦非以其安逸故而不得同於人也。

三

欲辨異端，亦必知其立說之始末，而後可以攻之。許行之齊物，齊市物之賈也。莊子以「齊物論」名篇，則謂物論之是非，當任其自鳴於天地之閒，而不足與較同異也。「物論」二字一連讀，「齊」字微斷。慶源以莊、許齊物爲同旨，則似生來不曾見莊子，聽得說莊有此篇題，謬猜作「齊物之論」，豈不令莊子笑人地下！雙峰說許行似老子，亦錯。許行微似墨者，皆無君故然。史遷所紀九家，道家，老、莊也，墨家，墨翟、禽滑釐也，許行則所謂農家者流爾。

一三

夷子二本之旨，註、錄俱未看出。朱子云「何止二本，蓋千萬本也」，則旣不知墨，而於孟子之言亦礙。夫苟千萬其本，則是散漫無本矣，孟子胡不直斥之曰生物皆有本而夷子無本耶？

邪說之立，亦必有所以立者。若無會歸之地，則亦不成其說。墨之與儒，公然對壘者數百年，豈漫然哉？天地之閒，有正道則必有邪徑。以尋常流俗，只是全不理會道理，及至理會道理，劈頭一層便得箇稍寬一步、稍深一步見解，苟異其昔日之醉夢無覺者，遂不審而以爲至極，而喜其乍新，利其易致，遂相毆以從之。此邪之與正，自有敎以來，只是者箇窠臼。與聖道亢衡而爭，在漢以後爲佛，在漢以前爲墨，其實一也。

佛雖出於西夷，而引伸文致之者，則中國之人士也。墨衰而佛盛，蓋移彼成此，枝葉異而根柢同爾。墨氏尙鬼而薄葬，唯佛亦然，此皆其見諸用者也。若其持之以爲體者，則二本是已。

聖人之道，從太極順下，至於「乾道成男，坤道成女」，亦說「人受天地之中以生」。然曰「乾道成男，坤道成女」，則形而上之道與形而下之器，莫非乾坤之道所成也。天之乾與父之乾，地之坤與母之坤，其理一也。唯其爲天之乾、地之坤所成，則固不得以吾形之所自生者非天。然天之乾一父之乾，地之坤一母之坤，則固不得以吾性之所自成者非父母。故西銘之言，先儒於其順序而不逆、相合而一貫者，有以知夫横渠之深有得於一本之旨。

若墨之與佛，則以性與形爲二矣。性與形二者，末之二也。性受於無始，形受於父母者，本之二也。以性爲貴，以形爲賤，則一末眞而一末妄。末之眞者，其本大而亦眞。末之妄者，其本寄託和合以生，不足以大而亦妄。性本於天，人所同也，亦物所同也。人所同者，兄之子猶鄰之子也。物所同者，則釋氏所謂萬物與我共命也。故從其大本而眞者視之，無所別也，安得異愛親於愛人物也？至於父母之使我有是形，雖未嘗不爲之本；乃一妄之興，如漚之發，而赤白和合，與妄相吸，因有此粉骷髏、臭皮囊之身，束我於分段生死之中；則其本原以妄立，而其末亦無非妄矣。若執妄末以區宇於妄本之所生，「區宇」說出楞嚴。横據異同，視鄰了不若兄子，則是逐妄末以堅其妄本，而喪其眞本也。故生則愛之，惟其性之存也；死則棄之，墨薄葬，佛（荼）〔荼〕毘。惟其形之賤也。形本妄而銷隕無餘，故生不以形。性恆存而生滅無異，故死亦有覺。故薄葬、尙鬼之説立焉。

要其所謂二本者：一、性本天地也，眞而大者也；一、形本父母也，妄而小者也。打破黑漆桶，別有安身立命之地。父母未生前，原有本來面目，則父母何親，何況兄子，而此朽骨腐肉，直當與糞壤俱捐。其説大都如此。蓋惟不知形色之卽天性，而父母之卽乾坤也。

形色卽天性，天性眞而形色亦不妄。父母卽乾坤，乾坤大而父母亦不小。順而下之，太極而兩儀，兩儀而有乾道、坤道，乾坤道立而父母以生我。則太極固爲大本，而以遠則疎；父母固亦乾道、坤道之所成者，而以近則親。繇近以達遠，先親而後疎，卽形而見性，因心而得理。此吾儒之所（爲）〔謂〕一本而萬殊也。

然唯盡性至命、依中庸而行素位之君子，然後能擇而守之；而非彼乍出於利欲昏㬥之中，纔得脫洒便住下不進，妄謂已得者之所能知也。發其藏，知其所據者如此，墨、佛之妄，不訊而伏其辜矣。惜乎先儒之欲詰盜而不獲其贓也，徒懸坐之曰「千萬其本」，彼豈服哉！

滕文公下篇

一

「不智之罪小，不勇之罪大」，此等語句，纔有偏激處，便早紊亂。夫所謂不勇者，自智者言之也。若旣已不智矣，更何處得勇來？倘使其無知妄作，晨更夕改，胡亂撞去，其流害於天下，更不可言。故罪莫大於不智，而不勇者猶可矜。雖日攘一雞而不知其爲竊，厚斂困農、橫征困商而恬然不知其非義，以此爲罪小，而以「損之，以待來年」者爲罪大，則王維之罪重於安、史，匡章之惡浮於商臣矣！

看聖賢文字而爲之下語，須如天平兊過，一銖黍也差不得。故三達德之序，曰知，曰仁，曰勇。不知則更無仁，不仁則勇非其勇。故必知及而後仁守，若徒勇者則不必有仁。聖賢已自示萬世以權衡，奈何新安之不審而妄言也！如云如不知其非義，則已無足責矣，既知而不速已，則律以責備賢者之條，其罪尤不容逭也，斯乃折中之論。

二

聖賢只做得人分上事，人分上事便是己分上事也。中庸言「盡物之性」，也只是物之與人相干涉者，索與他知明處當，使其有可效於人者無不效，而其不可亂夫人者無或亂也。若天際孤鴻，江干小草，既不效於人，而亦無能相亂，須一刀割斷，立個大界限，毋使彼侵此陵，失其人紀。

故孟子說「天下之生」，集註爲顯之曰「生謂生民也」，正與剔出界限處。其「一治」者，人道治也。其「一亂」者，禽獸之道亂乎人道也。後面說「蛇龍」「鳥獸」，說「沛澤多而禽獸至」，說「虎豹犀象」，說「亂臣賊子」，「無父無君，是禽獸也」，那一端不在者人、禽上分辨！殷、周以上，禽獸之亂人也，傷人之生；衰周之降，禽獸之亂人也，戕人之性。傷人之生，人猶得與禽獸均敵於死生之際；戕人之性，人且爲禽獸驅遣，自相殘食而不悟也。一章之大旨，七篇之精義，盡於此爾。

三

「兼夷狄，驅猛獸」，是一時救亂之功；「咸以正無缺」，方是大治。慶源此說，極爲精密。正德、利用、厚生無一之不備，高明、沈潛、平康無一之或陂，必若此而後可使夷狄、禽獸之患不中於中國。蓋驅飛廉、滅五十國、遠虎豹犀象者，兼夷狄之已滑夏，驅猛獸之已偪人者也；而明刑敕政、制禮作樂者，以防微杜漸，而遠狄行，捐獸心，以定生民之紀者也。

夏、商二代，承治千年，賢聖之君作者固非一也，而其守堯、舜之道者，以漸遠而精意漸失，於是非聖之人，乘道之替而導其君以禽狄之樂爲樂。如色荒、禽荒、牛飲、裸逐之類，皆夷狄、禽獸之樂。心既與禽狄相亂，則身自樂與禽狄相親，以類相求，以氣相召，而夷亂華獸偪人矣。自非力爲滌除更改，煥然一新其禮樂刑政以立人道之極，而遠爲之防，則五十國滅而又有五十國者興，前之虎豹犀象遠而後之虎豹犀象又進矣。此一片中原乾淨土，天生此一類衣冠劍佩之人，如何容得者般氣味來熏染！故兼之驅之，既已廓清，而尤不可使有缺之可乘，使得踰短垣而相干；咸正無缺，以啓後人爲之君師。故成周之治，數百年夷不亂夏，獸不干人，皆周公制作之功也。

四

「孔子作春秋而亂臣賊子懼」，非虛說也。春秋二百四十二年之閒，弒君三十六，而遠國之不相通問者不與焉。春秋既成之後，以迄乎秦，弒父與君之事息矣。秦人焚書，而後胡亥死於趙高之手。自漢以來，春秋復傳，至今千五百餘年，弒君者唯王莽、蕭道成、蕭鸞、朱溫數賊而已，劉裕、蕭衍、郭威皆已篡而後弒。宦官宮妾，則本無知而陷於惡。其餘則夷狄也。然猶不敢稱兵而手刃；自非石宣、安慶緒、史懷義以夷種而爲盜賊，未有弒父者也。以戰國之糜爛瓦解，而田和、三晉之流，敢於篡而終不敢弒。以商鞅、魏冉、韓朋、田嬰、黃歇、呂不韋之狙詐無君，而「今將」之志，伏不敢動，故有妾婦之小人，而無梟獍之大逆。其視哀、定以前，挾目送之情，懷杯羹之恨，曾老畜之不若者，已天淵矣。

朱子曰「非說當時便一治，只是存得箇治法」，則猶未知春秋之功如此其實也。

蓋當周之衰，大夫世官，而各擁都邑，臣主分治，莫有知其別者。不知其別，則直視弒君之與殺路人無以異。雖以冉有、季路之賢，亦且視私室如公家，唯知弗擾、佛肸之爲叛，而不知六卿、三桓之義在當討。則一切背公死黨之士，樂爲欒盈、崔杼、商臣、衛輒用者，方以義烈自許，而遑恤其他！

乃先王封建親賢以君一國，上奉天道，下順民心，故託之崇高而授之富貴。豈與夫六卿、三桓之流，苟藉一時之權寵，君予之祿而卽以亢君者比乎？故春秋一書，正陪臣之不純乎爲臣，而略其叛大夫之責；正諸侯、大夫君臣之分，而篡弒者必目言其惡；乃使天下知君父之尊，自天授之，自王建之，非但富役貧，貴役賤，如大夫、陪臣之以勢合而相事使也。

自微春秋，則富貴者役人，貧賤者役於人，喜則相事相役，怒則相戕相殺，人之所以異於禽獸者，復何有哉！春秋之德業與天地相終始者如此，豈有其名而無其實，但存治法於天下後世也耶？

五

「率獸食人，人將相食」，集註作譬喻說。看來，孟子從大本大原上推出，迎頭差一線，則其後之差遂相千萬里，如羅盤走了字向一般。立教之始，纔帶些禽獸氣，則習之所成，其流無極：天下之率獸食人者，亦從此生來；天下之人相食也，亦從此生。禍必見於行事，非但喻也。

如但爲我，則凡可以利己者，更不論人。但兼愛，則禽獸與人，亦又何別！釋氏投崖飼虎，也只是兼愛所誤。而取人之食以食禽獸，使民餓死，復何擇焉！又其甚者，則苟可爲我，雖人亦可食；苟視親疎、人物了無分別，則草木可食，禽獸可食，人亦可食矣。

楊朱、墨翟，他自是利欲淡泊枯槁底人，故雖錯亂而不至於此。乃教者，智教愚，賢教不肖者也。開一箇門路，說「爲我、兼愛是道」，「拔一毛而不爲」，「鄰之赤子猶兄之子」，從此流傳將去，拔己一毛而利人不爲，則亦將害人軀命利己而爲之；親其鄰之子如兄之子，則亦將漠視其兄子如鄰之子，而兄子可同於鄰人，人肉亦可同於獸肉矣。聖賢之教，雖使愚不肖者擇不精，語不詳，而下游之弊必不至如此。唯其於人、禽之界，分得清楚也。

率獸食人，孟子時已自有此暴行。然楊、墨之教，近理者粗，惑人者淺，則其害止於率獸食人，而未有人相食之事，故曰「將」。春秋傳「易子而食」，甚言之也，猶云「室如懸磬」。莊子稱盜跖膾人肝肉，亦寓言而非實事。自後佛入中國，其說彌近理而彌失眞，直將人之與禽，同作大海之漚，更不許立計較分別。故其言戒殺、戒食肉者愈嚴，而天下人之果於相食也亦因之而起。自漢明以後，如黑山賊、朱粲、劉洪起之類，啗人無異於菽麥，以張睢陽之賢而亦不免矣。悲夫！孟子之言「將相食」者，而果相食也，則佛之爲害其慘矣哉！

蓋苟視此臭皮囊爲赤白和合不淨之所成，亦如糞壤之生蔬穀，而父母未生前別有本來面目，則此泡之聚、捏目之花，熏成妄立之肉骨筋骸，而臠之烹之，以聊塡我之飢瘡也，亦何不可哉！聖人不作，闢之者無力，人之日卽於禽而相殘也，吾不知其所終矣！

六

墨氏二本，他到頭處，也只說一本。蓋以一本爲眞，一本爲妄也。釋氏當初立教，也是如此，故有「萬法歸一」之說。程子勘出華嚴三觀處，華嚴當作楞嚴。拿得眞贓矣。但釋氏又儘會脫鉫尖巧，與朱子所云「楊、墨只硬恁地做」者抑別，故又有「束蘆相交，如藤倚樹」之說，妄旣不立，眞亦不建，所以有蕉心之喻，直是無本。乃抑於妄眞兩捨之外，別尋箇尖穎處搯，故於「萬法歸一」之上，又說箇「一歸何處」。蓋二本之變爲歸一，歸一之變爲無本，無本之變，又爲枯木頭上開花，而釋氏之巧極矣。

仔細思量，好似說夢來。他只管在針頭線尾上覔天地，總爲那大化無心，莫也有時如此在無用上見用。然要之只是人思量不到，見聞不及，則人之所見爲無用者，在大化元自有至誠不息、洋洋發育之功。卻向者閃爍影裏翻來覆去，尋消問息。嗚呼，則又何其愚也！

總爲他在者些伶伶俐俐處，費盡氣力，故把眼前忘了。只自家一腔子惻隱、羞惡，卻教入狹邪處去。天之所顯、民之所祇底君臣父子，卻看作土芥相似。而窮極其情，則但欲將眼前萬理，銷隕無餘，討箇直截快儻路走；許多做不徹處，只一味籠罩過，更不偢倸。則獸食人、人相食之禍，俱從根苗上生出，禍芽逢鏄便發也，哀哉！

七

廉者，廉隅之謂。到迤邐不同處，若囫圇去，則便不成等級。只此是一個大界限，須令分明。人之大界限處，則與禽獸異者是也。此處囫圇沒分曉，便不成廉。

「仲子惡能廉」一句，是鐵斷案。不能廉，則已人而禽獸昆蟲之類矣。「充仲子之操，蚓而後可」，正是說他不廉。賴他尚居於陵之室，食妻之粟，稍與蚓別。若並此删除，則愈與蚓無二。

乃仲子之尚能隱忍而就此二者，豈其志操之能然哉？猶夫人之情，猶夫人之理，不能逃耳。若充其操，則如釋氏之日中一食、樹下一宿，乃可信不失身於盜跖而眞蚓矣。

孟子力辨仲子，只爲人、禽大界限，正爭一「廉」字。想來，仲子一類人，只是他氣稟受得淡泊枯槁，便以此傲世而自賢。使其氣稟稍濃，則貪猥更不成模樣。觀其卞躁褊陋，全沒一些氣象。「出而哇之」，卽不施於母，已自惥惶殺人！者數鸃之鶂，於名義有何重輕，直恁驚天動地，視昊天罔極之父母也比並不得！卽此與口腹之人、珍重丁寧夫殘羹冷炙者何以異！卽此是禽蟲見解，而人之大廉已喪盡矣！

孟子於楊、墨說禽獸，於仲子說蚓，無非爲斯人立人極，以別於異類。似蚓卽是不廉。看蚓之食槁壤、飲黃泉時一段無心無腸、卞躁鄙吝，恰與仲子匍匐三咽時同一昏濁之情。看先王之禮，儷尊列俎，終日百拜，酒淸不飲，肉乾不食，是甚氣象來，方是廉隅整飭，一絲不亂的節奏。集註「然後可以爲廉」、「未能如蚓之廉」，二「廉」字，非是。東陽爲分別周旋，差爲可通。若竟以蚓爲廉，則正以害人心不小。且天下必無有能如蚓者，而堯、舜、周、孔，豈皆其不廉者乎？

讀四書大全說卷九　孟子

離婁上篇

一

以六律正五音，但爲金、石、絲、竹、匏、土、革、木之五音言，而人聲之五音不在其中。蓋人聲之五音一因其自然，直是無可用力正得處。律之所能正者，以立長短、大小、多少、輕重之法，而取清濁、緩急、修促、洪細之定則也。耳無定準，藉數以立質，隨質以發聲，而八音之宫、商、角、徵、羽乃以分焉。蓋八音之有響，雖天地之産，使有可以得聲之材，而其成音也必繇人製。製之自人，則或增或損，無成則而必亂，故必以六律一成之數爲之準，而合於數者合於音矣。若人聲之清濁斂縱，一仍乎自然之喉、舌、脣、齒、齶，一成以還，莫之爲而自動於竅，雖有六律，亦安所施哉？此亦不待審樂者而後知也。

若夫歌唱之節，亦有所待以取和，則又恃五音已正之八音定其疾徐之度耳。故六律者以正五音於八音，而八音者又以其五音之叶正人聲之五音也。在古樂，則房中升歌以瑟，餘樂以笙磬。於今世俗之樂，則南以拍板，北以絃索。古樂今樂，雅、鄭不同，而人聲之受正於五音，不受正於六律，一也。

程氏復心只此不知，乃謂「聖人制五音以括人聲」，矮人觀場，無勞饒舌可已。

二

「有仁心仁聞而民不被其澤」，唯宋仁宗可以當之。其「不可法於後世者」，則漢文、景是已。齊宣王不忍一牛，孟子許其足以王者，猶謂乍見孺子而怵惕惻隱之人可以保四海，無欲穿窬之人可使義不勝用耳。偶然半明半滅之天良，安得遽謂之有仁心耶？

至若梁武帝者，篡其君而推之刃，懼寃報之相尋，思以苟免其人誅鬼讁之大罰，而又擇術不審，託於無父無君之教以自匿；抑且貪非所據，憒不自戢，殺人盈於城野，毒禍中於子孫。正孟子所謂「以其所不愛及其所愛」，不仁之尤者也。乃云「天下知其慈仁」，知之者誰耶？不過游食之髡，飽其利養，讚歎功德而已。若天怒人怨，衆叛親離，本紀可考，安所得「慈仁」之稱哉？

以齊宣愛牛之心而行先王之道，若因半星之火，欲成燎原之勢。自非孟子爲之吹噓播颺之，固必不能。蓋其一暴十寒之心元自不給於用，而擴充之也自非旦夕之功。若彼始爲亂賊、繼爲浮屠之蕭衍，卽使依樣胡盧，行井田，立學校，亦與王莽之效周官以速亡者無以異。安所得澤被於民而法垂於後耶？范氏於是爲失言矣。慶源云「武帝有仁聞而非其眞」，差爲近實。然衍之惡積而不可揜，不仁之聲，遺臭萬年，豈但失眞而已哉！

三

「不愆不忘」兩「不」字，元是工夫字，與無愆無忘不同。不以有意而愆謬之，不以無意而遺忘之，乃能循用舊章以遵先王之道。在詩之以祝王之子孫者，固爲願望之詞，非有率用舊章者，而以贊其無愆無忘之美。孟子斷章引此，亦正於「不愆不忘」顯遵法者學古之功。不得以「不愆不忘」爲無過，「率繇舊章」爲遵法，逆文立意也。遵法而可無過，乃孟子引伸詩人言外之旨，故曰「遵先王之法而過者，未之有也」，以補詩所未言之效。若詩已有無過意，則當以「此之謂也」直結之矣。集註未安。

四

法律之不可勝用，仁之覆天下，雖聖人之以爲法於後世者以此，乃聖人之自以制器審音，平治天下，先須用此。非在聖人獨恃其耳目心思已足給用，但爲天下後世不能如己之不待於法，故須與立箇法度也。

集註似誤看一「繼」字，將耳目心思之既竭，作聖人自用之道，聖人已自了當後，又加上一種方便與後人。如此說來，未免害理。此雖爲上古聖人而言，然其云竭目力之聖人者，豈其明之過於婁、班？竭耳力之聖人者，豈其聰之過於師曠？竭心思之聖人者，豈其睿智之過於堯、舜？則亦但竭其耳目心思，終不能制器審音而仁天下；於是繼求之一定之法，使目有憑以用其明，耳有憑以用其聰，心有依據以行其仁，然後知向之徒勤於耳目之力、心之思者，必至此而後非妄也。規矩準繩元不是目力看出來底，六律元不是耳力聽出來底，不忍人之政元不是師心億度想出來底。

集註「猶以爲未足」一語，殊不穩妥。豈但以爲未足哉！直是耳目心思之力，與形之方圓、聲之五音、天下治平之理，全然湊泊不著。規矩準繩因乎象，六律因乎數。聖人不於目求明，於耳求聰，而以吾心之能執象通數者爲耳目之則。故規矩、六律之所自制，不得之耳目者而得之於心思，以通天下固有之象數，此以心而治耳目也。不忍人之政，上因天時，下因地利，中因人情。聖人不任心以求天下，而以天下固然之理順之以爲政，此以理而裁心思也。故仰觀天文，俯察地理，察邇言以執兩端而用其中。豈有閉門造車、出門合轍之自用者哉！聖人用之而自不可勝用，乃以垂之後世而亦不可勝用，其理一，其效均也。

如謂先王爲天下後世故，制此法度，若聖人之自爲用者，一目擊而方圓卽定，一流耳而五音卽定，一致思而仁卽被於天下，則此聖人者，將如佛氏之觀十方世界如掌中果，一按指而海印發光，一皆成就耶？言之無實，亦不祥矣。

既者，已事之詞也；繼者，遂事之詞也。「已竭耳目心思」云者，勞已盡而績未成也。「繼之以規矩、準繩、六律、仁政」云者，言彼無益，而得此術以繼之，乃以遂其所事也。雙峰乃云「唯天下不能常有聖人，所以要繼之〔以〕不忍人之政㊀」。然則使天下而恆有聖人，則更不須此不忍人之政乎？是孔子既作，而伏羲之易，唐、虞之典，殷、周之禮，皆可焚矣！此老子「剖斗折衡」之緒論，釋氏「黄葉止啼」、「火宅」、「化城」之唾餘。奈何游聖賢之門者，不揣而竊其旨也！

五

人君之所不得於天下者，亦唯不親、不治、不答以敬而已。其以涖下土而定邦交者，亦唯愛之、治之、禮之而已。仁、智、敬之皆反求矣，則亦更有何道之可反求也？只此三者，包括以盡。「行有不得者，皆反求諸己」，是總括上文以起下義。雙峰乃云「上面三句包括未盡，『皆』字說得闊」，徒爲挑撥，了無實義，當亦未之思爾。

六

林氏所云「諸侯失德，巨室擅權」，自春秋時事。逮乎戰國，天下之持權者又不在世卿

㊀「以」字，據四書大全小註引雙峰語補。

而在游士矣。「不修其本，而遽欲勝之」，唯晉厲、魯昭、齊簡爲然。戰國時，列國之卿與公室爭彊弱者，僅見於田嬰、韓朋，然亦終不能如三家、六卿之彊逆也。以蟠根深固之魏冉，而范雎一言則救死之不暇。七國之貴公子者，劣以自保其富貴。安得有君欲勝之不能而取禍者哉？

孟子說「不得罪於巨室」，與周公「不施其親，不使大臣怨乎不以，故舊無大故則不棄也」意同，乃以收拾人心於忠厚仁慈之中，而非有稱兵犯順之王承宗、跋扈不恭之韓弘須爲駕馭，不然則效安、史、滔、泚之爲也。看孟子說「沛然德教溢乎四海」，則其云「爲政不難」者，爲施德教之令主言也。若唐憲宗一流恩、威兩詘之君，本無德教，不足言矣。

孟子七篇，屢言興王業之事，而未詳所以定王業者。唯此一章是已得天下後經理措置之大業。所謂「爲政」者，言得天下而爲之也。得天下而爲之，而先以尊尊、親親、重賢、敦故之道行之於廟堂之上，君臣一德，以旬宣而綏理之，勿使游談之士持輕重以亂天下之耳目，則指臂相使，而令下如流水之原矣。當此之時，君臣一心德而天下待命焉，安所得擅權之巨室，殺之不能，縱之不可，須以處置遙持其生命乎？

裴晉公之進說也，挾韓弘、承宗之叛服以爲辭，而云「非朝廷之力能制其死命」。此等章疏，便是三代以下人習氣。上失格君之道，下乖純臣之義，只靠著禍福聲勢脇持其君以伸己意，而其文字流傳，適以長藩鎮之惡而不恤。以皇甫鎛之不可使居相位爲老臣者，不能正君心於早以杜其萌，則唯稱引古誼，以明貴義、賤利、尊君子、遠小人之大道；若其不聽，無亦致位以去而已。今乃引叛臣之向背以怵其君，使之懼而庸吾言，則己志伸而國是定；卽其不聽，而抑有所操挾以自免於誅逐。其於「以道事君，不可則止」之義，相去遠矣。三代以下無大臣者，此也。奈何引孟子而同之！

七

粗疏就文字看，則有道之天似以理言，無道之天似以勢言，實則不然。既皆曰「役」，則皆勢矣。集註云「理勢之當然」，勢之當然者，又豈非理哉！所以慶源、雙峰從理勢上歸到理去，已極分明。

「小德役大德，小賢役大賢」，理也。理當然而然，則成乎勢矣。「小役大，弱役彊」，勢也。勢既然而不得不然，則卽此爲理矣。

大德大賢宜爲小德小賢之主，理所當尊，尊無歉也。小德小賢宜聽大德大賢之所役，理所當卑，卑斯安也。而因以成乎天子治方伯、方伯治諸侯、諸侯治卿大夫之勢。勢無不順也。

若夫大之役夫小，彊之役夫弱，非其德其賢之宜彊宜大，而乘勢以處乎尊，固非理也。

然而弱小之德與賢既無以異於彊大，藉復以其蕞爾之土、一割之力，妄逞其志欲，將以隕其宗社而死亡俘虜其人民，又豈理哉！故以無道之弱小，而無彊大者以爲之統，則競爭無已，戕殺相尋，雖欲若無道之天下尚得以成其相役之勢而不能。則弱小固受制於彊大，以戢其糜爛鼎沸之毒。而勢之順者，卽理之當然者已。

曹操曰：「使天下無孤，則不知幾人稱帝，幾人稱王。」自操言之，固爲欺凌蔑上之語，若從旁曠觀，又豈不誠然耶？是雖不得謂彊大之役人爲理之當然，而實不得謂弱小之役於人非理之所不可過也。故本文云：「小役大，弱役彊，天也。」自小弱言之，當役而役，豈非理哉！是非有道之天唯理，而無道之天唯勢，亦明矣。

雙峰以勢屬之氣，其說亦可通。然既云天，則更不可析氣而別言之。天者，所以張主綱維是氣者也。理以治氣，氣所受成，斯謂之天。理與氣元不可分作兩截。若以此之言氣爲就氣運之一泰一否、一清一濁者而言，則氣之清以泰者，其可孤謂之理而非氣乎？

有道、無道，莫非氣也，此氣運、風氣之氣。則莫不成乎其勢也。氣之成乎治之理者爲有道，成乎亂之理者爲無道。均成其理，則均成乎勢矣。故曰：「斯二者，天也。」使謂泰有理而非氣，否但氣而無理，則否無卦德矣。是雙峰之分有道爲理，無道爲氣，其失明矣。

若使氣之成乎亂者而遂無理，則應當無道之天下，直無一定之役，人自爲政，一彼一此，不至相啖食垂盡而不止矣。其必如此以役也，卽理也。如瘧之有信，豈非有必然之理哉！無理之氣，天地之閒卽或有之，要俄頃而起，俄頃而滅。此大亂之極，如劉淵、石勒、敬瑭、知遠。百年而不返，則天地其不立矣！

理與氣不相離，而勢因理成，不但因氣。氣到紛亂時，如飄風（飄）〔驟〕雨，起滅聚散，迴旋來去，無有定方，又安所得勢哉！凡言勢者，皆順而不逆之謂也；從高趨卑，從大包小，不容違阻之謂也。夫然，又安往而非理乎？知理勢不可以兩截溝分，則雙峰之言氣，亦徒添蛇足而已。

八

言理勢者，猶言理之勢也，猶凡言理氣者，謂理之氣也。理本非一成可執之物，不可得而見；氣之條緒節文，乃理之可見者也。故其始之有理，卽於氣上見理；迨已得理，則自然成勢，又只在勢之必然處見理。

雙峰錯處，在看理作一物事，有轍迹，與「道」字同解。道雖廣大，然尙可見，尙可守，未嘗無一成之侀。故云「天下有道」，不可云「天下有理」。則天下無道之非無理，明矣。

道者，一定之理也。於理上加「一定」二字方是道。乃須云「一定之理」，則是理有一定者而不盡於一定。氣不定，則理亦無定也。理是隨在分派位置得底。道則不然，現成之路，唯人率循而已。故弱小者可反無道之理爲有道之理，而當其未足有爲，則逆之而亡也。孟子於此，看得「勢」字精微，「理」字廣大，合而名之曰「天」。進可以興王，而退可以保國，總將理勢作一合說。曲爲分析，失其旨矣。

九

「安其危，利其菑，樂其所以亡」，自是三項人。國削兵衄，猶自偸一日之安者，「安其危」也。能爲國家之菑害者，而彼反以爲利，如虞公之璧馬，平原君之上黨，禍所自伏，而偏受其餌者，「利其菑」也。荒淫暴虐，爲酒池、肉林、瓊林、大盈者，「樂其所以亡」也。

不仁者之有此三者，亦各有所因。昏惰而不能自彊於政治，故「安其危」。貪利樂禍，小有才而忮害無已，故「利其菑」。嗜欲蔽錮，沈湎而不知反，故「樂其所以亡」。三者有一，卽不可與言矣。

如宋理宗亦無甚利菑、樂亡之事，而但居危若安，直是鼓舞警戒他不動。梁武帝未嘗安危、樂亡，乃幸侯景之反覆，以希非望之利，故雖自憂其且敗而納景。首禍之心，終不自戢，則人言又何從而入？若唐玄宗之晚節，未嘗安危而利菑也，特以沈湎酒色，而卒致喪敗，則雖知張九齡之忠，而終幸李林甫之能寬假以徵聲逐色之歲月，故言之而必不聽。

三者有一，則必至於亡國敗家。而若楚懷王、秦二世、隋煬帝、宋徽宗，則兼之者。以其昏惰安危貪忮利菑沈溺嗜欲樂亡者而言之，則統爲不仁。然不仁者未必皆合有此三者也。雙峰歸重末句，自未分曉。其意以爲唯荒淫暴虐者，則與集註「心不存」之說相爲脗合。乃集註「心不存則無以辨於存亡之著」一語，亦擡起此不仁者太高。若論到存心上，則中材之主能保其國家者，若問他仁義之心在腔子裏與否，則無論「三月不違」，卽日月一至，乃至一念之分明不昧，亦不可得。然而以免敗亡而有餘者，則未能仁而猶不至於不仁，尚可與言也。人而謂之不仁，豈但不能存其心哉，直已喪其心矣！

心不存者，謂仁義之心不存也；喪其心者，並知覺運動之心而亦喪也。昏惰、貪忮、沈溺之人，他耳目口鼻、精神血氣，只堆垜向那一邊去，如醉相似，故君子終不可與言，弗能爲益而祇以自辱。若僅不能存其心，則太甲、成王之蚤歲固然，正伊尹、周公陳善責難之幾也，何遽云不可與言耶？

一〇

「反身而誠」，與大學「誠意」「誠」字，實有不同處，不與分別，則了不知「思誠」之實際。「誠其意」，只在意上說，此外有正心，有修身。修身治外而誠意治內，正心治靜而誠意治動。在意發處說誠，只是「思誠」一節工夫。若「反身而誠」，則通動靜、合外內之全德也。靜而戒懼於不睹不聞，使此理之森森然在吾心者，誠也。動而愼於隱微，使此理隨發處一直充滿，無欠缺於意之初終者，誠也。外而以好以惡，以言以行，乃至加於家國天下，使此理洋溢周徧，無不足用於身者，誠也。三者一之弗至，則反身而不誠也。

唯其然，故知此之言誠者，無對之詞也。必求其反，則中庸之所云「不誠無物」者止矣，而終不可以欺與僞與之相對也。朱子曰：「不曾虧欠了他底。」又曰：「說仁時恐猶有不仁處，說義時恐猶有不義處，便須著思有以實之。」但依此數語，根究體驗，自不爲俗解所惑矣。

大學分心分意於動靜，而各爲一條目，故於「誠其意」者，說箇「毋自欺」。以心之欲正者居靜而爲主，意之感物而有差別者居動而爲賓，故立心爲主，而以心之正者治意，使意從心，而毋以乍起之非幾凌奪其心，故曰「毋自欺」，外不欺內、賓不欺主之謂也。

今此通天人而言誠，可云「思誠者」人不欺天，而「誠者天之道」，又將謂天下誰欺耶？故雖有誠不誠之分，而無欺僞之防。誠不誠之分者，一實有之，一實無之；一實全之，一實欠之。了然此有無、全欠之在天下，固不容有欺而當戒矣。

「誠者天之道也」，天固然其無僞矣。然以實思之，天其可以無僞言乎？本無所謂僞，則不得言不僞；如天有日，其可言此日非僞日乎？乃不得言不僞，而可言其道曰「誠」；本無所謂僞，則亦無有不僞；本無僞日，故此日更非不僞。乃無有不僞，而必有其誠。則誠者非但無僞之謂，則固不可云「無僞者天之道」也，其可云「思無僞者人之道」乎？

說到一箇「誠」字，是極頂字，更無一字可以代釋，更無一語可以反形，盡天下之善而皆有之謂也，通吾身、心、意、知而無不一於善之謂也。若但無僞，正未可以言誠。但可名曰「有恆」。故思誠者，擇善固執之功，以學、問、思、辨、篤行也。己百己千而弗措，要以肖天之行，盡人之才，流動充滿於萬殊，達於變化而不息，非但存眞去僞、戒欺求慊之足以當之也。盡天地只是箇誠，盡聖賢學問只是箇思誠。卽是「皇建其有極」，卽是二殊五實合撰而爲一。

二

孟子言「皆備」，卽是天道；言「擴充」，卽是人道。在聖學固不屑與鄉原之似忠信、似廉潔者爲對，在王道亦不屑與五伯之假仁假義者爲對。學者先須識得此字，然後見處眞，立處大，可有至百步之力，而亦不昧於中百步之巧。若將此「誠」字降一格，使與「欺」字「僞」字作對，則言必信、行必果，硜硜然之小人便是配天之至誠矣。

格、致、誠、正、修、齊、治、平八大段事，只當得此「思誠」一「思」字，曰「命」、曰「性」、曰「道」、曰「教」，無不受統於此一「誠」字。於此不察，其引人入迷津者不小。

廣平引大學「欲誠先致」釋明善、誠身之序，自是不謬，以致知、誠意是思誠者知行分界大段處也。若慶源死認誠意爲誠身，而孤責之隱微之無欺，則執一礫石而謂太山之盡於是，亦烏知其涯際哉！

二

文王當商命未改之時，猶然受商之鈇鉞以專征，故無圖天下之心，而後爲大公無私。若孟子所以期當時之侯王者，則異是。周德已訖，而民之憔悴甚矣。天命須是教有所歸，斯民須是令之有主，此亦有廣土衆民者義之所不得辭。則但行文王之政，不必心文王之心，而已無媿於文王。

況乎漢高之王漢中，秦已亡而天下裂，義帝之在郴南，初未嘗正一日君臣，如夏、商世德相承之天子，爲漢之所必戴也。至項羽之稔惡已盈，固不足以爲盟主，分漢王於漢中，非所宜順受之命。使漢君臣不以天下爲圖，徒保守一隅，養民致賢而一無所爲，爲之，則一吳芮、尉佗而已矣。集註以私罪漢，未合於時措之宜也。

到廓然大公處，卻在己在人，更不須立町畦，自貽胸中渣滓。上審天命，下察人心，天理所宜，無嫌可避。使文王而當七雄、秦、項之際，上無可服事之故主，下無可推讓之鄰國，又豈得不以天命不可曠、民望不可違爲大公至正之道哉！

七雄之不仁，項羽之不義，既惡劇於崇、密而必不可北面事之；苟有其德，允當其位，而當此兩不相下之勢，如項羽之不併天下不休者，又豈如四海乂安，僅保一方之三苗可舞干而格？則以天下爲己任者，「勿貳爾心」，而夙夜以期乎必濟，正以其身爲天下用，而不徇小名小義以自私。藉令漢高而忘天下也，膜視此中國糜爛瓜分於項氏之手，又豈文王之所忍爲乎？

乃若漢高之德媿文王者，則其所致之賢非伯夷、太公、顛夭、宜生之屬，兩生、四皓終不見庸，而濫以大爵施及噲伍；其養民之政，因陋就簡，使五帝、三王強教悦安之大德斬焉不傳於後世，斯以爲周、漢醇疵之差別爾。若其圖天下於秦、項之手而往必求濟也，則與堯、舜、湯、文何異道之有哉？

一三

以手援嫂，自是驚天動地事。集註云「非若嫂溺可手援」，忒把手援看作等閒，坐爲孟子「子欲手援」一語賺惑。孟子自緣淳于髡滑稽無賴，到底不屑與他正經說，只折合得他便休。其與告子、任人輩語，皆然。「子欲手援天下乎」，非法語也。

此處唯南軒及朱氏公遷看得精析不亂。嫂溺自是用常禮不得處，與湯、武征誅，伊、周放戮，大舜不告一例。若當時天下之溺只是正道上差錯了，要與他整頓卻易，只消得守道之常爲之匡正，則事半而功已倍矣，何用似以手援嫂，做出者樣非常事來！

故孟子之道，合則行，不合則止，猶男女無別時只依著授受不親之常禮，便足整頓。自生民以來，一治一亂，聖賢看來全無詫異；而緜亂向治之時，爲之撥亂反正，大經大法，如運之掌，固不消手忙脚亂也。其云「子欲手援天下乎」，謂援處與溺處各有登對，無事張皇，如嫂命濱危，須破禮合權耳。

一四

雙峰說：「曾晳不私其口腹之奉，常有及物之心，這便是好底意思，曾子便能承順他。」此言害道不小。子之事親，若在飲食居處之際較量著孰得孰失，得則順之，失則逆之，卽此便是不孝之尤。陳了翁云：「臣弑君、子弑父者，常始於見其有不是處耳。」見其有是，卽見其有不是矣。

以餘食及人，當甚好處？曾子、曾元皆處貧約，卽撙節而俾無失肉，以得盡養，亦未便是不好。曾元胸中正執此道理與父母計較耳。且餘食之所及者，果飢寒待此以爲命者乎？或在童稚，或在僕妾，亦只是呴呴之愛。有如父索所餘之財貨，以授非所當得之愛妾，則固溺愛不明而陷於惡矣。

乃天下不孝之子，纔於此辨是非，便做出逆天大惡來也不顧恤。故舜之琴、弤、干、戈，自非象之所宜得，然使父母欲以與象，豈便固執不與？「天下無不是底父母」，則亦無是底父母也。凡此之類，父母卽極其不是，也只欣然承順。雙峰云「要諭之使合於道」，一諭便是責善，責善便是爭，爭便是忤逆。父子之閒，各執一是以相訟，而人道滅矣！

若禮所云有過則諫者，自是關係行檢大綱目處，豈在臠肉、杯酒、斗粟、尺布之閒苛求其得失！貴戚之卿，且必君有大過而後諫，況子之事親耶？且過之大小，亦因乎人之生平。若文王、孔子以爲父，則一舉動之可疑，不妨以異同請益；若在瞽瞍，則但不格姦而已足。至於言行好惡之紕繆，一一而辨其得失，將終日疾首蹙頞於問安視膳之時，卽欲求一刻之承歡而不得矣。

故唯親之可諭於道而不怙其惡者，乃可施其幾諫，要亦須於己所修之子職了無干涉，然後可見之言詞。此非以避嫌也，纔到干涉處，恆人之情便易動怒，相激而爲賊恩之事，所必至矣。故曰：「直情徑行，夷狄之道也。」新安云「一飲一食之閒，尚承親志如此，況其立身行己之閒乎」，只此極得曾子之心。

一五

舜之於瞽瞍，便盡索其所有以與象，亦須訢然承順。至於舜之孳孳爲善，莫之能禦，雖非瞽瞍之所欲，則又不敢量其親之必無此志而不以玄德爲承志也。

在親自有志、事之分，在我又有失身、不失身之別。親既不但有其志，而見之言語動靜，如問有餘之類。於我則雖不盡當於道，而終不至於失身，如以餘食與非所當與者。者處正好行其「天下無不是底父母」之心。故舜之牛羊、倉廩、琴、弤、干戈，便瞽瞍將授之盜賊，也不得留纖芥於胸中。

其不可者，唯欲使象代舜爲天子耳。以天子之位，天授之，堯禪之，非舜之有也。人子之於親，能有幾樁事物與舜之有天下一例，乃忍區區較其爲公爲私、爲得爲失哉！甚矣，雙峰之俗而悖也。

一六

唯瞽瞍欲以舜之天下與象，則不可承順；若泰伯、伯夷，則亦必訢然承順。舜受堯之天下，本非所有而以道受之。徇私親而以與象，便是失道，失道則失身矣。泰伯、伯夷以世及之國，幸親不以與異姓而欲授其弟，則承志而逃之，方是求仁，方是至德，方是不失其身。叔齊之賢不能過伯夷，而以偏愛故，亂長幼之序，雙峰所云「不好底意思」，孰甚於此！浸令伯夷見親之過，而欲以諭孤竹君，使勿紊長幼之禮，豈非衞輒之流亞乎！且到者處所，豈但伯夷，卽凶悍貪嚚之子，也難出口去諭。欲諭而不能，而又懷必諭之心，懷忿浸淫，而商臣之惡起矣。故曰：雙峰之說害道不小。

一七

「人之易其言」與「好爲人師」兩「人」字，雲峰以爲與大學「修齊」章「人」字不異，亦自分曉。但爲「易其言」者說，則所謂徵色發聲而後喻者，自不可與上智同年而語。然苟有責而不易其言，猶在困學之科。雲峯云「爲泛然之衆人而言」，則又太屈抑之矣。泛然之衆人，一面受詬罵，一面讕言無忌也。若惠施之遇匡章，理愈窮則詞愈嫚，又何嘗肯自媿怍而息其邪說，況悠悠之人並不逮惠施者乎？至於「好爲人師」者，則泛然之衆人固不特無其事，而抑並無其志，且雖「好」之，而人終不師之，則亦何「患」之有？

雲峯緣書言「斆學半」，禮言「教然後知困」，孔子以朋來爲樂，孟子樂得英才而教育，疑聖賢之不以此爲患，故有「泛然衆人」之說，乃不知決一疑，又入一疑也。解聖賢文字，須如剝筍相似，去一層，又有一層在，不可便休，須到純淨無殼處，筍肉方見。

孟子此言，元對當時處士而言。聖賢既不以爲患，衆人又無好爲師之事，唯若惠施、公孫龍一流人，他不理會自家，只要開立法門，終日揣摩卜度，宛轉曲折以成其說，千枝萬葉，總欲璀璨動人，苟仲其一偏之旨，而以爲人所宗主。只此他劈頭便從虛誑上著力，故其學之也亦非不博，思之也亦非不深，執之也亦固，而推之也亦遠，乃其意中，唯有此爲師之好，將孔子也看做恁樣做出來底，則迎頭便差，墮入非辟。故曰人之患在此，以其蔽、陷、離、窮，「載胥及溺」而莫能淑也。

凡此一類，皆有過人之資，而又不無好學深思之事；乃以徇名求利、自尊好勝之心，可惜此一項有用人才墮入禽狄去，故曰患。患者，自外來者也，非其所應有之憂，而以一好累之，則既可深惡，而抑可深悼。如人之有病患，非形體所固有，乃以不正之氣所感，流傳腑藏，遂以傷生者然。

孟子當時，饒有此人，只貪一箇北面臯比，「後車數十乘，從者數百人」，便惹下人心世道一大害來。故直指他受病根本，爲此輩淸夜鐘聲：言汝之所以舍正路，放本心，而放恣橫議者，只在此處，趁門風，圖利賴而已；若能去此一好，則以汝之才，亦何至充塞仁義而率獸食人乎！此所謂可深悼者也。

乃儘他說得天花亂墜，公然與堯、舜、周、孔爲對壘，也只是收合一起閒漢、做成一部文章的本願。勘破他此處，卻元來自家也不曾果有邪僻在，但爲些須名利，造下者場虛謊，此則所可深惡者也。

後來王仲淹全是此病，而韓退之亦所不免。通也，愈也，亦豈汎然之衆人哉！近世龍溪以下諸儒，傍釋氏之門庭，以入流合俗而建宗風，蓋亦不讀孟子此語耳。

一八

「實」與「本」確然不同。本者，枝葉之所自生；實者，華之所成也。集註謂「有子以孝弟爲爲仁之本，其意亦猶此」，是大綱說道理，恐煞說二者是實，則嫌於以仁民、愛物、貴貴、尊賢等爲虛花，故通諸有子之說，以證其有可推廣相生之義。實則有子之意，以孝弟爲爲仁之本，教學者從此立定根基發生去，孟子則言凡盡五常之德者，皆當以此爲實也。

若一向在外面去做，卻於二者有缺，則是心已不著在腔子裏，與自家根本眞心相體認，儘著外面推排，都是虛殼子撐架著。尋常說仁、義、禮、知、樂，及至反躬自驗，而其或爲切近，或爲迂遠，或爲精實，或爲虛疏，一倍了然自喻，知唯此之爲實矣。

諸說唯西山說見大意。劈頭仁、義二條，卽是教爲仁義者一依據緊要事，故五「實」字一般元無差異。雲峯橫生異同，將前二「實」字作人本心說，便不得立言之旨。

若論原頭發生處，但有遠近親疏之別，初無先後之序。人性之中，仁義之全體大用，一切皆備，非二者先而其餘皆後。一落後，則便是習，不是性矣。唯斯二者，痛癢關心，良心最爲難昧，故曰「實」。當身受用處，較其餘自別。如穀有實，乃是人喫得飽滿物事也。雙峯及張彭老之說，皆不合本旨。

一九

蔡氏將「知而弗去」作兩件說，眞成詫異；向後引證，愈見支離。說是、非爲二，又與此「知明」「守固」不相干涉。倏而此爲二，倏而彼爲二，就蔡氏言之，已爲四矣。況從是而往，盡智之用，有千萬而無算者乎？禮有三統，樂有五音，又豈禮有三實，樂有五實邪？

其曰「如五行水土，俱旺於子」，乃不知土生於申，是術家附會安排，大不恰好處。使土果生申而旺子，則月令位土於長夏之中宮，當午、未之餘尚在未得長生之地，而辰亦土位，恰當墓庫，又何說也？卽以術家之言推之，亦當謂土生於辰、巳之交可耳。水、土相剋，故不得同宮俱王也。

且此亦何足爲四德五常徵！生王之說以化氣言，四德五常以體性言。如水生申，旺子，絕巳，豈人心之智，亦申生、子旺而巳遂絕耶？

又云「五臟，心、肝、脾、肺皆一，而腎獨二」，其說尤鄙。腎有二，肝與肺且不啻二矣。且以六腑言之，太陽寒水爲膀胱，膀胱亦有二耶？內形旣然，外形亦爾。如口一而耳、目、鼻皆二，其於五常四德，又何象哉？

形而上之道與形而下之器，雖終始一理，卻不是一箇死印板刷定底。蓋可以形而上之理位形而下之數，必不可以形而下之數執形而上之理。若撇下本領，只向畫影、圖形、握算子、分部位上討消息，雖其言巧妙可觀，而致遠必泥，君子不爲也。

孟子說「知斯二者弗去」，只是一套話，說教詳盡，何嘗分爲兩扇，如腎二枚相似！慶源云「知旣明，則自然弗去」，較之蔡說，自免於邪。然孟子一「知」字，只淺淺說，故加箇「弗去」，未嘗如慶源於「知」字下加一「明」字說得盡也。

以實求之，事親從兄，初無深隱莫察之蘊，亦人所易知，而特難於弗去。其所以難於弗去者，以斯二者與其他事理不同。凡理之有所得而復去者，類爲私智邪說之所亂，故知之明則不復去。乃斯二者，雖極不孝不弟之人，亦無私智邪說爚亂他，別作一番假名理，只是其知之也不能常常不昧，一會惺忪，一會懵懂，遇昏著時便忘了也。

「去」字當如字讀，與「不違仁」「違」字一義。俗作上聲讀者不通。常知不昧，便是弗去。恰緊在弗去上見智，非恃其知之明而卽以弗去也。故慶源之說賢於蔡氏，而要於此未當。

二〇

事親方是仁之實，從兄方是義之實，知斯二者方是智之實，節文斯方是禮之實，樂斯方是樂之實。若不於斯二者盡得，則雖愛以爲仁，敬以爲義，明察以爲智，習儀以爲禮，嫻於音律舞蹈以爲樂，卻都是無實；無實便於己不切，卽非心德。孟子立言之旨，大概如此。

所以到樂上，又須引伸一段。緣樂之爲教，先王以和人神，學者以治性情，似所用以廣吾孝弟者，而非孝弟之卽能乎樂，故孟子又推出學樂者一段眞情眞理來。自非心有日生之樂，志和氣順，以手舞足蹈，自然無不可中之節奏，則竟不可以言樂。故學者之學於樂，必足之蹈夫舞綴之位，手之舞夫干羽之容，得之心，應之手足，不知其然而無不然，斯以爲樂之戊。然使其心之樂不日生不已，則非其鬱滯，卽其放佚，音節雖習，而不可謂樂也。唯能以事親、從兄爲樂，而不復有苦難勉強之意，則心和而廣，氣和而順，卽未嘗爲樂，而可以爲樂之道洋溢有餘；乃以之爲樂，則不知足蹈手舞之咸中於律者，斯以情益和樂，而歌咏俯仰，乃覺性情之充足，非徒侈志意以取悅於外物也。此樂孝弟者所以爲樂之實也。

「樂斯二者」一「樂」字有力，是事親、從兄極頂位次。孔子所謂「色難」者，正難乎其樂也。故朱子曰：「要到樂處，實是難得。」不是現成樂底，須有功夫在。其始亦須著意，但在視無形、聽無聲上做去，調治得者身心細密和順，則自然之樂便生。自然之樂，是「生」字上效驗，勿誤以解「樂」字。始樂時，一須加意去樂，此聖賢一步喫緊工夫，不可删抹。

足蹈手舞，自當如慶源說，是作樂之事。不然，此二語更無歸宿。聖賢恰緊文字，斷不作有說無義、鏡花水月語也。若莆田黃氏向此段無「是也」二字作商量，一片閒言游語，讀之令人欲噦！

說事親、從兄，便有知之弗去，節文而樂在裏面。抑能知之弗去，節文得當而樂之，方叫得事親、從兄。雙峰以智、禮、樂爲「道生」，大是差謬。作文字時，須如此宛轉分配，實則言人能常知事親、從兄，外盡其節文而內極其和樂，則仁、義、禮、智、樂之實皆在是也。

集註「然必知之明」云云，是朱子補出言外之意，非孟子大旨，其欹重知，亦微有病。蓋愛之推及民物，敬之施於貴與賢者，求以盡仁義之大用，則存乎知、行之並進；而事親、從兄，在孩提稍長而已知，其喫緊工夫，唯力行而已。天下之不能事親、從兄者，豈不知親之當事、兄之當從哉！故於智必言「弗去」，常提醒此心明了不忘，是之謂智。非未行之前，日取事親、從兄之理，學之問之，思之辨之，以致其知也。

論語集註「知猶記憶也」，恰與此處脗合。知處有工夫而無條目，只分明記憶得便是。若夫事親、從兄所應修之職，辨之須明而處之須當者，在此章則又屬禮之節文，而非智之事。故曰：「知」字說淺，不須加一「明」字。兼乎華，則並尚知，純乎實，則專尚行，集註於此，不無滲漏。

二二

「不可以爲人」，語意極嚴；「不可以爲子」，較寬一步說。「不順乎親」，是子道之未盡，而不可以爲吾父之子也。「不得乎親」，則人而禽矣。

朱子「人是大綱說」一段文字差錯。此處輕重失審，則將有輕天性之愛，而專意於責善者。舜恰緊仕得親上，故曰「盡事親之道」。延平先生「無不是底父母」一語，正於此立萬世之權衡。

二三

「各止其所而無不安」，集註此語說得廣大。如申生固能爲人之所不能爲，卻令天下之父子許多疑難處依舊不得箇安靜在。中材以下，要死旣難，賢智者又慮死之猶未爲盡道，從此便開出歧路，以至不忍言之事而亦犯之。舜卻平平常常，移易得恰好，依舊父愛其子，子承其父，天下方知無難處之父子，何用奇特張皇，不安其所而強有事也！孟子此語，籠罩千萬世智愚賢不肖父子在內，故集註以廣大深微語配之，讀者勿忽。

離婁下篇

一

舜之於父，文王之於君，俱非「行乎中國」事，而尤不可謂之「得志」。孟子所言乃大行之常道，南軒所云乃憂患之微權，相去正猶逕庭。若論聖人處權變，則道固不同。舜傳賢而禹傳子，文服事而武伐商，一堂之父子君臣早已異矣，況千歲而可執一耶？

新安「此心此理」之說，自象山來。象山於此見得踈淺，故其論入於佛。其云「東海、西海」云云，但在光影上取間架，捉線索，只是「三界唯心」一籠統道理，如算家之粗率。乃孟子之言「一揆」也，於東夷西夷，千歲前後，若論心理，則何有於時地！以時地言者，其必以事跡之因時而制地者審矣。

聖賢之立言也，正在天理爛漫、形著明動上徵道之誠然；終不向燭影螢光尋個相似處測其離合。而孟子一書，十九爲當時藥石，顯眞理以破妄說。此一章書，自緣戰國游談之士，非先王之道者，謂時異地殊，法必改作，不可以虞、周之治治今日，不可以蒲坂、岐陽之治治他國，故孟子顯示兩聖人所以行乎中國者，時地相去之遠如此，而所以揆度天下之務者無異。「揆」字自當如慶源解，玩「其揆一也」文義自見。則齊、楚、秦、趙何不可移易之風俗，而井田、學校何徒可行於古而不可行於今！彼壞法亂紀，苟簡趨時以就功名，如趙武靈、商鞅、李悝者，徒爲亂而已矣。

朱子於學庸章句、論語集註，屢易稿本，唯孟子註未經改定，故其閒多疎略，未盡立言之旨，如此類者不一。而門人後學以師說未定，輒借陸氏之詖詞附會成義，以叛入異端。後學之責，當相與修明，豈得雷同以遵註爲了境邪！

二

「行辟人」，亦是平政之事。尊卑等秩，各安其所，正所謂政也。君子之平其政，至於「行辟人」而可，則雖不近人情，而自尊卑人，亦以爲平也。此二語是救正子產不知大體處。焉有大夫之車而庶人可乘之以渡水者乎？此二句是一意。「焉得人人而濟之」，連下三句是一意。孟子文章簡妙處，不須立柱子，分對仗，只一氣說下，自有片段。蘇氏唯不知此，故以閒架文字學孟子，文且不相似，而況其道乎！

集註亦於此看不出。浸云君子能平其政矣，則雖行辟人焉而亦可，然則政之未平者，便當罰教與百姓肩摩衽接，一場胡鬨耶？

看文字，須向周、漢以上尋章法，不可據八大家割裂排仗，勾鎖分支。此其得失雖小，而始於害文者終於害意，始於害意者終於害道，亦非細故也。四書分節處，不可執作眼目，類如此。

三

朱子說子產有不忍人之心，而不能行不忍人之政，貼得孟子本意分明。唯其有不忍人之心，所以可謂之「惠」。慶源譏其有內交、要譽之心，此酷吏生入人罪語。儒者立法嚴而宅心恕，不宜爾也。

惟其有不忍人之心，故孟子以「不知爲政」箴之。令其有內交、要譽之心，則此種徹底詐僞人，不知爲政，姦亦不深；使其嫺於政理以濟其姦，則惡益滔天而無忌矣。子產自是赤心救國一箇社稷臣，終不似陳氏之厚施，王莽之謙恭，唯以內交、要譽爲心。王莽以有此心，故一部周禮依樣畫出，適以流毒天下。故曰：知爲政以濟其姦，而惡益滔天也。

孟子說「五伯假之也」，亦只在事上假。若論他立心處，雖有不端，卻一直做去。若觸處便起私心，雖在拯溺救焚時也只在內交、要譽上商量，則天下又豈可盡欺！只一兩端，便雪融尸現，直成一事不得，又何以爲五伯，何以爲子產，而孔、孟且以「惠」許之邪？

四

孝經云：「資於事父以事君而敬同，資於事父以事母而愛同。」則君之與父，不得合敬而又同愛矣。「天下無不是底父母」，延平此語全從天性之愛上發出，卻與敬處不相干涉。若論敬，則陳善閉邪之謂也。苟不見邪，更何所閉？潛室套著說「天下無不是底君」，則於理一分殊之旨全不分明。其流弊則爲庸臣逢君者之嚆矢；其根原差錯則與墨氏二本同矣。

君之有不是處，諫之不聽，且無言易位，卽以去言之，亦自須皁白分明。故湯、武、伊、霍之事，(旣)〔概〕與子之事父天地懸隔，卽在道合則從，不合則去，美則將順，惡則匡救。君之是不是，絲毫也不可帶過，如何說道「無不是底」去做得！若人子(見)〔說〕道「無不是底父母」，則諫而不從，終無去道也。

如云此自君之加我者而言之，而非自其用人行政之失言也，乃去就之際，道固不可枉，而身亦不可失，故曰「士可殺而不可辱」，假令君使我居俳優之位，執猥賤之役，亦將云「天下無不是底君」，便欣然順受邪？

韓退之唯不知道，故其擬文王操有云「臣罪當誅兮，天王聖明」，顯出他沒本領、假鋪排勾當，又何曾夢見文王心事來！朱子從而稱之，亦未免爲其佞舌所欺。

夫使文王而以紂爲聖明也，果其心見以爲然邪，抑心固知其不然而姑爲此愛之之語邪？果其心見以爲然，則是非之心已爲恭敬所掩，所謂「之其所畏敬而辟」，愛而不知其惡矣。如知其不然而姑爲此語，則與王莽之泣禱於天，願代平帝之死者，又何以別？

聖人人倫之至，不是脣舌賣弄底。君之當敬，豈必聖明而後敬哉！故曰「不以舜之所以事堯事君，不敬其君者也」，而豈得以舜之所以事瞽瞍者事君乎？如云「臣罪當誅」，則文王自見當誅，必將以崇侯爲無罪矣，而又胡爲乎伐崇也？

聖人一誠而已矣。爲臣而盡敬於君，誠也。君之不善，不敢以爲聖明，己之無罪，不敢自以爲罪，亦莫非誠也。「臣罪當誅，天王聖明」，則欺天欺人，欺君欺己，以塗飾罔昧冥行於人倫之際，而可以爲誠乎？

孟子「國人」、「寇讎」之言，不爲無過，卽以孟子去齊宿晝之事證其不然足矣。韓退之以私意窺聖人，（慶源）〔潛室〕以淺見學延平㊀，非予所知。

㊀ 據本段上文「潛室套著說『天下無不是的君』」句，此句慶源當是潛室之誤。下頁「正與慶源之襲延平同病」句，慶源亦當作潛室。

五

卽於唐、宋人詩辭求之，自有合理體語。如云「執政方持法，明君無此心」，云「不須愁日暮，天際乍輕陰」，既不失忠愛之旨，而緇素自在。較諸「臣罪當誅，天王聖明」之語，豈不有誠僞之分也！

說到自家忠孝分上，一勦襲卽入大妄。退之是從凱風「母氏聖善，我無令人」勦來，正與（慶源）〔潛室〕之譏延平同病。胸中無眞血性，只依他人見處，一線之差，便成萬里。如退之說「博愛之謂仁」，亦是如此。繇他胸中未嘗有仁，只攬取近似處，湊手作文字。其實他人品心術，卻在顏延之、庾信、杜甫、韋應物之下，細取其詩文讀之，敗露盡見也。

六

孟子所謂「大人」，皆自道也，是「充實之謂美」進一步地位，不屑屑與小人對。橫渠「精義入神，觀其會通」等語，極切。義理充實，方有可會通之勢。不得充實，便有缺陷處，則靠支貸處去補。補處早是窒礙，如何會通得？既已充實，而又致其精義入神之功，則光輝生於篤實之中，便禮義皆從天眞流出，何至有「非禮之禮，非義之義」！

禮義從中流出，充滿篤實，大要得之「養氣」；其會通而入神以有其光輝者，大要得之「知言」。至此，便渾身在天理上恣其擇執，此幾與孔子「不惑」「耳順」同一境界。但須著

「弗爲」字有力，則未至於從欲不踰、化、不可知之境耳。

以此知孟子之所云「大人」者，皆自道其所至，而非但對小人而言也。「非禮之禮，非義之義」，爲之者未便大差，豈至於與似是而非者同科！其云「似是而非」者，雲峰之妄也。似是而非，則固非矣；今云「非禮之禮，非義之義」，猶然爲禮義也。似是而非，乃鄉原之以亂德者。如原思辭粟，自是「非義之義」，豈遂如紫之奪朱、莠之亂苗哉！

只緣大人以降，義禮有不足處，如貧家請客，烹飪未能合宜，不獲已，且與遷就。若集義而無所餒，學不厭，教不倦，而言入心通，則如官山府海，隨所取舍，不至有「何有何亡，黽勉求之」之事矣，曾何小人之足云！

七

言養，則自與教不同，非君子之須有異術，乃受教、受養者之品地別也。教是箇大鑪冶，「與其潔而不保其往」者，無不可施，故不可行之於子弟。養須是有可養之具，倘如荑稗，縱然養就，亦不成穡。

集註謂「無過不及之謂『中』，足以有爲之謂『才』」，即此二語，自有分曉。或過或不及而未足有爲者，自不至如「夫子教我以正，夫子未出於正」之頑訟也。唯在所養之人爲有可養之材，故或不須董之以威，而待其自熟；乃欲養之，則必盡其壅培修剔之力，而非有所故爲寬假。此於「君子不教子」常法之外通一格，言子弟之可養者，不當執不教之律，坐視其可以有成而棄之。

養與棄相對說，只重在不棄，不須於「養」字上作從容縕藉解。書稱「敬敷五教在寬」，與此全別。彼言教愚蒙不可使知之民，此言可養之子弟；彼言敷五教，大綱不干名犯義，是粗底事，此言養之使中且才，進德修業，是精底事。新安引據全差。

八

朱子說「著箇『不失』字」，便是不同處㊀，極須向不同處分曉。若認大人、赤子了無不同，則已早侵入異端界也。

凡看古人文字，有顛倒讀皆順理者，有只如此順直說倒不得者。如「大人者正己而物正者也」，則倒說「正己而物正者大人也」亦可；若此章，則倒說「不失其赤子之心者大人也」不可。「不失其赤子之心」，未便卽是大人，特謂大人者雖其篤實光輝，而要不失其赤子之心也。在「有諸己之謂信」者，已能不失其赤子之心矣。此數章書，自相連說下，反覆見意。大人者言雖不必信，行雖不必果，而赤子之心則必不失。無不誠之明，無無本之道也。

赤子之心，是在人之天。集註云「無僞」，與易「无妄」一義，繇人見其無僞，非不爲僞

㊀ 四書大全引朱熹語：「『不失赤子之心』，著箇『不失』字，便是不同處。」「不失字」三字原脱，據補。

之謂。赤子豈刻意而不爲僞者哉！

大抵人欲便妄，天理便眞。赤子眞有未全，而妄不相涉。大人之不失，所謂「無欲而後可以行王道」者是已。雙峰卻從飢便啼、喜便笑上著解，乃不知飢之啼、喜之笑，是赤子血氣分上事，元非赤子之心。煞認此爲眞心，是所謂「直情徑行，戎狄之道」耳。釋氏以行住坐臥、運水搬柴爲神通妙用者，正在此處墮入禽狄去。孟子說箇「赤子之心」，是從天道上見得，不容向一啼、一笑討消息。

孟子「道性善」，則固以善爲赤子之心可知。「心統性情」，赤子便有性而未有情，只性之善者便是，若知啼知笑，則已移入情矣。雙峰之說，正告子「食色性也」之邪說。

九

既曰「赤子之心卽『性善』之善」，則盡性者唯聖人，乃又云「有諸己之謂信，已能不失赤子之心，未便是大人」，豈不自相矛盾？此又不然。雖曰「性善」，性卻不能盡善之致，善亦不能盡性之藏。「可欲之謂善」，早已與性相應矣。「不失」，未便到盡處。可欲之善，有諸己之信，豈可謂之失其性乎？

孟子亦止道「性善」，卻不得以篤實、光輝、化、不可知全攝入初生之性中。中庸說「昭昭」之天，「無窮」之天，雖無閒別，然亦須分作兩層說。此處漫無節奏，則釋氏「須彌入芥子」、「現成佛性」之邪見，皆繇此而生。愚每云「性日生，命日受」，正於此處分別。在天之天「不貳」，在人之天「不測」也。

一〇

小註中朱子及輔、陳二氏之說，全以自然釋「自得」，與南軒別。乃集註既云「自然」，又云「得之於己」，則兼采南軒之說以盡其義，亦不可定謂南軒之弊有如莊子也。

本文云「深造之以道，欲其自得之」，語相呼應。深造之功，正與自然之得相應。深造不以道，以道而造之不深，則其時有所得，是拏著一定要得，卻刻期取效，乍可有得而據之，此正與自然而得者相反。如諺云「瓜熟蒂落」，則深造而得之不勞矣。

然所謂「自然而得」者，亦卽於己得之之意。彼拏著守著、强勉求得者，唯其刻期取效於見聞，而非得於心。深造之以道，則以道養其心，而心受養於道，故其自然而得者，唯吾心之所自生也。

既深造以道，便已資於學問義理之養，則與莊子守此無物之己，墮耳目、棄聖智以孤求於心者不同。莊子撇下物理求自，孟子藉學問思辨之力以養其自，大分別處只在此。到頭來，莊子自得其己，而不問道之合離；孟子得道於己，而充其萬物皆備之體也。豈至一言「自」而卽相混哉！

南軒唯「他人」二字下得不好，沒著落在，必求其歸，則疑與莊子同。看來，他意旨原不爾，只帶出一他人作反炤，未免苟簡無實耳。所以朱子既用程子「自然而得」之解，仍須加「於己」二字，使學者無疑得諸己者之非，而靠定聞見，斷棄此心，從小體而失其大。

此「自」字唯不須立一「人」字作對，卻與「反身而誠」言「反身」者相近，亦與論語註「不言而識之於心」一「心」字相通，亦是學者喫緊論功取效處，不可刪抹。卽以「自然而得」言之，所謂「自然」者，有所自而然之謂也。如人翦綵作花，卽非自然，唯綵雖可花，而非其自體所固有，必待他翦。若桃李之花，自然而發，則以桃李自體固有其花，因其所自而無不然，無待於他。繇此言之，則吾心爲義理所養，親得親生，得之己而無倚，唯其有自而然，斯以自然而然，明矣。

天下之義理，皆吾心之固有；涵泳深長，則吾心之義理油然自生。得之自然者，皆心也；其不自然者，則唯其非吾心之得也。此是學問中功候語，與老、莊舍物求自以爲道者本自不同。若因迹近莊子，而遂以爲不然，則夫「自然」者，老、莊亦嘗言之矣，又何以可言「自然」而無害邪！

一一

佛氏不立文字，莊子棄糟粕之說，他差錯處，非能背馳，只是躐等。天下那有兩箇道理，許佛老與我並立而背馳？只是他顛倒用來，便於事理種種差錯。如稻麥之有苗葉，所以爲粟之房幹，而粟必繇是以生，非可輒於苗葉作可食不可食之想，因棄苗而求粟。

聖賢之學，則須說「深造之以道，欲其自得」。佛、老欲自得，卽向自得上做去，全不理會何以得，何以自得，顛倒說深造之以道，便非自得。

聖賢則須說「博學而詳說之，以反說約」。佛、老欲說約，則一句便從約說起，而於約之所以爲約者，只據一星兩星，便籠罩遷就去，顛倒說博學詳說，便不得約。

此是喫穀種見解：見人雨穀於田，顛倒笑人，可惜此可食之穀，卻教墮泥土中變作草也。思及此，異端之愚眞可笑可憫。儒者不察，乃謂彼有徑直門庭，我須與他分別，則是見彼喫穀種子之愚，便不粒食，又奚可哉！

聖賢之道則是「一以貫之」，異端則是以一貫之。他一字小，聖賢一字大。他以一爲工夫，屈抑物理，不愁他不貫；聖賢以一爲自得之驗，到貫時自無不通。

他「自」字孤另，聖賢「自」字充實。他「約」字巧妙，聖賢「約」字包括。他極頂處，說「佛法無多子」，只是趁此一線縈著去，便謂之約，謂之自，謂之一。聖賢卻看得無事無物非在已所當知明而處當者；此一箇萬物皆備之身，須約束著萬事萬理，無使或踰。

故不深造之以道，必不能自得；不博學而詳說，必無以說約。天下只有約，說不盡，行不徹也。堯、舜之禪受，湯、武之征誅，周公之用而行，孔子之舍而藏，六十四卦之錯綜，二百四十二年之天道王事，皆約中所貫徹之實，如何可以少見多怪而能說之？

集註「誇多鬬靡」云云，是專就俗儒記誦詞章之學反說。若孟子之意，則俗儒、異端之妄俱於此闢之。故徒博無益，徑約則謬。兩說若廢其一，不足以盡本文「將以」二字之旨。此言「將以」，前章言「欲其」，其義正同。言所以如彼者，乃以如此。而俗儒之徒博，異端之徑約，其皆舛錯可知已。

朱子答或問一段，極切當。蓋世閒所稱博學者，只在風雲、月露、花鳥、禽魚上用功，合下便不可謂之學，而所當學者全然不省，更何有於博？見之不眞，言之無實，又如何喚得詳？旣云「博學而詳說」，則顯與俗儒不同年語矣。

喫緊破妄處，只緣不知約者，妄意一言片語穿插伶俐，做成一場大虛妄來，故孟子特地與說必博學而詳說，乃可說約。故君子將以反說夫約，必博且詳焉。則汝以我之博且詳爲與俗儒之鬬靡誇多者同病而乖異乎約者，眞全不知學以自誣而誣人也。聖賢分別處，只是深造以道，只是博學、詳說，於此做得清楚有緒，更不消向自得及說約處立門庭矣。

一二

西山云：「人物均有一心，人能存，物不能存。」此語鹵莽，害道不小。自古聖賢，喫緊在此處分別。孟子明白決斷說一箇「異」字，西山卻將一「均」字換了。「犬之性猶牛之性，牛之性猶人之性」，告子猶能知其不然，而西山卻滅裂此心，教同牛犬蛇蝎去，悲哉！

心便是統性情底，人之性善，全在此心凝之。只庶民便去，禽獸卻不會去。禽獸只一向蒙蒙昧昧。其或有精明處，則甘食悅色而已，此心存之，又將何用！朱子云「今人自謂能存，只是存其與禽獸同者」，此語如迅雷驚蟄，除朱子外，無人解如此道。必知其異，而後可與言存。若云與禽獸均有之心，但存得卽好，其不致「率獸食人，人將相食」者幾何哉！

西山於此，似認取箇昭昭靈靈、自然覺了能知底做心，而以喚醒著、不沈不掉爲存。此正朱子所謂存禽獸之心者。看孔子作春秋，天道備，人事浹，定王道之權衡而亂臣賊子自懼，全是雷雨滿盈、經綸草昧事，何曾與禽心獸心有毫髮相似，如所謂昭昭靈靈、喚醒主人者哉！

一三

鰥魚警夜，鵝鳴夜半，鷄鳴將旦，布穀知春，鶡鳴知寒，蟋蟀吟秋，明駝測水，靈巖三喚主人翁，只是此物，此則與禽獸均有之心也。孟、朱兩夫子力爭人以異禽，西山死向釋氏脚跟討箇存去，以求佛性於狗子。考亭沒而聖學充塞，西山且然，況其他乎！

一四

不識得「異」字，固是西山一大罪過，扣緊「存」字作工夫，則始於和靖之失，而朱子亦未之定也。

西山云「人能存而物不能存」，若謂禽獸不能存人心，則彼本無人之心，而更何所存；若謂禽存禽心，獸存獸心，卽與君子同功，愈不成說。

此「存」字，與「去」字對說。庶民之去，亦非決意用力而去之，但就其迷失無存，而謂之去。君子之存，亦非必有物焉爲其所據，但綱紀不紊，終遠禽獸而謂之存耳。「存之」，在成德上見天理、民彝，人官、物曲，節節分明。既不使此身此心墜於利欲之中，與麀之淫、虎之暴、狼之貪等，亦必不使此心孤據一空洞昭靈，以握固而守之，與鶴之警、鸜鵒之慧、眠牛飽豕之漠然無求同。乃以使吾人居天地之閒，疆界分明，參天地而盡其才，天下萬世乃以推其德成之效，而曰人之道於是而存也。

其曰「幾希」者，則謂其相去之際，出乎此則入乎彼，其界限不遠。乃所以異者既不遠，則凡終身所爲，終食所念，有幾希之不能異者，卽以無別於禽獸。故「幾希」者嚴詞，亦大詞也。一指萬重山。而非有一物焉，孤孤另另，亭亭特特，爲人之獨得可執而存之，爲君子之所奉持，而彼庶民者取此一寶命而擲棄之也。

以要言之，此處添一箇「心」字不得。人之自身而心，自內而外，自體而用，自甘食悅色，人甘芻豢，牛甘藁芻；毛嬙、西施，魚見之深藏，鳥見之高飛。即食色亦自迥異。以至於五達道、三達德之用，那一件不異於禽獸，而何但於心？件件異，件件所異者幾希。異便是存，不存異便是去。若孤據一心，則既於心爭異，而又於心言均，其不自謂能存而但存禽獸之心者鮮矣。

雙峰說「做箇存的樣子」一語，極好。君子之存，在德業上有樣子可見，如舜、禹所爲等，而非有下手工夫秘密法也。只如明倫察物、惡旨酒、好善言等事，便是禽獸斷做不到處。乃一不如此，倫不明，物不察，唯旨是好，善不知好，即便無異於禽獸，故曰「幾希」。和靖說「舜是存，君子便是存之」，把定「存之」作工夫，則硬執「幾希」爲一物事，而爲君子者戰競惕厲，拏定者些子不教放下，其與釋氏三喚主人相去幾何？恐其所謂「些子」者，正朱子所謂與禽獸同者也。

硬認著些子作命脈，便是執一。要執一，即是異端，異端則是禽獸。釋氏說「三界惟心，萬法唯識」，正拏定「幾希」以爲所存之物。其二六時中不教放下者，和靖所謂「存之」也。其云「恰恰用心時，恰恰無心用」者，和靖所謂「存」也。

乃不知聖賢全不恁地用功，仁義且不把作一物拏著來用，故曰「非行仁義」。在舜固然，禹、文、孔子亦無不然，湯、武、周公亦無不然。且如武王「不泄邇，不忘遠」，自是道理周匝，流通不竭，豈拏定遠邇作降伏其心之具而持之也乎？故「君子之澤」一章但言道統，不言心法。聖人、君子到此初無二致，只件件與立人綱，修人紀，更無安、勉之分。和靖強與分析，以犯異端之壘，朱子未與折衷，亦疏矣。

一五

若論異，則甘食、悅色處亦全不同；若論其異僅幾希，則仁義之異亦復無幾。虎狼之父子亦似仁，蜂蟻之君臣亦近義也。隨處須立箇界限，壁立萬仞，方是「君子存之」。若庶民，便愛親敬君，也只似虎狼蜂蟻來，趁一點靈光做去也。苟知其所以異，則甘食、悅色之中井井分別處，卽至仁大義之所在，不可概謂甘食、悅色便與禽獸同也。

聖賢喫緊在美中求惡，惡中求美，人欲中擇天理，天理中辨人欲，細細密密，絲分縷悉，與禽獸立箇徹始終、盡內外底界址。若概愛敬以爲人，斷甘食、悅色以爲禽獸，潦草疏闊，便自矜崖岸，則從古無此苟簡徑截之君子。而充其類，抑必不婚不宦，日中一食，樹下一宿而後可矣。

朱子說人能推，禽獸不能推，亦但就才上見得末流異處，而未及於性。禽獸之似仁似義者，當下已差了。虎狼之父子，只是姑息之愛；蜂蟻之君臣，則以威相制而利相從耳。推得來又成甚倫理？

中庸說「誠之者，人之道也」，方是徹底顯出誠仁、誠知、誠勇，以行乎親、義、敬、別、信之中，而徹乎食色之內，經緯皆備，中正不忒，方是人之所以異於禽獸。而明倫察物，惡旨酒，好善言，以至於作春秋，明王道，皆從此做去。豈孤保其一念之善，而求助於推廣之才哉！

一六

目言「仁義之心」，則以「存之」爲工夫，孔子曰「操則存」，孟子曰「存其心」者是也。若人之異於禽獸，則自性而形，自道而器，極乎廣大，盡乎精微，莫非異者，則不可以「仁義」二字括之。故曰「非行仁義」，明夫非守「仁義」二字作把柄，遂可縱橫如意也。特其人紀之修，人極之建，則亦往往依仁義以爲用，故曰「繇仁義行」。此自舜至孔子，無不以之盡君子之道者。

此章將湯、武、周公與舜、孔子並敍，不可更分性、反。湯、武他處不及舜、孔，到此人禽關界，小有蹉跌，則已墮入異類，而舜、孔雖聖，亦不能於此上更加藻繢，何得又推高舜於君子之上，徒添蛇足！和靖扼「存之」作工夫，故橫立異同。循其說而不加之裁正，則必以頑守一心爲存，或且執虎狼之愛、蜂蟻之敬爲仁義，而務守其冥合之天明。則正朱子所謂存禽獸之所同者，其害豈小哉！

一七

集註說性兼說形，方是徹上徹下、知天知人之語。性之異者，人道也；形之異者，天道也。故曰「形色，天性也，唯聖人然後可以踐形」。中庸以至誠爲天道，亦是此理。

仁義只是性上事，卻未曾到元亨利貞、品物流行中揀出人禽異處。君子守先待後，爲天地古今立人極，須隨在體認，乃可以配天而治物，「行仁義」者不足以當之也。孔子作春秋，何曾有仁義作影本！只權衡來便是仁義。若論其實，也不過人之異於禽獸者耳。

古今此天下，許多大君子或如此作來，或如彼作來，或因之而加密，或創起而有作，豈有可傳之心法，直指單傳，與一物事教奉持保護哉！人自有性，人自有形，於性盡之，不盡禽性，於形踐之，不踐禽形，而創制顯庸，仁義之大用立矣。嗚呼！此孟子之所以爲大人，而功不在禹下也。

一八

古之善射者，類以羿名。孟子曰「羿之教人射」，蓋唐、虞之羿，以射教人者，非有窮后也。有窮后之死，自以淫田不道，非有人妬天子之善射而殺之者。集註以篡弑、黨逆爲言，要爲未審。如果羿與寒浞，則彼此俱爲亂賊，與安、史父子等，皆蹈滔天之惡，必誅不赦，而但以取友不審較量其罪之厚薄，不已迂乎！

集註又譏庾斯廢公全私，亦未察於春秋時事。春秋列國之相侵伐，固不以斬將陷陣爲功。如獻麑遺弓，奉漿攝飲，當時正以此服人，則不必其師友而釋之，亦未爲不可。蓋彼此均爲侯國，且干戈而夕玉帛，殺一人未足以爲利，而徒深其怨，故雖縱敵而軍刑不加。其或勝或敗，初不關宗社之存亡，自不可以後世之武臣所與爭一旦之命者非夷狄則盜賊，勝則安而敗則危者比也。其必以折馘執俘、虔劉濱盡爲功，自戰國始有，而成於秦、項之際，要非可論於春秋疆場之爭一彼一此者也。不然，則庾斯賣國全私，與秦檜之班師、周延儒之縱敵等，其罪又豈在逢蒙之下，而何以得稱爲「端人」！

一九

程子所云「此章專爲智而發」一句，極難看。雲峰孟浪聽得，便與勉強穿合，云「本欲言智而先言性，智，五性之一也」。但作此見解，則上面「天下之言性也」一句作何安頓？孟子欲言智，而故爲此迂遠不相登答之說，作八寸三分幞頭起，古人未有此虛脾文字。

朱子云「人之爲惡，水之在山，則非自然之故」；言水者，卽通下治水。禹之治水，使之下也。又云「天下之理，本皆利順」。夫然，則朱子顯以「所惡於智者」一段申「故者以利爲本」之義，見言性之當循其利而不可鑿，而以禹之行所無事、順其利下之理者爲徵。是以智言性而非於性言智，明矣。乃又取程子之說，而贊之曰「得此章之旨」，則以天下之言性而不循利以爲故者，類皆聰敏辨慧之士，特以有智而不知所用，則遂至鑿其所本不可通者而強之使通，是不知用智之過，而以成乎言性之失，故曰「鑿以自私，則害於性而反爲不智」。蓋性隱於無形，而已然之迹，其利不利之幾亦不易察，自非智足觀理，則無以審之於微而傳之於顯，則智本有功於言性之具，而其所惡者特在鑿智耳。

其曰「害性」者，非傷害其性中淳樸天眞之謂，乃言其說之蠹害於所性之理，猶孟子之所云「率天下而禍仁義」也。迨其說戾於性，而言以移心，心以害事，則邪說詖行，交相牿亡，卽以自賊其性而有餘。然要爲智以害性而成不智，而非卽以害性中之智，如雲峯牽合之說也。

說「性善」，便是行其所無事；說「性無善無不善」等，卽是鑿。以水喩性，以行水喩言性，顯與下言治曆，同爲譬說，故亦與答告子「過顙」「在山」之說通。若謂智以應天下之事理者而言，則禹之行水卽用智之事，而何以云「若」，云「亦」？其爲取類相譬，以喩言性者之當善用其智，固本文之極易知者也。

集註前後元無兩義，特以程子之言不易曉了，故爲曲通之如此，以防天下之誤解程說，割裂本文者，而雲峯尙爾不知。學者之大病，纔讀一句書，便立地要從此解去，以趨悖謬。安得好學深思之士而與論大義哉！

二〇

集註釋「鑿」字，上加一「穿」字，朱子沿俗語而失者也。「穿鑿」出淮南子，上音「串」，下音才到切。穿，笱也；鑿，孔也。穿鑿者，謂以方(穿)〔笱〕入圓鑿，不相受也。於此處不切。此「鑿」字自如字讀，如鑿石鑿渠之鑿。本無蹊徑，強用力以求通，如人性本無惡，却強說惡，就桀、紂之喪失其性者鑿之成理，名之曰性，以曲成其說而使之通，則唯非已然之迹，而其不順利也久矣。若禹之疏瀹決排，則俱在故有底水道上施功，終不似夫差、煬帝、李垂、賈魯強於高原、平地上鑿一河以挽水使入。只此字喻極切，加「穿」字，則失之矣。

二

「已然之迹」，謂可見之徵也。潛室云「善惡皆已然之迹」一句，足折羣疑。乃均此已然之迹，而或利或不利，此正在當身體會。若但據迹以爲徵，則雖有其故，而不利者多矣。故天下之言性者，云「有善有不善」，則有堯、舜、微、比、瞽瞍、象、紂以爲之故；云「可以爲善，可以爲不善」，則有文、武、幽、厲以爲之故。蓋鑿以言性，而性若實然，則鑿以言故，而故亦有其可徵者矣。唯反而求之以自得之，則利不利以別，此陳迹不足盡恃，而唯心理之安者爲有本也。

性藏於心，安於心者爲性之眞，猶夫曆因於度數，順於度數者爲曆之合。仁山不知此，乃謂苟求已往日至之數，則將來者可坐而定，則是但有故而卽可定，不論其利不利矣。充其說，則桀、紂亦已往之徵也，其亦可定性之惡矣！

「千歲之日至」一句，自兼已往、將來說。曆家亦無板局，故無可執之陳迹而務求之。求者，求其利也。如歲差之法，雖始於何承天、虞劆，乃杜預所推春秋長曆，往往與後人置歲差之曆合轍，想古法固有進退增減。唯如劉歆三統，執定一十九、八十一，遷就以使必合，則拘於故而不問其利不利，強鑿之以求通也。

古今曆法，唯郭守敬爲得理，用天而不用人，晷景長極便是冬至，短極便是夏至，曆元在數十年之內，周天定於萬分，因其自然之利，而盡撤黃鍾、大衍之死法，方與孟子言性就當人之心四端上求故一理。若旁引陳迹，不必其固然，而執以爲固然，未有能利者也。仁山之論曆，王安石之回河，荀、楊之言性，皆守故而不問其利，鑿而已矣。

三

「禹、稷、顏子」一章，只集註說得好，諸小註皆過高而無實。和靖竟以「時」許三賢，亦非愚所敢知。章內說禹、稷處詳，說顏子處略，則疑顏子之但安貧不仕，便是時措合宜。慶源只就出處上說無偏無倚，無過、不及，忒把聖賢「致中和」之全體、大用說得容易。

南軒謂此即是聖賢之異於楊、墨。夫楊氏之失，雖同室鬬而不救，墨氏之病，雖鄉鄰而必披髮纓冠以救之，固也。乃卽楊之爲己，豈其足以與於顏子之樂？墨之兼愛，豈其合於禹、稷之心？則聖賢之異於彼者，不但一或出、或處而盡之，實有其學術、德業之不同，本異而末亦殊也。

若以顏子不仕亂世而卽合乎無偏、無倚，無過、無不及之時中，則與禹、稷同立於唐、虞之廷，若岳、牧、百工以下，(讫)〔訖〕乎共、驩，及夫危亂之世，姝俗自貴而不仕，若沮、溺、丈人以洎乎莊周、列禦寇、顏蠋、陳仲子之流，而皆時中矣。

集註「各盡其道」及「退則修己」八字，是扼要語。且不須擡高論到大本、達道、一貫、時中去。而「顏子不改其樂」，唯此一樂是與禹、稷同道底眞血脈，不可以「曄曄紫芝，可以忘飢」，「衆鳥欣有託，吾亦愛吾廬」者當之。若但瀟瀟灑灑，全性命於亂世，正使有爲，只做得管仲、樂毅已足，何曾得見禹、稷項背來！

此須兼以論語集註中「所樂何事」求之。孟子於「萬物皆備」、「反身而誠」處，見得此道流動充滿，外不以世移，內不以事閒，無非以體天德而凝王道，故曰「禹、稷、顏子同道」。唯然，故其閉戶也，實有以異於楊朱之閉戶；其往救也，實有以異於墨翟之往救。而隱則爲沮、溺，出則爲管、樂者，皆不足云矣。知此，則慶源喜怒應感之說，猶水上打毬，了無泊處，蓋亦不足爲有無矣。

萬章上篇

一

舜之處象，與周公之處管、蔡，其所以不同者，先儒論之詳矣。然所謂「管、蔡之叛，憂在社稷，孽在臣民；象之欲殺舜，其事在舜之身」，此語亦須分別看，非謂一身小而社稷臣民大也。

使象惡得成，則天下且無舜，而昏墊之害誰與拯之！舜之一身所繫固不輕，而以亂天下萬世君臣兄弟之大倫者又豈細故！此處只論舜與周公所處之不同，更不論象與管、蔡罪之大小與事之利害。到兄弟之性，更以利害較大小，則已落私欲。若以罪之大小言，象之親弑君親，又豈可以禍不及於臣民爲末減哉！

聖人之敦倫、盡性，只是爲己，故舜於此且須丢抹下象之不仁，不商較其惡之淺深、害之巨細，而唯求吾心之仁。故象唯欲殺舜，則舜終不得怒而怨之。管、蔡唯欲危成王之社稷，故周公不得伸其兄弟之恩。以兄弟之恩視吾君宗社之存亡，則兄弟爲私；以己身之利害視兄弟之恩，則己身爲私。總爲不可因己身故，而藏怒宿怨於兄弟，故不特不忍加誅，而且必封之。若其比肩事主而借兵端於我以毁王室，則雖未至有安危存亡之大故，而國法自不可屈。故孟子言瞽瞍殺人，而舜不得禁臯陶之執；若象以殺舜爲事，事雖未遂，而弑械已成，其罪固浮於瞽瞍之殺人也遠甚，藉使臯陶欲執之以抵罪，則舜必禁之矣。

雖云聖人大公無我，然到此處，亦須炤顧自己先立於無憾之地，然後可以立情法之準。世儒不察，便謂聖人概將在己、在人作一視同等，無所分別，無所嫌忌，但以在彼善惡功罪之小大爲弛張，而曰此聖人之以天地爲一體者也。爲此說者，蔑差等以直情而徑行，其與異端所云「天地與我同根，萬物與我共命」一流荒誕無實之邪說又何以異！所以聖人言禮，必先說箇別嫌明微，以爲義盡仁至之效。若於所當避之嫌，一概將在己、在物看作一例，卻向上面辨理之曲直、害之大小，卽此便是人欲横行，迷失其心。

胡文定傳春秋，謂孔子自序其績，與齊桓等，爲聖人以天自處，視萬象異形而同體，亦是議論太高不切實處。使孔子視己之績如人之績，美詞序之而無嫌，則舜可視象之殺己與天下之殺其兄者同，則又何待其害及於宗社臣民而始加誅哉！堯授天下於舜，則舜必讓之。如但以社稷臣民爲大，則安社稷、綏臣民者，宜莫如舜，胡不慨然自任，而必逡巡以遜耶！

象之欲弑舜也，蓋在舜未爲天子之日，故小儒得以孽害之小大立說。向令舜已踐帝位，象仍不悛，率有庳之不逞以圖篡弑，豈不與管、蔡之流毒者同！將爲舜者遂可俘之馘之以正其辜耶？使然，則漢文之於淮南，且但遷之而未嘗加辟，然且「尺布、斗粟」之譏，千古以爲慙德，然則使周公而身爲天子，其不可加管、蔡以上刑亦明矣。

夫周公者，人臣也，不得以有其身者也。身不得有，故兄弟亦不得而有。兄弟之道，視乎身者也，非父母之比也。不得有身，斯不得有其兄弟；得有其身，則得有其兄弟矣。身所有之社稷，身所有之臣民，何患乎無君而又何患乎亂之不治，乃虧天倫以曲全之！是猶刵首以救膚，割肌以飽腹也，不亦傎乎！

二

「百姓如喪考妣，喪如字，謂以父母之服服之。四海遏密八音」，書有明文；「帥天下諸侯爲堯三年喪」，孟子之釋書又已分曉。古者民不得稱百姓，至春秋時始通稱之。古之言百姓者，皆賜氏而有姓者也。周則大夫世官而賜氏，夏、商以上，唯諸侯爲有姓。「如喪考妣」者，卽所謂「帥天下諸侯爲堯三年喪」也。若甿黎之不得以父母之服服天子，自理一分殊、天理自然之節文，與諸侯之不得郊禘、庶子之不得喪其母、支子之不主祭一例。故曰「刑不上大夫，禮不下庶人」。

且禮也者，文稱其質，物稱其情者也。天下之大，萬民之衆，知愚賢不肖之雜，卽有君如堯，可以感其哀於倉卒，而必不能固其情於三年。民之質也，雖企及而必不逮者也。乃毆天下而服三年之喪，保無有斬衰菲屨，縱飮狂歌，以經舞而以杖鬭者乎？則是亂禮喪眞，而徒媟其君親矣。故於禮無庶人服天子之文。其言「百姓」者，實諸侯也。漢文短臣子之喪，而反令庶人同制二十七日之服，薄於親而厚於疏，亂上下之別，其悖甚矣。南軒以「天下臣民」爲言，亦未可與言禮也。

三

「人君爲不善，而天命去之」，於命言之，則非正命，於天言之則自正；於人之受命而言之，則非正，於天之命人而言則正。「惠迪吉，從逆凶，作善降之百祥，作不善降之百殃」，此正天命之正也。南軒於此，辨得未精。舜、禹之相歷年多，自是正；堯、舜之子不肖，自是不正。故朱子說「本是箇不好底意思，被他轉得好了」。總之，正不正，只可於受命者身上說，不可以之言天，天直是無正無不正也。

故乾之四德，到說「貞」處，卻云「各正性命」，亦就人物言正。天地「不與聖人同憂」，本體上只有元亨，到見功於人物上，方有利不利、貞不貞。利貞於此者，或不利不貞於彼；利貞於彼者，或不利不貞於此：天下無必然之利，一定之貞也。

堯、舜與天合德，故於此看得通透。子之不肖而不傳之，本不利而非正，卻順著天，用他所利所貞者，吾亦以之利而得其正，則所謂「各正性命，保合太和，乃利貞」矣。

然此道唯施之子則可，若舜之於父母則不然。「號泣於旻天，於父母」，不受其不正也。舜之有父有子，皆命之非正者，特舜或順天，或相天，一受之以正耳。若桎梏死者，天命自正，受之不正也。唯天無正無不正，故曰「莫之爲而爲，莫之致而至」。有爲有致，而後可以正不正言也，天豈然哉！

四

論舜、禹、益之避，集註「深谷可藏」四字大啓爭辨，自是立言不精。此豈避兵、避仇之比，且「南河之南」更有甚山谷如仇池、桃源也？

朱子抑云「禮之常也」，乃是定論。自堯以前，帝王亦皆傳子，到堯時始有此君禪相攝之事。則三年喪畢，總己事終，自不得不避者，禮之正也。天下諸侯將迎推戴而出，自是奇特，非禮之所恆有，則亦舜、禹、益之所不謀。既必不冀望，亦不須防備。君有適嗣之可立，己亦有先君之顯命，兩者俱有可立之理，自無心於去留，一聽之天人而已，何容心焉！

想來，「有天下而不與」之心，亦如此則已純乎天理而無可加矣。朱子卻又深說一步，云「唯恐天下之不吾釋，益則求仁而得仁」，則又成矯異。夫舜、禹豈求仁而不得仁乎？若必以天下之吾釋爲幸，向後堅臥不起，又誰能相強耶？

堯、舜禪授之說，愚於尚書引義中論之頗詳，想來當時亦不甚作驚天動地看。唯其然，故益之避亦甚尋常，天下之不歸益亦甚平淡。此處正可想古之聖賢廓然大公，物來順應之妙。若謂「唯恐天下之不吾釋」，則幾與越王薰穴、仲子居於陵一樣心胸。雖可以砥礪貪頑，而不足與於天理、人心之至。聖賢心迹，與莽、操、懿、裕天地懸隔，不但相反而已。

欲知聖賢者，當以季札、子臧、漢高帝、宋孝宗、諸葛孔明、郭子儀一流作對證，揀出仁至義盡來，方有合處。

五

或問「朱、均不順」一說，極爲俗陋，羅長源作路史，似亦爲此所惑。舜、禹當年是何等德業，朱、均雖不肖，固亦不得不服矣。劉裕心同懿、操，唯小有功於晉耳，然當其自立，晉恭帝且欣然命筆草詔，況聖人乎！有天下而爲天子，不是小可事，云「不順」者，乃似朱、均可以手擘而襟繫之者然，眞三家村學究見地也！上世無傳國璽如漢元后之可執留者，不成朱、均介馬孤立，大聲疾呼以爭於衆曰「我欲爲天子」邪？俗儒樂翹異以自鳴，亦不知量而已。

六

慶源「遠而去，近而不去」之釋，兩「而」字下得不分明。此是通論聖人處。未仕之前，就之爲近，不就爲遠；既仕之後，義不可留則去，道有可行則不去。倘作一串說，則不特孟子爲敷衍駢贅之句，且既已遠矣，蓋未嘗來，而何得言去？方其近也，且自立於可去、可不去之勢，而亦何得遂定其不去邪？

七

呂氏說有命、無命處，極精當，正從孟子「求之有道，得之有命」上體出，顯義、命之異而後見其合。南軒云「禮義之所在，固命之所在」，雖與呂氏小異，然亦以見禮義之所不在，便命之所不至也。

新安錯看「得之不得曰有命」，將不得亦作命說。不知「命」字自與「理」「數」字不同，言命，則必天有以命之矣。故中庸註、錄以差除、誥勑擬之。既不得矣，則是未嘗命之也。孔子曰「有命」者，謂我若當得衞卿，天自命之也。「得之不得曰有命」者，言當其不得，則曰我若當得，則天自命我，而今未也。故曰「求之有道，得之有命」。道則人有事焉，命則天有事焉之詞。若不求，則不可以道言；不得，則不可以命言矣。

或疑孔子以道之將廢爲命，孟子抑曰「莫非命也」，則不必受命得位而後可以命言矣。乃孔子之言廢者，則既得而復失之詞。孟子之言「莫非命」者，則以言乎吉凶禍福之至，猶朝廷之一予一奪皆有誥勑以行其令也。唯吉凶禍福大改異處，故以天之有所予奪者而謂之命。若人所本無，因不予之，人所本有，因不奪之，君子於此，唯有可行之法而無可受之命，故謂之曰「俟」。俟者，未至之詞也。藉當居平無得無喪之時，而莫不有命，則更何所俟哉？故生不可謂之命，而死則謂之命，以其無所奪、有所奪之異也；不得不可謂之命，而得則謂之命，以其無所予、有所予之異也。

若概乎予不予、奪不奪而皆曰命，則命直虛設之詞，而天無主宰矣！君子之素位而行，若概乎生與死、得與不得而皆曰有命，則一切委諸大造之悠悠，而無行法尊生之道矣！且不得而亦言命，則是得爲常而不得爲非常。君子而以非常視不得也，又豈非據願外以爲固有、驚寵辱而生怨尤也哉！

天既生人以後，士則學，農則耕，天子之子則富貴，士庶之子則貧賤，日用飲食，一切尋常事，都不屑屑勞勞授之以命，而唯人之自爲質。此天之所以大，而人之所以與能也。世俗不知，乃云一飲一啄，莫非前定，於是有啖鱠餐糕、破枕踩花之誕說，以恣慵惰放逸者之自棄。使然，則立乎巖牆之下亦無不可，而其自云「知命」者，適以爲誣命而已矣。是與於無命之甚者也，而況義乎！鑒於此，而後知呂氏立說之精。

萬章下篇

一

集註「無不可事之君，無不可使之民」，是伊尹胸中至大至剛語，然須於此看出伊尹偏處。其云至大至剛者，言氣足以舉之也，須與孔子「天下有道，丘不與易」自有分別㈠。伊尹但在自家志力學術上見得恁地有餘，謂己有此格君救民之道，更不論他精粗軟硬，無往不成。若孔子則直與天地生物一般，須如此生生長長，收收成成，不徒恃在己者有此可化可育、可亭可毒之用。「君子之仕也，行其義也」，說得極平易，卻廣大高明，無可涯際在。孟子曰「萬物皆備於我矣，反身而誠，樂莫大焉」，是學孔子處，不徒以己有兼善天下之才爲本領也。

二

孟子於「聖」上更加一「智」字，已顯示聖功、聖學更不容但在資稟上說。若說資稟，則人皆可以爲堯、舜，而況三子之於孔子！使孔子而天縱以智，爲三子之所必不逮，則孟子之願學，又從何處扌莫耶？

子曰「十室之邑，必有忠信如丘者焉，不如丘之好學」，不可認作託言以誘學者。使然，則夫子此語早已不忠不信矣。學者於此處若信聖人不過，則直是自棄者，不足與言。夫射者之有巧力，力固可練，巧固可習，皆不全繇資稟；而巧之視力，其藉於學而不因於生也爲尤甚。總緣用功處難，學之不易得，庸人媮惰，便以歸之氣稟爾。

㈠原書因避諱，「丘」字改作「某」，現據論語原文回改。下文兩處同。

朱子言「顏子所進未可量」，又云：「緣他合下〔少〕致知工夫㊀，看得有偏」云云，深得孟子之旨。卽如伊尹在畎畝之中樂堯、舜之道，便且就堯、舜之澤生民上著意；及云「使先知覺後知，使先覺覺後覺」，也只在以其知覺覺天下上看得仁義之用，則亦似未嘗向靜存動察中體備著位天地、育萬物大合煞處分明至極也。則使三子者以孔子之下學上達者爲作聖之功，亦何資禀之可限乎？

三子之得爲聖，是他人欲淨盡，天理流行，故造其極而無所雜。乃其以人欲之淨行天理之所流，則雖恁瑩澈條達，而一從乎天理流行之順直者一逕驀直做去，則固於天理之大無外而小無閒者，不能以廣大精微之性學凝之。蓋人欲之淨，天資之爲功半於人事，而要不可謂無人力。若天理之廣大精微，皆備而咸宜，則固無天資之可恃，而全資之人事矣。孔子「吾十有五」一章，自說得工夫何等縝密！雖在知命以還，從容中道之妙，非期待刻畫以爲功，而其存養以洗心退藏者，要豈一聽之自然乎？故孟子言「聖、智之事」兩「事」字，恰緊與「必有事焉」之意同。此或未察，乃云「爲學者言之」，則聖人之聖智既絕乎人事矣，學者乃以「事」學之，豈非擬登天而以梯耶？

夫射者之習爲巧也，固有內正外直、審幾發慮之功，學者之所必習，亦羿之所必習也。

㊀「少」字原脫，據四書大全引朱熹語補。

故人可使學爲羿，而豈羿之巧自性生，爲人事所必不至者哉！唯釋氏爲怪誕亡實之論以欺人，故裝點就「未離母胎已證菩提」、「墮地七步唯吾獨尊」一派淫邪之說。聖人之道，人道也，君子之學，聖學也，亦安有此耶！故知歸三子之偏於氣禀，蓋朱門諸子誣其師之印可，而非朱子之云然。

三

東陽云「此章『聖』字與『大而化之』之聖不同」，非也。如伯夷求仁得仁而無怨，伊尹處畎畝樂堯、舜之道，幡然一改而伐夏救民，此豈更有未化者哉！「大而化」之化，與中庸之言「變則化」者，固有在己、在物之分。然於己未化，則必不能化物，而不能化物者，亦卽己之未化也。如夷、惠之流風，興起百世之下，伊尹格正太甲，俾其處仁遷義，則旣於物而見其化矣，是豈其居之爲德者猶有所絓礙，而不能達於變通者乎？

孟子曰「伯夷隘」，隘似與化相反，故東陽疑之，而其實不然。大同中之條理有其化，一致中之條理亦有其化也。人欲淨而天理行，則化自順。伯夷之隘，固不與鮑焦、申徒狄一流私意用事、悁戾疾物者等，故鮑焦、申徒狄滿腹是怨，而伯夷不然。求仁而得仁，固已優游厭飫於天理之中，無往而不順矣。伯夷之隘，隘亦化，故曰「聖之淸」。伯夷之化，化於隘中，則雖聖而亦隘也。

孟子之答浩生不害，於聖上又加神之一位，蓋以三子爲聖，而孔子爲神。曰「聖之時」，時則天，天一神矣。易曰「化不可知」，化自有可知者，有不可知者。如春之必溫，秋之必涼，木之必落，草之必榮，化之可知者也，三子所得與之化也；物之品物流形者而以各正性命，各正性命者而以保合太和，元亨利貞用於至微而體於至顯，春夏秋冬有其定位而無其專氣，化之不可知者也，孔子之所獨也。孔子之異於三子，不於其廣大高明之性，而於其中庸精微之德，故以射之巧譬之。不能化則無以行遠，猶射者之不能至。如鮑焦、申徒狄之淸，鄧禹、陶侃之任，東方朔、阮籍之和，行將去便與道相齟齬。三子卻一直順行去，更無蹭蹬差池，是可謂「大而化之」矣。

不知者乃謂孔子能化而三子不能，直將「化」之一字看得玄妙無定體。唯孟子知聖之深，則直在洗心藏密處揀出極深研幾之妙。蓋化之粗者，便奇特亦自易知，日月之廣照、江海之汪洋是也；化之精者，卽此易知處便不可知，水之瀾、日月之容光必照〔是〕也。兩者俱化，而可知、不可知分焉。不可知者，藏之密也，日新而富有者也。何嘗有超陵變幻，爲出於三子所化之外別有作用也哉！

化則聖也，不可知則聖之時也。化則力之至也，不可知則巧之審中於無形者也。以此辨之，則以言三子之德也不誣，而學孔子也亦有其津涘矣。

四

「不可知」只是不易見，非見之而不可識也。人之所不易見者，唯至精至密者而已。雖云不可知，卻是一定在，如巧者之於正鵠然。天之有四時，其化可見，其爲化者不可見。若人所爲，便大綱露出本領來，分派下做作用，賞則喜之形，罰則怒之形，儘他奇特，都有跡在。如伯夷之清，其始如是，則終莫不如是，可以掐著搦著算定，總爲他在粗枝大葉上布規模，立軌則。若天之有時，綿綿密密，而所以爲寒暑生殺者，總在視不見、聽不聞之中。孔子之不顯其德以爲載於無聲無臭者，下學而上達，知之者唯天。人在作用上著心目，則更無親切處也。乃其所以示人，則又無所隱，而若未有知者。然非使人見之而不能測識之，如異端之所謂神通者比。此以中庸「小德川流」「大德敦化」求之，則庶幾不差。學者未到孟子知聖地位，且就博文約禮上討線索，煞定仕、止、久、速看他功用，鮮不迷矣。

五

程子以孔子爲乘田則爲，爲司寇則爲，孟子必欲得賓師之位，定孔、孟差等。如此說道理，是將孔子竟作釋氏「一乘圓教」「四無礙」看。聖人精義入神，特人不易知爾，豈有於此亦可，於彼亦可，大小方圓，和光同塵之道哉！

孟子曰「孔子聖之時」，與易「六位時成」之義同，豈如世俗之所謂合時者耶！春夏秋冬固無一定之寒暑溫涼，而方其春則更不帶些秋氣，方其夏則了了與冬懸隔，其不定者皆一定者也。聖賢有必同之心理，斯有可同之道法，其不同者時位而已。一部周易，許多變易處，只在時位上分別；到正中、正當以亨吉而无咎，則同也。故孟子以論世爲尚友之要道。

孔子之先，自華督之難奔魯而仕於魯，到鄹大夫時，亦爲魯之世臣矣。春秋時，世祿之法未壞，而士之子必爲士，而仕者非有大故，必於其宗國。則孔子既嗣鄹大夫之祿，自不得不仕。乘田、委吏，爲職雖小，而亦筮仕者初登仕版所必循之階，豈可以我有聖德而操一不屑之心乎！古者五十始爵，乃命爲大夫，周禮固在，不容越也。孔子之爲此，自在蚤歲，義之宜，道之正，而豈故爲委屈耶！

孟子雖魯之公族，而失其祿位，降在氓黎者已久。魯繆、平之世，三家不復執魯政，疑悼公、元公盡去三桓，不復列其子孫於在廷矣。孟子於宗國無可仕之階，逮游道既通，則已在五十受爵之年，固不容自乞卑官，以枉道辱己。且齊、梁之君卑禮厚幣聘之以來，若更自請散秩以受微祿，不承權輿而甘爲折節，愈不可矣。

抑樂正子固云「前以士，後以大夫」，則孟子曾爲士矣，未嘗必得賓師而後仕也。孟子既以抱關擊柝爲祿仕之宜，則其不必賓師之位者可見。孔子道不行於魯，不脫冕而行，則其處司寇者，與處乘田、委吏之去就，固不同矣。

聖人居上不驕，在下不憂，方必至方，圓必至圓，當方而方則必不圓，當圓而圓則必不方，故曰「規矩方圓之至，聖人人倫之至」也，而豈有方圓無不可之理哉！學者之大忌，在推高聖人，以爲神化不測，而反失其精義入神、合規應矩之大經，則且流於俗學，入於異端，而成乎無忌憚之小人矣。

六

朱子譏賈誼失進言之序，斟酌事理，允爲定論。從來評賈生之得失者，未能及也。

古者大臣坐而論道，以至庶人、工、瞽，咸可進言。然庶人、工、瞽之所言者，必非百官之所言；小臣之所言者，必非大臣之所言也。唯大臣所論者道，則朝廷之建立因革，一切制治保邦，文章度數，須通盤徹底，料理一成局而陳之，以授百工之作行。若居言職者，則必有愆而後繩，有繆而後糾，方無愆繆，且不可立意思，逞議論，徒增聚訟。有官守者，則在兵言兵，在農言農，在禮言禮，以專治其事則利害親而言之無妄也。至於庶人、工、瞽之諫，則又必國家顯著之事理，介於得失安危之大，在廷者蒙蔽不以上聞，而後可陳其一得以待採焉。

今誼所言者，外制匈奴，內削侯王，上求主德，下正民俗，以洎乎禮樂制度，正朔服色，爲天子所操三重之權者巨細畢舉，盡取漢家之天下，畫一成局，而欲竟授之有司，遵而行之。此大臣所從容坐論於燕閒之道，而誼以疎遠小生，輒以紙窗竹屋之所揣摩者握朝野中外以唯其所指使。則是以天下爲佹得佹失，試少年議論文章之物，而可哉！

故知位卑言高，急於自衒之罪，不可以加之朱雲、郇謨、鄭俠、陳東直言敢諫之士，而唯誼允當之。而孟子之旨，本以爲爲貧而仕者留一優游進退之局，以盡其素位之道，非概以出位而言責小臣，而歸言責於大臣，義自著明，無容惑也。

七

不敢見，禮也；不可召，義也。一章之中，縱說橫說，乃於「義禮」二字，條理則自分明。如云「且」，云「何敢」，云「奚可」，云「豈敢」，云「況乎」，直恁淸出。

禮有常經，義繇事制。唯合夫義之宜者，則雖禮之所無，而禮自可以義起。如君欲有謀則就之，堯與舜迭爲賓主，一合於尊賢之義，則當其行之，不患乎禮之不中於節文，而不必引君尊臣卑之禮以守其不敢矣。若禮所本有，則義卽不宜，而一以禮之經爲宜。如孔子非魯君之所可召，而召必赴焉，則禮有其常，爲禮屈而非爲勢屈，於義固宜，抑不必據不可召之義以自亢矣。

禮義相爲錯綜以成經緯，固有合一之理。乃聖賢審物度己，則必旣求之禮，又求之義，雖求之義，亦必求之禮，無不可者，而後決然以行其志。此孟子所以不陷於一偏，其以養君子之剛大者，卽以定人道之高卑。乃知「王前」、「士前」、「貧賤驕人」之說，苟自矜厲以虧典禮。而躡屩王門者，旣以自辱其身，而犯上干主，其越禮踰分，亦已甚矣。註、錄未悉。

八

易位之事，後世所以不可行者，非孟子之言不可通於來今也。霍光行之，畢竟是胡亂。蓋封建之天下自與郡縣異，到秦、漢以後，天下事大段改易，如此詫異事更不可倚古人行跡莽撞。

且孟子所言，要爲諸侯言爾。諸侯危社稷，則貴戚變置之，抑必上告天子，下告方伯，旁告四鄰，可以相信相從，而貴戚之卿雖首發策，亦無嫌於犯上。若夫天子之不可易者，非徒三仁不能行之於紂，三代之末主之失道者多矣，從未有爲此舉動者。蓋天子之於臣，純乎臣者也；古者諸侯之卿命於天子，則不純乎臣者也。亦幾與今之首領同。不純乎臣，而上又有天子可以請命，則雖貴戚之卿易之，而實天子易之矣。若四海一帝，九州一王，君雖不君，誰敢制命自己，而徼幸以成非常之事哉！「委任權力」，亦何足恃，而可以爲三仁之所不敢爲乎？此霍光之所以不學無術而釀山、禹之逆，司馬昭、桓溫所以爲梟獍之魁而不可道也。

讀四書大全說卷十　孟子

告子上篇

一

告子說「性猶杞柳」，「猶湍水」，只說箇「猶」字便差。人之有性，卻將一物比似不得，他生要捉摸推測，說教似此似彼，總緣他不曾見得性是箇甚麽；若能知性，則更無可比擬者。孟子斬截說箇「善」，是推究根原語。善且是繼之者，若論性，只喚做性便足也。性裏面自有仁、義、禮、智、信之五常，與天之元、亨、利、貞同體，不與惡作對。故說善，且不如說誠。唯其誠，是以善；誠於天，是以善於人。惟其善，斯以有其誠。天善之，故人能誠之。所有者誠也，有所有者善也。則孟子言善，且以可見者言之。可見者，可以盡性之定體，而未能卽以顯性之本體。夫然，其得以萬物之形器動作爲變化所偶有者取喻之乎？先儒窮治告子之失，不曾至此，非所謂片言折獄也。

二

朱子謂告子只是認氣爲性，其實告子但知氣之用，未知氣之體，並不曾識得氣也。告子說「勿求於氣」，使其能識氣之體，則豈可云「勿求」哉！若以告子所認爲性之氣乃氣質之氣，則荀悅、王充「三品」之言是已。告子且以凡生皆同，猶凡白皆白者爲性，中間並不分一人、禽等級，而又何有於氣質之差也！

理卽是氣之理，氣當得如此便是理，理不先而氣不後。理善則氣無不善；氣之不善，理之未善也。如牛犬類。人之性只是理之善，是以氣之善；天之道惟其氣之善，是以理之善。「易有太極，是生兩儀」，兩儀，氣也，唯其善，是以可儀也。所以乾之六陽，坤之六陰，皆備元、亨、利、貞之四德。和氣爲元，通氣爲亨，化氣爲利，成氣爲貞，在天之氣無不善。天以二氣成五行，人以二殊成五性。溫氣爲仁，肅氣爲義，昌氣爲禮，晶氣爲智，人之氣亦無不善矣。

理只是以象二儀之妙，氣方是二儀之實。健者，氣之健也；順者，氣之順也。天人之蘊，一氣而已。從乎氣之善而謂之理，氣外更無虛託孤立之理也。

乃既以氣而有所生，而專氣不能致功，固必因乎陰之變、陽之合矣。有變有合，而不能皆善。其善者則人也；其不善者則犬牛也，又推而有不能自爲桮棬之杞柳，可使過顙、在山之水也。天行於不容已，故不能有擇必善而無禽獸之與草木，杞柳等。然非陰陽之過，而變合之差。是在天之氣，其本無不善明矣。

天不能無生，生則必因於變合，變合而不善者或成。其在人也，性不能無動，動則必效於情才，情才而無必善之勢矣。在天爲陰陽者，在人爲仁義，皆二氣之實也。在天之氣以變合生，在人之氣於情才用，皆二氣之動也。此「動」字不對「靜」字言。動、靜皆動也。繇動之靜，亦動也。

告子既全不知性，亦不知氣之實體，而但據氣之動者以爲性。動之有同異者，則情是已；動之於攻取者，則才是已。若夫無有同異、未嘗攻取之時，而有氣之體焉，有氣之理焉，即性。則告子未嘗知也。

故曰「性猶杞柳也」，則但言才而已。又曰「性猶湍水也」，則但言情而已。又曰「生之謂性」，知覺者同異之情、運動者攻取之才而已矣。又曰「食色性也」，甘食悅色亦情而已矣。其曰「仁，內也」，則固以愛之情爲內也；愛者七情之一，與喜怒哀樂而同發者也。

孟子曰：「乃若其情，則可以爲善矣。」可以爲善，則可以爲不善矣；「猶湍水」者此也；「若夫爲不善，非才之罪也。」爲不善非才之罪，則爲善非才之功矣；「猶杞柳」者此也。杞柳之爲桮棬，人爲之，非才之功。即以爲不善之器，亦人爲之，非才之罪。

若夫人之實有其理以調劑夫氣而效其陰陽之正者，則固有仁義禮智之德存於中，而爲惻隱、羞惡、恭敬、是非之心所從出，此則氣之實體，秉理以居，以流行於情而利導之於正者也。若夫天之以有則者位置夫有物，使氣之變不失正，合不失序，如耳聽目視，一時合用而自不紊。以顯陰陽固有之撰者，此則氣之良能，以範圍其才於不過者也。理以紀乎善者也，氣則有其善者也，氣是善體。情以應夫善者也，才則成乎善者也。故合形而上、形而下而無不善。

乃應夫善，則固無適音「的」應也；成乎善，則有待於成也。無適應，則不必於善；湍水之喻。有待於成，則非固然其成；杞柳之喻。是故不可竟予情才以無有不善之名。若夫有其善，固無其不善，所有者善，則卽此爲善，氣所以與兩閒相彌綸，人道相終始，唯此爲誠，唯此爲不貳，而何杞柳、湍水之能喻哉！故曰「誠者天之道」，「立天之道，曰陰與陽」而已；二氣。「誠之者人之道」，「立人之道，曰仁與義」而已。仁生氣，義成氣。又安得尊性以爲善，而謂氣之有不善哉！

人有其氣，斯有其性；犬牛既有其氣，亦有其性。人之凝氣也善，故其成性也善；犬牛之凝氣也不善，故其成性也不善。氣充滿於天地之閒，卽仁義充滿於天地之閒；充滿待用，而爲變爲合，因於造物之無心，故犬牛之性不善，無傷於天道之誠。在犬牛則不善，在造化之有犬牛則非不善。氣充滿於有生之後，則健順充滿於形色之中；而變合無恆，以流乎情而效乎才者亦無恆也，故情之可以爲不善，才之有善有不善，無傷於人道之善。

苟其識夫在天之氣，唯陰唯陽，而無潛無亢，則合二殊、五實而無非太極。氣皆有理。苟其識夫在人之氣，唯陰陽爲仁義，而無同異無攻取，則以配義與道而塞乎兩閒。因氣爲理。故心、氣交養，斯孟子以體天地之誠而存太極之實。若貴性賤氣，以歸不善於氣，則亦樂用其虛而棄其實，其弊亦將與告子等。夫告子之不知性也，則亦不知氣而已矣。

三

貴性賤氣之說，似將陰陽作理，變合作氣看，卽此便不知氣。變合固是氣必然之用，其能謂陰陽之非氣乎！易曰：「立天之道曰陰與陽，立人之道曰仁與義。」仁義，一陰陽也。陰陽顯是氣，變合卻亦是理。純然一氣，無有不善，則理亦一也，且不得謂之善，而但可謂之誠。有變合則有善，善者卽理。有變合則有不善，不善者謂之非理。謂之非理者，亦是理上反照出底，則亦何莫非理哉！

大要此處著不得理字，亦說不得非理。所以周子下箇「誠」「幾」二字，甚爲深切著明。氣之誠，則是陰陽，則是仁義；氣之幾，則是變合，則是情才。情者陽之變，才者陰之合。若論氣本然之體，則未有幾時，固有誠也。故淒風苦雨，非陰之過，合之淫也；亢陽烈暑，非陽之過，變之甚也。且如呼者爲陽，吸者爲陰，不呼不吸，將又何屬？所呼所吸，抑爲何物？老氏唯不知此，故以橐籥言之。且看者橐籥一推一拽，鼓動底是甚麼？若無實有，儘橐籥鼓動，那得者風氣來？如吹火者，無火則吹亦不然。唯本有此一實之體，自然成理，以元以亨，以利以貞，故一推一拽，「動而愈出」者皆妙。實則未嘗動時，理固在氣之中，停凝渾合得住那一重合理之氣，便是「萬物資始，各正性命，保合太和」底物事。故孟子言「水無有不下」，水之下也，理也，而又豈非氣也？理一氣，氣一理，人之性也。

孟子此喩，與告子全別：告子專在俄頃變合上尋勢之所趨，孟子在亙古亙今、充滿有常上顯其一德。此唯中庸鄭註說得好：「木神仁，火神禮，金神義，水神信，土神知。」康成必有所授。如言「潤下」，「潤」一德，「下」又一德。火之炎上，水之潤下，木之曲直，金之從革，土之稼穡，十德。不待變合而固然，氣之誠然者也。天全以之生人，人全以之成性。故「水之就下」，亦人五性中十德之一也，其實則亦氣之誠然者而已。故以水之下言性，猶以目之明言性，卽一端以徵其大全，卽所自善以顯所有之善，非別借水以作譬，如告子之推測比擬也。

四

金仁山謂釋氏指人心爲性，而不知道心爲性，此千年暗室一燈也。於此決破，則釋氏儘他說得玄妙，總屬淺鄙。

他只認精魂，便向上面討消息，遂以作弄此精魂爲工夫。如人至京都，不能得見天子，卻說所謂天子者只此宮殿嵯峨、號令赫奕者是。凡人之有情有才，有好惡取舍，有知覺運動，都易分明見得，唯道心則不易見。如宮殿之易見，號令之易聞，而深居之一人，固難得而覿面也。故曰：「道心惟微。」

在人微者，在天則顯，故聖人知天以盡性；在天微者，在人則顯，故君子知性以知天。上「微顯」以小大言，下「微顯」以隱著言。孟子就「四端」言之，亦就人之顯以徵天之微耳。孔子「一陰一陽之謂道」一章，則就天之顯以徵人之微也。要其顯者，在天則因於變合，在人則因於情才，而欲知其誠然之實，則非存養省察功深候到者不知。

釋氏只是急性著，立地便要見得，硬去搜索，看到人心盡頭未有善、未有惡處，便自止息。告子也是如此。他不信知覺運動、情才之外有未發之中，總緣他未曾得見天子，反怪近臣之日侍君側向人說知者爲妄立名色以欺衆，則亦可哀也已。

能活能動底，只是變合之幾。變合而情才以生；變已則化，合已則離，便是死也。釋氏說「蕉心倚蘆」，明是說合；說「夢幻泡影」，明是說變。而其所變所合者之爲何物，總不曾理會在，乃云「心生種種法生，心滅種種法滅」。生之謂性，死卽無性也。嗚呼，亦安得此鄙陋俗淺之言而稱之也哉！

五

仁山云「釋氏指視聽言動之氣爲性，而不知所以視聽言動之理爲性」，語猶有病。蓋將理、氣分作二事，則是氣外有理矣。夫氣固在人之中，而此外別有理，豈非「義外」之說乎？

所以視聽言動之理，在既視聽既言動後方顯，卽可云外；孔子言復禮爲仁，則禮徹乎未有視聽言動之先與既有之後，卽氣而恆存也。

今以言與聽思之。聲音中自有此宮、商、角、徵、羽，而人之氣在口卽能言之，在耳卽能辨之。視之明於五色，動之中於五禮，亦莫不唯氣能然，非氣之用僅可使視見、聽聞、言有聲、動則至也。

人之性既異於犬牛之性，人之氣亦豈不異於犬牛之氣！人所以視聽言動之理，非犬牛之所能喩；人視聽言動之氣，亦豈遂與犬牛同耶！

人之甘食悅色，非自陷於禽獸者，則必不下齊於禽獸。乃嘑蹴之食，乞人不屑，不屑則亦不甘矣，是卽自陷於禽獸者，其氣之相取也亦異。況乎卽無不屑，而所甘所悅亦自有精粗美惡之分。其所以迥然而爲人之甘悅者固理也，然亦豈非氣之以類相召者爲取舍哉！故曰：「形色，天性也。」氣而後成形，形而後成色，形色且卽性，而況氣乎！

氣固只是一箇氣，理別而後氣別。乃理別則氣別矣，唯氣之別而後見其理之別。氣無別，則亦安有理哉！

六

天下豈別有所謂理，氣得其理之謂理也。氣原是有理底，盡天地之閒無不是氣，卽無不是理也。變合或非以理，則在天者本廣大，而不可以人之情理測知。聖人配天，只是因而用之，則已無不善矣。

朱子說：「堯、舜之子不肖，是不好底意思，被他轉得好了。」非堯、舜之能轉天也，在變化處覺得有些不善，其實須有好底在：子雖不可傳，而適以成其傳賢之善也。唯知其廣大而不執一偏，則無不善矣。

在天之變合，不知天者疑其不善，其實則無不善。惟在人之情才動而之於不善，斯不善矣。然情才之不善，亦何與於氣之本體哉！氣皆有理，偶爾發動，不均不浹，乃有非理，非氣之罪也。人不能與天同其大，而可與天同其善，只緣者氣一向是純善無惡，配道義而塞乎天地之閒故也。

凡氣之失其理者，卽有所羸，要有所羸者必有所詘。故孟子曰「餒」，無理處便已無氣。故任氣無過，唯暴氣、害氣則有過。暴亦虐害意，義見前篇。不暴害乎氣，使全其剛大，則無非是理，而形以踐，性以盡矣。此孟子之所以爲功於人極，而爲聖學之正宗也。知氣之善，而義之非外亦可知矣。

七

「愛未是仁，愛之理方是仁」，雙峰之說此，韙矣。韓退之不知道，開口說「博愛之謂仁」，便是釋氏旖旎纏綿，弄精魂勾當。夫愛，情也；愛之理，乃性也。告子唯以情爲性，直將愛弟之愛與甘食悅色同一心看。今人若以粗浮之心就外面一層浮動底情上比擬，則愛弟之心與甘食悅色之心又何別哉！近日有一種邪說，謂「鍾情正在我輩」，卽此是忠臣孝子本領說得來也有些相似，只此害人心極大。

須知此處絕不可以庸陋流俗之情識揀別得。且如人之愛弟：吾弟則愛之，固人之所同也；然使其弟有殺之害之之事，而秦人之弟爲之救患解紛，則必舍其弟而愛秦人矣。此如人之嗜炙，本所同也，乃以多食炙故而致飽悶，則甘菜而不甘炙。無他，歆者同之，厭者異之，同者取之，異者攻之，情之緣感以生，而非性之正也。

故就凡人言之，吾弟則愛者，亦非仁也。必至於象日以殺舜爲事，而舜且親愛不改其恆，憂喜與同而無僞，方謂之仁。則固與食肉者之甘，好色者之悅，但以情之合離爲取舍者不侔。蓋人之愛弟也，亦止可云愛；舜之愛象也，乃盡其同氣相感之理也。告子一流自無存養省察之功，不能於吾心見大本，則亦惡知吾弟則愛之外，更有愛弟之理哉！

朱子曰「仁者愛之理」，此語自可顚倒互看。緣以顯仁之藏，則曰「愛之理」；若欲於此分性情、仁未仁之別，則當云「理之愛」。先言愛，則因愛而辨其理；先言理，則吾得理之氣，自然有此親親、仁民、愛物之成能油然順序而生也，故曰「性之德」也。以舜之愛象觀之，唯有本而愛遂不窮，豈但於其用愛得所而見爲理哉！待用愛得所而見爲理，則豈徒可云義外哉？仁亦外矣！

八

潛室以「權度」言「義內」，亦未嘗知義也。若專在權度上見義，則權度者因物之有長短輕重而立，豈非外乎！公都子曰「冬日則飲湯，夏日則飲水」，此豈待權度而後審者哉！蓋唯有事於集義者，方知義內；若非其人，則但見義繇物設，如權度之因物而立，因物者固不繇內矣。有物則權度用，無物則無用權度處。兩物相衡則須權度，一物獨用則不須權度。然則弟未爲尸之時，不與叔父爭敬，而專伸其敬於叔父，便無義乎？只是一敬，則無長短輕重。

學者須於叔父未嘗前、弟未爲尸之時，看取敬叔父、敬尸之心何在，方知義之在內。庸人無集義之功而不知義，則一向將外物之至，感心以生權度而不得不授之權度者以爲義。如貧人本無金穀，必借貸始有，遂以借貸而得謂之富，而不知能治生者之固有其金穀也。

「冬日則飲湯，夏日則飲水」，不因於外，人盡知之。故公都子言君子之知義在內者，猶汝之知飲湯飲水，不待權度而自不至於顚倒也。固有義而固知之，則義之在吾心內者，總非外物之可比擬。權度，人爲之外物也。故曰：「告子未嘗知義。」彼直不知何者爲義，非但誤其外、內之界而已。如說權度爲義，便不知義。

孟子至此，亦難與顯言，非有吝而不言也。喜怒哀樂未發之時，有所性之德存焉，此豈可與不知者名言之哉！不得已而以弟爲尸言之，則以人之愛敬或因情因感，因名因事，而相暱以愛，相畏以敬，非愛敬也。非愛敬，則安知愛敬之在內！唯至於宗廟之中，視無可見，聽無可聞，總無長短輕重之形，容吾權度，而神之不可射者，以其昭明、焄蒿、淒愴之氣此正金氣也，秋氣也，義氣也。相爲類動，而所自生之敬不倚聲色而發於中，如夏氣之感而嗜水，冬氣之感而嗜湯。於此思之，敬之繇內發而不緣物以立者，固可見矣。而人所以敬叔父者以天動天，亦如是而已矣。是中節者雖因於物，而所發者根於性也。

彼昏不知，而猶以敬尸之敬爲外物之輕重長短以移用其權度，則是爲孟季子者終身未嘗有一念之眞敬，其謂之外也，則奚怪哉！夫苟無一念之合於敬，而僨權度以爲義，則雖以飲湯飲水喻之，彼且曰：飲湯飲水，不待權度而喻者也，故內也；敬叔父敬弟，待權度而審者也，故外也。嗚呼，亦不可瘳已！

九

權之度音徒雒切。陳氏所云「權度」，乃如字。之，須吾心有用權度者在，固亦非外。然權度生於心，而人心之輕輕、重重、長長、短短者，但假權度以熟，而不因權度以生也。聖人到精義入神處，也須有觀物之智，取於物爲則。權度近智，與義無與。然謂輕重長短茫無定則於吾心，因以權稱之，以度量之而義以出，則與於外義之甚者矣。

當初者權度是何處來底？不成是天地閒生成一丈尺、一稱錘，能號於物曰我可以稱物之輕重、量物之長短哉？人心之則，假於物以爲正，先王制之，而使愚不肖相承用之，是以有權度。權度者，數也，理也；而爲此合理之數者，人心之義也。故朱子謂「義如利斧劈物」，則爲權度之所自出，而非權度明矣。

今世里胥、牙儈之流，有全靠算子算金穀、地畝者，算子猶權度。爲他心中本無了了之數，只仗學得來猾熟，算來也不差。乃一奪其算子，則一無所知。且方其用算子時，數之乘除多寡所以然之理，固懵然不省，一數已知，而復授一數，則須從頭另起，而先所用者全無用處。此豈非其心無權度之故！而敬叔父、敬弟之眞敬，其如此之倚仗成法；茫然無得於心，旦變夕移，斷續而不相接也乎？潛室未之思爾。

一〇

若說弟重則敬弟、叔父重則敬叔父爲權度，此是料量物理，智之用也，且非智之體。不與敬之本體相應。若說權度者物之所取平者也，吾心之至平者謂之權度，則夫平者固無實體，特因無不平而謂之平耳。此但私欲不行邊事，未到天理處。以平爲義，則義亦有名而無實矣。義者以配四德之利、四時之秋，豈但平而已哉！

吾固有之氣，載此剛大之理，如利斧相似，嚴肅武毅，遇著難分別處，一直利用，更無荏苒，此方是義之實體。故以敬以方，以宜以制，而不倚於物。豈但料量以虛公，若衡鑑之無心，而因用以見功者乎！

二

孟子不曾將情、才與性一例，竟直說箇「善」字，本文自明。曰「〔情〕可以爲善」㊀，卽或人「性可以爲善」之說也；曰「若夫爲不善，非才之罪」，卽告子「性無不善」之說也。彼二說者只說得情、才，便將情、才作性，故孟子特地與他分明破出，言性以行於情、才之中，而非情、才之卽性也。

孟子言「情可以爲善」，而不言「可以爲不善」；言「不善非才之罪」，而不言「善非才之功」，此因性一直順下，從好處說。則其可以爲不善者，既非斯人所必有之情，固但見其可以爲善，而不見其可以爲不善。若夫爲善雖非才之功，而性克爲主，才自輔之，性與才合能而成其績，亦不須加以分別，專歸功於性而擯才也。此是大端看得渾淪處，說一邊便是，不似彼欲破性善之旨，須在不好處指摘也。然言「可以爲善」，則可以爲不善者自存；言「不善非才之罪」，則爲善非其功也亦可見矣。

㊀「情」字據下文「孟子言『情可以爲善』」句補。孟子原文作「乃若其情則可以爲善矣」。

孟子言「惻隱之心，仁也」云云，明是說性，不是說情。仁義禮智，性之四德也。雖其發也近於情以見端，然性是徹始徹終與生俱有者，不成到情上便沒有性！性感於物而動，則緣於情而爲四端；雖緣於情，其實止是性。如人自布衣而卿相，以位殊而作用殊，而不可謂一爲卿相，則已非布衣之故吾也。又如生理之於花果，爲花亦此，爲果亦此，花成爲果而生理均也；非性如花而情如果，至已爲果，則但爲果而更非花也。

孟子竟說此四者是仁義禮智，既爲仁義禮智矣，則卽此而善矣。卽此而善，則不得曰「可以爲善」。惻隱卽仁，豈惻隱之可以爲仁乎？有擴充，無造作。若云惻隱可以爲仁，則是惻隱內而仁外矣。若夫情，則特可以爲善者爾。可以爲善者，非卽善也，若杞柳之可以爲桮棬，非杞柳之卽爲桮棬也。性不可戕賊，而情待裁削也。前以湍水喻情，此以杞柳喻情。蓋告子杞柳、湍水二喻，意元互見。故以知惻隱、羞惡、恭敬、是非之心，性也，而非情也。夫情，則喜、怒、哀、樂、愛、惡、欲是已。

慶源說「喜怒哀樂未發，何嘗不善，發而中節，亦何往而不善」，語極有疵。喜怒哀樂未發，則更了無端倪，亦何善之有哉！中節而後善，則不中節者固不善矣，其善者則節也，而非喜怒哀樂也。學者須識得此心有箇節在，不因喜怒哀樂而始有，則性、情之分迥然矣。若昏然不察，直將惻隱、羞惡、恭敬、是非與喜怒哀樂作一箇看，此處不分明，更有甚性來！

孟子言情，只是說喜怒哀樂，不是說四端。今試體驗而細分之。乍見孺子入井之心，屬之哀乎，亦僅屬之愛乎？非有愛故。無欲穿窬之心，屬之怒乎，亦僅屬之惡乎？即穿窬者，亦有所惡。若恭敬、是非之心，其不與七情相互混者，尤明矣。學者切忌將惻隱之心屬之於愛，則與告子將愛弟之心與食色同爲性一例，在兒女之情上言仁。「漢以來儒者不識『仁』字」，只在此處差謬。惻隱是仁，愛只是愛，情自情，性自性也。

情元是變合之幾，性只是一陰一陽之實。情之始有者，則甘食悅色；到後來蕃變流轉，則有喜怒哀樂愛惡欲之種種者。性自行於情之中，而非性之生情，亦非性之感物而動則化而爲情也。

情便是人心，性便是道心。道心微而不易見，人之不以人心爲吾俱生之本者鮮矣。故普天下人只識得箇情，不識得性，卻於情上用工夫，則愈爲之而愈妄。性有自質，情無自質，故釋氏以「蕉心倚蘆」喻之；無自質則無恆體，故莊周以「藏山」言之。無質無恆，則亦可云無性矣。甚矣，其逐妄而益狂也！

孟子曰：「若夫爲不善，非才之罪也。」不善非才罪，罪將安歸耶？集註云「乃物欲陷溺而然」，而物之可欲者，亦天地之產也。不責之當人，而以咎天地自然之產，是猶舍盜罪而以罪主人之多藏矣。毛嬙、西施，魚見之而深藏，鳥見之而高飛，如何陷溺魚鳥不得？牛甘細草，豕嗜糟糠，細草、糟糠如何陷溺人不得？然則才不任罪，性尤不任罪，物欲亦不任罪。其能使爲不善者，罪不在情而何在哉！

朱子曰「非才如此，乃自家使得才如此」，「自家」二字，尤開無窮之弊。除卻天所命我而我受之爲性者，更何物得謂之自家也？情固是自家底情，然竟名之曰「自家」，則必不可。蓋吾心之動幾，與物相取，物欲之足相引者，與吾之動幾交，而情以生。然則情者，不純在外，不純在內，或往或來，一來一往，吾之動幾與天地之動幾相合而成者也。釋氏之所謂心者，正指此也。

唯其爲然，則非吾之固有，而謂之「鑠」。金不自鑠，火亦不自鑠，金火相搆而鑠生焉。鑠之善，則善矣，助性以成及物之幾，而可以爲善者其功矣。鑠之不善，則不善矣，率才以趨溺物之爲，而可以爲不善者其罪矣。故曰「或相倍蓰而無算者，不能盡其才者也」，而不可云「不能盡其情」。若盡其情，則喜怒哀樂愛惡欲之熾然充塞也，其害又安可言哉！

才之所可盡者，盡之於性也。能盡其才者，情之正也；不能盡其才者，受命於情而之於蕩也。惟情可以盡才，故耳之所聽，目之所視，口之所言，體之所動，情苟正而皆可使復於禮。亦惟情能屈其才而不使盡，則耳目之官本無不聰、不明、耽淫聲、嗜美色之咎，而情移於彼，則才以舍所應效而奔命焉。

蓋惻隱、羞惡、恭敬、是非之心，其體微而其力亦微，故必乘之於喜怒哀樂以導其所發，然後能鼓舞其才以成大用。喜怒哀樂之情雖無自質，而其幾甚速亦甚盛。故非性授以節，則才本形而下之器，蠢不敵靈，靜不勝動，且聽命於情以爲作爲輟，爲攻爲取，而大爽乎其受型於性之良能。

告子之流既不足以見吾心固有之性，而但見夫情之乘權以役用夫才，億爲此身之主，遂以性之名加之於情。釋孟子者又不察於性之與情有質無質、有恆無恆、有節無節之異，乃以言性善者言情善。夫情苟善，而人之有不善者又何從而生？乃以歸之於物欲，則亦老氏「五色令人目盲，五音令人耳聾」之緒談。抑以歸之於氣，則誣一陰一陽之道以爲不善之具，是將賤二殊，厭五實，其不流於釋氏「海漚」、「陽燄」之說者幾何哉！

愚於此盡破先儒之說，不賤氣以孤性，而使性託於虛；不寵情以配性，而使性失其節。竊自意可不倍於聖賢，雖或加以好異之罪，不敢辭也。

一二

以在天之氣思之：春氣溫和，只是仁；夏氣昌明，只是禮；秋氣嚴肅，只是義；冬氣清冽，只是智。木德生生，只是仁；火德光輝，只是禮；金德勁利，只是義；水德淵渟，只是智。及其有變合也，冬變而春，則乍呴然而喜；凡此四情，皆可以其時風日雲物思之。春合於夏，則相因泰然而樂；夏合於秋，則疾激烈而怒；秋變而冬，則益淒切而哀。如云「秋冬之際，尤難爲懷」，哀氣之動也。水合於木，則津潤而喜；新雨後見之。木合於火，則自遂而樂；火薪相得欲燃時見之。火變金，則相激而怒；金在冶不受變，火必變之，如此。金變水，則相離而哀。此差難見。金水不相就，雖合而離。

以在人之氣言之：陽本剛也，健德也；與陰合而靡，爲陰所變，則相隨而以喜以樂，男之感女、義之合利時如此。非剛質矣。陰本柔也，順德也；受陽之變，必有吝情，雖與陽合，而相迎之頃必怒，已易其故必哀，女制於男，小人屈於君子，必然。非柔體矣。

惟於其喜樂以仁禮爲則，則雖喜樂而不淫；於其怒哀以義智相裁，則雖怒哀而不傷。故知陰陽之撰，唯仁義禮智之德而爲性；變合之幾，成喜怒哀樂之發而爲情。性一於善，而情可以爲善，可以爲不善也。

一三

不善雖情之罪，而爲善則非情不爲功。蓋道心惟微，須藉此以流行充暢也。如行仁時，必以喜心助之。情雖不生於性，而亦兩閒自有之幾，發於不容已者。唯其然，則亦但將可以爲善獎之，而不須以可爲不善責之。故曰「乃所謂善也」，言其可以謂情善者此也。集註釋此句未明，蓋謂情也。

功罪一歸之情，則見性後亦須在情上用功。大學「誠意」章言好惡，正是此理。既存養以盡性，亦必省察以治情，使之爲功而免於罪。集註云「性雖本善，而不可無省察矯揉之功」，此一語恰合。省察者，省察其情也，豈省察性而省察才也哉！

若不會此，則情既可以爲不善，何不去情以塞其不善之原，而異端之說繇此生矣。乃不知人苟無情，則不能爲惡，亦且不能爲善。便只管堆塌去，如何盡得才，更如何盡得性！孟子言「情則可以爲善，乃所謂善也」，專就盡性者言之。愚所云爲不善者情之罪，專就不善者言之也。孟子道其常，愚盡其變也。若論情之本體，則如杞柳，如湍水，居於爲功爲罪之閒，而無固善固惡，以待人之脩爲而決導之，而其本則在於盡性。是以非靜而存養者，不能與於省察之事。大學之所以必正其心者乃可與言誠意也。

一四

集註謂「情不可以爲惡」，只緣誤以惻隱等心爲情，故一直說煞了。若知惻隱等心乃性之見端於情者而非情，則夫喜怒哀樂者，其可以「不可爲惡」之名許之哉！

情如風然，寒便帶得寒氣來，暄便帶得暄氣來，和便帶得和氣來。惻隱等心行於情中者，如和氣之在風中，可云和風，而不可據此爲風之質但可爲和，而不可以爲極寒、暄熱也。故君子愼獨以節其情也，若不於存養上有以致其中，則更無和之可致矣。喜怒哀樂之發，豈但有節而無無節者哉！

朱子未析得「情」字分明，故添上「不可以爲惡」五字，而與孟子之旨差異。若西山之言才，亦云「本可以爲善，而不可以爲惡」，則尤不揣而隨人口動爾。

人之爲惡，非才爲之，而誰爲之哉！唯其爲才爲之，故須分別，說非其罪。若本不與罪，更不須言非罪矣。如刺人而殺之，固不可歸罪於兵，然豈可云兵但可以殺盜賊，而不可以殺無辜耶？

孟子以耳目之官爲小體，而又曰「形色，天性也」。若不會通，則兩語坐相乖戾。蓋自其居靜待用、不能爲功罪者而言，則曰「小體」；自其爲二殊、五實之撰，卽道成器以待人之爲功者而言，則竟謂之「天性」。西山謂「才不可以爲惡」，則與孟子「小體」之說相背；程子以才稟於氣，氣有淸濁，歸不善於才，又與孟子「天性」之說相背。

孟子於「性」上加一「天」字，大有分曉。才之降自天者無所殊，而成形以後，蠢不敵靈，靜不勝動，則便小而不大。此等處，須看得四方透亮，不可滯一語作死局，固難爲不知者道也。

一五

程子全以不善歸之於才，愚於論語說中有笛身之喩，亦大略相似。然笛之爲身，縱不好，亦自與簫管殊，而與枯枝草莖尤有天淵之隔。故孔子言其「相近」，孟子亦言「非才之罪」，此處須活看。旣是人之才，饒煞差異，亦未定可使爲惡。春秋傳記商臣蠭目豺聲，王充便據以爲口實，不知使商臣而得慈仁之父、方正之傅，亦豈遂成其惡哉！舜之格瞽瞍及免象於惡，其究能不格姦者，亦瞍、象之才爲之也，又豈舜之於瞍、象能革其耳目，易其口體，而使別成一底豫之才哉！

人之所以異於禽獸者，其本在性，而其灼然終始不相假借者，則才也。故惻隱、羞惡、恭敬、是非，唯人有之，而禽獸所無也；人之形色足以率其仁義禮智之性者，亦唯人則然，而禽獸不然也。若夫喜怒哀樂愛惡欲之情，雖細察之，人亦自殊於禽獸，此可以爲善者。而亦豈人獨有七情，而爲禽獸之所必無，如四端也哉！一失其節，則喜禽所同喜、怒獸所同怒者多矣。此可以爲不善。乃雖其違禽獸不遠，而性自有幾希之別，才自有靈蠢之分，到底除卻者情之妄動者，不同於禽獸。則性無不善而才非有罪者自見矣。故愚決以罪歸情，異於程子之罪才也。

一六

情之不能不任罪者，可以爲罪之謂也。一部周易，都是此理。六陽六陰，才也。言六者，括百九十二。陽健、陰順，性也。當位、不當位之吉、凶、悔、吝，其上下來往者情也。如泰、否俱三陰三陽，其才同也；以情異，故德異。然在人則爲功爲罪，而不可疑天地之化何以有此，以滋悔故曰「天地不與聖人同憂」。慕天地之大而以變合之無害也，視情皆善，則人極不立矣。

天地之化，同萬物以情者，天地之仁也；異人之性與才於物者，天地之義也。天地以義異人，而人恃天地之仁以同於物，則高語知化，而實自陷於禽獸。此異端之病根，以滅性隳命而有餘惡也。

一七

孟子言「夜氣」，原爲放失其心者說。雲峯言「聖人無放心，故無夜氣」，非無夜氣也，氣之足以存其仁義之心者，通乎晝夜而若一也。聖人當體無非天者，昭事不違，一動一靜皆性命之所通。其次，則君子之見天心者，有過未嘗不知，知而未嘗復爲，「不遠復，无祗悔」也。又其次，雖日月至焉，而與天陟降之時，亦未嘗不在動靜云爲之際。如此，則亦何待嚮晦宴息，物欲不交，而後氣始得清哉！

審然，則不可以夜氣言者，非但聖人也。說到夜氣足以存仁義之心，卽是極不好底消息。譬病已深重，六脈俱失其常，但穀氣未衰，則可以過其病所應死之期，如內經所云「安穀者過期而已」。若平人氣象，胃氣內榮，則不須問穀氣也。

在天者，命也；在人者，性也。命以氣而理卽寓焉，天也；性爲心而仁義存焉，人也。故心者，人之德也；氣者，天之事也。心已放而恃氣存之，則人無功而孤恃天矣。

人之晝作而夜息者，豈人之欲爾哉！天使之然，不得不然。以象，則晝明而夜暗；以氣，則晝行於陽而夜行於陰。行於陰而息，非人自息，天息之也。故迨至於夜，而非人可用功之時；則言及於氣，而亦非人可用力之地。所以朱子斥謂氣有存亡而欲致養於氣者爲誤。異端之病，正在於此：舍人事之當脩，而向天地虛無之氣捉搦賣弄。一部參同契，只在氣上用力，乃不知天地自然之氣行於人物之中，其昌大清虛，過而不可留，生而不可遏者，儘他作弄，何曾奈得他絲毫動！則人之所可存可養者，心而已矣。故孟子之言「養氣」，於義有事，而於氣無功也。

若說旦晝有爲之時爲牿亡之所集，卻便禁住此心不依羣動，而與夜之息也相似，以待清氣之生，此抑爲道家言者極頂處，喚作「玄牝」。乃不知天地之氣恆生於動而不生於靜，故程子謂「復其見天地之心」，乃初九一陽，數點梅花，固萬紫千紅之所自復。若一直向黑洞洞地楞然伏處，待其自生，則易當以坤之上六爲天地之心，而何以玄黃之疑戰正在此哉！若一向靜去，則在己者先已解散枯槁，如何凝得者氣住？氣不充體，則心已失其所存之基，則生而死，人而鬼，靈而蠢，人而物，其異於蚓之結而鼈之縮者幾何耶？

靜則氣爲政者，天事也；動則心爲政者，人道也。君子以人承天，故易於震之象曰「不喪匕鬯」。人所有事於天者，心而已矣。喪其匕鬯，以待鬼神之至於徜徉，不亦妄乎！故朱子專以其功歸之養心，而不歸之氣，其旨定矣。

延平之說曰「若於旦晝之閒，不至牿亡，則夜氣愈清；夜氣清，則平旦未與物接之時，湛然虛明，氣象自可見矣」，非也。旦晝不牿亡者，其以存此心而帥其氣以清明者，卽此應事接物、窮理致知孜孜不倦之際，無往不受天之命，以體健順之理；若逮其夜，則猶爲息機，氣象之不及夫晝也多矣。「昊天曰明，及爾出王；昊天曰旦，及爾游衍」。出王、游衍之際，氣無不充，性無不生，命無不受，無不明焉，無不旦焉。而豈待日入景晦，目閉其明，耳塞其聰，氣反於幽，神反於漠之候哉！

夜氣者，氣之無力者也。以無力，故不能受惡之染污；則以無力，故不能受善之薰陶。天不息，則夜亦無殊於晝，而夜非加淸。人有息，則夜之所順受於天者微；而氣行陰中，則抑以魄受而不以魂承。是故苟非牿亡其心者，不須論夜也。

君子之夜氣，與牿亡者之夜氣，所差不遠，故牿亡者得以近其好惡。君子之晝氣，麗乎動靜云爲而順受其淸剛正大者，則非牿亡者之所可與，而氣象固已遠矣。奈之何舍乎人榮衞之和，而與危病者爭僅存之穀氣哉！達於朱子之旨，則延平之說可廢矣。

愚嘗謂命日受，性日生，竊疑先儒之有異。今以孟子所言「平旦之氣」思之，乃幸此理之合符也。

朱子言「夜氣如雨露之潤」。雨露者，天不爲山木而有，而山木受之以生者也；則豈不與天之有陰陽、五行，而人受之爲健順、五常之性者同哉！在天降之爲雨露，在木受之爲萌蘖；在天命之爲健順之氣，在人受之爲仁義之心。而今之雨露，非昨之雨露；則今日平旦之氣，非昨者平旦之氣，亦明矣。到旦晝梏亡後，便將夙昔所受之良心都喪失了。若但伏而不顯，則不得謂之亡。且其復也，非有省察克念之功以尋繹其故，但因物欲稍間，而夜氣之清明不知其所自生。若此者，豈非天之日命而人之日生其性乎？

乃或曰，氣非性也，夜氣非卽仁義之心，乃仁義之所存也，則將疑日生者氣耳，而性則在有生之初。而抑又思之：夫性卽理也，理者理乎氣而爲氣之理也，是豈於氣之外別有一理以游行於氣中者乎？夫言夜氣非卽良心而爲良心之所存，猶言氣非卽理，氣以成形而理具也。豈氣居於表以爲郛郭，而良心來去以之爲宅耶？故朱子說「夜氣不曾耗散，所以養得那良心」，以一「養」字代「存」字。只此天所與人清明之氣，健順故清明。養成而發見到好惡上不乖戾，卽是良心，而非氣外別有心生，審矣。

理便在氣裏面，故易曰「一陰一陽之謂道」，又曰「形而上者謂之道」。形而上者，不離乎一陰一陽也。故曰「兩儀生四象，四象生八卦，八卦定吉凶」。氣自生心，清明之氣自生仁義之心。有所觸，則生可見，卽謂之生；無所觸，則生不可見，故謂之存：其實一也。

天與人以氣，必無無理之氣。陽則健，陰則順也。一陰一陽則道也，錯綜則變化也。天無無理之氣，而人以其才質之善，異於禽獸之但能承其知覺運動之氣，尤異於草木之但能承其生長收藏之氣。是以卽在牿亡之餘，能牿亡其已有之良心，而不能牿亡其方受之理氣也。理氣謂有理之氣。

天之與人者，氣無閒斷，則理亦無閒斷，故命不息而性日生。學者正好於此放失良心不求亦復處，看出天命於穆不已之幾，出王、游衍，無非昊天成命，相爲陟降之時；而君子所爲「不遠復，无祇悔」，以日見天心、日凝天命者，亦於此可察矣。

若云唯有生之初天一命人以爲性，有生以後唯食天之氣而無復命焉，則良心既放之後，如家世所藏之寶已爲盜竊，苟不尋求，終不自獲；乃胡爲牿亡之人非有困心衡慮反求故物之功，而但一夜之頃，物欲不接，卽此天氣之爲生理者，能以存夫仁義之心哉？

故離理於氣而二之，則以生歸氣而性歸理，因以謂生初有命，既生而命息，初生受性，既生則但受氣而不復受性，其亦膠固而不達於天人之際矣。

一九

必須說箇仁義之心，方是良心。言良以別於梏，明有不良之心作對。蓋但言心，則不過此靈明物事，必其仁義而後爲良也。心之爲德，只是虛、未有倚，然可以倚。靈、有所覺，不論善惡皆覺。不昧，能記憶親切，凡記憶親切者必不昧。所以具衆理、未卽是理，而能具之。應萬事者，所應得失亦未定。大端只是無惡而能與善相應，然未能必其善也。須養其性以爲心之所存，方使仁義之理不失。

孔子曰「操則存」，言操此仁義之心而仁義存也；「舍則亡」，言舍此仁義之心而仁義亡也；「出入無時」，言仁義之心雖吾性之固有，而不能必其恆在也；「莫知其鄉」，言仁義之心不倚於事，不可執一定體以爲之方所也；「其心之謂與」，卽言此仁義之心也。

說此書者，其大病在抹下「仁義」二字，單說箇靈明底物事。集註已未免墮在，北溪更添上一段描畫，寫得恍恍惚惚，似水銀珠子樣，算來卻是甚行貨！大概釋氏之說恰是如此。看他七處徵心，「不在內，不在外」之語，正北溪所謂「忽在此，忽在彼」也。看他說「如我按指，海印發光，汝但起心，塵勞先起」，正北溪所謂「亡不是無，只是走作逐物去」也㊀。

范家女子只撩亂記得幾句禪語，便胡言道「孟子誤矣，心豈有出入」，伊川從而稱之，不

㊀「亡不是無，只是走作逐物去」是朱熹的話，見四書大全小註引。王夫之誤作北溪語。

亦過乎！者昭昭靈靈，纔收著卽在眼前底，正釋氏所謂「常住眞心」。此是邪說誣民、充塞仁義第一緊要眞贓。果如彼說，則孔子之言句句可破，不但如范氏妖鬟所云也。

此靈明活動者，如荷葉上露水相似，直是操不得底，愈操而愈不存矣。此靈明活動者亦如影之隨形，不但不亡，而亦何容舍？開眼見明，閉眼見暗，未有能舍之者也。亦直不可說他「莫知其鄉」，「喚醒主人翁」，則端的「在家裏坐，行住坐卧不離者箇」也。嗚呼，誰謂孔子之言而如斯其背謬耶！

總緣撇下「仁義」二字說心，便惹得許多無父無君之教涎沫來胡鬨。聖賢之言，修辭立誠，不合弄此虛脾。聖賢之學，反身而誠，養其性以存其心，不將此圓陀陀、光閃閃的物事作本命元辰看得隆重。朱子自有「良心存亡只在眇忽之閒，舍便失去，操之勿放，放猶廢也，非逸也。則良心常存」一段語錄，千眞萬當，爲聖學宗旨。其他畫出來活鬼相似一流虛脾語，删之無疑。

二〇

謂「欲生惡死是人心，唯義所在是道心」，則區別分明。乃朱子尤必云「權輕重，卻又是義」，義在舍死取生，則卽以生爲義矣。

人心者，唯危者也，可以爲義，可以爲不義，而俟取舍者也。故欲生惡死之心，人心也。

慶源鹵莽不察，竟將得生避患作人欲說。則是遏人欲於不行者，必患不避而生不可得，以日求死而後可哉？孟子以魚與熊掌配生與義，魚雖不如熊掌之美，然豈有毒殺人而爲人所不可嗜耶？若夫人欲，則烏喙之毒而色惡、臭惡之不可入口者矣。

孟子於此，原以言人之本心純乎天理。本心卽道心。卽在人所當欲之生、當惡之死，亦且辨之明而無所苟；而況其爲非所當欲、非所當惡者，如「宮室之美」等。曾何足以亂之哉！若論在所當得，則雖宮室、妻妾、窮乏得我，且未是人欲橫行處，而況欲生惡死之情！唯不辨禮義而受萬鍾，斯則天理亡而人欲孤行者。

聖賢於此只論禮義，不論利害，故朱子云「臨時比並，又卻只是擇利害處去」。若不於義理上審箇孰爲當欲，孰爲當惡，孰爲且不當用其欲惡，而但以於身之緩急爲取舍，則世固有無心於宮室　妻妾之閒，安其麄陋，所識窮乏者吝一粟之施，雖怨不恤，而走死權勢，坐守金粟者。以不辨禮義而快其所欲受，其可謂之知所取舍乎？

飲食之人，人皆賤之。飲食之於人，其視宮室、妻妾、窮乏得我也，緩急利害，相去遠矣，詎可以飲食之人賢於富貴之人耶？是知宮室、妻妾、窮乏得我，以至得生避患，唯不知審，則可以爲遏抑天理之具，而成乎人欲。固不可以欲生惡死卽爲人欲之私，而亦不當以宮室、妻妾、窮乏得我，與生之可欲、死之可惡，從利害分緩急也。

二

心則只是心，仁者，心之德也。徑以心爲仁，則未免守此知覺運動之靈明以爲性，此程、朱所以必於孟子之言爲之分别也。

然孟子言此，則固無病。其言「仁，人心也」，猶言「義，人路也」。「義，人路也」，非人路之卽義；則「仁，人心也」，亦非人心之卽仁矣。除卻義，則非路。非無路也，或爲茅塞，或爲蹊徑，獸蹄鳥跡之道，非人路也。除卻仁，則非心。非無心也，知覺運動，將與物同，非人之心也。孟子之言明白簡易，只是如此。故不須更與分疏心卽仁之與非卽仁也。

朱子言「仁者心之德」，「德」字亦須分别看，不可以「有得於心」釋之。德自屬天。天予人以仁而人得之爲秉夷之心，天予人以義而人得之以爲率繇之路，其義一也。若於此不審，以心爲郛郭而仁在其中，然則亦以路爲轍迹而義在其中乎？若然，則仁內而義外乎！

孟子「義路」之說，若看不分曉，極易犯手，說似仁內義外去。此「路」字是心中之路，非天下之路也。路在天下，縱橫通達，而非吾所必繇。惟吾欲往燕往越，以至越陌度阡，此中卻分明有一路在，終不成只趁著大路便走！「君子喻於義」，路自在吾心，不在天下也。

潛室以不是血氣做成的心爲辨，語極膚淺。聖賢言心，皆以其具衆理而應萬事者言之，豈疑於此肉團之心哉！孟子言此具衆理而應萬事者，則仁以爲之德，而非能知能覺之識，卽可具衆理，能運能動之才卽可應萬事。不然，則物之有其知覺運動者，何以於理昧而於事舛也？此遠不禦而近自正者，則義以爲之制，而非任運自繇之可以達於天下而無所礙。不然，則物之意南而南、意北而北者，何以近無準而遠必泥也？

直以仁爲人心，而殊之於物之心，故下直言求心而不言仁。乃下直言心，而言心卽以言仁，其非僅以知覺運動之靈明爲心者亦審矣。故雙峰爲之辨曰："「不應下文『心』字又別是一意。若把求放心做收攝精神，不令昏放，則只從知覺上去，與『仁，人心也』不相接。」偉哉其言之也！彼以知覺爲心而以收攝不昏爲求放心者，不特於文理有礙，而早已侵入異端之域矣！

程子云「纔昏睡便放了」，朱子云「收斂此心，不容一物」，看來都有疵病。求放心者，求仁耳。朱子云「如『我欲仁，斯仁至矣』」，多下一「如」字，只欲仁便是求放心也。仁者之事，雖「出門如見大賓，使民如承大祭」，也不容他昏去。乃昏而放失其仁，固也；然一不昏而卽可謂之仁乎？旣不昏，亦須有所存。先儒謂「隨處體認天理」，故亦必學問以爲之津涘。「克己復禮」，「主敬行恕」，「居處恭，執事敬，與人忠」，「能行恭寬信敏惠於天下」，皆求放心之道也。若但提醒此靈明，教不昏著睡著，則異端之徹夜達旦，死參死究者，莫有仁焉者矣。

放心只是失卻了仁，有私意私欲爲之阻隔而天理不現。天理現，則光輝篤實，萬物皆備，而豈一物不容哉！若但以不昏而無物爲心之存，則狂如李白，且有「桃波一步地，了了語聲聞」之時；而語其極至，將龐蘊所謂「但願空諸所有，愼勿實諸所無」者盡之矣。孟子喫緊教人求仁，程、朱卻指箇不求自得、空洞虛玄底境界。異哉，非愚所敢知也！

雙峰承二賢之後，而能直領孟子之意，以折羣疑，其以正人心、闢邪說於毫釐之差者，功亦烈矣。

唯知此，則知所放所求之心，仁也；而求放心者，則以此靈明之心而求之也。仁爲人心，故卽與靈明之心爲體；而既放以後，則仁去而靈明之心固存，則以此靈明之心而求吾所性之仁心。以本體言，雖不可竟析之爲二心，以效用言，則亦不可槩之爲一心也。

而朱子所云「非以一心求一心，只求底便是已收之心」，亦覺與釋氏「無能、無所」，「最初一念，卽證菩提」，「因地果生」之說無以別。識得所求之心與求心之心本同而末異，而後聖賢正大誠實之學不混於異端。愚不敢避粗淺之譏以雷同先儒，亦自附於孟子距楊、墨之旨以俟知者耳。

二二

朱子云：「心如一家主。有此家主，已求放心。然後能洒掃門戶，整頓事務。學問。使放心不收，則何者爲學、問、思、辨？」又云：「存得此心，方可做去。」凡此皆謂求放心爲學問之先務，須求放心而後能學問。若非勉齋、雙峰爲之發明，則是學問之外別有求放心一段工夫，既與孟子之言顯相矛盾，而直將此昭昭靈靈、能學知問之心爲當求之心，學唱曲子，也是此心。則於聖賢之學，其差遠矣。

只教此知覺之心不昏不雜，此異端之所同。而非但異端也，卽俗儒之於記誦詞章，以至一技一術之士，也須要心不昏惰，不雜亂，方能習學。此又不過初入小學一段威儀，一箇徑路耳，故小道得以同之，俗儒得以同之，而異端亦得以同之。求其實，則孟子所謂「專心致志」者而已。專心，不爲外物所誘。致志，收攝不令昏放。曾聖賢克己復禮、擇善固執之全體大用而止此乎？

孟子曰「學問之道無他，求其放心而已矣」，猶聖經所謂「大學之道，在明明德」也。大學者，自有格、致、誠、正、脩、齊、治、平之道，而要所以明其明德。君子之學問，有擇善固執、存心致知之道，而要所以求仁。已放者謂之放心，未放者謂之仁而已。不然，卽以明明德爲大學之道，則此虛靈不昧者從何處而施明？卽以求放心爲學問之道，則此見聞覺知之心雖旁馳四出，而固不離乎現前，乃更起而求之，不且如釋氏「迷頭」之誚乎？

朱子之釋此章，大段宗程子之說。程子於此看得超忽，總緣他天資高，功候熟利，便徑向心有其仁而無不仁者一層說起。抑其於釋氏之學，曾未勘覈，故一時偶犯其壘而不知。乃孟子之言既爲已放其心者而發，故明於學問之塗，而授以求仁之津涘。則云卽心卽仁，但無昏放而不容一物者，其不然審矣。

程子規模直爾廣大，到魁柄處自不如橫渠之正。橫渠早年盡抉佛、老之藏，識破後，更無絲毫粘染，一誠之理，壁立萬仞，故其門人雖或失之近小，而終不失矩矱。程子自得後，卻落入空曠去，一傳而後，遂有淫於佛、老者，皆此等啓之也。此又善學古人者之所當知。

二三

「求放心」之心，與「心不若人」之心，須有分別。新安看得囫圇，便沒理會。學者須於同中顯異，方能於異中求同，切忌劈頭便從同處估量去，則直不知擇。所以中庸喫緊說一「擇」字，正人心、道心之所繇辨也。

既曰「卽心卽仁」，此從「卽心卽佛」來。卽「求放心」之心便是不放之心。心但不放，則卽此是仁，則何以又云「心不若人」！不若人而繫之心，則彼亦有心而未嘗放失矣。彼心固存，而所存者不善，斯不若人者也。

如公孫衍、張儀、劉穆之、劉晏一流人，他者知覺運動之心何嘗不靈瓏剔透，一倍精采？只他邪向權謀上去，便是「心不若人」。又如釋氏之徒，至有聞蟻拽蟲尸如人拽大木者，亦有三十年脇不粘席者，亦有一日三喚主人翁者，又豈不精細靈警，絲毫不走作；只他邪向虛寂上去，便是「心不若人」。此正爲「卽心卽仁」之毒所中。若一向醉生夢死，悠悠之徒，則與沈痾惡疾在身，不知惡之以求醫者等，聖賢從無心情與此輩較量。

夫一指不伸，求治千里之外，此亦須是皮下有血漢。杜子美「平生性僻耽佳句，語不驚人死不休」，司馬相如「誓不乘駟馬高車，不過此橋」，釋氏之徒有斷臂立雪，八十行脚者，乃是不遠秦、楚以求伸一指之人，纔可以「心不若人而不知惡」責之。於此分明，方知但言心，未便是至處；而以求放心者，竭心思以求仁，而非收攝精神以求一物不容之心也。孟子始終要闢「生之謂性」一種邪說，程子乃以「生之謂性」爲未是告子錯處，故其差異如此。雖然，孟子之言至矣。

二四

若敎人養其大者，便不養其小者，正是佛氏眞贓實據。雙峰於此分別破明，其功偉矣。佛氏說甘食是塡飢瘡，悅色是蒸砂作飯，只要敗壞者軀命。乃不知此固天性之形色而有則之物，亦何害於心耶！唯小體不能爲大體之害，故養大者不必棄小者。若小體便害大體，則是纔有人身，便不能爲聖賢矣。所以釋氏說此身爲業海，不淨合成，分段生死，到極處只是褊躁忿戾，要滅卻始甘休，則甚矣其劣而狂也。

乃小體既不能爲大體之害，則害大、害貴者，其罪何在？孟子固曰「無以小害大，無以賤害貴」，能左右之曰「以」。又曰「從其小體爲小人」，只「以」字「從」字是病根。乃此「以」之而「從」者，豈小體之自「以」哉！既非小體之自「以」，則其過豈不在心！昭昭靈靈者。所以大學說「脩身在正其心」，心不固正而後須正也。特此「從」之「以」之之心，專是人心，專是知覺運動之心，固爲性所居，而離性亦有其體，性在則謂之「道心」，性離則謂之「人心」。性在而非遺其知覺運動之靈，故養大則必不失小；性離則唯知覺運動之持權，故養小而失大。知覺運動之心，與耳目相關生，而樂寄之耳目以得所藉。其主此心而爲道心者，則即耳目而不喪其體，離耳目而亦固有其體也。故言心者，不可不知所擇也。廣如下章之說。

二五

一部孟子，如「鈞是人也」一章，深切著明，示人以從入處者極少。讀者於此不精審體驗，則似不曾讀孟子。集註於此失之太略，諸儒亦未爲之引伸。乃熟繹本文，而以身心體之，則其義固有可求者。

「耳目之官不思」兩段，既以辨大體、小體功用之殊，從其大而爲大人，從其小而爲小人，以答公都子第一問；乃其以求夫大人所以從大體之藴，而直勘夫小人所以從小體之繇，以答公都子第二問，意雖不盡於言，而言亦無不盡之意也。

自「耳目之官不思」至「則其小者不能奪也」，句句對照，抑或言此而彼之不然者以顯。只此數語，是聖賢當體反求，精以考之而不惑處。前章所云「於己取之而已」者，正謂此也。

「耳目之官不思」六字，緊對下「不思則不得也」句；「而蔽於物」四字，緊對下「思則得之」句；「物交物則引之而已矣」，緊對下「先立乎其大者，則其小者不能奪也」二句。在心，則云「心之官則思」，在耳目，則不云耳目之官則視聽；在心，則云「此天之所與我者」，在耳目，則不云此成形之所有者；在從大體，則云「此爲大人而已矣」，而於交物而引者，不云此爲小人；則言此而彼之不然者顯也。

「耳目之官不思」，疑與「心之官則思」相爲對照，而今云「耳目之官」四字含有「則視聽」三字，「不思」二字與「不思則不得也」相對者，以官之爲言司也，有其司則必有其事，抑必有其事而後有所司。今既云「不思」矣，則是無其事也，無其事而言司，則豈耳目以不思爲所司之職？是猶君以無爲爲職也，耳目當爲君矣！此釋氏以前五識爲性境現量之說，反以賤第六、七識而貴前五識也。是以知言「耳目之官」，則固有其司者存，豈非以言目司視而耳司聽乎？乃耳目則有其所司矣，非猶夫血肉爪髮之無所司矣。今但以其不能思者言之，則且與血肉爪髮等，而雖在小人，亦惡乎從之？足知言「不思」者，謂不思而亦得也。

不思而亦得，故釋氏謂之現量。心之官不思則不得，故釋氏謂之非量。耳目不思而亦得，則其得色得聲也，逸而不勞，此小人之所以樂從。心之官不思則不得，逸無所得，勞而後得焉，此小人之所以憚從。釋氏樂奬現量，而取耳爲圓通，耳較目爲尤逸。正小人懷土懷惠、唯逸乃諺之情，與徵聲逐色者末雖異而本固同，以成乎無忌憚之小人也。

故不待思而得者，耳目之利也；不思而不得者，耳目之害也；「思則得」者，心之道也。故耳目者利害之府，心者道義之門也。

不思而得，不勞而可有功；而蔽於物，則雖勞而亦無益。聲色之麗耳目，一見聞之而然，雖進求之而亦但然。爲物所蔽而蔽盡於物。豈如心之愈思而愈得，物所已有者無不表裏之具悉，耳目但得其表。物所未有者可使之形著而明動哉！

小人喜用其逸，而又樂其所得之有量，易於得止而屬厭；大人重用其勞，而抑樂其所得之無窮，可以極深研幾而建天地、質鬼神、考前王、俟後聖；故各以其所樂者爲從，而善不善分矣。乃耳目之小，亦其定分，而誰令小人從之？故曰小不害大，罪在從之者也。

所以知「天之與我者」，專爲心言，而非耳目之所得共者。此與集註異。蓋天之所與我者性也，孟子固曰「耳之於聲，目之於色，君子不謂性也」。所以不言耳目非盡天所與者，又以有命焉故。蓋耳目之官，元因體而有，而耳目之體，則資養而成；雖天命之，而不得外物之養以助於有生之後，則亦不得有其聰明。此唯心爲天所與我，而耳目不得與也。心思之得於天者，不待取而與；耳目之得於天者，則人取之而後天與之也。

「先立乎其大者，則小者不能奪。」耳目不能奪，而況於物！「物交物則引之」，則耳目且受奪而不得守其官，求其從心之令也豈可得乎！始於小體而終於物，則小人之且失其人理。先以大體，則小體從令而物無不順，此大人所以備物而誠。

釋氏唯以現量爲大且貴，則始於現量者，終必緣物。現量主受故。故釋氏雖不緣物而緣空，空亦物也。有交引故。唯始於吾所受於天之明德而求盡其量，則當體無窮而不倚於物。故聖學雖盡物之性，而要無所倚：則以現量之光，的然著明，而已著則亡；不能持。心思之用，闇然未能卽章，而思則日章；先難而後獲，先得而後喪，大小貴賤之分，繇此以別。

而小人之無所立以奔赴其便安，故見奪而「載胥及溺」。大人之有所立以上達而不已，故耳目各効其聰明之正。其或從乎此，或從乎彼，一義利勤惰之情所必至也。故曰「求則得之，舍則失之」。心之所以爲無不得之道者，正以其有不得之義也。

學者明於此，而吾當體之中，可考、可擇，爲主、爲輔之分以明，則不患聖功之無其門；而彼釋氏推耳爲圓通之最，獎前五爲性境之智者，亦不待攻而自露矣。惜乎先儒之未能詳也。

二六

前既釋仁義之心與知覺運動之心雖同而實異，今此又槩言心而卽已別乎小體。若以此所言心爲仁義之心，則仁義爲實有而思爲虛位。若以此爲知覺運動之心，而何以又云知覺運動之心，俗儒亦求之，異端亦求之，而不但大人也？愚固曰「於同顯異，而後可於異明同」也。

孟子於此，昌言之曰「心之官則思」，今試於當體而反考之。知爲思乎，覺爲思乎，運動爲思乎？知而能知，覺而能覺，運動而能運動，待思而得乎，不待思而能乎？所知、所覺、所運動者，非兩相交而相引者乎？所知所覺、以運以動之情理，有不蔽於物而能後物以存、先物而有者乎？所知一物，則止一物。如知鳩爲鳩，則蔽於鳩，不能通以知鷹。覺、運動亦如之。審此，則此之言心，非知覺運動之心可知已。

只緣後世佛、老之說充斥天下，人直不識得箇心，將此知覺運動之靈明抵代了。其實者知覺運動之靈明，只喚作耳目之官。釋氏謂之見性、聞性，又喚他做性。雖說來分裂，則似五官有五性，其實此靈明之隨體發用者，未嘗不一。故釋氏說聞梅流涎、履高足酸，也只在者上面向荆榛尋路，稍通一線，便謂圓通。眞陋哉其言之也！

孟子說此一「思」字，是千古未發之藏，與周書言「念」，論語言「識」，互明性體之大用。

念與識則是聖之事，思則是智之事。范氏心箴偏遺下「思」字，只說得活動包含底，則雖有三軍而帥已奪矣。

今竟說此「思」字便是仁義之心，則固不能。然仁義自是性，天事也；思則是心官，人事也。天與人以仁義之心，只在心裏面。唯其有仁義之心，是以心有其思之能，不然，則但解知覺運動而已。犬牛有此四心，但不能思。此仁義爲本而生乎思也。蓋仁義者，在陰陽爲其必效之良能，在變合爲其至善之條理，元有紋理機芽在。紋理是條理，機芽是良能。故卽此而發生乎思，如甲必坼，若勾必萌；非塊然一氣，混雜椎鈍，不能有所開牖也。故曰「天之所與我」，與我以仁義，卽便與我以思也。此從乎生初而言也。

乃心唯有其思，則仁義於此而得，而所得亦必仁義。蓋人飢思食，渴思飲，少思色，壯思鬭，老思得，未嘗不可謂之思，而思之不必得，乃不思而亦未嘗不得。得之有命。其得不得之一因乎思者，唯仁義耳。此思爲本而發生乎仁義，亦但生仁義而不生其他也。釋氏「一切唯心造」之說，原以誣天下之誠有者，而非實然㊀。蓋思因仁義之心而有，則必親其始而不與他爲應，故思則已遠乎非道而卽仁義之門矣。是天之與我以思，卽與我以仁義也。此從乎成性而言也。

故「思」之一字，是繼善、成性、存存三者一條貫通梢底大用，括仁義而統性情，致知、格

㊀ 自「釋氏一切唯心造之說」至「而非實然」，原刻本作正文，今依上下文義改作注文。

物、誠意、正心，都在者上面用工夫，與洪範之以「睿作聖」一語斬截該盡天道、聖功者同。孟子之功，不在禹下，此其一徵矣。

乃或疑思食思色等思，雖不能得，然不可謂之「不思」，則孟子所言固有滲漏；而今此所云，亦將無執得以言思而不足盡思也乎？則又不然。學者於此須破盡俗陋之見，特地與他正箇疆界：只思義理便是思，便是心之官；思食思色等，直非心之官，則亦不可謂之思也。

孟子曰「先立乎其大者」，元只在心上守定著用功，不許寄在小體上用。以耳目有不思而得之長技，一寄其思於彼，則未有不被其奪者。今試體驗之：使其爲思仁思義，則不因色起，不因聲起；不假於視，不假於聽，此心亭亭特特，顯出他全體大用來。若思食色等，則雖未嘗見未嘗聞，卻目中若現其色，耳中若聞其聲，此雖不蔽於現前之物，而亦蔽於所欲得之物，不與現前之物交，而亦與天下之物交也。此卻是耳目效用，心爲之役。心替其功能以效於耳目之聰明，則亦耳目之官誘心從彼，而尚得謂之思哉？

釋氏不審，謂之見性、聞性。乃不知到見聞上，已離了性，只在魂魄上爲役，如水入酒中，一齊作酒味矣。蓋形而上之道，無可見，無可聞，則唯思爲獨效。形而下之有色有聲者，本耳目之所司，心卽闌入而終非其本職，思亦徒勞而不爲功。故可見可聞者謂之物，而仁義不可謂之物，以其自微至著，乃至功效已成，而終無成形。若夫食、色等，則皆物也。

是故唯思仁義者爲思，而思食色等非思也。

乃或疑乍見孺子將入於井而有惻隱之心，仁義亦因耳目之交物而生於心。則又不然。彼所言者，謂盡人而皆有，猶牿亡者之夜氣，天眞未泯，偶一見端。彼唯心失其官以從役於耳目，則天良雖動，亦必借彼以爲功，非有根也。若大人先立其大，則不忍人之心充實在中，而當其乍見孺子入井之時，亦必不與行道之人怵然一驚、惕然一懼者同矣。

發得猛時，便是無本。故齊宣王易牛之心反求而不得，則唯其乍見觳觫之時，目交物而心從目，非思所得，以不思故終不得也。物交物則引之，雖是小人沈湎人欲之情事；乃小人即一念之明，與天理相交，也是耳目交物而相引。學者但可借此察識本心，到大有爲時，卻用此爲本領不得。

且當乍見孺子入井之時，則惻隱之心，因目而動。若其當未見孺子入井之時，君子之思以存夫仁者，豈如思食者之幻立一美味於前，思色者之幻立一美色於前，此內視內聽，亦屬耳目之官，不屬心。而亦幻立一孺子入井之事，而作往救之觀去聲耶？釋氏用觀，只用耳目。物引不動，經緯自全，方謂之思。故曰「萬物皆備於我」。不覩不聞中只有理，原無事也。無事而理固可思，此乃心官獨致之功。今人但不能於形而上用思，所以不知思之本位，而必假乎耳目以成思，則愚先言盡天下人不識得心，亦盡天下人不會得思也。

「萬物皆備於我」，唯思，故誠通焉。若使因耳目以起思之用而成其能，則不特已睹之睹，已聞之聞，卽睹其所未睹，聞其所未聞，亦只蔽盡於一物，如何得萬物皆備來？「武王不泄邇，不忘遠」，正是專用思處。若兼用睹聞，則遠邇之形聲無涯，其能一時齊現於靜中乎？有不現，則泄而忘矣。

思乃心官之特用，當其未睹未聞，不假立色立聲以致其思；而迨其發用，則思抑行乎所睹所聞而以盡耳目之用。唯本乎思以役耳目，則或有所交，自其所當交；卽有所蔽，亦不害乎其通。故曰「道心爲主，而人心皆聽命焉」。此又聖學之別於異端墮黜聰明，以爲道累而終不可用也。故乍見孺子入井之心，雖非心之全體大用，而亦可資之以爲擴充也。擴充則全用思。

乃前言所以求放心者，以知覺運動之心求之，今此又以思爲仁義之所自生。然則求仁者，將用思乎，抑用知覺運動之心乎？知覺運動之心固非卽思，則何不以思求而以知覺運動求耶？則固有說於此。

夫所謂「求放心」者，猶夫夜氣與見孺子入井之心也。使其能思，則心固不放矣。唯不能思而放，故心官失職，而天明之僅存，寓於知覺運動者猶未亡也，是以可得而用之。

夫乍見孺子入井之人，放其心而未知求者也。故上言「人皆有」。其怵惕、惻隱之憬然動者，心之寓於覺者也。或寓於知，或寓於覺，或寓於運動，則亦相依爲體而不能離。如水入酒中而作酒味，則更不得舍水以求酒矣。故在良心已放、一端偶露者，不得不於知覺運動之心以爲功。若夫仁義之本體存乎中，而與心官互相發生者，思則得之。大人「以洗心而退藏於密」，乃以善乎知覺而使從令；豈復恃此介然有知，欻然有覺，物示之而物警之，以成弋獲之能哉！

或又疑思食色等之爲耳目用事，而心不得主其官，則固已；若人思利思害，乃至察於無形，則非耳目之官用事，而過若在心。則又不然。夫思利害而不悖乎理也，卽仁義也。仁義未嘗不利也。若趨利避害之背乎理者，有一不因於耳目之欲者哉！全軀保妻子，懷祿固寵，也只爲者宮室、妻妾、所識窮乏者得我，可以奉耳目之歡。所以嘑蹴之食，乞人不屑，緣乞人便食之而不死，也無以供耳目一日之欲。故除卻耳目之交引，更無利害可以動人者，而於思乎何尤也！

乃又或疑思食色、思利害者之必爲小體所奪，固已；如異端之徒，所思亦理也，而詖、淫、邪、遁以充塞仁義，此豈耳目之過哉！愚固曰釋氏之耳爲圓通、前五識爲性境者，亦樂用其不勞而獲之聰明，與小人懷土便安之情同也。其或所思者正而爲賢者之太過，如季文子之三思，與夫子所謂「思而不學則殆」者，疑爲思過。而其有所過思也則必有所不及思，或極思之深而不能致思之大，或致思之大而不能極思之深，則亦有所不思而不得爾。深者大以廣之，大者深以致之，而抑以學輔之，必覓思爲主。以善其用，而後心之官乃盡也。學亦藉思。然卽不能，亦特未至於大人而已，終遠於小人矣。

凡此數者，舉無足疑。乃益知孟子之言思，爲古今未發之藏，而曰「思誠者人之道」，特以補明子思所言「誠之者」之實。思爲人道，卽爲道心，乃天之寶命而性之良能。人之所以異於禽獸者，唯斯而已。故曰「繇仁義行，非行仁義」，言以思繇之也。

二七

集註於「蔽」字無明釋。或問將作遮蔽解，而朱子以爲然，看來集註意亦如此。實則不然。色固不能遮明，聲固不能遮聰也。如說面前一山隔斷了，便不見山外物，此是形蔽，不是色蔽。五色現前時，一齊俱見，登高望遠，而雲樹齊入目中，何曾遮蔽得！釋氏不知此，故以目窮於隔垣爲不能圓通，而推耳有千二百功德。若但於此處較量，則耳目各有長短，固相匹敵也。目窮於隔垣，而可及百里之外；耳不窮於隔垣，而一里之外疾呼不聞矣。且耳目之聰明，在體者有遮，在官者原無遮。如幻想未見之色，雖遠而亦分明，豈有遮耶？不可誤認此爲心思。若專以心之不阻於山河險阻爲無蔽，則人之思食色、思利害也亦爾，豈此伶俐宛曲者而遂得爲大體哉！

若小註所云「目之視色，從他去時，便是爲他所遮蔽」，則尤粗疏不曉了。「從他去」只是引，引如何便遮？如一人引一人去，引者何嘗遮所引者！蓋「蔽」之訓遮，是遮盡義，非遮瞞義，與「一言以蔽之」義同。聲色以顯聰明之用，而非以壅閉乎聰明。先儒所云「物欲之蔽」者，亦謂其蔽心耳，而豈其卽蔽乎耳目哉！

心之官「思則得之」，原不倚於物而無涯量，卽物而理可窮，舉一隅則三隅可見。多學而識之者，一以貫之，不顯亦入，不聞亦式，物不足以盡之矣。若耳目之官，視盡於色，無色卽無所視；聽盡於聲，無聲卽無所聽；聰明盡於聞見之中，所聞所見之外便無聰明，與心之能徹乎形而上者不同，故曰「蔽於物」。旣有所蔽，則雖凝目以視，傾耳以聽，更無絲毫之益，固不若心之愈思而愈得。則欲用此以察善惡之幾而通性命之微，則必不能，故曰「小體」。視其所不當視，聽其所不當聽者固蔽；卽視其所當視，聽其所當聽者亦蔽也，不足以察微而藏往故也。知其有蔽，則知其小矣。

二八

仁之勝不仁，新安看得自好。朱子有正勝邪、天理勝人欲兩段解：其言正勝邪者，卽新安之說；其言天理勝人欲者，推本正所以勝邪之理爾。集註卻專取趙氏之說，乃於本文有礙。夫以一念一事之仁不勝私欲，而遂歸咎於水之本不勝火，此其自暴棄也已甚。去仁唯恐不速，更不待其終而早亡矣。

二九

雲峰從規矩上看得與「離婁」章義同，自合。觀兩個「必」字，有無所遷就苟簡之義。規矩與志彀一意：彀是用力極至處，規矩是用法極密處。

孟子曰：「規矩，方圓之至。」若初學時不會得直到恁樣始得方圓，則且疑但方而可不必合矩，但圓而〔可〕不必合規，亦自成得器用，而爲之較易；乃降一格，且圖遷就易敎，苟簡易學，則到底方不得方，圓不得圓，終身更無上達也。所以古人一入大學，卽以明德、新民、止至善全體大用，立地做去，放他寬衍一步不得。

南軒「爲有漸，進有序」之說，未是。爲雖有漸，卽在者上面漸做去；進雖有序，亦必此中之次序；非始終深淺迥別，且拋一半在後面也。

告子下篇

一

「堯、舜之道，孝弟而已矣」，孟子此言固有嫌於徑疾者，是以朱子須與分剖，以此爲對不孝不弟者之言。陳氏以「率性」爲脈絡，慶源加以「充量」之說，此義乃密。姚江錯看孟子，反以有子言「本立道生」爲支離。姚江於此，不但失之徑疾，而抑於所言孝弟處先已儱侗。孟子在孝弟上說得精微廣大，所以與有子別。有子謂孝弟之人免於犯上、作亂，卻只在愛上說。孟子曰「仁之實，事親是也；義之實，從兄是也」，又曰「事親若曾子者可也」，言事，言從，便有天理之節文在內。於此抑以行止疾徐言弟不弟，淺而言之，固不過一舉趾之分；如實體之，則一舉趾之不中，而卽入於不弟焉。非堯、舜之「動容周旋中禮」、「經德不回」而「非以干祿」者，固不足以與其藏之密矣。

姚江之言孝弟，則但以煦煦之愛爲良知、良能，此正告子以「吾弟則愛」爲仁。而其所從發之源，固與甘食悅色之心同爲七情所著。釋氏開口便柔軟纏綿，說得恁樣可憐生地，都是者箇「愛」字。雖以施之吾父吾兄爲得其可施之人，而實則所以施者非其性之德矣。

故不於性言孝弟，則必淪於情；不於天理之節文言孝弟，則必以人欲而行乎天理。看曾子到易簀時說出君子、細人用愛之不同，則知堯、舜之「哭死而哀，非爲生者」，性、情之分，理、欲之別，其際嚴矣。則有子以鮮犯上、不作亂之孝弟爲「爲仁之本」，定非支離。孟子於疾徐先後之際，精審孝弟之則而愼其微，則以堯、舜之道爲卽在是，乃敬、肆之分，天理、人欲之充塞無閒，亦非如姚江之躐等而淪於佛也。

二

若但從宗社傾覆上說親之過大，則於利害分大小，便已乖乎天理自然之則。如孟子言「貴戚之卿，君有大過則諫」，彼言大過者，則當以宗社之安危爲斷。雖爲貴戚而分實君臣，臣者，社稷之臣。子者，親之子也，到父子上，那更將宗社看得隆重來！瞽瞍殺人，則舜竊負而逃，訢然樂而忘天下。者宗廟社稷，在幽王則重，在平王方爲世子固已如敝屣耳。故宗社之傾覆，雖幽王之大過，而平王不得以爲大。猶無故殺人，在瞽瞍爲大過，故臯陶必執。而舜不得以爲怨也。

且唯幽、平之父子，則有宗社，而凱風之母子固無宗社也。然則唯天子之子爲可怨，而庶人之子遂無可怨者乎？其兄關弓，又何涕泣也？舜當于田之日，無宗社也，瞽瞍欲殺之，則怨慕矣。及爲天子而棄天下若敝屣，訢然以樂而無怨焉。過之大小不在宗社，審矣。

士庶之有家室，亦猶天子之有宗社。家之不安，與宗社之危等。凱風之母不安其室，害亦中於家矣，而何以爲小過耶？君子言人父子之際，豈以富貴名位而分輕重哉！夫幽王之過所以大者，絀申后，廢宜臼，亂父子君臣夫婦之大倫。且尫木有無枝之憂，析薪有絕理之懼，則黃臺抱蔓之事，尤慮其不免，而且不得與虎狼同其仁。夫是爲過之大者。

若七子之母，於婦道雖爲失節，於母道固未絶恩，則亦人欲之不戢，而非其天理之盡亡，故曰「過小」。向令其母有戕賊七子之心，則七子雖名位不顯，初無宗祧無主之悲，而抑豈僅爲小過耶？

若小弁之詩，固已曰「我躬不閲，遑恤我後」，則平王業已重視其身而輕視天下，所以得情之正，而合於親親之仁。申生唯不知此，是以僅爲恭而不得爲孝。而樂正子春視傷其足如喪宗社，身之重於天下，固已，而況其親之蔑恩害理，親欲推刃者乎！朱子曰「傷天地之太和，戾父子之至愛」，親之過大者也，義斯正矣。

三

新安云「交兵不過殺人，言利則必蠱害人心」，此語説得好看，而於理則大悖。人心之害，至於互相賊殺而已極，故楊、墨之徒歸，斯受之，而爭地爭城者罪不容於死，此王道之權衡也。若説交兵只是殺他人，蠱害人心則君臣父子兄弟且相爲害，乃孟子説君臣、父子、兄弟「懷利以相接」，到頭流弊只是亡國，又豈殺人輕而亡國重耶？到殺人如莽時，君臣、父子、兄弟更不但「懷利以相接」，而懷害以相接矣。從古來有幾箇紀信、韓成、吉翂、趙孝、鄧攸！白刃臨頭時，臣可移死於君，子可移死於父，弟可移死於兄，而恬然爲之者多矣，又何處更有人心？

殺人之禍，其始正緣於利；言利之弊，其禍必至於殺人。宋牼以利說罷兵，乃是抱薪救火。無王者起，而彼此相吞以淪於亡，則斯民之肝腦塗地者，正不忍言，故孟子不欲以利蠱害人心者，止以止殺。人心一害，殺必隨之。如趙貪上黨之利，及乎國之垂亡，而長平之死者四十萬矣，尚可云「不過殺人」乎？「天地之大德曰生」。利者可使徙義，惡者可使遷善，死者則不可復生，而乃云「不過殺人」！悲哉，新安之不思而忍爲此言也！

四

王制諸公地方五百里。若如鄭氏說，則除夏、商固有百里，須更併二十四箇百里之國。開方之法，方五百里者，爲方百里者二十五也。朱子云「須併四箇百里國地」，誤。若提封止五萬井，則地方二百二十六里有奇耳。

五

華陽以「當道」爲工夫，謂引之當道，則君志(以)〔於〕仁。西山云：「心存於仁，則其行無不合道。」

自君之自脩而言，則以志仁爲本，不志於仁，便不能當道。故朱子於下章引「脩道以仁」證之。乃以臣之引君而言，則君志之仁不仁無所施功，而引之以志於仁者，道也。大人格君心之非，亦不能向君心上用工夫，須開陳善道，而後能閉其邪心。若急與之言存養、省察之事，中材以下，百忙受不得也。伊尹之於太甲，周公之於成王，豈能日察其心之邪正而施之教哉！亦納之於軌物而已。

如仇士良教其徒，使日以聲色狗馬進，亦須以非道引之，方能使其志惑；若只但逐日教他以殺害貪頑爲心，雖至愚亦不聽也。君子之事君，正從此反勘出箇入處。若伊川亟諫折柳，驀地從志上用功，所以無補。以道開之，使其於天理路上已熟，則向後者等兒嬉暴殄事自化矣。此華陽之說較西山爲得也。

新安以「當道」分貼不爭土地，「志仁」分貼不殃民，亦學究科場料耳。孟子曰「徒取諸彼以與此，然且仁者不爲」，則固以不以私利故動於爲惡爲仁也。二句自一串說。

六

「免死而已矣」，便是說去，非但受之有節，到稍稍有起色之時則亦去矣。雲峰言末一節不言去，未是。

於此正好看古人用心處。若當未困乏之時，稍懷生計之心，則豈至「旦不食，夕不食，不能出門戶」哉！抑孟子有「爲貧而仕，抱關擊柝」之義，此何爲不就下位以免於飢餓？則以所居之國，原以應聘而至。云「不能行其道、用其言」，則嘗欲行道而既有所言矣。如此而更以貧故居卑位，又成甚次第來？孔子爲委吏、乘田，乃年少而承世祿之緒，非有行道之望，魯又其宗國，不可輒去故也。

盡心上篇

一

集註謂心者「人之神明」，四字極斬截；新安益之曰「神明之舍」，則抑全不識心矣。想來新安病根在錯看太極圖上面一圈，將作輪郭看。先儒畫太極圖時，也只得如此畫，如人畫日，也須只在四圍描一輪郭。究竟日體中邊一樣赫赫地，何嘗有輪郭也！

太極圖中間空白處，與四圍一墨線處何異。不成是一匡殼子，如圍竹作箍，中間箍著他物在內！今試反求之於此心，那裏是他輪郭處，不成三焦空處盛此肉心，裏面孔子作包含事理地位耶？一身若虛若實，腑臟血肉，筋骨皮膚，神明何所不行，何所不在，只此身便是神明之舍，而豈心之謂與？

新安意，以心既是神明，則不當復能具夫衆理；唯其虛而爲舍，故可具理。此與老子「當其無，有車、器之用」一種億測無實之說同。夫神明者，豈實爲一物，堅凝窒塞而不容理之得入者哉！以心與理相擬而言，則理又爲實，心又爲虛，故雖有體而自能涵理也。者箇將作一物比擬不得。故不可與不知者言，須反求始得。

二

朱子以「物格」言知性，語甚奇特。非實有得於中而洞然見性，不能作此語也。孟子曰「萬物皆備於我矣」，此孟子知性之驗也。若不從此做去，則性更無從知。其或舍此而別求知焉，則只是胡亂推測卜度得去，到水窮山盡時，更沒下落，則只得以此神明爲性。故釋氏用盡九年面壁之功，也只守定此神明作主，反將天所與我之理看作虛妄。是所謂「放其心而不知求」，不亦哀乎！

然此語須看得精審圓活，方能信其確然，不爾，則鮮有不疑其非然者。蓋格物者知性之功，而非卽能知其性；物格者則於既格之後，性無不知也。故朱子以曾子之唯一貫者爲徵。「一以貫之」，物之既格也，而非多學而識之卽能統於一以貫也。窮理格物只是工夫，理窮物格亦格物窮理之效。乃至於表裏精粗無不豁然貫通之日，則豈特於物見理哉！吾心之皆備夫萬物者固現前矣。

到此方識得喜怒哀樂未發之中。蓋吾之性，本天之理也，而天下之物理，亦同此理也。天下之理無不窮，則吾心之理無不現矣。吾心之理無不現，則雖喜怒哀樂之未發而中自立焉。萬物之皆備於我者，誠有之而无妄也。此非格物未至者所可知之境界，故難一一爲衆人道爾。

物理雖未嘗不在物，而於吾心自實。吾心之神明雖已所固有，而本變動不居。若不窮理以知性，則變動不居者不能極其神明之用也固矣。心原是不恆底，有恆性而後有恆心。有恆性以恆其心，而後吾之神明皆致之於所知之性，乃以極夫全體大用，具衆理而應萬事之才無不致矣。故曰「盡心則知至之謂也」，言於吾心之知無所吝留而盡其才也。此聖賢之學所以盡人道之極，而非異端之所得與也。嗚呼，嚴矣！

三

朱子曰：「梏於形氣之私，滯於聞見之小，是以有所蔽而不盡。」此三語極廣大精微，不可以鹵莽看過。所謂「形氣之私」、「聞見之小」者，卽孟子所謂「小體」也；曰「梏」、曰「滯」者，卽孟子所謂「從小體」也。蓋性，誠也；心，幾也。幾者誠之幾，而迨其爲幾，誠固藏焉，斯「心統性」之說也。然在誠則無不善，在幾則善惡歧出，故周子曰「幾善惡」。是以心也者，不可加以有善無惡之名。張子曰「合性與知覺」，則知惡、覺惡亦統此矣。

乃心統性而性未舍心，胡爲乎其有惡之幾也？蓋心之官爲思，而其變動之幾，則以爲耳目口體任知覺之用。故心守其本位以盡其官，則唯以其思與性相應；若以其思爲耳目口體任知覺之用爲務，則自曠其位，而逐物以著其能，於是而惡以起矣。

蓋唯無情、無覺者，則效於不窮而不以爲勞，性是也。誠無爲。心旣靈明而有情覺矣，畏難幸易之情生矣。獨任則難，而倚物則易。耳目之官挾其不思亦得、自然逸獲之靈，心因樂往而與爲功，以速獲其當前捷取之效，而不獨任其「求則得，舍則失」之勞，是以往與之逐，「比匪傷」而不恤也。迨其相暱深而相卽之機熟，權已失而受制之勢成，則心愈舍其可求可得者，以應乎彼。是故心之舍性也，非不善也，其官非不可以獨有所得而必待乎小體之相成也；乃不以之思而以之視聽，舍其田以芸人之田，而己之田蕪矣。

夫舍其田以芸人田，病矣，而游惰之氓往往然者，則以芸人之田易於見德，易於取償，力雖不盡，而不見咎於人，無歉於己也。今使知吾心之才本吾性之所生以應吾性之用，而思者其本業也，則竭盡無餘，以有者必備、爲者必成焉，又何暇乎就人田而芸也乎？故孟子曰「盡其才」，曰「盡其心」。足以知天下之能爲不善者，唯其不能爲善而然，而非果有不善之才爲心所有之咎，以成乎幾之卽於惡也。

特心之爲幾，變動甚速，而又不能處於靜以待擇，故欲盡心者無能審其定職以致功。審者心也。以其職審，故不能自審。是故奉性以著其當盡之職，則非思而不與性相應；知覺皆與情相應，不與性應。以思御知覺，而後與性應。窮理以復性於所知，則又非思而不與理相應；但知覺則與欲相應，以思御知覺而後與理應。然後心之才一盡於思，而心之思自足以盡無窮之理。故曰：「盡其心者，知其性也。」

然則不能盡其心者，亦唯知有情而誤以知覺受役焉，乍喜其靈明者之有效，乃以曠其職而不恤焉爾。故聖不覲無理之心，此一語扼要。斯以遠於小人而別於異端。

四

性只是理。「合理與氣，有性之名」，則不離於氣而爲氣之理也。爲氣之理，動者氣也，非理也，故曰「性不知撿其心」。心則合乎知覺矣。合乎知覺則成其才，有才則有能，故曰「心能撿性」。所以潛室說「非存心外別有養性工夫」。

然雖云存心卽以養性，而抑豈空洞無物之得爲存心耶？存則必有以存之者，抑必有爲其所存者。所以孟子以思爲心官，卻又須從其大體，而非「憧憧、爾思」者之卽爲大人也。朱子曰「氣不逐物而常守其至正」。「氣不逐物」，則動而省察之功，不使氣溢於耳目而逐外物之交，此只是遏人欲事。「常守其至正」，則靜而存夫理也。若無至正者以爲之守，則又何所奉以辨夫欲之不可逐者，而安居以弗逐耶？

天理、人欲，雖異情而亦同行。其辨之於毫髮之閒，俾人所不及知、己所獨知之地分明形著者，若非未發之中天理現前，則其所存非所當存者多矣。

存其心卽以養其性，而非以養性爲存，則心亦莫有適存焉。存心爲養性之資，養性則存心之實。故遏欲、存理，偏廢則兩皆非據。欲不遏而欲存理，則其於理也，雖得復失。非存理而以遏欲，或强禁之，將如隔日瘧之未發；抑空守之，必入於異端之「三喚主人」，認空空洞洞地作「無位眞人」也。但云「存其心以養其性」，則存心爲作用，而養性爲實績，亦可見矣。此潛室之說雖當，而猶遺本領也。

五

程子統心、性、天於一理，於以破異端妄以在人之幾爲心性而以「未始有」爲天者，則正矣。若其精思而實得之，極深研幾而顯示之，則橫渠之說尤爲著明。蓋言心言性，言天言理，俱必在氣上說，若無氣處則俱無也。

張子云：「繇氣化，有道之名。」而朱子釋之曰：「一陰一陽之謂道，氣之化也。」周易「陰」「陽」二字是說氣，著兩「一」字，方是說化。故朱子曰：「一陰而又一陽，一陽而又一陰者，氣之化也。」繇氣之化，則有道之名，然則其云「繇太虛，有天之名」者，卽以氣之不倚於化者言也。氣不倚於化，元只氣，故天卽以氣言，道卽以天之化言，固不得謂離乎氣而有天也。

大易六十四卦，百九十二陰，百九十二陽，實則六陰六陽之推移，乘乎三十有二之化而已矣。六陰六陽者，氣之實也。唯氣乃有象，有象則有數，於是乎生吉凶而定大業。使其非氣，則易所謂上進、下行、剛來、柔往者，果何物耶？

理雖無所不有，而當其爲此理，則固爲此理，有一定之俐，不能推移而上下往來也。程子言「天，理也」，既以理言天，則是亦以天爲理矣。以天爲理，而天固非離乎氣而得名者也，則理卽氣之理，而後天爲理之義始成。浸其不然，而舍氣言理，則不得以天爲理矣。何也？天者，固積氣者也。

乃以理言天，亦推理之本而言之，故曰「天者理之所自出」。凡理皆天，固信然矣。而曰「天一理也」，則語猶有病。

凡言理者，必有非理者爲之對待，而後理之名以立。猶言道者必有非道者爲之對待，而後道之名以定。道，路也。大地不盡皆路，其可行者則爲路。是動而固有其正之謂也，既有當然而抑有所以然之謂也。是唯氣之已化，爲剛爲柔，爲中爲正，爲仁爲義，則謂之理而別於非理。

若夫天之爲天，雖未嘗有俄頃之閒、微塵之地、蜎孑之物或息其化，而化之者天也，非天卽化也。化者，天之化也；而所化之實，則天也。天爲化之所自出，唯化現理，而抑必有所以爲化者，非虛挾一理以居也。

所以爲化者，剛柔、健順、中正、仁義，賅而存焉，靜而未嘗動焉。賅存，則萬理統於一理，一理含夫萬理，相統相含，而經緯錯綜之所以然者不顯；靜而未嘗動，則性情功效未起，而必繇此、不可繇彼之當然者無迹。若是者，固不可以理名矣。無有不正，不於動而見正；爲事物之所自立，而未著於當然；故可云「天者理之自出」，而不可云「天一理也」。

太極最初一○，渾淪齊一，固不得名之爲理。殆其繼之者善，爲二儀，爲四象，爲八卦，同異彰而條理現，而後理之名以起焉。氣之化而人生焉，人生而性成焉。繇氣化而後理之實著，則道之名亦因以立。是理唯可以言性，而不可加諸天也，審矣。

就氣化之流行於天壤，各有其當然者，曰道。就氣化之成於人身，實有其當然者，則曰性。性與道，本於天者合，合之以理也；其既有內外之別者分，分則各成其理也。故以氣之理卽於化而爲化之理者，正之以性之名，而不卽以氣爲性，此君子之所反求而自得者也。所以張子云「合虛與氣，有性之名」，虛者理之所涵，氣者理之所凝也。

若夫天，則中庸固曰「誠者，天之道也」。誠者，合內外，包五德，渾然陰陽之實撰，固不自其一陰一陽、一之一之之化言矣。誠則能化，化理而誠天。天固爲理之自出，不可正名之爲理矣，故中庸之言誠也曰一，合同以啓變化，而無條理之可循矣。是程子之竟言「天一理也」，且令學者不審而成陵節之病，自不如張子之義精矣。

乃天爲理之所自出，則以理言天，雖得用而遺體，而苟信天爲理，亦以見天於己而得天之大用。是語雖有遺而意自正。若夫謂「心一理也」，則其弊將有流入於異端而不覺者，則尤不可以不辨。

原心之所自生，則固爲二氣五行之精，自然有其良能，良能者，「神」也。而性以託焉，知覺以著焉。性以託，故云「具衆理」。知覺以著，故云「應萬事」。此氣化之肇夫神明者，固亦理矣，而實則在天之氣化自然必有之幾，則但爲天之神明以成其變化之妙，斯亦可云化理而已矣。若其在人，則非人之道也。人之道，所謂「誠之」者是也。仁義禮智，智與知覺之知不同。知善知惡，乃謂之智。人得以爲功焉者也。故人之有心，天事也；天之俾人以性，人事也。以本言之，則天以化生，而理以生心。以末言之，則人以承天，而心以具理。理以生心，故不可謂卽心卽理，諉人而獨任之天。心以具理，尤不可謂卽心而卽理，心苟非理，理亡而心尚寄於耳目口體之官以幸免於死也。

如其云「心一理」矣，則是心外無理而理外無心也。以云「心外無理」，猶之可也，然而固與釋氏唯心之說同矣。父慈子孝，理也。假令有人焉，未嘗有子，則雖無以牿亡其慈之理，而慈之理終不生於心，其可據此心之未嘗有慈，而遂謂天下無慈理乎？夫謂未嘗有子而慈之理固存於性，則得矣；如其言未嘗有子而慈之理具有於心，則豈可哉！故唯釋氏之認理皆幻，而後可以其認心爲空者言心外無理也。

若其云「理外無心」，則舜之言曰「道心惟微，人心惟危」，人心者其能一於理哉？隨所知覺、隨所思慮而莫非理，將不肖者之放辟邪侈與夫異端之詖、陷、離、窮者而莫非理乎？

孟子曰：「盡其心者，知其性也。」正以言心之不易盡，繇有非理以干之，而舍其所當效之能以逐於妄。則以明夫心之未卽理，而奉性以治心，心乃可盡其才以養性。棄性而任心，則愈求盡之，而愈將放蕩無涯，以失其當盡之職矣。伊川重言盡心而輕言知性，則其說有如此。

張子曰：「合性與知覺，有心之名。」性者，道心也；知覺者，人心也。人心、道心合而爲心，其不得謂之「心一理也」又審矣。

告子唯認定心上做，故終不知性。孟子唯知性以責心之求，故反身而誠，以充實光輝而爲大人。釋氏言「三界惟心」，則以無爲性。聖賢既以有爲性，則唯性爲天命之理，而心僅爲大體以司其用。伊川於此纖芥之疑未析，故或許告子「生之謂性」之說爲無過。然則欲知心、性、天、道之實者，舍橫渠其誰與歸！

六

謂之曰「命」，則須有予奪。若無所予而亦未嘗奪，則不得曰命。言吉言福，必有所予於天也；言凶言禍，必有所奪於天也。故富貴，命也；貧賤，非命也。繇富貴而貧賤，命也；其未嘗富貴而貧賤，非命也。死，命也；不死，非命也。殀者之命因其死而言，壽者之命亦要其終而言也。

知此，則盜跖之終其天年，直不得謂之曰命。既不得謂之命，則不須復辨其正不正。自天而言，宜奪盜跖之生，然而不奪者，是天之失所命也。失，謂忘失之。若在人而言，則盜跖之不死，亦自其常耳。到盜跖處，總無正命、非正命之別。盜跖若早伏其辜，便是「桎梏死」，孟子既謂之非止命矣。盜跖「桎梏死」既非正命，則其不死又何以謂之非正命乎？

總以孟子之言正命，原爲向上人說，不與小人較量，而況於盜跖！孟子之言命，原爲有所得失而言，而不就此固然未死之生言也。若不於此分明，則看正命處有許多窒礙。桎梏死非正命，盜跖不死又非正命，不揣其本而齊其末，長短亦安有定哉？

俗諺有云：「一飲一啄，莫非前定。」舉凡瑣屑固然之事而皆言命，將一盂殘羹冷炙也看得關天動地，直慚惶殺人！且以未死之生、未富貴之貧賤統付之命，則必盡廢人爲，而以人之可致者爲莫之致，不亦舛乎！故士之貧賤，天無所奪；人之不死，國之不亡，天無所予；乃當人致力之地，而不可以歸之於天。

七

小註於「莫非命也」及「得之有命」，皆云「『命』字是指氣言」。意謂此生死得失之命，或有不當理者，故析而專屬之氣。愚於周易外傳有「德命」「福命」之分，推其所自來，乃陰陽虛實、高明沈潛之撰。則德命固理也，而非氣外之理也；福命固或不中乎理也，而於人見非理者，初無妨於天之理。則倘至之吉凶，又豈終舍乎理，而天地之閒有此非理之氣乎哉！

除是當世一大關係，如孔子之不得位，方可疑氣之不順而命之非理。然一治一亂，其爲上天消息盈虛之道，則不可以夫人之情識論之。若其不然，則死巖墻之下非正命矣，乃巖墻之足以壓人致死者，又豈非理之必然者哉！故朱子云「在天言之，皆是正命」，言「正」，則無非理矣。

其或可以氣言者，亦謂天人之感通，以氣相授受耳。其實，言氣卽離理不得。所以君子順受其正，亦但據理，終不據氣。新安謂「以理御氣」，固已。乃令此氣直不繇理，一橫一直，一順一逆，如飄風暴雨相似，則理亦御他不得。如馬則可御，而駕豺虎獮猴則終不能，以其原無此理也。無理之氣，恣爲禍福，又何必巖墻之下而後可以殺人哉！

張子云：「富貴福澤，將厚吾之生；貧賤憂戚，庸玉女於成。」到此方看得天人合轍，理氣同體，渾大精深處。故孔、孟道終不行，而上天作師之命，自以順受；夷、齊餓，比干剖，而乃以得其所求。貧賤患難，不以其道得者，又何莫而不有其理也？人不察耳。

人只將者富貴福澤看作受用事，故以聖賢之不備福爲疑，遂謂一出於氣而非理。此只是人欲之私，測度天理之廣大。中庸四素位，只作一例看，君子統以「居易」之心當之，則氣之爲悴爲屯，其理卽在貧賤患難之中也。理與氣互相爲體，而氣外無理，理外亦不能成其氣，善言理氣者必不判然離析之。

八

若令孔子處繼世以有天下之位而失其天下，桀、紂自匹夫起而得天下，則可謂此氣之倘然無定，而不可以理言也。今既不然，則孔子之爲司寇，孟子之爲客卿，亦常也，豈可以其道盛於躬，而責天命之非理哉！桀、紂自有當得天下之理，天亦何得不以元后父母之任授之！彼自不盡其理，則爲亡而已矣。

一禪一繼，一治一亂，自是天之條理錯綜處。所以易有不當位之爻，而無失理之卦。未濟六位皆失，亦自有其未濟之理。陰陽變遷，原少此一卦不得。此其爲道，與天之命人以性，有惻隱則又必有羞惡，有辭讓則又必有是非一理。凡人不可無貴者、富者、壽者，則亦不可無貧者、賤者、夭者。天之命德於人，無擇人，不此獨仁而無義，彼獨義而無仁。則其命福於人，又豈有所擇而必厚之，必薄之也！

九

聖賢於此，唯從本分上看得眞，不越位而思，故無怨尤。若以人之私意，事求可、功求成之心度之，則橫謂此氣之推移者無理，離其素位而願乎其外，此小人之所以不知命也。嚴嵩，匪人也，其被罪籍沒日，皁帽布衣，長揖所司曰：「今日依舊還我箇窮秀才底本等。」豈君子之於窮約而咎天之非理，曾嵩之不若耶？

「富貴身外之物，得之於身心無分毫之益」，此語說得太煸。尋常老、釋之徒勸人，必如此說。富貴，但求之無益耳，豈以其得爲無益哉！若盡其道，則貧賤且有益於身心，而況富貴！易曰「崇高莫大於富貴」，又曰「聖人之大寶曰位」，「何以聚人曰財」。若須弘斯道於天下，亦不得不以此爲用。

孔、孟之爲師，自是後世事，當前卻許多缺陷。「言而民莫不信，行而民莫不悅」，非無益於身也。天下飢，由己飢之，天下溺，由己溺之，天下無飢溺而吾心亦釋，非無益於心也。故自未得者而言，雖不得而吾身心之量不損。若自得者而言，則居位乘權，明治禮樂，幽治鬼神，何一非吾身心之本務，而豈無益也？

齊湣王亡其國而三益其帶，紂之言曰「我生不有命在天」，亦但蔑視此富貴爲身外物而已。聖賢樂行憂違，道在己，故以求爲無益。一曲之士孤保其軀命之身，枯寂之心，則以得爲無益。一偏之論，必與道悖。疑此非朱子之言，其門人之妄附己意者也。

一〇

甚矣，程氏復心之不思而叛道也！其曰「萬物之生同乎一本」，此固然矣。乃其爲之一本者何也？天也。此則張子西銘之旨也。然同之於天者，自其未有萬物者言也；抑自夫萬物之各爲一物，而理之一能爲分之殊者言也。非同之於天，則一而不能殊也。夫天，未有命而固有天矣。理者天之所自出，命者天之所與。天有命，而非命卽天矣。故萬物之同乎一本者，以天言也。天則「不貳」以爲「不測」，可云同也。而程氏乃曰「其所以生此一物者，卽其所以生萬物之理」，則甚矣其舛也！

天之所以生此一物者，則命是已，夫命也而同乎哉？此一物之所以生之理者，則性也，性也而同乎哉？異端之說曰「天地與我同根，萬物與我共命」，故狗子皆有佛性，而異類中可行也。使命而同矣，則天之命草木也，胡不命之爲禽獸；其命禽獸也，胡不一命之爲人哉？使性而同矣，則犬之性猶牛之性，牛之性猶人之性矣！

夫在天則同，而在命則異，故曰「理一而分殊」。「分」云者，理之分也。迨其分殊，而理豈復一哉！夫不復一，則成乎殊矣。其同者知覺運動之生，而異以性；其同者絪緼化醇之氣，而異以理。乃生成性，而性亦主生，則性不同而生亦異；理別氣，而氣必有理，則理旣殊而氣亦不同。程氏乃曰「一物之中莫不有萬物之理」，則生同而性卽同，氣同而理皆同矣。有者無不同，同而後皆能以相有。異端之說曰「若見相非相，是爲見如來」；唯相非相，乃如兩鏡相參，同異互攝，而還相爲有也。將此物之中有彼物，則附子有大黃之理，虎狼有蝦蚓之理乎？抑蠢物之中有靈物，則梟獍有麟鳳之理，犬牛有堯、舜之理乎？且靈物之中有蠢物，則龜鶴有菌耳之理，周、孔有豺虎之理乎？

孟子言「萬物皆備」，備於我也。程氏乃云「所謂萬物皆備者，遺本文「於我」字。亦曰有其理而已矣」，則非我之備萬物，而萬物之備我也。二氣之精，五行之粹，得其秀而最靈者，唯人耳。唯君子知性以盡性，存其卓然異於禽獸者以相治而相統，乃廓然知禽獸草木之不能有我，而唯我能備物。卽以行於人倫之內，君不能以禮使我而我自忠，則君不備臣而我備君；父不欲以慈養我而我自孝，則父不備子而我備父。至誠之動，且不恤他人之能備我與否，而一盡於己，況就彼悠悠無知、駁雜駤戾之物，求其互相爲備以滅等殺而喪人極也哉！故程氏之說，徒務籠罩以浸淫於釋氏，而窒塞乖剌，則莫有甚焉者矣。

夫孟子所云於我皆備之物，而號之曰萬，亦自其相接之不可預擬者大言之，而實非盡物之詞也。物爲君子之所當知者，而後知之必明；待君子之所處者，而後處之必當。故咸之九四「朋從爾思」，而夫子贊之曰「精義入神，窮神知化」，極乎備之辭也。極乎備，則爲之坊曰「過此以往，未之或知也」。吾所必知而必處，若其性而達其情，則所接之物無不備矣。無人欲以爲之閡，有天理以爲之則，則險可易而阻可簡，易簡而天下之理得矣。若烏黑鵠白，鶴長鳧短，蟬之化復育，楓之生菌耳，其生其死，其然其否，一一而備之，是徒爲荒幻而無實。爲人臣而思備湯、武放伐之理，爲人子而思備大舜號泣之理，則亦裂天理之則而積疑成乖矣。故集註之言物，必以君臣父子爲之紀，而括其旨於事物之細微，終不侈言飛潛動植之繁蕪，如程氏之夸誕以淪於異端，其旨嚴矣。

一一

先儒教學者尋仲尼、顏子樂處，而不及孟子之樂。集註云「不待勉强而無不利」，但與第三節對。語錄則以不愧不怍言樂，似欲以此傳孟子本色，且須說教近一格，與孔、顏不同。乃孟子於「萬物皆備於我」之下，說箇「反身而誠，樂莫大焉」，是何等境界！愚意，即此與孔、顏無甚差異。

張子說心無不慊，只是說誠，未說得樂。「反身而誠」，自與「誠意」別。誠意只在意上滿足無歉，未發意時，且別有正心、致知、格物之功。「反身而誠」則是通體說，動時如此，靜際亦如此也。發而中節，身之誠乎動也。未發而立天下之大本者，「淵淵其淵」，身之誠乎靜也。至此方得萬物皆備。如尙不然，則但備所感之一物。動靜皆誠，則動靜皆樂，故曰「樂莫大焉」。若但以不愧不怍言之，則是事後計功，自考無惡於志，僅爲君子三樂之一，而非其樂之大者。抑以「不待勉强而無不利」爲樂，則但是得心應手、輕車熟路之趣，樂以情而不足與性量相充，未爲大矣。

此「誠」字從中庸來，故程子言「筆之於書，以授孟子」。窺見其淵源在此，自與大學有別。中庸誠身之旨，以人道合天道之全。大學說誠意，但誠之者固執中之一條目而已。故知心無不歉，未足以盡此。說誠處大，則說樂處不得獨小。此乃是廓然大公，物來順應，煞受用處，與易言「元亨」一理。唯元斯亨，亨者元亨也。「萬物資始，乃統天」，「萬物皆備於我」也。「雲行雨施，品物流形」，則「樂莫大焉」矣。是則孟子之樂，於孔、顏奚遠哉？

此元是孟子自道其存仁事，不可以集義當之。集義是養氣一段工夫，存仁是復性之全功。必如朱子所云，則孟子所學，一於集義，而不足與於仁乎？程子說孟子添箇「義」字、「氣」字，大有功於孔子，以其示學者以可循持之踐履，正大充實，則以求仁而不託於虛。若將孟子範圍於集義之中，則告子以下諸篇說性、說仁一段大本領全與抹煞，其待孟子也亦淺矣。

潛室云「渾身是義理流行，何處不順裕」，差爲得之。但其云「義理」，未足以盡誠之本體，若云「渾身是天理流行」，斯得之矣。

二

巧亦未卽爲害，微而至，不勞而成，懸設而必中之謂也。若但巧者，固於恥不相妨。「父爲子隱，子爲父隱」，若隱得周密圓好，則直亦在其中，正恥心中之條理也。一部周禮，細微曲中，皆以道御巧，而卽以巧合道。故孟子言「智譬則巧」，「不能與人巧」，亦甚重乎其巧也。

但巧爲虛位，可善可惡，知覺運動之良能，而非性。唯以道御巧，而後其巧爲合道。若以機變爲務而求巧焉，則其用巧也與恥相爲違背，故不得復用恥也。一用恥，而機變早不能行矣。只機變是恥之大賊。機者，暗發於此而中彼，藏械以傷物而不覺者也。變者，立一言，作一事，卽有可此可彼之勢，聽後之變易而皆可通，乃至食言改轍而人不得執前說以相覆責。只此便是與恥背馳，用恥不著處。其云巧者，則但就此機變之做得密好者言耳。機變卽不巧，亦豈復有恥心哉！

雲峰不歸其罪於機變，而一責之巧，乃以拙爲至極。曾不知五經、四書從無一獎拙之語，佛、老之徒始以拙爲藏身之妙術。僧道多以拙爲道號，儒者亦效之，陋已。若只拙將去，更不思量，無論馮道之癡頑徒爲敗類，卽硬地用恥，曾無微中之智，亦如鮑焦之枯死道傍，陳仲子之出哇母食，其於聖賢精義入神以使義不可勝用者，相去亦天淵矣！

一三

小註曰「求所以生之而不得，然後殺之」，出歐陽永叔文集，朱子引以證此。此非「以生道殺」也。蓋曰「求而不得」，則無道矣。殺人者死，盜賊奸宄不待教而誅，法也，非道也。法如其辜，自知當死而不怨，雖在小康之世，乃至亂國，亦無不然。彼自有可死之道，非上之人所以生之之道也。「求所以生之」，乃刑官不忍殺人之心，而非王者生人之道。既曰「生道」，則必有其道矣。「以生道殺民」，卽以殺之者爲生之道也。「雖死不怨殺者」，必王者之世爲然，則不但以刑抵其罪而言可知。

且曰「殺民」，與言「使民」一例。民者，衆庶之辭，非罪人之所得稱也。此蓋言王者之用兵，雖納之死地，而非以貪憤興師。暴不誅，亂不禁，則民且不保其生；故有所征伐以誅暴禁亂，乃以保衞斯民而奠其生。故兵刃臨頭，而固諒其不得已之心，不怨上之敺之死地也。若霸者之兵，則或以逞欲，或以洩忿，或以取威，故以乘勢，不緣救民而起，安得不歸咎於兵端之自開以致其怨哉？

慶源云「雖不免於殺，然其本意，則乃欲生之；不然，只是私意妄作」，得之。

一四

擊壤謠自後世贋作。司馬遷謂「載籍極博，尤考信於詩、書」，詩、書之所不道，無信可也。「耕田而食，鑿井而飮，帝力何有於我」，只是道家「無爲自定、淸靜自正」之唾餘耳。帝王以善政善教而得民心，其生也莫不尊親，其死也如喪考妣，而忍云「帝力何有」哉！

龜山云「亦不令人喜，亦不令人怒」，慶源云「當生則生，當殺則殺」，朱子云「『上下與天地同流』，重鑄一番過相似」，此方是王者經綸天下、移風易俗一大作用。其別於霸者，非霸有爲而王無爲也，蓋霸以小惠而王以大德也。以大德故，固不令人怒，而亦不令人喜。位置得周密，收攝得正人；當生則生，非以煦煦之仁而生之；當殺則殺，不以姑息而不殺，亦不以有所聳動張皇而故殺之。其使「民日遷善」者，則須盡革其舊染之惡，納之於軌物，齊之以禮樂，昭然使民衆著；而云「不知爲之者」，亦自其無醲賞重罰之激勸者言爾。

曰「不知爲之」，曰「化」，曰「神」，只此數字，不切實從理事上看取，則必爲黃、老家一派浮蕩無根之言所惑。此處唯朱子說得分明，曰「便神妙不測，亦是人見其如此」。若以王者之心言之，則初無所謂「神」也。王者若操一使人莫測之心，則亦朝四暮三之術。

若云王者雖不操此心，而其轉移靈妙，卽此卽彼，自無取與之勞，則與釋、老之徒所贊仙佛功德相似。而試思禹、湯、文、武之以經理天下者，曾有是哉！「上好禮而民莫敢不敬，上好義而民莫敢不服，上好信而民莫敢不用情」，「所過者化」，此而已矣。「有關雎、麟趾之精意而周官之法度行焉」，「所存者神」，此而已矣。只此便是霸者所必不可至之境，而民之殺不怨，利不庸，遷善不知也。王、霸之辨，只在德之誠僞，量之大小，卽於其殺之、利之、遷之上天地懸隔，非王者之神通妙用行於事爲之表，爲霸者所捉摸不得也。

「民不知爲之」，非上之無爲也。其爲人也孝弟，則犯上者鮮，作亂者未之有矣。王者但敎孝敎弟，使自脩之於門內，舉立敎之首務以例其餘。而民志旣定，自舍其犯上作亂之習以遷於善。乃不似小補之法，什伍糾之，賞罰動之，明懸一犯上作亂之禁，虔束其民而劣免於惡。

夫所務者本，而大道自行，彼愚者固不知其條理之相因，則以驚其莫之禁而自遷也。若夫君子之存諸中而以遷民者，經緯本末，纖悉自喻，卽此雲雷之經綸，爲性命之各正；何嘗操不可測知之符，以聽物之自順而行於無迹也哉！

夫神者，二氣之良能也。春以生，秋以殺，稼者必穡，少者必壯，至仁大義，而性以恆焉。君子體此爲出身加民之大用，金聲而玉振之，始終條理之際，井井如也。如是以施，則必如是以得。如是以求，則必如是以與。實有以施，實有以與，取壞法亂紀之天下咸與維新。仁義之用行而陰陽之撰著，則與天地同流矣。禹、湯、文、武之盛德大業盡此矣，安所得黃、老之言，徐徐于于，相與於無相與，一如禽飛獸走之在兩間者而稱之耶？

一五

程子謂「良知、良能出於天」，則信然也。其云「無所繇而不係於人」，則非愚所知。此章書被禪學邪說汚衊不小。若更不直顯孟子之旨，則姚江所云「無善無惡是良知」者，直以誣道，而無與知其非矣。

孟子曰「其良能也」、「其良知也」，二「其」字與上「人」字相承，安得謂「不係於人」？「人之所不學而能，不慮而知者」，卽性之謂也。學、慮，習也。學者學此，慮者慮此，而未學則已能，未慮則已知，故學之、慮之，皆以踐其所與知、與能之實，而充其已知、已能之理耳。

乃此未學而已知、未慮而已能「不」字只可作「未」字解。者，則既非不良之知、不良之能也，抑非或良或不良、能良能不良之知能也。皆良也。良卽善也。良者何也？仁也，義也。能仁而不能不仁，能義而不能不義；知仁而不知不仁，知義而不知不義：人之性則然也。

顧人性之有仁義，非知性者不足以見其藏也。故新安曰「此蓋指良知、良能之先見而切近者以曉人也」。則繇其親親而知吾性之有仁也，繇其敬長而知吾心之有義也。何也？以親親者仁之實，而敬長者義之實也。乃此則已達之天下而皆然矣。其有不然者，習害之，而非性成之爾。達之天下而皆然，則卽親親而可以知性之仁，卽敬長而可以知性之義，豈待他求之哉！

孟子盡心一篇文字別是一體撰，往往不可以字句測索大意，順行中忽作一波，疑其門人所記，別是一手筆。善讀者須觀大旨，不當隨字句煞解。則「性善」二字括此一章之旨，而彼所云「無善無惡是良知」者，不待破而自明矣。

一六

古人文字，始終一致，蓋有定理則必有定言也。「大人」之名見於易，而孟子亟稱之。蓋孟子自審其所已至之德與可至之業，故言之親切。乃於答浩生不害之問，則臚列爲詳。然則爲大人者，其以未能化而不至於聖，審矣。

孟子謂伊尹聖之任，就其任之聖者而言，則已化矣。使其未化，則放君、反君之事，爲之必有所礙。若孟子則道不同，而不以伊尹爲學，而要亦自審其未能化也。故孟子學孔子而爲大人，伊尹雖不逮孔子而已聖。若天民者，列於大人之下，則是未至乎大者也。伊尹聖，而天民未至乎大，安得謂伊尹爲天民哉？伊尹曰「予天民之先覺者」，其言「天民」，猶言生民爾。此言「天民」，則以奉天理而成乎人也，其義殊矣。

此章俱就得位而言。「達可行於天下而後行之」，猶言達天下之可行者行之，初不云達不可行而不行。夫唯事君人者，未得患得，而冒昧自衒。其在安社稷之臣，亦必社稷之責在己而後任之，不必天民也。大人之「正己而物正也」，則亦不能不乘乎時位。苟無其位，則孔子之聖，且不能正魯人女樂之受，況其下此者乎！是則朱子所云天民專指未得位者，殊爲未審。

蓋「安社稷臣者」，田單、樂毅足以當之矣。天民者，所學正且大矣，而於己之德未盛，則居位行志，亦不能令上之必行而下之必効，抑擇時之所可爲，因與補救，若夫時之所不能行者，不能必也。子產、蘧伯玉足以當之矣。蓋有君子之道，而未幾乎「與時偕行」之德。使太甲以爲之君，「多士」「多方」以爲之民，則彼有所窮矣。大人者，不用於時則爲孟子，用於時則臯陶、傳說其人矣。道備於己而光輝及物，故不仁之民可使遠，以高宗之憊，而厥脩亦可使來也。

進此而上，則有大而化之之聖，偏則爲伊尹，全則爲孔子，固爲孟子言之所未及。然至於正己物正，則道雖不得與聖侔，而德業亦與聖同矣。此章但就德業而言，則固可舉大以上統乎聖也。集註列伊尹於大人之下，未爲定論。

一七

前云「君子有三樂，而王天下不與存焉」，後云「中天下而立，定四海之民，君子樂之」，此固不容無差異之疑。乃雲峰謂前言樂在性中，後言樂在性外，則不足以釋其疑，而益以增疑矣。

不知前云「君子有三樂」，在一「有」字上不同。言「有」者，有之則樂，而無之則願得有之也。父母兄弟之存，英才之至，旣皆非非望之福；仰不愧、俯不怍，亦必求而後得。故當其旣有，唯君子能以之爲樂，而非君子則不知其可樂。然當其不能有，則不愧不怍，正宜勉而自致；英才未至，亦宜厚德畜學以待之；而父母之不存，兄弟之有故，則君子之所耿耿於夙夜者。故有之而樂，無之而或以哀，或以思，或以悔恨而憂之不寧，而王天下之與否不以動其心也。

若所云「中天下而立，定四海之民」者，則已然之詞也。業已得位而道無不行矣，非未有之而願有之以爲樂者也。作君師以覺斯民，與得英才而教育之，其於吾性中成物之德，又何別焉，而其事業則尤暢矣。

既不得以得位行道爲性分以外之事，抑若就性體之固然者言之，則前之三樂，亦非能於所性而有加損。蓋不愧不怍，在趙閱道、司馬君實已優有之，而君子之「反身而誠」，以見性於靜存而立天下之大本者，則豈得遽爲二公許！此於聖學中，自有升堂、入室之辨，而非一不愧不怍之卽能盡性。若所性之孝，不以父母之不存而損；所性之弟，不以兄弟之有故而損。周公善繼人志，大舜與象俱喜，固不以有待爲加損也。至於英才之不得，則所謂「人不知而不慍」，其又何損於性中成己、成物之能耶？是不得以前言三樂在性中，異於後言樂之在性外，審矣。

要此兩章言樂，皆降一步說，與「樂莫大焉」之樂不同。而就所樂者較量，則又有可求、不可求之別，故不妨同而異、異而同也。

一八

「君子所性」一「所」字，豈是因前二「所」字混帶出底，亦須有意義在。集註云「氣稟清明，無物欲之累」；語錄謂「君子合下生時，者箇根便著土；衆人則合下生時，便爲氣稟物欲一重隔了」。如此，則竟以「所」字作「之」字看。上云「所性不存焉」，若作「之」字說，則君子之性不存於「大行」，衆人之性存於「大行」乎？「所欲」者，以之爲欲也。「所樂」者，以之爲樂也。「所性」者，率之爲性也。

若論「合下生時」，則孟子固曰「人之有是四端，猶其有是四體」，抑曰「人無有不善」，今乃殊異君子之性於衆人，則豈不自相矛盾！且君子之四德以根心而生色者，若一恃其天資之美，而作聖之功無有焉，則孟子之言此，乃自衒其天分之至以傲人於攀躋不及之地。是其矜誇詫異，與釋氏所云「天上天下，惟吾獨尊」者，奚以別焉？

若云氣稟之累，衆人所以不能如君子，孟子言性，從不以氣稟之性爲言，先儒論之詳矣。況本文明言「君子所性」，與「所樂」「所欲」一例，則更何天命、氣稟之別？豈衆人之欲樂陷於私利者，亦天使之然而不能自瘳耶？

性者，人之同也；命於天者同，則君子之性卽衆人之性也。衆人不知性，君子知性；衆人不養性，君子養性；是君子之所性者，非衆人之所性也。聲色臭味安佚，衆人所性也。仁義禮智，君子所性也；實見其受於天者於未發之中，存省其得於己者於必中之節也。

「大行不加，窮居不損」，而知其爲「分定」者，唯君子知性也；不知，則非得位行志而不足以著仁義禮智之用矣。仁義禮智根心、生色以踐形而形著其化者，唯君子養性也；不養，則四德非不具於心，面、背、四體非不有自然之天則足以成乎德容，而根之既仆，生以槁也。

故性者，衆人之所同也；而以此爲性，因以盡之者，君子所獨也。知性，養性，是曰「性之」。唯其性之，故曰「所性」。豈全乎天而無人之詞哉！周子曰：「性焉、安焉之謂聖。」唯其「性焉」，是以「安焉」。「性」云者，聖功之極致也，而豈獨以天分表異求別於氣質之累不累者乎！孟子曰「君子不謂性也」，義通此矣。

一九

楊、墨所爲，正以賊仁、賊義。子莫卻調停，各用一半，只就他二家酌取，則仁、義皆賊矣。道總不恁地。楊、墨以私意窺道，略略見得一端。子莫並不曾用意去窺道，眼孔裏只曉得楊、墨，全在影響上和哄將去。此古今第一等沒搭僱人，故其教亦不傳於後。近日李贄用一半佛、一半老，恰與此人同其愚陋。

集註將「中」字「一」字，與聖道之「中」「一」辨，未免帶些呆氣。他「中」只是楊、墨之「中」，「一」只是楊、墨各成一家之「一」，何嫌何疑而置之齒頰！

二〇

盡天下無非理者；只有氣處，便有理在。盡吾身無非性者；只有形處，性便充。孟子道箇「形色，天性也」，忒煞奇特。此卻與程子所論「氣稟之性有不善」者大別。但是人之氣稟，則無有不善也。

蓋人之受命於天而有其性，天之命人以性而成之形，雖曰性具於心，乃所謂心者，又豈別有匡殼，空空洞洞立乎一處者哉！只者「不思而蔽於物」一層，便謂之「耳目之官」；其能思而有得者，卽謂之「心官」，而爲性之所藏。究竟此小體、大體之分，如言「形而上者謂之道，形而下者謂之器」，實一貫也。

合下粗浮用來，便喚作「耳目之官」；釋氏所謂見性、聞性等。裏面密藏底，便喚作心。禮稱「氣也者神之盛也，魄也者鬼之盛也」。方其盛而有生，則形色以靈，只此是造化之迹，而誠卽無不行於其閒；特不可揜者天幾之動，而其爲顯之微以體大道之誠者，不卽現耳。故從其一本，則形色無非性，而必無性外之形色，以於小體之外別有大體之區宇。若聖人之所以爲聖功，則達其一實之理，於所可至者，無不至焉。

故程子曰「充其形」。形色則卽是天性，而要以天性充形色，必不可於形色求作用。於形色求作用，則但得形色。合下一層粗浮底氣魄，乃造化之迹，而非吾形色之實。故必如顏子之復禮以行乎視聽言動者，而後爲踐形之實學。不知朱子何故於此有「耳無不聽，目無不明，口盡別味，鼻盡別臭」之語，極爲乖張。疑非朱子之言，而其門人之所附益也。

耳之聞，目之見，口之知味，鼻之知臭，只此是合下一層氣魄之盛者，纔用時便是效靈。只此四者，人之所能，禽獸亦未嘗不能。既與禽獸而共其靈，則固已不能踐人之形矣。

人之形色所以異於禽獸者，只爲有天之元、亨、利、貞在裏面，思則得之，所以外面也自差異。人之形異於禽獸。故言「形色天性」者，謂人有人之性，斯以有人之形色，則卽人之形色而天與人之性在是也。盡性斯以踐形，唯聖人能盡其性，斯以能踐其形。不然，則只是外面一段粗浮底靈明，化迹裏面卻空虛不曾踏著。故曰「踐」，曰「充」，與易言「蘊」、書言「衷」一理。蓋形色，氣也；性，理也。氣本有理之氣，故形色爲天性；而有理乃以達其氣，則唯盡性而後能踐形。

繇此言之，則大體固行乎小體之中，而小體不足以爲大體之累。特從小體者失其大而成乎小，則所從小而有害於大耳。小大異而體有合，從之者異，而小大則元一致也。大人省察以成作聖之功，則屏其小而務其大，養其所以充者，而不使向外一重浮動之靈得以乘權。此作聖之始務也。

聖人光輝變化，而極乎大人之事，則凡氣皆理，而理無不充者氣無不效，則不復戒小體之奪，而渾然合於一矣。此又大人、聖人，化與未化之分，緩急先後之序也。

若夫雖在聖人，其審音、辨色、知味、察臭之能未嘗有異於衆人，而以視婁、曠、易牙，且或不逮焉，則終不於此致其踐之之事。故曰「君子不謂性也」，辨之審矣。

二二

「中道而立」之中，亦不可將「無過不及」說。此處正好用「不偏不倚」釋之。纔有遷就，便偏向一邊，倚著一物也。

公孫丑謂「若登天」者，謂四維俱峻，無一處是直入之逕，可容攀援。如說仁處且又說義，說志處且又說氣，說養氣處且又說知言，直恁浩浩地，面面皆從入之逕，面面皆無可專靠著得到的。若諸子百家之說，專主一端，則迤邐說下，便有逕路，只向一頭尋去，企及自易。不知彼異端者，謂之「執一」，執一則賊道矣。

孟子之教，正從顧學孔子來：博文、約禮，內外一揆而無所偏倚；下學而上達，敦化而川流。學者於此，暫得成章，依然又不曾了竟，且須達去。故以躁心測之，眞不知何日是歸宿之地。卻不知豁然貫通之餘，則此下學之川流者，一皆道之實體，何得有所倚而有所廢哉！

二三

中斯不倚，不倚則無所廢。所以但務引滿以至於彀率，而不急求其中；必以規矩爲方圓之至，而不可苟簡以爲方圓也。

仁山以「知施於動物而不知施於植物」譏釋氏之「不知類」。釋氏之慧者亦曾以此置問，乃未能從此轉歸於正，卻又閃躱去，所以終迷。施於動物而不施於植物，正是知類。此正釋氏不容泯之天理，自然須得如此。恰好引入理一分殊去，何反以此譏之？

植物之於人，其視動物之親疏，此當人心所自喻，不容欺者。故聖人之於動物，或施以帷蓋之恩，而其殺之也必有故，且遠庖廚以全恩。若於植物，則雖爲之厲禁，不過蕃息之以備國用，而薪蒸之，斲削之，芟柞之，蘊火之，君子雖親履其側而不以動其惻怛，安得以一類類之耶？

蓋性同者與達其性，故於人必敦其教；情同者與達其情，故於動物則重其死。植物之性情漠然不與人合朕，則唯才之可用，用其才而已。

釋氏之病，方在妄謂「瓦礫有佛性」，「無情說法熾然」。幸此一覺，更欲泯亂之，不亦悖乎！

盡心下篇

一

父兄者，對子弟之稱。若因用兵而多所殺戮，則直謂之殺人耳。人固不可殺，奚論其有子弟而爲人父兄與否！殺人親，重矣，殺鰥寡孤獨者獨輕乎？緣子弟故而殺之，故曰「殺人之父兄」。此言當時法家置爲參夷、連坐之刑，上及父兄，迨其身自罹罪，則其父兄亦坐此刑，是作法自斃，禍同親殺。非但謂天道好還如老氏之旨，恩寃相報如釋氏之言也。

南軒以六代之君互相屠滅爲徵，戰國時未有此事。然其自啓禍門，使人倣而加之於己，理則一也。宋人「無令人主手滑」之說，亦有見於此夫！

二

南軒云「後之取天下而立國差久者，其始亦庶幾於仁」，立論太刻。若漢之與昭代，豈但可云「庶幾」也哉！

夫仁之用在愛民，而其體在無私。南軒所疑者，有愛民之用而不足於無私之德爾。乃如漢高入關，除秦苛政，釋子嬰而不貪其財物子女，亦豈非私欲不行，閑邪復禮者哉！倘以滎陽交爭之日，或用權力以取機會，爲異於湯、武之養晦以俟天命，乃暴秦已殄，懷王已弑，天下無君，向令漢高不乘時以夷項氏，寧可使山東之民塗炭於喑噁叱咤之主而不恤耶？紂雖暴，固天下主也。武王一日未加兵焉，天下固有主也。項氏之子起於草澤，既非元德顯功之後，承世及以有其故國，而又任情廢置，安忍阻兵，倘欲養之，將無爲天下養癰耶？使鴻溝之割，漢且守硜硜之信而西歸，羽力稍完，其能不重困吾民以鋒鏑乎？率土之瀆而有二天子，害且無窮，而豈天理之正哉！

故武王克殷，不更推戴祿父，亦以奉天下之公理，不得復守一己之私義。是唯唐、宋之有天下爲有歉焉，而非可論於漢。漢之德無愧軒轅矣，而況昭代之拯人於禽者哉！

三

變置諸侯，必有變置之者。假令丘民得以變置之，天下豈復有綱紀，亂亦何日而息耶？孟子謂貴戚之卿反覆諫其君而不聽則易位。到易位時，固必因方伯以告之天子，而非卿之所敢擅。今此言「變置」者，必方伯廉察其惡，貴戚與聞其議，而實自天子制之。知此，則知孟子所云「民爲貴，社稷次之，君爲輕」者，以天子之馭諸侯而言也。故下言「得乎丘民而爲天子」，則爲天下神人之主，奉民之好惡以進退天下之諸侯而立其社稷。社稷變置諸侯而不言天子。天子卽無道如桀、紂，且亦聽其自亡以滅宗社，而無敢變置者。「得有當變置者，諸侯亦必請於天子而後改制焉。蓋始封之日，分茅而受五方之土以立社稷，以王命立之，則亦必以王命變之也。王所奉者民心，而諸侯社稷一唯王之建置，則其重輕審矣。

苟不酌於三代封建之制以考孟子立言之旨，則疑此言之太畸。三代之有諸侯，大者今之知府，小者今之州縣，特以其世國而司生殺爲異，則亦與土司等耳。故曰「君爲輕」者，非天子之謂也。集註於此爲疏。

四

中庸說「天命之謂性」，作一直說，於性、命無分。孟子說性、命處，往往有分別，非於中庸之旨有異也。中庸自是說性，推原到命上，指人之所與天通者在此，謂此性固天所命也。乃性爲天之所命，而豈形色、嗜欲、得喪、窮通非天之所命乎？故天命大而性專。天但以陰陽、五行化生萬物，但以元、亨、利、貞爲之命。到人身上，則元、亨、利、貞所成之化迹，與元、亨、利、貞本然之撰自有不同。化迹者，天之事也。本然之撰以成乎仁義禮智之性者，人之事也。此性原於命，而命統性，不得域命於性中矣。

形色雖是天性，然以其成能於人，則性在焉，而仍屬之天。屬之天，則自然成能，而實亦天事。故孟子冠天於性上以別之。天以陰陽、五行爲生人之撰，而以元、亨、利、貞爲生人之資。元、亨、利、貞之理，人得之以爲仁義禮智；元、亨、利、貞之用，則以使人口知味，目辨色，耳察聲，鼻喻臭，四肢順其所安，而後天之於人乃以成其元、亨、利、貞之德。非然，則不足以資始流形，保合而各正也。故曰：此天事也。

若夫得喪窮通之化不齊，則以天行乎元而有其大正，或亨此而彼屯，利此而彼害，固不與聖人同其憂患，而亦天事之本然也。惟其爲天事，則雖吾仁義禮智之性，未嘗舍此以生其情，而不得不歸之天。

若夫健順、五常之理，則天所以生人者，率此道以生；而健順、五常非有質也，卽此二氣之正、五行之均者是也。人得此無不正而不均者，旣以自成其體，而不復聽予奪於天矣。則雖天之氣化不齊，人所遇者不能必承其正且均者於天，而業已自成其體，則於己取之而足。若更以天之氣化爲有權而已聽焉，乃天自行其正命而非以命我，則天雖正而於己不必正，天雖均而於己不必均，我不能自著其功，而因仍其不正、不均，斯亦成其自暴自棄而已矣。

蓋天命不息，而人性有恆。有恆者受之於不息，故曰「天命之謂性」。不息者用之繁而成之廣，非徒爲一人，而非必爲一理，故命不可謂性，性不可謂命也。此孟子之大言命而專言性，以人承天而不以天治人；其於子思之旨加察焉，而未有異也。

故唯小註中或說以「五者之命皆爲所值之不同，君子勉其在己而不歸之命」一段，平易切實，爲合孟子之旨。而集註所述延平之說，「世之人以前五者爲性，雖有不得，而必欲求之；以後五者爲命，有不至，則不復致力」，正與或說一段脗合。其他言理言氣，言品節限制、淸濁厚薄，語雖深妙，要以曲合夫程子氣禀不同之說，而於孟子之旨不相干涉。

程子固以孟子言性未及氣禀爲不備矣，是孟子之終不言氣禀可知已。且孟子亦但曰「口之於味」云云爾，未嘗自其躭於嗜欲者言之也。「口之於味」，其貪食而求肥甘者，信非理矣。今但言「口之於味」，則已饑渴之飲食，與夫食精膾細之有其宜者，亦何莫非理！則前五者總無關於氣質之偏正清濁。若後五者之純乎天理，固也。乃不僅云仁，而云「仁之於父子」，則不以未發之中性德靜存者爲言，而以言乎已發之用，介於中節與不中節之事，則固非離氣言理，而初不得有離氣之理，舍喜怒哀樂以著其仁義禮智之用，明矣。

若夫命，則本之天也。天之所用爲化者，氣也；其化成乎道者，理也。天以其理授氣於人，謂之命。人以其氣受理於天謂之性。即其所品節限制者，亦無心而成化。則是一言命，而皆氣以爲實，理以爲紀，固不容析之，以爲此兼理、此不兼理矣。

乃謂後「命」字專指氣而言，則天固有無理之命。有無理之命，是有無理之天矣，而不亦誣天也哉！

且其以所稟之厚薄清濁爲命，而成乎五德之有至有不至，則天既予之以必薄、必濁之命，而人亦何從得命外之性以自據爲厚且清焉！夫人必無命外之性，則濁者固不可清，薄者固不可厚，君子雖欲不謂之命，容何補乎？

且君子不以清濁厚薄爲性，則其謂清濁厚薄爲性者，必非君子矣。而程子抑言有氣質之性，則程子之說，不亦異於君子哉！況天下之不得於君親賓友者，苟爲怨天尤人之徒，則必歸咎於所遇之不齊，而無有引咎於吾氣稟之偏者也。故曰語雖深妙，而不合於孟子之旨也。

孟子曰「性善」，曰「形色天性」，曰「君子所性，仁義禮智根於心，生於色」，固無有離理之氣，而必不以氣稟之清濁厚薄爲性之異。其言命，則曰「莫之致而致」，曰「得之不得有命」，曰「殀壽不貳，所以立命」，曰「莫非命也，順受其正」，則皆以所遇之得失不齊者言命，而未嘗以品物之節制、此只是理。氣稟之清濁厚薄爲命。此程子之所謂性。胡爲乎至此而有異耶？

聖賢之學，其必盡者性爾；於命，則知之而無所事也。非不事也，欲有事焉而不得也。其曰「天命之謂性」者，推性道之所自出，亦專以有事於性也。使氣稟之偏亦得爲命，則命有非道者矣，而何以云「率性之謂道」哉！故言道者，已高則偏，已密則紛。擇焉而執其正，論斯定矣。

五

慶源「才小道大」之說甚爲鹵莽，又云「才出於氣而有限」，則不但誣才，而且以誣氣矣。孟子之言「小有才」，才本不小，有之者小，卽是不能盡其才，若才則何病之有！生人之才，本足以盡舉天下之道。天下之道，皆斯人以才率其性所闢之周行。若才所不至，則古今必無有此成能，又何者爲道？君子之道，行過一尺，方有一尺，行過一丈，方有一丈，不似異端向「言語道斷，心行路絕」處索廣大也。

蓋才生於氣，性依於道。氣之塞乎兩閒者，卽以配道而無不足，而纔言性卽是人之性，纔言道卽是人之道。氣外無性，亦無道也。

盆成括之小有才也，替才所本大者而小之，以其小體之聰明爲才所見功之地，而未聞君子之大道，則才之所可爲而不能盡者多矣。君子之道，以才弘之則與鬼神同其吉凶，聰明睿知極其量則健順剛柔成其能，何至嬰禍而以咎其才哉！

六

義之發有羞、惡兩端：「無欲穿窬」，羞也；「無受爾汝」，惡也。羞則固羞諸己，卽此用之而義已在。惡則於物見惡，於物見惡而無其實，不反求之己，而但以加物，將有如爲郡守則傲刺史，爲刺史則陵郡守，一酷吏而已矣。故孟子於惡必言其「實」。無實之惡，七情中之惡，非四端中之惡也。

小註所錄朱子用趙臺卿之說，自較集註爲當，新安從之，是也。若欲「充無受爾汝之實」，則非集義不能。乍然一事合義，便欲據義自尊，以求免於侮，其可得乎！所以說「無所往而不爲義」。蓋「無所往而不爲義」，然後在己有可以免於爾汝之實，而充其惡辱之心以反求免辱之實，初終表裏，無可閒斷，則不但不屑爲不義，而徙不義以集義者，義路熟而義用自周矣。

「無欲穿窬之心」，人皆有之；無受爾汝之心，亦人皆有之。特「無受爾汝之實」，則不欲受爾汝者未必有也。然苟其欲無受爾汝，而爾汝之權操之物，而何以能制諸己！苟非浪自尊大之妄人，亦求免不得而轉生其愧，卽此是羞惡之惡，與七情之惡所自感而生者不同。一則虛浮向外，一則切實著裏也。故孟子於羞言「欲」，言「心」，而於惡必言「實」，以惡無實而但唯其所欲惡者惡之，情之動而非性之端也。乃於羞既言「穿窬」，而又充其類於言不言之餂，則以惡戒虛而羞戒不廣，又精義者之必察也。

七

曰「中禮」，曰「不回」，曰「必信」，亦有閑邪存誠之意。但他發念時便在好路上走，則謂之「性」。湯、武之「反」，則其起念時有未必恰中者，卻向動時折轉來，方得有善無惡。

謂堯、舜之所以能爾者，因其天資之爲上哲，則固然矣。然云「無所汚壞」則得，云「不假修爲」則不得。六經、四書，唯詩、書閒有說得張大處，誇美生質。乃讀書者亦須具眼。詩以歌之廟中者，固子孫揚詡先人，不嫌溢美；尙書贊德處，抑史臣之辭耳。孟子故曰「盡信書則不如無書」也。乃詩、書說聖功處，抑何嘗不著實！周公之稱文王，曰「不顯亦臨，無射亦保」；舜之所授禹，曰「人心惟危，道心惟微；惟精惟一，允執厥中」。三謨中所往復交儆者，皆一倍乾惕。何嘗以堯、舜爲不假脩爲哉！

大易、論語說堯、舜，說聖人，一皆有實，不作自然之詞。謂聖人無脩爲而自聖，乃漢儒夸誕之論爾。程、朱諸先生力破漢儒議論，而於此不無因仍，則以生當佛、老猖狂之日，若不如此稱頌聖人之德，推之於天授，則老氏之徒且將以無學無脩者夷周、孔於聲聞之列。故諸先生不得已，亦須就本色風光上略加點染。乃且將以敝其口耳譏聖賢之徒勞，釋氏之徒知道者，當得其意而善通之，以求合孔、孟之旨，亦所謂「無以辭害意」也。

此一「性」字，但周子引用分明，曰「性焉、安焉之謂聖」。性下著箇「焉」字，與孟子言「性之」、「性者」合轍。但奉性以正情，則謂之「性焉」。中庸云「能盡其性」，有「能」有「盡」，豈不假脩爲之謂哉！旣云「堯、舜性者也」，又云「人皆可以爲堯、舜」，此二處若何折合？堯、舜之德自不可企及，何易言「人皆可爲」？所以可爲者，正在此一「性」字上。若云天使之然，則成佣不易，其將戕賊人而爲之乎？

朱子謂喜怒哀樂未發之中爲性之德，已自分明。於不睹、不聞之中，存養其仁義禮智之德；迨其發也，則若決江河，莫之能禦，而天下之和自致焉。此以性正情，以本生道，奉道心以御人心，而人心自聽命焉。是堯、舜之性之也。人皆此性，性皆此德，特無以敦其化於存養，而「罔念作狂」耳。此堯、舜之性之所以退藏於密，上合天載，而要可與同類之人通其理以盡其善者，卽此性也。

若夫君子之行法也，固非無靜存養性之功；而當其情之未發，天理未能充浹，待其繇靜向動之幾亦未有以暢其性之大用，以貫通於情而皆中，則必於動幾審之：有其欲而以義勝之，有其怠而以敬勝之，於情治性，於人心存道心，於末反本，以義制事，以禮制心，守義禮爲法，裁而行之，乃以咸正而無缺。是湯、武之反身自治者也。

大正於存養而省察自利者，聖人之聖功；力用其省察以熟其存養，本所未熟。君子之聖學。要其不舍脩爲者，則一而已矣。

天道自天也，人道自人也。人有其道，聖者盡之，則踐形盡性而至於命矣。聖賢之敎，下以別人於物，而上不欲人之躐等於天。天則自然矣，物則自然矣。蜂蟻之義，相鼠之禮，不假脩爲矣，任天故也。過持自然之說，欲以合天，恐名天而實物也，危矣哉！

八

多欲，「未便到邪僻不好底物事，只是眼前底事，纔多欲，本心便都紛雜了」，朱子此語，非過爲嚴也。凡天下之陷於邪僻者，揆其始，那一件不與吾所當得者同類！只此欲心，便無分別，初未嘗有意必求所謂不好者而欲得之也。良心喪盡時，又不在此論。其分別爲當得、不當得者，則吾性之惻隱、羞惡、辭讓、是非授之辨也。故寡欲者須一味寡去，以欲上討箇分辨不得也。若心存而理得，則吾性之義，自如利斧，一劈兩分，又何屑屑然向人欲邊揀可不可哉！

如孟子所以處齊、宋、薛之餽：於齊之不受，固無欲金之心；於宋、薛之受，亦終無有欲金之心，而但以斟酌乎交際之禮。若既有欲金之心，卻去分别此爲當受，此爲不當受得，緣伊侔俐，總主張不得。故寡欲者，一槩之詞，不揀好歹，一槩寡之，心不緣欲而起，然後可不可一逕分明。君子之道，有正本而無治末。治末非但不能反本，末亦不可治也。

九

集註於孟子極略，緣朱子看得孟子文字發明自盡，不消更爲衍說，庶後人可致其三隅之反。乃傳之未久，說孟子者於其顯然著明處即已茫然，則又未嘗不惜集註之疏也。

如熊勿軒、朱公遷說「曾子不忍食羊棗」，扼定「不忍」二字爲主，則不但不知孟子之意，而於曾子之孝亦未見得在。若但一不食羊棗便是曾子之孝不可及處，則獨行之士一念關切者皆曾子矣。曾子於作聖之功是何等用力，而其言孝之見於禮者又是何等精微廣大，僅一忍其口腹於可以不食之羊棗，又何足稱焉！

且勿論孟子析埋精微處，卽公孫丑膾炙一問，是何如深妙！後人看文字，論古人，誰解如此細心察理，以致疑問？自四先生外，唯南軒往往能然，所以得爲朱子益友。

此段問答，正在「食膾炙」上審出天理人情之則，所以云「聖人人倫之至」；而非獨行之士毀生滅性，以及夫足不履石、棄子全姪一流人有所過必有所不及者之可謂至也。若但以「不忍」言，則舉目動足，孰爲當忍者？從一同、一獨上求心之安，卽以心之安者爲理之得，卽此是「心之制」，卽此是「心之德」，卽此是「事之宜」，卽此是「愛之理」。

佛氏也只昧此一段至誠无妄之仁義，卻儘著呴呴之恩，戚戚之愛，硜硜之貞，皎皎之白，便割鬚薙髮，無父無君，也不能滿其一往之私意。君子之道簡而文，溫而理，以成精義研幾之用；則文必及情，情必中理，而必無致遠恐泥之傷。乃其奉性以治情，非繇情以主性，則人皆可以爲堯、舜，亦此道爾。而以之定王道之權衡，俾爲民極，則後世一切刑名苛察之法，與夫小人託天理以行其賊害，如禁李賀之不得舉進士，責范滂之不當先父受辟命者，皆無所容其邪說。則卽此膾炙一問，而天德、王道皆著明矣。

善讀書者如是以求之，斯無不窮之理。而死守章句者，其於聖賢之言，貌取而不以心，亦安足與於格物、致知之學哉！

一〇

朱子定馮道爲鄉原，乃就五代時人，說他俛仰屈伸以救殺戮，而詞貌謹厚，往往取夷狄盜賊之懽，亦「生斯世也，善斯可矣，閹然求媚」之事也。然馮道身爲宰相，旦此夕彼，如失節之婦二十年而五適人，人皆得而賤之，猶未足以爲「非之無舉，刺之無刺」之愿人。且其隨波逐浪以苟全其軀命富貴，亦未敢「自以爲是」，而又何足以亂德？

夫能亂德而自以爲是，必其於道若有所得，而立言制事亦自有其始終。求之宋代，則蘇學、浙學，眞鄉原爾。觀蘇子瞻所以非笑二程，及陳同父所答朱子書，則與鄉原之譏狂獧，而云「生斯世也，爲斯世也，善斯可矣」，自以爲是而悅於人者，眞古今一軌。葉正則、陳同父說來鹵莽，天下宗尚之者幸少。蘇氏之學盛於北方者幾二百年，而其作爲文章，滑熟圓美，奄然媚於後世，乃使人悅之而不知堯、舜之道者，至於今而未艾。是眞鄉原也，是眞德之賊也。其源始於韓退之，而其流禍之深，則極於焦竑、李贄。嗚呼！游於聖人之門者，可無厚爲之防哉！